KB187034

그을린 대지와 검은 눈
SCORCHED EARTH, BLACK SNOW

SCORCHED EARTH, BLACK SNOW

Copyright ⓒ 2011 by Andrew Salmon All rights reserved.

Korean translation copyrightⓒ 20xx by Chaek Mirae Co.

Korean translation rights arranged with Fox & Howard Literary Agency

through EYA(Eric Yang Agency).

이 책의 한국어 판 저작권은 EYA(에릭양 에이전시)를 통해

Fox & Howard Literary Agency 사와 독점계약한 '책미래'에 있습니다.

저작권법에 의하여 한국 내에서 보호를 받는 저작물이므로

무단전재 및 복제를 금합니다.

그을린 **대지**와 검은 **눈**
SCORCHED **EARTH**, BLACK **SNOW**

한국 전쟁의 영국군과 오스트레일리아군

앤드루 새먼 지음

이동훈 옮김

책미래

검은색 눈을 봤다! 이거야말로 현대전의 모습이다……

— 팽덕회(彭德懷) 원수. 1950년 한국에서

전선의 땅에는 이제 흙보다

뼈가 더 많을 지경이라고 하더군요……

— 위장(韋莊). 9세기 당나라에 살았던 시인

그리고 전쟁이다!

"잡역병이여, 등불을 들어라.

탁자 위에 편안하게, 조심스럽게 내려놓아도 된다.

고맙네. 이제 가도 좋다.

그리고 전쟁이다! 하지만 여기부터는 보여 주는 부분이 아니지……".

— 에드가 월레스(Edgar Wallace)

왼쪽: 영국군 지휘관들이 한국의 어느 곳에서 포즈를 취했다. 왼쪽부터 아가일 연대 제1대대장 레슬리 닐슨 중령, 제27여단장 바실 '오브리' 코드 준장, 미들섹스 연대 제1대대 앤드루 맨 중령.(배리 리드 제공)

아래쪽: 찰스 '찰리' 그린 중령과 브루스 퍼그 퍼거슨 소령. 이들은 각각 왕립 오스트레일리아 연대 제3대대의 대대장과 부대대장이었다. 두 사람은 전쟁 초기 디거들이 선호하던 슬라우치 햇을 착용하고 있다.(오스트레일리아 전쟁 박물관 사진 146876-1)

위쪽: 배수진을 친 UN 군의 부산 방어선을 향해 북한군은 포위 공세를 벌였다. 한국군도 미군도 아니었던 최초의 증원 부대인 영국군 제27여단의 장병들은 낙동강을 감제하는 위치에 브렌건(경기관총)을 설치했다. 앞쪽의 나선형 모양 말뚝은 철조망 설치를 위한 것이다.(ⓒAP/Press Association Images)

오른쪽: 282 지점 정상에서 벌어진 사건으로 인해 과다출혈로 의식을 잃은 조크 에딩턴 소위가 의무후송되고 있다.(아가앨 앤 서덜랜드 하일랜더스 박물관)

왼쪽: 가장 뛰어난 전쟁 보도 사진의 반열에 오른 이 사진은, 미 해병대원이 오른쪽 은신처에 숨어 있던 북한군 저격수를 사살하는 순간을 AP의 종군 기자 맥스 데스포가 촬영한 것이다. 데스포의 사진은 한국 전쟁에서 흔하게 벌어졌던 초근접거리 전투의 한 장면을 담았다.(ⒸAP/Press Association Images)

가운데: UN군 최고사령관 더글러스 맥아더 장군이 인천 상륙 작전 모습을 보고 있다. 그의 오른쪽에 있는 사람은 미국 제10군단장 네드 아몬드 장군이다. 인천에서의 승리 덕택에 트루먼 행정부와 미 합동참모본부는 이후 맥아더의 전략에 대해 감히 의문을 제기하지 못하게 되었다. 그러나 인천에서의 승리는 이 명장의 마지막 승리가 되고 말았다.(ⒸAP/Press Association Images)

아래: UN군은 북으로 진격했다. 데이비드 윌슨 소령의 A중대 스코틀랜드 병사들이 사리원 남쪽 고지의 북한군 진지를 향해 돌격하고 있다.(타임 앤드 라이프 픽처스/게티 이미지스)

위쪽: 두 아이가 죽은 어머니 곁에 앉아 있다. 어머니는 아가일 대대가 사리원으로 진격하던 중 살해당했다. 한국인들은 전쟁으로 인해 엄청난 고통을 당했다.(ⒸAP/ Press Association Images)

왼쪽: 아가일 대대원들이 한국인 아이를 전선에서 안전지대로 데려오고 있다.(오스트레일리아 전쟁 박물관 사진 P00675_065-1)

오른쪽: 아가일 대대가 거리를 소탕하는 동안, 사기 넘치는 디거들이 미군 셔먼 전차를 타고 사리원의 폐허 속을 누비고 있다. 해가 진 이후, 이 도시는 현대전에서 지극히 보기 드문 근접 조우의 현장이 되었다.(오스트레일리아 전쟁 박물관 사진 P00675_057-1)

왼쪽: '사과 과수원' 전투가 끝난 후, 논에 쓰러져 있는 북한군 병사의 시신 뒤를 미군 셔먼 전차가 지나가고 있다. 왕립 오스트레일리아 연대 제3대대의 이 첫 전투는 코드 여단장을 매우 기쁘게 해 주었지만, 따라오던 일부 병력들은 크게 놀랐다. (오스트레일리아 전쟁 박물관 사진 P01813_656-1)

오른쪽: 로비 '암살자' 로버트슨. 토끼 사냥꾼이자 왕립 오스트레일리아 연대 제3대대의 저격수인 그는 900m 떨어진 표적도 맞힐 수 있도록 훈련받았다. 하지만 한국 전쟁에서의 그의 첫 사살 전과는 손닿는 거리에 있는 적을 쏴 죽여서 얻은 것이었다. (오스트레일리아 전쟁 박물관 사진 P03732_001-1)

아래: 불타는 마을에서 아가일 대대의 브렌 건 사수가 적 저격수와의 전투를 준비하고 있다. 그가 쓰고 있는 니트 캡(knit cap)은 대부분의 영국군 장병들이 철모보다 더욱 선호하던 모자이다. (아더 걸리버/빅토리아 주립 도서관 제공)

위쪽: 영국군 제27여단은 UN군 진격의 선봉에 섰다. 아가일 대대의 장교가 미 육군 제89전차대대의 셔먼 전차에 타고 쌍안경으로 주변을 감시하고 있다. 주변 경치는 숙천과 순천 이북에서 흔히 볼 수 있는 산악 지대이다.(타임 앤드 라이프 픽처스/게티 이미지스)

위쪽: 북한 민간인의 시신. 사지 중 둘이 수류탄으로 날아가 버렸다. 고폭탄의 파괴력을 알려 주는 무시무시한 증거이다.(오스트레일리아 전쟁박물관 사진 147015-2)

왼쪽: 미들섹스 대대의 브렌 건 캐리어가 불타는 초가집 앞을 지나가고 있다. 초가집은 아마도 저격수를 소탕하기 위해 불태워진 것 같다. 조종수 관측창에 브렌 건 경기관총이 거치된 점을 주목하라.(아더 걸리버/ 빅토리아 주립 도서관 제공)

위쪽: 현지 주민들의 도움을 얻어 진행된 우스꽝스러운 청천강 도하 작전에서 강을 건너는 다이하드들. 영국군은 이 작전에서 막대한 사상자가 날 것으로 예상했으나 북한인민군의 반격이 없었기 때문에 한숨을 돌릴 수 있었다.(배리 리드 제공)

오른쪽: 거진의 '끊어진 다리'. 디거들이 급조한 사다리를 사용해 진격하고 있다.(오스트레일리아 전쟁 박물관 사진 HOBJ1646-2)

아래쪽: 거진 전투 이후 태룡강 서안에 선 디거들. 저 멀리에 보이는 고지를 통해 새로운 적군이 몰려와 제27여단 포위를 시도하게 된다. 앞쪽에는 바주카포와 노획한 적군의 화기가 보인다.(오스트레일리아 전쟁 박물관 사진 P01813_660-1)

위쪽: '목표물 개구리'를 놓고 벌어진 전투에서 네이팜탄에 격파된 T-34 앞으로 디거들이 지나간다. 타 버린 북한 전차병 시신들을 본 일부 병사들은 수십 년 동안 그 모습을 잊지 못하고 괴로워했다고 한다.(아더 걸리버/빅토리아 주립 도서관 제공)

왼쪽: 10월 30일, 영국군 제27여단은 공격 한계선인 정주에 도착한다. 이제 한국 전쟁은 UN군의 승리로 끝나는 듯이 보였다. 그러나 불타는 마을을 감제하는 고지에 진지를 구축한 일부 아가일 대대 병사들은 어둠이 내리자 뭔가 이상하고 불길한 위협을 느꼈다.(아더 걸리버/빅토리아 주립 도서관 제공)

왼쪽: 박천 남쪽에서 부상당한 디거가 치료를 받고 있다. 의무병은 토머스 머리 상사이다. 그는 '끊어진 다리' 전투에서 보여 준 공훈으로 조지 훈장(George Medal)을 받았다.(오스트레일리아 전쟁 박물관 146958)

오른쪽: 중국군의 개입으로 박천 전투가 개시되었다. 왕립 오스트레일리아 연대 제3대대의 박격포탄이 미군 셔먼 전차 위를 가로지른다. 디거들은 제27여단의 후퇴로를 감제하는 고지를 탈환하려 했다.(빅토리아 주립 도서관 제공)

아래쪽: 영국군 제27여단 병력이 미군 셔먼 전차를 엄폐물 삼아 적의 화망을 뚫고 적보다 먼저 청천강에 도착하려 하고 있다.(타임 앤드 라이프 픽처스/게티 이미지스)

왼쪽: 작은 여자아이가 대동강을 건널 차례를 기다리고 있다. 이 아이를 포함해 총 63만 명의 북한인들이 1950년과 1951년 사이의 겨울에 월남했다.(ⒸAP/Press Association Images)

아래쪽: 민간인들은 필사적으로 평양의 휘어진 대동강 철교 위에 올라, 서로 모여 앉아 추위를 녹였다. 맥스 데스포의 카메라도 간신히 작동될 만큼의 추위였다. 그러나 전쟁의 참상을 담은 이 사진으로 그는 퓰리처상을 받았다.(ⒸAP/Press Association Images)

왼쪽: 코만도들이 북한의 철도에 폭탄을 설치하고 있다. 베레모와 군복에 어떤 마크도 없는 것에 주의하라. 참고로 이 사진은 1951년에 촬영되었다. 코만도는 1950년에는 모두 야간에만 작전을 실시했기 때문에 사진이 없다.(미 해군 제공)

가운데: 코만도들이 UN군의 최후 공세를 위해 미 제1해병사단과 합류하고자 함경고지로 향하고 있다. 이들은 결국 한국 전쟁에서 가장 지독한 싸움터였던 장진호로 가게 된다.(레스 쿠트/영국 해병대 박물관 자료 사진 제공)

왼쪽: 고토리 관측소에서 본, 하갈우리로 가는 상곡. 이곳은 지옥불 계곡에서 드라이스데일 기동부대(Drysdale Taskforce)가 지나갔던 길이다. 빛이 굴절된 것은 장진호의 이상한 대기 환경 때문이다.(레스 쿠트/영국 해병대 박물관 자료 사진 제공)

위쪽: 중국군이 하갈우리 비행장을 포위 공격하자, 해병대 포병이 105㎜ 곡사포로 주변 고지를 포격하고 있다. 곡사포와 고지 사이에는 급조 활주로 위에 서 있는 의무후송용 C-47 항공기가 보인다.(미 해병대 제공)

아래쪽: 돌파 작전이 진행 중이다. 철거된 도로 장애물 위에 선 미 해병대원들이 고지의 중국군에게 네이팜탄을 투하하는 코르세어 전투기(연기 속)를 보고 있다. 이렇게 공격을 하고 나면 적이 다시 사격을 가하기까지 15~20분 동안 움직일 시간이 있었다. 영국 코만도들은 미 해병대의 근접항공지원이 매우 정확한 데 놀랐다.(미 해병대 제공)

오른쪽: 지옥불 계곡에서 회수된 미 해병대와 영국 코만도의 얼어붙은 시체들이 고토리에서 매장을 기다리고 있다. 땅이 너무 단단히 얼어붙어, 폭발물로 땅에 구멍을 내고 그 속에 시체를 매장할 수밖에 없었다.(미 해병대 제공)

왼쪽: 고토리에서 재집결한 41코만도. 왼쪽부터 팻 오븐스 대위, 데니스 올드리지 소령, 더글러스 드라이스데일 중령.(레스 쿠트/영국 해병대 박물관 자료 사진 제공)

아래쪽: 차단관리소 앞, 폭파된 다리 북단 위에 서 있는 미 해병대원들. 사진에 보이지 않지만, 이 왼쪽에는 깊이 870m의 골짜기가 펼쳐져 있다. 미국 제1해병사단과 41코만도는 후방에 있던 다리가 폭파된 탓에 중국군에게 포위당할 위험에 처하게 되었다.(미 해병대 제공)

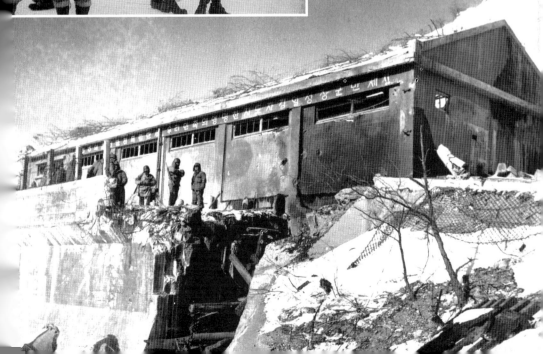

위쪽: 영국 코만도와 미 해병대 공병들이 공중 투하된 부교를 통해 황초령 고갯길을 통해 남쪽으로 가고 있다. 사진 중앙에는 부상당한 드라이스데일 중령이 걷는 모습이 찍혀 있다.(미 해병대 제공)

아래쪽: 1950년 크리스마스 이브, USS 비고(Begor)가 완료되는 흥남 항구를 배경으로 떠 있다. 흥남 항구의 폭파는 초토화 정책의 가장 화려하고 확실한 표명이었다. 북한을 침공했던 UN군이 결국 목표 달성에 실패하고, 북한 땅에 묵시록적인 작별 인사를 고하는 순간이었다.(©AP/Press Association Images)

차례

서문
머나먼 곳에서 벌어진 살육,
잊힌 병사들

우리 조상들이 오래 전부터 알고 있었던 하나님,

머나먼 전선에서 우리와 함께하시는 주님,

우리가 잡은 당신의 웅대한 손아래 펼쳐진

야자수와 소나무가 당신 것이옵니다.

만군의 주 하나님이여, 우리와 함께하소서.

그리하여 우리로 잊지 않게 하소서, 잊지 않게 하소서!

– 러디어드 키플링(Rudyard Kipling)

새 천년이 밝아온 이후, 영국인들이 억지로 다시 배워야 했던 뼈아픈 교훈이 있다. 바로 전쟁에서는 병사들이 죽는다는 사실이다.

너무 당연한 이야기 아니냐고 할지 모른다. 하지만 현대에 벌어진 기묘한 구식 전쟁인 포클랜드 전쟁을 제외하면, 1980년대와 1990년대에 벌어진 사건들은 병사들이 죽지 않는 전쟁도 있다는 것을 입증해 보이는 듯했다. 아프리카와 발칸 반도에서의 평화유지 작전, 북아일랜드에서의 대게릴라 작전, 그리고 일방적인 게임으로 진행된 사막의 폭풍 작전에서 영국은 너무나도 경미한 사상자만을 내고 안심했다. 영국군은 무척이나 잘 훈련되어 있고 좋은 장비를 갖추고 있기에 저강도 분쟁에 단독 개입할 때는 물론

이고, 강력한 우방인 미국과 연합해 고강도 분쟁에 개입할 때에도 최소한의 위험부담만으로 작전을 수행할 수 있을 것처럼 보였다.

그러한 고정관념은 이제 산산이 깨진 지 오래다. 이라크와 아프가니스탄에서 영국군이 만난 적은 비록 부실한 무장을 가졌지만 노련한 솜씨로 싸웠고, 종교적 신념으로 무장해 게릴라 전술을 구사했다. 이들은 결코 붕괴되지 않았을 뿐더러, 결코 경미하다고는 볼 수 없는 수준의 손실을 영국군에게 입혔다. 물론 (아직은) 영국군이 휘청거릴 정도로 큰 손실은 못 입혔지만 말이다.

이라크 전쟁과 아프가니스탄 전쟁은 영국이 참전한 전쟁 중에서 가장 언론의 주목을 많이 받은 전쟁이다. TV 보도, 동영상 공유 웹사이트, 무수한 기사와 책들이 이 두 전쟁을 다루었다. 아마도 이러한 언론 보도의 집중포화 덕에 일부 평론가들은 이들 두 전쟁이 그 강도와 사상자, 위험성 면에서 영국이 제2차 세계대전 이후 치른 전쟁 중 최고라고 여기게 되었는지도 모른다.

하지만 그건 전혀 말도 안 되는 이야기다. 영국이 제2차 세계대전 이후 치른 전쟁 중 가장 크고 가장 인명피해가 컸으며 가장 잔인했던 전쟁은 따로 있었다. 이라크 전쟁이나 아프가니스탄 전쟁과는 비교도 할 수 없을 정도였다. 하지만 그 전쟁은 당시에도 주목을 거의 받지 못했으며, 오늘날의 영국인들도 그 전쟁을 거의 모르고 지낸다. 그 전쟁은 다름 아닌 한국 전쟁이다.

왜 한국 전쟁은 영국이 제2차 세계대전 이후 치른 전쟁 중 가장 큰 전쟁인가? 무려 수백 km 단위로 진격과 후퇴가 이루어졌으며, 세계에서 제일 인구가 많은 나라의 군대를 상대로 전투가 벌어졌기 때문이다. 왜 한국 전쟁은 영국이 제2차 세계대전 이후 치른 전쟁 중 가장 인명피해가 큰 전쟁인가? 불과 3년간 벌어진 이 전쟁에서 영국군 1,087명이 전사했다. 이는 포클랜드 전쟁(255명 전사), 이라크 전쟁(179명 전사), 아프가니스탄 전쟁(349명 전사)의 전사자를 모두 합친 수(783명 전사)보다도 더 많다.[1] 왜 한국 전쟁은 영국이 제2차 세계대전 이후 치른 전쟁 중 가장 잔인한 전쟁인가? 이 책에 나온 여러 사례들을 본다면 그 점을 명확히 알게 될 것이다.

군대가 수행할 수 있는 작전의 규모와 강도는 국가의 의지에 달려 있다. 그러나 21세기의 영국은 사상자 발생 및 전쟁 비용에 매우 민감하다. 오늘날 영국은 디스크에 걸려 적들 앞에서 등을 제대로 못 펴고 있다. 그것을 가장 상징적으로 보여 주는 것이 지난 2007년 바스라(Basrah)에서의 치욕적인 퇴각일 것이다. 이러한 태도는 영국이 지난 1950년 한국에서 보여 주었던 강인한 태도와는 너무나도 대조적이다. 1950년 당시의 영국은 제2차 세계대전으로 파산했으며 제국을 포기하고, 지나치게 많아진 군 전력으로 어려움을 겪고 있었다. 그러나 영국 정부는 국제연합(UN)의 창립회원국으로서, 미국의 우방으로서, 침략을 당한 나라의 보호자로서 해야 할 의무가 있었다. 중국이 참전했을 때에도, 사상자 수가 급증할 때에도, 참전으로 인해 영국인들의 병역의무기간이 길어지고 국방예산이 늘어날 때에도 영국은 꿋꿋이 자리를 지켰다. 이는 명예로운 행동이었다.

1950년, 장비와 화력 면에서 모자라던 영국군 여단은 우스울 정도로 급하게 사전 통지를 받고서는, 머나먼 낙후된 나라의 위험한 전쟁터에서 알지도 못하는 생소한 적과 싸우러 급파되었다. 아프가니스탄 전쟁에서 영국군은 미군과 함께 싸웠다. 그러나 한국 전쟁 초반 수개월간 미군의 전투력은 최악이었다. 영연방 제27여단은 좋은 부대였지만, 정예라고 부르기는 어려운 상황이었다. 이들은 수송전력도, 기갑전력도, 포병전력도 모두 없다시피 했다. 그러나 이들은 중요한 임무에 투입되어 자신들의 진가를 증명해 보였다. 한편 한국 전쟁 개전 당시 있지도 않았던 최정예 41코만도 (Commando)는 미국의 최정예부대인 제1해병사단에 배속되었다. 한국 전쟁의 가장 참혹한 전투에서 41코만도는 미국 대통령 부대 표창을 받았으며 정전 60년이 넘게 지난 현재까지도 함께 싸운 전우들의 박수갈채를 받고 있다.

* * *

이 책은 한국 전쟁의 전 과정을 담고 있지는 않다. 일반적인 수준의 독자라면 맥스 헤이스팅스 경(Sir Max Hastings)의 《The Korean War》를 권한다. 전문적인 수준의 독자라면 앨런 밀레트 박사(Dr. Allen Millet)의 《The War in Korea》 3부작을 권한다. 하지만 둘 다 필자가 앞서 열거한 두 부대의 한국에서의 활약상을 자세하게 다루지는 않았다. 두 부대 모두 1951년까지도 작전을 계속 수행했다.* 이 책은 한국 전쟁의 가장 극적인 기간인 1950년 호랑이해의 여름부터 연말까지 두 부대가 벌인 활약에 대한 이야기체 역사이다.

이 수개월의 기간 동안 대한민국의 방어, 그리고 북한 영토 내로의 진격은 물론, 중국군의 전격적 참전과 UN군의 처절한 패배, 지옥과 같은 철수와 백척간두의 운명에 놓인 나라의 비극이 다루어진다. 심지어는 여름과 가을, 겨울에 걸친 해당 기간의 날씨 역시 역사적 상황을 반영하고 있었다. 물론 미국 역사학자들도 이 기간을 다뤄 오고 있었다. 그러나 이 책은 대부분의 역사가들이 기록하지 않았던 사람들, 즉 UN군 사령부 최초의

---

* 필자의 《마지막 한 발》은 1951년 한국전에서 싸운 영국군의 이야기를 다루고 있다. 이 이야기는 영국 제29여단에 관한 것이지만, 이 책에서는 제외했다.

한국군도 미국군도 아닌 지상 병력이었던 오스트레일리아군과 영국군의 이야기를 다루고 있다.

이 책에서 다루고 있는 에피소드 중에는 영국군이 당했던 제2차 세계대전 이래 최악의 오인 사격 사건, 그리고 악수를 나눌 만큼 근거리에서 벌어졌던 믿어지지 않는 국적 오인 사건, 포위망 탈출을 위한 필사적인 사투, 시베리아를 방불케 할 만한 추위 속에서의 참혹한 철수전 등이 있다. 이 책에 나오는 부대들은 매우 다양한 체험을 할 수 있을 만큼의 크다면 큰 규모였지만, 또한 장병 개개인의 모습이 충분히 드러날 정도로 작다면 작은 규모였다. 그렇다면 이들의 이야기를 어떻게 풀어나갈까?

군사사를 서술하는 데는 크게 세 가지 방법이 있다. 첫 번째 방법은 군사학적으로 다루는 것이다. 장군의 시점에서 전략적으로, 작전도상에 나타난 부대의 큰 이동경로 위주로 다룬다. 두 번째 방법은 기술적으로 다루는 것이다. 전투원들이 보유했던 무기의 장단점 위주로 다룬다. 세 번째 방법은 휴먼 스토리 위주로 다루는 것이다. 전쟁 때 군인들에게 일어난 일, 군인들이 보고, 행동하고, 생각하고, 먹은 것 위주로 다룬다.

전체 맥락을 다루기 위해 필자는 정치가들의 회의실과 장군들의 지도 탁자 위에서처럼 전반적인 상황을 간략하게 다룰 것이다. 그리고 병기와 장비에 대한 정보도 다룰 것이다. 그러나 필자는 세 번째 방법을 가장 좋아한다. 다른 모든 역사와 마찬가지로 전쟁 역시 개인사의 집합체이다. 물론 필자는 이 책을 쓰기 위해 다른 책들, 기사들, 편지들, 부대 일지, 개인 노트 등도 참조했다. 그러나 이 책의 가장 핵심적인 부분은 참전자들의 육성 증언이다. 이 증언을 통해 독자들이 참전자들을 만나, 그들의 시각으로 전쟁을 볼 수 있기를 바란다.

인터뷰 실시야말로 이 책의 핵심이다. 필자는 인터뷰를 진행하면서 노병들이 예전에는 그 누구도 물어보지 않았을 일들에 대해 입을 열어 말하는 것을 보고 놀랐다. 그들의 말에는 감정이 실려 있었다. 어떤 참전 용사는 첫 전투에서 소대장이 보여 준 탁월한 지휘력에 대해 말하다 눈물을 흘리며 말을 더 잇지 못하기도 했다. 코만도 출신 노병은 아주 절박한 상황을 묘사하면서 팔을 휘두르다가, 커피 잔을 카펫 위에 엎기도 했다. 그분의 아내는 거기에 대해 불평을 하지 않았다. 하지만 그날 밤 자기 남편이 잠을 이루지 못할 거라고 털어놓았다. 전쟁에 대해 이야기한 것이 마음속의 악몽을 끄집어낸 것이다. 어떤 사람은 자신의 전쟁 체험을 적은 수필집을 주기도 했다. 그러면서 필자와 다른 두 참전 용사에게 자신이 보았지만 차마 적지는 못한 전쟁 범죄에 대한 이야기를 털어놓았다. 필자는 그가 이전에는 살인에 대해 이야기한 적이 없었을 것이라는 생각이 들었다. 일부 참전 용사들이 자신이 본 무수한 죽음에 60년이 지나서까지도 괴로워하며 잠자리에서도 거기서 벗어나지 못하는 점을 볼 때, 한국에서 입은 마음의 상처가 얼마나 컸는지 짐작이 갈 것이다.

그러나 그들의 전쟁은 대중문화에서 다루어지지 않았다. 한국 전쟁을 다룬 책은 소수에 불과하며, 한국 전쟁을 다룬 영화는 더더욱 적다. 한국 전쟁 당시 여름철의 논은 눈부신 에메랄드빛이었고, 네이팜탄은 오렌지색 화염을 뿜으며 터졌으며, 겨울의 산들은 푸르고 차갑게 빛났지만 시각자료의 대부분을 이루는 흑백사진들은 이러한 당시의 참 모습을 제대로 보여 주지 못하고 있다. 영화 제작자들과 소설가들은 한국 전쟁에 관심이 없었다. 그 결과 대중들은 한국 전쟁에 대해 잊게 되었다. 제2차 세계대전이 종식된 이후 현재까지 이 전쟁의 이야기는 감춰져 왔다. 한국 전쟁의 속도와 성격은 바깥 세계가 이해하기 어려울 정도로 심하게 바뀌었다. 그러한 상황은 일선의 병사들을 혼란시키고 두렵게 했다. 한국 전쟁은 처음에는 이데올로기에 의한 내전이었으나 확전되어 UN의 전쟁이 되었다. 한국 전쟁은 자유세계가 공산국가 영토를 침공한 유일한 전쟁이었으며, 초강대국 사이의 처음이자 유일한 전쟁이었다. 1950년 한국 전쟁에 참전한 병사들은 현대 중국이 세계 무대에 전격적으로 등장하는 모습을 직접 목격했다.

현대의 군인들은 반세기 훨씬 이전의 한국 전쟁보다 훨씬 덜 잔인한 전쟁을 하지만 언론의 매우 큰 주목을 받는다. 일부 한국 전쟁 참전 용사들은 이 점을 매우 놀라워한다. 오늘날 아프가니스탄에서 영국군 전사자가 발생할 때마다 그 사실이 언론에 거의 빠짐없이 보도된다. 그러나 한국 전쟁에서 스러진 것은 개인뿐만이 아니었다. 제2차 세계대전 이래, 영국과 미국이 참전한 전쟁 중에서 부대 전체가 괴멸된 적이 있는 전쟁은 한국 전쟁뿐이다. 1950년 당시 영국군은 미국 제2보병사단이 군우리에서 당한 불의 심판에 약간 연관되어 있었다. 그리고 장진호에서 포위망을 뚫고 나온 미국 제1해병사단과도 함께 싸웠다. 미군은 군우리 전투에서 2개 연대에 심각한 피해를 입었으며, 장진호 전투에서는 1개 연대가 괴멸되었다. 이는 가장 인명피해가 컸던 베트남 전쟁의 단일 전투를 능가하는 피해였다.

영국군이 북한의 '그을린 대지'에서 퇴각했을 때의 참상은 가히 미증유에 가까운 엄청난 것이었다. 생존자들은 아직까지도 그때의 상황을 제대로 입에 담기 힘들어 한다. 혹자는 당시의 상황을 제임스 본드 영화의 절정 장면에 비유하기도 했다. 주인공을 둘러싼 세트가 모조리 폭발하며 무너지면서 주인공은 아슬아슬하게 그곳을 빠져나오는 그런 장면 말이다.

한국 전쟁은 35년 동안 일본의 식민지배를 받았다가 분단되어 5년 동안 서로 대립되는 이데올로기의 지배를 받아 양극화된 한반도에서 벌어진 전쟁이었다. 냉전 기간 동안에 벌어진 분쟁 중 분노의 악마적인 힘이 이만큼 크게 분출된 싸움은 없다. 한국 전쟁 중 발생한 가혹행위 중 대부분은 한국인들 사이에 벌어진 것이다. 한국 전쟁 참전 용사라면 누구나 북한 측, 혹은 대한민국 측에 의해 학살당한 민간인들의 시신이 도랑 속이나 무너진 건물 속에 잔뜩 쌓여 있었다고 증언한다. 하지만 독자들은 오스트레일리아군과 영국군이 저지른 가혹행위도 보게 될 것이다. 그들도 마을을 불태우고, 적 부상자와 포로에게 사격을 가하고, 민간인을 학살했다.

60년이 지난 지금 안락의자에 앉은 우리 영국인들이 이들을 단죄할 수 있을까? 아마도 그래야 할 것이다. 그러나 민주주의 국가의 시민인 우리는, 정부가 이들 참전 용사들을 한국으로 보내 더러운 일을 맡겼을 때, 우리가 우리 가운데서 교육시키고 양육시킨 그들이 우리의 이름을 걸고 한 일들에 우리도 일말의 책임이 있음을 인정해야 한다. 이는 결코 행복한 이야기는 아니다. 멜빌(Melville)은 《백경(Moby Dick)》에 이런 말을 썼다.

"북극의 바람이 불어오자, 맹금들이 하늘을 날았다."

이 책에 등장하는 모든 사람들은 친구를 한국의 바위투성이 땅 속에 묻고 왔다. 대한민국 사람들에게는 조국 방어 전쟁이었던 이 전쟁은 그들의 통제를 벗어났다. 그리하여 공산군의 침공이라는 질병을 막기 위해 투입된 UN 개입이라는 치료제도 그 질병만큼이나 지독해져 버렸다. 그럼에도 불구하고 누군가가 한국 전쟁의 중요한 문제들에 대해 필자의 의견을 묻는다면, 필자는 떨어지는 단두대의 칼날만큼이나 단호하게, "한국 전쟁은 정당한 전쟁이었다."고 잘라 말할 수 있다.

1950년, 인류사상 가장 많은 생명이 스러져간 세기에서도 가장 많은 사람을 죽인 살인자인 스탈린의 사주를 받아 북한은 명백한 침략 행위를 자행했다. 그리고 그 침략을 명령한 김일성이 만든 국가는, 그 어떤 다른 나라보다도 인간의 정신에 큰 손해를 입히고 있다. 김일성의 업적(이라는 표현을 쓸 수 있을지도 의심스럽지만)으로 인해 UN은 사후 개입할 명분을 얻었다. 사실 1950년 11월 UN군은 한반도를 거의 재통일시킬 뻔했다. 그때 모택동이 개입해 김일성의 목숨을 지켜 주고 대한민국을 다시금 괴멸 직전으로 몰고 갔던 것이다. 하지만 대한민국은 괴멸되지 않았다. 1950년에 보여 준 병사들의 고통스런 희생은 결코 헛되지 않았다. UN군 사령부는 전멸을 피한 후 1951년 전력을 다시 보강했다. 1953년 우여곡절 끝에 정전협정이 조인되었다. 전쟁의 공포를 직접 체험했던 일부 병사들이 이 전쟁의 대의에 의문을 품기도 했지만, 훗날 대한민국에 다시 찾아와 한국인들의 진정한 환대를 받은 참전 용사들은 그런 의문을 더 이상 품고 있지 않다.

대한민국은 괴멸을 모면했을 뿐 아니라 크게 발전했으며 처음에는 경제 발전의 모델을, 그리고 나중에는 정치 및 사회 발전의 모델을 제시하고 있다. 이 책에서 묘사한 사건들은 오늘날 가장 크게 성공한 어떤 나라가, 한 인간의 수명에도 못 미치는 시간인 불과 60년 전에는 얼마나 허약한 나라였는지를 보여 주고 있다.

* * *

인생의 황혼기에 접어든 한국 전쟁 참전 용사들은 이제 후대에 눈을 돌리게 되었다. 몇몇 인터뷰 참가자들은 인터뷰를 마감하면서, 자신들의 기억을 발굴해 준 필자에게 고마움을 표시했다. 필자 역시 그들에게 감사를 표하는 바이다. 저술가로서 나는 이 엄청나고 끔찍했지만 사람들에게 거의 알려지지 않았던 사건들을 기록하는 일을 일종의 특권으로 느꼈으며, 때로는 그 앞에서 스스로가 작아짐을 느끼기도 했다.

그리고 이들의 기억은 오늘날에도 매우 중요하다. 이러한 비극이 다시 일어나지 않는다는 보장이 없기 때문이다. 한국이 겪은 비극의 마지막 장의 극본은 아직 써지지 않았다. 북한은 아직도 세계에서 가장 위험한 국가로 남아 있으며, 중국 역시 그런 북한에 대한 지원을 계속하고 있다. 한반도 문제가 지금도 종종 신문의 제1면에 대서특필된다는 점을 감안한다면, 한국에서 벌어졌던 엄청난 규모의 파괴와 학살에 대해 기억하고 배워야 할 이유는 충분하다.

분쟁 전문가들이 이 책에서 정치와 전략에 대한 새로운 지식을 얻을 수는 없을 것이다. 그러나 이 전쟁 속의 휴먼 스토리에 초점을 맞춘 필자는 '잊힌 전쟁'이 벌어진 지 60년이 넘게 지난 현재, 이 책이 1950년 엄청난 학살로 인해 폐허로 변했던 불운한 한반도에 대한 관심을 환기시키기를 바란다. 그리고 더 나아가 이 책이 제27영연방 여단과 41코만도의 잊힌 병사들의 행적을 되살리기를 바란다. 이 비극적인 전쟁에서 매우 특별한 역할을 수행했던 그들의 생생한 기억이 영원히 사라져 버리기 전에 말이다.

2011년 1월, 서울에서
앤드루 새먼

용어

부대 편제

분대   8~10명으로 구성. 분대장은 중사.

소대   3개 분대로 구성. 소대장은 중위.

중대   3개 소대와 중대 본부로 구성. 인원은 120~150명. 중대장은 소령.

대대   3~4개 소총 중대와 행정 업무를 보는 본부 중대 1개, 보급 및 통신 부대, 화기중대(기관총 소대, 박격포 소대, 대전차 소대 1개씩으로 구성)으로 구성. 인원은 600~700명.

여단   3개 대대와 지원 부대로 구성(단, 제27여단은 지원 부대가 없었음) 인원은 2,500~5,000명. 여단장은 준장. 미군에서는 연대 전투단으로도 부름.

사단   3개 여단으로 구성, 인원은 약 15,000명, 사단장은 소장

군단   사단 2~3개로 구성 인원은 40,000명 이상. 군단장은 중장

주: 위 설명은 한국 전쟁 당시의 영국군 편제를 기본으로 한 것이다. 미국식 편제는 단위 부대당 인원과 화력이 영국식 편제보다 많다.

약어와 용어

2ID   2nd Infantry Division. 미국 제2보병사단.

ACT   Air Contact Team. 항공 연락반. 보병 부대에 파견되어 무전기로 항공 공격을 통제한다.

Assault Pioneer 전투공병. 보병 부대에 소속된 공병.

AP   Associated Press. 미국 연합통신사.

APD   Assault Personnel Destroyer. 고속전투수송함. 병력을 싣고 해안을
             공격하는 미국의 함급.

AWOL   Absent without leave. 무단 군무 이탈.

BAR   Browning Automatic Rifle. 브라우닝 자동소총. 미군의 경기관총으
             로 20발들이 탄창으로 급탄한다. 브렌 경기관총에 비해 전반적인 성
             능은 떨어짐.

Bivvy   비비. 비박(야영)의 줄임말. 작은 텐트나 간단한 숙영지를 호칭하기도
             한다.

BOAC   British Overseas Airways Corporation. 영국 해외 항공 공사. 영국
             항공의 전신.

Bren   브렌. 체코에서 설계한 경기관총으로 영국군도 사용했다. 정확성, 신
             뢰성, 빠른 총열 교환 기능 때문에 인기가 많았으나, 분당 발사율이
             500발 정도로 느리고 30발 탄창으로 급탄되는 점은 단점이었다.

Brew up   명사와 동사 모두로 쓰인다. 문맥에 따라 차를 끓인다는 뜻 또는 차
             량을 폭파하거나 불을 지른다는 뜻으로 읽을 수 있다.

Burp Gun   버프 건. 소련에서 제작한 슈파긴 PPSh-41 기관단총. 튼튼하고 믿음
             직스러우며 71발들이 드럼식 탄창을 사용하는 강력한 무기이다. 형편
             없는 영국제 스텐 기관단총보다 훨씬 우수하다. 트림을 하듯 부르륵
             거리는 특유의 발사음 때문에 별명이 이렇게 지어졌다.

CCF   Chinese Communist Forces. 중공군.

CO   Commanding Officer. 대대장. 보통 중령이 맡는다.

Corpsman   미국 해병대에 배속된 해군 의무병.

CP   Command Post. 지휘소.

CPV   Chinese People's Volunteer. 중국 인민지원병. 하지만 실제로는 지
             원병이 아니라, 한국에 파병된 중국 인민해방군의 정규 병사들임.

CPVA   Chinese People's Volunteer Army. 중국 인민지원군.

Dead ground	사각지대. 다른 곳보다 움푹 파였거나 고지 또는 능선 뒤에 있어 관측이 불가능한 장소.
DMZ	De-militarised Zone. 비무장지대. 하지만 실제로는 한반도를 둘로 나누고 있는 중무장지대.
DPRK	Democratic People's Republic of Korea. 조선민주주의 인민공화국. 북한의 정식 명칭.
FOO	Forward Observation Officer. 전방 관측 장교. 보통 '푸'라고 읽는다. 전방 부대에 배속된 포병 장교를 지칭함. 통신병과 함께 포격 요청 및 탄착 조정을 하는 것이 임무.
Fire for Effect	사격 통제 명령인 '효력사'. 적의 위치와 거리가 파악되고, 그곳에 아군의 사격이 탄착한 것이 연막탄으로 확인되어 아군의 보병 또는 포병의 사격으로 적에게 인명피해를 입힌 것을 말한다.
Garand	개런드 소총. 미군이 제2차 세계대전과 한국 전쟁 때 사용한 제식 소총.
GI	General Issue(표준 보급품)의 약자. 미국 군인을 가리키는 속어.
Gook	국. 한국 전쟁 당시 아시아인을 지칭하는 속어. 명사 또는 형용사로 모두 쓰인다. 한국 전쟁 발발 50년 이전, 미군은 1898년부터 1902년 사이에 필리핀에서 모로족을 상대로 치열한 전쟁을 벌였는데, 이때 필리핀 모로족(Moros) 게릴라에 대한 멸칭이 '구구(goo-goo)'였다. 이 말은 gobbledy-gook(공문서에 나오는 까다로운 표현을 지칭하는 말이며, 또한 그만큼이나 미군 병사들의 귀에 매우 어렵게 들렸던 현지인의 언어를 지칭하기도 함)이라는 말이 변해서 생겼다는 설이 유력하다. gook이라는 표현이 여기에서 유래된 것인지 또는 필리핀 전쟁과는 상관없이 한국 전쟁에서 독자적으로 생긴 표현인지는 불분명하다. 만약 후자의 설이 사실이라면 처음부터 경멸적인 의미는 없었을 것이다. 한국인들은 미군 병사들을 볼 때 '미국'이라고 불렀다. 미

군 병사들은 이 표현을 "Me, gook(저는 '국'입니다)."이라는 영어로 착각했다고 한다. 그래서 미군 병사들은 한국인들을 '국'이라고 부르게 되었다는 설이다. 물론 이 표현은 이후 부정적인 뉘앙스를 담아 인종차별적 용어가 되었으며, 베트남에서도 쓰였다.

IGS   Imperial General Staff. 제국 일반참모부.

KIA   Killed In Action. 전사.

LMG   Light Machine Gun. 경기관총. 보통 2명이 운용하지만, 1명으로도 운용 가능하다. 당시의 영국 육군에서는 보통 브렌(Bren)을 가리킨다.

LOC   Line of Communication 병참선. 부대 진지 후방의 도로.

LOE   Limit of Exploitation. 전진 한계선. 공격하는 부대가 넘지 말아야 할 선.

LP   Listening Post. 청음초.

LST   Landing Tank Ship. 전차 양륙함.

Mansei   만세. 한국어로 '1만년' 또는 "장수를 기원합니다."라는 뜻. 일본어의 '반자이'와 같은 뜻이며, 영어권 필자들에게는 종종 혼동되기도 함.

MARDIV   미국 해병사단.

MASH   Mobile Army Surgical Hospital. 육군 야전 이동 외과병원.

MFC   Mortar Fire Controller. 박격포 사격 통제관. 포병대의 FOO와 같은 일을 하지만 박격포를 담당한다.

MIA   Missing In Action. 실종.

MLR   Main Line of Resistance. 주저항선. 전방과 후방의 사이에서 방어 작전의 중심을 이루는 곳.

MMG   Medium Machine Gun. 중형 기관총. 한국 주둔 영국군의 경우 대대급 화기로 지급된 탄띠 급탄식 수냉식 빅커스(Vickers) 기관총을 가리킨다. 수 시간 동안 멈추지 않고 연사가 가능하다.

MO	Medical Officer. 대대에 배속된 군의관.
MP	Military Police(or provost). 헌병.
MSR	Main Supply Route. 주보급로. 군용으로만 사용 가능하며 민간인들은 쓸 수 없는 도로 또는 철도
Mucker	머커. 절친한 친구.
NCO	Non Commissioned Officer. 하사관.
NKPA	North Korean People's Army. 북한인민군.
OC	중대장. 보통 소령급.
'O' group	Officers Group 또는 Orders Group. 장교단의 약칭.
OP	Observation Post. 관측소.
POW	Prisoner of War. 전쟁포로.
PLA	People's Liberation Army. 중국 인민해방군. 공산중국의 정규군.
PTI	Physical Traning Instructor. 체력 단련 교관.
PTSD	Post Traumatic Stress Disorder. 외상후 스트레스 증후군.
RAMC	Royal Army Medical Corps. 영국 육군 의무대.
RAP	Regimental Aid Post. 연대 진료소. 대대 본부에 설치되는 야전 진료소로, 후송되기 전 부상자들에게 치료를 해 주고 안정시키는 곳.
RAR	Royal Australian Regiment. 왕립 오스트레일리아 연대.
Recce	Reconnaissance(정찰)의 영국 육군식 줄임말. '레키'로 발음한다. 명사와 동사 모두로 쓰인다.
ROK	Republic of Korea. 대한민국. 남한의 정식 명칭. '록'이라고 발음했다. 한국 전쟁 당시에는 한국군과 한국 병사를 가리키는 말로도 쓰였다.
REME	Royal Electrical and Mechanical Engineers. 영국 전기기계공병.
RV	Rendevous. 접선'
Sangar	상가르. 인도에 오래 주둔했던 영국 육군이 배워 온 말로, 땅을 파기

어려울 때 돌을 높이 쌓아 올려 만든 사격진지를 뜻하는 푸슈툰어
(Pushtu)이다.

Sapper	새퍼. 공병을 뜻하는 영국식 단어.
SBA	Sick Berth Attendant. 함내 병실 근무자. 지원을 통해 영국 해병대 코만도 부대에 배속된 영국 해군 의무병을 뜻한다.
SBS	Special Boat Squadron. 특수주정대. 영국 해병대 코만도의 특수부대이다.
Stag	야간 보초 근무.
Start line	공격 시작점. 현지에 사전 정찰을 하고 테이프로 표시를 해 놓는 것이 이상적이지만, 실제로는 지도상에 금만 그어 놓는 경우가 많다.
Sten	스텐 기관단총. 신뢰도와 인기가 낮은 대량 생산형 영국제 무기이다.
Stonk	야포 또는 박격포에 의한 포격을 가리키는 영국 군대 속어. 명사로도 동사로도 쓰인다.
UN	United Nations(국제연합)의 약자. 대한민국의 방어를 위해 싸운 UN 군의 주력은 미군과 한국군이었지만, 이들은 UN결의안을 따르고 있었다.
UNC	United Nations Command. UN군. 미국이 주도하는 다국적군으로, UN 안전보장이사회 결의안에 따라 대한민국에 대한 침공을 격퇴하고, 국제 평화와 지역 안보를 구현하는 것이 목적이었다.
USMC	United States Marine Corps. 미합중국 해병대.
WGC	War Graves Commission. 전쟁 묘지 위원회.
WIA	Wound In Action. 작전 중 부상.

일러두기

철자에 대해서

지난 2000년, 대한민국 정부는 한국어의 공식 로마자 표기법을 바꾸었다. 이에 따라 Pusan은 Busan이 되었고, Inchon은 Incheon이 되었다. 하지만 필자는 옛날식 표기법을 사용해 왔다. 일관성을 지키기 위해 필자는 중국어 표기법도 병음식 표기법 이전의 방식을 고수할 것이다. 따라서 이 책에서는 모택동을 Mao Zedong이 아니라 Mao Tse-tung으로, 북경은 Beijing이 아니라 Peking으로 표기할 것이다. (역자주: 한국어판에서도 필자의 이러한 의견을 존중하기 위해, 중국의 인명이나 지명은 현지 발음이 아닌, 우리나라식 발음을 사용합니다.)

주석에 대해서

이야기 흐름을 깨거나, 독자들이 책 속 사건의 기간을 잊게 만들 수 있는 흥미로운 정보는 각주로 처리했다. 미주는 자료 출처를 표기할 때만 사용했다.

자료 출처에 대해서

이야기 속 정보의 출처 중 미주 처리가 되지 않은 것은 구술에 의한 것이다. 구술 및 문서 출처에 대해 자세한 사항은, 책 마지막 부분의 '감사의 말과 자료 출처'를 참조하기 바란다. 일부 출처. 즉 잭 갤러웨이(Jack Gallaway), 프레드 헤이허스트 (Fred Hayhurst), 벤 오다우드(Ben O'Dowd), 존 십스터(John Shipster), 데이비드 윌슨 (David Wilson) 등은 인터뷰 및 인터뷰 내용의 발표를 허락해 주었다. 미주 처리되지 않은 이들의 말은 모두 구술에 의한 것이다.

제1부
승리

오! 추악한 전쟁이여!

성군들이 무기를 잘 쓰지 않는 이유를 깨달았다!

— 이백(李白), 8세기 중국 당나라의 시인.

프롤로그
한밤의 이방인들

죽음 아니면 승리, 둘 중 하나를 얻게 된 걸 축하하네!

– 로버트 번스(Robert Burns)

10월 17일 15시 20분. 서측 진격축.[1]

해가 눈부시게 저물어가는 늦은 오후였다. 마을 남쪽의 흙길은 햇빛에 단단하게 굳어 있고, 그 위로 나아가던 수많은 전차와 트럭, 지프들이 멈춰 서 있었다. 빛바랜 전투복을 입고 차량 위에 탄 병사들은 대열 저 앞쪽을 바라보았다. 엔진은 공회전을 하고 있었다. 멈춰 선 차량 대열 저 뒤편에는 겨자색 먼지 구름이 피어오르고 있었다. 장교들은 야전용 쌍안경을 꺼내 길 앞의 도시를 살펴보았다.

이 엉망진창이 된 반도 위의 또 다른 좌표, 또 다른 도시, 또 다른 목표인 그곳의 이름은 사리원이었다. 적국의 수도인 평양으로 가는 도로의 주요 교차로를 차지하고 있는 사리원은 산업과 통신의 요충지였다. 하지만 지금은 별로 그렇게 보이지 않았다. 쌍안경으로 사리원을 살피던 장교들은 도시 남쪽 교외의 철도, 그리고 그 뒤에 있는 거리들, 그 거리를 따라 어디에나 늘어선 목제 전신주들, 그리고 그 거리를 따라 잔뜩 모여 늘어서 있는 초가집과 콘크리트 빌딩, 창고들을 보았다. 심지어 첨탑이 달린 교회도 있었다. 그러나 몇 달 전의 풍경과는 사뭇 달랐다. 그동안 전쟁의 신이 B-26 폭격기의 형상을 하고 이 도시에 찾아왔기 때문이었다. 사리원에 있던 건물들 중 상당수는 폭격을 얻어맞고 연기 나는 구멍으로 변했다.

도시를 굽어보는 능선의 공제선에 처음 보는 실루엣들이 떠올랐다. 적이었다. 전차 포탑에 거치된 기관총들이 불을 뿜었다. 그 실루엣들은 사라졌다.[2] 통신병들은 무전기 마이크에 대고 뭐라고 열심히 떠들었다. 명령이 소대, 분대에까지 전달되었다. 셔먼(Sherman) 전차들이 엔진 소리와 캐터필러의 쇳소리를 내며 제 위치로 움직였다. 캔버스제 탄약대와 탄입대 안에 탄을 빵빵하게 채워 넣은 보병들은 차량에서 둔탁하게 땅으로 뛰어내려, 병기의 발사 준비를 취하고 공격선으로 흩어져 갔다.

이 병사들은 한 달 전에 있었던 첫 대규모 작전에서 1개 중대를 잃는 엄청난 손실을 겪었다. 그러고 나서 앞질러가는 UN군 소속 미군 병사들이 피워 올린 흙먼지를 잔뜩 들이마셨다. 그러나 이제는 이들이 선봉이었다. 적의 영토 내로 쳐들어가는 UN군의 선봉에 선 것이다. 이 도시는 요새화되어 있을까? 여기만 넘으면 평양 평야였다. 선임 장교들은 대접전이 벌어질 것을 예상했다.[3] 아가일 앤드 서덜랜드 하일랜더스(Argyll and Surtherland Highlanders) 연대 제1대대 병사들은 길어진 오후의 그림자를 드리우면서 사리원으로 들어갔다.

시가지 전투는 가장 신경 소모가 심한 싸움이다. 모든 거리는 건물 지붕에서 감제 가능한 골짜기나 다름없다. 모든 건물은 잠재적인 강화진지이다. 건물의 모든 창문에는 저격수가 숨어 있을 수 있고, 모든 복도에는 부비트랩(booby-trap)이 설치되어 있을 수 있다. C중대는 대로를 따라 전진했다. 키가 180cm인 잉글랜드 출신의 병사 로널드 예트먼은 덩치가 더 큰 동료 병사들과 마찬가지로 브렌(Bren) 경기관총 사수 보직을 맡고 있었다. 그는 조심스레 거리를 걸어갔다. 가끔씩 울리는 저격총의 총성이 머리 위로 울렸다. 그러나 진격은 계속되었다. 숙련된 병사들이 멈춰 설 때는 적의 사격이 정확해질 때나 적의 큰 저항에 직면했을 때 말고는 없다. 하지만 이곳에서 그런 징후는 전혀 없었다. 이 도시도 다른 많은 곳과 마찬가지로 소름끼칠 만큼 조용했다.

긴장감은 사라졌다. 예트먼과 그의 동료 병사들은 B중대장인 알라스테어 고든 잉그램 소령과 부중대장인 콜린 미첼 대위가 간단한 차량 정찰을 실시할 동안 엄폐하면서 휴식을 취했다. 그동안 트럭과 전차들이 테가 넓은 모자를 쓰고 미소 짓는 보병들을 잔뜩 태운 채 시내로 들어왔다. 그 보병들은 왕립 오스트레일리아 연대(Royal Australian Regiment) 제3대대 소속이었다. 이들은 사리원을 지나쳐 북쪽으로 진격했다. 얼마 안 가 주변은 다시 조용해졌다.

사리원 외곽에서 적과 짧지만 격렬한 전투를 벌였던 A중대가 도착했다. A중대장인 데이비드 윌슨 소령은 버려진 이발관의 의자 안에 몸을 던졌다. 이발관의 벽에는 키 큰 미국식 거울들이 줄지어 늘어서 있었다. 반쯤 무너진 도시에서는, 특히 3주 동안이나 전쟁터에서 지냈던 장교로서는 기대하기 힘들었던 것들이었다. 이발소 밖에서는 대대장 레슬리 닐슨 중령이 정찰을 마치고 방금 돌아온 B중대 장교 2명을 불러 모았다. 세 사람이 길 한복판에 지도를 펼치고 의논을 하던 중에, 한 대의 트럭이 그들 옆에 와서 멈췄다. 길을 물으러 차를 세운 것이 분명했다. 세 장교의 대화는 중단되었고, 그들은 동시에 똑같은 것을 느꼈다.[4] 그 트럭에는 무장한 적들이 잔뜩 타고 있었던 것이다.

윌슨 주변에 있던 이발소 거울들이 산산조각이 났다. 북한군의 PPSh-41

기관단총이 엄청난 부르륵 소리를 내며 불을 뿜었고, 그 총성은 가까이 있는 벽에 메아리쳐 더욱 크게 들렸다. 이발소 밖에서도 총알이 머리 위로 휙휙 날아다니자 닐슨은 자기 차를 버리고 낮은 담장 뒤로 몸을 숨겼다. 반격하려던 닐슨은 스텐(Sten) 기관단총이 작동불량을 일으키자 당황했다. 그의 상급자들은 그런 당혹감을 겪지 않았다. 고든 잉그램은 랜드로버(Land Rover) 옆에 서서 마치 옛날 서부 시대의 보안관처럼 리볼버 권총을 신중하게 조준 사격해 적들을 쓰러뜨렸다.[5] 이제는 예트먼과 그의 전우들도 가세했다. 그들이 쏜 탄환은 길 한가운데에 무방비로 서 있던 북한군 트럭의 차체를 꿰뚫었다. 북한 군인들은 트럭에서 뛰어내려서 길옆에 있는 도랑으로 뛰어들었다. 실수였다. 이미 그 도랑 위에는 아가일 대대의 병력이 막아서고 있었기 때문이었다. 도랑 곳곳에서 속사음이 울리고, 아가일 대대 병력들은 북한군들을 사살했다.

북한군 트럭의 운전병은 차를 가속시켜 화망 속을 빠져나가려 했다. 이미 벌집이 된 트럭이 요동치며 앞으로 나아가자, 예트먼의 소대원이 도랑을 따라 달리며 수류탄을 던졌다. 수류탄은 트럭의 화물칸 속에 떨어져 폭발했다. 트럭은 불타면서 길옆으로 달려갔고, 탑승자들은 모두 죽었다. 갑자기 정적이 흘렀다. 예트먼은 이번 적군과의 조우가 약간 위험했다고 생각했다. 도로 폭보다 짧은, 매우 가까운 거리에서 적과 교전을 벌였음에도 아가일 대대 병력 중에는 사상자가 전혀 없었다. 반면 북한군은 30명이 거리 위에 나뒹굴고 있었다. 그중에는 영국군에 포로가 되었다가 전투에 휘말려 죽은 사람도 있었다.[6] 구호해 줘야 할 부상병도 없었고, 심문해야 할 포로도 없었다. 대대 부관인 존 슬림 대위는 이렇게 말했다.

"6m 이내에서 사격을 가하면 우리 스코틀랜드 사람들은 화를 내지. 그 다음부터는 봐주는 거 없어. 쏘는 족족 맞혀서 죽인다고."

불타는 트럭에서 나오는 불빛이 엉망이 된 거리를 비추었다. 해가 저물어 가고 있었다.

여단 본부에서 계속 명령이 전달되었다. 닐슨은 대대를 집결시켜 사리원 서쪽에 차단 진지를 설치했다. 닐슨은 무전으로 C중대에 도시 북쪽의 적을 소탕하고, 남쪽으로 돌아가라고 지시했다. 그 다음 그는 부대대장인 존 슬로안 소령과 함께 랜드로버 1대와 장갑차 1대를 가지고 남서쪽 길을 따라 차단 진지를 살펴보러 갔다. 하지만 대대장과 부대대장은 결코 함께 움직여서는 안 되었다. 닐슨이 저지른 몇 안 되는 실수 중 하나였다.

시계는 계속 돌아가고, 대대장과 부대대장은 돌아오지 않았다. 무전기도 침묵을 지켰다. 정보 장교 샌디 보스웰은 이런 생각을 했다.

"참, 상황 한번 재미있게(?) 돌아가는군!"

벌써 밤이 되어 가는데, 대대는 아직 완전히 장악하지 못한 도시 안에 대대장도 없이 머물고 있었다. 닐슨이 자리를 비운 상태이므로 고든 잉그램이 임시 대대장을 맡았다.

시각은 이미 18시를 넘었다. 엉망진창이 된 사리원의 거리를 어둠이 덮으면서, 한국 전쟁에서 아마도 가장 특이한 접전이 벌어지려 하고 있었다. 설령 가공의 이야기라고 해도 납득이 안 될 만큼 해괴한 전투였다.

C중대는 박격포 소대와 미군 전차부대를 이끌고 대로를 따라 남쪽으로 움직였다. 거리에서는 산발적인 저격총의 총성이 울리기는 했지만, 부대 대열은 전술적으로 전개하고 있었다. 선도 서면 전차의 포탑 뒤에는 의무복무 기간을 아직 다 채우지도 못한 던퍼믈린 토박이 출신의 신참 장교인 앨런 로더 소위가 서 있었다. 그가 탄 전차의 양 옆에는 그의 소대 소속 스코틀랜드 병사들이 서로 적절한 간격을 두고 걷고 있었다. 이 대열은 정지해 있는 트럭의 전조등 불빛 속으로 들어섰다. 버려진 트럭일까? 한 병사가 대

열에서 튀어나와 소총의 개머리판으로 트럭 전조등을 때려 부쉈다. 그러고 나서 대열 앞쪽의 좋은 위치에 있던 로더 소위는 한 떼의 사람들이 거리에서 자신을 향해 몰려오는 것을 보았다. 로더 소위는 그들이 무장을 하고 있고, 짐이 잔뜩 실린 소달구지도 끌고 있는 것을 보았다. 두 무리가 서로 섞이자, C중대 쪽으로 온 사람들이 아시아인이라는 것을 알아볼 수 있었다. 그 아시아인들은 C중대가 지나갈 수 있도록 소달구지를 길옆에 정중하게 빼놓았다. 로더는 이렇게 회상했다.

"그 친구들은 우리에게 매우 호의적인 반응을 보였어요. 손을 흔들고, 우리에게 가까이 다가오기도 했지요."

이들은 마치 그들 영국군의 동맹인 한국군처럼 보였다. 그러나 진격하던 셔먼 전차의 차장은 해치 밖으로 고개를 내밀고, 이 아시아인들을 자세히 살펴보았다. 그러고 나서 당황한 어조로 낮게 말했다.

"세상에! 이놈들 '국'이야!"

이때 로더 소위는 책에서만 읽던 것을 난생 처음 경험했다.

그것은 등골이 찌릿하면서 목 뒤의 털이 차례차례 곤두서는 원초적인 공포감이었다. '국'은 미군 병사들이 적을 부를 때 쓰는 호칭이었다. 미군 전차장이 물었다.

"어떻게 해야 하지?"

로더는 이렇게 답했다.

"아무튼 계속 전진해. 여기서 싸울 수는 없잖아?"

전차장은 전차 속으로 머리를 집어넣고는 해치를 닫았다. 길 앞에는 교차로가 놓여 있었다. 적의 대열은 끝없이 길게 느껴졌다. 빠져나갈 기회만을 노리던 로더는 아군 대열을 대로에서 빼서 옆길로 향하게 했다. 신경이 잔뜩 곤두선 그들의 행진은, 로더가 생각하기에 약 10분 정도 계속된 것

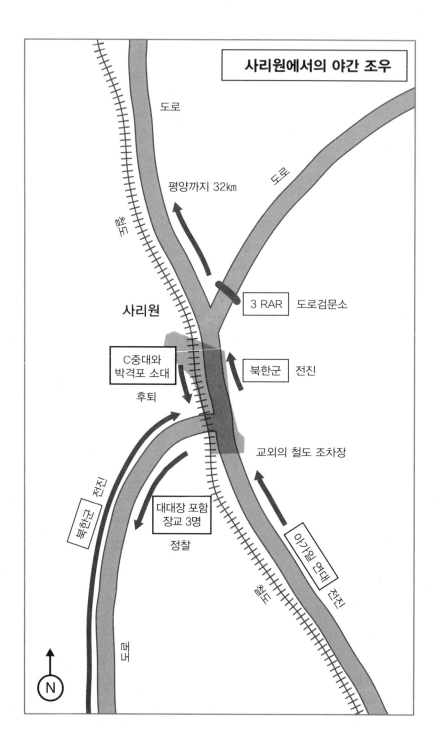

사리원에서의 야간 조우

도로

평양까지 32km

도로

철도

사리원

3 RAR | 도로검문소

C중대와
박격포 소대
후퇴

북한군 | 전진

교외의 철도 조차장

북한군 전진

대대장 포함
장교 3명
정찰

아가일 연대 전진

철도

철도

N

같았다. 아무튼 그들은 북한군들 틈에서 빠져나왔다. 그런데 갑자기 뒤에서 한 발의 총성이 울렸다.

로더의 대열 후미는 미군 전차 두어 대. 그리고 7대의 브렌 건 캐리어(Bren gun carrier)에 분승한 아가일 대대 예하 박격포 소대로 구성되어 있었다. 브렌 건 캐리어는 뚜껑이 없고 차고가 낮으며 궤도로 달리는 장갑차이다. 박격포 소대원 중 일부는 브렌 건 캐리어에 승차한 상태였고, 일부는 하차해서 옆에서 움직이는 중이었다. 하차한 소대원들은 도시 북쪽에서 잡은 포로 대여섯 명을 끌고 가고 있었다. 소대 대열 뒤쪽에는 글래스고 출신의 병사인 헨리 치크 코크런이 있었다. 대열이 멈췄다. 코크런은 그 이유를 알 수 있었다. 한 무리의 한국인 병사들이 다가오고 있었기 때문이었다. 코크런은 도시 광장에 모인 병사들과 엔진을 공회전 중인 장갑차량들의 모습을 보고 콜체스터를 신속히 떠올렸다.

"저는 그때 이렇게 말했지요. '한국군이군. 대체 언제 이렇게 빨리 왔대?'"

코크런은 그들 중 한 사람을 이리 오라고 불렀다. 그는 미소 지으며 길을 건너왔다. 상대방이 다가오자, 코크런은 소스라치게 놀랐다. 상대방의 모자에는 붉은 별이 붙어 있었던 것이다.

"저는 그걸 보고 이렇게 말했어요. '적이다! 과연 우리가 살아서 내일의 태양을 볼 수 있을까?'"

코크런은 조심스럽게 소대장인 로빈 페어리 대위에게 다가갔다. 그는 미군 전차장이 로더에게 했던 말을 그대로 반복했다.

"어떻게 해야 하죠?"

어린애 같은 장난질로 부대 내 스코틀랜드 장병들에게 인기가 많은, 헤비급 권투 선수 출신의 이 소대장도 어쩔 줄을 몰라 하는 것 같았다.

"낸들 알겠어?"

이렇게 까다로운 상황에 대처하는 방법은 샌드허스트 육군사관학교에서도 배운 적이 없었다.

북한군들은 영국군들 속에 섞여, 매우 기쁜 표정으로 연신 영국군 차량 옆구리에 스텐실로 그려진 하얀색 별(UN군의 식별표지)을 가리켰다. 북한군들은 미소를 지으며, 영국군들이 알아듣지 못하는 한국어로 환영의 뜻을 전하며, 담배와 이런저런 선물을 전해주었다. 지나가던 어느 북한 병사는 스코틀랜드인 병사의 등을 두들기며 이렇게 중얼거렸다.

"로스케!"

수수께끼는 풀렸다. 아가일 대대 병력이 사리원 북쪽에서 남쪽으로 들어왔기에, 다른 길로 도시에 들어온 북한군은 이들을 이 전쟁에 참전하리 온 소련군으로 착각한 것이었다. 아가일 대대의 장비를 보고 북한군은 한결 더 판단을 굳혔다. 스코틀랜드 병사들은 뜨개질로 만든 캡 컴포터(cap comforter)라는 모자를 쓰고 있었는데, 이는 제2차 세계대전에서 소련군이 착용하던 모자와 비슷하게 생겼다. 그리고 이 병사들이 든 소화기는 미국제가 아니라 영국제였다.*

또 다른 박격포 사수인 아담 맥켄지는 브렌 건 캐리어 옆에서 이야기를

---

* 왜 많은 북한 병사들은 소련이 이 시점에 지원해 줄 것이라고 생각했을까? 북한의 독재자 김일성은 제2차 세계대전 중 소련군에서 군복무를 했다. 소련군은 1945년 북한을 '해방'시키고, 북한군을 훈련시켰으며 장비를 공급했고, 한국 전쟁 초기에는 조언도 해 주었다. 김일성은 9월 29일 스탈린에게 도움을 요청하는 편지를 써 보냈다. 10월의 첫 번째 주와 두 번째 주, 북한 정부와 소련 정부, 중국 정부 사이에는 북한에 어떤 지원을 해 줄 것인가를 놓고 격론이 오갔다(자세한 내용은 만수로프(Mansourov)의 저서를 참조하라). 북한군 전투 병력들은 이런 논의에 참여하지 않았다. 그러나 대한민국 서울의 국민대학교에서 강의하는 소련 출신 교수이며 북한 문제 전문가인 안드레이 란코프(Andrei Lankov) 박사는, 자신은 김일성이 스탈린에게 도움을 요청했다는 소식이 새어나와 일선 병사들의 귀에까지 들어갔다고 생각한다고 저자에게 밝혔다.

하고 있었다. 페어리는 부하들에게 절대 말을 하지 말고, 고개만 끄덕이면서 포로들을 끌고 가라는 말을 전한 터였다. 포로들은 아직 상황을 눈치채지 못한 것 같았다. 아니면 두려움에 너무 얼어붙어 있어 현 상황을 유리하게 이용 못 하고 있거나.

"어서 여기서 빠져나가자!"

맥켄지는 조마조마했다. 그러나 적들은 계속 친근하게 대해 왔다. 어느 북한군 장교가 페어리에게 다가오며 물었다.

"로스케?"

페어리는 그가 아는 유일한 러시아어로 대답했다.

"토바리시(Tovarisch)!"[7]

서로 간에 생긴 이 특별한 우호를 다지는 데는 이 말 한마디면 충분했다. 북한 여군이 페어리의 지프 위에 올라타 말 없는 장교들을 살피면서, 언제 그들이 밸모럴(balmoral) 모자를 벗어서 넘겨줄지 궁금해 하고 있었다.[8]

긴장은 갈수록 높아졌다. 이 말도 안 되는 상황이 언제까지나 이어질 리는 없었다. 브렌 건 캐리어 안에 탄 스코틀랜드 병사들은 소리 없이 브렌건의 장전손잡이를 잡아당기고, 수류탄의 안전핀을 느슨하게 풀고 있었다. 코크런은 당시 상황을 이렇게 말했다.

"곧 한판 접전이 벌어질 분위기였습니다. 우리는 그 폭풍 전의 고요를 눈치 챌 수 있었지요!"

로더가 이끌던 대열의 선두가 교차로에서 움직이던 무렵, 대열 후미의 미군 전차장 한 명이 북한 군인과 말다툼을 벌였다. 하사관 계급이었던 그 전차장은 포탑에서 내려와서 북한 군인의 소총 총열을 붙잡아 당기려고 했다. 그러자 북한 군인은 방아쇠를 당겼다. 탕 하는 소리가 나면서 복부에 총을 맞은 미군 전차장은 쓰러졌다. 맥켄지는 상황을 파악했다.

"이런, 전투가 벌어지기 시작했어!"

그와 거의 동시에 또 다른 미군 전차가 기관총 사격을 시작했다. 명랑했던 분위기는 순식간에 난장판으로 변했다.

맥켄지는 바닥에 납작 엎드렸다. 북한 군인들이 미친 듯이 기관총을 설치하고 있었다. 맥켄지는 브렌 건 캐리어 안으로 뛰어들었다. 코크런도 똑같이 했다. 최대한 몸을 낮춘 스코틀랜드 병사들은 대열 양 옆의 북한 군인들을 향해 브렌 건과 스텐 기관단총의 탄창을 비우고, 수류탄을 던져 댔다. 혼란 속에서 포로들은 어디론가 사라졌다. 그리고 당황한 적들 중 영국군의 사격에 쓰러지지 않은 사람들은 뿔뿔이 흩어졌다. 한 북한 병사가 코크런 옆에 나타나 소총을 들어 방아쇠를 당겼으나, 빈 약실을 두드리는 소리만 났을 뿐이었다. 코크런은 당시 상황을 이렇게 설명했다.

"무섭지는 않았어. 무서움이 사라지면, 오직 적들을 쓰러뜨리고 숨는 데만 집중하게 되지!"

덩치 큰 북한 병사는 어느 집의 창호지 문 속으로 뛰어 들어갔다. 그러나 그의 몸에 백린 수류탄이 명중하자, 그는 집과 함께 활활 타올랐다.[9] 갑자기 거리는 한산해졌다. 박격포 소대원들과 북한 군인들이 서로에게서 떨어졌기 때문이다.

그러나 사리원에는 탈출하려는 적들이 득실거렸다. 대대장은 여전히 없는 상태였다. 대대 병력 대부분은 도시 남쪽에 제대로 집결하긴 했지만, 못 온 병력들도 있었다. 소수의 스코틀랜드 병사들은 건물 속에 은신해 날이 밝아 오기만을 간절히 기다리고 있었다. 광신적인 북한 병사들과 아가일 대대 병사들이 우연히 만나 접전을 벌일 때마다 총성과 수류탄의 폭발음이 거리에 메아리쳤다. 대대 군의관조차도 어느 샌가 총을 들고 사격을 가하고 있었다. 군의관 더글러스 홀데인은 당시를 이렇게 회상했다.

"사람들은 어둠 속에서 갈 길을 못 찾고 서성거리곤 했지요. 제게는 카빈 소총이 있었어요. 어떤 사람 그림자에 대고 사격을 가했어요. 여태까지 그 일을 후회하고 있어요. 나는 그때 아수라장 같은 당시의 분위기에 압도당했던 거예요."

사리원 시의 일부는 불타고 있었다. 오렌지색 화염이 하늘의 구름을 비추었다.

결국 새벽 여명이 사리원 시를 비췄다. 도로에는 약 150명의 북한 병사들의 시신들이 널려 굳어가고 있었다. 놀랍게도 아가일 대대의 전사자는 1명에 불과했다.[10]

사라졌던 닐슨 대대장과 다른 두 장교들이 사리원 시로 차를 타고 들어왔다. 그들이 해 준 놀라운 이야기를 들으니 대대장이 왜 사라졌는지에 대한 의문도 풀렸다. 전날 저녁, 그들이 사리원 시를 막 벗어났을 무렵 길 앞에서 두 줄로 서서 걸어오는 병사들이 나타났다. 북한 군인들이었다. 선두의 북한군은 대대장 일행에게 사격을 가했지만, 길이 너무 좁아 차를 돌릴 수 없었다. 닐슨은 명령을 내렸다.

"세게 밟아!"[11]

대대장을 태운 차는 북한군들 사이로 곧장 달려 들어갔다. 북한군의 수는 수백 명이었지만, 그들은 패배하고 탈진한 상태인 데다, 처음 보는 이 차량의 국적을 확인할 수도 없었다. 아가일 대대에서 가장 호전적인 장교인 미첼은, 제2차 세계대전의 노획품인 루거 권총을 꽉 쥐고 선도 브렌 건 캐리어에서 몸을 일으켰다. 그는 고립감, 흥분, 놀라움, 즐거움을 동시에 느끼고, 웃음을 마구 터뜨렸다. 하지만 당혹스러운 표정을 짓고 있던 운전병은 이 위태롭고 곤란한 상황이 미첼만큼 즐겁지 않은 것 같았다.[12] 이 시간이

더디 흐르는 악몽 같은 상황에서 이들은 무려 2,000명의 적병을 지나쳐 6.4km를 달려갔다. 결국 이들은 북한군 대열에서 빠져나왔다. 이들은 도로에서 빠져나와 차량을 위장하고, 길 옆 도랑에 철저한 방어진을 쳤다. 대대장은 북한군이나 진격해 오는 미군이 자신들에게 사격을 가해 오지 않기를 바라면서 직접 보초 근무를 섰다. 그동안 북한군 대열은 사리원 시에 들어가서 로더를 만났다.

적군들의 이후 행방도 곧 밝혀졌다. 아가일 대대의 공격을 피해 달아난 북한군은 오스트레일리아군 한복판으로 뛰어 들어갔다고 했다. 오스트레일리아군들은 북한군을 보고 놀랐지만 곧바로 상황을 파악하고 1,982명을 포로로 잡았다. 그만한 규모의 적이었기에, 로더가 전날 밤에 주의 깊은 태도를 보인 것은 매우 현명한 일이었다. 그는 이렇게 말한다.

"어떻게 해야 할지 몰랐던 적이 많았어요. 그때 나는 올바른 판단을 내렸다고 생각해요."

당시 그의 중대와 박격포 소대는 연대 병력의 적들 속으로 들어갔다.

정감 있는 태도를 보인 북한군과 싸운 것에 양심의 가책을 느끼는 병사들도 있었다. 코크런은 북한 군인을 죽인 것에 대해서 깊이 생각했다.

"나중에 자신이 한 일의 결과를 알게 되었지요. 나중에는 웃어넘길 일이었지만 당시는 절대 그렇지 않았어요."

어떤 스코틀랜드 병사는 북한 병사와 물물교환해서 받은 견장을 간직했다. 칼라장을 받은 병사도 있었다.[13] 페어리는 북한 병사가 총격전 중에 훔쳐간 밸모럴 모자를 찾았다.[14]

결국 사리원은 UN군에 함락되었다.* 대대는 다시 집결해 진격을 계속했

---

* 사리원의 이 특별한 이야기는 당시에는 그리 널리 알려지지 않았다. 그것은 검열 때문이 아니라, 미국 제8군의 공보 절차 때문에 기자들이 쓴 기사가 제때 나가지 못한 탓이었다.

다. 스코틀랜드 병사들은 사리원 시 입구에 뒤이어 올 병력들을 위해 간단한 말을 적은 팻말을 세웠다.

"두려워하지 않아도 돼.[15] 아가일 대대가 왔다 갔거든."

Thompson, 1951, p 202를 참조하라.

제1장
동쪽의 포성

한가로운 여름의 언덕에서
시냇물 소리에 졸음이 밀려올 때
저 멀리서 계속 들려오는 고수의 북소리
마치 꿈에서 들려오는 것 같은 북소리.

— A. E. 하우스먼(Housman)

8월 19일 저녁, 홍콩의 구룡.

해안가 근처에서는 수영 대회가 진행 중이었다. 1950년 여름 이 식민지 제일의 스포츠 클럽인 포투기스 클럽(Portuguese Club)이 토요일마다 벌이는 행사였다. 이날은 젊고 스포츠를 좋아하는 미들섹스 연대 제1대대 병사들이 현지 방위 부대 병사들과 실력을 겨루고 있었다. 분위기는 후끈하고 화려했다. 데니스 렌델 소령은 장교들이 습도를 무시하고 모두 날씨에 어울리지 않는 1종 군장, 또는 만찬용 예복, 그 밖에 이상한 옷차림을 하고 있었다고 말했다. 그의 대대장인 앤드루 맨 중령이 모인 사람들에게 일어서서 뭐라고 말을 하려는 찰나, 누군가가 일어나서 귀에다 대고 속삭였다. 맨 중령은 잠시의 망설임도 없이 그 자리를 떠났다. 장교들은 언제나 이런저런 일들로 불려다니므로, 그의 부재에 크게 신경을 쓴 사람은 없었다. 렌델 소령의 말이다.

"우리는 다시 즐거운 시간을 보내고 있었지."

웃고 즐기는 와중에 맨 중령이 돌아왔고, 대회는 계속되었다.[1]

수영 대회는 홍콩이라는 이 직할 식민지에서 군인들이 즐길 수 있는 여러 가지 즐거운 놀이 중 하나였다. 아마도 1950년대 영국 육군에서 홍콩은 가고 싶어 하는 근무지 1위였을 것이다. 그 외에 다른 식민지에서, 한때 해가 지지 않는 제국이라고 불리던 대영제국의 영광은 사라져 가고 있었다. 인도에 배치된 영국군은 현지의 독립운동에 몸살을 앓아야 했다. 팔레스타인에서는 대 게릴라 작전이 얼마 전에 마감된 참이었다. 말레이 정글에서는 공산 게릴라들을 상대로 한 작전이 진행 중이었다. 영국 육군은 만신창이가 된 후 긴장이 넘치던 유럽 대륙 전역에도 병력을 주둔시키고 있었다. 그리고 제2차 세계대전으로 피폐해진 영국 본토 근무는 따분한 일이었다.

그러나 홍콩은 달랐다. 이 영국 식민지는 주요 무역 항구였고, 극동의 쇼윈도나 다름없었다. 이곳의 가게, 시장, 영화관, 퍼브(pub), 클럽, 음식점에는 활기가 넘쳐흘렀다.[2] 길거리는 부산했고, 상점에는 화려한 중국어 간판이 붙어 있었으며, 인력거들은 여기저기로 달렸다. 국제 여행이 대중화되기 이전 시대에, 홍콩의 이런 이국적인 분위기는 영국 병사들을 매우 기쁘게 해 주었다. 아가일 앤드 서덜랜드 하일랜더스 연대의 병사인 제이크 머치는 이렇게 말했다.

"저는 군에 입대하기 전에는 기차도 배도 타 본 적이 없었습니다. 제게는 모든 것이 신기하고 새롭고 즐거웠지요."

배급경제 시대에 어린 시절을 보냈던 젊은 영국 병사들에게, 마음대로 물건을 구입할 수 있다는 것은 실로 기적 같은 일이었다. 그것도 박봉의 병사들이 감당할 수 있는 싼 가격에 말이다. 런던 헤른 힐 출신의 19세 병사인 미들섹스 연대의 에드가 그린은 이렇게 말했다.

"저는 제2차 세계대전 중에 스테이크를 먹어 본 적이 없어요. 그러나 홍콩에서는 '치리오(Cheerio) 클럽'이나 '육해군 장병 클럽' 같은 군용 클럽에 가면 단돈 2실링도 안 되는 가격에 스테이크, 계란, 감자튀김을 먹을 수 있었지요!"

쇼핑의 기회도 그야말로 비현실적으로 풍부했다. 그린은 어머니에게 나일론 스타킹을 사서 편지에 넣어 보내 드린 적도 있었다.

홍콩은 주둔지로서의 높은 인기만큼이나 건강에 좋은 곳이기도 했다. 기후와 스포츠 시설, 풍경 덕택이었다. 소년병으로 군대에 입대했던 제27보병여단 본부 소속 통신 장교인 피터 볼드윈 중위는 이렇게 말했다.

"아, 홍콩! 플레이보이가 살기에 최적의 땅이지!"

그가 속한 제27보병여단은 '신식민지'인 홍콩 수비를 위해 배치된 부대들 중 하나였다. 병사들은 주말마다 멋진 해변에서 수영도 즐길 수 있었다. 이곳이 유럽이 아니라는 사실을 끊임없이 떠올리기는 했지만 말이다. 아가일 대대의 로이 빈센트는 이렇게 말했다.

"수영을 즐기다 보면 정크선과 삼판이 들어오고, 거기 탄 사람들이 뱃전에서 대소변을 보는 장면을 볼 수 있었죠. 우린 그럴 때마다 좀 짜증이 났어요. 물론 비위가 강한 친구들은 물 밖으로 나가서 털어내곤 했지만요."

중국인들과의 관계는 좋았다. 오히려 이 식민지에 살고 있는 영국인들이 병사들을 깔보는 경우가 많았다. 빈센트는 이렇게 말했다.

"중국 사업가들이 해변 파티와 바비큐 자리를 만들어 주었어요. 히치하이킹을 하고 싶으면 길가에 나가서 다니는 차들에게 세워 달라고 하면 되었지요. 영국인이 모는 차들은 우리를 못 본 척하고 그냥 지나쳤어요. 그러나 중국인들은 차를 세워서 우리를 태워 주더군요. 어떤 때는 중국인이 모는 롤스로이스를 타 본 적도 있었어요. 그때 이런 생각이 들더군요. '중국 사람은 태워 주는데, 왜 영국인은 안 태워 주는 거지?'"

여자도 지천으로 널려 병사들의 즐거움을 더해 주었다. 언제나 활기가 넘치던 아가일 대대의 군수 장교 앤드루 브라운 대위가 구룡과 홍콩 섬 사이를 운항하는 스타 페리에 탔을 때였다. 같이 탔던 영국 병사들은 중국식 청삼의 옆트임을 통해 갑자기 보이는 중국 여자들의 허벅지를 넋을 놓고 바라보았지만, 유럽 여자들의 앙가슴은 본 척도 하지 않았다. 반대로 중국 남자들은 서양 여자들의 풍만한 가슴을 뚫어져라 들여다보았고, 중국 여자들의 날씬한 다리는 쳐다보지도 않았다.[3]

요즘과 마찬가지로, 이 동양 식민지는 화끈한 밤 문화로 유명했다. 산 미구엘과 타이거 맥주가 주종을 이루는 이곳의 맥주는 싸고 시원하고 맛있었다. 물론 더욱 화끈한 일탈도 쉽게 즐길 수 있었다. 미들섹스 대대의 군종 신부는 장병들에게 악명 높은 홍등가인 만자(灣仔, 완차이)에 가지 말라고 하면서 이렇게 충고했다.

"위대하신 우리 주님께서는 그런 곳에 가지 말고 자위행위를 즐기라고 말씀하셨습니다!"

미들섹스 대대의 직업군인인 보브 여비 중사는 그 군종 신부가 병사들 사이에서 엄청난 인기를 누렸다고 회상했다. 그러나 종교적인 경고로도 성욕이 넘치는 병사들의 의지를 돌릴 수는 없었다. 머치는 이렇게 말했다.

"문신, 식사, 발치 수술, 술까지 한자리에서 해결할 수 있는 곳은 창녀집 말고 없지요. 경찰이 갑자기 들이닥쳐서 '너 여기 뭐 하러 왔어?' 하고 물으면 '이빨 뽑으러 왔는데?' 하고 둘러대면 그만이지요. '문신 새기러 왔어요.' 해도 되고."

그러나 성병에 걸린 병사는 영창에 28일 동안 구금되어야 했고, 덤으로 장교들의 불호령도 들어야 했다.[4] 머치는 당시를 이렇게 회상한다.

"'스노볼(Snowball) 소령'이라는 별칭으로 불리던 부지휘관이 있었지요. 우리 중대원 한 명이 임질에 걸려서 군사재판에 회부되었어요. 그 친구의 군복은 새카매져 있었어요. 스노볼 소령이 그 친구한테 잉크병을 집어던진 탓이었죠. 스노우볼 소령은 그 친구에게 소리를 질러댔어요. '이 더러운 새끼야!' 그는 옷을 갈아입고 영창으로 보내졌지요."

그리고 영국군 부대라면 습관적으로 저지르는 바보짓도 있었다. NAAFI (Navy, Army and Air Force Institutes: 영국 육해공군 오락 시설)이 문을 닫으면, 아가일 대대의 조지프 페어허스트 중사는 친구들과 함께 전투배낭에 맥주를 잔뜩 담아 가지고 몬순 도랑으로 나가서 별빛을 받으며 맥주를 마셨다. 이 대대에는 텐트 안에서 잡동사니를 파는 가게가 있었으며, 거래 내역은 장부에 기록되었다. 머치는 이렇게 말했다.

"물건 값을 그 자리에서 내지 않으면 장부에 이름을 적어야 했지요."

어느 날 밤, 열대의 폭풍이 캠프의 텐트들을 덮쳤다. 다들 폭풍으로 인해 벌어진 아수라장을 수습하느라 정신이 없는데, 가게로 달려가는 몇 사람이 있었다. 머치의 증언은 계속된다.

"폭풍이 몰아친 뒤에 가게로 뛰어간 그 친구들은 제일 먼저 장부를 찾아내 찢어 버렸어요. 이로써 그들의 거래 내역은 전혀 남지 않게 되었지요!"

어느 대대 소속 하사관은 하사관 식당에 맥주를 보급하러 온 산 미구엘 사의 트럭을 환영하러 근위병 전원을 동원해 분열식을 벌였다가 대대장에게 심한 질책을 당했다. 그 대대 소속 병사들은 그에 대한 보복으로, 술버릇이 고약한 데다 인기가 없던 그 대대 소속 중대 선임 하사관에 대해 복수를 하기로 했다. 그 중대 선임 하사관은 어느 날 하사관 식당에서 또 화끈하게 술을 마시고 자기 방으로 비틀비틀 걸어 들어가 침대에 누웠다. 다음 날 아침, 병사들은 중대 선임 하사관의 찢어지는 듯한 비명 소리를 들을 수 있었다. 그러고 나서 그 중대 선임 하사관은 자기 방 창문으로 튀어나왔다. 튀어나오는 과정에서 머리 피부 일부가 창틀에 부딪쳐 벗겨질 정도였다. 그에게 오래 시달렸던 병사들은 주둔지 뒷산에 있던 중국인의 무덤에서 시체를 파내, 중대 선임 하사관이 술을 마시고 있는 동안 그의 침대에 잘 숨겨 놓았던 것이다. 하지만 술을 진탕 마신 그는 썩어가는 시체 옆에 드러누워 잠을 잤고, 깨어날 때까지 그 사실을 알아채지 못했다.[5]

이곳 홍콩에서 병사들은 주말마다 즐거운 시간을 보냈고, 이런저런 일들로 병영생활을 더욱 즐겁게 만들었다. 그러나 이런 것으로도, 홍콩 주둔 영국군을 필요로 하는 지정학적 현실에서 눈을 돌릴 수는 없었다. 홍콩은 1942년 잔혹한 전투 끝에 일본군에게 함락되었다. 그리고 그로부터 수년이 지난 1949년, 홍콩에서는 또다시 전투가 벌어질 조짐이 보이고 있었다. 이 해 장개석의 오합지졸 중국 국민당이 모택동의 공산당에게 밀려 중국 본토에서 내쫓겼기 때문이다. 공산당 정권이 자기네 국토 남단에 위치한 자본주의자들의 어찌할 수 없는 전초 기지를 어떻게 보고 있는지는 불분명했다. 영국 정부는 신속대응군을 보냈다. 아가일 앤드 서덜랜드 하일랜더스 연대, 미들섹스 연대, 왕립 레스터셔 연대 등 3개 연대가 자신들의 제1대대들을 빼내 편성한 제27보병여단이, 이 식민지를 지키는 영국 제40사단(병력 20,000명)의 증원부대로 투입되었다. 제27보병여단이 홍콩에 상륙한 것은 1949년 7월의 일이었다.[6]

근무는 힘들었다. 아침에 일어난 병사들은 말라리아를 예방하기 위해 물 한 잔과 팔라드린 알약을 먹은 다음, 돌격 코스를 구보하거나 PT 체조를 했다. 주 임무는 그 다음부터였다. 중국 영토를 굽어보는 신식민지의 고지에 방어시설을 축성하는 것이었다. 그린의 말이다.

"그 산들은 단단한 붉은 바위로 되어 있어서, 참호 하나를 파려고 해도 폭발물로 폭파시킨 다음 돌 잔해들을 치워야 했어요."

병사들은 반바지, 전투화, 베레모만 착용한 채로, 삽, 말뚝, 시멘트 자루, 물이 든 용기 등을 가지고 경사면에 올라가 일했다. 햇볕이 뜨겁게 내리쬐는 산비탈에서 병사들은 땀을 폭포같이 흘리며 끝없이 철조망을 깔고, 참호를 굴설했다. 병사들의 몸은 갈수록 군살이 없어지고, 체력이 강해졌다. 벙커와 관측소들이 생겨났다. 이곳에서 병사들은 쌍안경을 들고, 공산화된 중국 영토를 감시했다.

아가일 대대 소속으로 던캐스터 출신인 병사 랠프 호스필드는 이렇게 말했다.

"중국 영토는 들여다보면 아주 재미있습니다. 다리를 건너는 차량의 수는 몇 대인가? 누가 타고 있나? 등을 살피게 되지요."

이런 움직임은 기록으로 남겨져 상급 부대에 전달되었다. 중국인들도 똑같은 일을 하고 있었다. 아가일 대대 소속의 또 다른 잉글랜드 출신 병사인 위간 토박이 조지프 페어허스트 중사는 이렇게 말한다.

"중국 친구들도 저편에 거대한 벽돌집을 여러 채 지었어요. 우리도 그쪽을 볼 수 있고, 그쪽 역시 마찬가지였지요."

국경 철책을 정찰하는 병사들은 무릎까지 오는 논의 물과 진흙 속에 사는 현지 야생동물에 주의했다. 미들섹스 대대 하사 돈 바레트는 이렇게 말한다.

"모든 논에는 뱀이 우글거리고 있었어요. 그래서 모든 하사관들은 뱀에 물릴 경우 상처를 째서 독이 든 피를 빨아 뱉어 내는 데 사용할 면도칼을 휴대했지요."

진흙과 물, 습기는 여러 가지 고통을 유발했다. 바레트는 회상한다.

"모두가 병을 앓고 있었어요. 음낭에서 고름과 악취가 나는 사람도 있었고, 설사를 하는 사람도 있었지요."

근무에 나가는 사람은 온몸에 파란색 도포제를 발랐다.

1950년 여름이 되자 지정학적 긴장감은 누그러들고 있었다. 모택동은 국경을 넘어 홍콩을 침공하지는 않을 것으로 보였다. 고지대, 고온, 그리고 거친 주둔지 현황(아가일 대대 병력은 텐트에서, 미들섹스 대대 병력은 건물에서 지냈다)에도 불구하고 영국 병사들은 홍콩 정도면 매우 지내기 좋은 곳이라고 생각했다.

그러나 극동의 어느 곳은 절대 그렇지 않았다. 유럽에서는 냉전이 안정기에 접어들었다. 이는 자본주의 민주주의 국가들의 이익에도 상당 부분 합치되는 것이었다. 티토와 스탈린은 1948년 결별했고, 이듬해에는 베를린 육로 봉쇄가 풀렸다. 그리스 내전도 종식되었고 북대서양조약기구(NATO)가 창설되었다. 거대한 이념 전쟁의 무게중심은 동쪽으로 향했다. 아시아 대륙의 중심에 있는 자칭 '세계의 중심 국가'인 중국은 이제 공산화되었다. 그리고 1950년 2월, 중소우호동맹 상호원조조약이 체결되었다. 유럽 식민 종주국들의 영광은 이미 제2차 세계대전 초반 일본군의 대승리로 산산조각이 난 데다가, 1950년대 들어 확실히 몰락의 길을 걷고 있었다. 공산주의와 민족주의의 동거는 이미 시작되었고, 인도차이나, 말라야, 필리핀 등지의 정글에서는 좌익 게릴라들이 싸움을 벌이고 있었다.

8월 19일 대대 수영 대회 때 맨 중령이 불려가서 들은 메시지는 그들의 앞에 닥친 불운의 서곡이었다. 1950년 당시 영국군 최고의 근무지에 있던 제27보병여단은 1950년 당시 영국군 최악의 근무지로 보내질 판이었다. 아가일 대대와 미들섹스 대대 병력이 홍콩에 배치된 것은 공산주의의 잠재

적 위협 때문이었다. 그러나 그들은 공산주의의 분명한 위협 때문에 아시아의 미래를 건 투쟁의 한복판에 뛰어들어야 할 판이었다.

그 투쟁은 열대 정글 속에서 벌어지는 저강도 분쟁이 아니라, 낙후되고 거칠고 가혹한 땅에서 벌어지는 잔인한 전면 전쟁이었다. 1950년 6월 25일, 소련제 장비로 완전무장하고 소련 군사고문에게 훈련을 받은 어느 공산 국가의 군대가, 기계화 장비를 갖추고 선전포고 없이 기습 공격을 벌였다. 이 공산판 전격전은 길이 844km, 폭 320km의 어느 산악 반도에서 벌어졌다. 아가일 대대와 미들섹스 대대의 장병들 중에 그 반도의 이름을 들어 본 사람은 거의 없었다. 그 반도는 다름 아닌 한반도였다.

* * *

어느 더운 초여름 날, 야위었지만 활발한 인상의 고등학생 김성환은 대한민국의 수도 서울 북쪽 외곽의 산봉우리에 친구들과 함께 앉아 있었다. 그들의 발아래에는 기와지붕과 초가지붕이 있는 한국 전통 마을이 펼쳐져 있었다. 그리고 그 뒤에는 논과 흙길이 북으로 뻗어나가 있었다. 모두의 시선은 회색 연기가 뭉게뭉게 피어나는 북쪽의 지평선에 향해 있었다. 김성환은 그림을 그리기 시작했다. 그는 평소와 마찬가지로 연필과 수채화 물감, 스케치북을 휴대하고 있었다. 당시 17세였던 그는 화가이기도 했으며, 사진 기자를 채용할 여력이 없던 서울의 여러 신문사에 그림을 그려 주고 돈을 벌었다. 그들은 회색 연기가 포격으로 인해 나오는 것임을 알고 있었지만 걱정하지 않았다. 김성환은 당시를 이렇게 회상했다.

"그때 라디오로 북한이 침공했다는 소식을 들었어요. 하지만 라디오에서는 국군이 북한군을 격퇴했다고 했거든요."

하지만, 실제로는 그 회색 연기는 결코 성공적인 방어작전의 증거가 아니라, 북한인민군 기갑선봉대의 도착이 임박했다는 신호였다. 북한인민군의 강력한 T-34 전차들은 한국군의 연약한 방어선을 무너뜨리고, 서울로 가는 도로를 타고 달려오고 있었다. 김성환의 회상은 계속된다.

"그 방송만 생각하면 아직도 씁쓸합니다. 그 때문에 많은 사람들이 피난을 못 갔으니까요."

이 전쟁이 벌어지고 있는 나라는 계속 불운을 겪고 있었다. 한국은 중세 이후부터 독자적인 언어와 관습, 정치체계를 모두 갖추고 있었다. 또한 훨씬 더 강하고 인구가 많은 나라들인 중국과 일본, 러시아를 잇는 동북아시아의 전략 요충지이기도 했다. 그런 한국의 역사는 곧 전쟁의 역사였다. 13세기 몽골은 한국을 발진기지 삼아 두 차례 일본 원정을 강행했지만 모두 실패로 끝났다. 일본 역시 16세기에 한국을 침공하고, 중국까지 쳐들어가려 했지만 역시 실패했다. 이때 일본에 의해 한반도가 쑥대밭이 되고 난 후, 17세기에는 중국의 청나라가 침공해 왔다. 이에 큰 상처를 입은 한국인들은 쇄국 정책을 펴고, 잘 되기만을 바랐다.

하지만 쇄국 정책은 결과적으로 봤을 때 잘못된 선택이었다. 식민 종주국들이 동쪽으로 몰려가면서, '은둔의 나라' 한국은 또 한 번의 역사적 격랑을 향해 떼밀려 갔다. 격렬한 서세동점(西勢東漸)의 시기였던 19세기 후반, 일본은 신속하고 급진적인 근대화에 성공했다. 반면 잠자고 있던 한국은 이웃 세 나라가 벌이던 권력 투쟁의 목표가 되었다. 1895년 일본은 청일전쟁에서 승리를 거두었다. 그리고 1905년에는 러일전쟁에서도 승리했다. 이 두 전쟁의 승리로 인해 일본은 한반도의 영유권을 획득했다. 일본은 영국 및 미국의 묵인하에 갈피를 못 잡은 한국을 1910년에 합병했다. 콜럼버스가 미국을 발견하기 정확히 100년 전부터 한국을 다스려 오던 이씨

왕조는 이렇게 사라져 갔다. 극동을 제외하면 한국에 대해 아는 나라는 없었다. 게다가 일본의 식민지로 전락한 한국은 빠른 속도로 세계인들의 머릿속에서 잊혀 갔다.

일본은 결코 자애로운 통치자가 아니었다. 35년간 식민통치를 한 일본은 먼저 철권부터 휘둘렀다. 하지만 한국인들이 이에 반발하자 일본은 보다 관대한 정책을 사용했다. 20세기에 걸맞은 인프라 구조와 근대 경제 체제가 한국 땅에도 설치되었다. 그러나 1930년대 들어 일본은 군국주의, 극우 민족주의로 돌아섰다. 한국은 일본이 1931년 벌인 만주사변, 1937년 벌인 중일전쟁의 전진기지 노릇을 했다. 1941년 온 태평양은 전화에 휩싸였고, 이 전쟁은 그로부터 4년 뒤 히로시마와 나가사키에 원자탄이 투하되고 소련군이 만주와 한국 북부를 침공하면서 일본의 패전으로 끝이 났다.

그러면 한국은 어찌 되었을까? 제2차 세계대전 이후 승전국들의 협의에 의해, 한반도는 38도선을 경계로 남쪽은 미국이, 북쪽은 소련이 차지하게 되었다. 38선 이북에 진주한 소련군은 김일성을 900만 북한 인민을 다스릴 지도자로 세웠다. 김일성은 항일 게릴라였으며, 만주에서의 투쟁이 너무 힘들어지자 러시아 극동 지방으로 도망가 소련군의 소령까지 진급한 인물이었다. 미국은 이승만을 2,100만 남한 국민을 다스릴 지도자로 세웠다. 이승만은 항일 독립운동가였으며, 미국에 망명해서 일제 강점기를 보냈다. 이러한 미소 양국의 조치는 원래 임시적인 것이었다. 그러나 제2차 세계대전이 냉전으로 변하면서, 이승만도 김일성도 서로를 인정하려 들지 않았다. 1948년, 결국 38선을 경계로 서로 대립하는 정부가 수립되었다. 공산 게릴라들은 대한민국을 상대로 무기를 들었고, 무척이나 잔인한 학살을 벌였다. 38선을 경계로 소규모 전투들도 벌어지기 시작했다. 대한민국 정부는 만약 전쟁이 일어난다면 점심은 평양, 저녁은 신의주에서 먹을 수 있을 것이라고 호언장담했다.[7] 그러나 게릴라전으로도, 38선에서의 소규모 전투들로도 통일은 이루어질 수 없었다. 김일성은 스탈린이 준 공격용 무기로 북한군을 완전무장시키고, 소련군 전략가들의 조언을 받아 적화통일을 위한 결전을 준비했다. 1950년 6월 25일 일요일 새벽, 그의 북한인민군은 대한민국에 대한 전면 침공을 개시했다. 이는 게릴라전도 아니었고, 게릴라전을 배후에서 지원하기 위한 행위도 아닌, 명백한 국가 간 적대 행위였다. 그때까지 전혀 알려지지 않았던 한반도에 갑자기 전 세계의 시선이 쏠리게 되었다.

북한군의 침공이 진행 중이던 당시, 서울에서 문학을 배우던 이종연이라는 학생이 있었다. 38선 근처의 도시인 개성에서 태어난 그는 《정감록》이라는 책을 읽은 적이 있었다. 300년 전에 집필된 예언서 《정감록》에는 호랑이해인 1950년에 끔찍한 전쟁이 일어날 것이라고 적혀 있었다. 하지만 개성에서 자라나 포성에 익숙했던 이종연은 초기의 전투 보도를 듣고도 이것이 일상적인 38선에서의 무력 충돌일 것으로 생각했다. 그러다가 그는 서울에서 북쪽으로 24km 떨어진 의정부에서 오는 피난민들을 보았다. 김성환이 본 회색 연기는 바로 북한군의 포격을 얻어맞은 의정부에서 나왔던 것이다. 이종연은 정치에 관심은 없었지만, 자신이 북한군에 징병될 것임을 알았다. 그리고 그는 그런 일은 피하고 싶었다. 이종연은 피난을 결심했다.

어린 신문 화가이던 김성환은 서울로 돌아와서 경치가 좋은 곳을 찾았다. 조선 시대에 건축된 성벽이었다. 김성환은 그 성벽의 일부인 동대문 근처의 산비탈에 올라가, 인근 시장과 교외의 회색 기와집들 위로 갈색 연기가 퍼지는 것을 보았다. 상황을 궁금해 한 시민들은 성벽으로 몰려왔다. 대한민국 군인, 즉 국군 병사들은 신경이 매우 날카로워진 채로 여러 관문을 지키고 있었다. 이 전쟁은 그들의 계획대로 풀려 주지 않고 있었다. 공포가 전염되었다. 사람들은 짐을 싸서 등에 지거나 머리에 이고 골목으로 필사적으로 몰려나왔다. 병사들 역시 냉정을 잃기 시작했다. 김성환은 국군 병사들이 사복으로 갈아입고, 군복과 무기를 숨기는 것을 보았다.

이승만의 군대가 북한군을 격퇴할 수 없다는 것은 분명해졌다. 소련이 김일성에게 전차, 포, 항공기 등의 무기를 충분히 공급해 주었던 데 반해, 미국은 이승만이 북침할 것을 두려워한 나머지 중화기 공급을 보류하였다. 전차와 군용기, 중포와 효과적인 대전차 무기가 없던 한국군은 괴멸되고 있었다.

그동안 이종연은 남쪽으로 향하고 있었다. 그는 미친 듯이 남쪽으로 가는 사람들의 대열에 합류했다. 그는 이렇게 말했다.

"저는 마치 화산으로부터 피하듯이 달렸지요."

얼마 안 가 그는 개성에서 꽤 멀리 벗어났다. 시골의 논과 초가집들 사이의 논둑을 걸었다.

"그곳은 상당히 평화로웠어요. 그곳 사람들은 상황을 지켜보기만 하더군요."

그는 강폭이 수 km에 달하는 한강에 도달했다. 한강 다리는 한국군 공병대에 의해 폭파된 후였지만, 김성환은 그 사실을 알지 못했다. 그러나 한강 다리들이 폭파될 때 수백 명의 피난민들도 함께 폭파되어 버렸다. 그리고 갈색 강물은 장마를 맞아 불어나 빠르게 흐르고 있었다. 게다가 한강에는 배가 한 척도 없었다. 한강을 다니던 거룻배들은 모두 군에 징발되어 쓰이고 있었다. 그러나 이종연은 수영을 매우 잘 했다. 그는 옷을 벗어 머리에 동이고, 강으로 뛰어들었다. 그는 강물에 휘말려 하류로 어느 정도 떠내려갔지만, 그래도 남쪽 강둑에 무사히 도착했다.

서울은 6월 28일에 북한인민군에게 함락되었다. 김성환은 가로수가 늘어선 도로 위로 움직이는 북한군의 개선 행렬을 보았다. 맨 앞에는 소련제 T-34 전차가 앞장섰다. 그 뒤에는 정찰 장갑차, 모터사이클 사이드카, 야포를 끄는 트럭 등이 줄지어 섰다. 모든 차량은 나뭇가지로 철저히 위장되어 있었다. 그 다음에는 소총과 기관단총을 짊어진 도보 부대가 줄지어 뒤따랐다. 마지막으로 보급 부대가 나왔다. 보급 부대의 주장비는 느리게 움직이는 우마차였지만, 이것 또한 철저히 위장되어 있었다. 황토색 군복을 입은 북한 군인들은 걸으면서 뒤집어쓴 흙먼지로 지저분했다. 그들 중 일부의 작업모 밑에 드러난 두 눈은 전투의 충격으로 크게 벌어져 있었다. 그러나 대부분의 북한 병사는 강인하고 끈질기며 유능해 보였다. 그도 그럴 것이 그중 많은 사람들이 중국의 국공내전에서 모택동의 공산군에 소속되어 실전을 경험해 보았기 때문이었다. 북한군이 가지고 온 붉은색 현수막과 깃발들이 대열 중간에서 휘날렸다. 그들을 보는 군중들은 공손하게 길가에 늘어섰다. 김성환은 당시를 이렇게 회상했다.

"어떤 노동자들은 북한군을 환영했습니다. 그들이 새로운 세상을 열어 줄 걸로 믿었던 거죠. 지프에 탄 북한 군인이 이러더군요. '박수갈채를 보내 주십시오!' 하지만 그대로 해 주는 노동자와 아이들은 일부에 불과했습니다."

그동안 한강 이남에서 잠시나마 안전한 상태를 누리고 있던 이종연은 발걸음을 멈추었다.

"며칠만 있으면 북한군이 패배하고 서울로 되돌아갈 수 있을 걸로 알았어요."

하지만 뒤를 돌아보니, 연기가 서울 하늘 높이 뻗쳐 올라가는 것이 보였다. 한국군이 보급품을 소각하면서 나오는 연기였다. 그는 절에 3일 동안 머물면서, 인근의 농가에서 음식을 사 먹었다. 북한인민군이 한강을 도하하자, 이종연은 한반도 남부의 중심 도시인 대구를 향해 다시 발걸음을 옮겼다. 대구 철도역 광장에는 영어 통역자를 구한다는 공고가 붙어 있었다. 영문학을 배우고, T. S. 엘리엇의 시 〈황무지(The Waste Land)〉를 애송하며, 상당한 수준의 영어 구사 능력이 있던 이종연에게, 그 일은 매우 잘 어울렸다. 이종연 같은 사람의 수요는 갑자기 늘어났다. '양키'들이 한반도에 상륙했기 때문이었다.

모두가 김일성의 남침을 인정한 것은 아니었다. 미국의 다급한 주장에 의해, 그리고 모택동의 중화인민공화국을 중국을 대표하는 국가로 인정하지 않던 UN의 조치에 항의한 소련 대표의 불참 덕택에, UN 안전보장이사회는 6월 25일과 27일에 '한반도의 국제평화와 안보를 회복하기 위한 회원국들의 활동을 권고'하는 결의안을 통과시켰다. 6월 30일 미국 대통령 해리 트루먼은 도쿄에 있던 미 극동군 최고사령관인 더글러스 맥아더 장군에게, 남한을 돕기 위해 미 지상군을 파병하도록 지시했다. 7월 7일, UN 안전보장이사회는 UN군을 미군의 지휘하에 둘 것을 권고했다. 7월 8일, 맥아더는 UN군 사령부, 즉 UNC의 사령관이 되었다.[8] 뉴욕에 본부를 둔 국제기구인 UN이 창설된 이후 처음으로 전쟁을 벌이는 순간이었다.

태평양 전쟁에서 승리를 거둔 맥아더 장군은 뛰어난 전략적 시각과 쇼맨십, 그리고 군주적인 자아를 가진 인물이었다. 그에게 한국은 마지막으로 영광을 가져다줄 땅이었다. 맥아더 장군의 휘하 병력들은 이미 개전 초기부터 싸우기 시작했다. 6월 27일 미 공군이 주한 미국인들(대부분이 한국군을 돕고 있던 500명 규모의 미 군사고문단)을 철수시키고 있을 때, 미 공군의 F-82 전투기가 북한 공군의 야크(Yak) 전투기를 격추한 것이다. 7월 1일에는 미 지상군이 한국에 상륙했다.[9]

한국에 처음으로 온 미 지상군은 일본을 점령하고 있던 미 제8군 예하의 4개 사단 소속 병력이었다. 7월 5일에는 북한과 미국 양국의 지상군이 처음으로 교전을 벌였다. 하지만 이 때 투입된 미군의 연대전투단(RCT)인 '스미스 기동부대'는 강력한 북한인민군의 상대가 되지 않았다. 오산 외곽에서 북한군의 진격을 막던 스미스 기동부대는 북한군 기갑부대에 유린당했고, 결국 괴멸되었다. 한반도 남동쪽의 항구인 부산에 상륙한 미군의 증원부대는 서둘러 전방으로 향했다.

이 상황을 기록한 사람들 중에는 AP통신의 사진기자 맥스 데스포도 있었다. 그의 편집장은 이 전쟁이 2주면 끝이 날 것이라고 생각했다. 당시에는 그것이 지배적인 의견이었다. 그러나 당시 AP통신 마이애미 지사 소속이던 데스포는 진상을 직접 보고자 한국으로 날아갔다.

"수많은 상원의원들이 카메라를 보면서 미소 짓고 악수를 하는 모습을 찍는 것과는 완전히 다른 일이었죠!"

데스포는 전쟁 취재가 처음이 아니었다. 브롱크스 토박이인 그는 인도네시아인들이 네덜란드에 맞서 벌이던 독립 전쟁을 취재한 적이 있으며, 그 전에는 제2차 세계대전의 오키나와 전투를 취재했다. 후방의 사령부에서 전쟁을 취재하는 스타일이 아니던 데스포는 전선으로 향했다. 그는 미군 병사들을 보고 별로 좋은 인상을 받지 못했다.

"당시 한국에 투입된 미 육군 제24, 25사단의 전투력에 대해서는 많은 비판이 있었고, 저 역시 거기에 동감합니다. 그 사람들은 일본 점령군으로서 편안한 시간을 보내다가 한국에 왔지요. 그들은 전투 준비가 전혀 되어 있지 않았고, 자기들이 싸우는 이유도 제대로 모르는 것 같았어요."

핵 억지력과 전략 공군을 갖고 있던 미국 정부는 제2차 세계대전 종전 후 미 지상군의 질과 양을 크게 떨어뜨려 놓았다. 점령지 일본에서 향락에 젖은 편안한 생활을 즐기다 한국에 온 미 제8군은 한국의 열악한 여건과, 전투의 불편함에 적응할 준비가 전혀 되어 있지 않았다. 제8군은 간부진도 3류 수준이었다. 장교 양성기관에서 최악의 성적을 받은 생도들만이 극동에 배치되었기 때문이다.[10] 상당수의 부대들이 정원이 충원되지 않은 상태였고, 이는 특히 포병에서 심각하게 드러났다. 실전 경험이 있는 부대원의 비율은 10% 미만이었다. 더구나 국방예산 삭감 때문에 주일 미군의 군단급 사령부의 주요 지휘관들 및 참모들이 군대를 떠난 상태였다.[11]

그 결과 미군도 한국군도 북한인민군을 막아 내지 못하게 되었다. 후퇴와 패배가 끝없이 이어졌다. 이때의 경험으로 인해 '도망치다'라는 뜻의 'Bug out'이라는 말이 새로 생겼다. 한국의 논밭과 초가집, 바위산들 사이로 난 먼지 날리는 흙길 위로 피난민과 군인들은 꾸역꾸역 줄지어 남으로 향했다. 여름의 햇살은 사람들을 모두 구워 버릴 듯이 강렬했다.

북한군에 점령된 서울에서 김성환은 새로운 현실에 적응하고 있었다. 많은 사람들은 기존의 일상을 지속했다. 그러나 숨어 있던 좌익들이 밖으로 나와 우익 인사들을 비난하기 시작했다. 김성환은 자신이 본 풍경들을 스케치로 그렸다. 그것은 그 끝도 시작도 알 수 없는 비극적인 장면들이었다. 동네의 골목에서 위장한 북한군 병사들이, 마치 유령을 본 것처럼 하얗게 질린 어떤 사람을 붙들고 뭔가를 거칠게 물어보는 장면, 의사에게 버림받은 어느 한국군 부상병이 피에 젖은 들것 위에 누워서 죽어가고 있고, 주민들이 그의 바지를 벗겨 부상 부위를 찾으려는 장면. 논에 쓰러져 죽은 시체 옆에서 어느 부부가 쓸쓸하게 흐느끼는 장면. 여기저기에 쌀가마니에 뒤덮인 시체들이 쓰러져 있고, 시체에 난 상처에 파리가 들끓는 장면 등등. 김성환은 당시를 이렇게 회상한다.

"어디에나 파리가 있었지요. 파리가 특별히 더 좋아하는 시체들도 있었어요. 파리는 신선한 피를 좋아했던 걸까요?"

그리고 여러 주가 흐르면서, 공산 치하의 생활이 그리 좋지 않다는 증거가 속속 드러나기 시작했다. 음식을 구하기가 어려워졌다. 김성환은 개성에 사는 숙모를 만나러 북으로 가기로 했다. 그는 개성까지 가는 길이 매우 힘든 길이라는 것을 알았다. 제공권은 미군 항공기가 완전히 장악하고 있었다. 김성환은 위장된 참호에서 분노에 가득 차 미군 폭격기에게 쓸데없이 총을 갈기는 북한 병사들을 본 적도 있었다. 과거 한국의 수도이기도 했던 38선 인근의 개성에 간 그는 어느 오두막집에 숨었다. 많은 다른 남성들과 마찬가지로 그 역시 숨어야 했다. 북한인민군은 남자들을 강제 징집하고 있었기 때문이었다. 나가야 할 때면 그는 지팡이를 짚고 절름발이 행세를 했다. 그는 오두막집의 기둥 밑에 숨어서 스케치를 하면서, 필명을 구상했다. 그가 지은 필명은 고바우였다. 강한 바위라는 뜻이었다.

미 공군의 힘은 한반도의 중부 및 남부에만 미치지 않았다. 미 공군의 공격기들은 논밭과 산 위를 스쳐 지나가며 멀리까지 날아갔다. 심지어 서울에서 동북쪽으로 240km 떨어진, 전선에서 멀리 떨어진 북한 도시인 함흥까지도 찾아갔다. 함흥에는 당시 19세였던 임금숙이라는 소녀가 살고 있었다. 그는 김일성의 북한 정권을 전혀 지지하지 않았다.

"공산 치하에서 우리는 흰쌀밥을 먹어서는 안 되었어요. 흰쌀밥은 몰래 지어 먹어야 했지요!"

임금숙은 '동지'라는 말을 싫어했다. 그리고 현지 탄광에서 일하는 것을 생각하기조차 싫어했다. 북한 정권은 젊은이들에게 그 탄광에 자발적으로 가서 일하라고 독려하고 있었다. 그녀가 본 전쟁의 첫 발발 징후는 함흥 중심가의 다리가 미군의 폭격으로 끊어진 것이었다. 공습은 점점 빈도를 높여갔다.

"지하 방공호 같은 것이 없었기 때문에, 사람들은 다리 밑 같은 데 숨었지요. 비행기가 날아올 때면 보이지는 않고, 소리만 들렸어요. 어떻게 감히 서서 위를 올려다볼 수 있나요? 절대 그렇게는 못 했지요!"

위험은 점점 가까이 다가오고 있었다. 임금숙의 옆집이 주저앉고, 그 파편이 임금숙네 집 마당으로 날아들었다. 임금숙의 가족들은 아이들을 데리고 교외의 농장으로 피난을 갔는데, 그곳에는 남자들이 공동묘지에 방공호를 파 놓았다. 비행기가 나타나면 아이들은 그 방공호 속으로 숨었다. 그러나 임금숙이 피해야 할 것은 UN군의 폭격 외에도 많았다. 남자들은 북한인민군에 강제 징집되고, 여자들은 종군간호사로 강제 징발되었던 것이다. 지상전은 함흥에서 꽤나 멀리 떨어진 곳에서 벌어지고 있었지만, 임금숙의 가족은 기회가 있을 때 북한을 떠나기로 마음을 먹었다.

남쪽에서 북한인민군은 마지막 공세를 벌이며 남동쪽으로 진격하고 있었다. UN군의 지도에 이리저리 휘어진 선이 나타나기 시작했다. 약 80~160km 크기의 직사각형을 이룬 이 선의 이름은 '부산 방어선'이었다. 낙동강을 경계 삼아 항구도시인 부산을 감싸고 있는 이 깔대기 모양의 땅 안으로 UN군의 증원부대들이 쏟아져 들어오고 있었다. 부산으로 상륙한 UN군 부대 중에는 미군의 최정예 부대들도 있었다. 이종연은 영어 실력을 묻는 '약간의' 질문을 받은 다음, 이 부대들 중 한 곳에 배속되었다.

"통역관 중에는 저보다 나이가 많은 영어 선생님도 있었습니다. 그 사람은 자신이 어느 부대에 배속될지 듣게 되자 바로 자취를 감춰 버리더군요. 거기 가면 위험할 거라고 생각한 것이지요!"

새로 도착한 미 해병대는 매우 강해 보이는 이미지를 주었다. 이종연은 이렇게 말했다.

"그들은 실제로도 강인한 프로 전사들이었습니다. 그들은 전투에 대해서 계속 이야기했죠. 저는 미션 스쿨에 다니긴 했습니다만, 해병대원들과 선교사들의 영어는 매우 다르다는 것을 알았습니다."

이종연은 해병 임시 여단에 통역관으로 배속되었다. 그는 본명인 '종연'과 비슷한 발음의 영어 이름인 '존'으로 불리게 되었다. 그는 해병들의 인정을 받았다.

"1950년 당시에는 아직도 백인우월주의가 엄존하고 있었습니다. 차별이 없을 리가 없었지요. 그러나 해병대 안에서는 모두가 똑같은 해병대원일 뿐이었습니다. 저는 미 해병대의 군복을 입고, 소위 계급장을 달고, 미 해병대의 문화와 정서에 동화되어 갔습니다."

이 임시 여단은 얼마 안 있어 바로 전투에 투입되었다.

* * *

참호를 파고, 고지를 정찰하며, 주말마다 시내에 나가 오락을 즐기던 제27보병여단 병력 중 한국 전쟁의 추이를 주시하고 있던 사람은 없다고 봐야 했다. 한국과 홍콩 사이에는 광활한 중국 대륙이 가로막고 있었다. 그리고 서아시아와 동아시아에 있는 싱가포르나 말라야, 실론(지금의 스리랑카), 인도 등과는 달리, 영국은 한국에는 이렇다 할 역사적, 정치적, 상업적 이해관계가 없었다. 게다가 영국 병사 중 UN군이 뭔지 들어 본 사람도 없었고, 그들이 접할 수 있는 매체는 제한되어 있었다.

바레트는 이렇게 말했다.

"홍콩의 영내에는 라디오가 없었어요. 신문도 그야말로 어쩌다가 반입되었고, 사람들이 바깥 상황을 거의 알지 못하는 건 당연했죠."

장교들이라고 상황은 별로 나을 바가 없었다. 아가일 대대의 소위 오웬 라이트는 이렇게 말했다.

"전쟁이 터지자 우리 중대장이 소대장들을 집합시키고 이렇게 말했죠. '결국 일이 터지고 말았어. 우리군 수개 대대가 한국에 파견될 가능성은 낮게나마 있어. 하지만 우리가 갈 리는 없겠지.' 그래서 나도 소대원들에게 중대장에게 들은 말을 그대로 전해 주었지요."

당시로서는 영국군이 한국에 파병될지 안 될지 불확실한 상황이었다. 이러한 불확실함은 공식 방문에까지도 영향을 미쳤다. 제27보병여단의 전기기계공병 소속 레지 제프스 대위는 당시를 이렇게 회상한다.

"8월 초, 육군장관 존 스트레이치가 우리 부대를 방문했지요. 그때 여단장은 장관에게 우리 부대가 한국에 파병될 가능성이 있느냐고 물었습니다. 장관은 이렇게 대답했어요. '아니야. 한국에 파병될 부대는 지금 본토에서 편성 중이고, 10월에 파병될 예정이야. 자네들은 여기 계속 머무르게 돼.'"

하지만 사실은 달랐다. 당시 제27보병여단의 병력들은 이미 한국에서, 더 정확히 말하면 한국 앞바다에서 작전 중이었다.

6월 말, 아가일 대대 소속의 피터 존스 중사와 그의 두 전우는 일본 구레에서 매년 열리는 조정 대회인 네이벌 레가타(Naval Regatta) 행사에 영국 해군과 함께 참가하러 떠났다. 이 세 스코틀랜드인은 홍콩 주둔 다른 부대의 대표들과 함께 중순양함 HMS 자메이카(Jamaica)와 슬루프(sloop)함 HMS 블랙 스완(Black Swan)에 분승하고 바다에서 즐기는 이 휴가 아닌 휴가를 만끽하고 있었다. 그러나 일은 예상대로 풀려 주지 않았다. 이 군함들은 진로를 변경해 한국으로 향했다. 이 영국 해군 군함들은 미국 해군의 USS 주노(Juno)와 함께 북한 해안의 보급로 및 군사시설, 그리고 가능하다면 남으로 향하는 북한군의 트럭, 전차, 야포 대열에까지 포격을 가하라는 임무를 부여받았다.

북한군과의 첫 조우에서 함포가 불을 뿜는 동안 육군 병사들은 하갑판에 머물러 있어야 했다. 존스는 마치 강철 무덤 안에 갇힌 것 같은 기분이었다고 말했다. 갑자기 작전은 끝나고 해치가 열렸다. 육군 병사들은 포술장을 찾아, 다음 번 전투 때는 꼭 갑판에 나가 뭐라도 돕게 해달라고 했다. 그래서 그들은 다음 전투 때 중순양함 HMS 자메이카의 부무장인 4인치 포와 대공포에 탄약을 나르는 임무를 부여받았다. 7월 2일 북한 해군은 이들 영국 군함들을 포착하고 게릴라식 공격을 가했다. 바위투성이 해안선에서 6개의 검은 점이 멋진 물살을 일으키며 영국 군함들을 향해 빠르게 달려왔다. 해안 진지에 숨어 있던 북한 해군의 어뢰정들이었다. 이들이 근거리에서 어뢰 공격을 가하면, 덩치 큰 영국 군함들은 당할 수밖에 없었다. 이들이 어뢰를 발사하기 전에 막아야 했다.

경적이 울리고, 탄노이(스피커 장치)를 통해 명령이 나왔다.

"경보! 수상! 좌현!"

거대한 포탑이 돌아가고, 포신이 움찔하며 포탄을 뱉어 냈다. 자메이카가 6인치 함포를 모두 쏘아 대자 갑판 위 수병들의 귀가 멍멍해졌다. 그 발사 반동으로 배는 용골까지 흔들렸다. 그와 동시에, 파도를 가르며 달려오던 어뢰정들의 진로 앞에 거대한 물기둥이 생겼다. 포탑 승무원들은 탄을 재장전하고 일제사격을 거듭했다. 밖을 볼 수 없는 함내에서는 탄노이에서 들려오는 말 한 마디 한 마디에 귀를 기울이고 있었다.

"표적 정지…… 명중 추정…… 화재와 연기 육안 확인…… 표적 침몰 중."

불과 몇 분 내에 북한 해군의 어뢰정 부대는 전멸했다. 살아남은 배는 뱃머리를 돌려 해안을 향해 줄행랑을 친 다음, 해안에 정박했다. 육군 병사들은 해안에 정박한 북한 어뢰정 승무원들이 배를 버리고 도망친 다음, 영국 해군의 함포가 그 배를 박살내는 장면을 그저 보고만 있었다.* 포술장이 사격 중지를 명령하자 갑자기 고요가 찾아들었다. 아가일 대대의 병사들에게 이 전투는 아주 볼 만한 것이었다. 그러나 그들의 다음 전투는 이렇게 일방적이지 않을 것이었다.

세 척의 군함은 통상적인 대안 포격을 실시했다. 이들이 쏜 함포탄은 고지와 도로, 철도를 파괴했다. 북한인민군의 차량호송대는 낮에는 미 공군의 폭격을 피해 움직이지 않다가, 밤에만 전조등을 켜고 운행했다. 그러나 이 전조등 불빛은 야간 등화관제를 실시한 상태에서 북한 앞바다를 떠다니는 UN군 군함들의 좋은 사격 표적이 되었다. UN군 군함들과 북한군 간의 거리는 매우 가까워, 군함에서 북한 군인들의 목소리를 들을 수도 있을 정도였다. 7월 8일, 북한군은 야포를 사용해 UN군 군함에 반격해 왔다. 자메이카는 마스트에 피탄당해 약간의 물적 피해를 입었다. 그러나 아래쪽으로 비산된 파편에 의해 6명이 전사 또는 치명상을 입었다. 넝마가 다 된 전투기(戰鬪旗)가 펄럭이는 가운데, 한국 전쟁의 첫 영국군 전사자인 이들의 시신은 수장 처리되었다.

영국군들도 지상에서 얼마나 잔혹한 일들이 벌어지고 있는지 곧 알게 되었다. 초계 도중 자메이카의 승무원은 해상에 정체 모를 검은 덩어리들

---

* 지난 2005년, 필자는 평양에 가서, 북한의 멋진 '조국해방전쟁 승리기념관'을 관람할 기회가 있었다. 그때 필자는 기념관 여직원에게, 한국 전쟁 중 북한군이 벌인 가장 영웅적인 전투가 무엇이냐고 물었다. 그러자 그 여직원은 이렇게 대답했다. "우리 어뢰정이 미국 순양함 USS 볼티모어를 격침시킨 것입니다!" 그 말은 그 자체로만 놓고 보면 매우 멋있게 들렸지만, 이전에 그런 기록을 다른 곳에서 접한 적이 없었다. 그래서 필자는 서울에 돌아와서 문헌을 다시 살펴보았다. 역시 그런 기록은 없었다. 호기심이 생긴 필자는 미 국방부 공보실에 그런 사건이 있었느냐고 문의했다. 하지만 그들은 순양함 볼티모어는 격침되지 않았으며, 한국에 배치된 적도 없었다고 답했다. 그 대답을 듣고 보니 그 여직원이 말한 '영웅적인 전투'란 게 실은 자메이카와 주노를 상대로 벌인 전투를 지칭한 것이고, 그 전투 내용이 지휘계통을 따라 올라가 보고되면서 북한 측의 승리로 둔갑한 것이 아닌가 하는 의문이 들었다.

이 떠다니는 것을 목격했다. 자메이카는 그 덩어리들을 향해 항진했다. 호기심이 생긴 승무원들이 갑판에 나가서 보니, 그것들은 퉁퉁 붓은 시체들이었다. 족히 100~200구는 되어 보였다. 하나같이 손을 뒤로 묶이고 머리에 총을 맞은 상태였다. 자메이카에 탑승했던 해병대원인 레이몬드 토드 중사는 이렇게 말했다.

"그것은 우리가 나중에 볼 각종 가혹행위의 전주곡에 불과했습니다.[12]"

그 군함에 탔던 육군 병사들은 이후 일본의 나가사키에 들러 상륙했다가 거기서 홍콩으로 돌아왔다.[13]

* * *

영국과 한국 간의 역사적 인연은 거의 없었지만, 개전 직후부터 영국 정부는 미국 정부와 이 전쟁에 대해 긴밀히 협의해 왔다. 미국의 가장 절친한 우방국이자 UN의 창설회원국, 그리고 UN 안전보장이사회의 회원국인 영국은 한국 전쟁에 참전하라는 압력을 받고 있었다. 게다가 당시 영국 총리이던 클레멘트 애틀리는 사회주의자였음에도 불구하고 소련 정부를 크게 불신하고 있었다. 또한 그는 영국이 미국과 같은 편에 서서 공산주의의 가차 없는 팽창에 맞서 싸워야 한다고 생각했다. 그는 유럽의 방어를 공고히 하고자 하는 미국을 지원하려면, 영국이 아시아에서 미국을 도와야 한다는 점도 잘 알고 있었다. 이미 영국 해군은 한반도에 대한 해상봉쇄 작전에 참가하고 있었다. 그렇다면 영국 육군은 이 전쟁에서 어떤 역할을 맡게 될 것인가?

제27보병여단은 1949년 홍콩에 파견되기 전까지, 영국 본토와 독일을 제외한 다른 곳에 파견될 영국의 제국 전략 예비대 역할을 맡고 있었다. 이

제 그 역할은 제29독립보병여단에게 넘어갔다. 7월 28일, 영국 정부는 제29독립보병여단에게 한국 파병 준비를 할 것을 지시했다. 그래서 일전에 장관이 제프스 앞에서 그런 말을 했던 것이었다. 그러나 제29독립보병여단은 즉시 파병될 상황이 아니었다. 1950년 당시 쪼그라든 영국 육군의 실태를 대변하기라도 하듯, 제29독립보병여단의 예하 부대들은 정원을 크게 밑돌거나 아예 다른 부대로 넘어가 있었다. 도저히 11월 1일까지 한국에 갈 수 있는 상태가 아니었다. 이 일정은 10월 1일로 앞당겨졌지만 한국의 전술적 상황은 계속 나빠지기만 했다.[14]

8월 10일, 맥아더의 도쿄 사령부에 연락 장교로 파견되어 있던 영국 공군 소장 세실 보우셔는 빨리 한국에 영국 지상군을 파병하라는 압력을 받음에도 불구하고, 12월까지 영국군 여단을 한국에 보낼 수는 없다고 맥아더에게 보고했다. 북한인민군은 한국군과 미군의 전력을 마구 소진시키고 있었다. 전세기편으로 한국에 도착해 전선으로 향하는 미군의 수는 하루 평균 500명 수준. 그야말로 임시방편 수준이었다. 그 밖의 UN 회원국은 아직 한국에 지상군을 보내지 않았다. 영국 제국일반참모부(IGS)는 멜로드라마적 감성을 지닌 맥아더 장군이 상황의 다급함을 인식하고, 합동참모본부와 충분한 논의를 거쳤는지도 확실히 알 수 없었다. 한국의 위기는 명백했다. 8월 17일 IGS는 한국의 위기를 잠시나마 막기 위해 영국 본토보다 한국에 훨씬 가까운 곳에 주둔한 영국군, 즉 제27여단을 빼내 한국에 파병하기로 결정했다. 그리고 제29여단이 한국에 가면, 제27여단은 한국에서 철수해 홍콩에 복귀시키기로 했다.[15]

맨 중령이 수영 대회 중에 불려 나갔던 날인 8월 19일 일요일, 구룡에 있던 제프스는 제27여단장 바실 코드 준장이 오기를 기다리고 있었다. 다른 때와 마찬가지로 여단장과 주말 골프 라운드를 즐기기 위해서였다.

"하지만 여단장은 오지 않았어요. 그래서 여단장의 사모님에게 전화를 걸었지요. 그러자 사모님은 이렇게 대답하셨어요. '그분은 업무 때문에 나가셨어요. 하지만 곧 돌아오실 거예요.' 여단장은 돌아와서 제게 이렇게 말했어요. '레지. 오늘 골프는 없다. 우리는 다음 주 금요일에 한국으로 출발해야 해!'"

제27여단을 한국으로 배치한다는 명령은 그 전날 싱가포르에서 전달되었다.[16] 일정은 촉박하다 못해 우습기까지 했다. 홍콩에 있던 1개 여단을 1주일도 안 되는 시간 내에 한국으로 출발시켜야 했으니 말이다.

* * *

바실 코드 여단장은 중간 이름인 '오브리'로 더 잘 알려진 사람이었다. 그는 윌트셔 연대에서 고도의 실전 경험을 쌓은 장교였다. 키가 크고 은발에, 풍파를 이겨 낸 근엄한 인상을 한 그는 영관 장교들에게는 엄격했지만 위관 장교들과 사병들에게는 친근했고, 자주 미소를 보여 주었다. 그는 노르망디 전역에서는 대대장을, 북서유럽에서는 여단장을 지냈으며, 무공 훈장을 수여받았다. 이후 잠시 사단장을 지내다가 다시 여단장이 되었다. 그는 항상 부하들의 이름을 외우는 습관을 들여왔다. 아가일 대대의 부관이던 존 슬림 대위는 이렇게 말했다.

"그는 언제나 부하들의 이름을 기억했어요. 모든 부하들의 이름을 말이지요. 그는 잉글랜드인, 스코틀랜드인, 오스트레일리아인에 상관없이 휘하의 모든 부하들을 잘 알고 있었어요."

현실주의자였던 코드는 부하들에게 허망한 꿈을 주는 위험을 주고 싶지 않았다. 스스로를 '뇌 없는 목사보'라고 불렀던 성공회 군종목사인 윌리엄 존스는 마침 미들섹스 대대에 배속된 지 얼마 안 되던 차였다. 그는 코드를 처음 만났을 때 그가 어떤 사람인지를 알아챘다.

"그 분은 저를 보시고 제27여단에 온 것을 환영한다고 말씀하셨지요. 그러고 나서 이런 말씀도 하셨습니다. '저는 우리 부대에 영웅이 생기기를 원하지 않아요. 영웅은 죽으니까요!'"

제27여단의 병사들은 여단장에게 '아빠 코드'라는 별명을 붙여 주었다.[17]

1개 여단은 통상 3개 대대로 이루어진다. 그러나 1950년 영국군이 군축에 시달리는 상황에서, 제27여단은 아가일 연대 제1대대와 미들섹스 연대 제1대대, 총 2개의 대대만 가지고 전쟁에 참전해야 했다. 8월 21일, 오스트레일리아 정부는 왕립 오스트레일리아 연대 제3대대를 이 여단에 배속시켜 주겠다고 발표했다.[18]

실전 경험으로 단련된 장교와 고급 하사관들이야말로 홍콩에 주둔하고 있던 2개 대대의 자랑거리였다. 그러나 이들의 하급자들 중에 대부분은 의무복무자들이었다. 많은 직업군인들은 이들을 성가신 아마추어 정도로 여겼다. 그러나 일부는 그들의 진가를 인정했다. 아가일 부대의 직업군인인 제이크 머치는 이렇게 말했다.

"당시 대대의 약 60%가 의무복무자였습니다. 당시 우리 군의 의무복무 기간은 18개월이었습니다. 하지만 의무복무자가 없었다면 우리 군은 전쟁에서 졌을 겁니다. 의무복무자들은 훌륭한 장인들이자 스포츠맨들이었습니다."

어느 나라 군대나 병사들은 다 비슷해 보인다. 비슷한 연령대의 사람들이 비슷한 군복을 입고 비슷한 일을 하기 때문이다. 그렇다면 부대의 개성은 어떻게 길러지는 것일까? 영국군의 각 보병 연대는 각각 특정 지역에서만 신병을 선발한다. 그리고 선발한 신병들을 대상으로 요즘 표현으로 '브랜드화' 과정을 거친다. 브랜드화란 자신의 상품, 조직, 기업을 '거의 비슷해 보이는 것들끼리의' 경쟁에서 탈피시켜, 경쟁 상대와 차별화하고 일반인들의 인식을 개선시키는 것을 말한다. 영국 육군의 연대들은 마케터들이 브랜드화의 개념을 파악하고, 상용화하기 한참 이전부터 이미 브랜드화를 해 오고 있었다. 연대 고유의 역사와 전통, 특유의 부착물과 별칭이 그 도구였다. 신병들에게 주입된 연대의 개성이야말로 '부대혼(部隊魂)'을 이루는 중요한 요소였다.

아가일 앤드 서덜랜드 하일랜더스 연대는 영국 육군에서 제일 유명한 부대 중 하나였다. 1746년 컬로든(Culloden) 전투의 결과, 스튜어트(Stuart) 왕조를 복위시키려던 재커바이트(Jacobite) 파의 야망은 끝장이 났다. 이후 영국 정부는 재커바이트 파의 주요 전투요원들이었던 게일어 사용 고지 씨족들을 자국군에 편입시키기로 결정한다. 이로써 하일랜더스 연대들의 전설이 시작되었다. 거친 산사나이인 이들은 전투에서의 용맹을 숭상하는 문화를 가지고 있었고, 특유의 복장과 무기, 음악을 매우 자랑스럽게 여기고 있었다. 이들의 복장은 씨족의 타탄(tartan) 무늬 천으로 만들어진 가벼운 모자와 킬트(kilt)였다. 이들의 무기는 '클레이모어(claymore)'라는 이름으로 불리는, 날밑이 바구니처럼 생긴 폭이 넓은 장검과 '스킨 두브(slin dubh: 붉은 칼이라는 뜻)' 단검이었다. 그리고 이들의 음악은 백파이프(bagpipe)로 연주했다. 이들 하일랜더스 연대들은 대영제국이 벌이는 전쟁의 최선봉에 서는 정예 부대가 되었다. 1794년에는 제91 아가일셔 하일랜더스 연대가, 1799년에는 제93 서덜랜드 하일랜더스 연대가 창설되었다. 그리고 1881년 이들 두 연대는 아가일 앤드 서덜랜드 하일랜더스 연대로 통합되었다. 이 부대는 간단하게 '아가일스' 또는 더욱 구어적인 표현인 '조크스(Jocks: 스코틀랜드인을 부르는 별칭)'로 불리게 되었다. 이들은 반도 전쟁, 워털루 전투,

크림 전쟁, 세포이 항쟁, 보어 전쟁, 양차 세계대전에서 싸웠다. 스코틀랜드의 애국자이자 용사였던 윌리엄 월레스가 살았던 고지의 아랫부분에 있는 중세의 요새 스털링에 본부를 둔 이 연대는 군사사상 가장 유명한 부대 별칭인 '가느다란 붉은 줄(The Thin Red Line)'의 소유자임을 자랑스럽게 여겨 왔다. 이 별칭은 발라클라바(Balaclava) 계곡에 빨간색 코트를 입고 전개한 이들이 압도적인 전력의 러시아군 기병대의 돌격을 저지해 낸 데서 유래되었다.

1950년 당시 아가일 연대 제1대대 장병들 중 다수는 게일어를 사용하는 하일랜더인들이었지만, 부대원 전원이 유창하게 사용하는 언어는 게일어 억양이 섞이기는 했어도 아무튼 영어였다. 머치는 이렇게 말했다.

"아가일 연대는 강합니다. 그리고 결코 겉과 속이 다른 사람들이 아니지요."

머치는 아가일 연대를 깔볼 수 있는 유일한 부대는 카메로니안스(Cameronians: 스코티시 라이플 연대) 말고는 없다고 생각했다. 그 부대는 글래스고와 해밀턴의 제일 거친 지방 출신 자원들로 이루어져 있었다. 머치는 한마디 이렇게 덧붙였다.

"미들섹스 연대 병력은 잉글랜드인들이었어요. 그래서 우리는 그 녀석들과 자주 싸움을 벌였지요. 그리고 병사들뿐만 아니라 주임상사들도 그 싸움에 동참했지요. 우리는 그분들을 자랑스럽게 여깁니다!"

대대 부관도 이에 동의했다.

"스코틀랜드 연대들은 언제나 호전적입니다. '빨리 일어나서 돌격해!'라는 사고방식이 몸에 배어 있지요. 그리고 어지간해서는 그들을 막기 어렵습니다."

슬림도 이렇게 말했다.

"스코틀랜드인들은 인정 많은 사람들입니다. 그러나 동시에 매우 강인하기도 합니다."

홍콩 주둔 덕택에 대대는 중심을 확고히 잡게 되었다. 대대의 정보 장교였던 알렉산더 '샌디' 보스웰 중위는 대대의 영국 본토 주둔 시절에 대해 이렇게 말한다.

"우리 대대는 팔레스타인에서 영국으로 복귀했습니다. 그리고 쓸 만한 사람들은 모두 다른 임지로 갔고, 2류에 해당되는 사람들만 대대에 남았지요. 그러나 우리 대대가 중공군을 막기 위해 홍콩에 파견될 거라는 얘기가 나오자, 그런 부류의 사람들은 찾아볼 수 없게 되었습니다."

홍콩 주둔 당시 아가일 연대 제1대대의 대대장은 레슬리 닐슨 중령이었다. 대대의 어느 장교는 그를 가리켜 '나이 들어가지만 여전히 체력이 좋았고, 결단력이 있었으며, 다른 마음을 품지 않고, 웃음과 상상력은 부족하지만 철두철미한 직업군인'이라고 평했다.[19] 슬림은 그를 이렇게 평했다.

"그는 좋은 사람이었고, 믿음직하고 용감한 지휘관이었습니다. 언제나 예하 중대를 돌아다녔지요."

뼛속까지 철저한 하일랜더였던 닐슨은 언제나 백파이프 주임하사관과 2명 이상의 백파이프 연주병을 대동하고 다녔다. 그러나 그는 매우 조용하고 사색을 즐기는 면도 있었다. 그의 내면을 잘 아는 사람은 그리 많지 않았다.*

부대대장인 케니 뮤어 소령은 대대장과는 전혀 다른 사람이었다. 조용하고 유쾌하며, 결단력이 강하고 활력이 넘치는 사람이었다. 그의 아버지 역

---

* 한국 전쟁이 휴전된 지 50년이 지난 후, 닐슨의 아들 역시 아가일 연대의 장교가 되어 연대 예비역들과 함께 크림 전쟁 전적지를 보러 갔다. 이 여행 중 그는 한국 전쟁 참전 용사들에게 이렇게 말했다. "저는 저희 아버지의 내면을 도저히 알 수 없었습니다. 혹시 그런 부분에 대해 설명해 주실 수 있습니까?" 거기에 답을 줄 수 있는 사람은 없었다.

시 1923년부터 1927년까지 아가일 연대 제1대대의 대대장으로 재직했다.[20] 아들 뮤어는 노스웨스트 프론티어(Northwest Frontier: 오늘날의 파키스탄의 일부)는 물론, 제2차 세계대전 당시 북아프리카, 시칠리아, 북서 유럽 등에서 종군했다. 해외 파병 경력이 매우 화려한 사람이었다. 야위었지만 체력이 매우 강하던 뮤어는 엉뚱한 일면도 있었다. 그는 시끄러운 밤의 파티 때 뒤로 공중제비를 넘어 위관 장교들로부터 큰 인기를 얻었다.[21] 대대 부관은 그를 이렇게 회상한다.

"정말로 화끈한 양반이었죠!"

대대의 행정과 군기를 유지하는 일을 맡고 있는 대대 부관인 존 슬림은 매우 화려한 배경의 소유자였다. 제2차 세계대전에서 영국이 배출한 가장 뛰어난 장군이자 제국일반참모장을 역임한 빌 슬림이 그의 아버지였던 것이다. 키가 크고, 강인한 이미지를 주는 존 슬림은 '덩치큰 존'이라고 불렸으며, 제2차 세계대전 당시에는 버마에서 구르카(Gurkha) 병들을 지휘했다. 그는 그 이후에도 계속 쿠크리(kukri)를 휴대했다. 인도가 독립한 이후 그는 아가일 연대에 전입했다. 그는 이렇게 말했다.

"이들이나 구르카 병들이나 제게는 거친 산사나이들입니다. 스코틀랜드인들은 구르카 병들과 공통점이 있어요. 실력을 통해 자신을 증명하지 못한 자를 결코 칭찬하는 법이 없다는 게 바로 그 공통점이지요."

지칠 줄 모르는 장교였던 존 슬림은 대대장에게 이렇게 말했다.

"중대장 보직을 주지 않으시겠다면, 대대장님 곁에서 보필하겠습니다. 후방 근무는 싫습니다!"

닐슨 대대장도 슬림에게 동의했다. 뛰어난 전투 요원이었지만, 슬림에게는 장난스러운 구석도 있었다. 군수 장교 브라운은 이렇게 말했다.

"그는 아주 뛰어난 인물이었지요. 어느 정도 기회주의자였고, 나이트클럽에서는 평소보다 화끈해지기도 했습니다. 홍콩에서는 저는 피아노를 연주하고, 슬림이 드럼을 연주했어요. 매우 정력적인 사람이었지요."

중대장들 중에는 버마에서 실전 경험을 쌓은 B중대장 알라스테어 고든 잉그램 소령이 있었다. 머치는 이렇게 말했다.

"그는 신사였습니다. 어느 금요일 우리 중대원들의 봉급이 제때 지불되지 않았습니다. 그러자 잉그램 소령은 중대원 전원에게 사비로 1인당 10실링씩을 주었습니다. 10실링이면 당시 병사들의 1주일치 주급에 해당되는 금액이었지요. 아주 그 사람다운 행동이었습니다."

또 다른 눈에 띄는 장교로, 호전적이고 건장한 콜린 미첼 대위가 있었다. 그는 전투를 매우 즐겼다. 슬림은 이렇게 말했다.

"그는 총알이 날아다니는 곳이라면 언제나 있었습니다."

미첼은 제2차 세계대전 당시 이탈리아에서 싸웠고, 전후 팔레스타인에서 부상을 당했다. 그의 휘하 병사 중 한 사람인 아담 맥켄지는 이렇게 말했다.

"그는 대대 최고의 전술가였습니다. 매우 개성적인 사람이었죠."

미첼은 훗날 한국에서 더 유명한 별명을 얻게 된다. 납작한 코 때문에 '돼지'라는 별명을 얻게 되었던 것이다.

화기중대 장교였던 로빈 페어리는 아가일 대대에서 제일 덩치가 컸던 사람 중에 한 명이었다. 병사들의 말에 따르면, 그는 박격포 포신 2개를 메고 홍콩의 고지를 오를 수 있었다고 한다. 페어리의 계급은 때에 따라 올라갔다 내려갔다 했다. 어떤 때는 대위였고, 어떤 때는 중위였다. 언제나 끊임없이 좋지 않은 짓을 했기 때문이었다. 그가 가장 최근에 당한 강등은 영국 본토에서 실시되었던 야전훈련 이후 실시되었는데, 현지인의 돼지를 훔친 혐의로 경찰 조사를 당한 것이 그 원인이었다. 페어리는 부하들에게 돼지를 훔치라고 지시했고, 부하들은 그 돼지를 건빵을 먹여 키운 다음에 도살할 계획이었다. 하지만 페어리 본인은 현지의 경찰관과 사냥터 관리인에게 일체의 혐의를 부인했다. 그때 인근의 참호에서 겁에 질린 돼지가 꿱꿱대는 소리가 들려왔다.[22] 그래도 병사들은 그를 존경했다. 머치는 이렇게 말했다.

"그는 존 슬림과 판박이인 것처럼 덩치 크고 강하고, 두려움을 모르는 사나이였지요. 그리고 부하들을 인격적으로 대해 줬어요."

머치는 군수 장교 앤드루 '도저' 브라운에 대해 말할 때도 항상 눈을 반짝였다. 애버딘 출신의 그는 1933년 연대 군악대원으로 입대했다. 이후 그는 에리트레아, 수단, 이집트 서부 사막, 시칠리아, 이탈리아, 팔레스타인 등 어디든지 종군했다. 왕립 말레이 연대(Royal Malay Regiment) 소속으로 7개월 동안 정글전을 벌인 후 대대에 복귀한 그는 홍콩 주둔 스코틀랜드 병사들에게 강한 인상을 받았다.

"고지를 마구 달려 오르내리는 그들은 대단하고, 체력이 세고 강인해 보였습니다."

하지만 브라운은 군수 장교를 맡게 되자 고민에 빠지게 되었다. 물품 손망실이 꽤 많이 발생했기 때문이었다.

연대 군의관은 더글러스 홀데인 중위였다. 페이즐리 토박이이자 의무복무자인 그는 이렇게 말했다.

"부대에 처음 배치되었을 때 저는 부대가 좀 마음에 들지 않았어요. 이곳은 06시 30분에 진료 소집을 실시해야 하는 등 모든 것이 정규군 방식대로 돌아가는 정규군 부대였거든요. 그래서 저는 젊은 의무복무 장교들 편을 들곤 했지요."

그를 돕는 의무병들은 교육 수준이 형편없었다. 구급법 정도만 알고 있는 정도였다. 더 놀랍게도 그의 주변에는 화상 치료 기법을 아는 사람이 아무도 없었다. 의무병들의 낮은 수준 때문에 홀데인은 큰 부담을 졌다. 홀데인의 별명은 '조크 더 닥(Jock the Doc: 스코틀랜드 군의관을 뜻하는 속어)'이 되었다.

위관 장교들의 출신 성분은 다양했다. 정보 장교 샌디 보스웰같이 육군 사관학교 졸업생도 있었다. 그리고 이튼 홀에서 4개월짜리 소대장 과정을 수료하고 소위로 임관한 의무복무 장교도 있었다. 제임스 스털링의 집안은 매우 화려했다. 그의 사촌은 SAS(Special Air Service: 영국 특수부대)의 창시자인 데이비드 스털링이었던 것이다. 그러나 제임스 스털링은 자기 사촌만큼 강한 군인은 못 되었다. 그는 이렇게 회상했다.

"저는 점심 먹으면 낮잠 자는 게 일과였던 사람이었지요."

19세의 오웬 라이트는 스코틀랜드인과 잉글랜드인 부부 사이에서 태어난 '혼혈인'이었다. 그는 이튼 홀에서 소대장 교육을 수료한 후, 갓 임관한 정규군 장교 2명과 함께 홍콩에 왔다. 닐슨 대대장은 정규군 장교들은 마치 오래 전에 헤어진 친구를 다시 만난 듯이 환영해 주었다. 그러나 라이트의 차례가 되자 대대장은 이렇게 말했을 뿐이다.

"자네는 누군가?"

그것으로 라이트와 대대장의 접견은 끝이 났다.

연대의 사병들 중 최선임자인 주임원사 패디 보이드는 거구의 사나이였다. 연대의 모든 사병들에게 그는 신비로운 존재였다. 맥켄지는 이렇게 말했다.

"그 분은 무공 훈장을 받게 된 경위를 절대 얘기하지 않았어요. 심지어는 식당에서 술에 떡이 되어도 말하지 않았지요."

또 어떤 장교는 이렇게 말했다.

"그 분은 제2차 세계대전에서 너무 많은 것을 본 것 같아요. 인기 많은 타입은 아니었다고 생각해요."

병사 제이크 머치는 모레이셔 출신의 22세 먹은 젊은이였다. 그는 농사를 짓기 위해 13세에 학교를 중퇴했다. 하지만 그는 농사 역시 그만두었다. 전쟁에서 돌아온 병사들을 선망한 그는 시포스 하일랜더스(Seaforth Highlanders) 연대에 입대했다. 그러나 포트 조지(Fort George)에서의 주둔지 근무에 진력이 나고 말았다.

"저는 세계를 여행하려고 군대에 들어왔는데, 입대해 보니 일하던 농장에서 불과 10km 떨어진 데서 복무하고 있더군요."

결국 그는 아가일 연대로 전속신청을 해서 홍콩에 파견되었다.

"아가일 연대의 분위기는 정말 가족 같았습니다. 모두가 서로를 위해 주었지요."

해리 영 중사는 매우 강인한 병사였다. 블랙 워치(Black Watch) 연대 출신이던 그는 1945년에 징집되었다. 그러다가 군복무로 인해 이득을 볼 수 있음을 알고 22년 복무계약을 했다. 그리고 아가일 연대로 전속신청을 해서 홍콩에 파견되었다. 그는 이렇게 말했다.

"우리 부대에는 영국 북부 출신과 런던 출신이 모두 섞여 있었어요. 하지만 서로 잘 어울렸죠. 정말 멋진 팀이었어요. 어떤 문제도 없었지요. 스코틀랜드인과 아일랜드인이 벌이는 싸움 같은 것도 없었어요. 화목한 분위기를 유지하는 데는 유머 감각도 한몫 단단히 했지요."

에딘버러 출신의 로이 빈센트는 19세 때 군에 지원했으나 폐에 폐렴으로 인한 상처가 있어 군대에 들어갈 수 없었기 때문에 제2차 세계대전 때는 소방관으로 대체복무를 했다.

"소방 임무 때는 언제나 속옷까지 젖게 되지요."

그는 군에 다시 지원했고, 이번에는 합격했다. 그는 소년만화에서 '가느 다란 붉은 줄'을 본 후 아가일 연대에 전입하고자 했다.

이 최강의 스코틀랜드인 연대에는 꽤 많은 '외국인'들이 있었다. 브라운 은 이렇게 말했다.

"엄청난 수의 잉글랜드인 병사들이 우리 부대에 와서 훌륭한 스코틀랜 드인이 되었지요!"

로버트 시얼레이는 잉글랜드의 뉴몰든 출신이었지만 하일랜더 연대에 가 고 싶어 했다. 아버지와 함께 스코틀랜드 사단의 귀국 모습을 본 후 감동 받았기 때문이었다. 또 다른 잉글랜드인 병사로는 조지프 페어허스트 중사 가 있었다.

"일단 전입하면, 스코틀랜드인 병사들은 우리 잉글랜드인들을 더 이상 적대하지 않았어요. 같은 부대이니까요. 군생활을 하다 보면 잉글랜드 사 투리를 버리고, 스코틀랜드 사투리로 말하게 되었지요."

코드 여단장의 또 다른 대대는 런던인들로 이루어진 미들섹스 연대 제1 대대였다.

캠브리지 공작(Duke of Cambridge's Own) 연대로도 불리는 미들섹스 연 대는 1881년 제57보병연대와 제77보병연대의 통폐합을 거쳐 탄생되었다. 이 연대의 별칭인 '다이하드(Diehard)'는 1811년 5월 16일 알부에라(Albu erra) 전투에서 유래되었다. 이 날 죽어가던 제57보병연대장 잉글리스 대령 은 예하 대대가 궤멸되는 것을 목도하고 있었다. 대대의 장교 25명 중 22명 이, 사병 570명 중 425명이 전사했다. 그 모습을 보던 그는 큰 소리로 마지 막 명령을 내렸다.

"병사들이여, 끝까지 죽지 말고 버텨라!(Die hard, my men - die hard!)"

그 모습을 본 적장인 솔 원수는 놀랐다.

"저들은 패배를 모르는구나. 오늘의 승자는 나다. 하지만 저들은 저 지경이 될 때까지 쓰러지지 않았다."

이 전투 이전, 런던인으로 구성된 이 연대의 별칭은 다이 하드보다는 덜 멋진 '스틸백스(Steelbacks)'였다. 이 연대 병사들은 태형을 잘 당했기 때문이었다.[23] 1950년 당시의 미들섹스 연대 제1대대는 런던인으로 구성되어 있다는 점은 같았지만 스포츠에 역점을 두고 있었다. 버킹검 궁 경비 임무를 마친 후 홍콩에 파견된 이들은, 대대장의 말을 빌면 약간의 연마가 더 필요한 상태였다.

대대장인 앤드루 맨 중령은 일부 장교들과는 달리 결코 부자가 아니었다. 그는 알더숏에서 목회를 하던 성직자인 아버지의 뒤를 잇고자 캠브리지 대학에 진학했지만, 그의 집안에는 돈이 없었다. 그래서 그는 아버지에게 경제적 부담을 주지 않고도 할 수 있는 일을 찾았다. 맨은 대학에서 장학금을 따지 못하자 육군에 병으로 입대했다. 그는 장교가 되고자 했고, 결국 그는 해냈다. 그는 미들섹스 연대가 자신을 공정하게 대해 준다는 것을 알았고, 거기에 평생토록 봉사하는 것으로 답했다. 1944년 그는 참모 근무를 그만두고 연대의 최일선에서 복무하게 해달라고 요청했다. 그의 상급자는 그런 맨의 행동을 '군 경력의 자살행위'로 표현했다.[24] 1944년 6월 8일 노르망디에 상륙한 그는 미들섹스 연대 제7대대를 이끌고 프랑스, 벨기에, 네덜란드를 휩쓸었다. 그는 그 공로로 프랑스의 크로와 드 게르(Croix de Guerre: 전쟁십자장) 훈장을 받게 되었다. 1949년 그는 홍콩에 배치되는 미들섹스 연대 제1대대장을 맡게 되었다. 여기서 그는 군기반장 노릇을 제대로 해서, 대대를 완전히 뒤집어 놓았다. 여비는 당시를 이렇게 회상한다.

"우리는 이렇게 말하곤 했죠. '그렇게 작은 사람이 그렇게 큰 문제를 몰고 온 적이 없어!'"

맨 중령의 키는 150cm가 간신히 넘었기 때문이다. 그럼에도 그는 인기 많은 대대장이었다. 대대의 병사 켄 맨클로우는 이렇게 말했다.

"대대장님은 눈에 보이지 않을 만큼 빨리 움직이셨지요! 그분은 분대 단위까지 관심을 보이셨고, 모든 장병들에 대해 정확히 알고 계셨어요."

콧수염을 기르고, 말을 빨리 하며, 까다롭지만 합리적인 성격이었던 그의 필드캡(field cap) 쓴 머리는 모든 것을 정확히 계산했다. 닐슨이 과묵한 스코틀랜드인의 전형이었다면, 맨은 전형적인 잉글랜드인 장교였다.

아가일 연대의 중견 장교들과 마찬가지로, 미들섹스 연대의 중대장들도 모두 제2차 세계대전 당시 현역 복무를 해 본 사람들이었다. D중대장 존 윌로비 소령은 대전 초기 프랑스에서 싸웠고, 됭케르크 철수 때 영국 본토로 철수한 후 극동에 연락 장교로 배치되었다. 그곳에서 그는 맥아더 장군 휘하의 많은 미군들을 만났다. 이후 그는 북서유럽에서 대대장으로 복무하다가 종전을 맞았다. 덩치 큰 금발의 윌로비 소령은 언제나 대대장과 사이가 좋은 편은 아니었다. 그는 상당한 친밀감을 잘 다듬어진 표현으로 나타내는 사람이었지만, 때에 따라서는 불손한 태도를 보이기도 했다. 작전에서 그는 언론인들에게 인기가 있었다. 반면 맨 중령은 언론인들에게 시간을 그다지 할애하지 않았다. 윌로비는 하급자들에게도 인기가 많았다. 19세의 병사였던 에드가 그린은 부대 식당의 바텐더로 일하면서 장교들을 가까이에서 볼 기회가 있었다. 그는 장교들에 대해 이렇게 말했다.

"어떤 사람들은 매우 멋졌고, 어떤 사람들은 그냥 어린 아이들과 다를 바가 없어 보였습니다."

윌로비는 바텐더가 음료를 완성할 때까지 기다릴 줄 아는 사람이었다.

그리고 존 십스터 소령에 대해 말해야 하겠다. 그는 버마의 최악의 여건 하에서도 펀자브인(Punjabi)들을 이끌고 싸웠다. 그러다가 인도 독립 이후 미들섹스 연대에 전입했다. 직업군인인 그에게 홍콩 생활은 지독히도 재미없는 것이었다. 그러나 그의 아내와 어린 아이가 이곳에 얼마 전에 왔기 때문에, 그는 이곳에 오랫동안 정착할 준비를 했다. 즉, 그들이 처음 왔던 중국인 호텔보다 나은 주거지를 찾는 것이었다.

A중대장 데니스 렌델 소령은 칼날 같은 콧수염을 기른 멋진 외모에, 그에 잘 어울리는 상류 계층다운 억양을 구사하는 사나이였다. 그는 제2차 세계대전 중 공수연대에서 복무했으며, 북아프리카에서 적의 포로가 되었으나 탈출했다. 1946년 그는 제5공수여단과 함께 극동으로 갔다. 네덜란드군의 복귀가 지연되고 있는 인도네시아의 질서를 회복하기 위해서였다. 그는 인도네시아에 머무르는 동안 현지의 독립운동가를 새벽에 급습해서 체포한 적도 있었다. 렌델은 당시 상황을 이렇게 회고했다.

"그때 그 사람은 침대에 매우 아리따운 여자랑 같이 있었지요. 그의 행동거지는 아주 훌륭했으며, 매우 순종적인 태도를 보였습니다. 그도 그럴 것이 그 방에는 아군이 20명이나 있었으니까요!"

렌델은 그때 자신이 수카르노를 잡았다고 믿고 있었다. 수카르노는 얼마 안 있어서 인도네시아의 대통령이 되었다.* 렌델은 이후 팔레스타인과 말라야에서 근무한 후, 원 소속 부대였던 홍콩 주둔 미들섹스 연대 예하 대대로 돌아왔다.

소대장들 중에는 키 큰 젊은이인 크리스 로렌스라는 사람이 있었다. B중대 제4소대장이었던 그는 부하들에게 매우 강인한 인상을 주었다. 그의 부하 중 한 사람인 켄 '테드' 맨클로우는 이렇게 말했다.

---

* 그러나 필자는 그의 주장을 뒷받침하는 문헌을 본 적이 없었다. 렌델은 다른 사람을 수카르노로 착각했을지도 모른다. 그가 1948년 수카르노를 체포한 네덜란드 공수 부대와 함께 있지 않은 한 렌델이 수카르노를 잡기란 불가능하다.

"절대 그 사람을 앞질러 갈 수가 없었어요. 그는 병사들을 잘 돌보았고, 언제나 조용하고 침착했지요. 저는 절대로 그가 허둥대는 모습을 본 적이 없어요. 타고난 성품인 것 같았어요."

맨클로우는 크로이든 출신으로, 그의 형 역시 미들섹스 연대에서 복무했다. 미들섹스 연대에는 남부 런던인들이 무척이나 많았기에, 그는 서둘러 입대하고 싶었다고 했다. 토트넘 출신의 해리 스파이더 중사 역시 미들섹스 연대에 지원 입대한 사람이었다. 그는 어린 시절 육군 소년단 생활을 즐겼으며, 5/7년의 복무기간으로 육군에 입대했다. 5/7년이란 정규군으로 5년을 복무한 후, 예비군으로 7년을 더 복무한다는 뜻이었다.

홍콩의 쇼핑을 좋아하던 헤른 힐 출신의 병사 에드가 그린은 철도 소방관으로 일하다가 육군에 징집되었다. 그의 삼촌은 미들섹스 연대에서 복무했기에, 그린은 자신도 그곳에서 복무하게 해달라고 요청했다.

"하지만 사실 미들섹스 연대가 어떤 곳인지는 전혀 모르고 한 말이었어요. 보병과는 전혀 인연이 없는 왕립 공병대(Royal Engineers)에 갈 수도 있었는데 말이지요."

버몬지 출신의 병사 제임스 비벌리는 코크니(Cockney: 런던 토박이)답게 일체의 권위를 인정치 않았다. 그는 육군에 입대해 기초훈련을 받을 때에도 별 감흥이 없었다. 그러나 10주간의 기초훈련을 수료한 후, 그는 자신도 모르는 사이에 '다이하드'혼이 주입된 것을 알고 놀랐다.

"저는 우리 연대에 충성을 다하는 타입은 아니었어요. 그러나 어느새 연대를 위해 살고 있었지요."

보브 여비 중사는 킹스버리 출신이었다. 그는 원래 기병대에 가서 5/7년만 복무하고 싶었다. 그러나 기병대에 가면 22년 동안 의무복무해야 한다는 것을 알았다. 그래서 그는 대신 미들섹스 연대로 갔다. 홍콩에 배치된 후 그는 코크니들이 스코틀랜드인들과는 다르다는 것을 알았다.

"스코틀랜드인들은 싸움을 정말 즐겼어요. 싸울 상대가 없으면 자기들끼리도 싸웠지요. 그러나 우리 대대원들은 스포츠를 즐겼어요. 크리켓, 럭비, 하키를 정말 좋아했지요."

이 대대가 거둔 성과 중에는 홍콩의 7인제 럭비 팀을 이긴 것도 있었다. 그러나 맨 중령이 트로피를 가지려고 하자, 누군가가 그래서는 안 된다고 말했다. 이 혈기 왕성한 단신의 중령이 그 말을 받아들일 리가 없었다.

"누가 뭐래도 나는 이 트로피를 갖고 귀국하겠어!"

미들섹스 연대의 모든 대원이 런던인인 것은 아니었다. 패디 레드몬드 상사는 더블린 출신이었고, 군인 집안의 자손이었다. 그는 1944년에 입대해 특수부대에 전속했고, 말라야를 침공하러 가던 중 전쟁이 끝났다.

"그건 어떻게 보면 다행이었지만, 어떻게 보면 실망스러운 일이었죠. 전투 준비를 완벽히 하고 있었는데 말이지요."

전후 그는 미들섹스 연대에 배속되었다.

"거긴 정말 멋진 녀석들만 있었지요. 사람들이 생각하는 '전형적인 코크니'는 한 사람도 없었어요. 모두가 다 그랬지요."

* * *

모든 군부대에는 매우 재빠른 비공식적인 정보망이 있다. 제27여단도 예외는 아니었다. 공식 배치 명령이 떨어지기 이미 7일 전부터, 부대 내에는 자신들이 어디론가 보내질 것이라는 소문이 떠돌았다. 미들섹스 대대의 하사 돈 바레트는 원래는 의무복무자였지만 장기복무를 지원했다. 그는 이렇게 회상했다.

"명령이 내려지기 일주일 전, 어느 상사가 와서 이렇게 말했습니다. '우리를 한국으로 실어갈 배가 지금 항구에 와 있어!' 그러고 나서 48시간이 지났지만, 아무 일도 없었습니다. 그 상사는 쥐구멍을 찾기 바빴고 우리는 모두 그 사람더러 거짓말쟁이라고 욕해 댔지요."

제27여단의 이동 명령은 비밀에 싸여 있었다. 주말이던 8월 19일과 20일, 이 이동 명령이 내려진 사실을 아는 사람은 대대의 각급 지휘관들과 부지휘관들뿐이었다. 그 외에도 전기기계공병 장교인 제프스도 이 사실을 알고 있었는데 그는 이동수단을 점검해야 했기 때문이었다. 그는 주말에 각 대대를 돌며 검열했다. 병사들은 그를 환대했지만 왜 토요일 밤에 장교가 장비를 검열하는지 매우 궁금해 했다.

"모두가 그 일 때문에 매우 흥분했지만, 누구도 그 이유를 알려 주지 않았습니다."

월요일 아침, 바레트가 들은 소문은 사실임이 확인되었다. 제27여단은 해외 파병을 떠나는 것이었다. 바레트는 이렇게 말했다.

"장교들은 이리저리 분주히 뛰어다녔고, 업무 때문에 파티가 모두 취소되었습니다."

바레트 역시 전투를 한다는 생각에 자기도 모르게 흥분되어 있었다.

"우리는 전쟁을 6년밖에 해 보지 않았지요. 모두 또 다른 전쟁을 기다리고 있었습니다."

처음에 혼란스럽게 내려온 명령들 속에, 여단의 3개 대대 중 파병되는 2개 대대가 어디인지는 제대로 나와 있지 않았다. 8월 19일에는 레스터 대대가 파병된다고 했으나, 20일에는 미들섹스 대대가 파병된다고 말이 바뀌었다.[25] 아가일 대대와 미들섹스 대대가 선택된 이유는 아직도 불명확하다. 어디까지나 추측이지만 레스터 대대는 의무복무자의 비중이 너무 높았던 것을 원인으로 보는 사람도 있었다. 한편 바레트는 이렇게 말했다.

"제 생각에는 아가일 연대와 미들섹스 대대가 골칫덩이였기 때문에 그랬던 것 같아요. 처음에는 아마 아가일 대대와 레스터 대대였을 것 같아요. 하지만 우리 미들섹스 대대가 알부에라 전투 기념일인 5월 16일에 저지른 일 때문에 우리가 대신 가기로 정해진 것 같아요. 처음에는 즐거웠지만, 나중에는 뒷맛이 쓰게 끝이 났지요. 잠을 자고 일어나 보니 부대 건물은 엉망진창이 되어 있었고 유리창이 깨져 있었어요. 주임원사는 두개골 골절이 의심되는 상태였고요. 대대장이 하사관 식당에 들어가자마자 누군가가 대대장에게 머그잔을 집어 던졌지요. 아마 그 꼴을 보고 누가 이랬을 거예요. '이봐요. 미들섹스 대대가 이렇게 싸움을 좋아하는데 이 친구들을 레스터 대대 대신 보내는 게 낫지 않겠어요.' 물론, 스코틀랜드인들은 언제나 싸움을 좋아하지요!"

전투야말로 군부대가 존재하는 이유이다. 이동 명령은 중대장에게서 소대장에게, 소대장에게서 사병들에게 전달되었다. 아가일 대대의 병사인 라이트는 이렇게 말했다.

"장교들이 '우리 부대가 파병을 간다.'라고 말했을 때, 그 사람들은 정말로 그런 명령을 고대하고 있었던 중이었다고 생각했어요. 보병은 적과의 전투를 원하도록 훈련받지요. 전투를 하기 위해 보병이 된 거니까요. 전투 대신 트럭이나 운전하고 싶다면 수송 병과로 가야지요."

여단에서 가장 덜 호전적인 인물은 아가일 대대의 군의관 홀데인이었지만, 이 '조크 더 닥' 역시 전투를 앞두고 흥분되기는 마찬가지였다.

"이동 명령을 들었을 때, 나는 전투에 대한 환상을 품었지요. 그건 제게 일종의 모험이었고 뭔가 쓸모 있는 일을 할 기회였어요."

제임스 스털링 소위는 홀데인보다도 갈 마음이 없었다.

"저는 그 소식을 듣자 무서웠어요. 저는 전투를 원하지 않았거든요. 그저 제가 '해야 하는' 일이었지요. 제 휘하 병력 대부분을 차지했던, 8주 훈련을 마치고 자대에 온 의무병역자들 역시 저와 비슷했어요. 그러나 전투에 진심으로 참전하고 싶어 하는 사람들도 일부 있더군요."

명령이 내려왔을 때 많은 사람들은 병영을 떠나 있었다. 맨클로우는 이렇게 말했다.

"중국 함대 클럽(China Fleet Club)에서 술을 마시는데 헌병이 와서 모든 아가일 대대와 미들섹스 대대 병력은 원대로 복귀하라고 했어요. 버스가 와서 기다리고 있었지요. 뭔가 문제가 터진 것은 확실했지만, 무슨 문제였는지 우리는 몰랐어요. 우리는 그저 우리 맥주를 다른 놈이 마셔 버리는 게 아쉬웠을 뿐이지요."

일부 참전 경험자들은 한국에 뭐가 기다리고 있는지도 모른 채, 앞으로의 일에 대해 낙관론을 펴기도 했다. 그중에는 미들섹스 대대의 중사 여비도 있었다. 그는 이전에 대게릴라 작전을 뛰어 본 적도 있었다.

"우리는 엄청난 대전쟁을 해 봤지 않은가? 거기에 비하면 팔레스타인 정도야 아무것도 아니었지."

19세 미만의 병사들은 전쟁에 참전할 수 없었다. 그리고 미들섹스 대대 병력 중 무려 55%가 나이 어린 의무복무자들이었다. 그러나 여비 중사의 회상에 따르면 대대장 맨 중령은 사람을 휘어잡는 뛰어난 화술의 소유자였다. 얼마 못 가 맨 중령은 한국에 보내 달라고 애걸하는 수많은 연령 미달 병사들에게 포위당하게 되었다. 맨클로우는 이렇게 말했다.

"우리 모두는 전쟁에 가고 싶었어요. 우리는 함께 훈련받았고, 모두 젊고 체력이 강하고, 자신감에 넘쳐 있었지요. 병사로 훈련받은 자라면 전쟁이 터졌을 때 전우들과 함께 참전해서 연대의 임무 수행을 도와야지요."[26]

물론 직업군인들과 모험적 성향이 강한 군인들은 전쟁에 가고 싶은 나름의 확고한 동기가 있었을 것이다. 그러나 왜 의무복무자들마저도 전쟁에 나가고 싶었을까? 거기에 대해 맨클로우는 전쟁의 매혹을 그 이유로 들었다. 매우 강한 군대 중에는 이념적 동기에 따라 움직이는 곳이 많다. 하지만 영국군은 그렇지 않다. 정치가들이 떠드는 '애국심'이나 '조국에 대한 의무'도 병사의 마음을 움직이는 동기가 될 수는 있겠다. 그러나 영국군에서 병사들은 부대의 문화를 주입받는다. 부대는 전투에 참전할 때마다 참전휘장을 수여받게 된다. 그리고 많은 참전휘장을 가진 연대일수록 그렇지 못한 연대에 비해 많은 이들의 경의어린 시선을 받는다. 그것이 바로 이들이 전쟁에 참가하려 한 원인이었다. 어떤 장교들은 그것을 가장 큰 원인으로 보았다.

"모든 것은 연대를 위해!"

그러나 하급부대일수록 인적 요소는 더욱 중요해진다. 650명의 대대에서 보다는 120명의 중대에서, 120명의 중대에서보다는 30명의 소대에서, 30명의 소대에서보다는 8명의 분대에서 인적 요소는 더욱 중요한 것이다. 군대의 하급부대들은 젊은이들의 집합소이다. 그리고 수개월, 또는 수년 동안 함께 훈련하고, 작업하고, 말하고, 먹고, 자고, 물건을 나누고, 때로는 싸워온 사람들 사이에서는 강력한 유대감이 생긴다. 수많은 병사들이 때로는 가족애보다 더욱 진했던 자기 부대의 전우애를 표현하기 위해 셰익스피어 (Shakespeare)의 《헨리 5세(Henry V)》에 나오는 말인 '전우(band of brothers)'를 인용하는 것은 놀랄 일이 아니다. 병사들의 행동에 가장 큰 영향을 미치는 것은 동료집단으로부터 받는 압력이다. 인간이 체험할 수 있는 것 중 가장 강렬한 경험인, 목숨을 건 전투에서 자신의 가치를 증명하고, 전우를 잃지 않겠다는 결의인 것이다. 이는 보병 부대를 박애와 전우애로 굳게 단결시키고, 병사들은 서로에게 연대에 대해 느끼는 것만큼이나 큰 충성심을 느끼게 된다.

하지만 전쟁에 대한 흥분이 커가고 있는데도, 대부분의 제27여단 대원들은 가서 싸울 전장과 마주치게 될 적에 대해 전혀 알지 못했다.

맨 중령이 한국에 대해 알고 있는 것이라고는, 어린 시절 모았던 한국 우표 몇 장이 전부였다. 그나마 그것도 한국에 대해 아무것도 모르는 그의 부하 장병들에 비하면 월등히 나은 것이었다. 크리스 로렌스는 휘하 소대원들을 집합시킨 다음 이렇게 말했다.

"우리는 한국으로 가게 된다!"

그러자 맨클로우는 소대장에게 물었다.

"한국이 어디 있습니까?"

그러자 소대장은 이렇게 대답했다.

"낸들 알아?"

병사들은 한국에 대한 정보를 모으기 시작했지만 매우 단편적인 정보들뿐이었다. 그들이 아는 것은 싸우러 간다는 것뿐이었다.

대부분의 장교들과는 달리, 십스터는 미 해군의 증원부대들이 홍콩을 거쳐 한국으로 가는 모습을 보면서 한국의 상황을 예의주시하고 있었다. 그러나 그 역시 상황을 너무 무시하고 있었다. 한국에 가져갈 장비에 관한 대대장의 조언을 받아들였기 때문이다. 십스터는 당시를 회상한다.

"저는 맨 중령에게 물어봤지요. '한국에 골프 클럽이랑 테니스 라켓을 가져가도 돼요?' 그러자 그분은 이렇게 답했습니다. '물론, 가져가도 되고 말고.'"

하지만 전쟁은 쉽게 풀려가고 있지 않았다. 북한인민군은 훈련과 동기부족이라는 미군의 약점을 노출시켰다. 북한은 제27여단을 포함한 증원군이 오기 전에 미군과 한국군을 바다에 처넣어 전략 균형을 뒤집으려 하고 있었다.

미들섹스 대대의 대대장은 궁지에 몰린 미군을 돕기 위해 영국군이 파견되는 현 상황이 가진 묘한 의미를 놓치지 않았다.

"우리는 이 전쟁에서 미국놈들이 궁지에 몰린 것을 알았어요. 그리고 거기에 대해 즐겁게 여러 농담을 주고받았지요. 이제까지 항상 미국놈들은 늘 싸움 막판에 들어와서 '우리가 이겼어.' 했잖아요. 하지만 이번에는 우리가 나중에 들어가서 똑같은 말을 할 수 있어요. 그것도 다른 부대도 아닌 우리 대대가 말이지요!"

미군은 한국전에서 신무기들을 검증하기 시작했다. 그중에서도 제일 주목할 만한 것은 북한인민군 T-34 전차에 대한 3.5인치 '바주카(bazooka)' 대전차 로켓포였다. 하지만 그 결과는 그리 신통치 않았다. 그린은 이렇게 회상했다.

"미군 정보 장교가 나와서 이러더군요. '한국 전쟁의 전황은 절망적입니다. 당신들이 우리를 도우러 와 주는 데에는 감사합니다. 하지만 당신들이 과연 살아서 고국에 돌아갈 수 있을지는 좀 의심스럽군요.' 저는 그 말을 듣고 놀랐습니다."

* * *

이동 명령이 떨어지자 여단은 벌집을 들쑤셔 놓은 듯이 바빠졌다. 브라운은 이렇게 말했다.

"그 명령은 엄청난 후폭풍을 몰고 왔지요. 저는 일주일 내내 정신없이 일했고, 밤에도 깨어있는 채로 일하기 위해 군의관으로부터 각성제를 처방받았어요."

명령이 내려졌다가 철회되기를 반복했다.

"어떤 물건을 싸라고 해서 싸 놓으면, 나중에 그 물건은 가져갈 필요가 없다는 소리가 나오고, 뭐를 하라고 해서 해 놓으면, 10분 있다가 그 반대로 하라는 명령이 내려오는 식이었죠. 정말 며칠 동안 정신없이 죽어라 일했어요."

다행히도 얼마 전 여단은 기동 훈련을 성공리에 마쳤다. 슬림의 말이다.

"이럴 때 제일 중요한 사람은 부관과 군수 장교라고 할 수 있지요. 우리는 신속하게 움직이는 연습을 이미 마친 상태였고, 홍콩에서 중공군과 싸우는 상황에도 충분히 대비가 된 상태였습니다. 정신은 없었지만, 그래도 공황 상태에 빠지지는 않았지요."

한국 파병은 군수 장교의 고민거리, 즉 전임자로부터 물려받은 대량의 손망실 물품 문제를 해결해 주었다. 브라운은 이렇게 말했다.

"한국에 도착한 다음에 전투에서 다 잃어버렸다고 보고하면 됩니다!"

군의관들도 나름의 문제가 있었다. 미들섹스 대대 군의관인 스탠리 보이델 박사는 이렇게 말했다.

"우리는 한국 파병 명령을 받고 대대 전원에게 예방접종을 하게 되었습니다. 그래서 하사관 한 명과 함께 주사기를 구하러 다녔지요. 놓아야 할 예방접종은 족히 3,000~4,000회는 되는데, 대대에 비치된 주사기는 20개뿐이었습니다."

어쩔 수 없이 보이델은 사용한 주사기를 소독하고 또 소독해서 사용했다. 그러나 주사바늘이 점점 무뎌지는 것은 막을 수 없었다. 대대원들에게는 고역이 따로 없었다.

하지만 가장 중요한 일은 보병 전력을 증강시키는 것이었다. 각 대대는 이제까지 4개의 중대를 보유하고 있었지만, 이것들을 해체해 3개의 증강 중대로 만들었다. 하지만 대대의 인원은 정원에 한참 못 미쳤다. 규정상 전시 대대 최대 병력은 장교 38명, 사병 948명이고, 최소 병력은 장교 28명, 사병 618명이었다.[27] 아가일 대대와 미들섹스 대대는 홍콩에 주둔한 다른 대대에서 지원자를 데려와서 병력을 맞추었다.

그래도 여단의 전력은 한참 모자라는 수준이었다. 그리고 식량과 대형 차량, 공병과 의무는 미군에 전적으로 의존해야 할 판이었다. 이 여단의 편제는 약식 편제로 볼 수 있었다. 보병 여단은 3개 대대와 1개 포병연대, 1개 차량화 또는 기계화 부대, 1개 수송 부대를 보유해야 했다. 하지만 제27여단은 왕립 오스트레일리아 연대 예하 1개 대대가 편입될 때까지는 보병 대대가 2개뿐이었다. 그나마 파병 준비 당시에는 증원 병력 배속 여부도 불확실했다. 그리고 제27여단에는 공격의 선봉에 서고 후퇴 시 후위를 담당할 기갑부대가 전혀 없었다. 또한 전투에서 적에게 가장 큰 인명 피해를 입히는 포병도 전혀 없었다. 즉 제27여단은 적에게 결정타를 먹일 힘이 없었다. 실전에서 코드 여단장은 휘하 보병들이 지닌 소총과 총검에 가장 크게 의존해야 했다.

생각 있는 장교는 이렇게 서둘러 한국 파병이 이루어지는 것을 우려했다. 미들섹스 연대의 존 윌로비 소령은 이런 글을 적었다.

"우리 부대는 사실상 파병 준비가 되어 있지 않은 거나 마찬가지였다. 거기에 생각이 미치자 나는 피가 얼어붙는 것 같았다."

그는 여단 본부에서는 현 상황을 마치 동화나라로 여행을 떠나는 것처럼 여기고 있는 것 같다고 생각했다.[28] 한국 파병이 워낙 성급하게 정해지고 실시되었기 때문에, 제27여단의 병사들은 자기 부대를 '울워스(Woolworth: 싸구려 물건을 많이 파는 백화점) 여단' 또는 '신데렐라 여단'으로 부르기 시작했다. 또 어떤 병사들은 자신들이 파견되어야 할 만큼 사태가 긴급하다는 점에 빗대 자기 부대를 '닥치고 파병 여단'으로 불렀다.

하지만 이런 엉성한 준비도 안 한 것보다는 나았다. 제27여단의 한국 파병 명령은 8월 18일에 나왔다. 그로부터 정확히 1주일 후, 대영제국이 다국적 UN군의 이름으로 처음 파병하는 한국 원정군은 (어떻게든) 출동 준비를 갖추었다. 부대의 출동 준비를 맡은 사람들은 크나큰 안도감을 느꼈다. 브라운은 이렇게 말했다.

"존 슬림과 나는 마지막 날 밤에 잠시 밖으로 외출해서 술을 마셨습니다."

그러나 전투를 앞둔 부대원들의 사기는 턱없이 높았다. 사우스 스태포드셔 연대에서 지원해 미들섹스 연대로 전입 온 병사인 레이 로저스는 이렇게 말했다.

"모두가 흥분하고 있었어요. 드디어 나쁜 놈들의 궁둥이를 걷어차 주는구나! 하는 생각을 하고 있었지요. 누구나 20세 때는 자신이 무적이라고 생각하기 마련이지요. 그런 생각은 첫 전투를 벌일 때까지 계속되었어요."

하지만 무의식적으로 불안감을 느끼는 사람도 있었다. 한국으로 가는 배를 타기 전날 밤, 미들섹스 대대의 어느 막사에서는 갑자기 누군가가 비명을 질렀다. 사우스 스태포드셔 연대에서 전입 온 또다른 병사인 프랭크 화이트하우스는 이렇게 말했다.

"그 야밤에 모든 병사들을 깨운 건 샤프라는 친구였어요. 소리를 지르는 그 친구의 눈은 튀어나올 것 같았죠. 그 친구는 전쟁터에 가기 싫었던 거예요. 그 친구는 완전히 이성을 잃었기 때문에, 제가 뺨을 쳐서 정신을 차리게 할 수밖에 없었지요."

결국 샤프는 조용해졌고, 막사 안의 모두는 불편한 잠자리에 들었다.

떠나기 전날, 여단은 싱가포르에서 온 영국 극동군 사령관 존 하딩 경 앞에 정렬해 훈시를 들었다. 미들섹스 대대의 키 작고 겁 없는 대대장은 훈시 내용에 만족했다. 맨 중령은 이렇게 말했다.

"훈시의 요지는 '적을 정확히 사격해서 쓰러뜨려라.'였습니다. 그의 훈시는 매우 감명적이었습니다."

여단은 배를 타기 위해 구룡 항으로 갔다. 거기서 여단은 영국 극동 고등판무관 말콤 맥도널드로부터 두 번째의 훈시를 들었다. 그는 이렇게 말했다.

"제군들은 북한인들을 상대로 싸우게 됩니다. 그들은 소련제 무기를 들고 소련식 교리에 맞춰 싸우고 있습니다. 프랑스 본토와 영국 해변에서 싸웠던 것처럼 한국에서도 싸워 주기 바랍니다.[29]"

이제 배에 탈 시간이었다.

18시 30분경, 아가일 대대 장병들은 중순양함 HMS 실론(Ceylon)의 현문을 넘었다. 미들섹스 대대 장병들과 여단 본부 장병들은 경항공모함 HMS 유니콘(Unicorn)에 탑승했다. HMS 유니콘의 갑판에서는 킹스 오운 스코티시 보더러스(King's Own Scottish Borderers) 연대의 백파이프가 울렸다. 그에 화답하듯 HMS 실론의 후미 갑판에서는 영국 해병대 군악대와 아가일 연대 백파이프의 음악이 연주되었다. 백파이프가 연주되는 동안 장병들의 가족과 친구들은 미친 듯이 손을 흔들었다.

"반드시 돌아와야 해![30]"

홍콩의 산 뒤로 해가 넘어가고, 두 군함은 항구에서 빠져나가 어두워지는 동쪽으로 함수를 돌렸다. 1950년 8월 25일의 일이었다.

여단은 동쪽으로 항해했다. 아가일 대대가 탑승한 HMS 실론은 좁아 터졌다. 아가일 대대의 랠프 호스필드는 이렇게 말했다.

"우리 병사들은 갑판에서, 포탑에서, 통로에서, 심지어는 식당 바닥에서 생활해야 했어요. 하지만 행복한 항해였죠."

실론의 함장이 전투기(戰鬪旗) 곁에 아가일 연대의 군기를 게양하자, 육해군 간의 전우애는 뜨겁게 불타올랐다. 반면 미들섹스 대대가 탑승한 HMS 유니콘은 동굴같이 넓은 격납 갑판이 있었던 덕분에, 실론에 비해서는 병사들의 생활 여건이 한결 나았다.

전시를 대비한 전술적 조정도 이루어졌다. 홍콩에 주둔하던 시절 여단의 개인 장비는 먼지 한 톨 없이 철저히 세탁되어 흰색에 가까워질 정도였지만, 이제는 흙먼지를 묻혀야 했다. 그리고 모든 금속제 장비는 제거되거나 검은색이 칠해졌다.[31] 배의 고물에서는 사격 훈련이 실시되어 총성이 마구 울렸다. 병사들은 배의 항로에 있는 것은 뭐든지 사격 표적으로 삼았다. 바다 위에 떠다니는 빈 상자, 하늘을 날아다니는 갈매기, 심지어는 파도에다가도 대고 총을 쏘았다. 평시의 탄약 수 제한은 이제 적용되지 않았으므로, 병사들은 즐겁게 마구 총을 쏘아 대었다. 윌로비는 이렇게 회상했다.

"병사들이 군에 입대해서 배에 탈 때까지 쐈던 총알보다, 배에서 쏜 총알이 훨씬 더 많았습니다.[32]"

배가 홍콩을 떠날 때, 윌로비 소령은 생각에 잠겼다. 하늘을 날던 어느 영국 공군기가 날개를 숙였다. 그 모습을 보니 예전에 됭케르크에서도 이와 마찬가지로 영국 해군 군함과 스피트파이어 전투기가 있었던 것이 떠올랐다.[33] 하지만 그때와 지금 하늘에서 일어나는 일은 달랐다. 그 모습을 본 어떤 사람들은 장난기가 발동했다. 제임스 스털링 소위는 당시를 이렇게 회상했다.

"탄노이에서 이런 소리가 나왔어요. '지금 비행하고 있는 항공기는 여러분의 지휘관과 정보 장교입니다.' 그러자 군함의 모든 포가 그 항공기를 추적했지요. 우리는 누군가가 그 비행기를 격추시키기를 바랐어요. 그러나 유감스럽게도 그런 일은 일어나지 않았지요!"

간단한 순회 강연이 진행되었다. 머치는 이렇게 말했다.

"우리는 집합해서 계속 변하는 한국의 상황에 대해 전달받았지요. 우리가 특히 귀 기울여 들었던 부분은 사상자였어요. 이번 주에 미군이 저렇게 사상당했다면, 다음 주에는 아가일 대대가 저런 꼴이 나지 말란 법이 없지요. 이건 장난이 아니니까요."

하지만 이 배에서 가장 많은 정보를 알고 있는 사람들은 군인이 아니었다. 그들은 두 사람의 종군기자들이었다. 그들은 윌로비에게 전쟁이 장기화되어 겨울까지 끈다면, 끔찍한 겨울 날씨를 각오해야 할 것이라고 알려 주었다.[34] 여단 장병들은 얇은 녹색 정글복을 입고 있었다. 아열대기후인 홍콩과 습기 자욱한 동남아시아의 지독한 날씨에 시달려 온 여단의 참모 장교들은 먼 곳에 있는 한국이 과연 어떤 곳인지 제대로 알지 못했다.

전투에 나갈 경우 반드시 작성해야 하는 서류에 장병들의 시선이 집중되었다. 머치는 이렇게 말했다.

"유사시 가장 가까운 이에게 보내는 유언을 작성하는 용지를 받자 정말 겁이 났지요. 평소에는 터프하기 그지없던 사람들도 눈물을 흘리더라고요."

그린은 조용한 곳을 찾아 부모님께 작성했다.

"우리가 위험한 상황에 처할 거라는 얘기를 들었어요. 만약 집에 돌아가지 못한다면, 제게 생명을 주신 부모님께 감사해요."

HMS 실론과 HMS 유니콘에는 호위를 맡은 멋진 오스트레일리아 해군 구축함들인 HMAS 워라뭉가, HMAS 바탄과 합류했다. 아가일 대대의 로이 빈센트는 이렇게 말했다.

"그중 한 척이 워낙 빨리 다가오기에, '이런, 이대로 가다가는 부딪치겠어!'라고 생각했지요. 하지만 멋지게 커브를 돌더니 우리 배 옆에 머무는 거였어요. 정말 말끔한 조함이었어요."

대만 앞바다에서 중국 잠수함*의 공격 위험 때문에 군함들은 등화관제를 하고 격벽문을 닫았다.[35] 한국에 가까이 갈수록 승무원들은 적의 항공 공격에 주의를 기울이게 되었다. 4.7인치 고각포 포탑이 표적을 찾아 이리 저리 선회했다. 그러나 여름 하늘에는 어떤 위협도 없었다.

* * *

코드, 맨, 닐슨, 부관들과 군수 장교들을 포함한 선발대는 이미 한국에 상륙했다. 맨 중령은 홍콩을 떠나는 비행기에 탑승하자마자 미국 승무원들에게 비판적이 되었다.

"미국 승무원들은 아주 무사태평이었죠. 그들은 기분 내킬 때 이륙했어요. 나중에 우리 군함의 포가 우리를 조준했다는 얘기를 들었어요. 그런데도 미국 조종사들은 아무 대응책도 취하지 않더라고요. 좋게 봐 주려야 봐 줄 수가 없었지요."

가장 먼저 들르는 중간 기착지는 일본이었다. 선발대는 주일 미공군 기

---

* 당시 중국 해군은 잠수함을 보유하지 않았고, 소련 해군이 중국 해군 기지에서 잠수함을 운용했다.(역자주)

지에 이미 진을 치고 있었다. 영국군 장교들이 절제된 스타일을 즐기고 있던 그 시절, 존 십스터 소령은 식당에 적힌 이런 문구를 보고 깜짝 놀랐다.

"이 식당은 세계 제일의 용감한 조종사들이 줄서서 먹는 곳이다!"

그는 미군 조종사들을 보고 더욱 놀랐다.

"전쟁에서는 참 이상한 게, 최전선에서는 긴장감을 찾아볼 수 없어요. 오히려 후방에서 긴장감이 느껴지지요. 내일 출격하는 조종사들 같은 전투 부대원들은 정말로 긴장감이 없어요. 그런 태도에 익숙해지는 것도 군인의 임무 중 일부이겠지요."

공군 기지의 여군들은 아가일 대대 병력이 진짜 스코틀랜드식으로 팬티를 입지 않고 킬트 차림으로 분열식을 벌일 때 놀랐다. 그리고 곧 아가일 대대원들과 친하게 지내려 했다. 브라운은 이렇게 말했다.

"우리는 그 여군들과 춤을 추었지요. 그러나 대대장이 암탉처럼 눈을 부라리고 있어서, 아무 데도 가지 못했습니다!"

브라운은 알지 못했지만, 고급 장교들은 특권을 누렸다. 맨은 이렇게 회상했다.

"긴 검은 머리에 매우 매력적인 작은 일본 여자가 들어와 목욕물을 받아주어도 되는지 물어보았습니다. 뱀과 진흙으로 가득한 냄새 나는 홍콩이라는 불쾌한 곳에서 살다가 그런 아주 문명적인 대우를 받은 것이지요."

다음날 아침, 선발대는 한국의 대구에 착륙했다. 스포츠 장비를 잔뜩 가져왔던 십스터는 이렇게 말했다.

"비행기에서 내리니 놀랍게도 비행장은 포탄을 얻어맞고 있었어요. 저는 가지고 왔던 골프 클럽과 테니스 라켓을 도랑에 던져 버리고 눈길도 주지 않았지요."

그곳이 바로 '부산 방어선'이었다.

제2장
한국 하늘 아래

힘들고 어두운 시대가 우리 앞으로 닥쳐오고 있다.

– 하인리히 하이네(Heinrich Heine)

1950년 8월 29일 부산항.

이상하고 듣기 거북한 웅얼거림, 그리고 그 뒤에 이어지는 고통스러운 통곡 소리가 부산항에 울려 퍼졌다. 영국 군인들을 환영하기 위해 부두에 서 있던 한국인들, 즉 VIP, 군 장교들, 여학생 합창단원들은 이상한 소리가 나는 바다 쪽으로 고개를 돌리고는 놀라지 않을 수 없었다. 거대한 회색 군함의 후방 포탑 앞에, 남자들이 치마를 입고 백파이프를 연주하고 있었던 것이다. 이들이 미국 이외의 나라 중 가장 먼저 UN군에 배속된 지상군 부대라는 말인가?

제27여단은 항구 가까이 다가가고 있었다. 무색에 가깝도록 눈부시게 밝은 하늘 아래, HMS 실론과 HMS 유니콘의 갑판에 정렬한 병사들은 그들의 앞에 있는 매우 많은 군함들을 볼 수 있었다. 부산항은 UN군에 필요한 병력과 인원을 마구 밀어 넣는 입구가 되어 있었다. 그리고 멀리서 희미하게 보이는 부산시와, 그 뒤에 선 한반도의 높은 산들을 여름을 맞아 눈부신 청록색으로 단장한 식물들이 뒤덮고 있었다. 부산시는 가로 세로 160 80km의 직사각형 공간인 부산 방어선에서 벌어지는 UN군 방어작전의 핵심이었다. 당시 이 부산 방어선은 한반도에서 북한인민군의 세력이 미치지 않는 유일한 지역이었다.

아가일과 미들섹스는 예전에도 전쟁에 함께 참전한 적이 있었다. 1914년 프랑스 해안에 두 연대가 동시에 상륙한 것이 처음이었다. 그러나 제27여단의 한국 도착 모습은 그리 말끔하지가 않았다. 부산항에서 미들섹스 대대를 실은 HMS 유니콘이 좌초했다. 도움의 손길이 도착했다.

전기기계공병 소속 레지 제프스 대위는 그 '도움의 손길'에 대해 이렇게 말했다.

"엄청나게 화려한 한국 예인선이 유니콘을 도우러 왔어요. 그 배의 굴뚝은 거대했고, 선장은 제독보다도 더 금몰 장식이 많이 들어간 제복을 입고 있었죠. 그 배의 선교는 참 웃기게 생겼는데, 선교라기보다는 유리창과 나무를 이어 만든 온실 같았어요. 그 배의 십자가 모양의 마스트가 항공모함 옆구리에 달려 있던 커다란 구명보트에 걸려서 부러졌어요. 부러진 마스트는 선교로 떨어져서 선교를 박살을 내 놓았지요. 그 모습을 보고 있던 장병들은 함성을 질러 댔지요. 한국인 선장은 체면을 엄청 구겼고, 그는 화를 내며 예인선을 뺐어요."

그래도 예인선은 주어진 임무를 다했다. 좌초 상태에서 벗어난 HMS 유니콘은 HMS 실론 뒤쪽의 도크로 들어갔다.

선창으로 접근하던 HMS 유니콘의 함장은 미들섹스 대대 병사들을 배 아래로 내려 보냈다. 보브 여비 중사는 이렇게 말했다.

"바깥 상황은 됭케르크와 비슷하다고 들었어요. 그래서 우리는 내려가서 총하고 수류탄을 준비하고, 전투 행동에 대한 훈시를 들었지요."

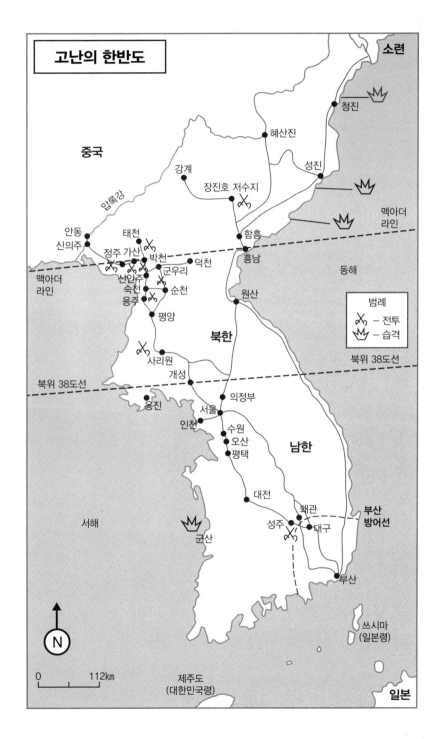

고난의 한반도

소련

청진

중국

혜산진

성진

강계

장진호 저수지

맥아더 라인

안동
신의주

태천

정주 가산

박천

덕천

함흥

흥남

동해

군우리

산안주

숙천

순천

용주

원산

평양

북한

범례

⚔ – 전투

👑 – 습격

압록강

맥아더 라인

북위 38도선

사리원

개성

북위 38도선

옹진

의정부

서울

인천

수원

오산

평택

남한

대전

왜관

부산 방어선

서해

성주

대구

군산

부산

쓰시마 (일본령)

N

0   112km

제주도 (대한민국령)

일본

하지만 배 밖으로 나간 그들을 기다리고 있는 것은 북한인민군의 기관총 사수들이 아니라, 남한의 환영위원회와 그들의 도착을 기록하기 위한 각국 언론매체의 기자단이었다. 영국군 장병들에게는 신선한 충격이었다. 그리고 흑인 도보악단이 〈보기 대령〉, 〈신이여, 국왕을 보호하소서〉 같은 래그타임(ragtime)을 연주해 분위기를 북돋웠다. 여비는 궁금해졌다.

"세상에, 대체 전투는 어디서 하고 있는 거지?"

HMS 실론 함상의 아가일 대대원들은 뒤처지는 불명예를 겪지 않았다. 순양함 실론이 항구로 들어가자 이들은 매우 호전적인 전사의 모습을 보였다. 빵모자를 쓴 이들 병사들은 백파이프로 군가가 연주되는 가운데 갑판 위에 집결한 다음 상륙했다. 로버트 시얼레이는 이렇게 말했다.

"미국 친구들은 우리 백파이프와 드럼을 보고 엄청나게 흥분했어요. 이런 걸 본 적이 없었으니까요!"

미군들은 하일랜더 장병들을 "지옥에서 온 숙녀들"이라고 불렀다. 수줍은 여학생들은 상륙하는 이들 장병들에게 꽃다발을 건네주었다.[1] 환영위원회 중에는 익살스러운 무장을 갖춘 미군 병사들도 있었다. 시대를 막론하고 보병들은 후방 인원들을 업신여기는 선입견이 있는데, 미군 병사들의 모습을 본 일부 아가일 병사들 역시 그런 선입견을 느꼈다. 랠프 호스필드는 이렇게 말했다.

"그 친구들은 모두 45구경 권총과 칼, 카빈을 들고 존 웨인이나 개리 쿠퍼 흉내를 내는 것처럼 보였지요. 그 친구들이 우리에게 군인다운 강한 모습을 보여 주려고 거기 온 건지, 아니면 기지에서 지게차를 운전하거나 항구에서 노동을 하는 노동자다운 모습을 보여 주려고 온 건지 정말 알 수 없었어요."

그러나 아가일 연대에도 세계에 영웅다운 멋진 모습을 보여 주지 못한 장병은 있었다. 오웬 라이트 소위는 하급사관실에서 해군사관후보생들과 자고 있었다. 그들은 그 전날 밤 떡이 되도록 진(gin)을 마셨던 것이다. 바닷길에서 시원한 바닷바람을 맞던 병사들은 이제 부산의 찌는 듯한 무더위에 시달리고 있었다. 라이트 소위는 완전무장을 하고 땀을 흘려 숙취를 몰아냈다.

이 날은 앤드루 맨 중령에게도 별로 좋은 하루가 아니었다. 우선 그가 이끄는 선발대가 도크에서 주한 영국 대사관 무관을 만났을 때의 일이었다. 맨 중령은 이렇게 말했다.

"그 인상 더럽던 무관 자식은 미국 놈들의 패배주의에 단단히 전염되어 있는 것 같았어요. 그놈은 우리에게 빨리 돌아가는 편이 낫다고까지 말했거든요. 무지하게 짜증나는 놈이었지요!"

미들섹스 대대장도 사람들의 시선이 자신들보다 먼저 상륙한 아가일 대대에만 쏠리자 영 심기가 불편했다. 참고로 1914년에도 아가일이 미들섹스보다 먼저 상륙했다. 맨 중령은 한숨을 쉬었다.

"그 잔뜩 흥분한 스코틀랜드 놈들이 사람들의 주목이란 주목은 죄다 받고, 꽃다발도 모조리 쓸어가 버렸지요. 하지만 스코틀랜드 놈들에게 더 눈길이 돌아가는 건 언제나 예상 가능한 일이기는 했어요."

결국 존 윌로비 소령은 대대장의 분풀이 상대가 되어야 했다.

"분노한 앤드루 맨 중령은 방파제 위에 서서, 왜 우리 대대 전원을 갑판 위에 세우지 않았느냐며 비난을 퍼부었지요.[2]"

윌로비의 D중대는 여단의 장비품들을 창고로 옮기기 위해 뒤에 남았다. 한편 다른 병력들은 처음으로 미군의 C레이션을 지급받고, 1인당 50발씩의 탄을 수령한 다음 북진을 위해 철도역으로 행군해 갔다.[3]

영국의 일간지 〈데일리 텔레그래프(The Daily Telegraph)〉는 당시 상황을 이렇게 보도했다.

"그들의 도착 당시 분위기는 별로 군사 작전답지 않았다. 그 대신 국제 사회의 선의를 보여주려는 가장행렬 같았다.[4]"

사람들은 영국군 장병들에게 선물을 주었다. 제임스 비벌리는 삼베로 만든 태극기를 선물받았는데, 그는 그 태극기를 행운의 상징으로 여겨, 접은 다음 자기 주머니에 넣었다. 그러나 하사관들이 병사들에게 소총을 장전한 다음 안전장치를 잠그라고 지시하자, 모두가 현 상황의 심각성을 분명히 알게 되었다. 이전에는 기차를 이용한 이동 시 절대 그런 명령을 받은 적이 없기 때문이었다.[5] 기차역에서 증기기관차가 경적을 울리고, 또 다른 열차가 그 옆으로 굴러오자 축제 분위기는 완전히 사라져 버렸다. 호기심 많은 병사들은 새로 온 열차를 보았다. 그 열차에는 수백 명의 미군 중상자들이 타고 있었다. 전선에서 배달된 신선한 고기랄까. 미들섹스 대대 군의관인 스탠리 보이델은 이렇게 말했다.

"그 친구들이 붕대를 감고 누워 있는 것을 보았습니다. 그때 느낀 심정은…… 가장 절제된 언어로 표현하자면 '당혹감'이었습니다."

여단을 실은 열차가 역을 빠져나가면서 그 무시무시한 광경은 차츰 멀어져 갔다.

* * *

여단 병력이 탑승한 하드 클래스(hard-class: 200km 이내 단거리 주행-역자 주)용 목제 열차는 이전에는 피난민들이 사용하던 것이었다. 쓰레기가 여기저기 널려 있고, 이가 들끓던 그 열차는 해군 제독반의 소독을 거쳤다. 그럼에도 불구하고 '조크 더 닥' 홀데인은 그 열차의 수준을 '선사시대'로 여러 차례 표현했다. 열차는 북한에 의해 궁지에 몰린 이승만 정권의 임시 수도인 부산 시내를 통과했다. 자신들이 지켜야 할 나라의 첫인상을 보고 안심한 병사는 거의 없었다. 맨 중령은 이렇게 말했다.

"부산은 마치 더러운 쥐구멍과도 같았습니다. 피난민들로 가득한 병든 도시였죠. 정말 끔찍했습니다. 이 풍경 앞에서는 선페스트가 만연한 도시도 명함을 못 내밀 지경이었습니다."

이 항구 도시는 공산 침략과 학살을 피해 마지막 피난처를 찾아온 무수한 피난민들로 터져 나갈 지경이었다. 부산 교외에 생긴 판자촌들은 점점 커져 가고 있었다. 그곳의 판잣집들은 가지가지 소재를 꿰어 맞춰 만들어져 있었는데, 언제나 구할 수 있던 돗자리는 물론, 카드보드지로 만들어진 레이션 상자, 망치로 내리쳐서 평평하게 만든 깡통 철판, 군용 판초 우의 등 군대에서 흘러나온 물건들도 있었다. 거기서 사람들은 올리브그린(olive green) 색 군용 철모를 불 위에 거꾸로 매달아 냄비 대용으로 사용했다. 그 냄비에서는 말린 양배추로 간신히 맛을 낸 쌀죽이 끓고 있었다. 군용 철모는 또 다른 용도로 쓰이기도 했다. 바로 곧 무너질 듯한 데다 파리까지 들끓는 재래식 화장실에서 인분을 퍼내는 용도였다. 거기에서 퍼낸 냄새 나는 인분은 수레에 실려 도시 외곽의 논밭에 비료로 쓰였다.

한국 전쟁 초기 수개월의 시기에도 부산 국제시장의 규모는 커졌다. 그러나 홍콩에 있는 것 같은 이국적 물건들이 가득한 노점들을 떠올리면 곤란했다. 부산 국제시장은 생존을 위해 필사적으로 아귀다툼을 벌이는 장소였다. 골목들은 사람들로 미어터졌다. 사람들은 구시렁거리면서 신기한 물건들을 나무 지게에 져 날랐다. 시장 골목에서는 상이군인들이 구걸을 했다. 억센 아줌마들이 대충 만든 좌판에서 농수산물, 고무신, 허쉬 초콜릿 등 상상할 수 있는 모든 물건들을 팔거나 물물교환을 했다. 주변은 딱

딱 끊어지는 한국어 외침으로 떠들썩했다. 여기저기서 경쾌한 일본식 음악이 축음기에서 흘러나왔다. 매운 한국식 피클이라 할 수 있는 김치의 마늘 냄새, 나무 타는 냄새, 시궁창의 역한 냄새가 뒤섞여 풍겼다.

이 난장판 속에서 아이들은 이리저리 몰려다니며, 키가 자신들의 두 배는 됨직한 미군 병사들의 군복을 잡아당겼다. 그 모습은 소설가 찰스 디킨스의 작품 속 묘사를 연상케 했다. 어디에나 있던 지저분한 아이들은 껌이나 사탕 같은 것을 달라고 손을 내밀며 "미국, 미국!" 하고 외쳐댔다.

많은 UN군 병사들은 지저분한 얼굴에 허수아비처럼 다듬지 않은 머리를 하고, 넝마를 입은 이 장난꾸러기들을 보러 나갔다. 그들 중 12세가 넘어 보이는 아이는 드물었다. 그리고 많은 아이들이 더 어린 아이들을 등에 업고 있었다. 철수의 혼란 속에서 수많은 가족들이 헤어졌다. 그러나 나이 많은 아이들은 불쌍한 고아가 되어서도 의무감으로 어리고 나약한 동생들을 돌보고 있었다. 레이 로저스는 이렇게 말했다.

"아직도 그 아이들의 당혹스러워하던 얼굴이 생생해요."

그리고 부산의 판자촌들을 떠돌던 고아들은 김일성의 남침이 초래한 비극이라는 거대한 빙산의 일각에 불과했다.[*6]

* * *

제27여단은 가다 서다를 반복하는 열차 안에서 미군의 신형 C레이션을 맛보며 부산을 빠져나가 교외로 향했다. 미군 트럭으로 갈아탄 이들은 대구 남동쪽 30km 지점으로 보내졌다. 트럭에서 내린 이들이 집결한 장소는

---

* 전시 시장의 이러한 분주한 활동으로 인해 기업과 상업의 씨앗이 뿌려졌으며, 이들은 전후 한국의 기적적인 경제 성장의 주춧돌 중 하나가 되었다.

풍화작용을 받은 바위가 많고, 모래로 된 개울 위에 깨끗한 물이 흐르고, 버드나무 그늘이 진 곳이었다. 목가적인 곳이었다. 영국군 장병들에게는 전선에 투입되기 전 준비하는 곳이었지만.

이 근처에는 미 육군 제24보병사단의 본부가 있었다. 이 부대는 일본이 패망할 때 한국을 접수하러 처음 온 부대였지만, 계속되는 북한군과의 전투에서는 패배했고, 대전 방어전 동안에 사단장 윌리엄 딘 소장마저 T-34를 막다가 북한군의 포로가 되었다. 윌로비는 미군 지휘관이 코드 여단장을 환영하면서 이렇게 말하는 것을 들었다.

"당신들 영국군이 오신 것을 진심으로 환영합니다. 당신들은 철수작전의 귀재니까요. 곧 그 실력을 볼 수 있게 되겠지요.[7]"

처음으로 미군 전투 병력을 본 영국군 장병들 중 일부는 멈춰 서서 생각에 잠길 수밖에 없었다. 아가일 대대의 부관 존 슬림은 미군에 대해 매우 회의적이었다.

"그들은 오직 후퇴만 할 뿐이었습니다. 모두가 바쁘게 뛰어다니기는 했지만, 제24보병사단은 전쟁을 할 준비가 되어 있지 않았습니다."

여비는 어느 흑인 트럭 운전병에 대해 이야기했다. 1950년의 미 육군에는 여전히 인종 분리주의가 잔존하고 있었다.

"그 친구는 침낭에서 나와 일어서서 이렇게 말하더군요. '국'들이 몰려오면, 짐을 챙겨서 토끼세요!'"

'국'은 적들을, '토끼다'는 후퇴하다를 의미하는 신조어였다.

여전히 미군은 보급품이 좋았고 넉넉했다. 그런 데 비해 홀데인은 불쌍할 지경으로 보급을 못 받고 있었다. 그의 RAP(연대 진료소)에는 모포 몇 상자와 들것 6개, 전투 피로증 환자용 진정제, 설사약 3병만 있었을 뿐이다. 미군은 그에게 의약품 일체를 지원해 주었다.

"그 장비를 가지고 맹장염 수술도 가능할 정도였지요!"

영국군 병사들은 미군들에 비하면 자신들이 매우 가난하다는 것을 실감했다. 미군은 스테인리스 강으로 된 야전 취사도구와, 물을 채운 반합 세척용 드럼통을 가지고 있었다. 그리고 얼음을 채운 가죽 수통을 나무에 매달아 놓았다. 그러나 영국군은 반합을 세척할 때 모래를 사용했다. 호스필드는 이렇게 말했다.

"그때 우리는 미군의 야전생활 모습을 처음으로 보았어요. 야전에서 얼음을 만들다니 대단하고 재미있었죠. 미군의 조직은 환상적이었어요."

3.5인치 바주카 대전차 로켓포도 지급되었다. 대대에 다시 합류한 D중대의 윌로비는 이렇게 말했다.

"소대당 로켓 발사기 1문과 로켓탄 6발이 지급되었습니다. 누구도 그 무기를 사격해 본 적이 없었습니다. 저로서는 소대당 2명의 사수를 선발해 로켓 발사기와 로켓탄의 운용을 맡기는 것 외에는 다른 방법이 없었습니다. 후회하지 않기만을 바랐습니다.[8]"

윌로비는 여단이 너무 서둘러 전선에 배치되는 것이 신경 쓰였다. 대부분의 병사들은 소총을 늘 휴대하고 다니는 데도 익숙지 않았다. 주둔지에서는 거의 항상 무기고에 보관했으니까 말이다. 소총 휴대 의무를 소홀히 한 병사는 바로 하사관들의 질책을 듣곤 했다. 윌로비는 이런 글을 썼다.

"우리 부대의 의무병역자들의 사기는 대단했지만, 훈련도는 아무리 잘 봐줘야 반쪽짜리였다. 나와 마찬가지로 그들 역시 전투에 투입되는 데 대해 불안감을 느끼고 있는 것 같았다. 너무 많은 사상자를 내지 않고 전투에 대해 알 수 있는 시간이 있을까?[9]"

대구에서 중대장들이 브리핑을 받으러 모인 시점에, 그렇게 될 가능성은 없어 보였다. 당시 최전선 바로 뒤에 있던 대구는 부산을 제외하면, UN군이 지키고 있는 한국의 유일한 도시였다. 영국 장교들은 대구에서 미군들을 상대하는 세탁소 두 군데를 발견했는데, 이름은 각각 '베리 젠틀 론드리(Very Gentle Laundry)', '카인들리 앤드 클린 론드리(Kindly and Clean Laundry)'였다. 그런데 둘 다 하수구 앞에 있었다. 거리에는 피난민들이 흘러넘쳤고, 한국군 신병들이 훈련을 받으며 군가를 부르고 있었다. 월로비는 당시의 암울한 상황을 이렇게 말한다.[10]

"그 신병들은 2주 후면 전선에 투입될 거라고 하더군요. 가면 운명은 둘 중 하나였다나요. '국'들에게 목이 따이거나, 아니면 탈영했다가 잡혀서 총살당하거나."

일부 한국군 장교들은 구 일본 육군 출신의 무서워 보이는 사람들이었다. 그러나 대부분의 신병들은 그저 자신들에게 너무 큰 철모와 군복 속에 파묻히다시피 한 아이들일 뿐이었다.

9월 2일 자정 1분 전, 영국군 제27여단은 미 육군 제1기병사단의 휘하에 놓이게 되었다.[11] 혼란이 지배했다. 월로비와 동료 장교들이 본부 건물 앞에 브리핑을 받으러 모였는데, 어떤 미군 여단장이 탄 지프가 달려와서는 끼익 하고 멈췄다. 그 때문에 모여 있던 영국군 장교들은 흙먼지를 뒤집어썼다. 여단장은 장교들을 건물 안으로 안내했다.

"그 건물은 밖에 주차된 차량들에 파일이 든 박스를 실어 나르는 사람들로 분주했어요. 미군들이 지위고하를 막론하고 어떤 상태에 있는지 분명히 알려 주는 모습이었지요."

상황 장교가 브리핑을 하러 나왔다. 그의 말에 따르면 그날 밤부터 북한 인민군이 낙동강 유역 17개 지점에서 압박을 가하기 시작했다는 것이었다. 월로비는 자기 주변의 미군 후방 주둔 장교들이, 마치 녹슬었던 사격술을 다시 연마하기라도 하듯이 미친 사람처럼 필사적으로 사격 표적에 총을 쏴 대는 모습을 보았다.[12] 존 십스터 소령은 이렇게 회상한다.

"당시 상황을 기가 막히게 잘 설명해 주는 일화가 있습니다. 미국 해병대 대령이 맨 중령에게 갔더군요. 맨 중령이 이렇게 물었어요. '현재 상황은 어떻습니까?' 그러자 그 대령은 이렇게 말했어요. '북한군 놈들을 두들겨 패주고 있어. 열심히 두들겨 주고 있지!' 그 대화는 뭔가 좀 어울리지 않게 들리더군요."

미군 사단 본부는 마치 기자들에 의해 점령된 것 같았다. 그 모습을 본 다수의 영국군 장교들은 놀랐다. 미군 부대와는 달리 영국군 부대에는 공보 담당 인원이 없었기 때문이었다. 미국 제1기병사단의 호바트 게이 장군은 정찰을 마치고 돌아오자마자 기자들에게 둘러싸였다. 윌로비의 말에 따르면, 게이 장군을 둘러싼 무수한 미국 기자들은 장군의 일거수일투족을 모조리 기록하고, 그의 표정을 클로즈업으로 촬영하며, 그가 뭐라고 명령을 내릴 때마다 잽싸게 모여들었다고 한다. 반면 코드 여단장은 기자들에게 적절하게 위협을 주었다. 맨 중령은 언론인들에게 자기 앞에 나타나면 가장 지독한 방식으로 불쾌감을 표출할 것이라고 말했다.[13]

여단 병력이 취침을 취하던 밤은 북쪽에서 들려오는 포성과 섬광으로 소란스러웠다.[14] 코드는 현지 상황에 익숙해질 시간을 원했으나, 그런 시간은 주어질 수가 없었다. 여전히 홍콩에서 여단의 차량이 오기를 기다리고 있었던 전기기계공병 장교인 제프스는 회상했다.

"압박에 시달리고 있던 미군은 전선 투입 준비가 되었느냐는 질문을 여단장에게 했어요. 여단장은 '네!'라고 대답할 수밖에 없었지요."

어둠이 내리고, 마구 퍼붓는 빗줄기 속에서 여단 집결 지점에 많은 트럭이 기다란 줄을 지어 도착했다. 어떤 트럭이 통신선을 밟는 바람에, 차축에 통신선이 얽혔다. 윌로비는 당시의 상황에 대해 이렇게 말했다.

"지독히도 단순했던 어떤 미군이 정글도로 그 통신선을 쳐 잘라 냈어요. 이 이른 시간에, 적의 공세를 받는 본부에서 그런 짓이 어떤 결과를 초래할지 궁금하지 않을 수 없더군요."

저 멀리에서 번쩍이는 포의 발사광이 어둠을 가르는 가운데, 흠뻑 젖은 병사들이 소대별로 탑승하자 차량 호송대는 부산 방어선의 핵심 방어 지역인 낙동강을 향해 달렸다.[15]

* * *

9월 4일 밤, 제27여단 병력은 낙동강 동안의 최전선 진지에 전개했다. 장병들은 병기와 탄약을 잔뜩 짊어지고, 쏟아지는 빗속에서 진흙투성이의 산비탈길을 걸어 올라갔다. 상황은 영 낙관적이지 않았다.

강둑에서 1,000~2,000m 떨어져 있는 이 산들은 강 서안에 있는 적의 고지에서 훤히 내려다보이는 위치였다. 또한 강이 동쪽으로 급격히 꺾어지는 남쪽의 서안에서도 잘 보였다. 여단 담당 구역의 폭은 16,500m. 일반적인 사단(여단의 3배 병력) 담당 구역 폭의 두 배였다. 제27여단과 그 왼쪽에 있는 미 육군 제2보병사단 사이에는 8,200m의 빈틈이 있었다.[16] 낙동강 건너편에는 북한인민군 1개 사단이 배치되어 있었다.[17]

윌로비는 자신의 중대 담당 구역에 도착했다. 그 폭은 무려 6,400m. 1개 중대에게는 턱없이 넓은 구역이었다. 게다가 오른쪽은 뻥 뚫려 있었다. 윌로비는 참호에 있던 미군들이 조명탄과 예광탄을 마구 발포하는 장면을 보았다. 곧 이곳을 떠나므로 자축을 하고 있는 것이었다. 윌로비는 콧방귀를 꿰었다.

"적의 반응을 걱정하지 않고 저런 축제를 벌일 수 있는 것은 좋았습니다.

하지만 그러면 저들이 쓰던 진지에 우리가 다시 들어갈 수 없지 않나요."

미군 지휘관은 200명의 미군 병력, 8문의 대공포, 6대의 전차, 200명의 한국 경찰 병력을 보유하고 있었다.

"자신들의 위치를 노골적으로 드러내는 짓이었죠. 우리는 그 친구들을 한시 빨리 끌어내고 싶었어요…… 미군 지휘관은 적의 위치와 활동에 대해서는 놀라우리만치 관심이 없었어요. 해가 떨어지고 나면 적의 정찰대가 정기적으로 강을 건너오고, 저격수들이 활동한다는 경고가 나왔는데도 말이지요.[18]"

GI들과 헤어질 때 그들은 엄청난 조언을 해 주었다. 미들섹스 연대에 지원한 스태포드 출신의 프랭크 화이트하우스는 이렇게 말했다.

"그들은 우리 소총과 장비에 대해 말하더군요. '자동화기가 필요할 거야. 북한 놈들은 알아채기도 전에 순식간에 머리 위에 올라타 있다고.' 전형적인 미국인들이었죠. 엄청나게 수다스러웠어요."

미군은 영국군 병력이 매우 적은 것에 놀라워했다. 미들섹스 대대의 돈 바레트 하사는 이렇게 회상했다.

"그 친구들이 이렇게 말했다. '나머지 병력은 어디 있어?' 그래서 우리는 이렇게 대답했죠. '이게 전부야!'"

전쟁에서 방어작전에 승리하는 비결은 고지를 점령해 요새화하고, 주변 지형을 장악하는 것이다. 병사들은 미친 듯이 삽과 곡괭이를 휘둘러 산봉우리를 완전히 둘러싸는 다수의 2인호를 만들었다. 아가일 대대의 병사 제이크 머치는 이렇게 말했다.

"음식이나 다른 것을 생각하기도 전에 땅부터 파고 있지요. 돌이 많아 정말로 힘들었지만 결국 해냈어요. 엄폐가 잘 되어 있어야 든든하잖아요."

참호에는 바위로 방벽을 쌓았고, 돌멩이를 넣은 깡통을 나무에 매달아 적의 침입 시 경보기 역할을 하게 했다. 참호가 완성되고 나면 탄약과 식량 상자를 쌓았다. 홍콩에서의 진지 구축 경험이 큰 도움이 되었다. 존 슬림 대위는 이렇게 말했다.

"우리의 체력은 정말로 강해져 있었죠. 홍콩에서 참호를 파다 온 탓에 우리는 아무리 높은 산도 평지를 만들어 버릴 수 있게 되었습니다."

하지만 전투 경험이 없다는 것도 뻔히 드러났다. 바레트는 소대장의 지시에 맞춰 참호를 팠으나, 그 지시는 자살명령이나 다름없었다.

"소대장이 지시한 대로라면 참호에 들어간 3개 분대가 서로의 등을 향해 총을 쏘게 되고 말았지요!"

그래서 소대 선임 하사관이 참호 위치를 바꾸었다. 아가일 대대의 소대장인 오웬 라이트는 누가 소대의 실세인지 알게 되었다.

"스코틀랜드인들은 거친 사람들입니다. 어리바리한 소위의 말대로 움직일 사람들이 아니지요."

또 다른 젊은 소대장이 어느 병사에게 참호 굴설에 대해 뭐라고 조언하자, 그 병사는 퉁명스럽게 이렇게 답했다.

"저는 군대에 오기 전까지 평생토록 광산에서 일하던 사람입니다. 그런 제 앞에서 삽질 얘기를 꺼내시는 겁니까?"

여단이 낙동강 계곡에 온 첫날이 밝아오면서, 전투가 남긴 참혹한 잔해들이 드러났다. 미들섹스 대대의 켄 맨클로우와 그의 전우들은 야전삽의 삽날이 땅 속의 뭔가에 부딪치는 것을 발견했다. 알고 보니 그건 이 고지에 묻혀 있던 한국군 전사자들의 시신이었다.

"우리는 그 시신들을 파내야 했지요. 두개골 밖으로 구더기들이 기어나오더군요."

같은 고지인 '부트 힐(Boot Hill)'에 있던 바레트 역시 이 고지가 2주 전에 있던 공격으로 인해 시신 조각들로 뒤덮여 있고, 악취가 코를 찌른다는 것을 알아냈다. 전방 관측소로 가려면 산산조각이 난 인체의 잔해더미 사이를 기어 올라가야 했고, 고지의 정면에 있는 지뢰밭은 썩어가는 북한군의 시신들로 터져 나갈 것 같았다.

같은 전선에 있는 제27여단의 우군 중의 일부는 알고 보니 '군인'이 아니었다. 대한민국의 군 인력 부족은 매우 심각한 수준이었는지라, 결국 경찰 부대까지 전투 임무에 투입되어야 했던 것이다. 미들섹스 대대 D중대에 인접한 전선에는 230명의 한국 경찰관들이 배치되어 있었다. 윌로비와 경찰 부대 지휘관과의 첫 만남은 기념할 만했다. 지휘관 홍 경위는 전형적인 일본군 장군다운 인상을 주는 사람이었다. 윌로비의 지휘소에 나타난 그에게서는 오래된 브랜디 냄새가 났는데, 알고 보니 그는 대구에서 유통되는 물건이라면 뭐든지 구할 수 있는 장사꾼이기도 했다. 그는 특히 전투 식량의 취급에 능했다. 그는 허씨 성을 가진 소년과 동행하고 있었다. 소년의 나이는 14~18세 정도로 보였다. 그 아이는 선교사들이 운영하던 학교에서 영어를 배워서 통역관으로 일하고 있었다. 윌로비 소령은 홍 경위를 환영하며, 대한민국 경찰의 무공을 치하하고, 함께 싸우게 되어 영광이라고 말했다. 그러자 홍 경위는 그에 대한 답변으로 몇 분 동안이나 계속 말했다. 윌로비는 그 긴 말이 해석되기를 기다렸다. 그런데 허 소년의 해석은 간결하기 그지없었다.

"홍 경위님께서는 '감사합니다.'라고 말씀하셨습니다."

그 다음 윌로비는 경찰의 진지에 대해 질문했다. 그 질문을 들은 홍 경위는 판토마임을 펼쳐 보였다.

"그 사람은 처음에는 팔을 벌려 풍차 흉내를 내더니, 그 다음에는 우리에게 기관총을 쏘는 시늉을 하고는, 자기 머리에 총을 쏴 자살하는 시늉을 했습니다."

홍 경위는 영국군 병사 100명을 자기 휘하에 배속시켜 달라는 요청으로 말을 맺었다. 하지만 그럴 수 없던 월로비는 대신 홍 경위에게 중대 선임 하사관과 브렌 경기관총 한 정을 보내 주었다. 중대 선임 하사관은 한국 경찰에게 브렌 경기관총의 사용법을 가르쳤다. 월로비는 이 새로운 우군을 얼마나 믿어야 할지가 의심스러웠다.

"그 친구들 중 다수는 구 일본군의 녹슨 소총으로 무장하고 있었습니다.…… 저는 그 친구들이 우리를 배신하지 않기만을 바랐습니다."

미들섹스 대대의 의무중사인 지미 필즈는 제2차 세계대전 당시 일본군의 포로가 되어 기초적인 일본어를 배운 적이 있었기에, 한국 경찰 부대에 배속될 연락관 역할을 맡았다.[19] 한국 경찰 부대는 2개 중대로 나뉘어 있었는데, 제27여단은 이들을 각각 A전투단과 B전투단으로 부르고 자신들의 방어선에 편입시켰다.[20]

각 부대 사이에는 방어 공백지가 있었기에 각 대대의 대대 본부는 전방위 방어가 가능하도록 설치되었다. 코드의 여단 본부 역시 일부 방어선을 맡아 지켜야 했다.[21] 여단장은 이곳의 뒤죽박죽인 일처리에 질색을 했다. 그는 9월 5일 아침에 병력을 전선에 투입하라고 명령해야 했으며, 그로부터 2시간 후에는 9월 4일 일몰시에 있던 위치로 복귀하라고 명령해야 했다.

"미군 참모 장교들은 특별한 경우가 아니면 본부를 떠나지 않습니다. 하급제대 본부에도 거의 가 보는 일이 없습니다. 우리 영국군 참모 장교들은 더욱 심하죠. 절대 전선 현장을 보러 나오는 일이 없습니다."

여단장은 분노를 담아 정부에 이런 보고서를 올렸다.

"각 제대 본부에서 측면 부대의 위치를 파악하는 게 가능했던 적은 한 번도 없었다.[22]"

습기 찬 여름밤, 영국군 제27여단은 위치를 확보하고, 눈앞에 펼쳐진 풍경을 관찰하면서 앞으로 닥칠 일들을 기다렸다.

* * *

현대전의 전선은 대부분 어떤 모습일까? 병사들이 잘 위장된 진지에 숨어 있는 전선의 모습은 생기가 없고 황량한 경우가 많다. 그러나 한국 전쟁의 전선은 그 모습이 아름다웠다. 한국을 가리켜 금수강산이라고 하는데, 그 아름다운 경치는 고지 정상에서 무인지대를 내려다보는 영국군 병사들의 눈에도 그대로 보였다. 머리 위에는 보석처럼 푸르른 하늘이 끝없이 뻗어 있었다. 참호의 돌벽에 뚫린 총안구에 끼워진 소총과 브렌 건의 조준기 앞에는 버려진 논밭이 찬연한 청록색으로 빛나고 있었다. 좀 더 높은 곳에서 보면, 한국의 무논은 여름 하늘의 햇살을 반사하며 마치 거울처럼 빛났다. 그리고 논밭 사이에는 여기저기 잡목림 속에 마을이 세워져 있었다. 마을의 집과 헛간의 벽은 흙으로 만들어졌고, 지붕은 초가였다. 하지만 그 모든 것이 버려져 있었다. 어떤 마을은 이미 잿더미가 되었고, 어떤 마을에서는 연기가 나오고 있었다. 더 북쪽으로 시선을 돌리면 푸르고 넓은 낙동강이 보였다. 낙동강의 흐름은 너무 약해서 감지할 수 없었다. 그 뒤에는 적들이 장악한 고지가 서 있었다. 당시 한반도 대부분의 지역에서는 나무가 다 잘려 나가고 없었다. 그러나 이 고지들에는 대신 녹색 풀들이 울창하게 우거져 있었다. 그 고지의 사면에는 구름 그림자들이 바쁘게 지나가고 있었다. 고지들 뒤에는 청회색으로 흐려지며 북으로 끝이 없이 늘어선 산들의 모습이 있었다. 태고적부터 쭉 이어져 내려온 풍경이었다. 병사들의 무기를 제외한다면, 논 사이로 굽이진 길을 따라 서 있는 전신주들이 지금이 20세기라는 유일한 흔적이었다. 온 세상을 지배한 정적을 깨는 것은 쉴 새 없이 울어 대는 매미 소리, 그리고 때때로 들리는 무전기의 교신음뿐이었다.

하늘이 늘 푸른 것은 아니었다. 더위로 인해 없어진 물을 보충이라도 하듯이 집중 강우가 몰려왔다. 먹구름이 고도를 낮춰 산을 감싸고 능선에 안개처럼 깔리면 폭우가 쏟아졌다. 굵은 빗방울이 마치 총알처럼 쏟아지고, 지면은 거대한 진흙탕으로 변한다. 참호 가장자리에는 비를 막는 데 별 도움이 안 되는 판초 우의 지붕 아래, 병사들이 모여 빈 깡통 속에 담뱃갑과 카드보드지로 된 레이션 상자를 넣고 성냥으로 불을 붙여 만든 급조 캠프파이어를 즐겼다. 불꽃은 그들의 무릎 높이까지 올라와 너울거렸다. 덜덜 떠는 병사들은 주변 환경과 비를 원망하며, 비가 멈추기만을 초조하게 기다렸다. 비가 멈추고 해가 다시 고개를 드러내면 먹구름 사이에서 다시 고지가 모습을 드러냈다. 산을 둘러싼 구름은 마치 연기처럼 산비탈 위를 떠돌며, 고지의 풍경을 마치 수묵화 속 풍경처럼 보이게 했다. 병사들은 전투화를 벗어 진흙 위에 갈색 물을 쏟아 내고, 나뭇가지와 급조한 빨랫줄에 매달려 있던 녹색 전투복을 내려서 쥐어짰다. 그들의 몸에서 김이 피어오르는 동안 매미들은 다시 울어 대기 시작했다.

맨 중령은 말했다.

"모든 것이 평화롭고 고요했습니다. 하지만 불길한 평화였지요."

이 미동도 없는 아시아의 풍경에는 보이지 않는 위협이 깔려 있었다. 라이트는 이곳에 온 첫날 아침, 중대장이 그의 소대가 차지해야 할 진지를 지도도 없이 알려 주었을 때 그 위협이 무엇인지 알게 되었다. 라이트의 말이었다.

"우리가 시골을 걷고 있었는데, 갑자기 폭발음이 들리면서 우리는 모두 땅바닥에 엎드렸지요."

논에서 터져 나온 진흙이 비처럼 주변에 흩뿌려졌다. 잠시 후 장교들은 신경이 바짝 곤두선 채로 몸을 일으켰다.

"어쨌든 일은 계속 진행해야 했습니다. 우리가 직접 피해를 입은 것은 아니었으니까요. 우리는 다만 놀랐을 뿐입니다. 하지만 분명 누군가가 우리를 보고 있었어요. 이 일이 장난이 아니라는 것을 실감했습니다. 여기는 진짜 전쟁터였어요."

강 건너에는 북한군의 자주포 다수가 그 뾰족하게 각진 모습을 기가 막히게 위장해 놓고 있었다. 이 소련제 자주포는 포탑이 없고 차고가 낮으며 76mm 포를 가지고 있었다. 북한인민군은 이 강력한 무기를 낙동강에 전개한 제27여단에게 여기가 진짜 전쟁터임을 알리기 위해 사용했다. 갑자기 포탄이 공기를 가르는 소리가 들리더니, 또 포성이 들렸다. 또다시 "엎드려!" 하는 외침이 여기저기서 들려왔다. 진흙이 비처럼 내리고 갑자기 조용해졌다. 그 다음 병사들이 참호를 더욱 깊게 파는 곡괭이 소리가 들려왔다.

대부분의 병사에게는 강 건너 엄폐하고 있던 적 자주포와 박격포의 이번 맹포격이, 적으로부터 받는 첫 사격이었다. 아가일 대대의 조지프 페어허스트 하사는 이렇게 말했다.

"그놈들은 언제나 우리가 뭔가 먹으려고 할 때만 포 사격을 가하는 것 같았어요. 포탄은 탄착점에 따라 소리가 달라요. 머리 위를 스쳐 지나가는 포탄은 '슈우우웅~~' 하는 소리를 내고, 우리에게 직격하는 포탄은 '스스스스~~' 하는 소리를 내지요."

가장 위험한 것은 자주포였다. 박격포는 발사 시 나오는 특유의 소리가 들리면, 그래도 피할 시간이 몇 초는 있었다. 큰 원호를 그리면서 날아오는 곡사화기이기 때문이다. 그러나 대부분의 자주포탄은 직사로 쏘아 대는 고속탄이었다. 포성이 들린 것과 거의 즉시 타격이 가해졌다. 해리 스파이서 상사에게는 자신의 진지가 10분 동안 박격포의 사격을 당한 것이 첫 전투 경험이었다. 그는 땅 속에 숨어 있으면 직격을 당하지 않는 한 안전하다는 것을 알았다. 포탄은 참호 밖 땅 위에서 위쪽을 향해 터지니까 말이다. 그러나 박격포탄의 탄착이 점점 가까워지며, 그때마다 폭발음이 커지는 것은 그에게 절대적인 공포감을 선사해 주었다. 박격포탄이 탄착할 때마다 스파이서의 참호는 흔들렸다.

영국 군인들은 다양한 보복수단을 강구했다. 조지프 페어허스트는 이렇게 말했다.

"다들 이렇게 말했어요. '적들이 저기 있는 것 같아. 저기서 포연이 나오잖아!' 그러면 바로 항공지원을 요청했지요. 그러면 비행기들이 날아와서 계곡을 따라 비행하다가 산자락부터 산 정상까지 로켓탄으로 도배를 하지요. 그러면 우리 병사들은 '이제 북한 놈들은 다 죽었을 거야.'라고 말합니다. 그리고 나서 한 30분쯤 지나면 북한군의 자주포 및 박격포 사격이 또 시작됩니다!"

윌로비는 대대 본부에서 자주포 격파 시도를 보았다. 부대의 저격수 상사가 강둑을 정찰하고 돌아와서 어떤 자주포가 자신을 조준했다고 말했다. 맨 중령은 박격포 장교를 불러서 미군 포병대에 자주포의 좌표를 알리라고 했다. 좌표가 전달된 지 수분 만에 대대 본부를 가로질러 해당 좌표로 미군 포병대의 사격이 가해지기 시작했고, 그 사격은 무려 20분 동안이나 지속되었다. 이 과정에 연관되지 않았던 윌로비는 조용히 표적 지도를 점검했다. 상사가 보았다던 자주포는 그 사람이 예전에 위치를 확인한 트럭 잔해임이 거의 확실했다.[23]

한국에 파병된 제27여단은 서둘러 전선에 배치되었지만, 그러나 일단 낙
동강에 배치되자 전쟁은 매우 천천히 진행되는 것 같았다. 구더기가 파먹
은 시신들과 장거리포의 사격만 없으면 전쟁의 징후는 놀랄 만큼 적었다.
윌로비는 이런 글을 썼다.[24]

"내가 있는 진지는 매우 취약하다. 하지만 적은 자비롭게도 거의 움직이
지 않았다. 그러자 상황이 묘하게 비현실적으로 느껴지기 시작했다. 모든
것이 무척이나 평화롭게 느껴졌다. 내 앞에서 굽이치는 강물, 구름 한 점
없는 푸른 하늘, 전쟁을 연상하기에는 너무나도 정적인 풍경이었다.[25]"

깨끗한 공기와 산봉우리에서 내려다보이는 풍경 덕택에 병사들은 아주
멀리 있는 곳에서 일어나는 일도 볼 수 있었다. 빈센트와 아가일 대대 박격
포 소대는 강 건너에서 펼쳐지는 한 편의 드라마를 보았다. 머스탱
(Mustang) 4기 편대가 고지를 스치며 날아가는데 어떤 북한 군인이 사격
통제를 어기고 제멋대로 사격을 가했다. 빈센트는 이렇게 말했다.

"누군가가 기관총 사격을 가했어요. 그러자 머스탱 한 대가 완벽한 공중
제비를 하더니 기관총이 날아온 산의 봉우리를 폭격으로 날려 버렸지요.
그 친구는 총을 쏘지 말았어야 했어요."

윌로비는 미국 전투기가 폐허가 된 마을에 기총소사를 가하는 것을 보
았다. 그는 이렇게 적었다.[26]

"한국인들은 저 꼴을 당하려고 일본에게서 해방된 건가 하는 생각이 들
었다."

병사들이 머물고 있는 고지 정상과 정상 사이에는 상당한 거리가 있었
기 때문에 정찰은 그 사이를 계속 왕복하는 형태로 이루어졌다. 이는 체력

단련과 전술 연마, 그리고 지급이 개시된 지도의 독도법 숙달에 좋았다. 정찰은 1개 분대 8명이 실시했다. 복장은 녹색 정글복, 그리고 눈을 햇살로부터 가려 주는 정글모였고, 가슴을 가로지르는 캔버스제 탄약대를 착용한 다음 총기는 언제나 발사 준비를 해 놓았다. 정찰대는 후방의 마을을 자주 가로질렀다. 이 지역에는 북한군은 물론 남한인으로 구성된 공산 게릴라 부대가 활동하고 있었다. 그렇기 때문에 계속 모습을 드러냄으로써 현지를 물리적으로 지배할 뿐 아니라 현지인들에게 UN군이 살아 있고 강하다는 것을 보여 주어야 했다. 이 정찰에서 '조크'들과 '다이하드'들은 남한 사람들을 만나게 되었다.

낙동 계곡에 있는 마을들에는 작은 집들이 다닥다닥 붙어 있고, 그중 여러 집들 앞마당에는 탐스럽게 익은 빨간 고추와 파란 고추가 햇살 속에서 말라갔다. 땅에 반쯤 묻힌 김장독 에서는 김치의 톡 쏘는 냄새가 풍겼다. 마을 사람들은 수 세기 동안 입어 왔던 흰색 한복을 입고, 초가집에서 살았으며 소를 몰고 논밭을 돌보러 나갔다. 윌로비는 이런 기록을 남겼다.

"주변에 논과 목화밭, 사과 과수원이 있는 평화로운 동네였다. 마을의 노인들은 흰 두루마기와 갓을 쓰고 기다란 은 담뱃대로 담배를 피웠다. 우리들 중 누구도 그들의 생각을 짐작조차 할 수 없었다.[27]"

북한 정부와 남한 정부, 소련 정부, 미국 정부의 사상이나 정치와는 시공간적으로 엄청나게 떨어져 있는 이곳 사람들은 자기 나라가 어떻게 되었는지도 잘 몰랐다. 그들은 군용기와 야포의 파괴적인 위력에 대해서도 전혀 이해하지 못했다. 다만 대통령이 매우 강력한 힘을 지닌 주술사를 고용해 북에서 온 침략자들을 격퇴하려는 것 정도만 알 뿐이었다.[28]

버몬지 출신의 코크니 병사인 제임스 비벌리는 한국의 풍경과 한국인들의 생활을 보고 경탄했다.

"저는 런던 출신이라 평생토록 산을 본 적이 없었습니다. 한국인들은 소똥과 하수를 모두 논의 거름으로 사용하는 탓에, 온 마을에 냄새가 진동하더군요."

싱가포르나 홍콩 같은 곳에 익숙하던 영국 병사들에게 한국은 어딘가 동떨어진 시대에 있는 나라 같았다. 싱가포르와 홍콩에도 물론 가난한 지역은 있었지만, 두 곳 모두 전 세계적 무역 중심지였기 때문이다. 여비는 이렇게 말했다.

"한국은 홍콩과 닮은 곳이 하나도 없었어요. 신영토인 홍콩에는 최신 자동차와 건축물이 있었는데, 한국은 역사책 속에서 튀어나온 듯한 모습이었어요. 자동차 대신 소가 끄는 달구지가 있고, 포장도로는 아예 없고, 집도 다들 작고 부실하게 지어졌지요. 아아, 여기는 전 세계인의 머릿속에서 철저하게 잊힌 곳이에요. 이렇게 아무것도 없이 가난한 나라도 있다는 사실에 놀랐어요."

* * *

실전에 투입된 장병들의 생활은 오히려 홍콩에서의 평시 생활보다 여유로웠다. 물론 경계근무는 밤새도록 서야 했고, 매일 저녁마다 2시간 단위의 경계근무조 편성이 실시되었다. 그러나 낮에 정찰이 없는 경우에는 요리, 병기 소제, 편지 쓰기, 참호 보강, 전우들과 떠들기 말고는 해야 할 것이 아무 것도 없었다.

식사는 대부분이 미제 C레이션이었다. 카드보드지로 만들어진 C레이션 상자 하나에는 병사 1인이 하루 동안 먹을 수 있는 분량의 식량이 들어 있었다. 데워 먹는 것이 제일 좋기는 하지만, 데우지 않아도 먹을 수 있었다.

내용물은 여러 개의 깡통과 갈색 포장지에 싸여 있었다. 고체연료로 데워 먹는 내용물의 종류는 다양했다. 고기 스튜, 스파게티와 미트볼, 고기 국수, 프랑크푸르트 소시지와 콩, 햄과 리마 콩 등이었다. 'C래츠'라는 별칭으로도 불리던 C레이션에는 하드택 크래커, 오트밀 덩어리, 인스턴트 커피, 정제 설탕, 초콜릿, 껌, 젤리바, 캔디, 담배 9개비, 다용도로 쓸 수 있는 깡통 따개도 들어 있었다. 여비는 이렇게 말했다.

"껌과 담배, 휴지는 좋았어요. 그러나 프랑크푸르트 소시지, 햄, 리마 콩은 싫었지요. 부대 조리병들이 만들어 주던 옛날식 스튜가 훨씬 더 맛있었어요."

좁은 공간에 너무 많은 사람이 모여 살던 생활여건상, 야전위생 수준은 형편없었다. 한 사람이 병에 걸리면 나머지 전 분대원에게 퍼지는 식이었다. 전투 진지 뒤편에는 야전 화장실이 있었고, 다 먹은 레이션 깡통을 파묻는 '깡통 구멍'도 있었는데, 둘 다 파리의 대군을 유인하는 장소였다. 아무리 애써 위생을 지키려고 해도 막지 못하는 병도 있었다. 영국 해군의 전투를 보았던 아가일 대대원인 피터 존스는 불청객의 습격을 당하고 깜짝 놀랐다.

"길이 45~60cm나 되는 촌충이 지나가는 건 매우 놀라운 일이었죠.[29]"

전쟁은 진정한 지도력이 빛을 발하는 시기였다. 화이트하우스는 이렇게 말했다.

"홍콩에 있을 때는 뭔가 획일적이고, 각이 딱딱 선 분위기였달까요. 하지만 한국에서는 그런 게 없었어요. 장교들은 태평해지고, 뭐든지 잘해 주려 하고, 항상 앞장서서 이끌었지요."

미들섹스 대대의 군의관인 스탠리 보이델은 이렇게 말했다.

"병력들이 일을 하지 않을 때는 좀 풀어 줄 필요가 있습니다. 물론 병력들이 생명의 위협을 받고 있을 때는 많은 것이 달라집니다. 특히 그럴 때는 장교들이 매우 유능하고, 원리원칙을 잘 지키는 사람들로 보일 필요가 있습니다. 그래야 병사들은 장교의 말을 들으면 효율이 높아지고 생명을 구할 수 있음을 알게 되니까요."

많은 사병들은 전투 경험이 없었지만 위관 장교들은 모두 제2차 세계대전에서 실전 경험을 쌓았다. 아가일 대대의 랠프 호스필드는 중대장 마일즈 마스틴에 대해 이렇게 말했다.

"그는 매우 훌륭한 장교였고 엄격했지요. 그는 우리 모두에게 참호를 파게 하고, 그 속에 머리를 집어넣고 움직이지 못하게 했어요."

윌로비는 젊은 다이하드 대대원들에게 전투의 비결을 알려 주었다. 전쟁터가 워낙 조용하기 때문에 소리가 큰 야전 전화기의 벨을 제거하고, 대신 낮은 소리가 나오는 휘슬을 장착했다. 그리고 적에게 미들섹스 대대의 전력을 과장하기 위해. 해가 뜨기 전에 2인 1개조의 병사들을 여러 곳에 보내 요리용 불을 때도록 했다. 그리고 소대 진지에 갈 때면 언제나 2인치 박격포수 한 명을 데리고 다니면서, 화력의 증강이 필요하다고 생각되는 진지에는 5~6발의 수류탄을 주었다. 그리고 브렌 건 캐리어를 자주포처럼 보이게 위장했다. 장대와 포탄 케이스로 가짜 포신을 만들고, 깡통으로 포의 소염기를 만들었다. 이렇게 만든 가짜 자주포는 진지에 온 한국군 장교도 속아 넘어갈 정도였다.[30]

한편 그들이 이 긴장감 넘치는 시골의 전쟁터에 익숙지 않다는 점도 드러났다. 제임스 스털링 소위가 이끄는 소대는 자신들의 진지가 여단의 다른 부대들로부터 고립되어 있다고 판단했다.

"우리는 적에게 포위되어 있다고 생각했어요. 물을 구할 방법이 없기 때문에 미군에게 레이션과 50kg의 얼음을 공수 낙하해 달라고 요청했습니다. 그런데 대대장이 우리 소대의 경계선에 걸어 들어오더군요. 우리들은 절대 고립된 것이 아니었고, 그저 소문일 뿐이었습니다."

대대의 모든 장교들이 대대장의 방문을 반긴 것은 아니었다. 맨 중령과 코드 여단장은 적들이 다 볼 수 있도록 지프를 타고 윌로비의 중대 진지를 방문했다. 그로부터 3일 후, 윌로비의 진지는 적의 포화를 오랫동안 얻어맞았다.

"지난 일요일 여단장이 벌인 서커스 탓인 게 틀림없었어요.[31]"

한국의 뜨거운 태양 아래, 땀에 절어 소금기가 밴 병사들의 녹색 정글복은 탈색되어 갔다. 아가일 대대의 군수 장교인 앤드루 브라운은 바지가 부족해지는 상황을 눈치 챘다. 홍콩에서는 많은 병사들이 세탁을 중국인 여자 세탁원에게 맡겼는데, 그 여자는 옷을 바위에 내리치는 방식으로 세탁했다. 이는 옷을 깨끗하게 하지만 옷감을 마모시키는 방법이었다. 한국에서도 병사들은 똑같은 방식으로 세탁했다. 브라운은 이렇게 말했다.

"결국, 군복의 터진 궁뎅이만 봐도 어느 대대인지 식별이 가능할 지경이었죠."

비를 흠뻑 맞은 아가일 대대 박격포 소대의 헨리 '치크' 코크런은 동료 한 명을 데리고, 의류를 구하러 후방의 미군 보급소에 갔다.

"그 친구들은 우리에게 엄청 좋은 미군 재킷과 미군 군화를 주었어요. 대단했지요!"

돌아오던 두 사람은 논 사이로 살금살금 걸어오던 슬림과 마주쳤다. 코크런은 당시를 회상했다.

"우리는 그 사람한테 경례를 했어요. 그는 한참 있다가 우리가 누구인지 알아보고 말했지요. '그런 옷, 벗어 버리게!' 우리는 그 말을 듣고 한참 웃었어요."

전쟁이 진행되어 갈수록 한국의 거친 지형과 혹독한 날씨로 인해 영국제 장비는 점차 소모되어 사라져 갔고, 제27여단의 행색은 갈수록 미군을 닮아갔다.

물론 영국제 장비에도 이점은 있었다. 코크런이 전선 후방에서 여러 명의 미군 병사들과 이야기를 하다가, 화제가 무기로 넘어가자 영국제 볼트 액션식 리 엔필드 소총과 미국제 반자동식 M-1 개런드 소총 중에 어느 것이 더 나은지를 놓고 논쟁이 벌어졌다. 그래서 그 논쟁의 결판을 내고자 즉석에서 사격 대회가 열렸다. 45m 떨어진 깡통에 총탄 10발을 먼저 맞히는 쪽이 이기는 것이었다. 당연히 상패도 주어졌다. 잔뜩 쌓인 담배가 상패 대용이었다. 코크런은 영국군 병사들이 배워 알고 있던 속사 기술을 사용했다.

"노리쇠 조작에는 엄지와 검지를 사용하고, 방아쇠를 당기는 데는 중지를 사용하는 기술이었지요."

그러나 그런 수를 써도 미군을 속도 면에서 이길 수는 없었다. M-1 개런드 소총은 방아쇠만 당기면 탄이 나가기 때문이었다. 그러나 8발을 쏘자 M-1 개런드 소총의 탄 클립이 핑 하는 소리를 내며 튀어나왔다. 미군 병사가 소리쳤다.

"내 총은 탄이 8발밖에 안 들어가!"

코크런은 대꾸했다.

"나도 알아!"

결국 깡통에 먼저 10발을 다 명중시킨 것은 코크런이었다. 리 엔필드 소총은 10발들이 탄창을 쓰므로, 중간에 재장전 과정이 필요 없었기 때문이었다. 같이 참가했던 미군이 이렇게 말했다.

"그런 총으로 나보다 더 빠르게 쏘다니, 고향에 보낼 편지에 적어야겠어!"

일부 여단 병력은 미군 병사들에게 매우 큰 호감을 느꼈다. 십스터는 이렇게 말했다.

"우리는 보급품을 주는 미군들의 마음이 매우 따뜻하다는 것을 느꼈어요. 우리는 대포도 전차도 없었는데 그들은 우리에게 식량과 전투 식량을 주었으니까요. 그 친구들에 대해서는 어떤 칭찬도 지나치지 않습니다."

하지만 미군에 대해 비판적인 태도를 보이는 사람들도 있었다. 미들섹스 대대의 대대장은 미군 대령 2명이 잔뜩 흥분해 그의 지휘소에 쳐들어왔을 때처럼 짜증이 심하게 난 적이 없었다. 그들이 차를 타고 오는 도중에 적 저격수의 사격을 당했다는 것이다. 그들은 길옆에 있는 도랑에 숨겠다고 맨 중령에게 말했다. 맨 중령은 당시를 이렇게 회상했다.

"마침 2명의 병사가 탄 우리 부대의 트럭이 레이션을 싣고 길을 올라오고 있었어요. 그 트럭에 탄 병사들은 도랑에 숨어 있는 미군 대령들을 보더니 소총을 내밀어서 그 사람들을 트럭에 태웠지요. 그걸로 이 건은 종결되었어요."

미군 대령들은 맨 중령에게 그 두 병사에게 훈장을 달라고 건의했다. 하지만 맨 중령은 그렇게 하지 않았다. 그는 이렇게 콧방귀를 뀌었다.*

"그들은 당연히 해야 할 일을 했을 뿐입니다."

여단은 박격포 및 자주포와 마찬가지로, 적 저격수를 통해 북한인민군의 전술 능력을 평가할 수 있었다. 비벌리의 참호 뒤에는 묘목이 하나 있었다. 어느 날 어떤 병사가 그 묘목으로부터 머리를 불과 수 cm 띄우고 있는데, 묘목에 두어 발의 총탄이 날아와 정확히 명중했다. 비벌리는 이렇게 말

---

* 훈장에 대해 인색한 맨의 태도는 후일 병사들의 분노를 샀다. 돈 바레트는 이렇게 말했다. "우리 부대가 제일 훈장을 적게 탔어요. 맨 중령은 다들 그 정도는 해야 한다고 생각했거든요." 연대의 비공식 사가가 된 바레트는 말년에 여단의 한국전 활약 내용을 기록한 연대기를 집필했다. "하지만 전쟁 당시에는 그런 거 아무도 신경 안 썼지요."

했다.

"적 저격수 눈에는 우리가 보이는데, 우리는 그들을 볼 수 없었습니다."

그러나 폭우, 박격포, 자주포, 저격에도 불구하고 즐거운 때는 있었다. 해가 넘어갈 때면 산봉우리에 있던 병사들은 기가 막힌 장관을 볼 수 있었다. 미들섹스 대대의 병사인 줄리언 툰스톨은 이런 글을 썼다.[32]

"이렇게 아름다운 일몰은 그 전에도 그 후에도 본 적이 없다."

그러나 일단 어둠이 깔리면 절대 안심할 수 없었다.

윌로비는 이런 글을 썼다.

"전선의 밤은 저주스럽다. 언제 끝날지 알 수 없고 나뭇잎들이 바스락거리면서 계속 정적을 깬다. 수풀은 살아 있는 듯이 움직이고 버려진 마을에서 나온 배고픈 개들이 우리 주위를 어슬렁거린다. 낡은 깡통들이 산의 사면을 굴러다니는 소리도 들린다. 우리가 맡은 이 작은 경계선에 2인 1조로 배치된 병사들은 소총 한 정씩을 쥐고 좁은 참호의 젖은 가장자리에 몸을 기대 암흑 속을 응시한다.[33]"

자기 참호 밖으로 나와 움직이는 것은 위험한 일이었다. 야전 화장실은 맨클로우의 참호 뒤에 있었다. 그러나 어떤 병사가 앞으로 나가 수풀 뒤로 갔다. 맨클로우는 그때 일을 회상했다.

"흰 섬광이 번쩍였어요. 누군가가 사격을 한 것이었죠. 그러니까 모두가 따라서 쐈어요. 장교들이 와서 사격을 중지시킨 다음 이렇게 말했어요. '이렇게 쏴 댔는데 아무것도 못 맞혔단 말야?'"

어떤 젊은 장교들은 어둠이 내리는 것이 너무 무서워서 잠을 자지 못했다. 스털링의 회고이다.

"우리는 북한군을 초인이라고 생각했어요. 밤에 아무 소리도 없이 움직일 수 있다고 생각했지요. 그래서 우리는 방아쇠에 손가락을 건 채로 밤새

뜬눈으로 지새우다가 토끼 같은 게 뛰기만 해도 무조건 총을 쐈지요. 그런 식으로 3일 밤을 지내자 우리는 완전히 지쳤어요. 그리고 대대장으로부터 '전 장교들은 밤에 반드시 수면을 취하라.'는 명령이 내려왔지요."

하지만 예상과는 달리 적은 공격해 오지 않았다. 그럼에도 불구하고 낙동강에 배치된 영국 병사들은 꾸준히 죽거나 다쳤다. 아가일 대대의 첫 사상자는 전선 배치 첫날에 발생했다. 9월 5일 어떤 사병이 초병의 오인 사격으로 부상을 입고 후송된 것이었다.[34]

참호 안에 들어앉은 장병들은 어지간하면 갑자기 적의 사격을 당할 일은 없지만, 지프가 먼지를 풀풀 내며 진지 사이를 돌아다니면 위험해진다는 것을 알게 되었다. 제프스는 이렇게 말했다.

"지프가 길로 달리면 그 지프를 향해 총알이 날아옵니다. 그렇다고 진지에서 너무 멀리 벗어나면 북한군 기관총 진지의 사거리 안으로 들어가게 됩니다. 지프 1~2대가 우리 진지 쪽으로 방향을 트는 것을 잊었다가 북한군 기관총 사격을 당해 격파되었지요."

지프 사고는 이 전쟁의 무수한 비극 중 하나를 촉발시켰다. 미들섹스 대대의 정보 장교인 제프 버크넬 대위와 그의 당번병인 레그 스트리터는 함께 지프를 몰고 가다가 전방 중대 진지 인근에서 지프가 전복되었을 때 죽었다. 그와 버크넬 대위는 모두 권투 선수였고, 흔히 볼 수 없는 계급을 초월한 좋은 친구였다. 버크넬 대위는 바로 병기를 챙겨 강을 향해, 북한군을 향해 혼자서 움직였고, 그는 다시 돌아오지 않았다. 기분 나쁜 소문들이 퍼져갔다. 여비는 이렇게 말했다.

"적어도 우리가 듣기로는, 버크넬 대위는 철조망에 묶여 불태워졌다고 합니다.[35]"

* * *

순회 정찰은 일상사가 되어 갔다. 제27여단이 지형에 익숙해지자, 더욱 위험한 임무인 전투정찰이 기다리고 있었다. 이 여단 최초의 공세 작전에서 아가일 대대의 C중대는 어느 북한군 진지를 공격하는 임무를 맡았다. 병력 미상의 북한군 부대가 낙동강을 건너 아가일 대대 왼쪽의 고지에 진지를 구축하고 있었다. 아가일 대대와 미군 부대 사이에는 5,400m의 공백지가 있었는데, 바로 거기 있는 산이었다.[36] 그 모습이 열정적이던 젊은 중사 해리 영에게 발각되었다.

"저는 주의력이 풍부하고 훈련이 잘 되어 있는 사람이었어요. 그리고 저는 산에서 자라났습니다. 아버지는 사냥터 관리인 일을 자주 하셨고 저 역시 그랬지요. 저는 소대장에게 약 1.6km 떨어진 고지에 2개 소대 병력이 보인다고 말했습니다."

9월 6일, 닐 뷰캐넌 대위가 이끄는 주간 정찰대에 이 적 전초를 내쫓으라는 명령이 내려졌다. 뷰캐넌 대위는 부하들에게 적들은 매우 야만적이라고 브리핑했다. 따라서 부상병 발생 시 무조건 데려와야 했다.[37]

제27여단의 첫 공격 작전이 실시되었다. 전술 대형을 지은 정찰대는 아주 조심스럽게 적이 점령한 것으로 간주되는 고지로 접근했다. 정찰대의 전력은 15명으로, 강했다. 그러나 자동화기는 브렌 한 정밖에 없었다. 고지에서 정찰대는 두 분대로 나뉘어, 냇물을 가운데에 끼고 고지 사면에 띄엄띄엄 나 있는 소나무 사이로 나아갔다. 고지를 올라가는 병사들의 불평과 헐떡거리는 소리 말고는 아무 소리도 들리지 않았다. 그때 갑자기 공기는 찢어지는 듯한 총성으로 가득 찼다. 나무들 사이에서 총구 섬광이 번쩍였다. 영은 이렇게 말했다.

"북한 군인들은 우리가 자기들 앞으로 걸어오는 것을 알고 사격을 개시했습니다."

PPSh-41 슈파긴 기관단총은 제2차 세계대전 중 소련의 주력 자동화기 중 하나였다. 이 총은 사거리와 정확성, 그리고 다른 기관단총들도 다 그렇듯이 저지력이 부족했지만, 전술적으로 볼 때는 더욱 우수한 무기였다. 적 1명을 사살하는 것보다 부상을 입히는 것이 더 나은데, 부상병 1명을 후송하려면 최소 4명의 병사가 필요하며, 부상병이 질러 대는 비명과 부상당한 그의 모습을 보고 다른 병사들도 전의를 상실할 것이기 때문이다. 게다가 분당 발사속도도 매우 우수했다. 이 총에 대해 영국에서는 '트림 총'을 의미하는 버프 건(burp gun)이라는 별명을 붙였는데, 발사 시 분당 900발이 마치 트림을 하는 것 같은 '부르륵' 소리를 내면서 발사되기 때문이었다. 이는 영국제 스텐 기관단총이나 브렌 경기관총의 분당 500발 수준의 발사속도보다 월등히 빨랐다. 게다가 대부분의 소련제 무기들처럼 이 총도 거칠지만 튼튼했고, 71발들이 드럼 탄창으로 급탄되므로 30발들이 탄창으로 급탄되는 브렌 경기관총이나 스텐 기관단총보다 압도적인 연사력을 자랑했다. 은폐해 있던 북한군 보병들은 이런 총으로 아가일 대대원들에게 사격을 가했다.

침병들이 총탄에 맞아 쓰러졌다. 첫 연사에서 15인조 정찰대 중 6명이 피탄당했다. 한참 뒤에 있던 영은 이상하게도 두려움을 전혀 느끼지 못했다. 그 대신 그는 훈련받은 대로 행동했다.

"그때 제 마음은 텅 비어 있었습니다. 상황은 매우 심각했지만 이런 상황에 대처하려고 여기 온 것이죠!"

그는 바로 응사했다. 그의 표적이 된 북한 병사들은 체구가 작고, 나뭇가지로 뚜껑을 가린 잠복호 안에 숨어 있었다. 영의 눈에는 표적들이 잘 보였지만, 그는 자신의 탄이 명중했는지 확신하지 못했다.

"탄이 명중했는지 알기란 힘들지요."

정찰대의 선두에 섰던 뷰캐넌의 몸은 벌집이 되었다. 쓰러져 움직이지 못하던 그는 병사들이 자신을 구하러 오면 적의 살상지대 안에 더 많은 아군을 갖다 바치는 격임을 알았다. 그래서 뷰캐넌 대위는 부하들에게 도망치라고 지시하고, 부상을 당한 자신과 자신의 당번병을 구하러 오지 말라고 했다. 그의 명령은 그가 이전에 내린 명령, 즉 적지에 아군을 두고 오지 말라던 명령과 명백하게 위배되는 것이었다. 아무튼 이후 뷰캐넌이 어떻게 되었는지는 아직까지도 밝혀지지 않았다.

아홉 군데의 부상을 입은 정찰 하사관 워커를 포함한 첨병들은 적의 사격하에서 비틀거리며 후퇴해 왔던 길로 되돌아갔다. 스코틀랜드 병사들은 부상병들을 부축해, 걷도록 도와주거나 뒤로 끌고 갔다. 영과 다른 병사들은 총을 머리 위로 들어 쏘며 후퇴하는 생존자들을 엄호한 다음 자신들도 후퇴했다.

정찰대는 논으로 철벅거리며 들어갔다. 영은 이렇게 말했다.

"우리가 논을 지나가는 동안 몇 발의 사격이 가해졌지만, 적들은 쫓아오지 않았습니다."

그들 뒤의 소나무들 사이로 총의 발사 연기가 피어났다. 아가일 대대원들은 부상자들을 부축하면서 C중대 진지로 돌아왔다. 영은 돌아온 후, 자신이 그 짧지만 격렬했던 총격전에서 신경 반응 때문에 전혀 괴로워하지 않았다는 것을 알게 되었다.[38]

C중대에서 8km 떨어진 농촌 마을에는 아가일 대대 본부가 자리 잡고 있었다. 대대 본부에서는 뷰캐넌 정찰대의 진행 상황을 무전기를 통해 다 듣고 있었다. 슬림은 이렇게 말했다.

"이번 정찰은 너무 대담했지요. 뷰캐넌은 고립되어 있었고, 그를 도울 방법이 없었어요. 그가 적의 매복 속으로 걸어들어 갔을 때 포병 지원사격을 할 수도 없었어요."

닐슨 중령은 군의관에게 지프를 타고 C중대에 가서 4명의 부상자를 치료할 것을 지시했다.

더글러스 홀데인은 기다리고 있는 차 안으로 뛰어 들어갔다. 그 차는 흙길을 달려 C중대로 갔다. 홀데인은 달리던 차 안에서 정체를 알 수 없는 '퐁', '퐁' 소리를 들었다. 몇 초 후 지프 근처의 논에 포탄이 탄착해 터지며 진흙이 마구 튀었다. 홀데인은 이렇게 말했다.

"박격포 사격이었죠. 어디에서 날아오는지도 알 수 없었어요. 그런 것은 처음이었죠. 별로 유쾌하지는 않았어요."

그래도 '조크 더 닥'은 멀쩡히 C중대에 도착했고, 처음으로 총상 환자를 마주하게 되었다.

"북한군의 탄약은 권총탄이었어요. 사입구는 있지만 사출구는 없더라고요. 영화에서는 카우보이나 인디언들이 45구경 권총에 맞아도 총알만 빼내면 일어서서 자기 할 일 다시 하지요. 그런데 실전에서는 그렇지 않아요. 권총탄을 손가락에 맞는 경우라도 사람은 온 몸에 충격을 받고 쓰러집니다."

그는 4명의 부상병 치료에 착수했지만 그가 할 수 있는 일은 적었다.

"저는 야전용 붕대로 응급 처치를 해 주는 것이 전부였죠."

홀데인의 치료 덕택에 그들은 다음날 의무 후송 헬리콥터가 올 때까지 안정되었다. 뷰캐넌과 당번병 테일러를 찾기 위해 관측기 출동을 요청했다.[39]

전쟁에서 인명 손실 때문에, 똑같은 위험 부담을 진 추가 작전이 생기는 일은 흔하다. 라이트는 당시를 이렇게 회상한다.

"중대장은 무전기에다 대고 이렇게 말했죠. '정찰을 나가서 닐을 찾아라. 그리고 포로를 잡아 상황을 청취할 수 있는지 알아보라.'"

경험이 적은 병사였던 라이트는 질겁했다. 문자 그대로 적군과 백병전을 벌일 만큼 가까이 가서 포로를 획득해 오라니. 그리고 라이트는 북한인민군이 그런 움직임을 기다리고 있을 거라고 확신했다.

"그 사람은 머리가 돈 게 틀림없어! 말벌 집을 쑤시러 가는 격이라고!"

하지만 명령은 명령이었다. 라이트와 그 외 5명의 병사는 얼굴에 흙을 바르고, 무게 나가는 모든 장비를 몸에서 벗어 버린 다음 총만 들고 목표 지점으로 떠났다. 목표가 가시거리 내에 들어오자 이들은 자세를 낮추고 포복전진을 시작했다. 정말 힘이 많이 드는 동작이었다. 라이트가 말했다.

"소리가 들렸어요. 앞으로 포복전진해 가보니 북한군들이 미친놈들처럼 아무 말도 없이 땅을 파는 것을 보았지요. 약 20명 정도 되는 것 같았어요. 삽과 곡괭이를 든 그들과 우리 사이의 거리는 30m 정도 되어 보였어요. 소총과 버프 건을 든 놈들도 있었지요. 저는 이렇게 생각했어요. '이런 상황에서 포로를 잡을 수 있을 리가 없어!'"

라이트는 후퇴 명령을 내렸다. 병사들은 그곳을 빠져나왔다.

돌아온 라이트는 예상되는 중대장의 반응에 걱정했다. 그러나 그는 신선한 충격을 받았다.

"저는 '그건 불가능했습니다.'라고 말했지요. 그러자 그는 이렇게 말했어요. '그래. 잘 했어. 첫 정찰이었지.'"

현장에 없던 사람이 현장 지휘관의 판단을 기각할 수는 없는 것이 군사 작전의 기본 원칙이다. 마스튼은 그 규칙을 따른 것이고 라이트는 그 점을 배웠다.

병사들이 가져온 어떤 정보는 지휘관들을 불안하게 했다. 슬림은 이렇게 말했다.

"저는 대대장에게 이렇게 말했던 게 기억납니다. '적은 자동화기 화력에서 우리보다 압도적입니다!' 그래서 우리는 모든 군기 하사관과 군수 장교들을 집결시킨 다음, 3톤 트럭을 가급적 많이 구한 다음 이들을 미군 보급 창고에 보냈어요. 훌륭한 하일랜더 연대원이었던 그들은 '보급품'이라고 적힌 상자에 위스키를 담아다가 미군들에게 주고, 그 대신 그들에게서 자동화기를 구입하려고 했죠. 1개 소대당 30구경 기관총이 1정씩 돌아갔고, 그리스건(grease gun) 또는 톰슨(Thompson) 기관단총도 1정씩 사 주려고 했어요. 미국 친구들은 전쟁은 물론 장사도 잘 했어요. 우리가 원하는 걸 주었으니까요."

항공 정찰에서 뷰캐넌과 그의 당번병의 모습은 발견되지 않았다. 그들은 이후 영국군에게 돌아오지도 않았다. 아가일 대대와 북한인민군의 첫 교전은 아가일 대대의 패배로 끝이 났다. 슬림은 이렇게 말했다.

"하일랜더 연대원들의 장점은 마음을 솔직히 말하고, 예의를 잘 지킨다는 것입니다. 스코틀랜드 병사들과 술을 마실 때면 보통 맥주나 럼주를 마시는데, 그 친구들은 항상 이렇게 말합니다. '혹시 그때 저희가 실수한 거 없었나요?'"

아가일 대대는 고지에 틀어박혀 적의 다음 행보를 기다렸다.

* * *

전방에 배치된 중대들이 논 사이를 순찰하면서 북한인민군에 맞서 고지를 지키고 있을 때, 전선 후방에서는 또 다른 형태의 적이 활동하고 있었다. 아가일 대대의 박격포 사수인 로이 빈센트는 한국에 와서 처음에는 강에 있는 표적에 박격포를 사격했고, 그 다음에는 후방을 향해 사격을 했는데, 그때 그 새로운 적에 대해 알게 되었다. 라이트도 진지 후방을 순찰하다가 그 새로운 적에 대해 알게 되었다. 그때 그들은 어느 마을에 멈춰 서서 마을 우물에서 물을 길어 마셨는데, 다음날 아침이 되니 그 우물에 시체 여러 구가 들어가 있는 것을 알게 되었다. 스코틀랜드 병사들은 음료수를 항상 끓여 마셨기에 그들은 아무런 해를 입지 않았다. 시체로 우물을 오염시키는 것은 고전적인 게릴라 전술이었다.

전선 후방에는 남한 공산주의자들과, 북한에서 침투시킨 인원들이 빨치산 활동을 하고 있었다. 제프스의 회상에 따르면 매일 아침 진지 뒤쪽과 왼쪽의 산에서 빨치산들이 모닝티를 끓여 먹는 작은 불꽃들이 보이곤 했다고 한다. 9월 12일, 이들을 처리하기 위한 임무 부대가 조직되었다.

별칭이 '롤리포스(Rolyforce)'인 다이하드 대대의 부대대장 롤리 그윈의 지휘하에 한국 경찰 1개 대대가 배속되었다. 그윈은 말씨가 세련되었고, 언제나 전투복에 어울리지 않게 실크 넥타이와 금시계를 차고 다녔다. 이렇게 멋지고 당당한 풍모를 한 그는 사관학교가 낳은 불굴의 지도자이기도 했으며, 코드의 말을 빌면 이런 종류의 전쟁에 매우 탐닉하고 있는 것 같은 사람이기도 했다.[40] 그윈은 한국 경찰 부대를 지원하기 위해 미들섹스 대대에서 제일 경험이 많은 하사관 여러 명은 물론이고 미군 통신병들을 선발했다. 이 잡동사니 부대에는 과거 코만도(영국군 특전부대)에 있었던 아일랜드 출신 패디 레드몬드 상사도 선발되었다. 그윈 소령은 그에게 이렇게 말했다.

"이번 임무는 자네에게 잘 어울릴 거야. 산을 오르는 임무거든!"

영국군, 한국 경찰, 한국인 노무자로 구성된 이 다국적 부대는 트럭 편으로 산자락까지 수송된 다음, 하차해 화강암 능선을 6시간 동안 등반하기 시작했다.

능선 정상에 다다른 레드몬드의 부대는 은거지를 구축한 다음, 강을 건너왔을 것이라고 생각되는 적을 수색하기 시작했다. 레드몬드는 이렇게 말했다.

"그곳은 비바람이 몰아치는 곳이었고, 우리는 텐트나 천막 같은 것은 가져가지 않았어요. 얕은 참호를 파서 거기서 잠을 자고 지평선을 감시했지요. 저는 그런 것을 해 보려고 코만도에 들어간 거였어요."

'빌리고트 원 식스(Billygoat One Six)'라는 부대의 호출부호는 이 지형을 감안하면 참 적절했다. 레드몬드의 부대는 한국 경찰 부대를 오합지졸들의 모임 정도로 생각했다. 대대 중 한 중대는 아예 화기가 없었고, 수류탄만 가지고 있었다. 그들의 박격포에는 조준기가 없었고, 포탄도 구경이 맞지 않는 것이었다.[41] 레드몬드는 북한군이 공격해 오는 상황에서 한국 경찰은 별로 믿을 수 없다고 생각했다.

그원의 병력들이 브리핑 받기로는, 이 고지에는 민간인들이 없다고 했다. 그러므로 움직이는 것은 모두 적군이었다. 레드몬드와 다른 하사관들은 경계 근무를 교대시키고, 참호에 병력을 배치하고 경사면 아래로 가는 정찰팀을 이끌었다. 더블린 토박이인 레드몬드 상사는 산봉우리에서 주변을 보다가, 1,000m 아래에서 뭔가 움직임을 발견했다.

"그들은 계곡에 있었어요."

그는 쌍안경을 통해 적들이 어떻게 숨는지 알게 되었다.

"그들은 고지 측면에 숨었더군요."

이제 그들은 개활지에 있었고, 육안으로도 보였다. 배속된 미군 통신병을 통해 그는 항공 공격에 필요한 좌표를 전달했다. 편대는 제 시간에 도착해 계곡에 있는 북한군들을 향해 급강하했다. 폭탄이 탄착해 터지자 땅이 뒤흔들렸다. 네이팜탄이 폭발하자 거대한 오렌지색 불덩어리가 계곡 바닥을 갈라놓았다. 레드몬드는 이렇게 말했다.

"주문한 물건을 아주 잘 배달했어요. 정말 멋있더군요!"

레드몬드는 매우 흥분해, 통신 사용 절차를 잊고 무전기에 "그래, 씨팔놈들 조져 버려, 바로 그거야!" 하는 소리를 지껄일 정도였다. 그야말로 '병력 절약'의 경제적인 전투였다. 레드몬드는 이렇게 말했다.

"우리는 지상전을 벌이지 않고 적들을 죽이고 있었지요."

그의 부대들은 은거지에 숨어서 계속 주위를 감시하고 있었다.

"다음 날에 적의 움직임이 없다면, 항공공격이 제대로 이루어진 것입니다."

산속으로 움직여 현지인 부대와 협동하고, 그들의 지혜를 빌려 생존하고, 항공 지원을 요청해 적을 박살 낸 이 작전은 '빌리고트 원 식스'의 대원들이 벌인 뛰어난 작전이었다. 레드몬드는 이렇게 회상했다.

"그윈 소령은 온 세계를 위해 이 작전을 결코 잊지 않겠다고 말했어요. 우리에게는 모험이나 다름없었지요. 일반적인 병사들과는 달리 상당한 자유재량이 주어진 작전이었어요."

그러나 전선 후방에는 이 전쟁의 어두운 면이 숨어 있었다. 게릴라들은 군복을 입지 않기 때문에 양민들과 분간이 어려웠다. 따라서 비정규전에서 양민들에 대한 가혹행위는 없을 수가 없었다. 대한민국 국군이 북한인민군과 전투를 벌이는 동안, 대한민국 경찰과 기타 준군사 부대들은 게릴라들에 맞서 싸웠다. 불에 기름을 붓는 요소는 또 있었다. 한국 전통 사회에서 여성은 남자들이 정해 준 역할만을 수행하는 존재였다. 그러나 침략해 온 공산주의자들은 여성에게 더 많은 사회적 역할 수행을 약속해 주었고, 점령지에 여성위원회를 설치했다. 많은 한국 여성들이 공산주의자들이 내건 여성 해방이라는 미끼에 제대로 걸려들었다. 어느 날 레드몬드 휘하의 한국 경찰 분대는 정찰을 나갔다가 여성 포로 2명을 붙잡아 왔다.

"한국 경찰은 자기들만의 규칙이 있었습니다. 경찰은 붙잡은 포로를 북한 군인 내지는 남한의 공산당 동조자로 간주했어요. 그 친구들이 산 아래로 정찰을 내려갈 때면 언제나 비명소리가 들렸지요. 한국 경찰은 획득한 여성 포로를 끌고 가서 총살해 버렸어요. 이것이 전쟁입니다."

전선의 다른 장병들도 이와 비슷한 충격적인 일들을 겪었다. 슬림은 이렇게 말했다.

"30여 년간의 일제 식민 통치로 인해 한국인들은 아주 나쁜 버릇이 들었어요."

한국 경찰들은 피의자를 몽둥이로 마구 구타하면서 '심문'을 했다. 그 모습을 본 툰스톨은 과연 저 사람들을 위해 싸워 줄 가치가 있는지를 자문했다.[42] 미들섹스 대대의 군의관의 눈에 비친 어떤 풍경은, 당시의 그로서는 전혀 이해할 수 없던 것이었다. 보이델은 이렇게 말했다.

"우리는 사람들을 가득 실은 트럭들이 산속으로 들어갔다가, 텅 빈 채 나오는 모습을 보았어요. 우리는 그 사람들이 어떤 곳으로 이송되었는 줄 알았어요."

훗날, 한국 전쟁에서 벌어진 가혹행위에 대해 읽은 보이델은 그때 트럭에 타고 있던 사람들이 모두 사형에 처해졌음을 알게 되었다.

* * *

9월 11일, A중대장 마스튼은 참모 대학에 입학하러 영국 본국으로 귀환

했다. 신임 중대장을 처음 맞이한 사람 중에는 제임스 스털링 소위도 있었다. 스털링은 A중대의 중대 선임 하사관에게 뭔가 물어보러 갔는데, 중대 선임 하사관은 태머샌터(tam-o'-shanter: 스코틀랜드 베레모의 일종)를 쓰고 계급장을 달지 않은 어떤 매우 꾀죄죄한 병사와 이야기를 하고 있었다. 스털링은 당시를 이렇게 회상했다.

"저는 중대 선임 하사관에게 이렇게 말했어요. '곧 신임 중대장님이 오실 거야. 좀 화끈한 분이라고 하더군.' 그러자 그 꾀죄죄한 병사는 저더러 이렇게 말했지요. '이봐, 자네 누군가?'"

그 꾀죄죄한 병사가 바로 신임 중대장인 데이비드 윌슨 소령이었다.

윌슨은 꽤 훌륭한 무공을 세운 사람이었다. 그는 말라야에서의 대패배에서도 살아남아서 바다로 탈출해 버마의 코히마에서도 싸우고, 팔레스타인에서는 대대장을 맡았다. 그러나 그는 언제나 새로운 전쟁을 찾아다니고 있었다. 그는 이렇게 말했다.

"나는 그때 잔뜩 들떠 있었지요. 이런 것을 하려고 군대에 들어온 것이니까요."

영국을 출국하기 직전, 그는 미국의 제7기병연대를 다룬 고전 서부영화인 〈황색 리본을 한 여자(She Wore a Yellow Ribbon)〉를 시청했다. 그는 얼마 안 있으면 그 부대에 대해 아주 잘 알게 될 것이었다. 그 영화를 보고 나서 바로 항공편으로 한국에 왔다. 그는 이렇게 말했다.

"문명 세계를 떠난 지 24시간도 채 못 되어 저는 최전선에 있었지요. 마치 노르망디에서 적진에 강하한 공수 부대원 같았어요."

그는 낙동강에 배치된 스코틀랜드 병사들을 보고 감동을 받았다.

"그들은 체력이 매우 강하고 억센 친구들이었어요."

그는 이곳의 지형과 이 전쟁의 속성이, 그가 과거 종군했던 노스웨스트

프론티어(Northwest Frontier: 파키스탄 북부의 주)와 유사하다는 것도 알았다. 아가일 대대의 고참 장병들은 윌슨을 알고 있었다. 라이트가 처음 윌슨을 보았을 때, 그는 적의 눈에 다 보이는 데서 태연히 몸을 드러내고 돌아다니고 있었다. 어떤 스코틀랜드 병사가 라이트에게 말했다.

"저 분 움직이는 것 좀 봐요. 무서운 게 없나 봐요!"

두려움을 모르고, 생기가 넘치고, 꾀죄죄하면서도 정력적이고, 특이한 윌슨. 정보 장교인 샌디 보스웰은 그에 대해 이렇게 말한다.

"호기심 많은 스코틀랜드 병사들은 그를 어디라도 따라다녔지요."

윌슨은 여단에서 제일 뛰어난 전투 지휘관 중 하나였다. 윌슨은 전선 도착 후 4일 만에, 뷰캐넌 정찰대의 복수극을 기획했다.

아가일 대대의 진지 중 제일 많이 노출된 곳은 A중대의 차지였다. 적의 규모는 알 수 없었지만 강 위에는 적 1개 연대가 주둔하고 있는 것으로 판단되었다. 그리고 A중대는 적의 박격포 다수, 그리고 자주포 2문의 사거리 내에 있었다. 왜냐하면 그것들의 공격을 계속 당해왔으니까. 9월 16일 19:00시. 어둠 속에 쏟아지는 빗속에서 중대는 도하작전을 준비하러 진지를 빠져나왔다. 다음날 04:00시, 중대에는 귀환 명령이 떨어졌다. 작전이 취소된 것이었다. 스코틀랜드 병사들은 욕을 퍼부었다. 중대에는 근처의 마을로 가서 몸을 말리고 휴식을 취한 다음에 진지로 복귀하라는 명령이 내려졌다. 9월 17일 17:30시 윌슨은 중대를 진지에 복귀시켰다. 그러나 적은 그들의 특이한 움직임을 놓치지 않았다. 9월 18일 새벽, 적의 전투정찰대가 전방 빅커스 기관총 분대 진지 앞으로 올라와서 수류탄을 투척해 댔다.[43] 라이트의 소대는 그 전투의 소리를 들었으나, 전투 모습은 보지 못했다. 한 명의 병사가 나직하게 말했다.

"우리 앞에 누군가가 있습니다!"

정말로 한 병사가 포복으로 그들에게 다가왔다. 빅커스 기관총 분대의 생존자였다. 그 분대에서는 1명이 전사했다고 했다. 라이트 소대는 빅커스 기관총 분대의 부상자들을 수용했다.

북한군의 탐색전으로 덤불이 우거진 이 고지에서 치열한 전투가 벌어졌다. 그날 저녁 빅커스 분대는 후퇴하고, 모리슨 상사가 이끄는 아가일 대대의 정찰대가 적의 추가 정찰대를 요격하러 파견되었다. 라이트는 이렇게 말한다.

"저는 모리슨 상사에게 이렇게 말했지요. 우리 소대 진지 아래 50m 위치에 가서 아무것도 하지 않고 잠복하고 있다가, 만약 적의 소규모 정찰대가 오면 사격을 가하라고 말입니다."

20:30시, 모리슨의 병사들은 제1소대를 향해 접근 중인 적을 발견했다. 라이트는 이렇게 말했다.

"모리슨은 내게 이렇게 보고했습니다. '최소 20명의 적 병력이 우리를 지나쳤습니다!' 좋은 정보였지요."

야전 전화기에 대고 최대한 소리를 낮춰 말한 이 정보는 각 소대에 모두 전달되었다. 20명이면 적은 수가 아니다. 전투정찰대 규모이다. 전투가 코앞에 닥치자, 중대의 경계 지수는 50%로 높아졌다.

04:00시, 북한인민군 정찰대가 비어 있는 빅커스 진지에 공격을 가하면서 총성과 폭발음이 진동했다. 적 정찰대는 그 다음 제1소대 방향으로 사격을 가했다. 위력정찰이었다. 보통 위력정찰을 당하면 조명탄과 대량의 사격을 가해 자신들의 위치를 상대에게 드러내기가 십상이었다. 그러나 로버트슨 상사가 지휘하는 제1소대는 사격 통제를 매우 잘 하고 있어, 적에게 사격을 가하지 않았다. 윌슨은 이렇게 말했다.

"로버트슨 상사의 소대 지휘 능력은 말로 표현할 수 없을 만큼 뛰어났습니다."

이제 적 정찰대는 중대 전선 내에 있었다. 그러나 이들은 해가 뜨면 로버트슨 상사 휘하의 제1소대원들의 눈에 보일 것이므로, 그 전에 철수해야 했다. 북한군 정찰대는 중대의 야전전화선을 잘랐기 때문에 윌슨은 무전으로 상황 보고를 요청했다. 로빈슨은 주변에 온통 적이라고 속삭였다. 그러나 해가 뜨기 시작하자 그는 적들에게 뜨거운 맛을 보여 주게 된다. 해는 05:00시에 떠올라 중대 진지를 비추었다. 북한군으로부터 좀 많이 떨어진 진지에 있던 아가일 대대원들도 엄청난 사격이 터져 나오자 공포에 질린 북한군들의 비명 소리를 들을 수 있었다. 05:15시에 사격은 중지되었다.

라이트는 전투정찰대를 이끌고 제1소대 진지 앞의 잔적을 소탕하고, 전장을 정리하라는 명령을 받았다. 윌슨의 A중대가 쓴 작전 후 보고서에서는 "적 전사자 10명, 부상자 3명을 발견했으나 회수(구호조치)하지 않음."이라고 적혀 있었다. 아가일 대대원 중에 사상자는 없었다. 이 보고서는 이 전투를 '가장 만족스러운 일일 과업'이라고 평하며 글을 마무리했다.[44] 여단의 전투 일지에서는 그날의 전투에 대해 이렇게 기록하고 있다.

"다수의 적 부상자가 아래쪽 사면에 누워 있었으며, 그들은 이후 부상이 악화되어 사망했을 것이다."

전투 일지 기록자는 실제로 어떤 일이 벌어졌는지에 대해서는 관심이 없었는지도 모른다. 작전 후 보고서에 적힌 '회수하지 않음'이 솔직하지 못한 표현이었기 때문이다. 그 표현은 민간인들의 감성에 매우 거슬리는 군사적 행동이 일상의 언어로 파묻히는 과정을 나타내고 있었다. 아직 전쟁은 시작 단계에 불과했는데도 낙동강 전선의 영국군 병사들은 지독하게 잔인해지고 있었으며 끔찍한 행동을 벌였다. 그럼에도 이런 표현으로 그 사실을 숨긴 것이었다.

북한군의 가혹행위에 대한 보고서는 널리 회람되고 있었다. 제2차 세계대전 당시 일본군은 매우 광신적으로 싸웠다. 부상병들도 자신들을 구하러 오던 연합군 의무병에게 수류탄을 던질 정도였다. 그런 일본군에 대한 이야기는 모르는 사람이 없을 정도였다. 그리고 제27여단은 한국이 불과 얼마 전까지 일본의 식민지였으며, 천황의 가장 지독한 포로수용소 경비원 중 일부가 한국인이라는 사실도 알고 있었다. 라이트 본인도 격파된 어느 미군 전차 잔해 주변에 북한군들의 시신이 수북이 널려 있는 광경을 본 적이 있다. 그 전차의 전차병들은 북한군에게 항복을 거부하고, 탄약이 모두 사라질 때까지 싸우다가 전사한 것이었다. 북한인민군은 가혹행위를 일삼으며 광신적으로 싸우는 군대라는 소문이 널리 퍼져 있었고, 그런 그들과 싸우는 UN군 역시 북한인민군에게 자비를 베풀지 않았다.

라이트는 2개 분대 16명을 데리고 전장 정리에 나섰다.

"우리는 적이 몇 안 남은 것을 알았어요."

정찰대는 조심스레 나무들 사이로 나아갔다. 총격전이 벌어진 자리에 가자 예상했다시피 제1소대가 근거리에서 쏜 사격에 쓰러진 북한군들이 널브러져 있었다. 흙투성이가 되어 쓰러진 북한군들 중에는 이미 죽은 사람도 있었고, 죽어가는 중상자도 있었고, 경상자도 있었다. 하일랜더 병사들은 멈춰서 그들을 바라보았다. 라이트는 회상했다.

"쓰러진 북한군들의 몸 아래에 안전핀이 빠진 수류탄이 끼워져 있는 것이 보였습니다. 모두가 죽은 게 아니었죠. 그놈들을 건드려서는 안 되었습니다."

라이트는 부하들에게 수류탄 투척거리 밖으로 물러나서, 쓰러진 북한군들에게 사격을 가하라고 명령했다. 병사들은 사격을 가해, 아직 숨이 붙어 있던 부상자들도 냉정하게 죽여 버렸다. 라이트는 간단하게 말했다.

"그놈들은 우리를 박살내려고 수류탄을 가지고 있었어요. 그래서 우리가 먼저 죽인 거지요."

라이트의 행위는 전쟁 범죄일까? 라이트가 소속된 대대의 지휘관들은 그렇게 보지 않았다. 대대 부관 슬림은 이렇게 말했다.

"그의 행위는 완벽히 옳을 뿐만 아니라 전술적으로도 타당합니다. 라이트는 뛰어난 장교였지요. 우리는 낙동강에서 북한군들이 어떤 놈들인지 알았습니다. 그 놈들은 전쟁터 한가운데 우리 부상병들이 울부짖게 놔둔 다음에, 우리 병사들이 부상병을 회수하러 가면 매복 공격을 벌이는 아주 고전적인 수법을 썼습니다. 그들 역시 매우 타당한 전술적 선택을 한 것이죠."

일상적으로 이루어졌던 살인에는 그 외에도 여러 가지 개인적인 이유가 있었다. 물론 그러한 이유들을 인정해 줄 법정은 없을 것이다. 그러나 판례와 선례 위주의 원시적인 재판제도에서는 충분히 타당한 이유들이었다. 라이트의 병사들은 북한군의 첫 공격에서 빅커스 분대 병사 1명이 전사하고 1명이 부상을 입은 것을 보았다. 슬림은 이렇게 말했다.

"그것이 전쟁터의 일상사였어요. 2인호를 함께 쓰던 동료가 있는데 그 사람이 전사하면 복수하고 싶은 것이 당연하지요."

9월 19일 A중대 진지 아래 사면에서 벌어진 학살은 전술적으로 타당할 뿐 아니라 병사의 정의를 구현한 행위였다.

* * *

9월 15일, 그윈과 그의 부하 장병들은 대게릴라전 부대를 떠나 원대 복귀 명령을 받았다. 대게릴라전 부대의 지휘권은 현지의 한국 경찰서장에게 넘어갔지만, 그 사람이 대구로 가는 바람에 작전은 흐지부지되었다.[45] 코드 여단장에게도 지금 여단 측면의 상황보다 더 중요한 것이 생겼다. 여단의 전력을 집중해 낙동강 전선에 압박을 가하라는 상급 부대의 명령이 내려왔기 때문이었다.

강 건너 적의 배치에 관한 정보가 갑자기 중요해졌다. 여단은 전선을 잘 지키고는 있었지만, 강 건너 북한군에 대한 정보는 매우 부족했다. 윌로비는 미군이 2달러를 주고 고용한 매우 불쌍해 보이는 소년을 소개받은 후, 그 아이를 강 건너에 보내 북한군의 동태를 보고하게 했다. 그 아이는 정보를 들고 돌아왔다.

"북한 놈들이 강 건너에 아주아주 많이 있어요!"

하지만 정보라는 관점에서 보면 정말로 무의미한 발언이었다고 윌로비는 생각했다.[46] 현지인 정보원들로부터 유용하거나, 뭔가 행동을 취할 만한 정보가 나오지 않자 9월 18일 맨 중령은 강 건너로 영국군 정찰대를 보내 단거리 정찰을 시켰다. 하지만 그들 역시 아무 소득을 얻지 못한 채로 돌아왔다. 9월 20일에는 장거리 정찰을 실시할 예정이었다.[47]

이 정찰 임무는 D중대가 맡게 되었다. 윌로비는 이 작지만 까다로운 임무를 주의 깊게 기획했다. 1개 소대, 그리고 빅커스 기관총 1개 분대가 강둑에 정찰 기지를 차렸다. 도하하는 것은 빅커스 기관총 분대를 제외한 나머지 1개 소대 병력 전체였다. 강둑에서부터 대대 본부에까지 전화선이 연결되었다. 1개 미군 포대가 언제라도 발사 준비 상태를 갖추고 있었고, 정찰대는 빅커스 기관총 분대로부터 1,800m 이내 거리에서만 활동할 것이었다.[48]

이 작전에 참여한 장병 중에는 해리 스파이서 상사도 있었다. 그는 당시를 회상했다.

"우리는 묘한 흥분을 느꼈지요. '드디어 뭔가 하는구나!' 하는 느낌이었어요."

소대는 황혼이 내린 후 낙동강으로 향했다. 그들의 매복 지점은 강둑에 있는 어느 마을이었다. 그들은 거기서 전원생활의 새로운 즐거움을 느꼈다. 스파이서는 이렇게 말했다.

"우리 모두 이의 공격을 받았습니다. 우리를 매일같이 물어뜯어 피를 빨았고, 우리는 몸을 벅벅 긁어 댔지요. 이를 손으로 집어 올릴 수도 있었습니다."

9월 20일 새벽, 소대는 소리 없이 캔버스제 보트를 타고 안개 가득한 강 위를 움직였다. 낙동강은 넓었고 물살은 느렸다. 소대는 무사히 도하를 완료했다. 모래사장에 세워 놓은 보트를 1개 분대가 지키고, 나머지 2개 분대는 무기를 준비한 다음 전술 대형으로 전개해 강을 따라 움직이며 해가 떠오르는 농촌을 정찰했다. 그들은 북한군이 도사리고 있는 고지 바로 아래에서 움직이고 있었는데도, 적의 징후는 보이지 않았다.

스파이서는 이렇게 말했다.

"우리는 약 1.6km 정도를 걸었습니다. 그리고 고지를 올려다보니 누군가가 움직이는 것이 보였습니다. 그러다가 움직임은 갑자기 많아졌어요."

잠시 후, 약 130명의 북한군이 산꼭대기에서 쏟아져 내려와 고지 앞쪽 사면의 진지에 들어갔다. 아직까지는 사격이 없었다. 그러나 적의 전력은 중대 규모였고, 그중 일부는 능선을 따라 정찰대의 측면을 내려다보고 있었다. 정찰대는 적의 협공을 당하고 있는 상황이었다.[49] 그러다가 총알이 획획 소리를 내며 영국군 병사들의 머리 위 대기를 갈랐다. 고지에 잘 위장된 채 설치된 기관총이 불을 뿜기 시작했다. 소대 대부분의 병력은 강둑에 은폐하고 있었지만, 개활지에 있던 스파이서의 분대는 기관총의 살상지대에 위치하고 있었다. 스파이서는 이렇게 말했다.

"제 생애 최악의 순간이었습니다. 제가 할 수 있는 일은 아무것도 없었어요. 총알이 제 몸 근처를 지나가자 저는 총알을 피하려고 그 땅 위에 납작 엎드렸어요!"

몸을 최대한 낮춘 그는 자신을 조준하고 있던 적의 총기를 볼 수 없었다. 절망적인 생각이 들었다.

"아, 이대로 죽는구나!"

갑자기 적의 기관총 사격은 멈췄다. 기관총 사수가 재장전을 하고 있거나, 아니면 모든 표적이 제압되었다고 판단한 것 같았다. 스파이서는 소리를 질렀다.

"강둑으로 달려!"

그의 분대는 일어서서 뛰었다. 다시 사격이 계속되었다. 스파이서의 눈에는 소대 선임 하사관 주변의 땅에 기관총탄이 명중해 먼지가 피어오르는 모습이 슬로 모션처럼 느리게 보였다. 통신병은 지고 있던 무전기를 벗어던져 버렸다. 어떤 병사는 군장 끈이 총알에 잘려 다리에 얽히자 공포에 빠져 쓰러졌다. 소대 선임 하사관인 패디 버밍엄은 군장 끈을 잘라 그 병사를 일으켜 세웠다. 그 순간 그는 그와 같은 장비 훼손은 대대장에 의해 기소되어 사형에 처해질 수도 있는 행위라는 것을 떠올렸다.[50] 어떤 사람은 등에 총탄을 맞았다. 스파이서의 말이다.

"총탄이 관통했지만 뼈나 내장은 다치지 않았고, 그는 자신이 총에 맞은 사실도 몰랐지요. 뭔가를 하고 있을 때 그 일에 너무 집중하게 되면 자기 몸에 무슨 일이 있는지도 몰라요."

지금 눈앞에 닥친 일, 즉 빨리 일어나서 움직이고 엎드리는 것이 제일 중요한 일이 되었다.

미들섹스 대대의 빅커스 기관총들이 대응사격을 가해, 적의 사격을 잠시 동안 막았다. 스파이서는 이렇게 말했다.

"우리는 일어나서 다시 움직였지만, 사격이 가해지자 바로 엎드렸지요."

영국군 소대와 함께 왔던 3인조 미군 FOO(전방 관측 장교) 팀 중 2명이 보이지 않았지만, 나머지 1명은 남아 있었다. 스파이서는 이렇게 말했다.

"그 장교는 쓰러졌어요. 우리는 그를 둘러업고 날랐지요. 그는 좋은 사람이었어요. 그는 자신의 부하들이 사라진 것을 부끄러워하며, 그 친구들을 군사재판에 회부하겠다고 했어요."

정찰대는 간헐적으로 가해지는 사격을 받으며 기다 달리다를 반복하며 강둑에 세워 놓은 보트를 향해 갔다. 강둑 아래에서 사격을 피하던 스파이서는 소대장에게, 적의 정찰대와 조우해 보트에 가지 못하게 될까 걱정된다고 말했다. 소대장은 반문했다.

"그래?"

또 사격이 몰려왔고 병사들은 엄폐했다. 사격이 멈췄다. 다들 약간 놀란 표정이었다. 스파이서는 물었다.

"소대장님 생각은 어떻습니까?"

"나도 동감해."

소대장은 엄폐물 밖으로 걸어나가 스텐 기관단총을 적에게 쏘아 댔다. 달리기는 계속되었다. 빅커스 기관총의 연사음이 다시 들려왔다. 스파이서가 나중에 안 사실이지만 적의 정찰대는 그들을 정말로 보트에 닿지 못하게 하려고 했다. 그러나 다이하드 대대의 화력으로 그들을 격퇴한 것이었다. 아무튼 보트는 그들을 기다리고 있었다. 정찰대는 보트에 타고 안전하게 강을 건너기 시작했다. 스파이서는 이렇게 말했다.

"정찰은 불과 몇 시간 동안만 이루어졌습니다. 우리가 알아낸 것은 고지 정상에 적이 있다는 사실 뿐이었죠!"

월로비는 이 정찰에서 더 많은 정보를 알아냈다. 적은 정찰대를 바짝 밀어붙이지 않았다. 그 결과 영국군 정찰대의 인명 피해는 부상 2명으로 끝났다. 이는 적의 강둑 방어 태세가 약하다는 뜻이었다. 그러나 월로비 소령은 대대장이 빅커스 기관총 진지에서 작전을 참관하러 온 것이 약간 짜증이 났다.

"AM(앤드루 맨 중령 이름의 머리글자)이 없어도 이 일은 해 낼 수 있었다고요."

이 정찰 때문에 즐거운 사람도 있기는 있었다. 로이터 통신의 기자가 정찰에 참가했다가 돌아온 병사들을 인터뷰했다.[51]

하마터면 적의 기관총에 잡힌 영국군 병사들이 몰살당할 뻔 했던 위험한 순간이었다. 어떤 병사의 모자에는 구멍이 났다. 스파이서도 자기 전투복 옷소매에 총알 구멍이 난 것을 보고 놀랐다. 전투의 흥분에 빠진 그는 그것을 알아채지 못했다. 스파이서는 당시를 회상했다.

"그때 반응은 이랬죠. '이런 세상에! 그래도 빠져나왔어!'"

* * *

대부분의 제27여단 병력들은 이런 정찰에 참가하지 않았다. 그들에게 낙동강 방어는 단조롭고 불편하고 해 저문 후의 긴장감이 느껴지고 때때로 죽을 만큼 위험하기는 하지만, 아직은 여전히 이국적인 캠프 여행이었고 모험으로 느껴지는 구석이 있었다. 급하게 온 이 전쟁은 용두사미격으로 이어지는 것 같았다. 맨클로우는 이렇게 말했다.

"여기 오라고 해서 순식간에 왔더니 아무 일도 없는 거였어요!"

바틀렛도 말했다.

"저는 낙동강에서 '국'을 한 마리도 보지 못했어요. 모든 것이 매우 조용했지요."

그러나 예기치 못할 만큼 평온하게 전쟁을 시작하게 된 덕택에 부대의 단결력은 강해졌다. 윌로비는 이런 글을 썼다.

"낙동강에서 지낸 시간은 천국 같았다. 전투는 거의 없었고, 부대원들은 서로를 알아가고 현지에 익숙해질 시간을 얻었다.[52]"

그러나 이런 상태는 급격히 바뀌어 갈 것이었다.

'부산 방어선'의 제한된 전선에서 방어 작전을 벌일 날도 얼마 남지 않았다. 제27여단은 몰랐지만 북한인민군의 전력은 점차 소모되어 가고 있었다. 8월 27일, 공산군은 UN군의 방어선에 마지막 대공세를 가했다. 이것도 제27여단 구역이 아닌, 한국군과 미군 구역에 대해 일어났다. 이제 미 제8군 사령관 월튼 워커 장군은 보급선, 크게 늘어난 병력, 항공 및 해군 화력 지원 등의 이점을 누리고 있었다. 제27여단이 전선에 투입된 지 7일이 지난 9월 12일, 적의 공세는 중지되었다. 그리고 9월 말 부산 방어선에 배치된 UN군은 15만 6,500명이었던 데 비해 북한인민군의 병력은 7만 명뿐이었다.[53]

전력 균형은 바뀌었다. UN군은 방어에서 공세로 돌아서고 있었다. 제8군 사령부는 언제나 부산했고, 장군들과 대령들은 지도를 내려다보며 작전을 논의했다. 야전 전화가 마구 울리고 무전기의 무전음으로 시끄러웠다. 행정병들의 손에 맡겨진 올리브그린 색 타자기들이 명령서를 찍어 내며 요란한 타자음을 토해 냈다. 장교들은 밀봉된 서류를 가방에 잔뜩 담아가지고 지프를 타고 지휘소로 달려갔다. 9월 두 번째 주, 낙동강에는 새로운 소문이 돌기 시작했다. 바로 UN군이 전선을 돌파할 것이라는 이야기였다.

이 작전의 주력부대는 제1군단이 될 것이었다. 제1군단은 미국 제1기병 사단(실상은 자동차화 보병사단), 미국 제24보병사단, 한국군 제1보병사단(한국 육군 최강의 부대 중 하나)으로 구성되어 있었다. 준비 과정에서 제1군단 에는 더 많은 전차와 포병, 그리고 영국군 제27여단이 배속되었다.[54]

코드 여단장은 9월 13일, 강을 도하해 공세를 벌일 준비를 하라는 예비 명령을 받았다. 하지만 그 뒤에 일어난 일들은 군기 빠진 미군 참모들이 벌 일 만한 전형적인 짓거리였는지라, 여단장의 혐오를 샀다. 바로 다음날 계 획이 바뀌었던 것이다. 제27여단은 더 북쪽의 교두보를 확보하게 되었다. D 데이는 16일이었다. 미군 부대는 진격을 개시했지만, 얼마 가지 못하고 발 이 묶였다. 제27여단에는 같은 날 16:25시까지 집결지로 이동하라는 명령 이 내려졌다. 미군의 진격이 지지부진한 점을 알고 있던 코드 여단장은 이 명령이 사실인지 문의했다.

"왜 이곳을 포기하라는 말인가요?"

하지만 그 명령은 사실이었다. 여단의 전방 중대는 진지를 떠나 이동을 시작했지만, 상급 사령부가 20:50시에 명령을 폐기하면서 다시 원위치로 돌아왔다. 이때 윌슨의 A중대는 혼란을 일으켰고, 버려진 진지로 들어오던 북한인민군과 교전이 벌어졌다. 이렇게 앞뒤가 안 맞는 명령 때문에 그윈이 이끌던 대게릴라 작전도 중단된 것이었다.[55]

여단이 확실한 이동 명령을 받은 것은 9월 20일의 일이었다. 윌로비가 낙동강을 건너 부하 장병들을 적의 공격에서 빼냈던 이 날, 윌로비와 부하 장병들은 후방으로 소환되었다. 안도감이 몰려왔다. 다이하드들은 트럭을 타고 전선을 떠났다. 전선 후방은 이런저런 일들로 부산했다. 놀란 윌로비 소령은 이렇게 적었다.[56]

"마치 제8군 전체가 움직이는 것 같았다."

아가일 대대도 움직였다. 측면에 배치된 윌슨의 A중대가 제일 나중에 움직일 것이었다. 트럭이 A중대를 태우고 달리자, 윌슨은 그 트럭들이 전장정리에 사용된 것이 아닌가 하고 의심했다. 트럭에서 시체 냄새가 지독하게 났기 때문이었다.[57]

한국 전쟁의 한 단계가 끝나가고, 다음 단계가 시작되려 하고 있었다. 이제 얼마 있지 않으면 제27여단은 본격적인 전투를 치르게 될 것이었다.

제3장
지옥 속으로

강철과 화염의 울부짖음이 머리를 뒤흔들면
여기가 이승인지 저승인지도 분간하기 어려워진다.

－로버트 그레이브스(Robert Graves)

1950년 9월 21일 새벽, 낙동강 동쪽 제방, 집결지.

도착한 지 얼마 되지 않은 미들섹스 대대원들은 주위를 둘러보며 새로운 환경에 온 것을 기뻐하고 있었다. 야음을 틈타 트럭을 타고 낙동강에서 동쪽으로 540m 떨어진 이곳에 온 이들의 옆에는 옥수수밭이 펼쳐져 있었고, 그 사이로는 시냇물이 흐르고 있었다. 서쪽으로 향하는 길을 따라가면 강둑 위 잡목림 속에 위치한 마을이 나왔다. 강둑 너머에는 강이 있었고, 강 건너에는 어두운 산들로 이루어진 계곡이 시야를 가렸다. 근처에서 고급 장교들이 벌이는 여러 활동들을 제외하면, 18일 동안 전선에 있다 온 병사들에게 이 동네는 매우 목가적으로 보였다. 병사들은 기꺼이 전투화를 벗고 차가운 물에 발을 담그고는 커피를 끓이기 시작했다.[1]

미들섹스 대대의 군의관 스탠리 보이델이 전술본부에 있을 때 주변의 땅이 폭발로 뒤집어지기 시작했다. 포격이었다. 보이델은 처음 접하는 포격이었다. 전쟁이 새로운 국면으로 접어든 이때 발생한 첫 부상자는 의무하사관 빌 베일리였다. 그는 참호로 뛰어들다가 손목을 분질렀다. 패디 레이몬드 상사는 베일리 의무하사관에 대해 이렇게 추억했다.

"평소에 그는 무슨 병이 있건 간에 아스피린만 처방해 주었지요. 다친 베일리가 소리 질렀어요. '손목을 분질렀어!' 그러자 누군가가 이렇게 답해 주었죠. '아스피린이나 처먹어!'"

혼란의 와중에 군종신부 토니 퀸린이 일어섰다. 스탠리 보이델은 이렇게 회상했다.

"그런 상황에서 일어나다니 매우 전투 경험이 많은 사람이 분명했어요. 그는 이렇게 말했지요. '다들 걱정 마십시오. 이건 유탄이 아니라 대전차 철갑탄입니다.'"

보이델과 의무대는 미군 야전 병원으로 움직여 영국인들이 매우 좋아하는 음식인 신선한 스테이크를 대접받았다. 미군 전차가 강 건너로 사격을 개시했다. 퀸린은 보이델에게 털어놓았다.

"포탄 세례만큼 신자들의 수를 늘리는 것도 없지!"

폭발은 계속되었다. 영국 군인들은 북한군 자주포를 '후레자식'이라고 불렀다[2]. 많은 다이하드들은 다음 작전을 앞두고 1~2일간의 휴식이 주어질 것이라고 예상했다. 하지만 불편한 진실이 널리 알려졌다. 그들이 휴식 장소라고 생각하고 있는 곳은 실은 공격을 위한 집결지라는 것이었다.[3]

병사들은 UN군이 공세로 나서는 순간을 오랫동안 기다려 왔다. 그 순간이 다가올수록 그를 암시하는 징조도 점차 늘어났다. 낙동강 정찰이 그 첫 번째 징조이고, 전투의 뜨거운 열기 속에 뛰어드는 것이 그 두 번째 징조였다. 제2차 세계대전 최악의 전투에서도 싸웠던 존 십스터 소령은 이 전쟁에 참전한 젊은 의무병역자들이 과연 그때의 병사들과 똑같을지가 궁금했다. 그는 이렇게 말했다.

"저는 버마에서 인도군 부대와 함께 싸울 때 3번이나 부상을 당했어요. 그때 저는 인도 친구들이 정말 뛰어난 병사들인 것을 알았지요. 저는 영국인 병사들은 과연 어떨지가 궁금해졌지요."

제2차 세계대전 때와 똑같이 겁을 잘 먹는 사람들도 있었다. 존 윌로비 소령은 자신의 노트에 이렇게 적었다.

"우리는 적에 대해 아무것도 아는 것이 없었다. 강을 건너 그 무서운 고지들을 보니, 빨리 그 속으로 들어가고 싶어 하는 척할 필요가 없다는 생각이 들었다.[4]"

강 건너 약 5km 거리에 있는 그 고지들은 교차로가 있는 마을인 성주군을 지키는 북한인민군의 방어망을 이루고 있었다. 성주군으로 들어가는 도로는 고지들 사이로 나 있었으며, 그 길이는 5.6km에 달했다. 미군의 1개 기갑수색중대가 미국 제24보병사단의 좌측면에 두 번째 공격축을 열기 위해 이미 도하를 했으나 적이 요새화한 고지에 막혀 나아가지 못하고 있었다. 영국군 제27여단의 임무는 고지들을 점령해 성주군으로 향하는 도로를 여는 것이었다. 성주를 확보해야만 북서쪽의 금천, 대전, 수원, 더 나아가 서울로 가는 길이 열리기 때문이었다. 영국군 제27여단은 미국 제24보병사단의 지휘하에 싸우게 되었다.

코드는 여단 본부를 강의 동쪽 제방에 설치했다. 미들섹스 대대는 도로 오른편의, 아가일 대대는 도로 왼편의 고지를 공략할 것이었다. 그러나 그들이 제일 먼저 마주칠 장애물은 낙동강이었다. 여단 병력은 일렬종대로 인도교로 건너고, 차량과 중장비는 도하선(渡河船)을 사용해 강을 건널 것이었다.

16:00시. 앤드루 맨 중령은 휘하 중대장들을 이끌고, 미군 공병대가 가설

한 어설픈 다리로 강을 건넜다. 그 다음 미군 기갑수색중대의 차량을 타고 포플러 나무와 전신주가 줄지어 선 도로를 따라 고지에서 남쪽으로 1km 떨어진 작은 마을에 들어섰다. 가는 길에 월로비는 끔찍한 광경을 목격했다. 그것은 아군 트럭에 여러 번 밟혀 납작해진 적군의 시체들이었다.[5] 맨 중령은 이렇게 말했다.

"우리는 자기들끼리 몸이 맞닿을 정도로 한데 모일 수밖에 없는 이 적군들이 매우 불행해 보인다는 것을 알았지요. 우리도 그 지독한 풍경에 끼어들었고요."

그들의 걱정은 이유가 있었다. 보병의 엄호가 없는 기갑부대는 취약하다. 그리고 미군들은 이미 적의 박격포와 정찰대의 공격을 받았고 말이다. 여전히 맨 중령은 자신들의 배치에 매우 회의적일 수밖에 없었다.

"그 친구들은 최대한 가까이 모여 있었어요. 그렇지 않으면 더욱 큰 박격포 사격 표적이 될 테니까요.[6]"

맨 중령의 대대는 중령을 따라 움직였다. 대대는 각 중대별로 정렬해서, 소부대 단위로 모여선 후 총을 높이 들고 한 사람씩 다리에 발을 디뎠다. 이 다리는 전쟁 초기에 폭파되었지만, 처음에는 북한군이, 그 다음에는 미군 공병대가 대충 수리해 놓았다. 약 270m에 달하는 길이를 다리에서 뜯어 낸 콘크리트 슬라브, 돌격용 보트의 잔해, 고무 부구, 나무판, 모래주머니 등으로 때웠다.[7] 멀리서는 푸르게 보이던 강물은 가까이서 보니 진흙 같은 회색이었다. 유속은 매우 빨랐다.

미들섹스 대대원들은 분산되어 전진했다. 영국군은 위장한 적을 볼 수는 없었지만, 고지에 있던 적 관측소에서는 그들이 잘 보였다. 고지 뒤에는 북한군의 포병대가 있었다. 다리 양편의 물을 북한군의 포탄이 때리자 거대한 물기둥이 솟아올라 다리를 건너던 병사들을 적셨다. 그래도 전진은 계속되었다. B중대의 켄 맨클로우는 이렇게 말했다.

"장병들은 보통 때와 같은 속도로 움직였습니다. 다리가 직격을 당할 확률은 낮다고 생각했어요. 그리고 주위에 동료들도 있으니, 표정관리를 할수밖에 없지요."

대부분의 병사들에게는 이것이 처음으로 당하는 적의 지속적인 포격이었다. 병사들은 용기를 북돋우기 위해 서로 허세를 부렸다. 맨클로우는 당시를 이렇게 회상한다.

"앞사람 혹은 뒷사람에게 이런 소리를 했어요. '다음 탄은 너한테 명중할 거야!' 그건 그 상황에서 정신력을 유지하기 위한 행동이었지요."

일단 다리를 건너자 각 중대들은 산개하여 전진했다. 마을로부터 270m 떨어진 지점에서 다시 포탄이 날아와 병사들 사이에 떨어지기 시작했다. 흙먼지와 검은 연기가 터져 나왔다.[8]

이제 더 이상 허세를 부릴 수는 없었다. 다이하드 대대의 젊은 병사들은 여기서 멈출 것인가? 아니면 전진할 것인가? 만약 멈춘다면 장교들에게는 악몽 같은 일이 펼쳐질 것이었다. 겁에 질려 꼼짝 못하는 병사들을 움직이게 하는 것은 매우 위험하고도 어렵기 때문이었다.

돈 바레트 하사는 회상한다.

"우리가 강가 모래사장에 엎드리자 장교들이 소리쳤지요. '절대 멈춰서는 안 된다! 절대로!' 그래서 우리는 멈추지 않았지요. 그리고 우리가 전진하고 있는데 포탄이 날아오자 갑자기 중대장이 소리쳤어요. '엎드려! 엎드려!' 포탄은 길 건너에서 터졌지요."

이제 시험은 끝이 났다. 십스터는 이렇게 말했다.

"그때 우리가 마주했던 상황은 버마에서 있었던 상황과도 비슷했어요."

십스터는 다른 시대에 살았던 병사들과 마찬가지로 공포가 사라지고,

불안감에서 초래되었던 긴장이 사라지는 것을 느꼈다. 그리고 그는 군인으로서 해야 할 일을 하기 시작했다. 윌로비 역시 이 포격을 통해 병사로서 다시 태어났다. 그는 이런 글을 썼다.

"모든 의심이 사라졌다. 가끔씩 분대 전체가 포탄이 폭발하면서 생긴 검은 연기 속으로 사라졌다가, 불과 몇 초 만에 그 연기 속에서 무사히 빠져나오는 것이 보였다. 8명의 병사들이 개활지에서 악어처럼 망설임 없이 꾸준히 전진하는 모습은 매우 용감해 보였다. 나는 우리가 내일도 무사할 것 같은 생각이 진심으로 들었다.[9]"

B중대는 마을 주변에서 산개했고, A중대, D중대는 오른쪽으로 방향을 돌렸다. A중대는 공격 사전 준비를 위해 예비 능선을 점령했다. 그 능선에는 적이 없는 것으로 드러났다. 모든 장병들이 참호를 파기 시작했다. 강에서 공격 시작점까지 가는 동안 미들섹스 대대는 1명이 전사하고 4명이 부상당했다.[10]

시각은 19:30시였다.[11] 맨 중령은 어두워지기 전에 첫 번째 고지를 점령하고자 했으나, 시간이 없었다. 그래서 그 대신 그는 22일, 새벽, 미들섹스 대대를 연속적인 2단계 공격에 투입하고자 했다. B중대가 예비 지형인 '플럼 푸딩 힐(Plum Pudding Hill)'(그 모양 때문에 붙인 별명)을 점령하고 나면, D중대가 바로 공격해 그 뒤에 있는 더 큰 '미들섹스 힐(Middlesex Hill)'을 공격한다는 것이었다. 그리고 A중대는 예비대로 뒤에 남을 것이었다. 목표가 달성되면 방어 태세를 굳히고, 그 사이에 아가일 대대가 강을 건너와서 도로 왼쪽에 있는 고지를 공격한다는 계획이었다.

한국 전쟁에서 처음으로 영국군이 공격을 벌이는 이 작전에서, 맨은 부하 장병들에게 최대한의 호전성을 요구했다. 그는 활기 넘치게 지팡이를 휘둘렀다. 허리에 차고 있는 제식 권총을 빼면, 이 지팡이가 그가 가진 유일한 무기였다. 그러면서 그는 보브 여비 중사에게 이렇게 말했다.

"후레자식들을 격파하지 못하면, 자네를 별 5개에서 3개로 낮출 거야!"

별은 하사관의 호봉수를 나타내는 말이었다. 크리스 로렌스 소위가 이끄는 B중대 제4소대가 어둠 속에서 공격의 선봉에 섰다. 로렌스는 소대원들에게 작은 목소리로 브리핑을 했다. 맨클로우는 이렇게 말했다.

"크리스는 이런 종류의 일에서는 매우 믿음직한 사람이었지요. 그의 브리핑 내용은 간단하면서도 좋았어요. '우리는 이곳에 왔다. 하사관들의 말에 따르고 최대한 소리를 내지 마라.'"

이후 소대는 휴식명령을 받았지만, 대부분의 사람들에게는 잠이 오지 않았다. 그들의 후방에서 여단의 차량과 중장비를 싣고 낙동강을 건너오던 도하선이 격침당했다.[12] 그리고 북한군들은 영국군의 공격을 예상하고 준비를 하고 있었다. 다이하드들은 밤새도록 북한군이 고지에서 참호를 파는 소리를 들을 수 있었다.[13]

전투에서는 무슨 일이 일어날까? 전략가들은 접근전, 섬멸전 등 다양한 유형의 전투에 대해 이야기한다. 낙동강에서 벌어진 전투는 가장 기본적인 전투, 즉 격렬한 점령전이었다. 공격자는 방어자의 효력사, 즉 사격에 의해 사상자가 발생하는 거리 내에까지 진격해 들어간 다음, 적 사이를 누비며 사격과 기동을 벌이는 것이다. 공격자의 목표는 방어자를 몰아내고 해당 지역을 점령하는 것이다. 방어자도 사상자가 발생할 수 있지만, 방어자들이 지금의 북한군처럼 참호를 파고 있다면, 공격자 측에서 현실적으로 기대할 수 있는 것이라고는 기껏해야 공격자들이 전진해 방어자들의 진지에 들어갈 때까지 머리를 못 들도록 사격을 퍼부어 대는 정도이다. 일단 공격자와 방어자 간에 소화기 사격이 가능할 만큼 거리가 좁혀지면, 방어자 측에서는 파멸이 임박한 것이나 다름없다. 항복하거나 도망치는 것 외에는 별 도리가 없을 수 있다. 도망칠 경우 사살될 수도 있다. 그리고 실 사상자 수가 비교적 적을 때, 전투는 의지의 싸움이다. 목표로 향하던 공격자들의 대열이 분쇄되면, 공격자들은 공격을 멈출 수밖에 없다. 그런 상황에서 공격자들이 여세를 유지하려면 제2파를 투입할 수밖에 없는 것이다. 여세는 중요하다. 움직이는 부대는 멈춰 있는 부대에 비해 조준 사격에 피격될 확률이 낮기 때문이다. 최악의 경우 공격자 측이 완전히 분쇄되고 생존자들이 도망칠 수도 있다. 이는 방어자 측에서 볼 때 반격에 최적의 기회이다. 공격자 측에서는 방어자가 가지고 있는 모든 수단으로 방어를 폄에도 불구하고 공격자들이 계속 접근함으로써, 방어자가 집단적으로 전의를 상실하게 되기를 바라야 한다. 군사 작전은 집단행동이기 때문이다. 전의가 약화되면 방어자 측의 병사들은 공포에 질려 몸을 숙이고, 이 상황이 자신을 지나쳐 가기를 간절히 바라게 된다. 그들은 무너져서 무기를 버리고 손을 든다. 포로로 잡히기를 바라는 희망에서지만, 그 희망은 보통 헛된 희망인 경우가 많다. 혹은 도망쳐 버리기도 한다. 이런 일이 벌어지면 옆의 사람들도 연쇄적으로 도망치는 경우가 발생할 수 있다. 하지만 실제 접전이 벌어지기 전에 공격자와 방어자 중 어느 쪽도 무너지지 않았다면, 전투는 근접전 국면으로 돌입한다. 이 경우 승패는 총검 끝에서 결정된다.

* * *

B중대는 이른 새벽에 기상했다. 이들은 07:00시에 일어나서 산개해 목표로 향했다. 대대의 3인치 박격포와 빅커스 기관총들이 믿음직하게 지원 사격을 퍼부었다. 이들 화기들은 지난 밤 B중대와 소속된 한국인 노무자들이 인도교를 통해 옮겨온 것이었다. 이들 화기에서 발사된 탄환들은 목표

고지를 때렸다. 그러나 공격에 참가하리라 예상했던 전차들은 움직이지 않았다.

맨 중령은 상황을 믿을 수 없었다. 그는 이렇게 말했다.

"미국놈들은 우리 대대에 전차 지원을 해 줘야 했는데, 우리 소대장이 갔는데도 미군 전차들은 전혀 움직이지 않는 거예요! 도저히 말도 안 되는 상황이었죠!"

미군 전차부대의 지휘관은, 도로에 지뢰가 매설되어 있다고 생각해서 진격하지 않고 있었다. B중대의 중대장과 이야기를 나눈 끝에, 두 대의 미군 전차는 마을 바로 앞에서 지원 사격을 퍼붓기 시작했다.[14]

영국군 보병들은 미군 전차가 있건 없건 전진했다. 최선봉에 선 제4소대는 2개 분대를 앞쪽에, 나머지 1개 분대를 뒤에 세우고 전진했다. 맨클로우는 무거운 브렌 경기관총을 들고, 경사면에서 소대원들을 이끄는 로렌스 소대장 바로 뒤에 붙어 움직였다. 맨클로우는 당시를 이렇게 말했다.

"소대장은 '가자!' 하고 외치고는 고지를 오르기 시작했어요. 다들 앞을 봤다가 옆 전우가 무사한지를 확인했지요. 하사관들이 병사들을 격려했어요."

경사면은 가팔라졌고, 소대원들은 기를 썼다. 그들은 적의 저항에 직면하지 않고 첫 번째 능선을 점령했으나, 거기는 그들이 가려던 산마루가 아니었다. 맨클로우는 그들이 원하는 산마루까지 가려면 지금까지 온 만큼은 더 움직여야 한다고 생각했다.

북한인민군의 반격이 시작되던 바로 그 순간, 윌로비는 아래에서 고지를 보고 있었다.

"산 전체가 한순간에 살아 움직이는 듯했어요. 북한군들은 기관총과 소총으로 맹렬하게 사격을 가했거든요, 그 소총은 평범한 소총이 아니라 대전차소총 같았는데, 총성이 훨씬 날카롭고 발사광이 밝은 흰색이었거든요. 정말 장관이었지요.[15]"

맨클로우는 고함 소리와 총기의 사격음을 똑똑히 들었다. 그 다음 자신에게 수류탄 여러 발이 날아오는 것을 보았다.

"수류탄이 언제 터질지 궁금했어요. 그러나 하사관들이 소리치더군요. '적의 사격에 개의치 말고 계속 전진하라!'"

다이하드들은 경사면을 계속 올라갔다. 수류탄이 둔탁한 소리와 함께 터지고, 총탄이 병사들의 머리 위를 획획 스쳐 지나갔다. 맨클로우는 연막 속에서 부하 장병들을 이끄는 로렌스의 실루엣을 보고 감명받았다.

"소대장은 키가 크고 덩치도 큰 사람이었어요. 그런 사람이 총알 속을 피해나가는데, 왜 나라고 안 될까요?"

그는 앞으로 달려나갔다.

하지만 그 안도감도 오래 가지 못했다. 맨클로우의 분대 뒤에서 적의 사격이 날아오기 시작했다. 참호 안에 있던 북한군들은 영국군의 진격이 지나칠 때까지 기다리고 있다가, 일어나서 사격을 가하기 시작한 것이었다.

"'누가 저 놈들 좀 어떻게 해 줘!' 하는 생각이 들었지요."

그러나 그의 시선은 계속 정면을 향해 있었다. 방아쇠를 당기자 브렌 경기관총의 개머리판이 그의 어깨를 짓찧어 댔고, 탄이 다 떨어지면 부사수가 바로 새 탄창을 끼워 주었다. 그의 사격은 제압 사격과 직접 사격의 의미를 다 가지고 있었다.

"적에게 반격해서 적이 고개를 들지 못하게 해 주어야지요. 그리고 그 고지는 울창한 숲이 우거져 있어서 적의 움직임이 조금밖에 보이지 않았어요. 적의 공격을 받으면 바로 반격해 줘야 했어요."

총성이 울리고, 구령을 소리치고, 먼지가 마구 날렸다. 키 작은 소나무들 사이로 적의 실루엣이 보였다 말았다 했다. 갑자기 맨클로우와 그의 분대는 자신들이 북한군 참호의 3~5m 위에 있다는 것을 알아차렸다.

"정말 가깝고 생생했어요. 물론 손이 닿을 만한 거리까지는 아니었지만 매우 가까웠지요. 영거리 사격(발사 뒤 바로 터지도록 조절한 사격)이 가능했으니까요. 우리는 쏘고 또 쐈어요. 일부 적병들은 일어나서 도망쳤지요. 참호 안에 있던 북한군들은 문자 그대도 순식간에 전멸해 버렸어요. 모든 것이 순식간에 벌어졌지요."

맨클로우는 다소 시간이 지나서야 자신의 소대가 '플럼 푸딩'의 정상에 있는 개활지에 서 있다는 것을 알아차렸다. 로렌스의 병사들은 후속 소대들이 감히 따라오지 못할 속도로 매우 빠르게 멀리까지 움직였던 것이다. 로렌스의 소대 혼자서 B중대의 목표 전체를 점령했다.* 거기에는 북한인민군의 방어 진지의 형상 덕도 있었다. 북한인민군은 도로에서 오는 적을 막기 위해 고지 왼쪽에 집중적으로 많은 참호를 팠으나, 로렌스는 고지 오른쪽에서 공격했던 것이다.[16]

정상에는 나무 한 그루가 서 있었다. 하사관들이 뛰어가 나무를 에워쌌다. 그리고 그들은 병력을 배치했다. 반격에 가장 이상적인 시점은 공격자 측이 흐트러져 있을 때이기 때문이다. 맨클로우는 이렇게 회상했다.

"하사관들은 정상 주변에 우리를 둥글게 배치하고 이렇게 말했습니다. '보이는 적은 모두 쏴 버려!'"

하지만 적의 반격은 없었다. 아드레날린이 분해되면서 터널 시야가 해소되자, 맨클로우와 그의 동료들은 주변을 돌아볼 여유를 얻게 되었다. 아래

---

* 로렌스는 이 공적으로 무공십자훈장(Military Cross)을 받았다. 맨클로우는 이렇게 말했다. "아직도 그의 침착함이 기억나요. 그는 어떤 상황에서도 서서 병사들 사이를 돌아다녔어요. 엎드려 있는 병사들은 그 모습을 보고 큰 용기를 얻었지요. 그는 뛰어난 장교였어요." 맨클로우는 60년 후 그때의 전투를 회상하다가, 소대장의 지휘력을 떠올리고는 눈물을 흘렸다.

에서 갑작스러운 사격음이 들려왔다. 고지를 향하던 담가병(들것으로 사람을 나르는 병사)들이 도랑에 매복해 있던 북한군의 공격을 당한 것이었다. 다이하드 2명이 전사했다. 매복한 북한군의 위치는 제4소대에서 보였다. 제4소대는 바로 공격을 가했다.[17] 매복해 있던 북한군은 전멸되었다. 더 많은 담가병들이 도착했다. 사상자들이 후송되었다. 이상한 정상 상태가 찾아왔다. 소대 생존자들은 레이션을 먹기 시작했다. 시각은 09:00시였다.

적의 진지에서는 20구의 북한군 시신이 굳어 가고 있었다. 로렌스 소대의 인명 피해는 전사 3명, 부상 3명이었다. 맨클로우는 전사자 가운데 테디 웨스트의 시신을 보고 충격을 받았다. 테디 웨스트는 대대가 부산에 상륙하던 날 만 19세의 생일을 맞았다. 부상자 중에는 조 펜토니 중사도 있었다. 그는 몸통에 적의 탄환을 연발로 맞았다. 펜토니를 사상자 후송 지점에서 본 A중대의 보브 여비 중사는 이렇게 말했다.

"펜토니 중사는 적 기관총 진지를 제압하려다가 그런 꼴이 되었지요. 그는 모르핀을 맞고 긴장을 풀었어요. 그는 내게 담배 한 개비를 달라고 했어요. 그리고 그는 후송되었지요."

대게릴라 작전에서 막 돌아온 패디 레드몬드 상사는 펜토니의 부상을 보고 간담이 서늘해졌다. 1년 전 대대가 홍콩으로 출발하기 직전 펜토니가 잉글랜드에서 결혼식을 올렸을 때 레드몬드는 그의 들러리를 섰다. 펜토니는 일본의 병원으로 후송되었지만, 결국 거기서 죽고 말았다. 여비는 박격포에 맞아 죽은 여러 명의 미군 시신 모습을 아직도 잊을 수 없다.

"그들은 땅 위에 누워 있었는데, 발은 모두 맨발이었고 꼬리표가 붙어 있었지요. 그 모습을 본 저는 왠지 큰 충격을 받았어요."

매장대가 조직되어 적의 시신을 도랑에 묻으려 했다. 그러나 어느 북한군 시신은 너무 커서 도랑에 들어가지 않았다. 바레트는 이렇게 회상했다.

"그 시신을 도랑에 묻으려고 애를 썼어요. 어떤 병사는 삽으로 그 시신의 머리를 깨부순 다음에 묻으려고 했지요."

미들섹스 대대원들은 몰랐지만, 북한군 병사 한 명이 잘 위장한 채 이 으스스한 광경을 목격하고 있었다. 바레트의 증언은 계속된다.

"대전차 소총이 우리에게 발사되었어요. 그걸 쏜 놈은 자기 동료 시신의 머리가 우리 손에 박살나는 게 보기 싫었던 모양이에요!"

'플럼 푸딩' 고지에 선 B중대는 D중대가 '미들섹스' 고지로 가는 동안 기가 막힌 시야를 확보할 수 있었다. 맨클로우는 이렇게 말했다.

"우리는 그 자리에 앉아서 음식을 먹으며 고지를 올라오는 사람들을 보았어요. 우리가 올라와 본 길이었기 때문에, 그 사람들이 어떤 길로 올라오는지를 다 알 수 있었죠."

맨클로우는 묘한 거리감을 느꼈다.

"그 사람들은 꼭 무선 조종으로 움직이는 것 같았어요. 우리 부대원들이 나오는 영화를 보는 기분이라고 해야 하나."

B중대의 일은 끝이 났다. 이제 D중대의 일이 시작되었다.

* * *

동트기 전, 월로비의 병사들은 A중대가 점령한 능선인 공격 시작점으로 움직였다. 도하선을 사용할 수 없었으므로, 전투 식량도 예비탄약도 지급받지 못했다. 월로비 소령은 그들 앞에 있는 325m 높이의 목표물 '미들섹스 힐'을 보고 이렇게 생각했다.

"양쪽 끝에 매듭이 지어져 있는 거대한 아령 같았지요. 고지 전체가 나를 내려다보고 있는 것 같았어요. 정말 지독히 높아 보였고, 또 무서워 보였지요."

로렌스와 마찬가지로 윌로비 역시 우회해서 측면을 공격하는 쪽을 선택했다. 오른쪽의 가장 가파른 사면의 뿌리 부분에 가면, 사면의 경사각 덕택에 고지 위에 있는 적의 눈에 보이지 않는 사각지대(dead ground)를 점유할 수 있다. 그들은 고지의 어깨 부분을 올라 오른쪽 언덕에는 브렌 경기관총을 설치하고, 그 기관총이 엄호하는 가운데 능선을 따라 돌격해 북한군의 진지를 공격하고 왼쪽 언덕도 점령할 생각이었다. 모든 것은 사각지대를 확보하느냐 못하느냐에 달려 있었다. D중대가 약 800m의 개활지를 달려가는 동안 박격포로 연막탄이 발사되어 적의 시야에서 중대를 가릴 것이었다.

시각은 이제 08:00시가 되어 갔다. 로렌스의 병사들은 '플럼 푸딩'에서 승리를 거두고 있었다. 윌로비 소령의 무전기가 칙칙거렸다. 맨 중령으로부터 공격 명령이 떨어진 것이었다. 윌로비는 소리쳤다.

"자, 돌격이다! 착검하라!"

그리고 그는 선도 소대장에게 소리쳤다.

"임무를 실시하라!"

중대가 엄폐물 밖으로 나오자, 윌로비는 무전기 송수화기를 귀에 가져다대고, 적이 사격을 개시하자마자 박격포로 연막탄을 발사하도록 지시할 준비를 했다. 그때 맨 중령이 무전망에 끼어들었다. 그는 다급한 목소리로 작전을 즉시 중지시킬 것을 명령했다. 윌로비는 이 명령을 무시하고 싶었지만 이러지도 저러지도 못했다. 그는 중대원들을 사각지대까지 보내고 싶었다. 그 순간 155mm 포탄의 일제 사격으로 공격 시작점의 땅이 파 뒤집혔다.[18]

지휘소에서 전투를 지휘하던 맨 중령은 속이 터질 지경이었다.

"거기다 포를 쏠 수 있는 군대는 미군밖에 없었어요. 누가 그랬는지 알아

내느라 아주 힘들었지요."

미군의 기갑수색중대가 미군 포병대에게 지원사격 요청을 하고, 영국군 작전을 모르던 관측기가 포격을 유도한 것이었다. 미국 제24보병사단의 참모진은 일을 제대로 못 하는 것 같았다. D중대가 목표물 앞에 노출되어 있는 동안 무전기를 통해 기나긴 입씨름이 이어졌다. 그 포격은 미군 정찰중대가 현장에서 버티고 있는 동안에는 어떤 경우에도 멈출 수 없다는 것이었다. 하지만 이는 너무한 처사였다. 맨은 송수화기를 잡고, 신분을 밝힌 다음 엄청난 자제력을 발휘해 가면서 자신의 병사들이 문제의 고지를 공격하고, 미군 기갑수색중대를 지원하고 있다고 말했다. 그리고 더 이상 사격을 하면 영국군 병사들의 목숨이 위태롭다고도 말했다. 그 말을 들은 상대방은 가라앉은 목소리로 이렇게 말했다.

"네, 알겠습니다.[19]"

D중대의 공격은 방해를 받았지만, 포병 문제가 해결됨에 따라 이제 영국군도 필요하면 지원 포사격을 받을 수 있게 되었다. 물론 그 연락체계는 임시 처방으로 만들어진 이상한 것이었지만. 윌로비가 지휘소에 있는 맨 중령에게 미군 중포 연대에 지원 포사격을 요청해 달라고 하면, 맨 중령은 야전 전화로 미군 기갑수색중대장에게 그 요청을 전달하고, 기갑수색중대장은 자신이 가진 전차에 그 요청을 전달하고, 전차는 관측기에게, 관측기는 포병대에게 요청을 전달하는 방식이었다. 윌로비는 이렇게 말했다.

"정말 시간이 많이 걸리는 방식이었지요.[20]"

아까의 일제 사격으로 산비탈이 파 뒤집어져 중대 앞에는 흙먼지와 포연이 안개처럼 피어올랐다. 드디어 공격이 시작되었다. 중대는 사각지대까지 움직인 후, 오른쪽 언덕을 오르기 시작했다. 프랭크 화이트하우스는 이렇게 말했다.

"언덕이라기보다는 커다란 산 같은 지형이었습니다. 우리가 가야 할 곳은 마치 집의 벽처럼 가팔랐죠. 병사들은 철모를 쓰고, 소총을 등에 짊어지고 올라갔지요."

그때까지는 별 이상이 없었다. 선도 소대가 언덕을 올랐다. 하지만 능선에 발을 디디자마자 적의 자동화기 사격이 쏟아졌다. 제프리 화이트 소위는 즉사했다. 그 휘하의 상사, 중사, 또 다른 병사 1명이 피격당했다. 소대 무전기에서는 더 이상 무전을 보내오지 않았다.[21] 윌로비는 패디 버밍엄 상사에게 모든 예비 탄약을 긁어모은 다음, 앞으로 나가 소대의 잔존 병력을 규합하도록 지시했다. 버밍엄은 중사 한 명과 함께 탄약을 잔뜩 짊어지고 비틀거리며 언덕을 올라가 소대와 만났다. 화이트 소위의 사망을 확인한 그들은 소대의 브렌 경기관총과, 바위 틈새에 가려져 있던 무전기를 회수해 재배치했다.[22]

D중대가 고지 오른쪽에 한 발을 간신히 걸쳐 놓았을까 말까 한 시점에서 이미 상황은 위태로워지고 있었다. D중대의 눈에 보이는 능선은 약 180m 길이의 '개 다리' 모양으로, 약간 낮은 고지의 반대편 사면에 있는 적의 진지와 완벽히 병렬을 이루고 있었다. 윌로비는 이렇게 말했다.

"조금만 움직여도 적은 오랫동안 기관총 연사를 해 댔어요. 고지 정상을 볼 때마다 총알에 맞고 깨져나가는 돌 조각 때문에 아무것도 보이지 않았지요."

지휘를 해야 하는 그가 안고 있는 문제는 매우 복잡했다. 통신병은 탈진으로 쓰러졌고, 능선을 따라 돌격하자니 북한군의 화끈한 '환영 행사'를 볼 것 같다는 생각이 들었다. 맨 중령은 증원군을 보내 주었다. A중대가 고지를 오르기 시작했다. 그러나 많아진 병력도 문제를 해결해 주지는 못했다. 능선에서 문제를 곰곰이 생각하던 윌로비에게 갑자기 미군 전방 관측 장교가 찾아왔다. 월로비는 당시 상황을 이렇게 회상했다.

"그는 내게서 상황 이야기를 듣더니, 이렇게 말했지요. '나한테 맡겨.'"

미군 장교는 무전기로 좌표를 간단하게 알려 주었다.[23)]

그 미군 장교는 포대가 '우선순위가 높은' 목표물에 사격하느라 이 능선을 포격하지 않을까봐 걱정했지만, 아무튼 간에 지시는 전달되었다.[24)] 천둥 같은 포격음이 울리며 엄청난 힘이 영국 군인들의 머리 위로 몰아쳤다. 그리고 반대쪽 사면의 적 진지 전체가 짙은 검은 연기 속으로 사라졌다. 정확히 명중했다. 월로비는 180m밖에 되지 않는 적의 진지에 그렇게 많은 포탄이 쏟아지는 모습을 놀라워하면서도 주의 깊게 살폈다. 포격이 멈추었다. 미군 장교는 이렇게 말했다.

"이 정도면 충분하다고 생각되는군.[25)]"

A중대와 D중대에서 각각 1개 소대가 돌격했다. 이들의 목표는 적이 점령하고 있는 양쪽의 돌출부였다. 월로비는 이렇게 말했다.

"그들은 모두 착검한 소총을 들고 돌격했지요. 그들은 돌출부를 휩쓸었어요. 순식간에 직진해서 적 진지를 덮쳤지만, 적군은 전혀 대응 사격을 하지 않았지요.[26)]"

능선은 점령되었다. 방패와 바퀴가 달린 맥심 중기관총 3정이 노획되었다. 그리고 여기저기 흩어진 적 시신 약 40구도 발견되었다.[27)] 일부 시체는 끔찍한 모습이었다. 해리 스파이서 중사는 이렇게 말했다.

"진지에는 불이 나 있었는데, 어떤 시체는 그 불 위에 쓰러져 있었어요. 그 놈이 가지고 있던 소총 탄약에 불이 붙으면서 발사되니까, 그 놈의 몸 일부가 터져나가면서 피가 마구 튀지 뭡니까."

그러나 아직 적은 많이 있었다. 월로비는 전진해 왼쪽의 돌출부로 움직였다. 거기서 그는 아래쪽에 있는 약 130m 길이의 또 다른 능선을 보았다.

"그 능선 전체에는 북한군들이 가득 차 있었는데, 절망적일만큼 훤히 드러나 있는 상황이었지요. 그들이 우리를 올려다봤어요. 그중 장교처럼 보이는 한 놈이 저와 시선을 마주치더라고요. 우리 둘 다 깜짝 놀랐지요."

그곳은 성주 도로를 지키는 북한군의 참호였다. 여러 명의 다이하드들이 윌로비 곁에 서서 놀랐다. 오직 한 명의 중사만이 아래의 적을 향해 소총을 쏴 댈 뿐이었다.[28] 그제서야 다른 영국군 병사들도 합세했고, 적도 대응 사격을 했다. 화이트하우스는 이렇게 말했다.

"우리는 아래를 내려다보고 있었어요. 저는 브렌 경기관총의 부사수였는데, 모두 허겁지겁 사격을 가해 댔지요. 갑자기 사수의 손에서 브렌 경기관총이 튕겨 나갔어요, 소염기가 탈락되었더군요! 우리는 총열을 교체하고 사격을 재개했지요."

윌로비의 눈에 비친 북한군은 장비와 동기부여 면에서 모두 충실했다. 그의 머릿속에서 얼마 전에 받았던 브리핑 내용이 스쳐 지나갔다.

"우리는 적군이 여러 부대 소속의 지친 병사들을 한 데 모아놓은 오합지졸이라고 얘기를 들었어요. 하지만 여기서 본 적들은 절대 잡병들이 아니었어요. 번쩍이는 철모와 짙은 색 전투복과 장비를 착용한 정예부대였지요.[29]"

미군 전방 관측 장교가 또 왔다. 윌로비는 이렇게 적었다.

"다시 한 번 머리 위에서 엄청난 포성이 울리고, 검은 연기가 휩쓸고 지나가더니, 적의 징후는 모두 사라졌다. 초탄에 표적을 정확히 명중시킨 미군의 포격 실력은 매우 뛰어났다. 포 사격 시 각도가 조금만 틀어져도 탄착점은 수백 미터나 차이가 난다. 하지만 미군은 초탄에 적들을 모두 명중시켰다. 미군 전방 관측 장교는 뛰어난 실력으로 나를 감동시킨 매우 보기 드문 사람이었다.[30]"

마지막 북한군 진지가 괴멸되자, 1개 소대가 시체 수 확인이라는 섬칫한 임무에 동원되었다. 다이하드들도 아가일 대대원들만큼이나 적 시체 취급에 주의를 기울였다. 화이트하우스의 말이다.

"누군가가 소리쳤어요. '여기 이 놈 살아 있다!' 그러고서는 총성이 울렸지요. 윌로비 소령은 그런 짓에 전혀 찬성하지 않았어요. 그러나 우리는 미군들로부터 북한군에 대한 끔찍한 이야기들을 매우 많이 들었어요."

다양한 방법으로 사격과 기동을 구사한 끝에 미들섹스 고지는 마침내 점령되었다. 물론 사격 중에 제일 압권은 미군의 포사격이었고, 기동의 압권은 강력한 적의 진지 대신 고지의 가장 가파른 곳을 골라 올라간 다이하드 대대원들이었지만. 북한군이 거의 제대로 대응도 못 해 보고 전투는 끝이 났다.

대략 15:00시경. 적은 능선을 따라 전개한 A중대에 맞서 반격을 실시했다. 데니스 렌델 소령은 이렇게 말했다.

"아래에서 북한 놈들이 올라오는 것을 보았습니다. 우리는 그들 중 많은 수를 사살했지요."

렌델은 무전으로 대대 박격포반을 호출해 앞쪽 도랑으로 진격해 오는 북한군에게 사격을 가하라고 지시했다. 공수 부대 출신의 렌델은 북한군의 머리 바로 위에 사격을 유도했다.

"정말 기가 막힌 사격이었습니다. 박격포탄이 떨어지자 놈들의 몸이 박살이 나는데, 그 모습을 보니 얼마나 속이 후련하던지요!"

북한군의 반격은 이렇게 저지되었다.

저녁이 되었다. D중대는 대부분의 탄약을 소진했다. 그리고 36시간 동안 물도 식사도 거의 먹지 못했다. 그래서 윌로비는 맨 중령을 무전으로 두 번 호출했다. 짜증을 잘 내던 대대장은 이렇게 대답했다.

"그래, 애로 사항이 많은데도 임무를 완수해 주어 고마워. 그리고 무전 좀 작작 보내!"

하지만 얼마 안 있어서 병사들이 제리캔(jerry can)에 물을 담아가지고 왔다. 바싹 말라 비틀어졌던 병사들이 수분을 보충하자마자, 윌로비는 참호를 파라고 재촉했다.

"열심히 파! 제대로 못 파면 죽는다!³¹⁾"

A중대와 D중대는 돌가루 속에 파묻힌 채 긴장 속에서 밤을 보냈다. 02:00시쯤, 엄청난 폭발음과 흰 섬광이 영국군 진지를 강타했다. 적의 120mm 중박격포 사격이었다. 스파이서는 충격을 받았다.

"'다행히도 멈췄군.' 하고 생각할라 치면 또다시 시작되곤 했어요. 저는 그때 참호 밑바닥에 있었는데, 대지가 진동하는 것을 느낄 수 있었지요."

결국 사격은 그쳤다. 짧지만 강렬한 일제 포격이었다. 윌로비는 주변을 돌아보면서 생각했다.

"정말 골치 아픈 일이었어요."

지면에 놓아 놨던 모든 장비는 박격포탄을 맞고 박살이 났다.³²⁾

사상자 1명이 발생했다. 중대에서 제일 키가 큰 병사였던 샤프였다. 버밍엄이 그를 진찰하러 갔다. 너무 어두워서 버밍엄은 샤프의 부상 정도를 확인할 수 없었다. 그러나 샤프의 부상 부위를 보니 그가 참호를 자신의 키에 비해 매우 얕게 팠다는 것을 알 수 있었다. 버밍엄은 샤프의 머리를 더듬었다. 버밍엄의 손에 잡힌 샤프의 두개골은 넓은 부위가 깨져 깔쭉깔쭉해져 있었다. 박격포탄이 낙하했을 때 샤프의 머리는 참호 위로 튀어나와 있었고, 박격포탄 파편이 그의 머리에 명중하면서 상당 부분의 두개골을 날려 버린 것이었다. 샤프는 현장에서 매장되었다.³³⁾

9월 23일 동트기 전, 적은 다시 공격을 가했다. 미들섹스 대대를 내쫓기

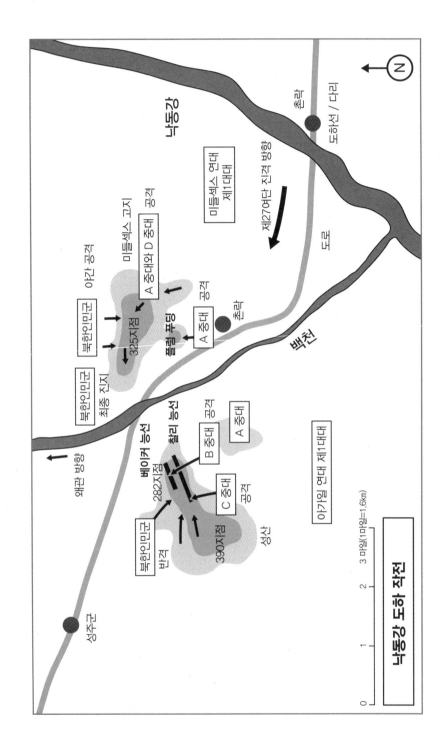

낙동강

도하선 / 다리

촌락

미들섹스 연대 제1대대

제27여단 진격 방향

미들섹스 고지

공격

A 중대와 D 중대

325지점

야간 공격

북한인민군

플럼 포위

A 중대

촌락

백천

북한인민군 최종 진지

페이커 능선

철리 능선

A 중대

B 중대

공격

282지점

C 중대

공격

북한인민군 반격

390지점

성산

아기일 연대 제1대대

왜관 방향

성주군

도로

N

0   1   2   3 마일(1마일=1.6km)

낙동강 도하 작전

위한 최후의 시도였다.[34] 어둠 속에서 북한군은 A중대가 지키고 있는 능선 쪽으로 전진해 왔다. 그들의 움직임은 거의 즉시 파악되었다.

처음에 한국의 고지들은 마치 산처럼 생겼다고 생각한 런던 토박이 출신의 제임스 비벌리는 이렇게 말했다.

"누가 먼저 쐈는지 나한테 묻지 말아요. 아마 우리가 먼저 쐈을 거라고는 생각합니다만. 시작할 때는 두렵지요. 그러나 아드레날린이 분비되면, 그 후에는 세상만사를 제쳐 두고 사격에 열중하게 됩니다."

팔레스타인에서 전투를 해 본 여비에게 사격 명령은 불필요했다.

"굳이 사격 명령을 내릴 필요가 있었을까요. '전방에 적!'이라는 구령은 '표적을 선택해 사격하라!'라는 구령과 마찬가지인데 말이지요. 독려를 받아야만 총을 쏠 사람은 전혀 없었다고 생각해요. 산비탈에서 다가오는 실루엣을 조준해 사격을 가하고, 그 실루엣이 넘어지면 또 다른 실루엣을 향해 조준을 옮기는 거죠. 모든 대원들은 홍콩의 사격장에서 총을 쏴 봤어요. 발사 속도는 매우 빨랐지요."

긴장이 풀리면서, 빠르게 사격하는 대원들이 많아졌다. 능선을 따라 포진한 장병들은 노리쇠를 조작하고, 방아쇠를 당긴 다음, 총의 반동을 받아내고, 또 노리쇠를 조작했다. 비벌리는 이렇게 말한다.

"303구경 소총탄을 쏴 보면 누구나 놀라게 되죠. 그 반동은 마치 노새가 걷어차는 것과도 같습니다. 쇄골이 부서질 수도 있다고 하더군요. 하지만 익숙해지면 제대로 견착할 수 있게 됩니다."

물론 실전에서 겁을 먹고 엄폐물 속에 몸을 수그린 채로 사격을 거부하는 병사들도 있기는 하다. 그러나 미들섹스 대대는 제2차 세계대전 중에는 기관총 대대였고, 그 전통은 아직 남아 있었다. 미들섹스 대대의 엄청난 화력 앞에, 영국군의 오래된 구호인 "적 한 명에 총알 한 발씩!"은 빛이 바랬다. 비벌리는 이렇게 말했다.

"저는 그때 150발 가량을 소총으로 쐈습니다. 어디다 쐈는지는 묻지 마세요!"

적은 엄청난 인명 피해를 입고 공격 시작선으로 간신히 도망쳤다. 중동에서도 이만큼 치열한 전투를 해 보지 못했던 여비는 이렇게 말했다.

"그제서야 우리는 전쟁터에 왔음을 실감했지요. 그때까지는 제대로 싸운 게 아니었어요. 그것이 우리가 제대로 벌인 첫 전투였지요."

'미들섹스 고지' 전투는 종결되었다. 영국군의 인명 피해는 전사 5명, 부상 7명(치명상 1명 포함)이었다.[35] 다이하드들은 압도적인 수의 적이 지키는 참호 속으로 공격해 들어가 적을 내쫓고, 적의 반격도 물리쳤다. 버밍엄은 사면 아래쪽에 있는 적 시신의 수를 세라는 명령을 받았다. 버밍엄의 집계에 따르면 북한군 시신은 253구였다.[36] 그런데 그 모두가 민간인용 흰색 옷을 가지고 있었다. 민간인들 틈에 숨어들려는 의도였던 것이다. 대대의 노획 장비 중에는 맥심 기관총과 경기관총 다수, 그리고 저격소총도 한 정 있었다.[37]

전투 후 벌어진 일은 화이트하우스에게 놀라움을 안겨 주었다. 그는 '미들섹스 고지'에서 죽은 마지막 사람이 샤프인 것을 알고 숨을 제대로 쉬지 못했다. 샤프는 여단이 홍콩을 출발하기 전날 밤 막사에서 악몽을 꾸고 비명을 질러서 모두를 깨운 사람이었다. 화이트하우스는 그때 샤프가 꾼 꿈이 예지몽이었다고 확신했다.

목표를 점령한 다이하드들은 완벽한 위치에 진지를 구축, 아가일 대대원들이 성주 도로의 서쪽에 있는 고지들을 공격하는 것을 보았다. 아가일 대대원들이 뛰어들 전쟁터는 아마도 제2차 세계대전 이후 영국군 보병이 싸웠던 곳 중 가장 끔찍한 곳일 터였다.

* * *

미들섹스 대대와 마찬가지로, 아가일 대대의 9월 21일 역시 상쾌하게 시작되었다. 대대의 박격포 소대는 낙동강의 방어 진지를 트럭으로 출발한 후, 과수원에서 하차해 집결했다. 군대에 오기 이전에는 기차를 타 본 적이 없던 제이크 머치는 이렇게 회상했다.

"소대원들은 전투보다는 과수원의 여자들에 더 정신이 팔려 있었어요. 젊고 예쁜 여자들이 상반신을 드러내 놓고 사과를 따고 있었거든요!"

당시만 해도 한국의 시골에서는, 여자 한복의 짧은 저고리 사이로 유방이 드러나 보이는 것쯤은 흔했다.

"병사들은 모두 휘파람을 불어 대고, 글래스고 사투리로 떠들어 댔어요. 그러나 여자들은 미소를 지으면서 딴 사과를 던져 줄 뿐이었죠. 우리는 그 먹음직스러운 사과를 탄입대 속에 냉큼 집어넣었어요."

하지만 치열한 공방이 오고갔던 전선에 보내진 다른 부대의 주변 풍경은 한층 을씨년스러웠다. 제임스 스털링 소위는 지나가던 트럭들을 보고 놀랐다.

"트럭마다 미군 부상병들이 잔뜩 타고 있었어요. 그중 19세가 넘어 보이는 사람은 하나도 없었지요."

이전에 이 하얀 피부의 영국군 소위, 중위들이 걱정할 것은 일광화상밖에 없었지만, 전투가 점점 가까워오면서 그들의 걱정은 더해갔다.

"그런 풍경을 보니 무서웠어요."

'후레자식'들은 온 화력을 다했다. 포격은 갈수록 화력과 정확성을 더해 갔다. 여단의 전기기계공병 장교인 레지 제프스는 도하선을 점검하기 위해 강둑을 따라 움직이고 있었다.

"그때 제 등 뒤에 뭔가를 확 들이붓는 느낌이 났어요. 그리고 얼굴을 땅으로 향하고 쓰러졌지요. 등에는 큰 화상을 입은 것 같은 느낌이 들었어요. '이런, 내가 당했구나!' 하는 생각이 들었어요. 거기 조용히 누워 있으니 고통이 더해졌지요. 중상을 입으면 아무 통증도 느끼지 못한다는 말을 들은 적이 있는데, 안 그랬어요. '아아, 정말 끔찍하네.' 하는 생각만 들었지요."

제프스는 두 다리를 조금씩 움직여 보았다. 둘 다 멀쩡한 것 같았다. 조심스럽게 등을 더듬어 보던 그는 작은 포탄 파편이 전투복 등의 주름 부분에 박힌 것을 알았다. 살을 뚫고 들어오지는 못하고 3mm 정도 박혔지만, 피부를 시뻘겋게 부어오르게 했고, 화상도 입었다.

그는 그 자리를 떠나 여단 본부로 돌아갔다. 그리고 차를 마시던 도중에 또 포탄이 날아왔다. 여단 본부에는 위장망이 쳐져 있었다. 그러나 적 자주포는 여단 본부 차량의 앞유리에 반사되는 햇빛을 표적으로 삼아 조준한 것이었다. 포탄이 폭발하는 것과 동시에 제프스와 다른 사람들은 참호 속으로 뛰어들었다. 어느 통신병은 충분히 빨리 움직이지 못해 배에 파편을 맞았다. 그 파편은 그의 등으로 뚫고 나가면서 위를 통째로 뽑아내었다. 그는 현장에서 즉사했다. 제프스는 이렇게 말했다.

"내게도 저런 일이 벌어질 수 있다고 생각하니 기분이 나빴지요."

미들섹스 대대를 강 건너편에 둔 채, 아가일 대대는 강을 향해 전진했다. 주변 상황은 장엄한 전투 현장을 묘사한 기록화와도 같았다. 헨리 치크 코크런은 이렇게 말했다.

"우리는 갈 준비가 되었어요. 잘 산개한 채 대규모로 강을 건너기 위해 강으로 향했지요."

적절한 반주도 함께였다.

"우리는 하일랜더 답게 공격하면서 백파이프를 연주했습니다."

그러나 미들섹스 대대를 이어 강을 건넌 아가일 대대의 여정은 훨씬 험난했다. 성주 외곽에 참호를 파고 들어앉아 있던 적 자주포들은 완벽히 조준을 맞춰 놓은 상태에서 불을 뿜었다.[38] 적의 포탄이 다리 주위에 마구 떨어졌고, 데이비드 윌슨 소령은 도하야말로 포화 속에서 움직이는 가장 불쾌한 방법임을 깨달았다.[39] 스털링은 물을 뒤집어쓰고 철모도 잃어버렸다. 그러나 그는 무사히 도하하는 데 성공했다. 정보 장교인 샌디 보스웰은 이렇게 말했다.

"두려우면서도 흥분되는 경험이었지요."

모든 사람들에게 행운이 따른 것은 아니었다. 머치는 무게 16.3kg짜리 박격포 포판을 지게에 담아 짊어지고 있었다. 지게는 한국 농부들이 쓰는 운반 수단으로, 나무와 끈으로 만들진 매우 훌륭한 디자인의 물건이었다. 어떻게 보면 외장 프레임식 럭색처럼 보이기도 했다. 그가 강을 반쯤 건넜을 때 그의 발에서 눈부신 섬광이 번쩍였다. 머치는 누군가에게 배를 걷어차인 것 같은 충격을 느끼고 쓰러졌다. 뒤에 따라오던 사람이 머치를 도와주려 하자 로빈 페어리 대위는 소리쳤다.

"놔둬, 어서 다리를 빠져나가!"

머치는 누군가가 자신의 벨트를 붙잡는 것을 느꼈다. 자신의 몸이 끌려가는 것도 느꼈다. 그의 전우인 애덤 맥켄지가 페어리의 지시를 무시하고 머치를 끌고 갔던 것이었다. 맥켄지는 강을 다 건넌 다음 머치를 강둑 뒤에 내려놓았다. 한 명이 죽거나 부상을 당했다고 해서 부대의 진격이 방해를 받을 수는 없었다.

머치의 앞 몇 미터 거리에서 포탄이 폭발한 것이었다. 그 포탄은 이 연약한 다리를 부수지는 못했지만, 뜨거운 파편 하나가 총알처럼 머치의 복부 깊숙이 박혔다. 그는 이렇게 말했다.

"처음에는 아팠지만 나중에는 전혀 고통이 없더군요."

통증이 없다는 것은 엄청난 중상이라는 이야기였다. 신경망이 엔도르핀으로 가득 차 고통 수용체가 완전히 막혔다는 뜻이기 때문이다. 머치는 피가 나와 군복을 새빨갛게 적시는 것을 보았다. 그는 혼자서 낙동강 강둑에 누워 있었다. 자신과 이름이 똑같은 삼촌이 생각났다. 그 삼촌은 됭케르크에서 전사했다.

"그때 이런 생각이 들었지요. '아, 이렇게 죽는구나. 여긴 아무도 없군.'"

그때 누군가의 목소리가 들렸다.

"괜찮아, 제이크, 우리가 너를 돌봐 줄 거야!"

그가 올려다보자 두 명의 전령이 도착해 있었다. 그들은 머치를 들것에 싣고 다리를 도로 건너 머치를 출발점에 데려다 놓으려고 했다. 적의 포격은 계속되었다.

"'이런 망할 포탄!' 하는 생각이 들었지요."

그러나 두 전령과 머치는 추가 피해 없이 출발점으로 되돌아갔다. 강의 서안에서 그는 의식을 잃었다. 그는 바로 미들섹스 연대 진료소로 보내졌다. 거기에서 부상자 카드에 '제이크 머치, 아가일 앤드 미들섹스 하일랜더스'라는 스탬프가 찍혔다. 정신을 차렸을 때 그는 일본의 병원에 있었다.

소대의 나머지 인원들은 도하를 완료해 강 건너의 미군 공병 소부대와 만났다. 그 와중에 적의 박격포 및 자주포 사격은 계속되었다. 코크런은 이렇게 말했다.

"그때 미군들이 있는 좁은 참호가 두세 개 있었는데, 우리들은 그것들을 휙휙 뛰어넘었죠. 미군 친구들은 우리를 보고 미친놈들이라고 그랬어요. 박격포탄이 날아오는데 그러니까 말이지요."

그러나 코크런과 그의 전우들은 박격포수들이었기에 탄착 사이의 시간적 간격이 있음을 알고 있었다.

"박격포탄이 한 번 떨어지고 나면 다음 탄이 날아올 때까지 약간의 시간적 간격이 있지요."

이 작은 일은 미군들의 사기를 북돋웠다. 미군 공병 장교는 병사들에게 이렇게 말했다.

"일어서서 저 세상에서 제일 용맹한 작은 군대가 오는 걸 봐라!"

또 다른 박격포수인 로이 빈센트는 이렇게 회상한다.

"그런 이야기를 들으니 기분이 좋았지요."

예하의 스코틀랜드 병사들이 낙동강을 건너자, 닐슨은 전투 전 평가를 실시했다. 그의 목표는 맨 중령의 것과 비슷했다. 안장 모양의 고지였고, 이 고지의 두 봉우리, 즉 390지점과 282지점은 능선으로 이어져 있었다. 이 고지 앞에는 좀 작은 고지인 148고지가 있었다. 윌슨의 A중대에는 이 예비 고지를 점령한 다음, 주 고지에 대한 공격 시작점을 확보하라는 임무가 주어져 있었다.

공격 전 윌슨은 미군 기갑수색중대의 상사와 토의에 열중해 있었다. 그 상사는 셔먼 전차 5대를 지휘하고 있었다. 윌슨 소령의 뛰어난 화술이 먹혀 들어가, 미군 상사는 스코틀랜드 병사들의 공격을 지원해 주기로 약속했다. 윌슨 소령은 통신을 위해 그 상사에게 영국군 중대 무전기를 빌려 주고, 16:00시에 예하 소대를 산개시켜 148지점으로 전진시켰다. 그들은 백천을 건넜다. 백천은 낙동강의 지류로, 성주 도로 근처로 흐르고 있었다. 백천의 깊이는 허리 깊이 정도밖에 되지 않았다. 이들은 백전을 건넌 다음 성주 도로를 건넜다.

전차의 사격을 당하고, 하일랜더들의 멈추지 않는 진격을 목격한 고지의 북한군 소부대는 서둘러 철수했다. A중대는 적의 반격 없이 148고지를 점령한 후 진지 속에 들어앉았다. 시각은 17:30시였다.[40] 월로비의 중대가 '미들섹스 고지'에서 적의 격렬한 저항에 직면하자 코드 여단장은 아가일 대대마저 야간까지 계속될 수 있는 전투에 휘말리게 하고 싶지는 않았다. 전투 후반에 나타난 이러한 그의 신중함에, 부하 장병들은 고마워하게 된다. 코드 여단장은 닐슨에게 다음날 새벽까지 공격을 중지하도록 명령했다.[41]

대대는 전투 준비를 했다. 더글러스 홀데인 군의관은 물가에 연대 진료소를 차렸다. 그래봤자 야전 화장실을 가리는 데 쓰던 판초와 헤시안(hessian) 위장천으로 만들고, 의무낭을 갖춘 임시 벙커에 불과했지만. 공격 부대에는 브리핑이 실시되었다. 새벽에 공격할 B중대와 C중대는 밤이 오기 전에 목표를 잘 볼 수 있었다.

그 후 사소한 '막간극'이 있었다. 스털링 소위와 그의 동료 장교인 조크 에딩턴은 공격 시작점 정찰 임무를 받았다. 공격 시작점은 집결지 전방에 있는 마른 강바닥이었다. 두 장교는 임무를 실시했다. 스털링 소위는 공격 시작점이 다른 곳과 크게 다를 바 없는 마른 강바닥이라고 생각한 다음 돌아왔다. 부대로 복귀하던 그들은 날카로운 금속성을 들었다. 소총의 노리쇠를 조작하는 소리였다. 그 다음 누군가가 스코틀랜드 사투리로 이렇게 소리쳤다.

"암호!"

하지만 두 장교 모두 암호가 생각나지 않았다. 앞에 서 있던 에딩턴은 얼어붙었고, 스털링은 이럴 때는 뒤에 숨는 것이 낫겠다고 생각했다. 에딩턴이 어깨 너머로 스털링에게 물었다.

"암호가 뭐였지?"

그러다가 잘 은폐한 스털링을 보고 한마디 덧붙였다.

"지금 대체 뭐 하고 있는 거야?"

초병은 그 대화를 다 듣고 말했다.

"에딩턴 소위님, 어서 오십시오. 누군지 다 알겠네요."

두 장교는 경계선 내로 인도되었다.

스코틀랜드 병사들은 판초와 모포로 몸을 감싸고 있었다. 소음을 내지 말라는 명령이 내려온 터였고, 담배도 피워서는 안 되었다. 뷰캐넌 정찰대에 참가했던 해리 영 중사는 이렇게 말했다.

"우리는 고도의 훈련을 받은 병사였고, 상황이 어떻게 전개되더라도 적응할 수 있었어요. 그러나 그날 밤 잠이 올지는 알 수 없었지요."

멀리서 포성이 울리는 것 빼면 조용한 밤이었다.[42] 많은 아가일 대대원들에게는 그날이 인생의 마지막 밤이었지만.

* * *

04:45시. 닐슨은 A중대가 점령한 148지점에 지휘소를 설치했다. 그는 이곳에서 전투를 지휘할 예정이었다. 잠자던 병사들은 신속히 기상했다. 05:15시, 하일랜더 병사들은 뛰어나왔다. 회색빛 어둠 속에서 긴 횡대를 이룬 병사들이 침묵 속에 전진했다. 새벽에 이루어지는 고전적인 보병 공격이었다.

알라스테어 고든 잉그램 소령의 B중대는 무사히 산자락에 도착해 고지를 오르기 시작했다. 캔버스제 탄약낭과 탄입대 안에 브렌 경기관총의 탄창을 잔뜩 집어넣은 스코틀랜드 병사들은 혈암과 전석, 키 작은 소나무들 사이로 나아가는 것이 매우 힘들다는 것을 알았다. 첨병은 조지프 페어허스트 하사였다.

"우리는 덤불들 사이로 계속 올라가며 나아갔지요. 적들 중 누구도 우리의 소리를 듣지 못하는 게 신기했습니다."

선도 소대는 공제선에 모습을 드러냈다. 그곳은 가짜 산마루였다. 27~36m 더 올라가야 있는 주 능선과 평행한 또 다른 능선이었던 것이다. 더욱 웃기게도, 불과 몇 미터 떨어진 곳에 50여 명의 북한군이 책상다리를 하고 앉아서 밥을 먹고 있었다. 페어허스트 소대의 리처드 피트 중사는 너무 놀라 비틀거릴 지경이었다. 양쪽 모두 놀라 서로를 바라만 보고 있었다. 잠시 동안 정적이 흘렀다. 피트의 소대 선임 하사관인 패디 오설리번이 소리쳤다.

"돌격하라!"

스코틀랜드 병사들은 돌진했다. 페어허스트는 당시를 이렇게 회상했다.

"우리는 고지 정상으로 달려갔고, 그러자 난장판이 벌어졌죠."

오설리번은 사타구니에 총알을 맞고 바로 쓰러졌다.

"오설리번이 쓰러지자 나와 동료들은 돌격했지요. 갑자기 '부르르르륵' 하는 총성이 들렸어요. 그리고 나서 누군가가 내 배를 걷어찬 것 같은 느낌이 들더군요. 덤불 뒤에 숨어 있던 북한 놈이 버프 건을 쏘아 댔던 겁니다. 저도 쓰러졌지만 일어나려고 했지요. 그러나 다리가 움직이지 않았어요. 저는 그 자리에 누워 있을 수밖에 없었지요."

피트가 달려왔다. 그는 당황스런 목소리로 내뱉었다.

"이런 세상에, 괜찮아?"

피트와 다른 중사인 '빅 보브(Big Bob)' 스위니가 페어허스트를 나무 뒤로 끌고 갔다. 그리고 불 붙인 담배를 입에 꽂아 주고, 북한군 기관단총 사수의 위치를 물었다. 페어허스트가 그 위치를 알려 주자 스위니는 모두에게 착검을 시킨 후 돌격시켰다.

적들 중 일부는 반격했다. 그러나 대부분의 북한군들은 무기를 내려놓고 아침을 먹다가 영국군의 사격에 쓰러졌다. 영국군은 안장 모양의 고지를 가로질러 멀리 있는 능선까지 돌격했다. 극소수의 북한군 생존자들은 도망치면서 수류탄을 투척했다고 피트는 회상했다. 아가일 대대원들은 고지 정상을 차지했다. 중대 선임 하사관이 도착해서 병사들에게 참호를 파고 적의 반격에 대비하라고 지시했다. B중대는 공격 중 10명이 전사 또는 부상당했다. 사상자 중에는 장교 2명과 하사관 1명이 포함되어 있었다. 북한군의 전사자는 15명에 달했다.[43] 그러나 영국군은 북한군 진지 중 하나를 건너뛰었다. 그 진지는 데이비드 뷰캐넌 소대에 의해 짧지만 격렬한 전투 끝에 점령되었다. 06:18시에 B중대 전원이 위쪽 능선에 올라왔다.[44]

그동안 짐 길러스 소령이 이끄는 C중대는 1개 소대를 배후에 두고, 2개 소대로 진격했다. 해리 영 중사의 소대는 대대 왼쪽을 맡았다. 그들이 고지 가까이 접근해 가자, 미군 전차들이 북한군 진지에 준비 포격을 가하기 시작했다. 영 중사 휘하 병사들에게 부서진 잡석 무더기가 쏟아졌다. 그들은 계속 전진했다. 영 중사의 말이다.

"우리는 정상을 정복했지요. 주변 지형을 돌아보니 아무도 보이지 않았어요."

그들은 06:30시에 위치를 확보했다.[45] 중대는 참호를 파기 시작했다. 스털링은 대대장 명령으로 후방, 즉 두 평행한 능선에서 뻗어 나와 살짝 아래로 경사진 사면의 경계를 담당하게 되었다. 이곳의 땅은 참호를 파기에는 너무 단단했기 때문에, 스털링의 병사들은 상가르(sangar), 즉 석벽을 만들었다.

여기까지는 별 문제가 없었다. 스코틀랜드 병사들은 극소수의 사상자만을 내고 282지점과 그 주변을 확보했다. B중대는 오른쪽의 높은 능선인

'베이커 능선(Baker Ridge)'을, C중대는 왼쪽의 낮은 능선인 '찰리 능선 (Charlie Ridge)'을 차지했다. 그러나 화강암 지대를 따라 한 줄로 늘어서 있던 병사들은 자신들을 내려다보는 더 높은 봉우리인 390지점이 있다는 것을 알게 되었다.* 282지점에서 동쪽으로 1,350m 떨어진 곳이었다. 390 지점은 282지점과 고지로 연결되어 있었으며, 여전히 북한군의 수중에 있었다. 닐슨은 C중대가 빨리 앞으로 진격해 390지점을 점령하기를 바랐으나, 이들은 현재 정리가 되어 있지 않았다.[46] 두 중대는 진격 중에 서로 뒤섞였기 때문에 다시 전개하려면 부대를 재정비할 시간이 필요했다.

영국군을 내려다보고 있던 북한인민군은 아가일 대대의 기선을 제압하려 했다. 높은 고도의 이점을 살린 상태에서 그들은 기관총과 박격포 사격을 가하기 시작했다. 박격포 사격으로 인해 하일랜더들이 고개를 못 들고 있는 사이, 적들은 고지에서 내려와 산비탈을 덮은 초목을 은폐물 삼아 아가일 대대와의 거리를 좁힌 다음 버프 건으로 사격을 가했다. 치열한 근접전이 시작되었다. 왼쪽에 있어 390지점과 가장 가깝고, 적에게 가장 많이 노출된 소대는 조크 에딩턴 소위의 소대였다. 영 중사로부터 불과 몇 미터 떨어진 곳에 서 있던 에딩턴과 그의 소대선임 하사관은 북한군의 사격에 피격되었다. 부상을 당하지 않은 사람들이 부상자를 뒤로 뺐다.

스털링과 그의 소대는 반대쪽 사면을 지키고 있었다. 그들은 전투에 참가하지는 않았으나 이 상황의 결과는 보고 있었다. 웃옷이 거의 벗겨진 하사관이 비틀거리며 그를 지나쳐갔다. 그의 상체에 난 무려 7곳의 총알구멍에서 피가 나오고 있었다. 그 모습을 본 스털링은 간담이 서늘해졌다. 그 사람이 적 자동화기의 연발 사격을 당한 것이라고 생각했다. 실은 매우 빠

---

* 일부 자료에는 388지점으로 적혀 있기도 하다.

른 속도로 발사된 탄환이 한쪽 팔을 완전 관통한 다음, 흉근 하나를 관통하고, 그 옆의 또 다른 흉근을 관통하고, 결국에는 오른팔에 박힌 것이었다. 스털링의 친구인 에딩턴 역시 다리에 총을 맞은 상태로 도착했다. 스털링은 이렇게 말했다.

"그는 대퇴동맥에 총을 맞아서 내가 지혈대로 지혈해 주어야 했지요."

그는 그 후 대대 군의관이 지혈대를 계속 풀어 줘야 다리를 잃지 않는다고 설명한 것도 기억했다. 스털링이 그렇게 하자 피가 솟구쳐 나왔다. 그제야 그는 처음으로 에딩턴을 의무후송시켜야 한다는 것을 깨달았지만, 그러려면 대부분이 혈암인 높이 300m의 절벽을 통해 부상자를 내려야 했다. 들것 또는 방수포에 싸인 부상자 하나를 나르는 데는 병력 4명이 필요했다. 에딩턴은 과다출혈로 의식을 잃었다.

에딩턴 소대의 영 중사는 여전히 제자리를 지키며 자세를 낮춰 침입자들에게 사격을 가했다. 감각 기관에 지나치게 많은 정보가 들어왔기 때문에 그는 너무나도 혼란스러웠고, 자기 소대에서 몇 명이 쓰러졌는지도 알지 못했다. 전투의 소강 상태에서 그는 주변을 돌아보고 놀랐다. 원래 30명이던 그의 소대는 부상자 및 그들을 후송시킨 사람들을 제외하면 2명밖에 남아 있지 않았다. 시각은 10:45시경이었다.[47] 영과 또 다른 생존자인 펫 마틴은 C중대 예하 다른 2개 소대로 물러났다. 아가일 대대의 경계선은 적의 압박을 받고 있었고, 탄약은 줄어들고 있었다.

아래쪽에서는 아가일 대대의 3인치 박격포 소대가 적과 결투를 벌이고 있었다. 로이 빈센트는 이렇게 말했다.

"우리에게 날아오는 적 박격포탄의 구경은 3인치를 훨씬 초과하는 것이었지요. 우리는 그놈을 찾기 시작했어요. 적 박격포를 찾으려면 조준을 이리저리 돌리면서 여러 곳에서 찾아 봐야 돼요."

로버트 시얼레이는 통신 장비를 가지러 떠났다. 그는 높이 1.5m의 논두 렁을 통해 낮은 자세로 돌아왔는데 그때 박격포탄의 비행음을 들었다.

"우리는 그게 박격포탄 소리임을 알았지요. 박격포탄은 우리 사방에서 폭발했어요. 정말 끔찍한 폭음이었지요."

흙먼지가 폭포처럼 쏟아졌다. 전투는 계속되었다. 빈센트의 말이다.

"놈들이 쏜 박격포탄은 우리 뒤쪽의 땅을 때렸지요. 명령이 내려왔어요, 5발을 속사한 다음에 냉큼 참호로 들어가서 적의 포탄이 날아오기를 기다리라는 거예요!"

결국 눈에 보이지 않던 적은 사격을 중지했다. 하지만 아가일 대대의 박격포 사수들은 자신들이 적 박격포를 격파했는지 알 길이 없었다.

282지점과 그 인근의 아가일 대대 진지는 그 전날 미들섹스 대대의 A중대와 D중대가 겪었던 것보다 더욱 큰 위험에 직면해 있었다. 미들섹스 대대는 가장 높은 고지에 있었고, 따라서 적의 진지가 한눈에 보였다. 그러나 아가일 대대의 상황은 반대였다. 적들이 아가일 대대를 내려다보고 있었다. 게다가 미들섹스 대대는 미군 포병대의 지원을 잔뜩 받았던 데 비해, 이날 11:00시 미국 제24보병사단은 전방 관측 장교 팀을 아가일 대대에서 빼냈다. 치열한 전투로 대대에는 많은 사상자가 생겼는데도 말이다.[48]

이런 결정은 흔치 않았다. 북한군은 스코틀랜드 병사들을 압도하는 자동화기 화력을 갖추고 있었다. 그런 상황에서 영국군이 포병 지원도 받지 못한다는 것은 양측의 전력 균형을 크게 악화시키는 것이었다. 고지 아래쪽의 전차들은 포신을 높이 올리지 못해 아가일 대대를 지원해 줄 수 없었다. 그리고 아가일 대대의 박격포로도 390지점을 명중시킬 수는 없었다. 길러스와 고든 잉그램은 닐슨에게 무전을 보냈고, 닐슨은 코드 여단장에게 무전을 보냈다.[49] 코드는 이렇게 회상했다.

"우리는 미국 제24보병사단 본부에 항의를 했고, 미국 친구들은 다른 지원을 해 주겠다고 했지만, 결국 아무것도 오지 않았지요.[50]"

제프스는 본부에서 상황이 악화되어 가는 것을 지켜보았다.

"여단장은 지독하게 화가 나 있었어요."

화력도 지원 병력도 없는 상황에서 코드와 닐슨은 전투에 대한 통제력을 상실해 가고 있었다. 282지점의 스코틀랜드 병사들은 자기들 혼자만의 힘으로 살아남아야 했다.

* * *

북한군의 반격은 갈수록 강화되었다. 북한군이 유리한 지형을 이용해 공격해 오면서 B중대는 C중대만큼이나 심각한 적의 저항에 직면하고 있었다. 피트는 이렇게 말했다.

"제4소대와 제5소대는 도랑을 지키면서 북한군을 저지하고 있었습니다. 저는 우리 2개 소대를 공격해 오는 적군이 대대 규모인 게 분명하다고 생각했습니다."

피트도 390지점에서 쏘아 댄 기관총에 피격당했다. 그는 몸을 피하려 반사면으로 미끄러져 들어갔다. 거기 부상당해 누워 있던 다른 하사관이 이렇게 말했다.

"적절한 지원을 못 받으면 우리는 적에게 압도당해."

그는 몸을 일으켜 세웠다. 다른 하사관이 그에게 몸을 숙이라고 조언했다. 이곳 전체는 적 기관총의 살상지대였다.

11:45시경 전방 중대들의 인명 손실은 약 50명에 달했다. 그리고 이들을 산비탈로 후송하기 위해 또 많은 인원을 빼내야 했다. 후송하는 데는 한

시간이나 소요되었다.[51] 전투가 벌어지는 곳에서 360m 떨어진 닐슨의 지휘소 역시 각 중대의 전투를 지원하느라 정신이 없을 정도였다. 당시 통신을 듣고 있던 정보 장교 샌디 보스웰은 이렇게 말했다.

"비명을 질러 대면서 우리에게, 그리고 여단으로 후퇴를 요청하는 전방 중대 무전병의 목소리가 들려왔지요. 하지만 우리가 지원해 줄 수 있는 것은 항공 공격밖에 없었어요."

닐슨은 390지점에 대해 항공 공격을 요청했다.[52]

여단은 지상을 공격하는 조종사들과 직접 무선 통신을 할 수 없었다. 그래서 고지에 있던 피트는 대공포판을 지면에 펴라는 지시를 받았다. 대공포판은 길이 90cm, 폭 30cm의 실크 소재로, 밝은색으로 되어 있다. 이것을 펴면 아가일 대대원들의 위치를 항공기 조종사에게 알릴 수 있다. 영국군 병사들은 이를 성 앤드루 십자가(Andrew's Cross) 모양으로 만들었다. 십자가의 한 변은 오렌지색, 다른 한 변은 빨간색이었다. 그 후 피트는 엄폐물 속으로 들어가서 움직이는 적들을 저격하기 시작했다. 어떤 이유에서인지, 390지점의 적 기관총은 사격을 멈추었다.

아마도 적 기관총수가 은폐를 시도한 것 같았다. 항공기가 오기로 한 시각은 12:15시 경이었으므로,[53] 이때 아가일 대대원들은 위쪽의 적을 향한 사격을 멈추었다. 3대의 머스탱 전폭기가 머리 위에 나타나 날개를 흔들고 기체를 기울이면서 목표에 시선을 주었다. 피트는 이렇게 말했다.

"그때 우리는 이제 북한군이 지키고 있는 저 도랑을 공격할 수 있겠구나 싶었어요. 저는 거기 앉아서 전폭기가 폭탄을 투하하는 것을 보았지만, 그게 어떤 폭탄인지는 몰랐지요."

* * *

머스탱 3대 중 2대는 능선을 따라 낮게 날았다. 그들의 무기를 투하하기에 가장 적합한 고도는 지면으로부터 약 7.5m 상공이기 때문이었다. 항공기의 배에 매달려 있던 플라스틱제 용기가 떨어져 나갔다. 갈색 계란 모양의 용기 하나의 용량은 378리터였는데, 그 속에는 나프탈렌(naphthalene)과 팔미트산염(palmitate)을 섞은 끈적한 갈색의 용액이 들어 있었다. 이 용액은 1942년 하버드 대학에서 개발된 것으로, 제2차 세계대전 후반에는 제한적으로만 쓰였으나 한국 전쟁에는 훨씬 대규모로 사용되었다. 이 용액은 매우 효율적이어서 UN군 항공기는 하루 평균 113.5톤이나 사용했다. 이 끈적거리는 용액은 일종의 소이탄으로, 가솔린에 비해 훨씬 높은 온도로, 더욱 오랫동안 타도록 고안되었다. 또한 표적에 잘 들러붙게 만들어졌다. 이 용액의 이름은 두 원재료의 머리글자를 따서 네이팜(napalm)이라고 붙었다.[54]

폭발을 일으키고 끝나는 기존 폭탄과는 달리, 네이팜은 땅에 참호나 방공호를 판다고 하더라도 피할 수 없었다. 네이팜은 액체이기 때문에 참호나 지면의 갈라진 틈 속으로 잘 스며들어 간다. 네이팜은 접촉하는 모든 것을 섭씨 800도의 온도(물이 끓는 온도의 8배)로 태운다. 식물이건, 건물이건, 차량이건, 인간이건 가리지 않는다. 이런 격렬한 화재에 인체가 노출되면 급속히 화석화가 진행된다. 제2차 세계대전 당시 소이탄에 희생당한 사람들은 그 엄청난 열에 의해 순식간에 구워지고 수분이 빠져나가 미이라가 되었다. 독일에서는 이러한 상황을 두고 bombenbrandschrumpfeichen(봄벤브란드슈룸파이헨), 즉 '소이탄에 의해 졸아든 살'이라는 표현을 썼다.[55] 소이탄은 사망자뿐 아니라 부상자에게도 지독한 상처를 남긴다. 네이팜의 온도는 너무나 뜨거워 5도 화상을 입힌다. 피부는 물론 피하지방, 근육, 뼈까지 태워 버리는 것이다. 네이팜을 맞고도 살아남은 생존자는 평생 지워지지 않는 흉터인 켈로이드(keloid)를 얻게 된다. 게다가 엄청난 고열로 연소하기 때문에 공기 속 산소를 없애고 일산화탄소를 잔뜩 생산한다. 폭심 근처에 있는 사람은 화염에 불타 죽지 않아도 일산화탄소 중독으로 죽게 되는 것이다.

불을 두려워하지 않는 동물은 없다. 대부분의 인간도 불을 보면 본능적인 공포심을 느낀다. 불은 파괴적인 속성을 지니고 있기 때문이다. 서로 연관관계가 없는 문화와 종교들도, 지옥에 대한 묘사는 똑같이 '불구덩이'인 것이 그래서 그렇다. 한국에 파견된 기자들은 네이팜의 악마적인 효과를 보고 네이팜을 '지옥의 폭탄'으로 불렀다.* 성산에 네이팜이 투하된 것은 9월 23일 12:15시 직후였다.

그러나 머스탱들이 네이팜을 떨어뜨린 곳은 390지점의 북한군이 아니었다. 북한군은 C중대를 마주보고 있는 능선 또는 자기 동료들이 모여 있던 계곡 속의 덤불 속을 움직이고 있었다. 머스탱들은 아가일 대대 B중대의 머리 위에 네이팜을 투하했다.

지상에서 보고 있던 사람들의 눈앞에는 악몽 같은 상황이 펼쳐졌다. 멀리서 전투를 보고 있던 군수장교 앤드루 브라운은 공습을 보고 만족스러워 했다.

"우리는 거대한 불덩어리를 보고 '우와, 멋있는 걸.' 하고 생각했지요. 그불 속에서 죽어가는 사람들이 우리 전우라는 생각은 전혀 못 했습니다. 하지만 나중에 진실을 알고 나니…… 아아, 세상에……"

---

* 미군은 2001년부터 네이팜의 사용을 중단했다고 한다.

부관 존 슬림은 이렇게 말했다.

"머스탱들이 왔을 때 우리는 환호성을 질렀지요. 그 환호성은 얼마 못 가 비명으로 바뀌었지만."

네이팜은 특유의 폭발음을 내며 폭발했다. 약간의 호박색 색조를 띤 검은색 버섯구름이 빠르게 하늘로 치솟았다. 용광로 같은 열기와 지독한 석유 냄새가 282지점을 휩쓸었고, 동시에 용암 같은 주황색 화염이 마치 장마철에 불어난 시냇물처럼 산꼭대기에서 산비탈로 터져나왔다. 최악의 오인 사격이었다. 폭심에 있던 하일랜더 병사들은 그야말로 '지상의 지옥' 속으로 내던져졌다. 네이팜의 불길이 닿는 것이면 사람이건 나무건 돌이건 모조리 불이 붙었다. 장병들은 온 몸에 불이 붙어, 고통 속에서 몸을 뒤틀다가 쓰러져 숯덩어리로 변해 갔다.

머스탱 전투기들은 148지점에 급강하 기총소사까지 가했다. 지면에 작렬하는 기관총탄이 진지를 가로지르며 흙먼지를 높이 피워 올리자 스코틀랜드 병사들은 참호로 뛰어들었다. 오웬 라이트 소위는 이렇게 말했다.

"그놈들의 기총소사로 우리 소대의 중사 1명이 죽었어요. 1~2명의 브렌 경기관총 사수들이 사격을 개시했지만 완벽히 의미 없는 짓이었기에 중단시켰지요."

결국 미들섹스 대대 진지 상공을 날던 관측기가 날개를 흔들며 '임무 완료' 신호를 보냈다.[56] 항공공격은 몇 분 만에 끝이 났다.

포 사격이 끝난 후 네이팜 투하가 이루어졌기에, 영국군 지휘소에서는 미군에 거의 불신에 가까운 악감정을 품게 되었다. 어느 미군 전차장은 박격포수 로이 빈센트에게 이렇게 말했다.

"그날 나는 태어나서 처음으로 미국인인 것이 부끄러웠지."

미군의 네이팜 공격이 일으킨 참상은 살아남은 사람들(약 40명)의 뇌리 속에 지워지지 않는 아픈 기억으로 남았다. 피트는 이렇게 말했다.

"저는 그날을 영원히 잊지 못할 것입니다. 그 일은 저를 크게 바꾸어 놓았지요. 절대 제 마음 속에서 잊히지 않을 것입니다. 너무나 끔찍했어요. 온몸에 불붙은 바셀린이 들러붙은 아가일 대대원들이 마구 뛰어다니고, 어딜 봐도 쓰러진 동료들의 시신이 불타고 있었지요. 어떤 장교는 피부가 모두 불에 타 벗겨져, 20분 만에 숨을 거두고 말았어요.[57] 불타는 네이팜 탄에 맞은 장병들은 상처가 타들어가자 고통스럽게 비명을 질러 댔지요."

스털링은 그때 네이팜을 투하한 머스탱들이 혹시 적기가 아니었나 하는 의심을 잠시 동안 품었다고 한다. 그의 말이다.

"무슨 일이 벌어졌는지를 알자, 저는 어이가 없어 입을 쩍 벌리고 서 있었습니다."

그는 뒤쪽 사면에 있었기에 살아남았다.

"네이팜탄이 떨어진 곳은 저로부터 채 90m가 안 되는 위치였습니다. 하지만 저는 큰 바위 뒤에 있었기에 안전했지요."

그의 소대원들 모두가 그처럼 잘 은폐한 것은 아니었다. 그의 소대원 중 머리가 빨갛던 어떤 사람은 엎드려 있다가 산비탈을 덮친 네이팜의 불꽃으로 등에 화상을 입었다. 그는 고통스러워하며 자신의 군복을 벗어던졌다. 스털링은 그 병사를 멀리 떨어진 곳으로 옮기라고 했다. 그의 하얀색 등은 황갈색 산비탈에서 기가 막힌 표적이 될 수 있었기 때문이다.

그나마 그 빨간머리 병사의 부상은 가벼운 것이었다. 어떤 사람들은 살이 타들어가 너덜너덜해져 형체를 알아보기 힘들 정도였다. 피트의 말이었다.

"어떤 젊은 병사가 있었는데 그 친구의 얼굴 피부가 마치 수술용 장갑처럼 너덜너덜해져 있었어요. 그 친구가 내게 묻더군요. '이봐, 내 얼굴 괜찮아?'"

그 병사의 상처는 너무 심해서 피트는 그 친구가 누군지 알아볼 수 없을 정도였지만, 피트는 괜찮다고 거짓말을 했다. 피트는 그 친구에게 빨리 이곳을 떠나라고 말했다.

"저는 그 친구에게 이렇게 말했지요. '여기 머무르면 안 돼. 우리는 저 북한 놈들을 막을 수 없어. 저놈들의 전력은 압도적이야. 나랑 같이 여길 빠져나가자고.' 그러자 그 친구는 이렇게 말했어요. '그러지.'"

피트는 앞장서서 내리막길을 걸었다. 그러나 뒤를 돌아보자 그 병사는 따라오지 않았다. 그는 쇼크를 일으켜 그 자리에서 꼼짝 못하고 있었다. 화상을 입은 또 다른 아가일 대대 병사는 전우로부터 담배 한 개비를 받아 피웠다. 그 병사가 물고 있던 담배를 입에서 떼어 내자, 입술의 살점이 담배에 철썩 붙어 떨어져 나왔다.[58]

정상적인 상황에서 이런 참사가 발생했다면, 주변 지역의 일상 업무 진행은 불가능하다. 모든 가용 자원을 투입해 사상자들을 구호해야 하기 때문이다. 그러나 지금의 상황은 정상적이지 않았다. 당시 영국군은 위기에 처해 있었다. 네이팜탄이 폭발했기 때문에, 북한군은 언제라도 다시 능선을 향해 진격해 올 수 있었다. B중대 예하의 2개 소대가 불타 소멸된 282지점의 진지를 수복하는 것이 매우 중요했다. 그러나 정상에 있는 아가일 대대의 진지와 대원들의 상태는 매우 위태로운 상황이었다. 최강의 부대라도 괴멸될 수 있는 매우 절망적인 상황이었다. 이런 상황에서 한 명의 병사가 자리를 이탈하면, 그런 움직임은 순식간에 전염되어 많은 사람들의 이탈로 이어진다. 어떻게 하면 이런 상황을 예방할 수 있을까? 답은 군기와 지휘력이다. 282지점 아래의 능선에 있던 잔존 아가일 대대원들의 사기와 전투의지를 회복시킨 것은 단 한 사람의 힘이었다. 그의 이름은 아가일 연대의 역사에 전설로 남았다.

* * *

케니 뮤어 소령은 아가일 연대 제1대대의 부대대장이었다. 그는 이 전투 초기, '예비 부품' 역할에 머물러 있었다. 대대장이 사상당하지 않는 한 부 대대장이 할 일은 그리 많지 않으니 말이다. 하지만 뮤어는 스스로 예비탄 약을 나를 담가대를 조직했고, 닐슨의 허락을 얻어 이들을 09:00시에 고 지로 올려보냈다. 거기서 그는 능선에 배치되어 있던 2개 중대를 사실상 지휘하다시피 했다. 탄약 분배를 감독했음은 물론, 병력 배치와 사상자 후 송을 감독했기 때문이다. 미군의 오폭이 벌어졌을 때, 모두가 숨을 곳을 찾 느라 여념이 없을 때 뮤어는 꿋꿋이 서서 머리 위로 대공포판을 휘둘렀 다.[59] 뮤어는 도대체 무슨 이유 때문에 숨지 않았던 것일까. 뭔가 말 못할 이유가 있었던 것일까?

그 전날 밤 뮤어를 보았던 아가일 대대 장교에 따르면, 뮤어 소령은 대대 장과 주임원사에 대해 지독한 불평을 늘어놓았다고 했다. 뮤어와 닐슨의 사이가 그리 좋지 않았다는 것은 잘 알려진 사실이었다.[60] 고지 위로 올라 옴으로써 그는 중요한 위치에 서게 되었다. 현장에 있으므로 대대장이나 여단장보다 훨씬 더 상황에 큰 영향을 미칠 수 있기 때문이었다. 이런 경 우 대대장이나 여단장은 상황을 볼 수는 있어도, 실질적으로 할 수 있는 일은 얼마 없었다. 뮤어 소령은 불바다 속에서 진정한 패기를 보여 주었다.

피트의 말이다.

"뮤어 소령이 도착해서 생존자들을 집결시켰어요."

스털링 소위는 부상자들을 돌보다가 282지점에서 아래로 27m 정도 떨어진 능선으로 오라는 지시를 받았다. 거기에는 뮤어, 길러스, 고든 잉그램 등이 모여 있었다. 스털링은 당시 상황을 이렇게 말했다.

"고든 잉그램과 뮤어가 말했지요. '우리는 이 고지를 점령해야 한다.' 여기 올라왔던 2개 중대 중 남은 인원이 30명도 채 안 되었는데도, 그들은 우리에게 눈에 띄는 무기를 찾아들고 B중대가 차지했던 능선을 향해 돌격하라는 거였어요."

그 능선에서 내려다보이는 계곡에서는 적이 공격을 준비 중이었다. 북한군은 언제라도 최종 돌격을 벌일 수 있었다. 따라서 북한군보다 먼저 282지점을 점령하는 것은 매우 중요했다. 놀랍게도, 그 엄청난 생지옥이 펼쳐졌음에도 불구하고 282지점에는 아직 한 명의 아가일 대대원이 살아남아 지키고 있었다. 영국군 병사 윌리엄 와트는 부상을 당했음에도 불구하고, 아래쪽에 보이는 모든 적을 향해 사격을 가하고 있었다.

능선 전체가 시커멓게 되어 연기를 뿜고 있었지만, 여전히 불타는 소리가 나오고 있었다. 버려진 무기가 도처에 널려 있었다. 스털링은 한 손에 브렌 경기관총 한 정씩을 잡았다. 다른 사람들은 여기저기 버려진 탄약들을 회수했다. 찰리 능선에 모인 길러스와 소수의 장병들은 북한군을 향해 사격을 가했다. 그때 뮤어는 스텐 기관단총을 들고 14명의 하일랜더 병사들을 이끌고 돌격했다. 148고지에 있던 윌슨은 줄지어 뛰어가는 영국군 병사들을 연기 틈으로 볼 수 있었다. 그 모습을 본 윌슨은 무슨 일이 벌어지는지 바로 알아차렸다.

"노스웨스트 프론티어에서 많이 쓰던 방법이었습니다.…… 거기서 영국군은 절대 부상자를 버리고 가지 않았지요.[61]"

뮤어의 몇 안 되는 병사들은 찰리 능선을 출발해 안장 모양의 고지를 건너 사면을 올라 베이커 능선으로 가서, 홀로 사투를 벌이고 있던 와트

옆에 멈춰 섰다. 와트 주변에는 적이 한 명도 없었다. 아마도 머스탱 전투기의 폭격에 놀랐던지, 북한군은 이미 후퇴한 뒤였다. 하일랜더 병사들은 엎드려서 바위 아래로 총을 겨누었다. 아무튼 정상에 북한군보다 빨리 도착하기는 했다.

스털링 소위는 이렇게 말한다.

"아래에서 적들이 집결하는 것을 볼 수 있었습니다. 꽤 많은 인원들이 움직이며 공격을 준비하고 있었지요."

스코틀랜드 병사들은 나무 사이로 움직이는 적 병력에 대해 사격을 가했다. 돌격하는 북한군의 총에서는 녹색 예광탄이 뿜어져 나왔고, 아가일 대대원들의 총에서는 빨간색 예광탄이 나갔다. 시간이 지날수록 적의 공격은 약해져 갔다. 스털링은 이렇게 말했다.

"그들은 부상자가 너무 많아지면 물러났다가, 또 공격해 왔습니다."

스털링 소위는 적의 자세한 부분을 모두 다 볼 수 있었다.

"놈들은 모두 버프 건을 가지고 있었고 지저분한 흰색의 군용 상의를 입고 있었지요."

그의 브렌 경기관총이 불을 뿜자, 적들은 쓰러졌다.

"그들은 약 135m 떨어진 곳에 있었습니다. 쏜 총알에 맞은 상대가 쓰러지는 것을 볼 수 있었지요."

그러나 스털링은 전혀 양심의 가책을 느끼지 않았다.

"죽이지 못하면 죽는 거였습니다."

젊은 스털링 소위의 가족들은 항상 뛰어난 전사들을 배출해 냈음을 자랑스럽게 여겼다. 전투에 뛰어들기 이전, 스털링 소위는 자신이 그런 전사가 되지 못하면 어쩌나 하는 것이 가장 두려웠다. 그 두려움은 전투의 열기 속에서 사라져 갔다. 스털링은 이렇게 말했다.

"그거야말로 제가 어떤 것보다도 두려워하는 것이었습니다. 그 두려움이 사라져서 기뻤습니다."

영국군은 북한군의 돌격을 여러 차례 막아 냈다. 적의 병력은 약 400명 정도 되는 것 같았다.[62] 이들을 막아 내는 스코틀랜드 병사의 수는 고작 14명. 마치 그들 연대의 역사에 나오는 '가느다란 붉은 줄'과도 같은 미약한 병력이었다. 그러나 그들이 지켜 주는 가운데 아가일 대대의 담가대는 도와주겠다며 나선 미들섹스 대대의 지원자들과 함께 사상자들을 실어 날랐다. 탄약은 갈수록 부족해져 갔다. 고든 잉그램은 이렇게 말했다.

"브렌 경기관총 교범에는 방아쇠 한 번 당겨서 5발씩 발사하는 것이 가장 이상적이라고 나와 있습니다. 그러나 당시에는 그마저도 사치로 느껴졌지요.[63]"

시각은 약 14:00시가 되었다. 뮤어가 적은 수의 장병들로 밝혔던 희망의 불빛도 이제는 꺼져 가고 있었다.[64] 282지점 주변에 영국군이 만들었던 경계선은 줄어들고, 3면에서 은폐하며 진격해 오는 북한군의 격심한 공격을 받고 있었다.[65] 피트는 이렇게 말했다.

"북한군의 전력은 압도적이었습니다. 우리는 탄약이 떨어져 가고 있었고, 점점 궁지에 몰리고 있었지요."

그러나 뮤어는 여전히 원기가 넘치고 있었다. 그는 들고 있던 스텐 기관단총의 탄약이 바닥나자, 2인치 박격포를 최저 고각으로 놓고 쏴 댔다. 파도 같은 적의 십자포화에도 불구하고 그는 종종 무릎을 꿇거나 일어서서 부하들을 독려했다.[66]

148고지에서 이 상황을 손 놓고 볼 수밖에 없던 지휘관들은 무전으로 후퇴를 지시했다. 윌슨의 말이다.

"아마 뮤어가 마지막 무전 통신을 한 사람이 제일 겁니다."

윌슨은 A중대에 맞서 공격의 강도를 높여 가는 적의 첨병들을 물리치는 동시에, 쌍안경으로 뮤어의 싸움을 훔쳐보고 있었다.

"저는 뮤어에게 이렇게 말했어요. '널 도와줄 방법이 없어. 어떻게든 거기서 빠져나와!'"

뮤어는 그 충고를 무시했다. 그가 대체 무슨 이유로 그런 비범한 행동을 했는지는 말하기 힘들다. 그때 뮤어를 본 모든 사람들은 그의 행동이 매우 비범했음을 인정했다. 아마도 그것은 대대장의 분발을 촉구하는 시위는 아니었을까? 노스웨스트 프론티어에서 종군한 뮤어는 분명 윌슨과 마찬가지로 북한군을 막아 내고 부상자들을 구하려는 굳은 결의가 있었다. 하지만 그보다는 좀 더 심원한 이유도 있었을 것이다. 과학자들은 병사들이 전장에서 보여주는 이타심을 오랫동안 이해하지 못해 당혹스러워해 왔다. 그러나 일부 사람들은 그런 영웅적인 행동, 즉 집단을 위해 자신을 희생하는 헌신과 의지가 인간 유전자에 각인되어 있다고 생각한다. 그들의 이론에 따르면 영웅적 행동은 집단의 화합을 높이는 동시에 화합의 부산물이기도 하다는 것이다. 그리고 그 때문에 영웅적 행동을 잘 하는 특정 원시 부족은 전쟁에서 승리해 적자생존을 이룬다는 것이다.[67]

그리고 아마도 그것이 뮤어의 마지막 행동의 동기였는지도 모른다. 뮤어는 당시 38세였고, 성인이 된 이후 쭉 아가일 연대의 장교로 살았다. 그의 아버지 역시 아가일 연대의 대대장을 지냈다. 그는 자신의 직속 명령계통에 있는 사람들뿐만 아니라(그는 B중대나 C중대 소속은 아니었으니까), 아가일 앤드 서덜랜드 하일랜더스 연대 전체라는 더욱 큰 집단을 자신이 충성을 다할 대상으로 여겼던 것일까? 부상자 후송 임무가 주어졌음에도 뮤어가 해 내지 못한 것을 보면 이러한 추측은 타당성을 띤다. 뮤어는 적의 어떤 공격에도 아랑곳없이 모두의 조언을 무시하고 투혼에 몸을 맡긴 채 움직였다. 뮤어 소령은 스코틀랜드 병사들이 그 큰 희생을 치르고 얻은 땅을 결코 적에게 내주지 않겠다는 결의로 충만했던 것 같다. 그는 하일랜더 병사들에게 이렇게 소리쳤다.

"국'도, 미 공군도, 아가일 대대를 이 고지에서 몰아낼 수 없다!"

그것은 케니 뮤어의 유언이 되고 말았다. 그의 넓적다리와 몸통에 기관총탄이 줄줄이 박혔다. 끔찍한 상처였다. 고든 잉그램이 뮤어로부터 지휘권을 인수했다. 이제 능선 위의 잔존 병력은 부상자까지 합쳐 10명뿐이었다. 그리고 그들이 가진 브렌 경기관총 3정에는 정당 탄약이 탄창 하나씩밖에 남지 않았다.[68] 더 이상의 저항은 불가능했다. 고든 잉그램은 후퇴를 명령했다. 그의 부하 장병들은 역시 10명뿐이던 길러스의 엄호팀과 합류했다. 그들은 구르다시피 산비탈을 내려오면서 서로를 엄호했다. 9시간 전 영국군은 200명이 넘는 병력으로 고지를 공격했으나, 그중에 이제까지 살아남은 것은 그들뿐이었다.

생존자들은 뮤어를 방수포에 실어 후송했지만, 이미 고지를 다 내려오기도 전에 숨이 끊어져 있었다. 사면에 남아 있던 부상자들은 후퇴 과정에서 후송되었다. 피트는 이렇게 말했다.

"저는 슬개골이 날아간 어느 젊은 병사를 보았습니다. 저는 그 병사를 방수포에 실어 고지 아래로 나르는 것을 도왔지요. 파리들이 그 병사의 상처에 앉으려고 하기에 저는 상처를 감쌌습니다. 그 병사는 말하더군요. '이봐요! 난 아직 발을 움직일 수 있어요!' 그 병사는 자신의 슬개골이 사라진 것을 모르고 있었습니다. 방수포가 움직이니까 발도 따라서 움직인 것일 뿐인데요."

스틸링은 마지막으로 고지에서 내려왔다. 그는 자신의 왼손에 전기 충격 같은 감각을 느꼈다. 버프 건의 탄환이 왼손을 관통한 것이었다.

"그 총탄은 소구경 저속탄입니다. 하지만 엄청나게 많은 피가 났지요. 제게는 붕대가 없었고요."

통증은 처음에는 크다가 사그라졌다. 스털링은 평지로 계속 발걸음을 옮겼다. A중대 진지에서 라이트는 스털링을 맞았다.

"두려움이 가득한 얼굴의 스털링이 고지를 내려오기에 저는 이렇게 물었죠. '이봐! 좀 어때?' 그러자 그는 이렇게 답했어요. '손에 총을 맞았어!' 나는 이렇게 물었죠. '아픈가?' 그러자 이런 대답이 돌아왔어요. '아냐. 하지만 배가 고픈걸.' 그래서 이렇게 말해 주었지요. '저기 내 레이션이 있어.'"

스털링은 라이트의 레이션을 먹고, 연대 진료소로 떠났다.

282지점에서 마지막 아가일 대대원이 후퇴하자, 적들은 박격포 소대의 눈앞에 완전히 몸을 드러낸 채 산자락 주변으로 진격해 A중대를 위협하고 도주로를 차단하려 했다. 영국군의 빅커스 기관총과 박격포가 불을 뿜었다. 박격포는 장약을 최소로 넣어 최소 사거리로 발사했다. 3인치 박격포탄의 살상 반경은 90m였다. 그리고 지금 사거리는 450m 이내였다. 전날 부상당한 머치를 다리 밖으로 끌어냈던 애덤 맥켄지는 이렇게 말했다.

"사수는 아무 일도 하지 않아도 되었습니다. 부사수가 계속해서 박격포에 포탄을 넣어 주기만 하면 되었거든요. 그러고 나서 우리는 이런 생각을 했습니다. '세상에, 어쩜 이렇게 가까울 수가!'"

박격포탄은 착지하면 연기를 내며 터졌다. 수백 발의 파편이 반경 90m 사방으로 퍼질 때면 자욱한 먼지를 일으켰다.

보통 박격포는 고지나 다른 장애물 너머에 있는 적을 향해 사격하기 때문에, 박격포수들이 박격포탄의 폭발 모습을 육안으로 볼 수 있는 경우는 매우 드물었다. 그리고 이번에 쏜 박격포탄은 장약이 최저인 상태로 단거리를 느리게 날아서 착지하므로, 북한군들도 육안으로 비행 중인 박격포탄을 볼 수 있었다. 맥켄지는 이렇게 말했다.

"어떤 북한군이 박격포탄을 받으려고 손을 내밀고 튀어나오는 것을 봤어요. 순전히 본능적인 행동이었지요."

박격포탄이 터지면서 그 북한군은 문자 그대로 소멸되었다. 적의 선봉은 물러났다. B중대와 C중대의 잔여 인원들은 산자락에 집결했고, 부상병들은 연대 진료소에 후송되었다.

* * *

홀데인은 닐슨이 "일이 이렇게 될 리가 없는데."라고 했을 때부터 사상자가 생길 것을 예측하고 있었다. 전투 초기에 발생한 다수의 총상 환자가 후송되어 왔다. 화상 환자가 도착하기 시작했을 때부터 연대 진료소는 감당이 되지 않았다.

홀데인은 이렇게 말한다.

"그래도 저는 제가 해 줄 수 있는 치료를 해 주었어요."

헤시안 위장천이 쳐진 대피소에서 그는 부상병들에게 노란 소독 크림을 발라 주고, 바셀린을 적신 거즈를 발라 주고, 진통제를 놓아 주고, 미군이 제공한 혈장도 놓아 주었다. 주사바늘을 찌를 곳을 찾기란 매우 힘들었지만 말이다. 그는 이렇게 말했다.

"1도 화상은 피부가 붉게 달아오릅니다. 2도 화상과 3도 화상은 피부 내부에까지 영향을 미치지요. 2도에서는 물집이 잡히고, 3도에서는 피부가 벗겨집니다. 그것보다 더 심한 화상의 경우 피하조직은 물론 뼈까지 태웁니다. 그때는 붉어진 피부, 물집 잡힌 피부, 벗겨지는 피부가 다 있었어요. 피부가 시커멓게 탄 사람들 중 대부분은 고지에서 내려 보냈지요. 그들은 거의 다 엄청나게 고통스러워하고 있었어요."

부상병들이 더 많이 도착했다. 그들 중 걸을 수 있는 사람은 되돌려 보내져, 시내를 건넜다. 그들은 거기에서 강을 건너는 배를 기다렸다. 홀데인은 이렇게 말했다.

"부상자를 분류하고 후송하는 게 거기서 제 일이었습니다."

걸을 수 없을 정도로 큰 부상을 입은 사람들을 위해, 진료소 근처에 미군의 의무후송 헬리콥터들이 착륙하고 있었다. 스털링을 비롯한 걸을 수 있는 부상병들은, 로터가 일으키는 흙먼지 바람이 부상자들의 환부에 들어가지 못하게 하기 위해 연대 진료소의 위장포를 붙들고 부상자들을 가렸다. 미군 병사들은 헬리콥터들을 가리켜 '계란 거품기'라는 별칭으로 불렀는데, 이 헬리콥터들은 매우 새롭고 낯설게 생긴 앰뷸런스였다. 당시의 의무후송 헬리콥터에 타는 환자들은 착륙용 썰매에 장착된 담가에 실려가야 했다. 헬리콥터가 상승할 때마다 거기 타고 있던 의식이 혼미한 부상병들은, 자신들이 천국의 문으로 인도받는다고 생각했다.[69]

홀데인은 그날 하루 동안 70명의 부상병들을 치료했다. 그는 이렇게 말했다.

"그때는 그 일이 괴로운 일이 될 줄도 몰랐지요. 그냥 아주 바쁜 날일 뿐이었어요. 하지만 그날 하루가 마무리될 무렵 저는 완전히 탈진해 있었지요."

그의 활약을 본 아가일 대대 장교 다수는 그가 훈장을 받을 자격이 충분하다고 생각했다. 슬림은 이렇게 말했다.

"그는 대단한 사람이었어요. 그는 의무병역자였지만 매우 훌륭한 군의관으로 변모했지요. 물론 그렇게 되기 위해서 다소의 어려움을 참아 내야 했지만."

미들섹스 대대는 시커멓게 그을린 부상병들이 아가일 대대 진지에서 내려와 백천으로 향하는 것을 보고 비로소 대량의 사상자가 발생했음을 알았다. 여비는 이렇게 말했다.

"그 이전에는 저는 사람의 살이 타는 끔찍한 냄새를 맡아 본 적이 없었습니다. 부상병들은 마치 석탄 광산에서 빠져나온 사람들처럼 시커맸습니다."

돈 바레트를 포함한 B중대 병사들이 스코틀랜드 병사들을 구호하러 달려갔다. 부상병들을 살펴보던 바레트는 끔찍한 진실을 깨달았다.

"사람고기나 돼지고기나 다를 바가 없더군요. 불에 타 갈라지는 모양을 보면 말이지요."

헬리콥터를 타지 못한 부상병들의 고난은 계속되었다. 부상병 후송선은 백천을 건너, 낙동강을 건넜다. 끔찍한 여행이었다. 백천은 대전차 소총을 휴대한 북한군 저격수들의 사거리 내에 있었다. 그들의 사격을 받은 지프 2대가 엔진실에 피탄되어 기동 불능이 되었다.[70] 게다가 북한군 포병 관측수도 여전히 낙동강을 주시하고 있었으므로, 도하는 여전히 위험했다. 4명의 미들섹스 대대 담가병들이 낙동강 다리를 건너는 동안 적의 포 사격을 당해, 그 중 3명이 전사했다.[71] 그 다리는 그날 밤에만 3번이나 끊어졌다.[72]

배에 부상을 입은 페어허스트 하사의 여정은 특별히 더욱 가혹했다. 모르핀을 맞은 그는 의식이 없는 채로 고지에서 내려왔고, 다 내려와서야 의식을 회복했다.

"미국 놈 두 명이랑 지프 한 대가 보였어요. 지프 위에는 담가가 하나 있었는데, 저는 그 담가 위에 실린 채로 달려갔지요."

그들이 백천에 도착하자 북한군의 포 사격이 시작되었다.

"미국 놈들은 저를 담가에서 떨어뜨려 물속에 처박았어요!"

물의 깊이는 허리에 닿을 정도였다. 페어허스트는 응급 치료소에 보내진 다음, 거기서 앰뷸런스에 태워졌다. 앰뷸런스에서 팔에 수액주사를 맞았다. 페어허스트가 누워 있는 침상의 위에도 침상이 있었고, 거기에도 부상병이 1명 누워 있었는데, 앰뷸런스는 마구 요동쳤다.

"날이 어두워지는 가운데 우리는 길을 따라 달렸습니다. 운전석에는 2명의 흑인 병사가 앉아 있었지요. 차는 이리 흔들리고 저리 흔들렸어요. 그러다가 갑자기 아주 큰 폭발음이 들렸어요. 앰뷸런스가 한쪽으로 엎어지고, 모든 것이 흐려져 갔지요."

페어허스트가 정신을 차렸을 때는 한밤중이었다. 아가일 대대원들이 그를 발견했을 때 페어허스트는 앰뷸런스 밖에 나와 있었다. 또 다른 부상병은 앰뷸런스 잔해 내에 거꾸로 매달려 있었고, 운전석과 운전자들은 산산조각이 나 있었다. 지뢰를 밟았거나 포탄에 직격당했을 터였는데, 둘 중에 어느 쪽인지는 페어허스트도 알 수 없었다. 그는 차 밖으로 나와서 도랑 안에 들어가 있다가, 헤드라이트 불빛이 접근하는 것을 보고 비틀거리며 기어 나와서 손을 흔들었다. 그는 다시 정신을 잃었고, 정신을 차렸을 때는 온몸에 주삿바늘을 잔뜩 꽂은 채 일본 오사카의 병원에 있었다. 어떤 미국 간호사가 말했다.

"당신은 행운아예요."

페어허스트도 그 말에 동의하지 않을 수 없었다.

손에 총상을 입은 스털링의 여정은 그나마 덜 힘들었다. 그는 여러 UN군 병원들을 거쳤다. 그는 걸어서 강까지 간 다음 트럭을 타고 철도 시작점까지 가서, 병원열차에 탑승했다. 부산에 간 그는 병원선에 탑승해서 도쿄에 상륙했다. 이후 그는 도쿄 종합병원으로 옮겨졌다. 그는 거기 머물다가 영국군 당국에 의해 홍콩의 병원으로 옮겨졌다. 그리고 결국 282지점에서 부상을 당한 여러 사람들과 함께 글래스고의 병원으로 옮겨졌다. 그는 이렇게 말했다.

"저의 특별한 군생활은 그렇게 끝이 났습니다!*"

전장에서 아가일 대대원들은 대대에서 유일하게 건재를 유지한 중대인 A중대 진지 주변에 참호를 팠다. 밤새 아무것도 먹지 못했던 라이트는 그날 저녁 취사를 준비했다. 그는 스털링이 자기가 먹을 레이션을 다 먹어치운 것을 알고 펄펄 뛰었다. B중대와 C중대의 잔여 인원들은 고든 잉그램 휘하에 재편되었다. 밤이 오자 미군 전차들이 고지에 사격을 가했다. 박격포 소대 소속 로버트 시얼레이의 말이다.

"포성은 정말 엄청났습니다. 전차 포탄이 허공을 가르는 소리도 장난이 아니었고요. 그 소리를 들으면 누구나 혼이 빠집니다. 하지만 그날 낮에 있었던 일을 생각해 보면, 그 친구들의 포격 정확도를 믿을 수가 없더라고요."

장교들은 생존자 수를 집계했다. 282지점에서는 총 17명이 전사 및 실종되었고, 79명이 부상당했다.[73] 이 중 오폭으로 인해 발생한 사상자는 총 61명이었다.[74]

대대 지휘소에서 그날 발생한 비극을 납득하는 동안, 한 장교는 혼자만의 지옥 속에 빠져 있었다. 그는 정보 장교 샌디 보스웰이었다.

---

* 스코틀랜드에서 전역을 앞둔 스털링은 낙동강에서 실종된 닐 뷰캐넌의 부모, 그리고 282지점에서 전사한 데이비드 뷰캐넌의 부모를 만나는 임무를 수행했다. 그는 이렇게 말했다."결코 쉬운 일은 아니었습니다."닐의 어머니는 아직 닐이 살아 있을 것이라는 실낱같은 희망을 가지고 있었다. 닐의 아버지는 스털링을 밖으로 데려가 그 점에 대해 솔직히 말해 달라고 했다. 스털링은 자신은 그럴 확률이 없다고 생각한다고 말했다. 후일 닐의 동창생이었던 샌디 보스웰은 나중에 해리 영과 함께 매복 지점을 다시 찾아 닐의 시신을 발견했다. 두 사람은 닐 뷰캐넌의 시신이 묻힌 곳을 찾아 현지 마을 장로들과 함께 정찰을 나갔던 것이다. 닐 뷰캐넌의 시신은 권총의 총기피탈 방지끈 및 견장의 계급장으로 신원 확인이 가능했다.

"오폭 소식을 들었을 때 저는 이런 생각밖에 들지 않았어요. '아아아 세상에! 내가 대공포판을 잘못 지급해서 이런 일이 벌어진 거야!' 다음날 저녁 늦게서야 저는 기록을 다시 살펴보고 제가 잘못하지 않았음을 알았어요. 그때까지는 얼마나 불안했던지!"

제27여단에서는 아무도 모르는 사실이었지만, UN군은 9월 16일 공세를 개시하여, 낙동강 전선에서의 적의 공세를 분쇄했다. 영국군의 공격은 그 중 제일 마지막에 가해진 것이었다. 아가일 대대가 공격에 투입된 날인 9월 23일, 부산 방어선을 포위하고 있던 북한인민군은 총퇴각을 시작했다. 아가일 대대의 공격이 하루만 늦어졌다면, 북한인민군은 그 고지도 버리고 도망갔을 것이므로 영국군은 충분히 무혈입성이 가능했다. 홀데인은 이렇게 말했다.

"대대에서는 상황을 알고 좀 어이가 없었던 것 같았습니다. 특히 북한군이 더 이상 그곳을 지킬 능력이 없다는 것을 알았을 때는요. 하지만 우리가 그 사실을 알았을 때, '국'들은 야음을 이용해 모두 사라져 버렸습니다. 너무나 엄청난 희생을 치른 것 치고는 얻은 것이 없었습니다."

* * *

9월 23일 저녁, 코드 여단장은 미국 제24보병사단장 존 처치 장군을 만나러 갔다. 방문 목적은 포병 화력 지원을 요구하기 위해서였다. 제27여단은 포가 없어서 항공 공격에 의존할 수밖에 없었다. 코드 여단장은 이렇게 기록했다.

"처치 장군은 비협조적이었다. 그는 우리에게 지원해 줄 포는 한 문도 없다고만 말했을 뿐이었다.[75]"

하지만 미 제8군 사령관 월튼 워커 장군과의 회견에서는 더욱 만족스러운 결과를 이끌어 낼 수 있었다. 다음 날 미 육군 제68대공포 대대가 도착했다. 코드 여단장은 이렇게 적었다.

"덕분에 나는 워커 장군에게 확신을 갖게 되었다."[76]

제27여단은 첫 전투 이후 분위기가 가라앉아 있었다. 병사 켄 맨클로우는 이렇게 말했다.

"우리는 삼삼오오 모여앉아 전사한 친구들에 대해 이야기했어요. 하지만 우리가 죽으면 어떻게 될지에 대해서는 말을 삼갔지요. 우리는 그런 이야기를 차를 마시면서 했어요. 병적인 분위기는 전혀 없었어요. 단지 사실을 말하는 것일 뿐이니까요."

미들섹스 대대는 아가일 대대의 사상자를 후송하는 일까지 자발적으로 도왔다. 아가일 대대는 이에 진심으로 감사를 표했다. 앤드루 맨 중령은 이렇게 말했다.

"그 순간부터 아가일 연대와 미들섹스 연대는 자매 연대가 되었어요. 우리는 상대 부대의 명예 대원이 되었지요. 잉글랜드인 병사와 스코틀랜드인 병사들 사이에 흔치 않은 전우애가 생긴 셈이었지요."

해리 영 중사는 이렇게 말했다.

"그 친구들이 우리 스코틀랜드인 병사들을 도와주었어요. 우리는 피를 나눈 전우가 되었지요."

이제 영국군은 적군의 실력을 현실적으로 평가할 수 있게 되었다. 십스터는 이렇게 말했다.

"전투를 치르면서도 북한군으로 인한 사상자는 그리 많지 않았던 것이 다행이었어요. 그 순간부터 우리는 북한군에 대한 두려움을 표하지 않았던 것 같아요."

다른 병사들도 북한군의 잔혹성과 그들의 전투력을 분리해서 볼 수 있게 되었다. 슬림은 이렇게 말했다.

"전쟁은 참 웃기지요. 적에 대해 증오심과 경외심을 동시에 갖게 해 줍니다."

바레트는 이렇게 말했다.

"북한군 보병의 전투력은 매우 뛰어났습니다."

바레트 중대의 중대선임 하사관은 북한군이 여러 사람을 나무에 묶어 놓고 총검으로 찔렀다고 말해 주었다.

"하지만 우리를 항복시킬 목적으로 그런 짓을 한 것이었다면, 전혀 현명치 못한 행동이었죠."

아가일 대대원들의 주된 화제는 사라진 전우들, 케니 뮤어, 미 공군이었다. 리처드 피트 중사는 이렇게 말했다.

"정말 무서웠어요. 전사한 사람들 중 상당수는 저와 함께 육군에 입대한 제 친구들이었어요. 제 절친한 친구였던 휘팅턴 중사도 불타 죽었어요. 저는 그가 속한 소대가 네이팜탄에 박살이 나는 걸 보았어요. 그러나 저는 그들을 도와줄 방법이 없었어요."

누구도 뮤어가 그런 일을 해낼 줄 몰랐다. 보스웰은 이렇게 말했다.

"그런 상황에 대해 준비가 되어 있을 리 없던 사람이 그런 일을 하다니, 정말 대단했지요."

빈센트는 이렇게 말했다.

"뮤어는 언제나 밝고 활기찬 사람이었어요. 정말 멋진 작은 친구였지요. 약간은 건방진 작은 스코틀랜드인이었어요."

그가 더 뜨겁게 성질을 부렸다면 어떻게 되었을지 궁금해 하는 사람도 있었다. 군수 장교 앤드루 브라운 대위는 이렇게 말했다.

"케니와 함께 고지에 있던 어떤 소령은 케니가 전사하지 않았더라면 모두 다 죽었을 거라고도 말했지요. 케니는 다른 사람들이 내려가게 하지 않았을 테니까요."

항공 공격에 대해서는 의견이 갈렸다. 윌슨은 이렇게 말했다.

"항공 공격으로 인해 우리 대대는 분노했습니다. 그러나 우리는 전쟁은 전쟁이고 실수도 있을 수 있음을 받아들였지요."

분명 미 공군은 표적이 제시되었을 때는 매우 뛰어난 전술적 능력을 발휘했다. 그러나 여단 본부의 일부 사람들은 미군의 실력에 대해 의심스러워하는 분위기였다. 워커 장군이 여단을 지원하기 위해 보내 준 미군 대공포 부대는 이미 적의 포격이 가해진 곳으로 움직였다. 제프스는 이렇게 말했다.

"미국 놈들이 그곳으로 가는 걸 보고 우리는 아주 화가 났지만, 얘기는 안 해 줬어요. 미국 놈들은 헤드라이트를 켜고 아무 데나 비추더라고요. 북한 놈들의 자주포가 그걸 보고 불을 뿜는 건 당연지사였고, 북한군의 포격이 가해지자 미국 놈들은 냅다 꽁무니를 빼지 뭡니까."

미국이 지휘한 첫 대규모 공세는 그리 성공적인 것은 아니었다. 참모들의 기량 부족으로 인해 여러 중대들이 낙동강 진지를 떠났다가 다시 들어가라는 명령을 받았다. 미들섹스 대대는 첫 진격 시 미군 기갑부대의 지원을 받지 못했고, 제2단계 공격 시에는 미 포병대의 사격으로 인해 진격을 방해받았다. '미들섹스 고지'에서 미군의 포병 지원은 매우 중요했지만, 아가일 대대는 미군 포병대를 전투 중에 후퇴시킨 후 항공 지원을 요청했다. 미들섹스 대대장 맨 중령은 그들에 대해 이렇게 혹평했다.

"미국 놈들은 아주 끔찍한 놈들이더군요."

미군 포병대에게 적의 포격에 대해 경고를 하지 않은 제프스는 얼마 가지 않아 미 공군의 실력에 대해서 더 제대로 알게 되었다. 그리고 눈에 보이지 않았던 적 자주포의 수수께끼에 대해서도 알게 되었다. 제프스는 당시를 회고했다.

"하루 이틀쯤 지나서 통신 상태를 개선시키고자 ACT(항공 연락반)가 고지에 지프를 타고 올라왔습니다. 그러자 북한군 자주포들은 그 지프에 사격을 개시하기 시작했지요. ACT 대원들은 북한군 자주포의 사격 포연만 보고 그 위치를 파악해서 네이팜 공격을 유도, 적들을 괴멸시켰습니다. 적 자주포들은 고지 사면에 파인 터널 속에 숨어 있다가, 사격을 가할 때만 터널 밖으로 나오고, 사격이 끝나면 도로 들어갔습니다. 그러니 그놈들을 찾아내기란 매우 어려웠던 것이지요."*

* * *

그 후 워커는 도쿄에 미군의 오폭에 대해 무전으로 설명했다. 맥아더 사령부의 영국군 선임 연락 장교였던 공군소장 세실 보우셔는 미국 제5공군 사령관 얼 파트리지와 이야기를 나눈 후, 9월 25일 제27여단의 실태를 보러 한국에 왔다. 그는 9월 26일 영국 정부에 보고서를 보냈다.

그는 다른 사람이 보지 못했던 3개의 큰 실수를 지적해 냈다. 첫 번째로, 미군 ACT가 전방에 있지 않았기 때문에 항공기들이 장님이나 다를 바 없는 상태였다는 점. 두 번째로 표적 관측기에 실려 있던 지도의 축척이 ACT가 가진 지도와 달랐다는 점. 세 번째로 전폭기는 올바른 대공포판이 보인다고 무전으로 보고했으나, 표적을 육안으로 보지 못하던 ACT의 장교는

---

* 북한인민군은 한국 전쟁에서 배운 이러한 전훈을 오늘날에도 사용하고 있다. 북한군의 가장 강력한 무기로 평가받는 장사정포 역시 터널 안에 숨어서 서울을 노리고 있다.

그냥 폭격 속행을 지시했다. 북한군이 UN군의 대공포판을 복제해서 사용하기도 했기 때문이다.[77]

미국인들은 열심히 사과했다. 파트리지는 이 오폭 건에 관련된 모든 미 공군 장교들을 책임 유무에 상관없이 해임 조치했다.[78] 9월 25일 런던 주재 미국 공사인 줄리어스 홈즈는 당시 총리 클레멘트 애틀리에게 사과 편지를 보냈다. 그 편지에는 이 오폭은 "미군의 항공 지원에서 생긴 비극적인 피아식별 착오로 발생했다."는 말이 적혀 있었다.[79] 10월 3일에는 캘리포니아 주둔 미 공군 제93폭격비행단의 단장인 찰스 비킹 대령이 미화 882.85달러 금액의 수표를 보내 왔다. 그는 그 수표는 "비행단 장병들이 자발적으로 기부한 것이며…… 비록 금액은 약소하지만, 불행한 사고에 대한 위로와 외국의 전우들에 대한 깊은 전우애를 담은 것."이라고 설명했다.[80]

보우셔는 282지점 사고의 언론 공개를 막으려 했다. 하지만 너무 늦었다. 언론에서 이미 알아챈 것이었다.[81] 9월 24일자 〈뉴스 오브 더 월드(News of the World)〉는 로이터 통신과 AP 통신의 보도자료를 인용해 이 사고를 보도했다. 그러면서 지원 포대가 철수하고, 대공포판이 전개된 점도 거명했다. 또한 아가일 대대원들의 분노에 대해서도 보도했다. 9월 25일자 〈더 불러틴(The Bulletin)〉은 이 문제에 대해 깊이 있는 통찰을 했다. 기사의 일부를 발췌하면 다음과 같다.

"한국에서 벌어진 비극이 주는 진정한 교훈은 이것이다. 영국군은 충분한 무기와 장비를 보유한 채로 전투에 투입되어야 한다는 것이다…… 이 사고의 경우만 보더라도, 아가일 대대가 포병 지원을 받지 못했기 때문에 미군 전투기가 투입되었다가 일이 터지지 않았는가.*"

---

* 파라 호클리가 펴낸 한국 전쟁 공간전사에도 보우셔가 알아낸 내용들이 다루어지고 있지만, 영국군의 사건 은폐 시도에 대해서는 오늘날까지도 말도 안 되는 소문이 무성하다. 스코틀랜

이 사고를 비밀로 해 두려 했던 보우서의 시도는 실패, 오폭 사건은 언론에 보도되었다. 그러나 이 건에 대해 영국 정부가 드러내려 한 부분도 분명히 있기는 있다.

한국 전쟁 최초의 빅토리아 십자훈장(Victoria Cross)은 케네스 뮤어 소령에게 추서되었다. 1951년 1월 5일자 〈런던 가제트(London Gazette)〉에도 게재된 그 훈장증에는 뮤어 소령의 마지막 말이 "'국'들은 결코 아가일 대대를 이 고지에서 몰아낼 수 없다!"라고 적혀 있다. 여기서 '국'이란 북한군을 가리키는 표현이었다. 미군 때문에 만들어진 '국'이란 용어는 적을 부를 때 쓰는 말이었고, 나중에는 아시아인에 대한 인종경멸적인 뜻도 포함되었지만 적어도 이 시점에서는 아니었다. 그가 한 최후의 말, 즉 "'국'도, 미 공군도, 아가일 대대를 이 고지에서 몰아낼 수 없다!"는 고든 잉그램 소령이 자세히 작성한 B중대의 작전 후 보고서에 적혀서, 대대 및 여단 전쟁 일지에까지 첨부되었다. 고든 잉그램이 뮤어의 마지막 모습을 지켜봤다는 점을 감안한다면, 그의 주장의 진실성을 의심할 이유는 없어 보인다. 그렇다면 왜 뮤어 소령의 반항기 가득하고 처절하기까지 한 마지막 말은 일부가 삭제되었던 것일까? 맨 중령은 거기에 대해 이렇게 말한다.

"미국 놈들을 거론한 부분을 없애야 속편했던 거지요."

드의 〈선데이 메일(Sunday Mail)〉 1993년 1월 21일자에 앵거스 맥클라우드(Angus Macleod)가 기고한 두 페이지짜리 기사 '282고지에서의 죽음(Death on Hill 282)'에는 이런 내용이 있다. "병사들은 이 사고에 대해 함구할 것을 지시받았고, 신문 보도는 검열받았으며, 사건을 다룬 영국 정부의 공식 문서에는 '2025년까지 1급 비밀을 유지할 것'이라는 도장이 찍혔다." 그러나 실제로는 이미 9월 24일자와 25일자 신문 보도에 병사들의 증언이 실렸다. 이 증언을 실은 기사는 검열받지 않았으며, 맥클라우드는 영국 국립 문서보관소의 해당 사고 관련 문서 중 '2025년까지 1급 비밀을 유지할 것'이라는 도장이 찍힌 것을 전혀 발견하지 못했다. 한편 미국 측의 경우 이 건에 대해 말하기를 꺼리는 분위기를 보인다. 애플먼(Appleman)이 지은 미 육군의 공간전사인 〈낙동에서 압록까지(From the Naktong to the Yalu)〉에는 영국군 제27여단이 낙동강 도하 공세에 참여한 내용이 일절 적혀 있지 않다.

그 결론은 뻔하다. 영국 정부는 미국 정부를 가급적 덜 불편하게 하고 싶었던 것이다.

이후 간행물에서 볼 수 있는 빅토리아 십자훈장 수훈자 케니 뮤어의 마지막 말은 모두 이렇게 사실과는 다르게 편집된 것이다.

* * *

여단에는 증원 병력이 도착했다. 사상자를 보충할 뿐 아니라, 이미 상당히 줄어든 각 대대의 인원을 적절한 수준으로 되돌려 놓기 위해서였다. 이전에도 증원 병력은 찔끔찔끔 오긴 했지만, 9월 28일, 여러 하일랜더 연대에서 온 대규모 지원병들이 아가일 대대에 합류했다. 10월 1일에는 런던 및 영국 남동부 지역 출신 병사들로 이루어진 퀸스 연대의 1개 중대가 미들섹스 대대에 배속되었다.

증원 병력으로 온 스코틀랜드 병사들 중에는 의무복무 초급 장교 2명이 끼어 있었다. 던펌린 출신의 앨런 로더와 에딘버러 출신의 에드워드 커닝햄이 그들이었다. 이들은 홍콩에서 팬암 항공기를 타고 이른 새벽에 도쿄에 착륙했다. 공항에서 전혀 준비가 안 되어 있던 운송 장교(movement officer)들은 영국 대사관까지 알아서 찾아가서 한국 가는 길을 물어보라고 알려주었다. 두 장교는 영국 대사관에 가서 문을 두드렸다. 그들은 정중히 대사관 안으로 안내되어 07:00시에 있던 아침식사에 초대받았다. 3일 후 두 장교는 C-47 항공기에 보우셔와 함께 탑승하고 제27여단으로 갔다. 항공기 내에서 두 장교는, 사고를 조사하러 가던 보우셔로부터 282지점의 비극에 대해 알게 되었다. 착륙하자 그들은 트럭을 타고 온 군수 장교 앤드루 브라운에게 인도되어 낙동강 도하 지점으로 향했다. 그들은 바로 적의 포격을 당했다. 로더는 당시 상황을 이렇게 말했다.

"포격을 피하러 한국인의 집에 들어갔는데 거기에는 죽은 미군이 여러 명 있더군요. 그래서 우리는 북한군이 포탄을 재장전하는 틈을 타서 다리 위로 나갔습니다. 그 나이 때라면 당시의 상황이 '흥분'이라는 두 글자로밖에 설명이 안 되지요."

한국에 도착한 지 30분도 지나지 않아 발생한 상황이었다.

대대 본부에서 닐슨은 두 장교를 환영했다. 두 장교는 서로 다른 중대에 배속되었다. 커닝햄은 윌슨의 A중대로, 로더는 길러스의 C중대로 갔다. 연한 적갈색 머리색 때문에 영국인들에게는 '테드', 미국인들에게는 '레드'라는 별칭으로 불리던 커닝햄은 중대장 윌슨 소령의 영접을 받았다. 커닝햄은 윌슨에게서 나오는 강한 카리스마를 한번에 알아보았다.

"마치 그곳은 윌슨이라는 주인공을 위한 극장과도 같았지요!"

중대원들은 온통 뮤어 이야기만 했다. 윌슨은 커닝햄에게 282지점을 가리키면서 말했다.

"저곳이 작전이 벌어진 곳이지. 뮤어가 목숨을 잃은 곳이기도 해."

자신의 소대 진지에 도착한 로더는 '적절한' 환영을 받았다. '커'라는 사병이 다른 소대원들에게 소리쳤다.

"꼬꼬마들아! 새 소대장님이 오셨다! 지난 6주 동안 저희 소대에서는 소대장이 두 번이나 바뀌었지요. 소대장님도 아마 여기서 오래는 못 버티실 걸요!"

아닌 게 아니라, 로더는 인원이 크게 줄어든 C중대에서 유일한 소대장이었다.

A중대에 투입된 새로운 보충병 중에는 에딘버러 출신의 키 작고 마른 병사인 에릭 거도 있었다. 1930년대와 1940년대에는 에릭 거처럼 기구한 팔

자를 타고난 사람이 많았다. 그는 잉글랜드인이었지만, 스코틀랜드의 고아원에서 양육되었다. 그리고 1944년에 징병되었으나 원자폭탄으로 제2차 세계대전이 종결되는 바람에 참전은 해 보지 못했다. 그는 제대하고 호텔업에 뛰어들었으나, 근무 시간은 길고 봉급은 짧았기 때문에 군대에 다시 입대했다. 비록 군대의 월급은 호텔에 근무할 때보다도 적었지만. 그는 블랙 워치 연대의 일원으로 팔레스타인에서 복무했다. 그리고 이번에는 아가일 대대를 지원하기 위해 극동에 온 것이었다. 그가 영국에서 비행기를 타고 한국으로 오는 데는 7일이나 걸렸다. 한국에 온 그는 윌슨 소령 앞에 서 있었다. 그의 눈에 비친 윌슨은 강인한 남자였고 훌륭한 중대장이었다.

서리 주 리치몬드 출신의 직업 군인인 로널드 예트먼이 아가일 연대에 들어온 이유는 그의 친구 때문이었다. 그 친구가 스코틀랜드 연대에서 군 생활을 하고 싶어 했기 때문이었다. 예트먼은 홍콩 파견 근무도 지원했다.

"저는 군인이었어요. 훈련은 받았지만 전쟁을 체험해 본 적은 없었지요. 다른 모든 젊은이들처럼 저 역시 전쟁을 해 보고 싶었답니다."

180cm가 훌쩍 넘는 키에 기관총 사격 실력이 좋았던 그는 B중대의 기관총 사수로 배치되었다.

미들섹스 대대에 온 데븐포트 토박이인 존 플럭 중사는 육군 초급 지휘관 과정을 수료한 지원자였다. 육군 초급 지휘관 과정은 당시 촉망받는 하사관들을 위한 최고의 교육 과정이었다. 대대에 도착한 그는 상황이 매우 혼란스럽다는 것을 알았다. 그러나 부대원들의 사기는 최고 수준이라는 것도 알았다. 거기에는 크리스 로렌스의 공이 컸다. 플럭 중사의 실전은 처음 며칠 동안은 훈련처럼 진행되었다.

* * *

작전은 계속 진행 중이었다. 보고서에는 북진하고 있는 미군 부대의 선전 소식이 기록되어 있었다. 9월 25일, 제27여단의 전쟁 일지에는 다음과 같은 내용이 있었다.

"여단은 현재 성주로 진격 중이며, 적이 북쪽 및 동쪽으로 진행하는 것을 막고, 제1군단의 좌측면을 보호하기 위해 진지를 점령하고 있다."

미군 셔먼 전차들을 선두에 세운 미들섹스 대대는 그들이 싸워 얻어냈던 고지들 사이의 고갯길로 나아갔다. 북한인민군 후퇴의 징후는 곳곳에서 보였다. 월로비는 이렇게 말했다.

"길 양쪽에 모든 종류의 군장비가 잔뜩 버려져 있었어요. 박격포, 중기관총, 대전차포, 차량도 버려져 있더군요."

그러나 북한인민군은 여전히 군기를 유지하고 있었다.

"적들이 장비를 버릴 때는 반드시 중요 부위를 제거하고, 또 많은 경우 부비트랩까지 설치했다는 점에 놀랐습니다. 적은 매우 질서 있는 후퇴를 하고 있었습니다.[82]"

후퇴하는 북한인민군은 주로 도로를 통해 행군하던 UN군에게 지독한 선물을 뿌려 댔다. 여단 본부가 모두 차량 호송대에 탑승해 행군하고 있던 9월 26일, 제프스의 말에 따르면 이런 일이 있었다고 한다.

"경비소대 병력을 태운 1.5톤 트럭이 너무나도 갑자기 폭발음과 함께 산산조각이 났습니다."

지뢰 1발, 어쩌면 서로 연결된 지뢰 2발이 트럭 밑에서 터진 것 같았다. 트럭에 탔던 모든 사람들이 허공에 날려 보내졌음에도, 사망자는 1명뿐이었다. 지뢰 전문가인 공병 상사가 현장을 보러 왔다. 그는 이렇게 말했다.

"3발을 하나로 연결해 놨군요."

그래서 장병들은 주변의 땅을 찔러 다른 지뢰가 없는지 찾았다. 그래도 행군은 계속되었다. 또 다른 대형 차량인 베드포드(Bedford) 트럭이 격파될 때까지는 말이다. 제프스의 말이다.

"트럭의 앞쪽이 분해되어 버리고 없었습니다."

그는 무전으로 스카멜(Scammel) 구난차량을 불렀다. 그러나 우선 총검으로 지면을 찔러 보고 나서 무전을 쳤다. 스카멜 구난차량을 잃을 여유는 없었기 때문이다. 다른 지뢰는 없었다.

장병들은 차량 바닥을 지뢰로부터 보호하기 위해 모래주머니를 깔았다. 그러나 지뢰가 터지면 차량이 도로 밖으로 튕겨 나오고, 금속 파편이 90m 이상 비산한다는 점을 감안한다면 그런 방책은 잘 봐줘야 피해를 줄이는 효과 말고는 없었다. 그리고 지뢰가 길 위에만 있으라는 법도 없었다. 다이하드 도보 정찰대는 어느 빈 마을에 들어갔는데 도처에 인계철선이 있음을 발견했다. 마을 전체가 거대한 부비트랩으로 변했던 것이다.[83]

성주 군은 무혈점령되었다. 광장에는 북한군 1개 포대가 서 있었다. 모든 포의 포구는 바나나 껍질처럼 갈라져 있었다. 폭약을 사용해 포를 자폭시킨 것이었다. 나중에 알게 된 것이었지만 교차로에 있던 성주 군은 낙동강 전투를 위한 주요 보급소였다. 따라서 제2축인 성주 군을 점령한 것은 생각보다 훨씬 중요했다. 맨 중령은 이렇게 말했다.

"북한군은 이곳에 탄약을 비롯한 다량의 보급품을 가져다 놨어요. 그곳을 우리 영국군이 점령함으로써 명예를 드높인 것이지요."

여단은 성주 군에서 전쟁의 참화를 처음으로 가까이서 보았다. 윌로비는 이렇게 적었다.

"성주 군은 엄청난 대가를 치르고서야 UN군에 의해 해방되었다. 어딜 보나 시커멓게 탄 잿더미가 산을 이루고 있었고, 온전히 형체를 유지한 것은 대로말고는 없었다. 'UN군을 환영합니다.'라고 적힌 현수막이 걸레가 다 되어 나부끼고 있었다. 죽음의 향기가 모든 곳에 배어 있었다.[84]"

불쌍한 민간인들은 줄지어 도시로 들어왔다. 그들은 불구가 된 이웃과 친척들을 데리고 들어왔다. 그들의 치료를 바라면서 말이다. 다이하드는 미 공군이 투하한 나비 대인지뢰에 의해 부상당한 25명의 민간인을 치료했다. 많은 사람들의 부상에 패혈증이 생겼고, 손가락을 괴저로 잃었다.[85] 미들섹스 대대는 모든 의약품을 소모했다.

낙동강의 석양을 아름답다고 느낄 정도로 감성적인 병사였던 줄리언 툰스톨은 다리가 부스러진 소년을 보았다. 그는 그 모습을 보고 아무 말도 할 수 없었다. 툰스톨은 후일 이렇게 적었다.

"그때 나는 아무 잘못 없이 그 광기와 잔인함을 견뎌 낸 한국인들의 용기와 인내에 경의를 표했습니다. 그리고 오랜 시간이 흐른 후에도 그 마음은 그대로입니다.[86]"

감수성이 그리 뛰어난 사람이 아니던 맨 중령도 이 모습을 보고는 흔들렸다.

"민간인 사상자가 발생하다니 실로 끔찍한 일이었습니다. 지독한 상처들을 보았지요. 모든 살이 불타서 살아 움직이는 해골 같은 사람도 보았습니다."

이런 모습은 신속한 반향을 일으켰다. '해방'이라는 말의 빈번한 사용에 의문을 품기 시작한 보이델은 이런 말을 했다.

"어떤 나라에 쳐들어가서 그 나라 사람들을 마구 죽이는 게 과연 도덕적으로 옳은 일인가 하는 의문이 그 광경을 보고 생겼습니다. 그 사람들은 공산주의니 뭐니 하는 데는 관심도 없을 뿐더러, 그저 배부르게 잘 먹고 잘 사는 게 주된 관심사였을 뿐인데 말이지요. 이게 '해방'이라면 참 웃기는 해방이라는 생각이 들었습니다. 이 사람들은 우리가 없었으면 더 잘 살았을지도 모르는데 말이지요."

성주 군을 점령한 미들섹스 대대는 산개해 주변을 수색했다. 십스터는 이렇게 말했다.

"도로변에는 다수의 불탄 T-34 전차와 SU-76 자주포가 있었습니다. 미군의 항공 공격의 효율성을 단적으로 보여 주는 사례였죠."

그러나 미들섹스 대대의 전쟁 일지에 따르면, 마을에서 회수된 적 소화기는 극소수였으며, 도로에는 적의 계급장이 잔뜩 널려있었다고 한다. 아마도 만약의 경우 신원 확인을 어렵게 하기 위한 조치였을 것이다.[87] 윌로비는 적의 버려진 진지들이 매우 훌륭하게 축성되어 있었음을 알아냈다. 그들의 참호는 길이 1.8m, 너비 0.6m, 깊이 1.2m로 영국군 참호와 비슷했지만, 갓 파낸 흙을 조심스럽게 주변에 흩어 놓아 예술의 경지에 가깝도록 완벽히 위장했다. 윌로비는 강에서 아무것도 보이지 않은 것이 무리도 아니라고 생각했다.[88]

적의 주력 부대는 이미 이곳을 떠났지만, 그들에게서 버림받은 소수의 불운한 잔여 병력들이 남아 있었다. 윌로비는 어느 마을의 집에서 영국 병사가 경비 중인 적 포로를 만났다. 부상당한 포로의 무릎은 괴저로 곪아 터졌고, 구더기가 들끓고 있었다. 엄청난 고통을 당하고 있는 것이 분명했다. 윌로비 소령은 자신은 영국군이며, UN군의 일원이고, 치료를 해 주겠다고 약속했다. 통역관 허 소년이 이 말을 한국어로 통역해 포로에게 들려주었다. 그 말을 끝까지 다 들은 포로는 한쪽 팔꿈치에 의지해 몸을 일으켜 세웠다. 윌로비가 몸을 굽히자 그 포로는 윌로비의 얼굴에 침을 뱉었다. 윌로비는 이런 글을 썼다.

"공산주의자들의 세뇌 교육이 어떤 것인지 직접 본 것은 그때가 처음이었다. 그런 경험을 하고 나니 나는 상당히 두려워졌다."

그 포로는 불과 13세 정도로밖에 보이지 않았다.[89]

적에 대한 보고는 모호했다. 윌로비는 어느 마을을 정찰 기지로 사용하면서 민간인들을 신문했다.

"한국 민간인들의 답은 모두 똑같았다. '많은 북한군들이 와서 소 한 마리를 징발해 갔다.' 그리고 손을 뻗어 고지를 가리켰다. 그것이 패배한 적의 잔당을 가리키는 것인지, 현지 산적을 가리키는 것인지, 우리를 만족시키려고 꾸며 낸 이야기인지는 전혀 알 수 없었다.[90]"

이상한 나날들이었다. 적뿐만 아니라 많은 민간인들도 도망쳐 숨었다. 미들섹스 대대에 복무하던 아일랜드인 프랭크 스크리치 파월은 화려하게 장식된 황동 축음기를 발견했다. 태엽을 감은 다음에 레코드를 올려 보니 빙 크로스비의 노래 〈Red Sails in the Sunset〉이 나왔다. 그는 축음기를 내버려두었다. 자신이 훔쳐도 되는 물건이 아닌 것 같았다. 가을의 석양이 비추고 있었지만, 버려진 마을은 으스스한 느낌을 주었다. 어느 마을을 정찰하던 맨클로우는 작은 집 안으로 들어갔다.

"그 집 안에는 어떤 할머니가 계셨어요. 저는 그분에게 말을 걸려다가, 그분이 목에 밧줄을 걸고 있다는 걸 알아챘지요. 자살을 한 거였어요. 저는 거기서 빨리 빠져나왔지요. 그 광경은 잊히지가 않더군요."

어디에나 소소한 비극은 있었다. 현지 도로로 사람들이 마구 밀려들자 고전적인 운송 수단이 지나갈 여유도 사라졌다. 미들섹스 대대 정찰대가 어느 작은 다리에서 멈춰 섰을 때, 십스터는 다리 아래를 보았다. 말라 버린 강바닥 위에 달구지가 넘어져 있었고, 가족들이 차축 위에 앉아 흐느끼고 있는 것이었다. 십스터는 이렇게 말했다.

"그때 7~8명의 병사들이 내려가서, 갖고 있던 레이션을 주고, 그들을 암거 쪽을 통해서 도로 위로 올렸던 것을 기억해요. 그 이상 도와줄 수 없다는 것이 아쉬웠죠. 그 식구의 소는 죽어가고 있었으니까요."

병사들은 할 수 있는 일을 했다. 스크리치 파웰은 모래주머니 안에 레이션을 잔뜩 넣어가지고, 도로 옆에 있는 반쯤 무너진 집에 살고 있던 상처받은 식구들에게 주었다. 그러면서 그들에게 자신의 아내와 아이의 사진을 보여 주었다.

"제 마음속에는 슬픔이 가득 찼습니다. 그 집에는 아이들 장난감 몇 개 빼고는 물건이 아무 것도 없었어요."

그러나 전쟁터는 착실히 북쪽으로 옮겨가고 있었다. 윌로비는 이렇게 적었다.

"또다시 즐거운 나날들이 찾아왔다. 마치 평시인 것처럼 꿈결 같은 며칠이 흘러갔다. 이 낯설고 신기한 나라에서.[91]"

그는 한국의 아름다운 풍경에 반했다. 논 사이에 자리 잡은 마을들, 산 사이로 흐르는 시냇물…… 그는 그 풍경에 빠져 작전 같은 것에는 흥미가 없어졌다. 그는 이런 글을 썼다.

"태양, 파란 하늘, 산 사이에 자리 잡은 금색으로 빛나는 논밭, 이 모든 것들은 갑자기 너무나 아름답게 느껴졌다. 지난 일들과는 아무 상관도 없는 샹그릴라(이상향)에 예기치 않게 들어온 기분이었다.[92]"

정보가 계속 들어왔다. 9월 29일, 여단은 '뛰어나고 영웅적인 임무 수행'으로 대한민국 대통령 부대 표창을 받게 된다는 통지를 받았다.[93] 더 중요한 소식도 있었다. 듣기에 따라서는 놀랍기도, 짜증나기도 한 소식이었다.

D중대가 얼마 전에 수신한 라디오 방송에서 아나운서는 대한민국의 수도 서울에서 벌어지고 있는 격전에 대해 설명했다. 윌로비는 그 방송을 듣

고 궁금증이 들었다.

"아나운서는 서울에서 치열한 전투가 벌어지고 있다고 숨 쉴 틈도 없이 줄줄이 이야기했지요. 그런 전투가 벌어졌는데 서울에 뭐 하나 멀쩡한 게 남아 있을까 하고 궁금했죠."

그러나 서울은 이곳에서 북동쪽으로 225km나 떨어져 있었다. 그곳에는 어떤 적이 있을까? 제27여단은 북한인민군이 전 병력을 투입해 부산 방어선을 포위하고 있으며, UN군은 부산 방어선 내에 집결해 있는 것이 틀림없었기 때문이었다. 그리고 UN군이 곧 바다로 나가게 될 것이라는 이야기를 들었기 때문이었다. 윌로비는 이렇게 썼다.

"처음은 아니었지만, 궁금증이 끊이지 않았다."[94]

전시에 정보는 '듣는 사람이 알아야 하는 것만' 주어지기 마련이다. 대부분의 장병들이 더욱 폭넓은 전략적 상황을 보는 창구는 뉴스 보도였다. 영국 제27여단이 배속된 워커의 제8군이 낙동강에서 작전하는 동안, 다른 UN군들은 서울을 최종 목표로 한 상륙작전을 벌였다. 라디오 앞에 모인 의욕 높은 D중대 장병들은 방송을 통해서야 이 사실을 알게 되었다. 그들이 상륙한 곳은 인천이었다.

제4장
전황의 변화와 새로운 우방국들

여행을 준비할 때면 언제나 죽음을 준비한다.

내가 돌아오지 못해도 모든 것은 제대로 돌아가야 하니까.

−캐서린 맨스필드(Katherine Mansfield)

서해, 9월 13일 아침.

첫 실전 임무에서 돌아온 지 얼마 되지 않은 영국 해병대의 레이몬드 토드 중사는 기분이 몹시 좋지 않았다. HMS 자메이카에서 복무한 함대 해병대원이며 카운티 더럼 토박이인 그는 제2차 세계대전에 참전하지 못한 다른 많은 군인들과 마찬가지로, 가슴 가득히 훈장을 달아 보지 못한 자신을 2등 국민 정도로 여겼다. 그런 부분 때문에 그는 지원자 모집 공고를 봤을 때 바로 지원했다. 극동 주둔 함대 해병대와 해군 인원 중에서 선발된 인원으로 특별 기습부대를 편성한다는 공고였다. 부대 인원은 불과 14명이었으나 최정예였다. 이들은 지난 8월 중순부터 일본에서 미 해병대의 지원하에 훈련을 받았다. 영국 해병대 중위 데렉 파운즈의 지휘를 받는 이들의 주특기는 해안 기습이었다. 이들 파운즈 부대의 첫 임무는 서울로 흘러드는 한강 어귀의 항구 도시인 인천에서 남쪽으로 145km 떨어진 군산 인근 해안에 대한 정찰 임무였다. 날짜는 9월 12일 밤이었다.

그 임무는 우스꽝스럽게 끝이 났다.

파운즈 부대는 미 육군 레이더스(Raiders) 1개 중대와 함께 영국 해군의 프리깃함 HMS 화이트샌드 베이(Whitesand Bay)에 탑승했다. 파운즈 부대는 목표 해안 남쪽을, 레이더스 중대는 북쪽을 정찰할 예정이었다. 목표의 중간에는 곶이 튀어나와 있었다. 토드가 보기에는 함께 참가하는 미군 부대가 영 이상했다. 이들은 중무장한 데다 병력도 1개 중대에 달했다. 정찰 부대 치고는 너무 많은 병력 아닌가? 하는 생각이 들었다.

일은 처음부터 잘못되어 있었다. 등화관제를 유지한 HMS 화이트샌드 베이가 서해 밤바다 위의 실루엣으로 보이는 앞바다의 작은 섬들 사이로 미끄러져 들어가는 동안, 갑판 위에 나와 있던 장병들은 섬에서 섬으로 불빛이 전달되는 것을 보았다. 통신 신호일까? 그것과는 상관없이 작전은 시작되었다. 파운즈 부대의 고무보트는 해안에서 150m 떨어진 모래톱 근처에 내렸다. 파운즈 부대는 소리 없이 바닷가로 노를 저어가기 시작했다. 별안간 고무보트 왼쪽의 바다에 적의 총알이 떨어지기 시작했다. 곶에서 총의 발사광이 보였다. 미군들도 적의 사격을 당하고 있는 것 같았다. 영국군이 육지로 나아가고 있을 때 무전기가 칙칙거리기 시작했다. 작전 속행이 어려워졌으므로, 파운즈 부대에게 후퇴 명령이 내려온 것이었다. 그들은 실망하며 01:30시경 프리깃함으로 돌아왔다.[1] 함상에서 그들은 미군 레이더스 9명이 실종된 것을 알았다. 프리깃함의 함장은 조바심을 냈다. 아침 해가 비칠 때 배가 해안가에 있으면 꼼짝없이 적의 사격을 당하게 된다. 그러나 그는 실종된 미군을 버리고 갈 수는 없었다. 04:45시 사전에 약속된 비상 퇴출 지점에서 조명 신호가 나왔다. 실종된 레이더스 중 7명이 돌아왔다. 2명은 전사해 해안에 버리고 왔다고 했다. HMS 화이트샌드 베이는

공해를 향해 나아갔다.[2)]

작전은 끝이 났다. 토드는 이렇게 말했다.

"작전이 완전히 실패한 걸로 생각했습니다.[*]"

그를 비롯한 파운즈 부대의 다른 대원들은 요동치는 배의 상갑판에 드러누워 잠을 청했다. 그러다가 엄청난 천둥소리를 듣고 잠이 깼다. 그들은 주변의 바다를 둘러보고 놀랐다.

"새벽이 되자 우리를 둘러싼 대 함대가 어딘가에 포격을 가하고 있더군요. 그곳이 인천이라는 것은 나중에야 알았어요."

그날은 1950년 9월 14일. 제2차 세계대전 이후 사상 최대 규모의 상륙 작전인 '크로마이트(Chromite)' 작전의 D-1일이었다.

* * *

대담한 작전이었다. 상륙 부대인 제10군단은 여단 규모였다가 사단 규모로 증강된 미군의 최정예 부대인 미국 제1해병사단, 미 육군 제7보병사단, 한국 해병대 2,600명으로 이루어져 있었다. 강력한 전투 부대였다. 그러나 상륙 작전은 매우 위험한 작전이었고, 크로마이트 작전은 그중에서도 제일 위험했다. 상륙 부대는 적의 방어 시설이 있는 매우 좁은 통로로 지나가야 했으며, 게다가 인천의 조수간만 차이는 세계 최고 수준이었다. 따라서 상륙 작전을 벌일 수 있는 시기는 하루에 두 시간 정도밖에는 없었다. 때문에 미 해군과 해병대의 사실상 전원이 이 작전이 너무 위험하다며 반대했다. 그러나 맥아더는 반대자들을 물리치고 이 작전을 밀어붙였다.

---

* 40년 가까이 지난 후, 토드는 작전이 사실상 성공이라는 것을 알았다. 이 기습은 정찰 작전이 아니라, 적의 관심을 인천에서 돌리기 위한 양동 작전이었던 것이다.

토드 중사를 깨운 천둥소리 같던 포성은 자그마치 230척의 군함이 목표 해안에 함포를 쏘는 소리였다. 이 230척에는 항공모함, 전함, 순양함, 구축함, 로켓탄 발사정, 상륙함 등이 모두 망라되어 있었으며, 영국 해군의 기동부대도 참가하고 있었다. 9월 15일, 불타는 인천의 정유 공장이 시커먼 연기를 하늘 높이 뿜어 올리는 가운데, 크로마이트 작전은 시작되었다. 상륙정에서 하선한 미 해병대원들은 사다리를 이용해 방파제를 극복했다.

서울에서 피난 온 이종연 소위도 그중의 한 사람이었다. 이제는 '존 리'라는 이름으로 불리고 있었지만 말이다.

"미 해병대는 영어를 할 수 있는 한국인을 필요로 했지요."

그는 함포 사격으로 공기가 흔들리는 것을 느꼈다.

"끝없이 계속되더군요!"

그는 목표 해안에 접근 중인 상륙정의 램프 너머로 방파제를 보았다. 방파제 너머에 있는 산들도 보였다. 이들을 태운 상륙정이 해안에 닿자, 해병대원들은 뛰어내렸다. 목표 해안은 잿더미로 변해 있었다고 이종연은 말했다. 해병대원들은 앞으로 돌격했다. 포격으로 넋이 나간 북한인민군 생존자들은 벙커에서 나와 양손을 들었다.

맥아더는 기함 USS 마운트맥킨리(Mount Mckinley)의 노천 함교에서 이 장관을 보고 있었다. 전투가 지형지물에 가급적 잘 녹아들어 분산된 소부대 단위로 이루어지는 시대에 이런 엄청난 광경을 보여 주는 인천 상륙작전은 모두의 정복욕을 일깨워 주는 부분이 있었다. 머리 위에서는 연기 구름을 뚫고 전폭기 편대가 날아갔다. 바다에서는 상륙정들이 맴을 돌다가 일렬횡대를 지어 목표 해안으로 나아갔다. 지평선은 터져 나오는 전투의 화염으로 가득했다. 가죽 재킷과 정모를 쓰고 손에는 쌍안경을 든 맥아더 장군이 짓던 미소는 사진으로 남았다. 그가 미소를 지을 만한 이유는 충분했다. 작전은 마치 시계처럼 정확히 제시간에 이루어져 주었다. 녹색 해안, 적색 해안, 청색 해안 모두가 도미노처럼 무너져 버렸다. 모두의 만류에도 불구하고 맥아더는 주사위를 던졌고, 주사위의 눈은 6이었다.

작전 제1일차는 성공이었다. 이종연은 인천으로 들어갔다. 그는 항구를 내려다보는 절벽을 뚫어 만든 터널 속에 있던 수많은 소련제 무기를 지나쳤다.* 이종연은 이렇게 말했다.

"그 터널 안에는 소련제 야포와 포탄들이 잔뜩 들어가 있었지요. 하지만 전투 전에 소련 군사고문들이 철수하자, 누구도 그 무기를 운용할 수 없었습니다."

또한 선전선동을 위해 스탈린과 김일성의 어록도 도처에 적혀 있었다. 이종연의 말이다.

"북한 친구들은 그 글들을 읽느라 많은 시간을 소모했을 것 같아요."

한국 해병대가 시내의 적을 소탕하는 동안, 미 해병대는 서울로 진격했다. 9월 18일에는 미 육군 제7보병사단의 상륙이 시작되었다.

파운즈의 부대는 상륙 참가에 성공했다. 파운즈 부대는 미군 레이더스와 함께 김포 비행장 점령 임무를 맡았다. 김포 비행장은 인천과 서울 사이에 있었다. 하지만 그것은 부차적인 일에 불과했음이 드러났다. 토드는 이렇게 말했다.

"미 해병대는 너무 빨랐어요. 우리는 그 친구들의 꽁무니만 쫓아간 격이었죠. 그놈들은 우리가 김포 비행장에 도착하기도 전에 그곳을 이미 점령해 놓고 있었어요."

김포 비행장에서는 꽤 치열한 전투가 벌어진 것이 분명했다. 부서진 항공

---

* 오늘날 이곳은 인천자유공원이 들어서 있다. 맥아더 장군의 동상도 서 있다.

기 잔해와 적 시신들이 가득했다. 파운즈 부대는 제10군단의 후방에서 게릴라를 소탕하던 한국 해병대와 만났다. 당시 20세의 영국 해병대원이던 제프 킹은 이렇게 말했다.

"우리는 문젯거리를 찾아다니고 있었지요."

그는 홍콩에서 어느 날 밤 술을 마신 다음 파운즈 부대에 지원했다. 지원한 사유는 소속된 군함으로 들어가는 마지막 배를 놓치고, 다른 배를 '빌려서' 들어가다가 군함의 당직사관에게 딱 걸렸기 때문이었다.

교외를 순찰하던 파운즈 부대는 어느 마을에 도착했다. 킹과 또 다른 한 사람이 마을을 정찰하는 임무에 투입되었다. 그들은 조심스럽게 전진했다. 킹의 말이다.

"거기에는 '국'들이 있었어요. 그들의 소총을 보았을 때, 저는 그들이 누구인지 다소 헷갈렸지요."

아무튼 킹은 그들에게 백린 수류탄을 던졌다. 초가집이 불타기 시작했고 북한군들이 뛰어나오면서 혼전이 시작되었다. 파운즈가 민간인을 지원하라는 명령을 내리면서 사격은 중지되었다. 킹은 이렇게 말했다.

"파운즈는 매우 관대한 사람이었어요. 그날 밤 그는 마을 인근의 어느 흙더미 근처에 참호를 파고 거기서 잤지요. 다음 날 아침이 되니 파운즈의 몸에서는 이상한 냄새가 났어요. 단내와 신내가 섞인 듯한 그 냄새 때문에 누구도 자기 곁에 오지 않는다고 그는 불평했지요. 알고 보니 그가 파들어간 흙더미는 그 지방 사람의 묘지였어요. 그는 시체 옆에서 잠을 잤던 셈이지요."

정찰은 계속되었다. 땅 위에 내버려진 시체를 보자 이 전쟁의 지독한 야만성은 분명히 드러났다. 나무들 근처에 약 20여 구의 한국인 남성들의 시신이 쓰러져 있었다. 모두 옷이 벗겨져 있었고 사지가 절단당해 있었으며,

성기도 잘려 있었다. 어떤 사람은 배가 갈려 내장이 없어진 상태였지만, 아직 살아 있었다. 영국군은 그에게 모르핀을 놔주어 안락사시켰다.

"그것 외에 우리가 해 줄 수 있던 일은 없었습니다. 우리는 정찰 부대였으니까요."

어떤 벌거벗은 시신은 엎드린 자세로 있었고, 갈라진 배에서 튀어나온 직장 사이에 뭔가가 보였다. 킹은 보지 않으려고 했지만, 눈이 돌아가는 것을 어쩔 수 없었다. 그것은 수류탄이었다. 누군가 시체를 옮기려고 하면 폭발하게끔 설치한 매우 치졸한 부비트랩이었던 것이다. 킹은 이렇게 말했다.

"우리는 계속 움직였지요. 왜 그런 일이 벌어졌는지는 끝내 알아내지 못했습니다."

킹은 본 것을 떠올리지 않으려 애를 썼다. 다른 사람들도 방금 본 것에 꽤 충격을 받은 모양이었다. 토드 중사가 이렇게 말했기 때문이다.

"인생 별 거 없군."

서울은 인천에서 30km 떨어져 있다. 서울은 인천보다 훨씬 공략이 어려운 곳이었다. 인천을 지키던 북한군의 수는 2,500명이었지만, 서울에는 조선노동당 간부까지 합쳐 2만 명이 있었다.[3] 당시 100만 명이 넘는 인구가 살고 있던 서울의 면적은 145km²였고, 북한인민군은 특히 서쪽의 대학가 고지 속에 진지를 구축하고 있었다.[4] 도로는 모래주머니로 막혀 있었고, 건물은 진지화되어 있었다. 도시 곳곳에는 스탈린과 김일성의 초상화는 물론, 구호를 적은 거대한 플래카드가 잔뜩 걸려 있었다. 해병대 분대는 그 아래 펼쳐진 거리를 달리며 전투를 벌였다. 전차와 포병은 영거리 사격을 가해 북한군의 강화 진지를 날려 보냈다. 항공 공격 역시 지원을 요청하면 즉각 이루어졌다. 전투가 벌어지는 수도 서울에서는 엄청난 먼지구름이 뿜어 올려졌다.

젊은 화가였던 김성환은 이미 전세가 북한인민군에 불리하게 돌아가고 있음을 알아챘다. 그는 등화관제가 실시 중인 철도역에서 전선으로 떠나는 젊은 병사들을 보았다. 그 병사들 중 일부는 무기도 들고 있지 않았다. 거리에서는 북한군 장교가 타고 가던 모터사이클이 어느 농부의 소달구지에 부딪쳐 넘어지자, 화가 난 북한군 장교가 권총을 꺼내 농부를 협박하는 광경도 보았다.

"인민군들은 이성을 잃고 있었어요. 소달구지가 멈추거나 방향을 전환하려면 꽤 시간이 걸린다는 것은 당시 상식이었는데도 말이지요. 전쟁은 그들에게 불리하게 진행되고 있었어요."

김성환은 미군의 공습 모습을 스케치했다. 불타는 석양을 배경으로 급강하하며, 전통 가옥 지붕을 향해 붉은 화염을 뿜는 로켓탄을 쏘는 미군 항공기의 실루엣을 그렸다. 그가 처음으로 미 해병대를 보았을 때, 그는 그들이 40대나 50대 정도는 된 줄 알았다. 그들의 실제 나이가 10대 후반에서 20대 초반에 불과하다는 사실을 알고 김성환은 놀랐다. 전투 스트레스와 깎지 못한 수염 때문에 그들은 실제보다 훨씬 나이 들어 보인 것이었다.

미 해병대에는 AP 통신의 사진기자인 맥스 데스포도 있었다. 그는 서울 시가지에서 걸작 한국 전쟁 기록 사진을 촬영하는 데 성공했다. 그 사진은 가장 인상적인 전쟁 기록 사진으로 남아 있다. 영화에서와는 달리, 전쟁에서는 한 프레임 안에 전투 중인 적과 아군을 동시에 담기란 극히 어렵다. 데스포는 무너진 시가지에서 꼼짝 못하고 있던 미 해병대 1개 분대와 함께 있었다. 병사들은 적의 저격을 받고 쓰러져 가고 있었지만, 적의 저격수는 보이지 않았다. 그때 또 총성이 울렸다. 데스포는 몸을 돌렸다. 북한인민군 저격수가 배수로의 시멘트 블록 아래에 숨어, 불과 수 미터 떨어진 해병대원들의 발목 높이에서 총을 쏘고 있었던 것이다. 데스포는 말했다.

"운이 다한 것인지 본능 때문이었는지, 아무튼 적 저격수가 몸을 일으키자 해병대원들이 사격을 가해 그를 쓰러뜨렸습니다."

그의 카메라는 세 명의 해병대원들이 불과 5m 떨어진 곳에 엎드려 있던 북한 저격수를 쏘아 죽이는 모습을 촬영했다. 데스포는 과거 해병대를 따라 오키나와에도 가 봤지만 한국은 또 달랐다.

"제2차 세계대전에서는 전투가 원거리에서 벌어졌습니다. 한국만큼 가까이에서 싸우지는 않았지요."

전투의 결말은 정해져 있는 것이나 다름이 없었다. 북한인민군의 강화 진지는 하나둘씩 무너져 갔다. 맥아더가 울먹이던 이승만 대통령에게 서울을 인계하러 온 9월 29일, 서울은 고립된 북한군이 지키는 극소수의 지역만 제외하면 완전 탈환되었다. 전투가 비껴간 곳은 멀쩡했지만 그렇지 않은 곳은 엄청난 폐허더미로 변했다. 서울 점령 후 김일성을 그린 다수의 수채화가 노획되었다. 흰 옷을 입은 사람들의 시신이 건물 앞 광장마다 잔뜩 쌓여 있었다. 타이어가 사라진 채 멈춰 선 차 안에서는 누더기가 다 된 옷을 입은 고아들이 살고 있었다. 불타고 산산조각난 적의 시신들이 차량에 밟혀 납작해졌다.

복수의 시간이 돌아왔다. 대한민국 정부는 전쟁 초반에 퇴각하면서 무수한 좌익 인사들을 학살했다. 북한인민군도 점령지에서 무수한 학살을 자행했으며, UN군에 쫓겨 퇴각할 때도 마찬가지였다. 서울에 입성한 많은 한국군 병사들은 북한인민군에게 진 원한을 갚고자 했다. 이러한 경향은 북한을 탈출한 기독교인들로 이루어진 대한민국 육군 제17연대가 특히 더 심했다. 그들의 가족들이 북한 치하에서 숙청당했기 때문이다.* 데스포는

---

* 북한은 여전히 연좌제가 있다. 정치범의 경우 범인 뿐 아니라 그 가족들도 노동 및 재교육 수용소에 감금된다.

북한 측 부역자가 구타당하는 장면을 촬영했다. 그러나 대한민국 정부가 생각하는 '정의'는 그것보다 훨씬 가혹하게 구현되는 경우가 대부분이었다.

이종연은 어떤 보복 장면을 보고 눈물을 흘렸다. 그에게 영문학을 가르쳐 주었던 교사인 이인수가, 북한의 서울 점령 기간 중 강요에 못 이겨 영어로 선전 방송을 했다. 이종연은 이렇게 말한다.

"서울이 국군에 점령되었을 때, 그는 육군 제17연대에 인계되어 재판을 받고 유죄 선고를 받았어요. 지금 와서 생각해 보니 아마 그 이후 즉결총살되었을 것 같아요. 정말 슬픈 일이었죠."

전세는 바뀌었다. 남쪽에서 제27여단이 공산 게릴라를 사냥하는 동안, 워커의 제8군 예하 기계화 부대는 북진을 계속했다. 제8군의 선봉부대는 9월 27일에 제10군단과 상봉했다. 다만 협공의 양날이 맞물린다고 해서 그 안에 있던 적들이 전멸하는 것은 아니었다. 한국은 산악 지형이기 때문에 의지가 뛰어난 부대라면 충분히 포위망을 뚫고 돌파가 가능했다. 하지만 한때 신속한 진격으로 세계를 놀라게 하고, 뛰어난 전투력과 잔혹성으로 유명해진 김일성의 장검 북한인민군은 부러져 나간 것이나 다름없었다. 개전 당시 북한인민군의 총병력은 13만 7,000명.[5] 그중 북한으로 퇴각하는 데 성공한 사람은 3만 명이 넘지 않았다.[6]

* * *

9월 28일, 제3국 소속 장병들이 UN군에 합류하러 부산항에 상륙했다. 이들은 영국제 무기를 들고 있었고 영국식 군복을 입고 있었지만, 영국군과는 모자가 달랐다. 챙이 넓은 슬라우치 햇(slouch hat)을 쓰고 있기 때문이었다. 일본에서 온 이 덩치 크고 강인한 이미지의 그을린 사나이들은 왕립 오스트레일리아 연대 제3대대 소속이었다.

오스트레일리아는 영국과 마찬가지로 한국과의 연관은 적었다. 하지만 1950년 5월 UN의 요청에 따라 2명의 야전 관측관을 38선에 파견한 적은 있다. 6월 25일 북한의 침공 이후, 오스트레일리아 정부는 영국 정부의 방침을 따르기로 했다. 6월 29일, 영국 해군이 한국 해역에서 작전하게 되자 오스트레일리아도 해군을 한국에 파병했다. 같은 날, 일본 주둔 오스트레일리아 공군 제77전투비행대대(F-51 머스탱 장비)도 참전했다.[7] 7월 25일, 맥아더는 당시 해외에 주둔해 있던 오스트레일리아군 유일의 보병 부대인 왕립 오스트레일리아 연대 제3대대의 파병을 공식 요청했다.

제1차 세계대전에서 오스트레일리아 육군은 전설적인 무공을 세웠다. 당시 대영제국 군대 중에서 보병의 기량은 단연 최고로 평가받았다. 또한 제2차 세계대전에서도 중동과 극동에서 뛰어난 전공을 세웠다. 제1차 세계대전 때 오스트레일리아 육군은 '디거(Digger)'라는 별명을 얻었다. 아마도 갈리폴리 전투 때 뛰어난 참호 축성술을 보여 주었기 때문일 것이다. 그 별명은 1950년까지도 유효했다. 그러나 제2차 세계대전 후 오스트레일리아 육군의 전력은 크게 감축되었다.

1947년 오스트레일리아 정부는 장차 육군을 1개 여단 규모로 줄이고, 부족한 병력은 예비군으로 충당하기로 결정했다. 1950년 당시 오스트레일리아의 유일한 해외 파병 병력은 일본에 있었다. 호레이스 '레드 로비' 로버트슨 중장이 이끄는 이들 오스트레일리아군은 주일 영연방 점령군 전력의 중핵을 이루고 있었다. 그러나 주일 영연방 점령군은 심각한 전력 부족을 겪고 있었으며, 이는 특히 구레 기지에서 더욱 심각하게 드러났다. 1950년 6월 현재 왕립 오스트레일리아 연대 제3대대의 병력은 장교 20명, 사병 530명이었는데, 정원은 장교 33명과 사병 682명이었다. 게다가 이 대대는 지원 부대 및 통신 부대도 없었고, 영국군 제27여단 예하 대대들과 마찬가지로 3개 중대만 가지고 있었다.[8]

미국 점령군과 마찬가지로 왕립 오스트레일리아 연대 제3대대 역시 일본 생활을 즐겼다. 막사의 유지관리는 하인과 하녀들이 맡았다. 맥주는 저렴한 데다 맛있었고, 양도 풍부했다. 게다가 오스트레일리아 병사들에게 친절한 일본 여성들도 얼마든지 있었다. 통신 하사관 잭 갤러웨이는 이렇게 말했다.

"오스트레일리아 디거들에게 이렇게 좋은 곳은 없었지요.[9]"

이들은 일본에 주둔한 유일한 영연방군 부대였기 때문에, 이런저런 행사에 많이도 불려 나갔다. 왕립 오스트레일리아 연대 제3대대 저격분대 소속의 이안 로비 로버트슨은 과거의 적이 너무나 친밀한 태도를 보이는 것에 놀랐다.

"우리 부대가 유니언 잭과 오스트레일리아 국기를 들고 도쿄 시내를 행진할 때마다 일본인들은 손을 흔들며 환호성을 질렀습니다. 그걸 보고 저는 이렇게 생각했지요. '저들과 우리는 불과 몇 년 전까지만 해도 사투를 벌이고 있었지 않은가!'"

로버트슨은 현지 여성 히가시다 마이코(애칭 '미키')와 사랑에 빠져 결혼하기에 이르렀다. 그녀의 오빠는 일본제국육군에서 군복무를 했다. 결혼을 앞두고 마이코는 당시 집안에서 제일 나이 많은 남자였던 오빠에게 승낙을 구했다. 오빠는 로버트슨이 어느 부대에서 군 복무를 했는지 물어보았다. 마이코는 보병이라고 답했다. 그 역시 전투를 경험해 본 병사였던 마이코의 오빠는 그 말을 듣고 결혼을 승낙했다.

여러 미군 부대와는 달리, 왕립 오스트레일리아 연대 제3대대는 하라무라 주둔지에서 전투 훈련은 물론 즐거운 행사도 정기적으로 벌였다. 이 부대는 전원이 지원병이었고 직업군인이었기에 사기 또한 높았다. 7월 25일, 대대장은 맥아더가 왕립 오스트레일리아 연대 제3대대의 한국 파병을 요청했음을 알았다. 대대를 오스트레일리아 본국으로 귀국시킬 준비를 하고 있던 입장에서는 그리 즐겁지 않은 소식이었지만, 이 정보를 접한 디거들은 한국 파병을 긍정적으로 받아들였다.

본부 중대장인 벤 오다우드 대위는 이렇게 말한다.

"저는 무척이나 즐거웠습니다. 파병 소식을 들은 우리는 우리 아니면 갈 사람이 없다고 생각했습니다."

7월 30일 로버트슨은 대대를 방문해 한국에 갈 지원자를 모았다. 26명을 제외한 전원이 지원했다. 8월 초, 대대는 장비를 정비하고, 강도 높은 전투 준비 훈련을 받았지만, 여전히 인원이 모자랐다. 부족한 인원을 채우기 위해 왕립 오스트레일리아 연대의 제1대대와 제2대대에서 지원자를 받았다. 물론 충분한 인원은 아니었지만, 당시는 신병을 훈련시킬 시간이 없었다. 8월 21일, 오스트레일리아 전국에 3년간 재복무(한국 파병부대인 'K부대' 복무 1년 포함)를 원하는 예비역을 모집하는 공고가 나붙었다. 예비역들의 반응은 뜨거워 오스트레일리아 전국의 모병소가 터져 나갈 정도였다.[10]

전쟁은 끔찍한 일이다. 그러나 남자들끼리의 뜨거운 단결심과 우정을 즐기는 이들에게 전쟁은 일상생활에 가까이 있는 것이며, 서로 나눌 수 있는 위험부담이다. 도전적인 과제를 수행하는 집단의 일원이 된다는 데서 오는 자부심은 크나크며, 전투에 임할 때면 격한 아드레날린이 솟아오른다. K부대에 입대 지원을 한 사람들 대부분은 이런 흔치 않은 사람들이었다. 대부분은 야외활동을 즐기는 사람들이었으며, 거의 전원이 제2차 세계대전 참전자들이었다. 인류 역사상 가장 거대한 전쟁에서 싸워 살아남은 거친 사나이들에게 민간인 생활은 시시하기 그지없었다.

왕립 오스트레일리아 연대 제3대대에 지원한 오스트레일리아 직업 하사관인 갤러웨이는 이렇게 말했다.

"K부대에 자원입대한 인원들은 거의 전원 예비역 하사관들이었으나, 재복무 시에는 병 계급이 주어졌습니다."

갤러웨이는 K부대 일부의 오리엔테이션 및 인솔을 맡았다. 그들은 일본으로 떠나기 전 시모어 마을에서 '군기 빠진' 상태로 있었다.

"우리는 퍼브(pub) 주인에게서 이야기를 들은 다음, 3톤 트럭을 끌고 퍼브로 달려가서 병력들을 가급적 빨리 끌고 나와 차에 태웠습니다. 또 다른 퍼브에 들러 거기 있는 나머지 병력들도 끌어내 태운 다음 차를 몰고 숲속으로 달려가 그들을 내려놓고 주둔지까지 걸어가게 했습니다. 좀 걱정이 되더군요. 당시 저는 매우 강건했습니다만 무려 40~50명이나 되는 대원들을 당해 낼 수는 없었으니까요! 그러나 우리는 어쨌든 해냈습니다."

또 다른 지원병은 한국에서의 전쟁 소식을 듣고는, '빨갱이'들을 소탕하러 가겠다고 캔버라 주재 소련 대사관의 잔디밭으로 땅굴을 파 들어갔다.[11]

이런 병사들은 전쟁을 승리로 이끌 힘이 충분했다. 그러나 이들 모두를 이끌 뛰어난 지휘관도 필요했다.

8월 말 어느 날 저녁, 왕립 오스트레일리아 연대 제3대대의 장교들은 '라디오 오스트레일리아'의 뉴스를 듣기 위해 장교회관의 라디오 앞에 모였다. 그들은 새로운 지휘관이 그들 부대의 지휘권을 인수받기 위해 일본으로 가고 있다는 소식을 아나운서로부터 듣고 놀랐다. 정말 아무도 모르던 소식이었다. 심지어 그 뉴스를 듣고 있던 현 지휘관 플로이드 월시 중령 역시 부하들만큼이나 깜짝 놀랐다.[12] 분명히 고급 지휘관들이 심각한 정보 유출을 저지른 것이었다. 월시는 크게 짜증이 날 수밖에 없었다. 오스트레일리아군 최고사령부는 한국 주둔 오스트레일리아군을 이끌 사람으로, 월시보다 훨씬 뛰어난 전투 기록을 지닌 사람을 내정해 놓고 있었다.

당시 퀸스클리프 육군 참모대학에 재학 중이던 30세의 찰스 허큘리스 그린 중령이 그 사람이었다. 키가 크고 날씬하며 젊지만 진지한 인상을 주는 그린은 매우 뛰어난 제2차 세계대전 참전 용사였다. 그리고 그런 그린은 소리 없이 강한 자신감을 뿜어내고 있었다. 병으로 입대한 그린은 얼마 되지 않아 소위로 임관한 다음 북아프리카 서부 사막 전투에서 싸웠다. 그리스에서 독일군에 의해 포위당하자, 그는 부하들을 이끌고 포위망을 빠져나와 터키를 통해 시리아로 들어갔다. 소령으로 진급한 그는 제2차 세계대전에서 제일 끔찍한 싸움터였던 뉴기니에서 싸웠다. 그곳에서 그는 오스트레일리아 육군 최연소 대대장을 맡았으며, 우수복무십자훈장을 받았다.[13] 전쟁이 끝나자 그는 예전부터의 꿈이던 농부가 되고자 육군에서 제대했다. 그러나 자본이 없던 그는 농업을 할 수 없었다. 대신 그는 박봉의 노동자로 전락했다. 전사들을 이끌던 그로서는 나락에 빠진 셈이었다. 그린의 아내 올뤈은 이런 기록을 남겼다.

"얼마 안 가 우리의 꿈은 작아지고, 갈 길을 잃게 되었다. 그런 하찮은 일을 해서는 성공하고자 하던 그이의 큰 꿈을 이룰 수 없었다."

1948년 그는 오스트레일리아 예비군에 입대하고, 1949년에는 정규군에 다시 들어갔다.[14]

그린이 군대에 다시 들어간 것은 운명인 것 같았다. 그는 타고난 지휘관이었으니까 말이다. 그의 내정을 걱정스러운 눈빛으로 보던 사람들도 있었지만, 그런 걱정은 빠르게 자취를 감추었다. 9월 10일에 일본에 도착한 그는 왕립 오스트레일리아 연대 제3대대 장교들 전원을 모아 놓고 연설했다. 퍼스 출신의 초급 장교이던 데이비드 버틀러는 당시의 느낌을 이렇게 말했다.

"그는 조용한 사람이었습니다. 간단한 용어를 써서 우리에게 기대하는 바를 말했습니다. 그가 부임 첫날부터 우리를 확실히 휘어잡았다는 것을 부인할 수 없었습니다. 다음 날 그는 연병장에 모인 전 대대원들에게 연설을 했습니다. 실로 엄청난 명연설이었죠."

그것이야말로 그린의 타고난 능력이었다. 갤러웨이는 이 새로운 대대장이 귀족 출신인 줄 알았다. 그러나 그린은 실제로는 농촌 출신이었고, 어릴 적에 얼굴을 말에게 걷어차인 이후 틀니를 착용하고 있었다. 갤러웨이는 그 사실을 알고 매우 놀랐다.

그러나 코드 및 닐슨과 마찬가지로 그린 역시 부하 장교들과는 거리를 두었다. 브리핑 때 그는 결코 부하 장교들을 이름으로 부르지 않았다. 그린을 무척이나 잘 알던 오다우드는 이렇게 말했다.

"그는 가까워지기 힘든 사람이었죠. 좀처럼 다른 사람과 어울리려 하지 않았어요."

그는 뉴기니 전투 당시 그린에 의해 현지 임관된 사람이었다. 공교롭게도 그린의 별명은 '처클스(Chuckles)'로, 아가일 대대 소령인 데이비드 윌슨과 같았으나 별명이 붙은 이유는 정반대였다. 윌슨이 언제나 매우 쾌활한 사람이었던 데 반해, 그린은 뉴기니에서 도저히 웃음이라고는 모르는 사람으로 낙인찍혔다.[15] 그린의 부하들은 그린을 그냥 '보스(boss)'라고 불렀다.

왕립 오스트레일리아 연대 제3대대의 부대대장은 훨씬 말이 많고 정열적인 사람인 브루스 퍼그 퍼거슨 소령이었다. 그는 그린과는 제2차 세계대전 때부터 아는 사이였다. 그리고 그린과 마찬가지로 던트룬의 오스트레일리아 육군사관학교를 졸업하지 않았다. 버틀러는 이렇게 말했다.

"퍼거슨은 전투 경험이 풍부했어요. 전투가 벌어지는 곳이면 항상 누구보다도 먼저 참전해서 그런 많은 경험을 쌓은 것이지요. 그의 태도는 매우 퉁명스러웠고, 소위 중위들에게는 공포의 대상이었어요."

하지만 일부(절대 '전체'는 아니었다) 병사들은 그를 좋아했다. 로버트슨의 말이다.

"퍼거슨은 강철 같은 사람이었지만, 모든 디거들은 그의 별명을 알고 있었지요."

퍼거슨은 엉뚱한 면도 가지고 있었다. 어쩌면 그런 부분은 1950년대 오스트레일리아 군인이라면 누구나 다 가지고 있었는지도 모른다. 대대는 작은 검은색 테리어를 입양했다. 개에게는 '도그(dog)'라는 매우 단순한 이름을 붙였다. 그 개는 매주 월요일 아침에 거행되는 분열식 때마다 항상 나왔다. 로버트슨의 말이다.

"퍼그가 분열식에 나올 때면 항상 도그는 제자리를 지켰지요. 그러면 퍼그는 항상 도그에게 가서 도그의 상태를 점검했습니다. 거기에 대해서는 누구도 입을 열지 않았지요."

본부 중대장 오다우드도 앞의 두 장교와 여러 모로 비슷한, 병 출신 장교였다. 프리맨틀 토박이인 그는 저학력자였고, 14세에 먹고살기 위해 출가한 다음 금광에서 일하다가 제2차 세계대전 개전을 맞았다. 군대에 입대한 그는 북아프리카 서부 사막에서 싸웠다. 그곳에서 그는 폐에 부상을 입었다. 그 후 그는 뉴기니에 배치되어 준위까지 진급한 다음 소위로 임관했다. 갤러웨이는 이렇게 말했다.

"그는 사나이 중의 사나이였어요. 매우 유능한 군인이었지요. 그의 앞에서 거짓말은 안 통했어요. 그는 뭐든 매우 간단명료하게 처리했지요. 뭔가 잘못을 하면 그에게 두들겨 맞은 다음에 그의 아침식사 거리가 되었어요!"

왕립 오스트레일리아 연대 제3대대의 중대장들은 오다우드처럼 제2차 세계대전을 경험한 사람들이었지만, 소위 중위들은 전투 경험이 없는 육군 사관학교 졸업생들이었다. 버틀러 같은 사람들, 그리고 박격포 소대장 필립 베네트 같은 사람들의 위에는 이런 화끈한 중대장들이 있었고, 아래에는 고도의 전투 경험을 갖춘 K부대 지원병들이 있었다. 여러모로 어려운 상황이었다.

왕립 오스트레일리아 연대 제3대대의 절대 다수는 야외생활이 몸에 밴 시골 출신들이었다. 그들은 오스트레일리아의 개척지를 헤매며 매우 궁핍한 어린 시절을 보냈다. C중대의 상사 레그 밴디야말로 그런 사람이었다. 퍼스 이북의 농가에서 태어나고 자란 그는 17세 때 친구와 함께 해군에 지원하려고 했다. 지원 동기는 순전히 옷 때문이었다.

"해군에서는 누구나 나팔바지를 입을 수 있기 때문에 끌렸지요!"

하지만 해군에 입대하려면 두 달이나 기다려야 했다. 그래서 그는 해군 대신 육군에 입대했다. 그러나 그가 복무한 곳도 나름대로 해군과 인연이 있는 부대였다. 뉴기니 주둔 수륙양용 부대에 배치되어 3년을 복무했으니 말이다.

전투 경험이 없던 어린 병사들은 하루빨리 전투에 참가하고자 했다. 저격수이던 로버트슨은 지원병이었다. 그의 아버지는 갈리폴리에서 싸웠고, 그의 형은 제2차 세계대전 당시 중동에서 싸웠다. 로버트슨은 1945년에 입대했으나 나이를 속이고 입대한 것이 발각되어 군에서 쫓겨났다. 그래서 그는 1946년에 다시 입대했다. 그는 미개간지에서 토끼를 잡던 실력으로 적을 사냥해 여왕 사격술 훈장(Queen's Medal Marksmanship)을 받았다. 이후 대대의 저격분대에 배속된 그는 대부분의 시간을 대대장을 경호하면서 보냈다.

24세 먹은 브리스베인 토박이인 믹 서보스는 제2차 세계대전에 참전해 보았다는 점에서는 전형적인 K부대 장병이었다. 그러나 전혀 전투를 해 보지 않았다는 점에서는 K부대 내에서 매우 드문 사례에 속했다. 그는 대전 당시 너무 어려서 해외에 파병되지 않았기 때문이다. 형제 2명이 제2차 세계대전에서 전사하자 서보스는 그들의 원수를 갚기 위해 지원했다. 그는 한국에 대해서는 전혀 모르고 있었다. 그는 고아원에서 자라났다.

"군생활의 연습 치고는 훌륭한 경험이었습니다. 굶주린 상태에서 살아남는 법도 알았고 자립하는 법도 알았지요."

그는 스스로가 강하다고 생각했다. 그러나 그의 분대원들은 더욱 강했다.

"그들은 대부분이 전직 하사관 및 준사관들이었어요. 게다가 중동 및 뉴기니에서 실전 경험도 있었고요. 저는 그 사람들을 하루빨리 따라잡아야 했지요!"

이들의 전투력에 감탄한 신병들은 서보스뿐만이 아니었다. 멜버른 출신의 젊은 정규군 병사 스탠 코넬리는 이렇게 말했다.

"고참병들은 단결력이 뛰어나고, 군대에 다시 돌아온 것을 기뻐하고 있었어요. 대대의 대부분을 차지하는 우리 신병들은 그들의 전투 경험을 대단히 여기고, 그들을 우러러봤다고밖에 말할 수 없어요."

그런 고참병 중에는 제2차 세계대전에 참전하고, '냉혈한 킬러'로 이름을 날렸던 병사 렌 오피도 있었다. 정작 본인은 모형 철도 만들기에 더 관심이 많았던 것 같지만. 오스트레일리아에서 기지 하사관이 야유를 보냈다.

"야, 니들 거기 가면 황거나 경비하게 될 거다."

왕립 오스트레일리아 연대 제3대대가 일본에서 별의별 행사에 다 나가는 것을 빗댄 말이었다. 오피는 거기에 대해 이렇게 답했다.

"저희는 일본에 가지 않습니다. 저희는 한국에 싸우러 갑니다."

전투에 대한 오피의 열정과 재능에 얼마 안 있어 동료 디거들마저도 놀라게 되었다.

K부대 인원들이 증원된 덕택에, 아가일 대대나 미들섹스 대대와는 달리 왕립 오스트레일리아 연대 제3대대는 완전 편제를 갖추게 되었고 장병의 질도 매우 높아졌다. 베네트는 이렇게 말했다.

"징집병이나 의무 복무자가 없던 우리 대대는 매우 믿음직하고 훈련도가 높았지요. 그런 부대는 쉽게 찾아볼 수 없습니다."

그러나 전쟁을 준비할 시간이 얼마 없었다. 그리고 갑자기 증원 병력이 왔다는 것은 부대원들과 지휘관들끼리 얼굴을 익힐 시간이 없다는 이야기 이다. 그린은 부대의 단결력을 높이는 큰 임무를 맡게 되었다.

행사 참가는 중단되고, 전술 훈련이 실시되었다. 9월 21일, 대대는 그린의 외곬 성격이 어떤지 알게 되었다. 그날의 훈련이 끝나고 장병들을 막사로 실어갈 차량 호송대가 왔다. 그런데 그린 대대장은 차량들을 그냥 가라고 지시하고, 디거들에게 막사까지 32km를 걸어서 행군하라고 시키는 것이었다. 불평하며 터덜터덜 걸어간 디거들이 막사에 도달한 것은 그날 자정이 되어서였다.[16] 영국군 제27여단이 낙동강을 공격하던 9월 23일, 로버트슨 장군은 그린 중령에게 한국 파병 준비를 갖추라고 명령했다.[17] 그러나 이때까지도 왕립 오스트레일리아 연대 제3대대의 '전사 꿈나무'들이 정말로 전쟁을 하게 될지는 미지수였다. 이들을 한국으로 싣고 갈 수송선인 '아이켄 빅토리' 호는 9월 27일 일본을 떠났다. 그날 21:00시, 탄노이에서 나온 맥아더 장군의 연설은 이런 말로 끝을 맺었다.

"적의 모든 조직적인 저항은 종식되었습니다.[18]"

9월 28일 디거들은 부산에 상륙했다. 이제는 관례가 되어 버린 고적대와 여학생 합창단의 환영이 있었다. 멜버른 토박이이자 육군사관학교 졸업생인 정보장교 앨프 아젠트 소위는 당시의 풍경을 이렇게 말했다.

"대대장은 한국 소녀로부터 화환을 선물받았습니다. 대대장은 그 화환을 자기 왼쪽에 서 있던 부대대장에게 주었고, 부대대장은 그 화환을 잽싸게 부관에게 주었습니다. 부관은 화환을 주임원사에게 넘겼습니다. 더 이상 줄 사람이 없자 주임원사는 그냥 화환을 들고 있었죠. 배 위에서 내려다보고 있는 우리들의 놀라움에 가득한 시선을 받으면서요."

9월 30일, 왕립 오스트레일리아 연대 제3대대는 대구에 집결했다. 코드도 이들을 영접하러 대구에 왔다. 영국군 지휘하에 놓인 오스트레일리아 병사들이 언제나 즐거웠던 것은 아니었지만, 코드는 이들 병사들에게서 좋은 인상을 받았다. 로버트슨은 당시를 이렇게 회상한다.

"여단장은 이렇게 간단하게 말했습니다. '저는 언제나 오스트레일리아 병사들의 능력을 인정해 왔습니다. 그리고 우리 여단에 오스트레일리아인 대대를 보유하고 싶었던 제 오랜 숙원이 드디어 오늘 이루어졌습니다.' 여단장은 마치 대포의 포신처럼 지극히 솔직담백한 지휘관이었죠. 그 발언의 진의를 알아보기 위해 머리를 굴릴 필요는 전혀 없었습니다."

여단 본부는 이제 드디어 3번째 대대를 보유하게 되었다. 당일 제27여단 전쟁 일지에는 이런 내용이 적혔다.

"오스트레일리아인들을 여단에 받아들인 것도 기뻤지만, 이들의 합류로 인해 여단이 3개 대대를 보유하게 된 사실이 더욱 기뻤다."

10월 1일, 디거들은 여단과 함께 성주 주변의 적을 소탕했다. 코드는 자신의 부대 이름을 영연방 제27여단으로 공식 변경했다.[19] 미들섹스 대대의 켄 맨클로우는 이렇게 말했다.

"코크니와 스코트(Scot: 스코틀랜드인), 오시(Aussie: 오스트레일리아인)가 힘을 합치면 천하무적입니다."

오스트레일리아 대대의 첫 전사자는 10월 3일 발생했다. 돈 바레트는 이렇게 말했다.

"오스트레일리아 친구들이 지뢰지대로 장갑차를 몰고 갔어요. 부주의한 운전 때문에 2명이 전사했습니다. 하지만 오스트레일리아 친구들…… 사상자 보고를 할 때도 패기가 넘치더군요. 오스트레일리아 친구 한 명이 와서 이렇게 보고를 했습니다. '우리 소대장 모가지가 터져 날아갔어요!'"

오스트레일리아인들은 영국군 병사들에게 매우 강렬한 인상을 주었다. 오웬 라이트 소위의 말이다.

"오시들은 엄청나게 강했고, 뛰어난 친구들이었습니다. 우리에게는 무척이나 다행히도 그들은 시간도 없고 뭘 시킬 수도 없는 상황에서도 뭐든지 알아서 잘 해냈습니다. 우리는 유감스럽게도 그런 군인이 아니었지만요."

해리 영 중사의 진지에 오스트레일리아군 분대가 담배를 교환하러 왔을 때의 일이다.

"오스트레일리아 친구들이 이렇게 소리쳤지요. '이봐, 거기 영국 친구들!' 그래서 우리는 이렇게 답했지요. '우리는 망할 영국인이 아니야!' 오시들은 우리 사투리를 알아듣고 이렇게 말했어요. '이런 세상에! 스코틀랜드 친구들이었군!' 디거들은 대단한 친구들이었어요. 유머 감각도 아주 뛰어났고요. 병사로서도 뛰어났냐고요? 당연히 그랬지요!"

왕립 오스트레일리아 연대 제3대대는 한국 전쟁에서 싸운 부대들 중 단연 최강이었다.

* * *

10월 4일 제27여단은 서울로 가라는 명령을 받았다. 왕립 오스트레일리아 연대 제3대대가 앞장섰고, 미들섹스 대대는 맨 마지막에 움직였다. 대부분의 인원은 대구에서 김포까지 항공편으로 이동하게 되었다. 나머지 인원은 여단 수송대를 이용해 육로로 418km를 이동하게 되었다.

육로 이동은 매우 힘들었다. 한국의 시골에 포장도로는 전혀 없었고, 논보다 높게 튀어나온 다져진 흙길만 있을 뿐이었다. 그리고 그 흙길을 다니는 차량 대부분은 소달구지였다. 그런 길들의 가장자리는 UN군 차량의 무게를 이기지 못하고 무너져 내리곤 했다. 그럴 때면 미군 공병대가 몇 시간씩이나 걸려 길 가장자리를 트럭 한 대분의 돌로 보강해 놓곤 했다.

홍콩에서 제27여단의 차량이 도착했고, 일본에서도 왕립 오스트레일리아 연대 제3대대의 차량이 도착했다. 그러나 대대 규모 병력을 수송하려면 여전히 미군의 손을 빌려야 했다. 제27여단의 차량 중에서 제일 눈에 띄는 것은 브렌 건 캐리어였다. 이 경장갑차는 박격포 소대 및 기관총 소대의 이동용으로 쓰이는 것으로, 무한궤도를 달아 놓은 깡통처럼 생겼다. 영국군은 베드포드 3톤 트럭도 갖추고 있었다. 전기기계공병 대위 제프스는 이렇게 말했다.

"우리군의 3톤 트럭은 후륜 타이어가 2개뿐이었는데, 미군의 2.5톤 GMC 트럭은 후륜 타이어가 8개였습니다. 그 때문에 미군 트럭은 차량의 무게를 길에 좀 더 골고루 분배할 수 있었지요. 그러나 우리군의 트럭은 타이어가 너무 적어서 길 가장자리를 밟으면 무너져 내리고 차량이 전복되곤 했습니다."

차량 호송대는 밤이면 멈춰서 빨치산 공격에 대비해 정찰대를 내보내고 보초를 세웠다. 미들섹스 대대의 에드가 그린은 탄약 수송 트럭 뒤에서 자고 있었다. 갑자기 여러 차례의 폭발이 일어나 그는 잠에서 깨어났다. 탄약 트럭은 바로 시동을 걸고 움직였고, 그린은 게릴라의 공격을 받고 있는 줄 알았다. 진실을 알고 보니, 빨치산들이 탄약을 은닉해 두었던 나무더미를 영국군이 모르고 모닥불용 장작으로 쓰다가 탄약이 열기에 유폭된 것이었다.

그보다는 훨씬 가벼운 사건 사고들도 많았다. 아가일 대대의 박격포수인 로이 빈센트는 어떤 오스트레일리아군의 장갑차를 보고 놀랐다. 그 장갑차는 미군에게서 '노획'한 C레이션으로 가득 차 있었기 때문이었다. 그 장갑차는 C레이션을 가득 실은 미군 트럭 호송대를 지나쳐 간 적이 있었다고 했다. 그때 어떤 오스트레일리아 병사가 미군 트럭 뒤에 올라타서, C레이션 박스를 꺼내 오스트레일리아 장갑차 위에 던졌다는 것이다. 서울로 가는 그들의 육로 여행은 무려 1주일이나 걸렸다.

그동안 나머지 병력들은 대구에서 항공편으로 김포로 갔다. 대구 비행장에서 디거들이 비행기를 기다리고 있는데 C-119 플라잉 박스카(Flying Boxcar) 수송기가 착륙하다가 꼬리날개 부분이 부러졌다. 부러진 꼬리날개는 불꽃과 연기를 끌며 디거들 앞에 떨어졌다. 사고기가 멈추자 승무원들이 해치를 열고 비상탈출을 했다. 다행히도 사고기는 폭발하지 않았다.[20]

항공기에 탑승한 디거들은 낙하산을 지급받고 착용할 것을 지시받았다. 항공기 승무원들이 낙하산의 멜빵을 제대로 조여 주었다. 바레트는 이렇게 말했다.

"그 친구들 이러더군요. '만약 이 비행기가 적에게 격추당하면, 후부 화물 램프를 열어 줄 거야. 그러면 거기로 뛰어가서 비행기 밖으로 몸을 날린 다음에 립코드(ripcord)를 잡아당기면 살 수 있어!'"

미들섹스 대대의 경우 캔맥주의 뜻하지 않은 활용처를 발견했다. 바레트는 이렇게 말했다.

"미국 친구들 비행기에 유리가 없는 창틀이 있더군요. 그곳에 빈 캔을 끼워 넣으면 바람을 막을 수 있다는 것을 발견했어요."

그런 식의 비행은 드물지 않았다.

제27여단 대원들을 태운 항공기는 하나둘씩 서울 인근의 김포 비행장에 착륙했다. 장교들은 미 공군의 일처리 솜씨를 보고 감동했다. 무려 3개 대대를 수송해 왔는데도 한 장의 종이 문서도 작성할 필요가 없었다.[21]

김포 비행장은 다음 작전을 위한 보급 기지로 쓰이고 있었다. 비행기에서 내린 다이하드들은 거대한 레이션의 밭 앞을 지나갔다. 그 면적은 무려 8,000m²가 넘었고, 쌓인 레이션의 높이는 레이션 상자 40개에 해당했다. 바레트는 이렇게 말했다.

"우리 대원들은 1인당 레이션 상자 하나씩을 가져갔습니다. 당연히 가져가야 하는 건 줄 알았어요. 심지어는 우리가 탄약과 수류탄도 집어가는데도, 경비병들이 아무 제지를 하지 않았거든요. 그때 우리가 한 일이 엄밀히 말해 군용물 절도에 해당된다는 것은 나중에야 알았어요."

언제나 그렇듯이, 미군의 보급 체계는 넘치도록 풍부한 보급품을 공급해 주었다. 스파이서는 이렇게 말했다.

"김포 비행장은 정말 좋은 곳이었습니다. 미군들이 정말 많았고 우리를 위해서 뭐든지 다 해 주었어요. 아무것도 안 주는 대영제국 육군과는 너무나도 비교되었지요!"

바레트는 미군 침낭과 침낭 외피를 얻었다. 그는 영수증에 '몽고메리 하사'라고 서명했다. 또한 장교들은 미군으로부터 콜트(Colt) 45 권총을 지급받았다.

여단은 이미 전쟁으로 인한 많은 인명 피해를 보았다. 김포 비행장에서 그들은 전쟁의 물적 피해가 어떤 것인지도 알게 되었다. 김포 비행장은 거대한 쓰레기 더미로 변해 있었다. 도처에 소련제 비행기와 미제 비행기의 잔해가 널려 있었다. 무려 수 천 제곱미터에 걸쳐 널린 쓰레기 더미 속에

UN군은 녹슨 철제 막사와 텐트를 치고 살아가고 있었다. 여단도 이 판자촌을 방불케 하는 곳에 급조 벙커와 2인용 텐트로 이루어진 캠프를 쳤다. 하지만 이곳에서 여단은 한국에 온 이후 처음으로 진짜 휴식을 만끽할 수 있었다.

이곳에는 야전위생 부대도 있어, 바레트는 한국에 온 후 처음으로 샤워를 할 수 있었다. 밤에는 엄청나게 추웠다. 오웬 라이트의 소대는 땅을 판 다음에 토탄으로 하일랜더식 모닥불을 피웠다. 미국 제8군 사령관 월튼 워커 장군이 아가일 대대를 찾아왔다. 라이트는 이렇게 말했다.

"그는 훌륭한 장군답게 우리가 한 모든 일에 대해 말했어요. 그리고 우리 부대에게서 자세한 브리핑도 받았지요. 친절하고 훌륭한 군인처럼 보이더군요."

인천과 서울에서 전투를 경험한 미 해병대도 김포 비행장에 주둔하고 있었다. 공수 부대 출신의 데니스 렌델 소령은 미 해병대에 대해 이렇게 말했다.

"그들은 쾌활하고 멋진 친구들이었고, 군인으로서도 훌륭했다고 개인적으로는 생각합니다. 우리는 그 친구들과 엄청난 파티를 벌였고, 그들이 먹는 라이 위스키(rye whisky)와 땅콩버터 샌드위치를 탈이 날 정도로 먹어댔지요."

술에 떡이 되었다가, 비행기 잔해에서 뜯어 온 산소 호흡기를 사용해 소생한 장교도 있었다.[22]

그런 것들은 뜯어 온 장비 이상의 가치를 갖고 있었다. 렌델 소령은 아직 화장실 시설이 멀쩡한 항공기 잔해를 확보해 중대 본부 전용 화장실로 사용했다. 야전의 화장실이라고 해 봤자 보통은 구덩이 하나 파 놓는 수준이었고, 잘 해 봤자 화장실용으로 정한 참호에 전용 상자를 깔아 놓는 정도였기 때문이다. 렌델은 지휘관의 특권을 포기하고, 중대 소속 지프 뒷좌석에서 잠을 잤다. 이런 혁신적인 부대 관리에 대한 소문이 돌았고, 그런 렌델을 만나보러 아침에 불청객이 찾아왔다.

"대대장님은 아침마다 우리 중대 본부의 화장실을 사용하러 오셨지요!"

다이하드들이 아침 과업을 수행하러 오는 맨 중령에게 경례를 했는지까지는 기록되어 있지 않다.

그동안 그린은 군기 문제에 직면해 있었다. 디거 7명이 탈영을 한 것이었다. 왕립 오스트레일리아 연대 제3대대에 전해진 말에 의하면 이들은 전투를 피하기 위해 탈영한 것이 아니라, 전투를 하기 위해 탈영했다고 했다. 여단 생활에 진력이 난 이들은 여단을 떠나 북쪽으로 가서 미국 제1기병사단을 향했다. 서울 북쪽 50km에서 벌어지고 있는 임진강 소탕전에 참가하기 위해서였다. 미군은 이들을 환영했다. 미군은 이 탈영병들을 '용사 분대'라고 부르며, 이들을 뉴스에 내보내고 널리 알렸다.[23] 이 소식은 제3대대에도 전해졌다. 전시 탈영은 범죄이다. 이들 탈영병 문제를 해결하러 일본에서 오스트레일리아군 헌병 3명이 파견되었다. 번쩍번쩍 광이 나는 차림새의 이들 헌병들이 김포 비행장에 왔을 때 그린은 지휘소에 있었다. 그린은 그들을 한 번 쳐다보더니, 자기 구역에서 나가라고 명령했다. 탈영한 디거들은 영창에 보내졌다가 원대 복귀했다.[24] 과거에도 이와 비슷한 사례가 있었다. 제2차 세계대전 당시 중동에서 이런 일이 있었던 것이다. 오다우드의 말이다.

"그린은 이런 상황에 익숙했습니다."

어떤 사람들은 김포에서 차를 얻어 타고 황폐하게 무너진 수도 서울로 들어가 보기도 했다. 서울에는 아직 시체도 치워지지 않았다. 레그 밴디 상사의 말이다.

"북한군들은 모든 공무원들을 사살했습니다. 그리고 한국군이 들어와 또 학살을 저질렀습니다. 어딜 가더라도 그들이 사람들을 줄 세워 놓고 총살하는 것을 볼 수 있었습니다. 시체 썩는 냄새가 진동했지요."

일군의 미들섹스 대대 장교들과 함께 있던 존 윌로비 소령은 거대한 회색의 국회의사당 건물을 보고 탄성을 질렀다. 그러나 그 배경에 있는 산들에는 매우 큰 적의를 품은 적들이 있다는 점도 떠올리지 않을 수 없었다. 이들은 서울 최고의 호텔이라는 조선 호텔에 갔다. 식민지 시대 때 만들어진 호텔이었다. 윌로비는 이렇게 기록했다.

"비품에서는 마치 빅토리아 여왕 시대의 귀부인 같은 분위기가 났다. 이 호텔은 이미 미 육군 고급 장교들의 숙소로 쓰이고 있었다. 하지만 미군들도 우리 어깨의 소령 계급장을 보더니 아무런 제지를 하지 않았다. 두툼한 쿠션이 있는 팔걸이의자를 보고 우리는 놀랐다. 우리는 마치 아이들처럼 너무 기뻐서 깡충깡충 뛰었다."

정보가 없던 장교들은 이곳에 비치된 정기 간행물들을 탐독했다. 윌로비는 이렇게 말했다.

"《타임(Time)》은 앞으로의 일을 예측하는 안목을 주는 가장 권위 있는 잡지였지요. 38선 이북으로의 진격, 즉 북한 영토 침공이 UN이 우리에게 준 권리를 뛰어넘는 정치적 월권행위로 간주되는지에 대해서는 의문이 컸습니다.[25]"

앞으로의 작전 향방은 불확실했다. 북한인민군은 붕괴되었고, 대한민국은 해방되었다. 그러나 김일성은 아직 건재해 있으며 그의 나라 또한 무사하다. 그리고 북한인민군은 재편되고 있었다. 그렇다면 UN군은 38선 이북으로 진격해 북한을 끝장내 버릴 것인가? 혹은 그래야만 하는가? 서울과 도쿄, 워싱턴, 뉴욕, 런던, 캔버라 등에서는 이 문제를 놓고 논의가 활발했다. 평양에서 초조해 하던 김일성과 그의 졸개들, 크레믈린의 스탈린, 그리고 아시아 중심부에 자리 잡은 대국 중국의 국가 원수이자 게릴라 전략가인 모택동은 이 논의의 결과에 매우 관심이 많았다.

정치가들이 향후의 방침을 정하기 위해 머리를 짜내는 동안 어떤 UN군 부대는 38선 이북, 그것도 아주 이북에서 작전하고 있었다.

제5장
적 전선 후방

힘이 아니라 지혜로

−영국군 특수주정대(SBS)의 구호[*]

1950년 10월 5일, 북한의 청진 해안, 시각은 대략 자정쯤이었다.

반짝이는 밤바다를 비추는 가을 달빛을 받으며, 고무보트에 탄 병사들은 노를 너울 속에 밀어 넣었다. 검게 위장한 얼굴 위에서 빛나는 흰 눈은 전방의 시커먼 어둠을 주시하고 있었다. 그들 앞의 별 하늘 아래에는 불규칙한 형체의 검은 실루엣이 놓여 있었다. 적의 해안이었다.

파도가 보트를 밀어 주어 속도가 높아졌다. 보트는 물거품을 뚫고 해안에 다다랐다. 뱃머리가 땅에 닿자 병사들은 노를 보트 안에 넣고 병기를 손에 들었다. 그중 한 사람이 혼자 떨어져 나와 해안을 향했다.

그의 이름은 피터 토머스 중위였다. 그가 쓴 녹색 베레모는 배지가 제거되어 있었다. 짙은 색 전투복에도 마크류는 모두 제거되어 있었다. 그는 콘돔을 뒤집어씌워 방수 처리를 한 콜트45 권총을 언제라도 발사 가능한 상

---

[*] 2003년부터 "힘과 지혜로"로 바뀌었다.

태로 들고 내륙으로 소리 없이 움직였다.

그는 5분 동안 해안에서 나가는 길을 살폈다. 길 위에는 아무것도 없었다. 해안으로 돌아온 그는 파도의 상태를 살폈다. 상륙하기에는 좋았다. 그는 자기 장비에서 작은 방수 랜턴을 꺼냈다. 랜턴에는 빨간색 필터가 붙어 있었다. 빨간색은 파장이 가장 짧다. 그는 랜턴을 손에 들고 바다를 향해 켰다.

잠시 후 여러 척의 고무보트들이 줄지어 파도 뒤 어둠 속에서 나타나 해안에 다가왔다. 정찰대의 임무는 성공했다. 그리고 그들은 누구의 방해도 받지 않고 상륙했다.

병사들은 고무보트를 뭍 위로 끌고 왔다. 병사들은 소총과 기관단총을 들고, 4.5kg짜리 폭약을 메고 산개해 내륙으로 들어갔다. 유일한 소리는 북태평양의 파도가 해안을 때리는 소리 말고는 없었다.

영국 해병대 41코만도의 파괴공작원 130여 명이 전선에서 370km나 떨어진 북한의 해안에 상륙한 것이다.[1] 이러한 장거리 침투 작전은 대단히 위험성이 높다. 놀랍게도 이런 작전을 성공리에 해낸 41코만도는 창설된 지 한 달 반도 지나지 않았다.

* * *

홍콩에서 제27여단이 한국 파병 준비를 하고 있는 동안, 영국 본토에서는 사뭇 다른 부대가 창설되고 있었다. 한국에 보낼 영국군 부대의 편성을 논의하던 제1해군경((First Sea Lord)은 참모총장에게 영국 해병여단을 한국에 파병할 것을 제의했다. 미 해군 총사령관 역시 영국 해병대를 파병해 달라는 요청을 영국 측에 했고, 영국도 미 해병사단이 한국에 전개되고 있는 모습을 보면서 상당한 자극을 받은 상태였다. 그러나 영국 해병여단은 이미 식민지 말라야를 안정시키기 위해 파견되어 있었다. 영국군 최고사령부에게 말라야는 한국보다 더욱 큰 전략적 가치가 있었다.[2] 대신 그들은 8월 16일, 잉글랜드 남서부의 어느 시골에서 특수부대를 창설했다.[3]

이 부대는 그 해 7월, 영국군 특수부대를 보내달라는 맥아더의 요청에 응하기 위해 만들어졌다. 원래는 SAS(공수특전단)가 한국에 파병될 예정이었다. 그러나 제2차 세계대전 이후 영국군이 특수전 전력을 대폭 감축하면서, SAS도 1개 지방군 연대 수준으로 감축되었다.[4] 하지만 영국 해병대는 현대적인 특수부대가 갖춰야 할 정신 자세와 훈련 방법, 기술을 앞장서서 탐구해 나가는 정예 장병들을 계속 보유하고 있었다. 이들은 인류 역사상 가장 거대한 전쟁인 제2차 세계대전에서 싸운 부대 중 가장 유명했다. 이들의 이름은 70년이 지난 오늘날까지도 각국의 최정예부대를 가리키는 보통명사로 쓰인다. 이들의 이름은 다름 아닌 '코만도'였다.

코만도는 나치(Nazi)가 전 유럽을 지배하고 영국이 궁지에 몰려 있던 제2차 세계대전의 가장 암울한 시기에 착상되었다. 1940년 처칠은 '사냥꾼 수준으로 특별 훈련되어 적의 해안에 공포를 선사해 줄 인원'으로 구성된 기습 부대의 창설을 지시했다.[5] 코만도라는 이름은 원래 보어 전쟁(Boer War)에서 싸웠던 보어인 게릴라 부대와 그 부대원들을 가리킨다. 최초의 영국군 코만도는 육군에서 지원자를 선발해 창설되었다. 1942년부터는 영국 해병대도 코만도 부대를 창설했다. 영국 해병대는 군함을 경비하고, 해군 함포 및 해안 시설을 운용하던 해군의 예하 부대였다.

이들의 무장은 기관단총, 폭발물, 검은 칼날의 스틸레토(stiletto) 등으로, 군인의 무장이라기보다는 깡패나 은행 강도의 무장에 더 가까웠다. 이들은 이런 무기를 들고 적의 해안 시설에 야간 기습 공격을 벌인 다음, 해가 뜨기 전에는 흔적도 없이 사라졌다. 이들은 노르웨이, 채널 군도, 프랑스 해안, 그리스령 도서 지역에서 싸웠다. 생나제르와 디에프에서는 대단히 자살적인 상륙작전을 벌여 전 세계의 주목을 받기도 했다. 미국도 코만도를 모방해 레인저(Ranger) 부대를 만들었다. 전세가 바뀌고 연합군이 유럽과 극동에서 공세에 돌입하자 코만도는 노르망디와 북서유럽, 극동에서 중요 표적을 공략하고 진격의 선봉에 서는 기동타격대로 운용되었다.

코만도의 훈련은 일반 보병에 비해 더 길고 엄격하며 배우는 내용도 많았다. 코만도 학교의 교육 내용 중에는 암벽 등반, 독도법, 은밀 이동법 등이 포함되어 있었다. 전술 훈련에는 경보병 훈련뿐 아니라, 폭파와 근접전투 등의 난이도 높은 과목도 들어 있었으며, 야간전투 또한 배웠다. 훈련에서는 공포탄이 사용되는 법이 없었다. 이 때문에 야간 상륙 훈련은 매우 위험했다. 교관들은 교육생들이 탑승한 보트 위로 기관총 실탄 사격을 퍼부었고, 어떤 때는 교육생이 들고 있던 노를 쏴서 날려 버리기도 했다. 고무보트 주변 바다에는 기관총탄 뿐 아니라 박격포 실탄도 사격했다. 어떤 코만도 대원은 거기에 대해 이렇게 말했다.

"우리 훈련은 지극히 실전적이었습니다!"

코만도 훈련은 매우 위험도가 높았다. 전쟁 기간 동안 교육 과정에서 순직한 교육생만 40명이나 되었다. 그러나 그 교육 철학은 나름 인간적이었다. 코만도는 영국군의 최정예 부대로서 공수 부대와 라이벌 의식이 있었다. 그런 라이벌 의식은 현재까지도 상존한다. 그러나 공수 부대의 교육 과정은 교육생을 탈진시키고, 모욕을 주고, 쓰러뜨리는 데 주안점이 두어진 데 반해, 코만도의 교육 과정은 교육생의 힘과 자존심을 높이는 데 주안점이 두었다. 당시 코만도의 교관들은 절대 교육생들을 경멸하는 욕설을 하지 않았다.* 이런 군부대는 거의 존재하지 않는다. 군대의 전통을 깨는 면모는 또 있었다. 코만도 대원들은 그저 주어진 명령만 맹목적으로 수행하는 군인이 아닌, 자주적이며 주도권을 선취하는 군인으로 길러졌다.

코만도 대원들은 체력 단련에 집착했다. 코만도 훈련의 대단원인 졸업시험의 난이도는 올림픽 선수들도 혀를 내두를 정도였다. 우선 첫 단계로 교육생들은 무려 50km 구간을 크로스컨트리 신속행군으로 주파해야 했다. 이때 반드시 90m는 달리고, 다음 90m는 걸어가는 식을 반복해야 했다. 물론 빈 몸이 아니라 소총과 완전군장을 휴대한 상태에서 실시한다. 제한시간은 8시간이었다. 두 번째 단계는 소총과 단독군장을 휴대한 상태에서 14.5km를 90분 만에 주파해야 했다. 그리고 마지막 단계로 돌격 코스 달리기가 있다. 이 졸업시험을 통과해야 교육생들은 정식 코만도 대원으로 불리고, 정예의 상징이자 영광의 면류관인 녹색 베레모를 착용할 수 있다. 코만도가 녹색 베레모를 채택하자, 전 세계의 여러 특수 부대에서도 이를 모방해 녹색 베레모를 채택했다.

육군 코만도는 1946년에 해체되었으나, 해병대 코만도는 해체되지 않았다. 1950년 영국 해병대 부대는 크게 두 부류로 나뉘었다. 군함과 해군 포대에 배치된 함대 해병대와, 제3코만도 여단에 배치되어 특수 임무를 수행하거나 코만도 신병을 양성하는 코만도 대원이 그것이다.** 제3 코만도 여단 예하에는 40, 42, 45 코만도(각각 대대 규모)가 배치되어 있었다. 한국 전쟁 당시 제3 코만도 여단은 말라야 정글을 누비며 공산 게릴라와 전투를

---

* 하지만 이 전통은 현대에 와서 깨졌다. 41코만도의 한국 전쟁 참전 용사들은 현대의 영국 해병대 코만도 훈련 내용을 취재한 다큐멘터리에서 교관이 교육생들에게 욕설을 퍼붓는 장면이 나오자 놀라고 크게 실망했다.

** 오늘날 모든 영국 해병대원은 코만도 교육을 받는다.

벌이고 있었다.

맥아더의 요청에 따라 41(영어로 읽을 때는 포티 퍼스트(제 사십일)라고 하지 않고 포원(사일)이라고 읽었다.) 코만도가 조심스럽게 창설되었다. 병력은 모두 국내 주둔지 또는 기타 여러 곳에서 온 코만도 출신 지원자로 충당했고, 기지에는 '극동에서의 군복무'라는 캐치프레이즈가 내걸렸다. 이 새로운 코만도 부대는 약 250명 규모로, 근육만으로 구성된 부대였다. 또한 모든 영국군 부대의 3대 핵심 요원인 지휘관, 부지휘관, 주임원사를 중심으로 강하게 결속된 조직이었다. 41코만도의 대대장은 키가 크고 엄격한 인상을 주며 원칙주의자라는 평을 듣는 인물이었다. 그는 모든 지원자를 직접 면접해 자신의 부대에 적합한 인물인지를 평가했다. 그의 이름은 더글러스 드라이스데일 중령이었다.

당시 불과 34세이던 그는 제2차 세계대전 때 극동에서 제3코만도 여단의 여단 부관을 지냈으며, 44코만도의 대대장이 전투에서 전사하자 지휘권을 인계받았다. 종전 당시 44코만도는 말라야 침공을 준비 중이었다. 토머스는 이렇게 말했다.

"드라이스데일은 술을 좋아하고, 술을 많이 마셨을 때도 언제나 맑은 정신과 쾌활한 성품을 유지했지요. 부하들은 그의 카리스마 때문에 드라이스데일을 존경했습니다. 카리스마는 분명 모든 장교가 갖고 있는 게 아니예요."

타협을 모르는 근엄한 원칙주의자였던 드라이스데일이었지만, 부하들에게 '더기(Dougie)'라는 애칭으로 불렸다. 또한 그는 언제나 부하들의 선두에 서서 싸웠으며, 부하들에게 충분한 정보를 주는 사람이었다.[6]

부대대장은 데니스 알드리지 소령이었다. 그 역시 제2차 세계대전 참전용사였으며, 아이 같은 얼굴을 하고 있었지만 덩치가 크고 힘이 세며 유능한 장교였다. 부대 주임원사는 제임스 베인스였다. 그는 군대에 소년병 고수로 입대했기 때문에, 그의 별명은 '스틱스(Sticks)' 또는 '스티키(Sticky)'였다. 그의 덩치는 마치 레슬링 선수 같았고, 눈은 불타는 것 같았다. 눈썹은 억센 돼지털 같았고 목소리는 쩌렁쩌렁 울렸다. 그런 그는 악마라도 떨게 할 정도로 무서운 외모를 갖추고 있었다. 그러나 이 무섭게 생긴 사람도 아이처럼 초롱초롱한 눈빛을 보일 때가 많았다.

드라이스데일의 41코만도에 지원한 장병들은 동기 부여가 매우 잘 되어 있었다. 1944년 피터 토머스는 공병으로 배치될 예정이었으나, 그는 공병이 자신에게 잘 어울릴지 확신이 들지 않았다.

"저는 뛰어난 병사들이 있는 부대에서 화끈한 군생활을 하고 싶었어요."

그는 코만도 부대의 기습 공격에 대한 글을 읽고는 자신의 자리는 거기라고 생각했다. 그는 해군부에 근무하던 삼촌의 연줄을 이용해, 해병대에 입대했다. 그는 극동으로 배치받았지만 가던 도중에 일본은 항복하고 말았다. 그는 홍콩의 란타우 섬에서 6주간 군정 사령관 역할을 하며 꿈같은 나날을 보내다가, 팔레스타인에 보내져 대게릴라전에 투입되었다. 그러나 여느 정예 부대 병사와 마찬가지로 그는 팔레스타인의 전투가 너무 시시하다고 느꼈다. 그는 큰 전쟁에서 싸워 보고 싶었던 것이다. 1950년 그는 해병대 하사관 학교의 교관으로 배치되었다. 그가 가르치던 하사관 후보생들은 41코만도의 창설 소식을 듣자, 거의 전원이 지원했다. 토머스 역시 지원했다. 토머스는 41코만도의 중화기 소대장을 맡게 되었다.

보병 연대와 마찬가지로, 해병대원들에게도 대를 이어 해병대에 복무하는 전통이 있었다. 론 모이즈 중사의 조상들은 1842년부터 해병대에서 복무했다. 그는 1943년 소년병 나팔수로 해병대에 입대했으며 다트무어 인근의 비클리 코만도 학교에서 체력단련 교관으로 있다가 41코만도 전입 면접을 보았다. 그는 점잖은 영국 서부 사투리를 구사했지만, 매우 덩치가 크고 건장했으며 41코만도 최강의 체력을 자랑했다.

또 다른 중사인 조지 리처즈는 이전의 극동 근무에서 중국인과 중국 요리, 중국 문화에 매료된 탓에 41코만도에 자원했다. 그의 말이다.

"저는 싱가포르와 홍콩 근무 시절이 너무 좋았어요. 그래서 여기 지원하면 거기 또 가 볼 수 있겠다 싶었어요. 한국에 가서 큰 전쟁을 겪게 될 줄 알았다면 지원 안 했을 거예요!"

드라이스데일의 현명한 판단을 거슬러 이 부대에 들어온 사람은 또 있었다. 조 벨시 중사는 결혼한 지 얼마 되지 않은 신혼이었다. 한국 전쟁의 위험성을 감안한 대대장은 신혼자를 부대에 들이지 않으려고 했다. 하지만 벨시는 전입을 거부당했음에도 대대장에게 간곡히 청원했다. 결국 드라이스데일은 그를 41코만도에 전입시켰다.[7]

41코만도에는 지원자만 있던 것은 아니었다. 비클리 코만도 학교에서 중화기 과정을 배우고 있던 해병대 병사 고든 페인은 동기들과 함께 모두 41코만도에 강제 배속되었다. 그는 이렇게 말했다.

"우리가 한국에 지원했냐고요? 천만에요! 그러나 가지 않으려는 사람도 없었습니다."

다른 코만도들과 마찬가지로 그 역시 자신이 언젠가는 실전에 투입될 것을 알고 있었고, 또한 기꺼이 전투를 하고 싶어 했다.

"누구든 언젠가는 전투에 투입될 거라고 생각했지요. 우리에게는 한국 파병은 그리 대수가 아니었습니다."

또 다른 강제 차출자로 해병대 병사인 앤드루 콘드론이 있었다. 그는 배스게이트 출신의 스코틀랜드인이었다. 그는 어린 시절 코만도에 대한 글을 읽었고, 로디언 주의 산을 올랐다.

"저는 언제나 자연에 맞서려는 태도를 길러 왔고, 달성해야 할 체력적 목표를 정해 왔지요."

그는 부모님의 뜻을 거스르고, 1946년 해병대에 입대해 12년 기간의 복무 계약을 했다. 녹색 베레모를 수여받은 그는 엘리트 부대원답게 거만해졌다. 콘드론은 이렇게 말했다.

"우리는 뭐든 다른 사람들보다 뛰어나다고 생각했어요. '해병혼'은 철저히 주입되었지요."

그는 말라야의 쿠알라룸푸르에 주둔한 통신정보대로 배속받기를 바랐으나, 41코만도로 배속될 것임을 알게 되었다. 그는 이렇게 말했다.

"저는 우리가 한국에 갈 때쯤이면 이미 전쟁은 다 끝났을 거라고 생각했어요. 미국을 상대로 북한이 뭘 어쩔 수 있을까요?"

부대 전입 면접에서 41코만도로의 전속을 받아들이겠냐는 질문을 받자 그는 이렇게 답했다.

"예, 물론입니다!"

그리고 41코만도에 '지원'한 인물 중에는 데이브 브래디 중사도 있었다. 덩치 큰 앵글로 아이리시맨(Anglo-Irishman)이었던 그는 코만도의 전투공병대원이었고, 타고난 코미디언이었으며, 불행을 몰고다니는 골칫덩이였다. 브래디는 어떤 훈련에서 코만도 상륙 기술을 시범 보이던 중 영국 주재 이집트 무관을 '본의 아니게' 물에 빠뜨려 죽일 뻔한 사고를 치고서 41코만도로 전출되었다. 전입 면접을 위해 비클리에 온 자칭 겁쟁이 브래디는 지원자들의 뛰어난 수준에 압도되었다.

"저의 옛 친구들도 많았죠. 모두 다 좋은 성격의 강인한 사나이들이었지요!"

그는 생각을 바꾸었다. 이 부대도 그렇게 나쁘지만은 않은 것 같다고 말

이다.[8]

41코만도도 통신, 공병, 중화기 요원 등 코만도의 주특기와는 거리가 먼 특기자를 필요로 했다. 그런 인원들은 영국 해병대에서 제일 빛을 못 보는 병과에서 충당할 수밖에 없었다. 1946년에 해병대에 입대한 잭 에드몬즈는 런던 출신으로, 군함에서 복무하다가 특수부대에 대한 이야기를 들었다. 그는 1949년, 특수주정대(SBS)의 모태가 되는 특수기습대(Special Raiding Wing)에 지원하여 합격, 훈련을 거쳤다. 이곳의 훈련은 코만도 기준으로 봐도 가혹했다. 카누, 해안 정찰, 폐쇄회로 호흡기를 사용한 다이빙, 정박한 배를 흡착기뢰로 파괴시키기, 기습 공격, 공수 낙하, 생존술, 고문 저항훈련 등이었다. 동기생 8명 중 그를 포함한 2명만이 훈련을 수료했다. 에드몬즈는 이렇게 말했다.

"그 과정을 모두 거친 우리는 스스로를 엘리트라고 굳게 믿게 되었어요. 마치 세뇌된 것처럼 말이지요."

SBS에서는 7인조 분견대를 41코만도에 배속시켰다. 그런데 41코만도는 장교 부족을 겪고 있었다. 그래서 아직 코만도 교육을 완전 수료하지 않은 장교도 참가시켰다. 존 월터 소위는 비클리 코만도 학교에서 교육을 받던 중, 연병장에 모여 있는 41코만도 병력을 보았다. 선임 장교에게 교육을 수료하면 어디로 가고 싶은지 질문을 받은 그는 41코만도에 가고 싶다고 말했다.

"왜냐하면 그 부대는 곧 실전 투입되기 때문입니다."

며칠 후 월터 소위가 다트무어에서 야전 훈련을 받고 있는데 참모 차량이 훈련장에 와서, 월터 소위가 41코만도에 배속받는다고 알려주었다. 월터 소위는 훗날 이렇게 말했다.

"그 말을 들은 저는 매점에 가서 제가 착용할 녹색 베레모를 구입했습니다. 제 것은 결코 '수여받은' 게 아니었지요!"

그럼에도 41코만도의 장교 정원을 채우기에는 지원자가 충분치 않았다. 병력 수송선 데번셔(Devonshire)는 제3코만도 여단의 보충병을 싣고 말라야로 가던 중, 콜롬보 앞바다에서 새 부대에 인원이 필요하다는 통신을 받았다. 데번셔에 타고 있던 해병대원들은 영국 해병대의 최신참들로, 코만도 교육을 수료한 직후의 상태였다. 본머스 출신의 19세의 해병대 병사인 존 언더우드도 그 배에 타고 있었는데, 그는 동남아의 정글 대신 동북아의 산악 지대에서 싸우게 되었다. 그는 이렇게 말했다.

"한국 전쟁이 막 발발했을 때, 그 전쟁은 먼 곳에서 벌어지는 모험처럼 느껴졌지요."

또 다른 19세 병사인 핌리코 출신의 마이클 오브라이언, 그리고 에드워드 스톡 역시 41코만도에 들어가게 돼서 너무나 기뻤다.

"난데없이 벌어진 일이었지요. 뭔가 달랐어요."

미군의 지휘하에 싸우게 된다는 것도 그들에게는 기쁜 소식이었다.

"미군은 음식을 포함해 뭐든지 우리 영국군보다 좋았으니까요."

41코만도에 전입할 인원은 싱가포르에서 하선하여, 항공편으로 오키나와를 들러 일본 본토에 간 다음, 한국 파병 준비를 하고 있던 41코만도와 합류했다.

그때 영국 본토에서는 비밀 작전이 진행 중이었다.

영국 본토에 주둔하고 있던 41코만도는 BOAC의 민간 항공기를 타고 로마, 카이로, 바스라, 카라치, 랑군, 홍콩을 경유해 일본으로 들어갈 예정이었다. 그러나 이 항공로는 중립국을 경유하기 때문에 이들은 사복 차림으로 이동해야 했다. 그 모습은 마치 풋볼 팀의 여행 모습과도 같았다. 사복이 없는 인원은 정장 양복을 지급받았다. 브래디는 이런 생각을 했다.

"아마 제가 지급받은 것은 교도소에서 죄수를 석방할 때 입히는 옷이라고 생각했어요."

코만도 대원들은 항공기 탑승 전 런던에서 여권도 발급받았다.[9]

코만도 대원들이 여행가방을 들고 몸에 잘 맞지 않는 정장 차림으로 워털루 역에서 인솔자를 기다릴 때 작은 촌극이 발생했다. 진짜 비밀 임무 수행 훈련을 받은 코만도 대원이며, 41코만도 SBS 분견대 대장인 리버풀 출신의 헨리 해리 랭턴은 이렇게 말했다.

"군대식 머리를 하고, 어설픈 사복에 군용 전투화를 신은 '민간인'들이 뻔뻔스럽게 줄 맞춰 걸어다니는 꼬락서니를 봤다고 생각해 보세요. 웃음이 안 나옵니까?"

영국 외무부의 관리들도 이 상황에 뛰어들어 한껏 바보스럽게 놀고 있었다. 모이즈의 회상이었다.

"중절모를 쓰고 우산을 가진 외무부 친구들이 와서 속삭이더군요. '저기 저 사람 보이지요? 저 사람한테 가서 여권을 받으세요!'"

모이즈는 중절모 사내들이 지목한 사람에게 갔다. 그리고 몰래 여권을 받았다. 그의 여권의 직업란에는 '공무원'이라고 적혀 있었다.

41코만도는 영국 본토를 떠나기도 전에 '적'의 '매복공격'을 당했다. 그들이 항공기에 탑승할 때 누군가가 그들의 사진을 촬영했다. 그 직후 〈더 데일리 익스프레스(The Daily Express)〉는 꽉 끼는 정장을 입은 덩치 큰 코만도 대원들이 비행기를 타고 전장으로 향하는 내용의 만화를 게재했다.[10] 아무튼 그들은 이륙했다. 페인의 말이다.

"우리 여행은 아고너츠(Argonuts) 여행사에서 주관했고, 멋진 호텔에서 묵게 해 줬죠. 블랙풀을 떠나본 적이 없던 저에게 이 여행은 아주 환상적이었어요. 우리가 전쟁터에 싸우러 간다는 생각이 털끝만치도 들지 않을 정도였지요."

극동으로 가는 비행은 5일이 걸렸다. 경유지마다 촌극은 계속되었다. 카라치 호텔에서 어떤 웨이터가 브래디에게 물어봤다.

"손님들은 풋볼 선수들인가요?"

브래디가 그렇다는 뜻으로 고개를 끄덕이자 웨이터는 코에 손가락을 가져다 대며 고개를 깊이 숙이고 의심스럽다는 말투로 속삭였다.

"이상하네요. 바로 얼마 전에도 풋볼 선수분들이 아주아주 많이 왔다 가셨는데요."

브래디는 다시 한 번 말문이 막혔다.[11]

*　*　*

9월 5일, 41코만도의 선발대는 캠프 맥길에 도착했다. 이곳은 도쿄 만 요코스카에 있는 미국 제1기병사단의 기지 중 하나였다.[12] 41코만도의 나머지 부대들의 위치는 다양했다. 파운즈 부대는 이미 일본에 있었고, 영국 본토에 주둔했던 부대는 BOAC 항공편으로 일본에 오는 중이었고, 데번셔에 탔던 병력은 항공편으로 싱가포르를 출발해 오키나와를 경유 일본 본토에 조금씩 들어오는 중이었다.

기지에 들어온 코만도 대원들은 온통 올리브그린 색의 미군 장비 일색으로 치장하고 있었다. 그들이 영국인임을 알려주는 것은 머리 위에 얹힌 녹색 베레모뿐이었다. 그들이 여기 와서 가장 먼저 해야 하는 일은 미국제무기와 나침반, 무전기, 폭발물의 사용법을 익히는 것이었다. 그런 것들을 가르친 것은 미 해병대 하사관들이었다. 에드몬즈는 그들에 대해 이렇게 말했다.

"정말 대단한 사람들이었죠. 해병대는 그들의 전부였어요. 우리는 그런 모습에 감동했지요."

8발의 탄환을 반자동식으로 발사할 수 있는 미국제 M-1 개런드 소총은 분명 영국제 리 엔필드 소총보다 화력이 우수했다. 그러나 20발들이 탄창을 사용하는 브라우닝식 자동소총, 즉 BAR은 브렌 경기관총보다 성능이 떨어지는 화기로 간주되었다. 미국제 카빈 소총은 가볍고, 완전자동사격이 가능하며 조작도 쉬워 인기가 좋았다. 하지만 미국제 세열수류탄은 영국제 마크 36보다는 살상력이 부족했다. 탄약은 풍부했다. 페인은 이렇게 말했다.

"거기서 우리는 매일같이 사격을 했지요. 영국 본토에서는 '탄환 1발 가격은 3펜스야!'라는 소리를 귀에 못이 박히게 들었고, 사격 훈련을 해 볼 기회도 매우 적었는데 말입니다. 그러나 일본에서는 원하는 만큼 사격을 해 볼 수 있었어요."

하지만 미군식 이발은 또 다른 문제였다. 월터는 삭발에 가까운 미 해병대식 머리 모양을 따라해 보기로 결정했다. 야전에서 관리하기 편하다는 이유에서였다. 그러나 드라이스데일이 그 이야기를 들었을 때 그는 이렇게 일갈했다.

"바보 같은 소리 하지 마! 그런 머리를 했다가 물에 빠지면 무슨 수로 잡아 끄집어내나?"

상륙작전 훈련을 하던 도중에 코만도 대원들이 물에 빠지는 것은 흔한 일이었다.

영국 코만도의 침투 수단은 10인승의 마름모꼴 고무보트였다. 양현 뱃전에 4명씩이 붙어 노를 잡고, 키잡이는 고물에 위치한다. 나머지 한 사람은 이물에 위치한다. 파도를 이용한 해안 진입과 퇴출은 매우 어려운 것이 드러났다. 언더우드의 말이다.

"우리는 치가사키 만에 훈련하러 갔습니다. 모두가 노를 저어 방향을 유지하면서 파도를 뚫고 나아가는 법을 연습했지요. 저를 포함한 모두는 병기는 물론 완전무장한 상태였어요. 우리 모두는 해안에 몸을 날렸지요. 옆파도를 받으면서 훈련한 적도 있고, 폭풍이 불어올 때 훈련한 적도 있었어요. 좋은 훈련이었습니다!"

해상 마라톤을 하듯이 노를 저으면서, 코만도 대원들은 어떤 상황에서건 고무보트를 자유자재로 통제할 수 있게 되었다. 나침반과 별을 이용한 야간항법과 보트 뒤집기 기술도 숙달했다.

이들은 일단 육상에 올라오면 아무 소리도 내지 않고 움직이므로, 사전 브리핑은 필수였다. 모든 코만도 대원은 다른 모든 분대원의 임무를 알고 있어야 했고, 상봉 지점과 퇴출 지점을 알고 있어야 했다. 표적에 대한 항공 정찰 사진 속 내용도 철저히 알고 있어야 했다. 상륙 훈련과 병기 조작 훈련 사이에 배치된 급속 행군 훈련도 대원들의 체력을 키웠다.

파운즈 부대의 고참병인 레이몬드 토드 중사도 41코만도에 편입했다. 그는 이렇게 말했다.

"우리는 정예 부대와 함께 훈련받았기 때문에 생활은 쉬웠습니다."

그러나 훈련은 정말 바빴다. 당시 18세였던 해병대 병 프레드 헤이허스트의 말이다.

"하루에 16~18시간을 훈련했습니다. 아마 태어나서 제일 바빴던 시기였을 겁니다."

생활 조건은 매우 호화로웠다. 영국군의 NAAFI에 해당하는 미군의 PX(매점)는 그야말로 꿈의 나라였다. 페인의 말이다.

"우리는 배급제가 아직 존재하던 영국에서 온 사람들이에요. PX는 상상을 초월하는 곳이었죠. 제가 산 것은 주로 초콜릿과 사탕이었어요. 우리는 그 기지에서 제일 강한 전투력을 가진 사람들이기는 했지만요."

미군의 식당도 놀랍기는 마찬가지였다. 페인의 말이다.

"스테이크를 주문하면 4~5인분은 족히 됨직한 커다란 고기가 나왔어요. 환상적이었지요!"

커피 대신 차를 주문하면 커다란 튜린(tureen: 뚜껑 달린 넓고 깊은 접시)에 남부식 아이스티가 담겨 나왔다.

몇 시간 후, 코만도 대원들은 현지 마을로 '탐험'을 떠났다. 브래디가 포함된 한 무리는 일본인의 비어홀로 들어갔다. 거기서 그들은 환대를 받았으며, 많은 미군 장병들에게 둘러싸였다. 아사히 맥주가 잔뜩 들어간 다음, 브래디는 덩치 큰 미군 헌병들이 덩치 작은 미 해군 수병을 가지고 노는 것을 보았다. 맥주를 잔뜩 마신 덕택에 정의감이 높아진 브래디는 미 헌병들에게 뛰어들어 주먹을 날려 댔다. 그러나 근접전투 훈련을 받았지만 여러 헌병이 주먹과 군홧발, 방망이를 휘둘러 대는 데는 당해 낼 수가 없었다. 결국 그 작은 수병은 도망치고, 덩치 큰 영국 코만도 대원은 미군 영창에 수감되었다. 다음날 아침에 석방된 그는 눈이 멍든 채로 원대 복귀했다. 그의 막사 창문에는 동료들이 웃으며 "고향으로 돌아온 살인자를 환영합니다."라고 적힌 현수막을 걸어놓았다. 브래디는 드라이스데일에게 꽤 심한 질책을 들었으나, 이집트 무관 때처럼 중사 계급장은 어떻게든 유지했다.[13]

브래디는 여러 면에서 매우 뛰어난 실력을 가진 사람이었다. 어느 날 밤에는 코만도 대원들이 미군과 함께 기지 극장에서 영화를 보는데, 갑자기 필름이 끊겼다. 코만도 대원들은 브래디를 무대에 세워 농담을 하게 했다. 영화는 얼마 안 있어 다시 시작되었지만, 관객들은 영화보다는 브래디의 농담을 더 듣고 싶어 했다. 토머스의 말로는 그 영화는 별로 나쁘지 않았는데도 말이다.

41코만도 대원들은 기지 식당에서 저녁때마다 주크박스(jukebox)는 끄고, 대신 자기들끼리 시끄럽게 노래를 불러 댔다. 다른 군부대들이 그렇듯이 코만도 역시 음악을 통해 사기와 결속력을 증진시켰다. 그들이 좋아하는 음악은 〈우리는 모두 후레자식들(We 're a Shower o' Bastards)〉이라는 제목의 사가(私歌: 비공식 군가)였다. 영국군 군가의 전통을 이어가는 이 곡의 가사는 이랬다.

그녀는 덩치 크고 뚱뚱한 년
나보다 두 배는 돼!
그녀의 배 위에는 털이 숭숭
마치 숲처럼 무성하지!
그녀는 노래해! 춤도 춰! 싸울 줄도 알아! 씹질도 해!
총도 쏴! 트럭도 몰아!……

고된 훈련과 자유시간의 친목도모를 통해 부대의 결속력은 강해졌다. 드라이스데일과 그의 장교들은 미 해군 장교들과 함께 한국 동북부 해안을 찍은 항공 정찰 사진들을 자세히 살폈다. 그 사진들 속에는 북한을 남북으로 가로지르는 철도가 소련 국경으로 들어가는 부분이 나와 있었다. 이곳이야말로 북한인민군의 주요 전략 보급로였던 셈이다. 해군의 함포 사격과 항공 공격으로 이 철도를 일시적으로 끊을 수는 있지만, 북한은 현지 농민들을 동원해 폭격으로 생긴 지면의 구멍들을 메우고 철로와 침목을 다시 깔 수 있었다. 북한의 철도 운영에 타격을 주려면 교량과 터널을 파괴해야 했다. 둘 다 함포 사격이나 항공 공격으로는 불가능한 일이었다. 파괴 공작원들이 상륙해서 폭탄을 설치해야 파괴할 수 있다. 이들을 실어 나를 해군 자산으로는 잠수함 USS 퍼치(Perch), 고속전투수송함(APD) USS 원터크 (Wantuck), USS 호레이스 A. 배스(Horace A. Bass)가 배속되었다. 이들 군함 들은 특전부대와 함께 훈련을 시작했다.

1950년 10월 첫 주, 41코만도의 본격 한국 작전이 시작되었다.

* * *

토머스 이하 코만도 대원들은 USS 호레이스 A. 배스와 USS 원터크에서 작전을 준비했다. 기습부대의 대장은 알드리지 소령이었다. 모든 대원들은 함상에서 그들이 상륙할 해안의 위치, 퇴출 계획, 만약 정시에 퇴출하지 못 할 경우 회수 지점에 대해 브리핑을 받았다.[14]

태평양 속으로 해가 사라져 가자, 코만도 대원들은 아무 말 없이 구축함 의 후갑판에 모였다. 무기는 준비되어 있었고, 군복과 베레모에서는 모든 휘장이 제거되었다. 고무보트에는 바람을 넣었다. 밤이 되자 군함들은 등 화관제를 실시했다. 코만도들은 북쪽의 빛나는 지평선을 바라보았다. 소련 의 블라디보스토크 항구에서 나오는 불빛이었다.[15]

APD들이 목표 해안에서 5km 거리에 들어가자, 배 측면에 상륙정이 내 려지고, 그 다음에는 코만도들이 탄 고무보트가 내려졌다. 각 대원들은 몸 에 착용한 장비와 병기에서 아무 소리가 나지 않는지 확인하러 위아래로 폴짝폴짝 뛰어 본 다음, 정해진 고무보트에 탑승했다. 4.5㎏의 폭탄이 든 배낭이 전달되었다. 고무보트는 상륙정에 케이블로 연결되어 있었으며, 상 륙정이 북한 해안으로 뱃머리를 돌리자 고무보트의 고물이 파도에 출렁거 렸다. 해안에서 800m 거리에서 상륙정과 고무보트가 분리되었다. 해안 접

근의 최종 단계는 노를 통해 소리 없이 이루어졌다.[16]

바다는 거울같이 고요했으나, 노를 수면에 넣을 때마다 수면 아래에서 번갯불이 소용돌이쳤다. 월터의 말이다.

"불빛이 그렇게 소용돌이치는 걸 보니 절망적인 기분이 들었습니다. 이런 생각이 들었어요. '이런 망할, 놈들에게 다 보이겠어!' 하지만 우리는 계속 진행했지요."

레이몬드 토드는 해안에 적이 매복하고 있으면 어쩌나 하는 생각을 떨쳐 버릴 수 없었다.

"제 할 일을 잘 하는 놈들이라면 우리가 200m 사거리 내에 들어올 때까지 기다렸다가 쏴서 전멸시켜 버릴 수 있지요."

해안에서 붉은 빛이 4번 점멸했다. 토머스였다. 해안은 안전했다. 작전은 속행되었다.

이제까지 작전은 조용히 진행되었다. 그러나 물마루가 해안 쪽으로 밀려가면서 고무보트들은 마치 서핑보드처럼 가속이 붙었다. 해안이 그들 앞으로 빠르게 달려왔다. 파도가 해안에 닿아 부서지자 코만도 대원들은 포말 속으로 뛰어내려, 고무보트를 다시 바다로 끌고 가려는 물에 힘으로 맞서 고무보트를 해안으로 끌고 갔다. 토드의 말이다.

"일은 발이 땅에 닿는 순간부터 시작됩니다. 그 순간부터는 어떤 스트레스도 공포도 없지요."

코만도 대원들은 고요하지만 강렬한 흥분에 휩싸여 있었다. 언더우드의 말이다.

"제2차 세계대전 때 어린아이였던 저는 코만도 기습 작전에 대해 많은 이야기를 들었습니다. 그때는 저도 커서 그런 작전을 하리라고는 꿈도 꾸지 못했지요!"

해안은 익숙했다. 모든 대원들은 항공 정찰 사진을 익혀 두고 있었기 때문이었다. 하지만 해안 중간에 위치한 낮은 콘크리트 건물의 용도는 사진 상으로는 알 수 없었다. 코만도 대원들이 조심스럽게 다가가 보니 그 건물은 텅 비어 있었다. 어부들이 사용하던 것인 듯했다. 다행이었다. 만약 그 건물 안에 민간인들이 있었고, 민간인들이 코만도 대원들을 보았다면, 작전의 비정한 속성상 그 민간인들은 코만도 대원들의 손에 목이 졸려 죽었을 것이기 때문이었다. 파운즈 중위는 작전 전에 이런 브리핑을 했다.

"집 안에 머물러 있는 민간인은 그냥 놔둬야 한다. 그러나 우리 작전을 방해하는 민간인은 제거하라."[17]

폭파조의 지휘관은 미 해군 UDT(수중폭파대)의 장교인 E. 스미스 대위가 이끌고 있었다. 이들은 해안에 접한 고지들 사이에 있는 두 철도 터널 사이의 둑으로 폭발물을 가져갔다. 당시 18세였던 헤이허스트는 이렇게 말했다.

"우리는 총 2톤에 달하는 폭발물을 터널로 옮겨야 했습니다. 미국 친구들은 언제나 필요량의 두 배에 달하는 폭발물을 가져가야 한다고 생각했거든요."

다른 코만도들은 매우 작은 소리로 내려지는 음성 지휘와 수신소 지휘에 맞춰 전개한 다음 어둠 속에 방어선을 치고 폭파병들을 엄호했다. 월터의 말이다.

"우리는 다른 대원들의 위치를 다 알고 있었으므로, 접근하는 것은 적으로 간주했습니다. 그러나 적들은 오지 않았습니다."

긴장 속에 시간은 1시간, 2시간, 3시간, 4시간이 흘렀다. 폭파병들은 공들여 포장한 플라스틱 폭약을 암거(暗渠: 땅이나 구조물 밑으로 낸 도랑)로 날랐다. 결국 작업은 완료되었다. 시계처럼 생긴 시한신관이 폭탄 1발당 2개씩 장착되었고, 시한은 36분으로 맞춰졌다. 한 대원에게서 그 옆의 다른 대원에게로 퇴출 명령이 차례차례 전달되었다. 코만도 대원들은 물가로 이동한 다음, 인원 확인 장소에서 누구도 뒤에 남겨지지 않았음을 확인했다. 현재까지는 모든 것이 완벽하게 돌아가고 있었다. 토머스가 말했다.

"그때까지는 운이 좋았지요. 북한 놈들이 해안에 지뢰를 매설했을 수도, 경비병을 배치했을 수도, 기관총좌를 설치했을지도 모르잖아요."

그러나 막판에 가서 운이 꼬였다. 대원들이 높아지는 파도에 맞서 고무보트의 노를 저었는데 갑자기 어디선가 총성이 울렸다. 무슨 일이 벌어졌는지는 확실히 알 수 없었다. 코만도 대원들은 계속 바다로 노를 저어갔다.

해안에서 수백 미터 떨어진 고무보트들은 멈춰서 뱃머리를 육지 쪽으로 돌렸다. 폭발 장면을 보는 것은 필수였다. 그래야 폭발의 파편이 날아올 때 회피를 시도할 수 있기 때문이다. 대원들은 출렁이는 보트 위에서 카운트 다운을 했다. 알드리지 소령은 말했다.

"만약 폭발하지 않으면, 또 가서 다시 설치해야 했습니다."

알드리지와 같은 보트를 타고 있던 해병대 병사 에드워드 스토크는 당시를 이렇게 회상한다.

"폭발이 일어나자 마치 천국 문이 열리는 것 같은 기분이었지요."

눈부신 오렌지 빛 섬광이 어둠을 몰아냈다. 동시에 엄청난 폭발음이 들렸다. 토드의 말이다.

"온 산비탈이 터져 날아가고 많은 나무에 불이 붙었습니다. 우리 부대원들은 폭심으로부터 720m나 떨어져 있었는데도 나무와 돌 같은 파편들이 물 위로 떨어졌고, 파편이 떨어진 곳의 물이 끓어올랐죠. 정말 무서웠어요."

그러나 파편에 맞은 보트는 없었다. 안도한 병사들이 환호성을 질렀다.

그러고 다시 모든 것은 고요해졌다.

먼 바다로 나가니 상륙정의 수중 배기구에서 나오는 둔탁한 배기음이 들렸다. 코만도 대원들은 열심히 노를 저어 상륙정과 합류하여, 상륙정에 고무보트를 연결했다. 상륙정 위에서는 무비카메라처럼 생긴 '낸시(Nancy)'라는 이름의 야간투시경으로 수평선상을 보고 있었다. 등화관제를 실시한 구축함에서 나오는 적외선 신호를 관측하기 위해서였다.[18] 적외선 신호를 통해 구축함의 위치를 파악한 상륙정은 구축함 쪽으로 뱃머리를 돌리고 속도를 내기 시작했다. 고무보트의 이물이 들리자 코만도 대원들은 고무보트에 몸을 찰싹 붙였다.

구축함상에서의 디브리핑(debriefing)을 통해 아까의 총성에 대한 의문이 풀렸다. 총기 오발이었다. SBS 중사 로널드 뱁스는 출발하던 날 저녁 동료에게 자신의 운이 다한 것 같다고 말한 적이 있었는데, 정말로 그랬다.[19] 그를 태운 보트가 해안에서 바다로 출발할 때, 파도 때문에 고무보트가 심하게 흔들렸고, 그 때문에 소총이 오발되었다는 것이다. 뱁스는 제2차 세계대전 당시 7회의 기습 작전에 참가하고도 살아남은 사람이었지만, 한국 전쟁의 첫 작전에서 사고로 목숨을 잃었다.

다음 날 낮, 그는 수장되었다. 코만도 대원들과 미 해군 수병들이 고물에 집합했고, 구축함은 엔진을 껐다. 미군의 나팔수가 영결 나팔을 불었고, 뱁스의 시신은 태평양 바닷속으로 던져졌다. 헤이허스트가 말했다.

"그 순간, 바다가 그렇게 고요할 수 있다는 것을 처음 알았습니다. 하지만 죽은 친구에 대해 애도할 시간은 없었지요. 점심때 그날 저녁에 다른 기습 작전에 투입된다는 명령을 받았으니까요."

코만도들은 전날 밤에 타격한 목표에서 남쪽으로 80km 떨어진 목표를 타격하게 되었다. 이번에 공격할 곳은 성진항 이남의 철도 터널과 교량이었다.

* * *

이번에 토머스는 다른 대원들이 해상에서 배를 타고 대기하고 있는 동안 앞장서서 헤엄쳐 갔다. 토머스의 주변에는 짙은 색의 둥그런 물체가 떠 있었다. 누군가가 속삭였다.

"기뢰일까?"

잠시 동안의 긴장이 흐른 후, 물체의 정체는 낚시찌로 밝혀졌다.[20] 해안에 적은 없었다. 코만도 대원들은 아무 사고 없이 상륙했다. 그리고 전과 마찬가지로 산개했다. 그러나 이번에는 주변에 북한군들이 있었다.

해병대 병사인 랠프 헤인과 로저 타이액은 정찰을 하다가 키가 큰 잔디밭 속에 북한 군인이 여자를 끌어안고 누워 있는 것을 보았다. 어떻게 할까? 파운즈는 무전기를 통해 지시했다.

"5분만 기다려라. 그래도 사라지지 않으면 처치해!"

헤인과 타이액은 서로를 바라보았다. 여자는 누가 죽여야 할까? 그들이 심사숙고하는 동안 연인들은 일어나서 손을 잡고 내륙으로 사라졌다. 코만도 대원들에게는 다행이었다.[21]

상황은 해결되었다. 2개 폭파조가 목표인 교량과 터널에 접근했다. 갑자기 앞을 가린 어둠 속에서 총성이 터져 나왔다.

폭파조를 터널 입구까지 이끈 사람은 파운즈였다. 파운즈가 북한군 초병을 발견한 순간 상대도 파운즈를 발견했다. 그러나 북한군 초병은 소총을 어깨에 걸고 있었기 때문에, 파운즈에게 소총을 조준하려면 몇 초간의 시간이 필요했다. 그 짧은 시간 동안에 파운즈는 상대의 창백해진 얼굴,

얇은 군복, 야구모자처럼 생긴 전투모 등 상대방의 모든 부분을 파악할 수 있었다. 그리고 나서 북한군 초병은 파운즈를 향해 소총을 발사했다. 그 탄환은 파운즈와 그 옆에 서 있던 다른 코만도 대원 사이로 날아가 레일에 맞고 튕겨 밤하늘로 사라졌다. 다른 코만도 대원이 빠르게 더블탭(double tap: 한 표적에 2발을 사격: 역자주) 사격을 가했다. 2발의 탄환 모두 북한군에게 명중했다. 상대는 땅에 쓰러졌고 그가 들고 있던 소총 역시 땅에 떨어져 굴렀다.[22] 다시 침묵이 흘렀다. 그런데 또 총성이 들렸다. 이번에는 부대의 한국인 통역관이 부주의로 총기를 오발한 것이었다. 작전의 침묵은 깨지고 말았다.

그러나 폭파 준비는 순조롭게 진행되고 있었다. 오브라이언이 목제 철교 아래에 있을 때 레일이 진동하기 시작했다. 야간열차가 터널을 빠져나왔던 것이다. 코만도들은 땅에 납작 엎드렸다. 오브라이언의 회상이다.

"기차의 불빛이 지면을 비추는 게 보였어요. 그리고 기차에 탄 군인과 민간인들이 서로 이야기하며 차창 밖을 보는 모습도 보았지요. 우리는 그들이 우리를 수색하고 있다고 간주했어요. 우리도 거기 꼼짝 않고 엎드려서 북한 놈들을 보고 있었지요!"

그 열차가 증원 병력을 싣고 있을지도 모른다고 걱정한 파운즈는 바주카포반에 열차를 조준할 것을 명령했다. 마지막 순간 그는 소리쳤다.

"쏘지 마!"

열차는 코만도 대원들의 얼굴에 엄청난 소음과 먼지를 튀기며 철로 위를 지나가 버렸다. 북한군들은 그들을 발견하지 못했다.[23]

또 다른 방해가 있을 때까지 작업은 재개되었다. 철길을 따라 적의 순찰대가 오는 것이었다. 코만도들은 꼼짝도 하지 않았다. 오브라이언은 이렇게 말했다.

"우리는 적에게 절대 아무것도 알리고 싶지 않았어요. 적 순찰대에게 사격을 가하면 임무를 달성할 수 없게 됩니다."

북한군 순찰대는 지나갔다. 그러나 두 낙오병이 그들 뒤를 쫓아 달려왔다. 두 낙오병은 엎드려 있던 코만도 하사관 앞에 멈춰 섰다. 오브라이언의 말이다.

"그때 '발각됐구나!' 하는 생각이 들었어요."

오브라이언은 두 북한군을 신중하게 조준했다.

"그들을 사살해야 했지요."

너무 어두웠기 때문에 무슨 일이 일어났는지는 파악할 수 없었다. 그러나 잠시 후 두 북한군은 다시 본대를 따라잡기 위해 뛰어갔다. 두 사람의 발자국 소리가 사라지자마자, 그들 앞에 있던 코만도 하사관은 거칠게 욕을 퍼부었다. 무슨 일이 벌어진 것은 분명했다. 그러나 오브라이언은 그것이 뭔지 알 수 없었다. 아무튼 적 순찰대는 사라졌다.

폭파 준비는 완료되었다. 코만도는 이제 퇴출을 시작했다. 그때 이번 작전에서 마지막으로 또 정적이 깨지고 말았다. 파운즈가 작전 초기에 잘린 전선을 밟고 감전되어, '시체도 일으켜 세울 만큼' 큰 비명을 질렀다고 토머스는 회고했다. 통신병이 소총 개머리판으로 전선을 파운즈의 몸에서 밀어 떨어뜨렸다.

늦은 시간이었지만, 해안 인근에서 여러 북한 민간인이 코만도에 생포되었다. 어떤 사람은 여기저기 호기심 많게 둘러보다가 코만도 대원의 개머리판을 얻어맞고 쓰러졌다. 그의 이빨자국이 개머리판에 남았다. 다른 사람들은 다치지 않았다.[24] 콘드론은 당시 상황을 이렇게 말했다.

"우리는 포로는 잡지 않았어요. 그래서 우리는 그들을 묶고 재갈을 물렸지만, 스스로 풀 수 있게 했지요."

코만도는 민간인들을 버려둔 다음 파도치는 바다로 노를 저어갔다. 그들의 속도는 전날 밤보다도 더욱 빨랐다.

가장 마지막에 출발한 보트에는 토머스가 타고 있었고, 키잡이는 거스 햄 메인도널드 중사였다. 메인도널드 중사는 코만도에서도 매우 뛰어난 인물이었다. 건지 출신이었던 그는 코만도 학교 동기생 중 최고의 성적으로 수료한 '킹스 배지맨'(King's Badgeman)이었다. 여기서 그는 자신의 진가를 발휘했다. 토머스의 말이다.

"다들 열심히 노를 저어가는데 누군가가 애처롭게 소리를 지르는 것이었어요. '기다려 줘!'"

알고 보니 어느 코만도 대원이 경계 중 잠이 들었다가 퇴출 시기를 놓친 것이었다. 야간이었고, 파고는 2~2.5m에 달했지만 메인도널드 중사는 과감히 키를 돌렸다. 토머스의 말에 따르면 그건 정말 대단한 일이었다. 그러고 나서 그 대원을 태웠다. 그러나 폭발이 임박했고, 육지와의 거리가 가까웠으므로, 그 보트에 탄 대원들은 보트 안으로 몸을 숨겼다.

그 보트의 대원들은 육지와 충분한 안전거리를 확보하지 못했다. 콘드론의 말이었다.

"우리는 막 떠나려던 참인지라, 해안에서 45~90m밖에 거리를 벌리지 못했습니다. 그때 폭발물이 폭발했고 온 천지가 진동했지요. 대원들의 몸 위에 흙먼지가 마구 퍼부어졌습니다."

파편에 의한 피해는 없었지만, 곳에 설치되어 있던 북한군 기관총에서 불을 뿜기 시작했다.

언더우드의 말이다.

"우리 머리 위로 녹색 예광탄이 날아다녔어요. 우리는 개인화기만 있었기 때문에 반격하기에는 화력이 모자랐지요."

오브라이언은 보트에서 내려 바다에 뛰어들고픈 충동을 느꼈다.

"그때 처음 든 생각은 보트에 구멍이 나는 건 막아야겠다는 생각이었어요. 하지만 상륙정까지는 먼 길이었지요."

그러나 다행히도 북한군의 기관총탄은 모두 그들의 머리 위로만 날아다녔다. 북한군들은 위력정찰 목적으로만 사격을 하는 것 같았다. 언더우드의 말이다.

"폭탄이 터져서 모든 게 밝아졌기 때문에 그 친구들의 눈은 보는 능력이 크게 떨어졌지요. 그 친구들은 그야말로 반사적으로 사격을 가했을 뿐이라고 생각합니다."

그때 어떤 강력한 힘이 미친 듯이 노를 젓는 코만도 대원들의 머리 위를 휩쓸고 지나갔고, 동시에 엄청나게 밝은 흰 섬광이 곳을 밝혔다. 아군 구축함의 4인치 함포가 포문을 연 것이었다. 목표는 북한군의 기관총에서 나오는 예광탄이었다. 콘드론의 말이다.

"아마 아군의 함포 사격 때문에 그곳의 산 높이는 몇 cm 정도 낮아졌을 게 분명해요."

아무튼 적의 기관총 사격은 멈춰졌다. 언더우드의 말이다.

"적 기관총 진지가 아군 함포에 피격되었는지, 아니면 적 지휘관이 사격 중지를 명령했는지는 알 수 없지만, 아무튼 멈춰졌지요."

코만도 대원들이 구축함에 돌아오자, 미군 수병들은 그들을 위해 '약용으로 가지고 다니던' 브랜디를 대접했다. 그리고 오브라이언은 아까 하사관이 북한군 순찰대가 지나가고 나서 왜 욕을 했는지 알게 되었다. 오브라이언이 회상이다.

"그 하사관의 말로는, 그 두 놈들이 그 사람 얼굴 바로 앞에 멈춰 서서 그 사람한테 오줌을 눴다는군요! 그 하사관은 이렇게 말했어요. '그 개똥 같은 놈들이 온 걸로도 모자라서 나한테 오줌까지 갈기다니!' 두 북한군이 그 하사관의 얼굴에 오줌을 누는데도 그 사람은 아무 대응도 할 수 없었어요!"

이 이야기가 전해지자 사람들은 마구 웃었다. 그리고 두 군함은 동쪽으로 뱃머리를 돌려 일본으로 향했다.

두 척의 구축함에서 실시한 기습 공격은 북한에서도 최북단 지역을 목표로 했다. 그러나 41코만도 병력의 나머지 반도 또 다른 기습 공격에 참가했다. 이들은 '알 밴 농어'라는 별명으로 불리던 미 잠수함 퍼치(Perch)에서 출격했다.

* * *

9월 30일, 잠수함 USS 퍼치는 요코스카 해군 기지를 떠나 동북쪽으로 뱃머리를 돌렸다. 이 잠수함은 특별하게 개조되어 있었다. 어뢰 발사관은 제거되어 있었고, 함교 뒤에는 원통형의 격납고가 지어져 있었는데, 그 둥글납작한 모양 때문에 퍼치 호는 '알 밴 농어'라는 별명을 얻었다.[25] 어뢰발사관이 사라진 자리에는 다층 침대가 설치되었고, 원통형 격납고 안에는 기습용 보트와 그 견인장치가 들어갔다. 퍼치는 특수작전용 잠수함으로 개조된 것이었다. 퍼치에는 드라이스데일이 이끄는 41코만도 대원 67명이 탑승했다.[26]

퍼치의 함내는 밝았다. 퍼치는 부상 시에는 이리저리 요동쳤지만, 일단 잠수하면 요동 없이 움직였다. 유일한 기계 소음은 모터의 윙윙거리는 소리와 벤틸레이터 팬의 작동음, 그리고 삐거덕거리는 소리 등 어느 배에서나 나는 소리뿐이었다. 그러나 잠수함 내부는 비좁았다. 그리고 청수 보급의 최우선 순위는 잠수함의 장교들과 식당이었기에, 잠수함 내부는 더럽기까지 했다. 그래서 장병들은 탑승 전 탤컴 파우더(talcum powder: 땀띠약)를 지참하라는 조언을 받았다.

덩치 큰 체력 단련 교관이었던 모이즈는 자신의 침대에 기름이 떨어지고 있는 것을 알고는, 침대에 누울 때마다 방수 판초 우의를 뒤집어썼다. 잠수시에 공기의 질은 나빠졌다. SBS 대원 에드몬즈는 이렇게 말했다.

"격실 하나에 30명이나 들어가 있으면 공기는 아주 더러워지죠. 성냥을 그어도 불이 붙지 않을 정도입니다."

그러나 미국 잠수함에도 좋은 점은 있었다. 에드몬즈의 회상이다.

"식당에 가면 덩치 큰 흑인 주방장이 항상 물었지요. '안녕, 친구. 오늘 스테이크는 어떻게 해 줄까?' 음식은 정말 환상적이었어요! 영국 잠수함에서 나오는 것과는 비교도 할 수 없었지요."

흥남 항구에서 6.4km, 38선에서는 185km 떨어진 앞바다에서 잠수함은 잠망경 심도로 심도를 조절했다. 잠수함의 함장과 드라이스데일은 잠망경으로 목표를 살폈다. 만족한 그들은 안전한 심도로 잠수했다. 잠수함 함내에서는 코만도 대원들이 휴식을 취하고 있었다. 얼마 있지 않아 밤이 될 것이었다.

어두워진 후, 바다 위로 엄청난 물이 뿜어져 나오며 고래 같은 거대한 뭔가가 떠올랐다. 퍼치였다. 사실상 미동도 없는 퍼치의 표면에서는 물방울이 뚝뚝 떨어졌고, 파도 위에 드러난 것은 퍼치의 함교와 보트 격납고뿐이었다.

함내에서는 잠수함이 물탱크를 비우면서 나는 '쉭' 하는 소리가 잠수함의 부상을 알려 주었다. 코만도 대원들이 쓰던 함실에서는 백색등이 꺼지고 적색등이 들어와 실내를 어둑한 붉은색으로 가득 채웠다. 검은 안면 위장을 하고 완전무장한 코만도 대원들은 악마들의 무리 같았다.

수병들이 돌아다니고 해치가 열렸다. 상쾌한 바닷바람이 잠수함 안의 탁한 공기 속으로 밀려들어왔다. 코만도 대원들은 사다리를 통해 미끄러운 갑판 위에 올라 잠수함의 고물 근처에 모였다. 조금씩 흔들리는 잠수함 위에 선 그들은 밤공기를 마시며 달빛이 비추는 은색과 회색, 검은색의 바다와 하늘을 바라보았다.

공기호스를 통해 고무보트에 공기가 채워졌다. 고무보트가 바다로 밀어 내려졌다. 코만도들이 고무보트에 탑승한 다음 고무보트를 예인용 보트에 연결했다. 그때 드라이스데일은 어디선가 호출을 받았다. 그는 잽싸게 잠수함에 다시 올라 통제실로 향했다. 레이더에 적의 경비정이 발견되었다는 것이었다. 작전을 취소해야 했다! 조지 리처즈 중사의 말이다.

"함장은 약간 두려워하는 눈치였습니다. 그들은 우리더러 빨리 잠수함 안으로 들어오라고 했습니다. 우리는 모두 잠수함에 다시 승선해 안으로 들어가 해치를 잠갔습니다. 경보는 계속 울렸고 잠수함은 긴급 잠항했습니다. 격납고 안에는 미군 수병 한 명이 남겨졌지만 격납고는 수밀구조라 괜찮았습니다."

기습은 다음 날 밤으로 미루어졌다. 코만도들은 평소 하던 대로 지내며 시간을 보냈다. 에드몬즈의 말이다.

"잠수함 안을 마음대로 돌아다닐 수가 없었습니다. 정해진 방 안에 갇혀 책을 읽거나 카드놀이를 했지요. 잠수함의 무게 균형을 깨서는 안 되니까요."

대부분의 사람들은 퍼치가 해저에 착저해 있는 동안 잠을 청했다.[27]

다음 날 밤인 10월 2일, 퍼치는 다시 잠망경 심도까지 부상했다. 아무 이상도 없었다. 퍼치는 완전 부상했다. 오늘은 적의 경비정이 없었다. 기습 실시였다.

　코만도 대원들은 잠수함에서 내린 다음, 고무보트를 예인보트에 연결했다. 예인보트는 이들을 끌고 해안에서 800m 지점까지 간 다음, 연결을 끊었다. 코만도들을 태운 고무보트들은 횡대를 지어 전진했고, 그 위에서는 마치 말을 타는 것 같은 자세로 올라탄 코만도 대원들이 노를 젓고 있었다. 오늘의 목표는 말굽 모양 해안을 가로지르는 철도였다. 에드몬즈의 말이다.

　"해안 안으로 들어가니 귀뚜라미 소리와 함께, 논밭에서 이상한 단내가 확 풍겨왔지요. 바로 인분 냄새였습니다. 제대로 찾아왔어요."

　폭파조는 철도와 터널을 향했다. 수개 분대의 코만도가 산개해 방어선을 형성했다.

　정보하사관 중사 레슬리 쿠트의 말이다.

　"위치를 잡고 있는데 멀리 내륙 쪽에서 한밤중인데도 일하고 있는 민간인들이 보였어요. 뭔가 이상해 보였지요. 그들은 하얀 옷을 입고 있었고, 그날 밤은 비교적 달빛이 많았어요."

　흰 옷의 농부들은 코만도 대원들을 발견하지 못했다. 아마도 낮의 폭격을 피해 밤에 농작물을 수확하는 모양이었다. 코만도 대원들은 농부들을 주의 깊게 살펴보았다.

　철도는 산에 뚫린 어느 터널에서 빠져나와, 방파제 위를 통해 해안을 가로질러 또 다른 터널 속으로 들어갔다. 코만도 대원들은 방파제를 파괴할 수 있도록 폭발물을 설치한 뒤, 열차를 파괴할 수 있도록 터널 안에 대전차지뢰도 설치했다.

　브래디도 터널에 들어간 대원 중 한 명이었다. 갑자기 어둠 속에서 어떤 불빛이 번쩍였다. 그 다음 브래디는 뭔가가 우르릉 소리를 내는 것을 분명

히 들었다. 기차였다! 그냥 놔두면 터널에 들어간 폭파조는 기차에 치이고
말 것이었다. 그들은 모두 터널 밖으로 달려나갔다. 브래디는 그레이하운드
처럼 빠르게 뛴 끝에 제일 먼저 빠져나갔다. 그는 땅에 엎드려 사격 자세
를 취했다. 긴장감이 흘렀지만 아무 일도 없었다. 누군가가 속삭였다.

"난 기차 소리 같은 건 듣지 못했는데."

또 다른 사람도 말했다.

"나도 못 들었어."

다들 소리 없이 빙그레 웃었다. 터널 폭파조는 쑥스럽게 다시 일어선 다
음, 터널에 들어가 하던 일을 완료했다.[28]

방파제 아래에는 높이가 대충 90~120cm는 되어 보이는 배수로 암거가
있었다. 폭약을 설치하기에 안성맞춤이었다. 에드몬즈는 폭발물을 옮기는
작업에 참여했다. 배수로에 약 900kg에 달하는 폭약을 설치한 다음, 모래
주머니를 주변에 설치해 폭발의 충격력이 수직 방향으로 전달되게끔 할 예
정이었다. 전투공병대의 대장이었던 팻 오븐스 대위는 브래디에게 폭약을
넣으라고 말하고, 다른 작업을 감독하러 그 자리를 떴다.

브래디는 배수로 안을 들여다보았다. 그는 코를 쿵쿵거렸다. 배수로 깊이
는 30cm 정도였고, 시골답게 똥냄새가 지독했다. 오븐스가 없기 때문에
브래디는 자신의 계급을 이용해 편하게 하기로 했다. 그는 자신의 분대에
게 이리 오라고 했다. 그러나 누구도 오지 않았다. 브래디는 낮게 말했다.

"야, 안 오고 뭐해?"

그때 오븐스 대위가 어둠 속에서 다시 나타났다.

"중사. 빨리 들어가라! 시간이 없어!"

브래디에게는 선택의 여지가 없었다. 그는 오수 속으로 기어 들어가 폭
발물을 쌓기 시작했다.[29]

그때까지는 별 문제가 없었다. 퇴출 시간이 되었다. 전령이 퇴출 명령을 전달했다. 모이즈의 말에 따르면 당시 워키토키는 워낙 수가 적은 데다 통달 거리도 짧고, 또 무선 침묵을 유지해야 했기 때문에 전령을 사용한 것이라고 한다. 아무튼 명령을 받은 외곽 경계대는 후퇴하기 시작했다. 배수로에 있던 에드몬즈도 장비를 챙기는데 어둠 속에서 총성이 울렸다. 적의 해안순찰대가 코만도들 사이로 들어온 것이었다. 혼란 속에 벌어진 총격전 끝에 해병대 병사 피터 존스가 피격당했다.

해안에 있던 브래디는 어둠 때문에 형체를 알아보기 힘들던 옆 사람에게 몸을 돌려 말했다.

"내가 더기 같으면 지금 완전히 좆됐다고 생각했을 거야!"

그러자 상대방이 답했다.

"아냐, 그렇지 않아. 나도 그렇고 우리 모두도 그런 생각은 안 해."

그 상대는 다름 아닌 '더기', 즉 드라이스데일이었다. 놀란 브래디는 대대장이 흰 이를 드러내며 미소 짓는 것을 볼 수 있었다.[30]

코만도들은 보트로 되돌아갔다. 드라이스데일은 가장 마지막에 해안을 떠났다. 그들이 노를 젓고 있는 동안 엄청난 폭발음이 들렸다. 배수로에 깔아두었던 폭약이 폭발해 방파제를 날려 보낸 것이었다. 그러자 혼란에 빠진 북한군 해안순찰대는 총을 마구 쏴 대었다.[31]

퍼치는 존스의 부상을 무전으로 듣고 알았다. 그러나 군의관이 치료를 해 줄 필요는 없었다. 고무보트가 잠수함에 도착했을 때 존스는 이미 죽어 있었다. 수병들이 고무보트를 잠수함에 적재하고, 코만도 대원들이 해치 안으로 들어가자 잠수함은 뱃머리를 동쪽으로 돌렸다.

존스의 장례식은 다음 날에 열렸다. 잠수함의 엔진을 멈추고, 미 해군 수병들이 갑판에 도열했다. 코만도 대원들도 모자 없이 햇빛을 받으며 도열했다. 코만도 의장병이 조총을 발사했다. 그러자 퍼치 옆에 있던 미 구축함 USS 매독스(Maddox)와 USS 토머스(Thomas)도 조포를 발사했다. 군함의 마스트에는 UN기가 조기로 게양되었다. 흰 깃발에 감싸인 존스의 시신은 바다로 밀려 떨어졌다. 랭턴의 회상이다.

"바다는 마치 연못처럼 고요했습니다."

좋은 소식들도 도착했다. 브래디가 터널에서 들은 소리는 코만도가 터널 안에 설치한 대전차 지뢰의 폭발음이었다는 것이다.[32] 부상한 퍼치는 일본으로 향했다. 코만도 대원들과 아주 친해진 미 해군 수병들은 대원들을 함교 위로 초대했다. 브래디는 함교 위에서 보는 전망이 어떤지 궁금했다. 야윈 수병들이 함교에서 쌍안경으로 살펴보는 동안 잠수함의 뾰족한 함수가 파도를 가르며 텅 빈 수평선을 향하고 있었다. 그야말로 전쟁 영화에서나 나올 법한 근사한 풍경이었다. 그때 중사는 자신들의 서쪽에 있는 한반도는 끔찍한 전쟁에 휩싸여 있다는 것을 떠올렸다. 그는 죄책감을 느끼며, 잠수함 함내로 돌아갔다.[33]

* * *

일본에 다시 상륙한 41코만도 대원들은 자신들이 실시한 작전 결과를 담은 항공 정찰 사진을 보았다. 메인도널드의 말이다.

"적은 완파되었습니다."

한국 전쟁 이전에 다른 전쟁을 해 보지 않은 코만도 대원들에게 작전은 즐거운 일이었다. 스코틀랜드 출신 코만도 대원인 콘드론은 이렇게 말했다.

"저는 정말로 기습을 즐겼습니다. 모험이었고, 우리가 훈련받은 그대로였지요."

미국인들은 작전 성과를 보고 기뻐했다. 미 극동 해군 사령관 터너 조이 중장은 〈영국 해병대 코만도, 용맹스런 기습공격을 벌이다〉라는 제목의 보도자료를 배포했다.[34] 미 해군 서태평양 잠수함 부대의 부대장 역시 미 해군 참모총장에게 다음과 같은 내용의 작전 후 보고서를 보냈다.

"미 해군의 수상함 부대, 잠수함 부대와 불굴의 영국 해병대가 힘을 합쳐 강력한 공격부대가 되었습니다. 그들은 세심한 작전 계획과 어뢰조차도 두려워하지 않는 용맹한 정신으로 수많은 이야깃거리를 만들어 냈습니다. 이런 부대원들과 함께 복무하게 되어 영광스럽습니다.[35]"

참 드문 일이었지만, 한 민간인이 배스와 원터크 함상에서 이 모든 작전을 보고 있었다. 그는 국회의원이자 기자였던 톰 드리버그 남작이었다. 그는 좌익 성향이기는 했지만 41코만도의 활동 모습을 보고 큰 감명을 받았다. 그는 이런 글을 남겼다.

"가장 확고한 평화주의자라면 임무를 위한 이들의 뜨거운 헌신에 찬사를 보내지 않을 리가 없을 것이다.[36]"

그는 이 두 작전을 다룬 글을 썼고, 이 글은 여러 곳에 게재되었다.

이들 코만도 대원은 전원이 영국 대사관에서 열린 파티에 초대되었다. 리처즈의 말이다.

"우리는 케이크를 대접받았어요. 우리는 그래서 케이크를 먹으면서 방명록에 '영국 해병대 윈스턴 처칠'이라고 적었지요. 그 사람들이 준 맥주도 다 마셔 버렸어요. 그날 밤 대사관은 아주 난리가 났지요. 해병대는 술을 아주 좋아하거든요!"

어떤 코만도 대원은 화장실을 찾지 못해, 주방의 싱크대에 오줌을 누다가 여자 대사관 직원에게 들키기도 했다.[37]

기습 공격에 적합한 계절이 끝나가고 있었다. 겨울이 가까워 오면서 바닷물이 차가워져 기습상륙 작전은 어려워졌다. 그리고 UN군의 북한 침공이 다가오면서 이제 곧 통일될 한국의 인프라를 파괴할 필요는 적어졌다.

드라이스데일은 부대의 재훈련에 돌입했다. 기습 작전에 맞게 편성되어 있던 코만도는 이제 정규 부대답게 개편되었다. 45명씩의 인원으로 구성된 소총 소대 3개, 81mm 박격포와 30구경 중기관총으로 무장한 화기 소대 1개, 전투공병 소대 1개, 본부 소대 1개로 개편된 것이다. 후지산 기슭의 사격장 등 여러 장소에서 벌어진 훈련을 통해 이들은 지상전 요령을 다시 습득했다. 41코만도 역시 제2차 세계대전 당시의 코만도처럼 기습상륙 부대에서 기동타격대로 변해가고 있었다. 비록 이번에는 변하는 데 걸리는 시간이 매우 짧기는 했지만 말이다.

맥아더는 11월 이내에 여러 척의 군함과 41코만도를 한국 배치에서 해제시킨다는 조치를 승인했다. 하지만 이는 너무 때 이른 조치였다. 드라이스데일은 영국 해병대 사령부의 W. I. 논와일러 장군에게 이런 편지를 써 보냈다.

"저 개인적으로는 이 전쟁은 끝나지 않았다고 생각합니다.…… 제 생각이 맞다면 그것은 불쾌한 일이지만, 유감스럽게도 그럴 가능성은 분명히 있습니다."

그는 조이 제독의 부지휘관인 미 해군 중장 알레이 버크를 만나, 코만도 부대를 철수시키는 것은 도의적으로 옳지 않다는 의견을 전달하고, 41코만도에게 지상전을 맡겨 달라고 제안했다. 버크는 한국에 주둔한 미국 제1해병사단에 41코만도를 예하 부대로 받아들일 생각이 있는지 문의했다. 드라이스데일은 자신감이 넘쳐흐르는 상남자였지만, 이 건에 대해서는 상관에게 고민하는 모습을 계속 보였다. 그는 부대의 한국 잔류를 연장한 것에 대해 이렇게 적었다.

"힘든 결정이었다. 잘한 일이기를 바랄 뿐이다.[38]"

그의 그런 걱정은 이해할 수 있는 일이었다. 일본에서 코만도가 새로운 임무에 맞는 훈련을 하고 있을 때 한국의 전황은 180도로 바뀌었다. UN군이 북한 영토 침공에 나선 것이었다.

제6장
먼지 구름과 불타는 마을

주사위는 던져졌다.

– 기원전 49년, 율리우스 카이사르(Julius Caesar)가 루비콘 강을 넘으며.

개성 인근 북위 38도선, 1950년 10월 13일.

아가일 대대의 오웬 라이트 소위는 전진하면서 푹 꺼지고 쪼그라든 눈두덩 속의 눈으로 주위를 살폈다. 그는 당시를 이렇게 회상했다.

"우리는 북쪽을 향해 파진 참호를 지나가고 있었어요. 그 참호 안에는 군복을 입고 총을 든 백골들이 있었지요."

그 백골들은 6월 25일, 북한군의 침공 당시 전사했다가 매장되지 않은 한국군 병사들의 것이었다. 그들은 자신들의 진지를 휩쓸고 갈 또 다른 공세 작전을 말없이 바라보고 있었다.

그러나 이번 공세는 3개월 반 전과는 정반대의 방향으로 이루어질 것이었다. 한반도 남반부를 지켜내는 데 성공한 UN군은 이제 북한을 치려고 하였다.

9월 27일, 해리 트루먼 미국 대통령은 더글러스 맥아더 장군에게 38도선 이북에서의 군사 작전을 허가했다. 10월 1일, 맥아더는 북한에게 항복

권고 방송을 했다. 상대의 응답은 없었다. 같은 날 대한민국 대통령 이승만은 한국군 병력을 38도선 이북의 동해안으로 보냈다. 이승만은 한반도를 통일하고자 하는 열망을 굳이 숨기지 않았다. 바로 그런 점 때문에 과거 미국은 이승만에게 무기를 주려 하지 않았다. 김일성의 침공과 UN군의 개입 덕택에 이승만은 바라던 기회를 손에 넣었다. 힘의 균형은 이제 이승만 쪽이 유리하도록 넘어갔다. 더구나 그는 맥아더 장군의 지원을 받고 있었다. 그는 완전한 승리 이외에는 아무것도 인정하지 않는 사람이었다. 단 하나 갖추지 못한 것이 있다면, 전장을 38도선 이북으로까지 연장하는 데 필요한 국제사회의 동의뿐이었다.

이승만은 경솔하게 행동했지만, 워싱턴은 수수방관하고 있었다. 9월 30일 영국을 포함한 8개국의 지지를 얻어 나온 결의안이 UN에 전달되었다. 10월 7일, UN은 47:5의 결과로 소련의 평화 제안을 제치고 UN 결의안 376(V)호를 통과시켰다. 이 결의안에서는 "한반도를 통일하고 민주적이고 자립적인 정부를 세울 것이며, 한반도의 상태를 안정시키기 위해 필요한 모든 적절한 절차를 밟을 것"을 규정하고 있었다.[1]

북한 침공 계획은 9월 27일자 미국 합동참모본부 지시에 나타나 있었다. 그 목표는 북한인민군의 괴멸이었다. 중국과 소련의 적대감을 불러일으키지 않기 위해, 중-북 국경, 소-북 국경까지 도달하는 부대는 한국군 부대로만 충당된다.[2] 외국군 부대는 압록강으로부터 80km 남쪽 지점까지만 진격한 후 멈출 예정이었다. 압록강은 중국과 한국을 나누는 천연 경계선이었다. 외국군 부대의 공격 한계선은 서쪽의 정주, 동쪽의 흥남 및 함흥 사이를 잇는 선이었다. 영국군 제27여단은 이 선을 '맥아더 라인 (MacArthur Line)'으로 불렀다.[3]

UN군의 공격은 두 방향으로 전개될 것이었다. 제10군단, 즉 미국 제1해병사단, 미 육군 제7보병사단, 한국군 수도사단은 한반도의 동쪽에서 북진한다. 한반도의 등뼈를 이루는 산맥을 가운데에 두고 서쪽에서 북진할 부대는 미 제8군이었다. 제8군의 선봉에는 미 제1군단이 선다. 미 제1군단에는 영국군 제27여단, 한국군 육군 제1사단, 미 육군 제1기병사단, 미 육군 제24보병사단이 포함된다. 제8군은 한반도의 서축을 맡아 북진할 것이다. 제1군단에서 제일 규모가 작은 영국군 제27여단은 다른 사단들 중 하나의 지휘를 받게 될 예정이었다. 제1군단의 동쪽에는 한국 제2군단이 산맥을 옆에 끼고 함께 북진할 것이었다. 마지막으로 제9군단이 남쪽에서 적의 저항을 소탕할 것이었다. 당시 한국에 주둔한 UN군의 수는 약 30만 명이었다.[4]

미군 정찰 부대가 38도선을 통과한 것은 9월 7일. 미군의 전면적 진격은 10월 9일에 시작되었다.[5] 10월 11일, 영국군 제27여단은 미국 제1기병사단에 배속되었다.[6]

어떤 병사들에게 전선이란 무의미했다. 다이하드의 프랭크 화이트하우스는 이렇게 말했다.

"우리는 38도선이나 북한 같은 거에 대해서는 전혀 몰랐어요. 우리가 아는 것은 곧 평양에 간다는 것뿐이었지요. 우리는 그게 남쪽에 있는지 북쪽에 있는지도 몰랐어요."

또 어떤 사람들은 자신들이 UN에서 정한 이상으로 전쟁을 확전시키고 있지는 않나 하고 두려워했다.

"우리는 모두 38도선 이남에서만 작전한다고 알고 있었는데, 38도선을 넘어서 북진하는 말이 들려왔지요. 동료 병사들은 그 말을 듣고 이렇게들 말했죠. '그럼 어디까지 가야 하는 거야? 어디까지 가야 끝나는 거지?'"

그보다 더 눈앞에 닥친 걱정거리는 지형이었다. 화이트하우스의 말이다.

"날이 갈수록 산들은 크고 높아지고 많아졌지요. 호랑이 입 속으로 들어가고 있는 기분이었어요."

이러한 걱정들, 그리고 라이트가 견딜 수 없던 무시무시한 광경들을 포함한 북진은 냉전 최초로 공산국가 영토가 침공을 당한 사례로서, 거의 축제에 가까운 즐거운 분위기 속에 수행되었다. 미들섹스 대대의 소령 데니스 렌델은 앤드루 맨 중령과 함께 지프를 타고 정찰을 나갔다가 아주 심하게 튀어나온 뭔가를 밟고 지나갔다. 렌델은 당시를 이렇게 회상했다.

"누군가가 물었지요. '아까 그거 뭐야?' 그러자 대대장은 몸을 돌려 이렇게 대답해 주었습니다. '그건 말이지. 우리가 38도선을 넘었다는 뜻이야!'"

흙길 옆에 박혀 있는 도로표지판들이 그 사실을 알려주었다. 미들섹스 대대의 소령 존 십스터는 이렇게 말했다.

"우리가 달리던 길 옆에는 이렇게 적힌 표지판들이 잔뜩 서 있었지요. '여러분은 미국 제1기병사단이 뚫은 38선을 통과하고 계십니다!'"

뒤따라오는 미군 부대들은 분필이나 페인트로 도로표지판, 흙담, 현지의 집에 묘하게 생긴 캐릭터를 그렸다. 대머리에 코가 길고, 담 위로 엿보는 포즈를 하고 있는 그 캐릭터의 이름은 '킬로이(Kilroy)'였다. 십스터의 말이다.

"길을 따라 달리면서 참 많은 킬로이를 볼 수 있었어요. '킬로이, 여기서 잤다.' '킬로이, 어제 여기를 다녀가다.' '킬로이는 진격한다.' 같은 글도 써져 있었죠."

'킬로이'는 제2차 세계대전을 상징하는 캐릭터라고 할 수 있었다. 미군이 처음 가는 곳이면 어디든지 그리고 다녔던 캐릭터였다. 그 킬로이가 한국에도 온 것이었다. 이제 이 전쟁은 1944년 하반기 북서유럽 전선과 유사해지고 있었다.

미 제8군 사령관 월튼 워커 장군은 제2차 세계대전 당시 패튼 장군 휘하에서 복무했다. 패튼은 추격전의 최고 귀재였다. 당시 워커 장군은 너무나 빠른 진격 속도로 인해 '유령 군단'이라는 별칭이 붙은 제20군단장을 맡았다.[7] 제1기병사단장 호바트 게이 장군은 과거 패튼의 참모장이었다.[8] 이 저돌적인 스타일의 전쟁에서 가장 중요한 것은 적을 지나쳐 빨리 움직여서 적과 아군 간의 균형을 깬 다음, 적이 재편하고 방어 태세를 굳힐 시 공간적 여유를 주지 않고 적을 우회해 포위하는 것이다. 그러나 한반도의 적은 독일 국방군이 아니었다. 독일군의 경우 우회 포위한 다음 섬멸하는 것이 가능했지만, 북한군은 우회 포위하면 군복을 벗어 버리고 산속으로 도망쳤다.

전술적 문제는 그렇다 치고, 대중 여론에 신경을 많이 쓰는 장교들은 저마다의 의제를 가지고 있었다. 북한인민군이 사실상 붕괴됨에 따라 미군과 한국군 사단들은 중요 목표를 빨리 차지하기 위한 경쟁을 벌이고 있었다. 맨 중령의 말이다.

"이들의 이동 속도는 대단하군. 실컷 달리게 놔둬! 이곳이야말로 미국 놈들에게는 새로운 대서부나 다를 바가 없지."

* * *

여름은 끝이 났다. 가을은 봄과 함께 한국에서 아름답기로 둘째가라면 서러운 계절이다. 맑고 높은 하늘 아래 산비탈의 나무와 수풀들을 가을에 맞게 새 단장을 한다. 청동색, 금색, 구리색으로 화려하게 물들어, 늘 회색인 화강암 노두와 늘 녹색인 소나무들 사이에서 자신들의 아름다움을 뽐내는 것이다. 계곡에서는 늦은 쌀 수확이 한창이고, 논에는 키 큰 볏짚 다발들이 묶여 서 있다. 버섯 모양의 지붕이 달린 초가집을 둘러싼 과수원에서는, 가지치기가 잘 된 나무들에 굵은 사과가 매달려 있다. 날씨는 시원하고 사람을 기운 나게 한다.

일제시대 당시 북한은 공업 중심지였고, 남한에 비해 더욱 잘 살았다. 북한 영토 내로 진격해 들어간 병사들 중 일부는 시내가 매우 깔끔하고 풍요로운 인상을 주는 데 놀랐다. 전쟁으로 엉망이 된 낙동강 유역 마을이나, 시체가 잔뜩 널려 있는 채 폐허가 된 서울과 이곳은 완전히 딴판이었다. 아가일 대대의 랠프 호스필드는 이렇게 말했다.

"대한민국은 가난에 시달리고 있었어요. 하지만 북한의 논밭은 모두 잘 가꾸어져 있었고, 나무, 농장, 과수원도 있었어요. 남한과는 천지 차이였어요."

수 km는 족히 됨직한 전차와 트럭들이 꼬리에 꼬리를 물고 트레일러나 중포를 매달고 흙길 위를 전진할 때면 어떤 지역에서는 회황색의, 어떤 지역에서는 붉은색의 먼지구름이 피어올랐다. 차량 대열의 병사들은 빈 레이션 캔을 집어던졌다. 앞장선 전차는 빠르게 달려 나가며 엄청난 먼지구름을 피워 올렸지만, 마을 내에서 커브가 급하게 꺾인 길을 나아갈 때는 속도를 줄일 수밖에 없었다. 도로를 이탈해 논에 처박힌 차량들을 끄집어내는 구난 차량들은 과로에 시달리고 있었다.

첫 흥분은 얼마 가지 않아 가라앉았다. 10월 11일, 왕립 오스트레일리아 연대 제3대대에 전진 명령이 떨어졌으나 수송 수단의 부족 때문에 그 명령은 실현되지 않았다. 다음날 미들섹스 대대의 전진도 멈췄다. 처음에는 미국 제5기병연대의 후미 부대, 그 다음에는 한국 육군 제1사단이 그들의 앞을 지나쳐 갔기 때문이었다.[9] 맨 중령은 도로에 적 대전차포들이 매복해 있어 진격할 수 없자 우회로를 탔다. 그러나 지급된 지도가 별로 정확하지 않아 막다른 길에 빠지곤 했고, 그럴 때마다 진격은 지연되었다. 다이하드 부대의 하사 돈 바레트는 이렇게 말했다.

"정말 쓸데없는 일 많이 했지요. 우스운 일들이었습니다."

충분치 못한 수송 수단, 좋지 않은 도로 사정, 철저한 측면 소탕 때문에 제27여단은 지휘관들이 원하는 속도로 나아갈 수 없었다. 전기기계공병 대위인 레지 제프스는 이렇게 말했다.

"미국 제1기병사단장 게이 장군이 우리 군 연락 장교에게 이렇게 말했다더군요. '당신네 여단장한테 빨리 궁둥이 좀 치우라고 전해!'"

게이 장군은 길 위에서 만큼은 대단히 원기왕성한 사람이었다. 렌델이 자신의 중대를 배치하는데 누군가가 어깨 너머에서 자신을 보는 눈길을 느꼈다. 돌아보니 게이 장군이었다. 게이 장군의 손에는 산탄총이 들려 있었다. 렌델은 게이 장군에게 이렇게 말했다.

"장군님. 저 좀 혼자 있게 해 주십시오. 부대를 지휘해야 하니까요."

분명 소령이 장군에게 할 말은 아니었지만, 게이는 그 말을 좋게 받아들였다. 렌델의 말이다.

"게이 장군은 이렇게 말했습니다. '알겠네. 원한다면 그렇게 하지.' 그래서 나는 계속 말을 걸었지요. '그런데, 장군님. 왜 그 산탄총을 들고 오신 겁니까?' 그러자 장군은 이렇게 대답했어요. '아직 몰랐나? 여긴 새 사냥을 실컷 할 수 있어.' 그의 말대로 그곳에는 사냥감 새들이 정말 많았어요."

기계화된 미군 부대가 북쪽으로 진격하는 동안, 영국군 제27여단은 개성과 금천 사이의 고지들에 있는 적을 소탕하고 있었다. 그 때문에 그들은 빠르게 달리는 차량에서는 볼 수 없었던 전쟁의 비극은 물론, 아군의 진격을 저지하는 적의 저항을 자세히 볼 수 있었다. 맨 중령의 말이었다.

"미군들이 앞장설 때 고지에서 적 저격수가 나와서 사격을 가하면 1개 대대가 꼼짝을 못 합니다. 그러고 나서 비행기가 나올 때까지 기다리지요. 그들은 여러 개의 소대를 이끌고 적 저격수를 공격할 생각은 거의 못 합니다. 그저 앉아서 기다리기만 합니다. 엄청난 시간이 낭비되는 거죠. 그 정도면 적 저격수는 자신의 임무를 매우 잘 해냈다고 볼 수 있어요."

이러한 방해는 엄청난 보복 공격을 불러오곤 했다. 연기 기둥이 지면 가까이에 있는 먼지층을 뚫고 푸른 하늘로 올라갔다. 흰색 연기는 백린탄이 터졌을 때 발생하는 것이었다. 회색 연기는 나무와 초가가 불타는 연기였고, 검은색 연기는 네이팜이 불타는 연기였다. 화재의 냄새는 타는 물건에 따라 달랐다. 마을이 불탈 때면 나무 타는 냄새가 났고, 소나무 숲이 불탈 때면 묘하게 독한 꽃 냄새가 났다. 네이팜이 탈 때면 석유 냄새가 났다.

미들섹스 대대의 병사 제임스 비벌리가 속한 소대는 고지의 적 진지를 파괴하라는 임무를 부여받았다.

"우리는 늘 하던 대로 우선 항공기로 기총소사를 요청했어요. 그 효과는 정말 대단했지요. 저는 네이팜탄이 터지는 모습도 보았어요. 그 소리는 정말 엄청났습니다. 그런데 항공 지원 요청이 거절된 적은 단 한 번도 없었어요!"

다음 날 아침 소대는 능선을 점령했다. 지면은 여전히 뜨거웠다. 불에 탄 수풀에서는 여전히 연기가 나고 있었다. 그리고 북한군들도 여전히 있었다. 비벌리의 말이다.

"그놈들은 무슨 가미카제 특공대 같았어요! 한 놈은 여전히 기관총을 잡고 앉아 있었어요. 살이 모두 타서 숯 색깔이 되었는데도 고개는 여전히 까딱까딱 거리고 있었어요. 아마 말초신경이 살아 있었거나 다른 이유에서였겠지요. 그놈들은 불에 탄 채로 제자리를 지키고 있었어요. 온 땅이 다 불타 있었지요."

증원된 지 얼마 되지 않은 존 플럭 중사는 또 다른 마을을 소탕했다. 그의 말이다.

"북한 놈들은 민간인 마을 주변에 땅을 파고 들어앉는 걸 좋아했어요. 미군들이 그 앞을 지나가다 사격을 당했지요. 그러면 미군들은 마을 전체를 불덩어리로 만들어 버리곤 했어요."

다이하드들은 손에 무기를 들고, 충분한 간격을 두어 길이 45m 정도의 줄을 지어 개활지를 통과했다. 그들은 신경이 잔뜩 곤두선 채로 연기 뿜는 마을로 들어섰다. 마을은 크게 부서져 있었다. 집 벽에는 구멍이 나 있었고, 지붕은 휘어져 있었으며, 집들 사이에는 잔해들이 널브러져 있었다. 플럭의 회상이다.

"지붕에 구멍이 난 어느 집 안에서 낮은 흐느낌 소리가 들려왔어요."

플럭이 그 집 안을 들여다 보았다. 눈이 어두움에 적응되자 먼지가 잔뜩 묻은 한 남자와 한 여자, 그리고 여러 아이들이 엎드려 있는 것이 보였다. 흐느낌 소리는 계속 들려왔다. 가까이서 보니, 회색 먼지 사이에 붉은 덩어리가 보였다. 7세 정도로 보이는 여자아이의 머리에 큰 상처가 나 있었다. 플럭은 그 아이를 조심스럽게 들어올려 데리고 나갔다. 아무것도 할 수 없던 그는 옆집에 사는 나이 먹은 여자에게 그 아이를 넘겼다. 그의 말이다.

"저는 당시 23세였고, 지휘자였어요. 그러나 그때 본 것들은 나를 엄청나게 괴롭혔지요."

플럭은 두 눈에 눈물이 가득해 앞이 제대로 보이지 않는 상태에서 작전을 계속했다. 그는 후일 그날 그 여자아이가 죽었다는 이야기를 들었다.

미국 제8군이 오기 전에도 학살은 있었다. 적들이 '반동분자'들을 학살해 버리고 민간인 옷을 입은 다음에 UN군을 환영하는 것은 흔한 일이었다. 맨 중령의 회상이다.

"어느 마을에 들어가니, 사람들이 줄지어 서서 고개를 연신 숙이면서 '만세! 만세!*'를 외치고 있었어요. 그런데 거기서 얼마 안 떨어진 곳을 보니 땅 속에서 사람 발이 튀어나와 있더군요."

아일랜드인 다이하드 대원인 프랭크 스크리치 파월은 어느 마을에서 노인과 유아가 죽어 쓰러져 있는 모습을 보았다. 그는 이렇게 말했다.

"우리 대원 한 사람이 그들을 땅에 묻고 명복을 빌어 주는 모습을 보았어요. 그 사람들은 빨갱이들에게 학살당한 게 틀림없었지요."

적은 사기가 떨어진 데다 연합군에 의해 추월당하자 뿔뿔이 흩어져 항복하기 일쑤였다. 그러나 그 와중에도 반격을 해 대는 놈들은 있었다. 10월 13일 금요일 자정, 왕립 오스트레일리아 연대 제3대대의 박격포 장교인 필립 베네트는 방어선에 서 있던 초병이 수하를 하는 소리를 들었다. 베네트가 가 보니 한국인 한 명이 양손을 등 뒤로 하고 서 있었다.

"뭔가 이상하다는 느낌이 들었어요. 그리고 수류탄의 안전핀이 빠지는 소리도 들었어요. 야간에는 꽤 크게 들리는 소리지요. 상대는 우리에게 수류탄을 던졌어요. 나는 피하라고 소리를 지르고 엎드렸지요."

수류탄이 폭발했다. 베네트와 초병에게 수류탄 파편이 날아왔다. 베네트의 말이다.

"저는 38구경 권총을 꺼내 쐈어요. 그러나 6발 중 3발이 불발이었어요."

그래도 한 발은 상대를 맞혔다. 한국인이 어둠 속으로 쓰러지며 지르는 비명이 들렸다. 베네트도 어깨와 옆구리에 수류탄 파편상을 입었다. 지독하게 아프기는 했지만 다행히도 깊지는 않았다. 그는 연대 진료소에서 치

---

* 만세: 문자 그대로 해석하면 10,000년이라는 뜻이다. 찬양의 뜻을 담은 한국어 단어로, 영어의 'Bravo!'나 'Long Live!'에 해당한다. '만세'는 한자를 한국어식으로 읽은 것으로서, 일본어식으로 읽으면 '반자이'가 된다.

료를 받았다. 베네트와 초병은 왕립 오스트레일리아 연대 제3대대의 첫 전상자가 되었다. 이 대대는 다음 날 다른 곳으로 이동했다. 베네트의 총에 맞은 한국인은 발견되지 않았다.

수송은 짜증나는 일이었다. 코드 여단장은 이렇게 말했다.

"미군은 한 번에 2개 대대씩만 실어날랐어요. 그래서 우리 여단의 병력 절반은 다음 번 차가 올 때까지 기다려야 했지요. 아주 마음에 안 들었어요."

이동하는 대대는 가용한 지원 화기를 가지고 준독립형 전투단을 구성했다. 매일 바뀌는 선도 대대가 도로축을 따라 앞서 나가면, 두 번째 대대는 도로 측면의 적을 소탕하고, 세 번째 대대는 휴식을 취하다가 저녁에 전진하는 식이었다.[10] 이러한 개구리뜀 스타일의 이동, 그리고 매일같이 바뀌는 선도 부대는 향후 상황에 대응하기 위한 포석이었다. 기동전 상황에서 꽉 짜인 계획을 가지고 움직이기는 힘들기 때문이었다. 코드, 그린, 맨, 닐슨은 이동하다가 그때그때 마주치는 상황에 맞게 대응해야 했다.

10월 16일, 여단에는 미국 제1기병사단을 추월해 사리원을 점령하라는 명령이 내려졌다. 사리원은 특히 중요한 곳이었다. 이곳은 중요한 교차로였고, 또 적의 요새 도시로 유명했다. 게다가 모든 부대가 탐내는 목표였다. 미 제24보병사단과 제1기병사단 중 사리원을 먼저 점령하는 부대가 결국 평양을 먼저 점령하게 될 것이기 때문이었다.[11] 이는 미군 지휘관들에게도 중요한 문제였다. 게이 장군은 이 중요한 임무를 제27여단에게 맡겼다. 요 며칠간 미군에게 실망하고 있던 코드는 이 소식을 듣고 기뻐했다. 그는 이런 기록을 남겼다.

"결국 우리는 진격의 주축에 서게 되었다."[12]

* * *

06:35시, 아가일 대대는 제1기병사단 전선을 돌파해 북으로 진격, 적지로 들어갔다. 경치는 목가적이었다. 낮고 펼퍼짐한 산들과 논, 과수원, 전혀 파괴되지 않은 평화로운 마을들……

선두에 서는 영광을 얻은 부대는 데이비드 윌슨 소령의 A중대였다. 미 육군 제89전차대대 소속의 M-4 셔먼 전차 4대가 이들을 엄호했고, 그 외에 또 다른 셔먼 전차 4대가 A중대 소속 1개 소대를 실어날랐다. A중대의 나머지 예하 부대 중 1개 소대는 트럭으로, 박격포 분대와 빅커스 기관총 분대는 브렌 건 캐리어로 이동했고, 그 뒤를 마지막 남은 소대가 따랐다. 윌슨은 감흥에 젖었다.

"마치 노르망디 상륙작전 이후 프랑스 마을에 들어갈 때 같았지요."

대대의 나머지 병력들이 A중대의 뒤를 따랐다. 그 뒤에는 지프에 탄 미 군 장군이 따랐고, 종군 기자단들도 따라왔다. 윌슨은 그 미군 장군이 연락 장교가 아니라, 미국 제1기병사단 선봉대(즉, 아가일 대대)와 제24보병사단 간에 공정한 경쟁이 벌어지고 있는지를 감시하는 심판관 자격으로 온 사실을 알고 놀랐다.[13]

여단 본부에서는 진격 진행 상황을 캐묻고 있었다. 전쟁 일지에도 속도의 중요성에 대해 분명히 적혀 있었다.

07:45시, 전투단은 첫 목표인 줄줄이 이어진 산들에 도착했다. 셔먼 전차는 북한군의 대전차포 1문을 격파했다. 09:00시 부대는 파괴되지 않은 다리를 건넜다. 홍수리 마을에서 북한군 저격수들이 영국군에게 사격을 가했다. 선도 소대가 하차한 다음 개인화기로 도로 양옆의 가옥들을 소탕했고, 전차에 달린 50구경 기관총으로 사격했으며 전차병들도 저격수가 숨

어 있을 것 같은 곳에 백린탄을 사격했다. A중대의 작전 후 보고서에는 이렇게 적혀 있었다.

"시끄럽기는 했지만 주 진입로를 확보하는 가장 확실한 방법이었다. 적 저격수들은 다시는 돌아오지 않았다."[14][15]

이 짧지만 거친 전투에서 1명의 전사자가 발생했다. 윌슨의 바로 옆에 서 있던 병사 레이몬드 킨*이 사복을 입은 적 저격수에게 눈앞에서 사격을 당한 것이었다.[16] 11:30시, 더 많은 저격수들이 나타났다. 선도 소대가 전개하여 그들 중 4명을 죽였다.[17] 12:30시경 주요 통로가 확보되었다. 여전히 적의 저항은 없었다. 14:00시경, 사리원에서 5km 가량 떨어진 구릉지에서 결국 일어날 일이 벌어지고 말았다.[18] 길이 산을 끼고 도는 곳 왼편의 사과 과수원에서 소화기와 대전차화기가 불을 뿜었다. 아가일 대대는 북한인민군의 방어망에 발이 묶였다.

선도 전차장이 피격당했고, 전차와 트럭에 타고 있던 병사들은 뛰어내려 산개했다. 그때 어떤 스코틀랜드 병사는 엉덩이에 총알을 맞았다. 그 총알은 그의 가슴으로 뚫고 나갔다. 그 병사가 속한 소대의 소대장이던 테드 커닝햄은 이렇게 말했다.

"그 친구는 좀 침울한 친구이기에, 어떤 중사가 그에게 이렇게 말했어요. '총알이 엉덩이에 맞는다면 넌 군생활을 제대로 한 거야.' 그 친구가 총에 맞고 나서 그 중사는 바로 시치미를 뗐지요. '어, 소대장님. 저는 그런 말 한 적 없는데 말입니다.'"

---

* 공산군들은 킨을 죽인 것을 후회하게 될 것이었다. 그의 형제 데렉은 복수하기 위해 한국 전쟁에 참전했다. 1951년 임진강 전투에서 포로가 된 데렉은 전사한 형제의 이름을 더럽히지 않겠다고 다짐했다. 그는 포로수용소에서 뛰어난 저항정신을 보여 주어 조지 십자훈장을 받았다. 그의 이야기는 필자가 쓴 또 다른 책인 《마지막 한 발》에도 거론되어 있다. 데렉은 2010년, 레이몬드의 이름을 찾으러 부산의 UN군 묘지에 왔다. 레이몬드의 유해는 북한에 매장되었고, 아직 돌아오지 않았다.

다행히도 그 병사는 그리 큰 부상을 입지 않았다. 총알은 그의 주요 장기들을 모두 피해갔다.

월슨은 적이 도로를 향해 사격을 가하고 있음을 분명히 알았다. 고전적인 저지 사격이었다. 도로에 평행하게 설치된 진지에서, 도로 위를 지나가는 모든 적에게 사격을 가하는 것이었다. UN군은 얼마 가지 않아 이 전술에 불쾌하나마 익숙해질 수밖에 없었다. 아무튼 지금은 적을 격멸해야 했다. 이때 마침 대열 상공을 날던 아군의 관측기가 도로 위에 착륙하고자 했으므로, 선도 소대의 스코틀랜드 병사들과 전차가 사이를 벌린 상태였다. 크게 흥분한 미국 장군이 기자들을 데리고 나타난 것도 상황을 더욱 나쁘게 만들었다.[19] 제1기병사단의 부사단장인 프랭크 앨런 장군이 바로 그 장본인이었다. 그는 이렇게 소리쳤다.[20]

"나쁜 놈들이 과수원에 있군. 박살내 버려. 산산조각 내 버리라고!"

월슨이 지시를 내렸다. 1개 소대는 도로를 지키고, 두 번째 소대는 적을 향해 돌격하며, 세 번째 소대는 돌격하는 소대의 측면을 고지에서 방어하라고 지시했다. 그 후 월슨 소령은 박격포와 빅커스 기관총들이 전투 준비를 갖추는 동안, 전차들에게 과수원의 적을 포격하라고 지시했다.

돌격 소대의 소대장은 라이트였다. 그는 낙동강에서 정찰대를 지휘하기도 한 인물이었다. 현재 그와 소대원들은 최상의 상태였다.

"저는 우리 소대원들은 최고의 대원들이라고 생각했습니다. 그들과 지내보면, 그들은 위험이 닥치면 오히려 웃음을 짓는 사람들임을 오래 가지 않아 알 수 있을 거라고 저는 생각합니다."

그의 소대 선임 하사관은 아른헴 전투 참전 용사였다.

"우리가 진격할 때 누군가가 처지면 그 소대 선임 하사관은 늘 이런 말을 했지요. '빨리 따라와! 거기 있다간 죽는다!' 그 말을 듣고 모두가 웃곤 했어요."

이 공격은 제대로 형식을 갖추고 있었으며, 큰 위험 부담이 따랐다. 라이트는 이렇게 말했다.

"하지만 이건 제가 배운 그대로의 소대 공격이었지요!"

그는 도랑에 병력을 줄 세워 놓고 착검 명령을 내렸다. 라이트의 말이다.

"그 이유는 두 가지였습니다. 첫 번째는 일단 심리적인 이유입니다. 착검을 하면 기분이 나아지죠. 그리고 총에 고장이 나도 바로 총검으로 싸울 수 있습니다."

스코틀랜드 병사들은 돼지고기 꼬챙이라는 별명으로 불리던 꼬챙이 모양의 총검을 소총에 끼웠다. 찰카닥 소리가 났다. 전방의 과수원은 약 180m 길이로, 완만한 경사면에 자리 잡고 있었다. 라이트의 공격은 적의 측면 90도를 향한 것이었다. 라이트 소대가 진격하자 박격포, 전차, 기관총의 지원 사격이 적 진지를 5분 동안 파 뒤집었다. 라이트는 소대원들을 소리 없이 과수원 속으로 진격시켜, 수신호로 전개시켰다. 그는 이렇게 말했다.

"저는 조용하게 일을 해내고자 했지요. 간단명료했지요!"

그러나 나무들 때문에 지원 사격의 효과는 볼 수 없었다.

그들의 진격은 매우 빨랐다. 라이트는 부하들이 지원 사격의 화망 속으로 들어가지 않을까 걱정이 될 정도였다. 그러다가 소대원들은 급작스럽게 북한군들과 마주쳤다. 그들과 마주친 북한군들은 모두 참호 안에 들어앉아 있었다. 도로가 꺾여 있었기 때문에 라이트의 부하 소대원들은 북한군들의 뒤통수를 칠 수 있었다. 지원 사격이 일으킨 엄청난 불협화음을 틈타 몰래 전개한 라이트 소대는 적의 눈에 띄지 않고 적으로부터 불과 수 미터 떨어진 곳까지 도달할 수 있었다. 라이트의 말이다.

"그 불쌍한 놈들은 엉뚱한 곳을 보고 있었지요. 우리는 그들을 덮쳤습니다."

스코틀랜드 병사들이 북한군 참호 내로 속사를 가하자, 북한군들은 미친 듯이 일어나서 몸을 돌렸으나 이미 너무 늦었다. 라이트의 말이었다.

"적들은 일어났지만, 사신을 피할 수는 없었지요."

하사관이 사격 중지를 명령한 후, 참호를 살아서 빠져 나간 북한군은 1명뿐이었다. 북한군들 역시 아군끼리의 오인 사격이라는 문제를 안고 있었다. 나무들 사이에 있던 2명의 북한군은 총검으로 서로를 찔렀으며, 어떤 스코틀랜드 병사가 그들을 총으로 쏘아 쓰러뜨렸다.

문자 그대로 학살극이었다. 라이트는 이렇게 말했다.

"우리는 생채기 하나도 입지 않고 그들을 전멸시켰습니다. 이것이야말로 우리가 훈련받은 바였고, 잘 하는 일이었지요. 우리 스코틀랜드 병사들은 모두 웃었습니다. 일을 잘 해냈다고 생각한 것이었지요!"

라이트 소대는 적 17명을 사살했고, 경기관총 10정을 노획했다. 지원 사격으로 사망한 적도 42명이나 되었다.[21] 이 엄청난 공격 덕택에 라이트는 한 가지 별명을 얻었다. 그의 중대장도 그 별명의 적확함을 인정했다. 윌슨은 이런 글을 썼다.

"스코틀랜드인들은 말실수가 별로 없다."

그 별명은 다름 아닌 '킬러'였다.[22]

미국 기자들은 이 이야기를 듣고 흥분했다. 《뉴스위크(Newsweek)》의 기자는 이 공격을 테크니컬러(Technicolor) 영화에 비교하며 이런 글을 썼다.

"아가일 대대는 어디라도 뚫고 나갈 수 있다. 그들이 잠시 멈춰 섰다면, 그 이유는 그들이 진짜 전투를 그리 많이 체험해 보지 못했기 때문이기도 하며, 또한 자신들의 뛰어남을 보여주고 싶기 때문이기도 할 것이다.……

이 전투는 이들의 힘을 잘 보여 주는 인상적인 시연이었다.[23]"

A중대가 적을 소탕하는 데는 15분밖에 걸리지 않았으나, 높은 양반들은 이 시간조차 기다리지 못하고 발을 동동 굴렀다. 제1군단 부사령관, 제1기병사단 부참모장, 그리고 신원을 알 수 없는 소장이 윌슨을 찾아와서 다시 승차해 사리원을 공격할 것을 명령했다. 이는 불편한 일이었다. 윌슨은 닐슨으로부터 확실히 이동 명령을 받았고, 그의 소대들은 무려 수km^2 지역에 분산되어 있었기 때문이었다. 아가일 대대의 전쟁 일지에는 이렇게 기록되어 있었다.

"그들이 와서 조언하는 내용은 상황을 더 나아지게 하지 못했다."

그리고 나서 B중대와 C중대가 차량으로 이동하자, 장군들과 취재진들은 새로운 전선을 향해 사라졌다.[24]

A중대가 재집결하는 동안, 왕립 오스트레일리아 연대 제3대대가 도착했다. 영국군이 얻은 대전과를 본 어느 디거는 트럭 위에서 몸을 굽히고 소리쳤다.

"이런 세상에. 대단하네. 친구들! 그래도 우리 먹을 건 좀 남겨 줘![25]"

윌슨은 사리원 시내에서 원대에 합류하라는 명령을 받았다. B중대와 C중대가 적의 저항을 거의 받지 않고 사리원 시내를 확보하고 있었다. 사리원 시내에서 윌슨은 버려진 이발관에 들어앉았고, 같은 시각 왕립 오스트레일리아 연대 제3대대는 북쪽을 향한 차단 진지를 만들기 위해 이동하고 있었다.

그날은 기념할 만한 날이었지만, 그날 밤은 더욱더 기념할 만한 밤이 되었다.

* * *

찰리 그린 중령은 대대를 이끌고 사리원 북쪽으로 가서 차단 진지를 만들고 있었다. 데이비드 버틀러 중위는 당시를 이렇게 회상한다.

"그분은 이렇게 말했어요. '이만큼 앞으로 나아갔으니 내일 아침을 즐겁게 시작할 수 있겠어.' 그때 대대장님이 어떤 사람인지를 알 수 있었지요."

후방에는 B중대가 C중대 예하의 일부 소부대와 함께 해 저무는 과수원에 자리를 잡고 있었다. 그날 밤 전투를 벌인 것은 그들이었고, 그린 중령이 이끄는 선발대가 아니었다. 해 저물 무렵 C중대의 레그 밴디 상사와 그의 분대는 교차로 옆 마른 논의 땅을 파고 있었다. 그들의 곁에는 미군 전차 3대가 서 있었다.

디거들은 모르는 일이었지만, 사리원 시내의 상황은 이미 통제 불능 상태였다. 사리원 시내에 아가일 대대가 들어온 것은 그날 15:20시경이었고, 사리원 시내를 완전 점령했다는 보고가 나온 것은 16:20시경이었다.[26] 해가 진 이후, 남서쪽에서 올라오는 미군에 밀려 퇴각하던 북한군들이 아가일 대대와 뒤섞여 영국군을 놀라게 했다. 불타는 사리원 시내 곳곳에서 북한군과 영국군 간의 근접 총격전이 벌어졌지만, 사리원 시내에는 남북을 잇는 두 길이 평행하게 있었기에 모든 북한군이 영연방군에 맞서 싸운 것은 아니었다.

왕립 오스트레일리아 연대 제3대대 B중대 근처에서 자동화기의 총성이 울렸다. 그때 오스트레일리아군인들은 남쪽의 어둠 속에서 절대 헛갈릴 수 없는 소리를 들었다. 행군하는 병사들의 발소리였다. 그린이 전방에 지휘소를 설치하는 동안 부대를 지휘하고 있던 활발한 부대대장인 퍼거슨이 상황을 파악한 것이다. 그는 길옆에 땅을 파고 있던 밴디와 다른 병사들에게 명령했다.

"내가 지시할 때까지는 사격을 하지 마!"

길을 따라 사람들이 걸어오는 것이 보였다. 그들은 점점 가까이 다가왔지만, 피아식별은 되지 않았다. 퍼거슨은 지프의 헤드라이트를 깜박일 것을 지시했다. 갑자기 비추어진 조명에, 끝이 보이지 않을 정도로 긴 줄을 지어 걸어오던 사람들이 북한군이라는 것이 드러났다. 밴디는 이렇게 말했다.

"그들은 3열종대로 걸어오고 있었어요. 이 길에는 적이 없다고 생각하고 있었나 봐요!"

하지만 교차로에 서 있던 미군 셔먼 전차가 그들의 앞을 가로막았다. 전차 옆에는 퍼거슨, 그리고 그린이 퍼거슨을 도와주라고 보내 준 B중대 병력 몇 명, 그리고 통역관이 서 있었다. 퍼거슨은 북한군에게 이렇게 말했다.

"너희들은 포위되었다!"

그리고 통역관이 한국어로 통역해 주기를 기다린 후 다음 말을 외쳤다.

"항복하라! 그렇지 않으면 죽음뿐이다!"

퍼거슨은 북한군에게 2분의 시간 여유를 주었다. 적의 대군으로부터 불과 수 미터 떨어진 마른 논에 엎드려 있던 밴디가 방아쇠에 건 손가락에 힘이 들어갔다. 밴디의 말이다.

"정말 죽음 같은 정적이 흘렀어요. 제 인생에서 가장 긴 2분이었죠. 마치 2시간처럼 느껴졌어요."

이는 퍼거슨이 부린 허세였다. 그것도 상당히 위험한 허세였다. 그는 적에게 뻔히 노출된 곳에 서 있었고, 적이 반격을 해 온다면 가장 먼저 총에 맞을 것이 뻔했다. 길 위의 적 병사들도 입을 떡 벌리고 어이없어 했다. 밴디는 북한군들이 긴 코트(그날 밤은 추웠으므로)를 입은 시내의 오스트레일리아군 병사들을 보고, 그들을 북한을 돕기 위해 북에서 온 소련군으로 착각했을 것이라고 생각했다. 특히 북한인민군 대열의 선두에 선 사람들은 그야말로 화들짝 놀란 것 같았다. 어떤 사람은 이미 사격 준비를 갖추는 것 같았지만, 그들 역시 길 위에 있었으므로 엄폐물이 별로 없었다. 시계는 계속 움직였다.

그때 북한군 대열 선두에서 총기가 땅에 떨어지는 소리가 들렸다. 그리고 북한 병사들이 손을 들었다. 마치 도미노처럼, 북한군들은 앞에서부터 뒤로 차례차례로 무기를 버리고 손을 들었다. 디거들은 조심스럽게 엄폐물 밖으로 나온 다음, 무기를 북한군에게 조준했다. 오스트레일리아군의 수를 본 북한군의 표정은 경악에서 분노로 바뀌었다. 밴디는 회상했다.

"우리 인원이 불과 120명밖에 안 되는 걸 알고는 엄청 화가 났을 겁니다."

퍼거슨의 허세가 통한 것이었다. 저격수 로비 로버트슨은 이렇게 말했다.

"그렇기에 그는 뛰어난 전투 지휘관이었던 것입니다. 그는 형세를 완전히 역전시켜 놓았지요."

* * *

적은 일단 굴복한 것처럼 보였다. 퍼거슨은 버틀러에게 사리원 시내로 차를 타고 들어가, 아직 도착하지 않은 레이션을 실은 트럭을 찾도록 지시했다. 버틀러의 젊은 소대선임 하사관인 알프레드 '잭' 해리스는 버틀러가 퍼거슨에게, 아군 진지와 사리원 시 사이의 적을 어떻게 해야 하느냐고 묻는 소리를 어깨너머로 들었다. 하지만 퍼거슨은 버틀러의 걱정을 묵살했다. 퍼거슨은 모든 적이 아마도 항복했을 것이라고 말했다. 해리스는 그 말이 맞는지 확신할 수 없었다. 그러나 명령은 명령이었다. 소대는 트럭에 탑승했다. 버틀러와 해리스가 트럭 운전석에 탑승한 다음 차는 남쪽으로 출발했다.[27]

차가 출발한 지 얼마 되지 않아, 그들은 줄지어 걷는 병사들 사이로 달리게 되었다. 그 병사들은 분명히 북한군으로 보였고, 그 수는 1개 연대 정도 되어 보였다. 퍼거슨은 이들 대열의 존재를 몰랐음이 분명했다. 북한군들은 아가일 대대와 마주쳤을 때처럼, 디거들을 자신들의 우군으로 착각했다. 버틀러의 말이다.

"우리 양옆의 사람들이 이렇게 소리치더군요. '만세! 로스케 만세!' 우리는 그들 사이로 계속 달리기만 했지요."

화물칸에 타고 있던 소대 병력은 문자 그대로 동상처럼 꼼짝도 하지 않았다. 운전석의 해리스와 버틀러는 북한군에게 손을 흔들어 주었다. 버틀러는 회상했다.

"좀 위태로운 상황이었지요!"

북한군 대열과 헤어지고 나니, 이들이 탄 트럭을 연기가 뒤덮었다. 사리원 남쪽 교외에서 불타는 철도 객차에서 나는 연기였다. 해리스는 불길과 함께 자욱하게 피어오르는 연기 구름을 보고 마치 폭풍 치는 날 같다고 생각했다.[28] 마치 지옥의 불길 같은 이 불길을 배경으로, 성큼성큼 걷는 누군가의 실루엣이 보였다. 그의 모습은 왠지 인간이 아니라 유령처럼 느껴졌다. 키가 큰 그는 두건을 쓰고 휘어진 지팡이를 들고 있었다. 버틀러는 하차했다. 상대방이 물었다.

"우리 대대장 본 적 있어요?"

상대방은 아가일 대대의 부관 존 슬림이었다. 그는 닐슨을 찾고 있었다.

닐슨의 행방은 슬림도 버틀러도 알지 못했다. 그 역시 버틀러와 거의 같은 경험을 했다. 버틀러는 슬림을 도와줄 수 없었다. 슬림은 어둠 속으로 사라졌다. 놀랍게도 버틀러 소대는 레이션을 발견하는 데 성공했다. B중대로 돌아온 이들은 아까 지나쳐 간 북한군들은 이미 항복한 상태임을 알게 되었다.[29]

해가 떠오르자 혼란은 사라졌다. 퍼거슨의 도박으로 인해 아군은 기관총, 박격포, 대전차포 등으로 완전무장한 북한군 1,982명을 포로로 잡았다.[30]

아가일 대대는 남동쪽에서부터 시내로 진입했다. 줄지어 시내를 걸어왔던 적들은 남서쪽에서 진격해 온 미국 제24보병사단에 쫓겨 온 것이었다. 그동안 미 제7기병연대는, 우측의 영국군 제27여단이 점령한 축선과 평행한 옆길을 발견했다. 이들은 사리원 동북쪽으로 진격해 또 다른 북한인민군들을 포위, 1,700명을 포로로 잡았다. 그들은 왕립 오스트레일리아 연대 제3대대 차량의 헤드라이트를 향해 걸어왔던 인원들이었다. 그린은 그 축선을 통해 새벽에 공격을 준비 중이었다. 그러나 북쪽에서 온 미군 덕택에 공격을 할 필요는 없어졌다.

후방에 위치하던 미들섹스 대대는 일이 다 끝나고 난 상황만을 보았다.

미들섹스 대대가 사리원 시내를 통과하던 때에도 사리원 시내는 여전히 불타고 있었다. 존 윌로비 소령은 뭔가 으스스한 분위기를 느꼈다. 그는 이렇게 기록했다.

"우리는 불타는 집에서 뿜어내는 불길과 연기 사이의 좁은 길을 나아가고 있었다. 도시의 광장에 들어섰는데 많은 민간인들이 벽에 몸을 기대거나 문간에 엎드린 채로 꼼짝도 안 하는 모습을 볼 수 있었다. 그들을 다시금 돌아본 순간 나는 그들이 모두 죽었음을 알 수 있었다. 무서웠다.[31]"

그 북한인들은 아가일 대대의 공격 이전에 투하된 네이팜탄에 질식사했거나, 고공 투하 폭탄의 폭발로 인해 외상없이 죽은 것이었다.

이 난장판 속에 무수히 많은 지폐가 난무했다. 윌로비는 이렇게 말했다.[32]

"누군가가 북한군의 경리담당관에게서 그 지폐들을 노획했지요. 잠시 멈춰 서 있는 동안 빳빳한 새 북한 지폐가 병사들에게 나누어졌어요. 우리 장병들은 자기 배낭에 북한 돈을 열심히 쑤셔 넣었지만, 얼마 못 가 북한 돈 100만 원을 내도 계란 하나 못 사먹는다는 것을 알았습니다.[33]"

* * *

제27여단의 사리원 점령 덕택에 미국 제1기병사단은 평양을 향해 진격할 수 있게 되었다.[34] 이에 매우 기뻐한 게이는 "12시간 동안 50km라는 먼 거리를 진격해, 적에게 큰 타격을 선사한" 코드의 공로를 치하하는 글을 써 보냈다.[35] 평양으로 가는 길을 연 것은 영국군 제27여단이지만, 그들은 그 길을 달리지 못했다.

왕립 오스트레일리아 연대 제3대대의 정보 장교인 앨프 아젠트 소위는 이렇게 회상했다.

"우리는 미 공군용 비행 재킷과 권총 벨트를 착용한 덩치 작은 미군 장군 하나 때문에 주진격로에서 내쫓겨야 했지요. 그는 장갑차에 타고 있던 그린 중령을 세운 다음, 그린 중령과 그의 대대에게 다른 길로 서쪽으로 가라고 했어요."

그린은 장군이 직접 교통을 통제하는 것을 보고 놀랐다. 그러나 그의 부하 병사들은 미국 제1기병사단이 그들을 지나쳐 진격하는 것을 쓰디쓴 표정으로 지켜봤다. 왕립 오스트레일리아 연대 제3대대에게 이는 참으로 치욕스러운 일이었다. 그들은 미국 제1기병사단이 일본에서 맥아더 장군의 '친위대' 노릇밖에 하지 않았다는 사실을 알고 있었기 때문이었다. 박격포 통제관 톰 머글톤의 말이다.

"우리는 미국 제1기병사단을 좋아하지 않았어요. 그놈들은 일본에서 경비 업무만 수행하면서도 원하는 것은 뭐든지 가져갈 수 있었어요. 다른 부대는 전혀 그렇지 못했는데 말이지요."

밴디의 말이다.

"그 부대의 총원은 1만 8,000명이었고, 그 모두가 차량화되어 있었지요. 마치 서커스 같았어요. 걷는 사람이 없었어요. 모두가 30구경 기관총과 50구경 기관총을 흔들면서 승차한 채 이동했지요."

이들이 달리면서 일으킨 먼지는 마치 모래폭풍 같았고, 숨이 막혔다. 이들이 지나가면, 그 옆을 걷던 병사들은 길 건너편에 있는 물체가 아무것도 보이지 않았다.[36)]

UN군이 승리하자 한국 사람들은 마을 입구에 나와서, 진격하는 UN군 대열 옆에 서서 태극기를 흔들었다. 켄 맹클로우는 그 사람들이 어디서 태극기를 구했는지 궁금해 했다. 그러나 그 이후 벌어진 가혹 행위는 줄을 잘못 선 사람들이 어떻게 되는지를 보여 주었다. 이제 대한민국의 우익 준군사조직이 북한 지역에 들어왔던 것이다. 북한 민간인들은 둘 중에 어느 편을 들어야 할지를 신중히 골라야 했다. 북한 사람들은 UN군의 차량에 사과를 던졌다. 일부 장병들은 그걸 보고 수류탄이 날아들면 어쩌나 하고 걱정할 정도였다. 대부분의 북한인들은 그들의 해방자들을 진심으로 반겼다. 통신 중위 피터 볼드윈은 숙영지를 찾기 위해 도보 정찰을 했는데, 그때 어느 작은 남자아이가 나타나 손가락을 흔드는 것이었다. 볼드윈은 그 아이가 까부는 것으로 생각했으나, 그 아이는 볼드윈을 앞질러 달려가며 길 위 수류탄에 묶인 인계철선을 가리켰다. 볼드윈은 그 아이에 대해 평생 고마워했다.

게이가 제27여단에 할당한 서쪽 길은, 코드의 표현을 빌면 '언제나 그랬 듯이 매우 가혹한 축선'이었다.[37] 10월 18일의 대부분은 도랑에서 트럭을 빼내다가 보냈다. 굵은 빗줄기까지 내려 상황을 더욱 악화시켰다. 게다가 여전히 전투 능력을 갖춘 적들이 있었다. 10월 19일, 렌 오피의 분대가 미 군 셔먼 전차 옆을 걷고 있는데 논의 짚더미 속에서 갑자기 포탄이 날아왔 다. 오피의 분대는 산개했다. 셔먼 전차는 어떤 병사의 발을 밟아 버리며 제자리 선회를 한 후 그 짚더미를 향해 사격을 가했다. 셔먼 전차의 포격 은 명중했다. 그 짚더미는 다름 아닌 위장한 T-34 전차였다. 적 전차는 꼼 짝하지 않고 서 있었다. 적 전차병들이 놀란 모양이었다. 오피의 분대원이 적 전차 위에 뛰어 올라가 해치를 두들겼다. 북한 전차병 1명이 해치를 열 고 나왔다가 아군의 총에 피격되었다. 그 전투는 이것으로 끝이 났다. 아 군은 적 전차와 자주포 1대씩을 더 노획했다. 둘 다 승무원도 연료도 없었 다.[38]

그동안 미국 제1기병사단은 평양을 향한 총공격을 시작하고 있었다. 〈데 일리 텔레그래프〉의 매우 경험 많은 기자인 레지널드 톰슨은 중포가 불을 뿜고 병사들이 평야 위로 산개하는 장면을 보고 19세기의 전투 장면을 떠 올렸다. 하지만 그들의 포탄은 단 1명의 적도 쓰러뜨리지 못했다. 적들은 이미 도망치고 없었기 때문이었다.[39] 그들 앞의 숲 속에는 대동강변에 자 리한 김일성의 수도가 있었다. 10월 19일 미 육군 제1기병사단과 한국 육 군 제1보병사단은 서로 다른 방향으로 평양에 입성했다. 적 저격수들의 공 격을 제외하면, 적의 저항은 경미했다. 한국 육군 제1보병사단장 백선엽 장군은 이를 매우 만족스럽게 여겼다. 그 역시 평양 출신이었다.

다음 날 제27여단이 평양에 입성했다. 처음에는 교외에 세워진 깨끗한 집과 작은 정원들이 보이더니, 전차선이 보이고 시내 중심가가 보였다. 그리고 콘크리트로 이루어진 거대한 정부 청사들도 보였다. 그 건물들에는 스탈린과 김일성의 거대한 초상화가 걸려 있었다. 많은 영국군 병사들은 평양의 이 멋진 모습에 압도되었다.* 다이하드 대대의 테드 헤이우드는 이렇게 말했다.

"당시 어렸던 저는 눈앞에 펼쳐지고 있는 광경을 믿을 수 없었어요. 저는 북한 사람들은 끔찍한 공산주의자인줄로만 알았는데, 이렇게 크고 아름다운 건물들도 갖고 있었으니까요. 북한의 축구장에 비하면 영국의 웸블리 축구장은 2류 수준이었어요."

현지인들은 가만히 있지 않았다. 월로비의 말이다.

"사람들은 머뭇거리며 약탈을 시작했어요. 솜이불들을 집에서 끄집어냈지요.⁴⁰⁾"

디거들은 왕립 오스트레일리아 연대 제3대대의 급수차에 현지 양조장에서 구한 맥주를 가득 채운 다음, 그것을 대원들 전원의 수통에 나눠 주었다. 그러나 그 맥주는 맛이 없었다.⁴¹⁾

진격하는 미국 제8군의 배후에서는 훨씬 무서운 일도 벌어지고 있었다. 이승만의 준군사조직들이 극렬 공산주의자들을 색출하고 있었던 것이다. 전기기계공병 대위인 레지 제프스의 말이다.

"저는 남한인들이 북한 민간인들에게 얼마나 가혹해질 수 있는지를 보

---

* 사실 요즘도 평양은 이렇게 멋지다. 필자는 평양이야말로 조선 민주주의 인민공화국의 쇼케이스라고 자신 있게 말할 수 있다. 그러나 오늘날 고립된 빈곤 국가인 북한을 떠난 탈북자들이야말로, 이 쇼케이스가 보여 주는 '번영'과 '안락함'의 실체가 무엇인지 밝혀 주는 산 증인들이라고 할 수 있다.

있습니다. 그들은 어느 주점에 쳐들어가서 술을 진탕 마신 다음 거리에서 사람들을 쏴 죽이거나, 끌고 가거나 했습니다. 정말 무서운 일이었지요. 하지만 우리는 그들을 막을 수 없었습니다."

평양은 전쟁 피해를 거의 입지 않았다. 그러나 북한인민군은 후퇴하면서 대부분의 인프라를 파괴했다. 대중교통, 수도관, 하수시설, 그리고 대동강 철교 등이 부서졌다.[42] 톰슨은 이런 글을 썼다.

"서울 함락을 본 한국인들은 자신들의 도시를 지키지 않는 편이 낫다고 생각한 모양이다.[43]"

그와 동료 기자들은 자유롭게 평양 시내를 돌아다녔다. 그는 텅 빈 소련 대사관에 들어가 캐비어와 샴페인으로 잔치를 벌였다. 소련 대사관 인근의 외교 공관에도 황급히 피난한 듯 마시지 않은 맥주가 테이블 위에 그대로 있었다. 기자들은 현지인의 안내를 받아 김일성의 은신처에도 들어가 보았다. 그곳은 평양을 굽어보는 산인 모란봉에 있었다. 은신처는 위장망과 나뭇가지로 위장되어 있어 위에서는 보이지 않았다. 그러나 막상 들어가 보면 엄청나게 장대한 곳이었다. 김일성의 집무실에는 두툼한 카펫이 깔려 있었고, 붉은 줄이 들어간 검은색 실크 커튼이 벽에 걸려 있었다. 그리고 조각이 들어간 거대한 책상도 있었다. 그러나 기자들이 오기 전에 전리품 사냥꾼들이 들른 흔적이 있었다. 김일성 흉상의 목이 잘려 나가고 없었던 것이다.[44] 얼마 후 이 사무실은 워커 장군의 차지가 되었다. 거대한 스탈린의 초상화가 걸려 있었지만 워커 장군은 그것을 굳이 없애지 않았다.

김일성은 도망쳤다. 10월 11일, 그는 라디오 방송을 통해 최후까지 항전할 것을 주장했다.

"피로써 조국의 땅을 지킵시다! 단 한 치라도 적에게 내 주어서는 안 됩니다!(45)"

북한인민군 병력들이 포위되어 항복하는 와중에, 게릴라전 경험이 있던 김일성은 압록강에서 남쪽으로 30km 떨어진 강계의 산골 마을로 갔다. 당시 김일성이 겪고 있던 심적 고통을 짐작할 수 있는 사례가 있다. 10월 14일 그는 그의 군대에게 미군이 38도선을 넘지 못하게 하라고 지시했다.(46)

톰슨이 김일성의 벙커를 조사하고 있을 때, 제27여단 장교들은 사뭇 다른 지휘관을 만났다. 윌로비가 10월 20일 평양 비행장에 갔을 때 거기에는 기자들이 잔뜩 모여 있었다. 뭔가 큰 일이 준비 중인 분위기였다. 얼마 있지 않아 수송기 1대가 벌떼처럼 많은 호위 전투기들과 함께 나타나 비행장에 착륙했다. 탑승용 계단이 수송기의 출입구에 연결되었다. 그 후에 일어난 일에 큰 충격을 받은 윌로비는 이런 글을 남겼다.

"벌써 이미 범접할 수 없는 압도적인 분위기가 느껴졌다. 수송기의 문이 갑자기 열리고, 그 안에 있던 사람이 걸어 내려오자 정해진 위치에 서 있던 잘 훈련된 사진기자들은 탑승용 계단에 카메라의 초점을 맞췄다. 수송기에서 나온 사람, 즉 맥아더 장군은 땅에 내려와 위엄 있는 자세로 꼼짝 않고 서 있었다."

최고사령관 맥아더가 워커의 영접을 받자 기자단이 몰려왔다. 윌로비의 기록은 계속된다.

"그는 악수를 한 다음, 기자들에게 자신의 얼굴 정면을 보여 주었다. 그리고 또 악수를 한 다음, 오른쪽 얼굴, 왼쪽 얼굴, 다시 정면을 아무 이유 없이 보여 주었다. 그리고 다시 계단을 걸어 올라가 도쿄로 떠났다. 그것이 끝이었다.(47)"

맥아더는 한국에 얼굴을 비출 이유가 충분했다. 인천상륙작전 성공의 감격에 아직도 빠져 있던 그는 10월 15일 웨이크 섬에서 트루먼과 회담했다. 트루먼은 아주 큰 질문을 던졌다. 과연 이 전쟁에 중국이 참전할 것인가? 이에 맥아더는 이렇게 답변하여 트루먼을 안심시켰다.

"중국이 참전한다고 해도, 미 공군이 그들을 철저히 도륙할 것이고, 한국 전쟁에서는 이미 이긴 거나 다름이 없습니다."[48]

코드 여단장은 무선망 문제로 사단 본부를 찾을 수 없었다. 그래서 그는 여단을 사리원 북쪽 교외로 이동시켰다. 코드는 이런 기록을 남겼다.

"우리는 사리원 바로 밖에 머물면서 휴식 허가가 나기를 기다렸다. 그러나 턱도 없는 이야기였다.[49]"

제 7장
창끝

자비의 문은 완전히 닫히고 말 것이오.
그리고 피에 굶주린 난폭하고 완강한 병사들은
마비된 양심의 아가리를 지옥같이 떡 벌리고
난동을 부릴 것이오.

– 윌리엄 셰익스피어(William Shakespeare)

평양에서 북쪽으로 50km 정도 떨어진 곳에서 어느 이른 오후에 있었던 일이다.

눈앞에 보이는 사각형 모양의 빛의 덩어리를 향해 사람들이 앞 다투어 뛰어나가 사라졌다. AP 통신의 사진기자인 맥스 데스포는 가장 마지막에 그곳으로 나갔다. 그는 진동하는 금속제 바닥을 달려 나가 문 밖의 허공으로 몸을 날렸다. 그는 이렇게 말했다.

"나는 낙하산이 펴지는 것을 느꼈습니다. 그리고 순식간에 나는 다가오는 지면을 보았고, 내 몸이 하늘에 떠 있음을 알게 되었습니다. 고도 210m에서 낙하하면 착지할 때까지 30초밖에 걸리지 않습니다. 나는 무사히 착지했고, 무릎을 굽혀야 한다는 것도 기억해 냈습니다."

제대로 훈련받은 공수 부대원이라면, 착지 직후 무릎을 굽혀야 한다는 것은 상식 중의 상식이다. 그러나 공수훈련을 받지 않은 사람은 대개 모르는 일이다. 그래서 낙하지대로 날아가는 항공기 안에서, 데스포의 건너편 좌석에 앉은 공수 부대원은 데스포에게 구두로 그 사실을 철저히 사전교육시켰다. 그럼에도 불구하고 막상 해 보면 잊어버리는 사람이 많다. 아무리 모험을 좋아하는 사진기자에게도 공수낙하는 매우 위험한 일이었다.

그 전날 데스포는 제27여단과 동행하고 있었다.

"그들은 아주 잘 훈련된 병력이었고, 그 친구들과 함께 있으면 안전할 것 같았어요. 해병대와 동행할 때도 같은 느낌이었죠. 미 육군 제24보병사단이나 한국군 부대와 함께 있을 때보다 더 안전했습니다."

거기서 그는 공수작전이 기획되고 있다는 이야기를 들었다. 그에게 호의적인 영국군 장교는 지프로 그를 김포 비행장에 보내, 이 전쟁 최초의 공수 작전에 참가할 수 있게 해 주었다.

이제 전선 후방의 북한 영토에 온 데스포는 하니스(harness)를 벗어서 땅 위에 버렸다.

제2파의 공수 부대원들이 낙하하고 있었다. 수송기들이 하늘을 가로지를 때마다 하늘에는 낙하산의 꽃들이 줄지어 피어났다. 데스포는 그것들을 향해 카메라를 들었다.

"공수 부대원들로 가득한 하늘은 정말 아름다웠습니다."

지상에서 벌어진 첫 번째 사건은 공수 부대원의 부상이었다. 데스포는 그 사람의 사진을 찍기 위해 달려갔다. 달려간 그는 부상당한 공수 부대원이 유나이티드 프레스(UP, United Press) 통신사의 기자임을 알게 되었다.

"저는 그 자리에서 그 친구한테 이렇게 말했어요. '이런, 자네가 우리 회사 소속이었으면 기꺼이 사진을 찍어 주었을 거야. 그렇지만 자네는 UP 소속이지 않은가!'"

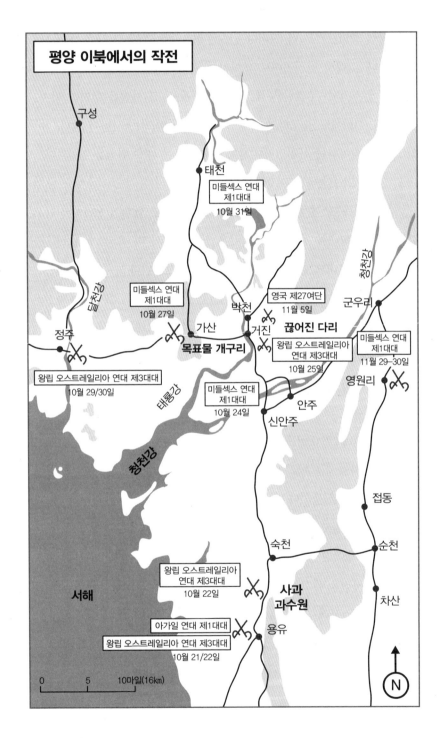

평양 이북에서의 작전

구성

태천

미들섹스 연대
제1대대

10월 31일

영국 제27여단

11월 5일

군우리

미들섹스 연대
제1대대

10월 27일

박천

거진

끊어진 다리

미들섹스 연대
제1대대

11월 29~30일

가산

목표물 개구리

왕립 오스트레일리아
연대 제3대대

10월 25일

정주

왕립 오스트레일리아 연대 제3대대

10월 29/30일

미들섹스 연대
제1대대

10월 24일

안주

영원리

신안주

청천강

접동

숙천

순천

왕립 오스트레일리아
연대 제3대대

10월 22일

사과
과수원

차산

서해

아가일 연대 제1대대

왕립 오스트레일리아 연대 제3대대

10월 21/22일

용유

0   5   10마일(16km)

N

그날의 강하에는 총 6명의 기자가 함께했다. 착지한 공수 부대원들은 모두 재집결한 다음에 목표를 향해 진격했다.

4,064명으로 구성된 미 육군 제187공수연대전투단(187th ARCT, Air Regimental Combat Team)은 숙천과 순천 인근에 있는 두 곳의 낙하 지대에 낙하했다. 맥아더 장군은 참모들을 대동한 채로, 낙하 지대에서 이 장면을 레이밴(Ray-ban) 선글라스를 통해 지켜보고 있었다. 서로 24km 떨어진 숙천과 순천은 평양에서 북쪽으로 53km 떨어진 곳이었다.[1] 데스포는 이번 임무의 목적이 북한인민군의 후퇴를 저지하고, 열차편으로 북으로 이송되던 미군 포로를 구출하는 것이라고 전해 들었다. 이 중 두 번째 임무는 각별히 중요했다. 낙동강을 출발해 북진하던 UN군은 북한군이 죽인 민간인 7,000여 명, 미군 포로 485명, 한국군 포로 1,002명의 시신을 발견했기 때문이다.[2]

이들 공수 부대원들은 후퇴하던 북한군 1개 연대의 배후에 기습 낙하했다. 그러나 공수 부대는 경보병 부대이므로, 낙하한 후 가급적 빨리 다른 지상군 부대와 상봉해야 한다.

* * *

10월 21일 새벽이 지난 직후, 영국군 제27여단의 소속을 미국 제1기병사단에서 제24보병사단으로 옮긴다는 명령이 내려졌다. 제24보병사단은 여전히 평양 남쪽에 있었다. 그러나 코드의 여단 본부에 지도 가방을 든 미군 연락 장교가 와서 명령을 전했다.[3] 명령 내용인즉 제27여단은 북으로 진격해서 신안주 및 청천강을 건너는 그곳의 다리를 점령하라는 것이었다.[4] 이 진격은 매우 중요했다. 신안주는 평양으로부터 불과 80km 떨어진 곳이기 때문이다. 한국 육군 제1사단은 27여단의 동쪽에서 평행 축선을 따라 진격할 것이었다. 하지만 그가 가져온 지도가 문제였다. 지도의 숙천 위치에는 동그라미가 하나 그려져 있었고, 그 옆에는 '187th ARCT'라는 글자가 적혀 있었다. 그리고 코드 여단장은 그들의 강하에 대해 아는 바가 전혀 없었다.[5] 그가 가져온 명령을 간단하게 말하자면, 코드의 부대는 서부 전선에서 북진하는 UN군의 최선두에 서게 된다는 말이었다. 그리고 코드가 전혀 알지도 못하는 공수 부대와도 상봉해야 한다는 소리였다. 그것도 아직 평양 남쪽에 있는 미군 사단의 지휘를 받아가며 해야 한다. 게다가 낙동강 전선 돌파 당시 미국 제24보병사단의 모습은 코드 여단장에게 나쁜 인상을 심어 주었다.

영국군 제27여단은 이날 12:00시를 기해 북진을 시작했다. 속도는 느렸다. 윌로비의 말이다.

"교량이 모두 파괴되었기 때문에 우리는 범람한 시냇물을 건너야 했습니다. 우리는 평양시 소방대의 잔해도 보았어요. 그 소방차들은 사실상 새 물건들이었어요. 일렬종대로 달리다가 미 공군이 나타나자 소방관들이 차를 버리고 모두 사라진 것 같았어요."[6]

부도심을 벗어나자 개활지가 펼쳐지면서 아가일 대대의 진격에는 가속이 붙었다. 별 사고 없이 캣, 도그, 래트, 마우스, 엘리펀트, 라이온, 타이거 등의 단계선을 계속 넘었다. 지형은 갈수록 산이 많아졌지만, 북쪽으로 34km 떨어진 용유 인근에 도달할 때까지는 적과의 접촉이 전혀 없었다. 거기 가서 선도 중대가 하차하자 적은 그대로 도망쳐 버렸다. 미군 공수 부대의 소재는 아직도 알 수 없었다. 그리고 황혼이 내리고 있었다. 코드는 27여단에게 숙영을 지시했다.[7]

어둠이 내리자 닐슨 중령은 도착한 지 얼마 안 된 앨런 로더 소위에게 정찰을 지시했다. 목적은 미국 공수 부대 수색이었다. 로더 소위와 스코틀랜드 병력 1개 분대가 셔먼 전차에 탑승한 후, 바짝 긴장한 채 용유 시내로 들어갔다. 모든 것이 계획대로였다. 그들은 용유 시의 북쪽 경계에서 미국 공수 부대와 상봉했다. 로더의 말이다.

"우리는 아무 문제없이 시내에 진입했습니다. 어느 미군 장교가 우리를 보고 이렇게 말하더군요. '당신들을 만나서 다행입니다.'"

로더의 분대가 발견한 것은 미국 제187공수연대전투단 K중대였다. 그들이 속한 대대는 북으로 3km 떨어진 곳에 있었다. 로더의 분대는 이들을 발견하고 800m 떨어진 본대로 귀환했다.[8] 모든 것이 고요했다. 이제 새벽에 미군 공수 부대와 연결하고 나면, 왕립 오스트레일리아 연대 제3대대가 진격해 위치를 확보할 수 있었다.

23:30시경에 총성이 울렸다.[9] 북한군 제239연대 소속 병력이 후퇴하다가 미군 공수 부대와 섞이게 되어, 돌파하기 위해 전투를 벌인 것이었다. 혼란 속에서 일부 북한군 병력은 아가일 대대 A중대를 공격하기도 했다.[10] 어둠 속에서 조명탄이 여기저기 터지고, 총구 화염이 난무했다. 라이트 소대는 옹기종기 모여 있던 무덤의 봉분을 엄폐물로 삼았다. 라이트 소대는 수류탄의 폭음, 그리고 이웃 소대 대원의 비명 소리를 들었다. 소대장이 소리쳤다.

"어디 맞았나?"

다친 사람이 대답했다.

"팔과 가슴, 다리입니다!"

라이트 소대는 적의 맹렬한 사격을 받았다. 박격포반원 맥카디는 이렇게 말했다.

"어디나 총알들이 날아다닙니다."

그러나 움직여야 할 시간이었다. 라이트가 맥카디의 등을 떠민 순간 그는 땅 위에 쓰러져 죽었다. 그는 그날 밤 전사한 2명의 스코틀랜드 병사 중 하나가 되었다. 로더의 말이다.

"혈전이 계속되었고, 어둠 속에서 한국어로 떠드는 소리가 여기저기서 들려왔습니다. 엄청난 긴장감을 느꼈지요!"

아가일 대대는 자리를 지켰다. 그러나 미군 공수 부대가 적의 압박을 당하고 있음은 분명해졌다.

새벽이 되자 닐슨은 로더에게 다시 미군 공수 부대와 접촉하라는 명령을 내렸다. 로더는 1개 소대 병력과 3대의 전차를 가지고 있었다. 어느 미군 대령이 나타났다. 로더는 이렇게 회상한다.

"그는 우리 부대가 마을을 가로질러 후퇴하는 북한군을 쫓아가야 한다고 주장했습니다. 그것은 저희에게는 꽤 벅찬 임무처럼 느껴졌지요. 그래서 저는 그 대령에게 우리는 정찰대이고 돌아가서 보고를 해야 한다고 말했습니다. 그러자 그 대령은 우리 부대의 전차는 원래 미군 것이므로, 자신의 명령대로 움직여야 한다고 말했습니다."

결국 셔먼 전차들이 엔진 시동을 걸었다. 스코틀랜드 병사들은 다시 전차에 탑승해 용유 중심가로 들어갔다. 로더의 회상이다.

"길이가 수백 미터밖에 되지 않는 짧은 길이었지만, 들어가 보니 수많은 적병의 시체가 굴러다니고 있었고, 죽어가는 적병들도 있었어요. 별로 보기 즐거운 광경은 아니었습니다. 그리고 귓가를 스쳐가는 총탄 소리도 들렸지요."

도시 북쪽에서 로더는 미군 전차장에게 자신과 부하 장병들은 하차하겠다고 밝혔다. 그리고 이런 작은 부대로 적을 추격하는 것은 별로 좋은 생각이 아닌 것 같다는 의견도 덧붙였다. 미군 전차장은 무전기로 미군 대대장과 통화한 다음, 로더의 생각에 동의하고 전차를 세웠다.[11] K중대는 용유 북쪽에서 입지를 굳혔다. 그러나 용유 이북에서는 적의 대군이 과수원 너머로 움직이는 것이 로더의 눈에 보였다.

대대 무전망을 통해 로더와 통화한 닐슨은 코드 여단장에게 미군 대령의 존재를 알렸다. 코드는 화를 냈다. 소부대는 시내에서 쉽게 유린되어 버릴 수도 있었기 때문이다. 코드는 미군 대령을 만나러 달려가서 격한 말싸움 끝에 미군 대령에게 군단 사령부로 돌아가라고 명령했다. 상대방은 결국 떠나갔다.[12]

아가일 대대가 도시를 점령한 후, 왕립 오스트레일리아 연대 제3대대가 선두에 서서 공수 부대 주력과 상봉했다. 공수 부대 중 일부는 용유 이북에 있었다. 용유에는 적의 저격수들이 있는 것으로 밝혀졌다. 그 때문에 매우 골치 아픈 전술적 문제가 생겼다. 물론 적 저격수들은 왕립 오스트레일리아 연대 제3대대의 차량 이동을 막을 수는 없었지만, 후방 부대나 지휘부를 공격할 수는 있었다. 미군 공수 부대는 한시바삐 구해야 했다. 그러나 한 집 한 집 일일이 뒤져 가며 용유의 적을 소탕할 시간은 없었다. 이런 경우의 해결책은, 여단이 상륙한 지 며칠 안 되어 낙동강에서 이미 논의된 바 있다. 당시 미들섹스 대대의 장교들은 이렇게 정했다.

"상황이 긴급하고 민간인이 없을 경우, 유일하게 타당한 해결책은…… 마을을 우회하고 마을 속의 적들은 마을과 함께 불태워 버리는 것입니다.[13]"

아가일 대대도 이 무자비한 전술을 실천에 옮겼다. 용유는 불태워질 것이었다. 윌슨은 명령했다.[14]

"그놈들을 모두 불태워 버려!"

어떤 사람들은 불안해 했다. HMS 자메이카에 탑승했던 아가일 대대원인 피터 존스는 이렇게 말했다.

"마을을 불태우라는 명령을 들었을 때, 처음에는 그런 짓을 해도 되느냐는 걱정이 듭니다. 두 번째로는 어떻게 시작해야 할 것인가 하는 걱정이 들지요. 한국의 집들은 대부분이 목조건물이었습니다. 초가지붕에 성냥불만 당겨도 엄청난 결과를 초래할 수 있지요.[15]"

영국군이 백린 수류탄을 던지자 불꽃이 치솟았고 집에서 집으로 옮겨갔다. 라이트의 말이다.

"저는 어느 초가지붕에 백린 수류탄을 던졌습니다. 불이 확 붙더군요. 여단 참모장이 와서 물었습니다. '지금 뭐 하고 있는 건가? 누가 시켰나?' 그래서 제가 '윌슨 소령님께서 이렇게 하라고 말씀하셨습니다.'라고 대답했더니, 참모장은 '이런!' 하고 감탄사를 내뱉더군요."

병사들의 흥분은 강해졌다. 매우 만족스러워 했던 코드의 증언에 따르면 스코틀랜드 병사들은 마구 달려 나가 엄청난 대화재의 장면을 보고 즐겼다.[16]

왕립 오스트레일리아 연대 제3대대는 숨이 막힐 것 같은 짙은 연기를 뚫고 돌진했다. 버틀러의 말이다.

"밝게 불타는 마을 속으로 달려가자, 마치 스포트라이트를 향해 달려가는 느낌이 들었습니다."

하지만 오래지 않아, 아가일 대대는 이 불을 끄라는 말을 들었다. 그들과 함께 있던 미군 포병대가 이 뜨거운 열기 속을 지나갈 수 없다는 것이 그 이유였다.[17]

도시 남쪽에 있던 여단 본부에는 시내에서 나온 피난민들이 쇄도했다. 이들을 불쌍히 여긴 병사들은 갖고 있던 전투 식량을 주고, 잠자리도 제공했다. 여단의 10월 22일자 전쟁 일지에는 이런 글이 적혔다.

"이 민간인들 중 일부는 용유 외곽의 영국군이 보여 준 선의를 오랫동안 잊지 못할 것이다."

하지만 전쟁 일지에 용유 화재에 대한 글은 전혀 없었다. 아무리 전쟁이라는 긴급 상황 때문이라고 하더라도, 아마 전쟁 일지 기록자는 그들의 집에 불을 지른 것이 영국군이라는 사실은 무시하고 싶었는지도 모른다. 이는 1950년 한국인들이 겪었던 수많은 비극 중 하나에 불과했다. 그리고 더욱 큰 시련이 그들을 기다리고 있었다.

* * *

18대의 미군 셔먼 전차의 지원을 받으며, 미군 공수 부대를 만나러 달려가고 있던 디거들은 이런 생각을 전혀 할 겨를이 없었다. 용유 이북에서 그린 중령의 대대 본부 병력들이 로더의 정찰대를 만난 후, 코드의 중재 끝에 멈췄다. 로더의 말이다.

"오스트레일리아군 중령은 우리가 본 것에 매우 관심이 많았어요. 그는 즉시 과수원에 대한 공격을 시작했지요."

로더는 빨리 대대로 돌아가는 것이 낫겠다고 생각했다.

"그렇지 않으면 우리도 이 난장판에서 헤어나지 못할 것 같았어요. 오스트레일리아 놈들은 대단히 단결력이 강했지요."

사리원에서 모루 역할을 했던 왕립 오스트레일리아 연대 제3대대는 이 작전에서는 망치 역할을 했다. 그러나 그린 중령은 그 망치를 조심스럽게 휘둘러야 했다. 아직 용유 이북의 참호 속에 들어앉아 있는 중대와는 별개로, 미국 제187공수연대전투단 제3대대의 정확한 위치는 아직 파악되지 않았기 때문이다. 알려진 것이라고는 숙천에서 북으로 8km 떨어진 곳이 낙하지대라는 것뿐이었다. 이 때문에 그린 중령의 임무는 복잡해졌다. 그는 포병도 사용할 수 없었다. 잘못하면 미군을 오폭할 수 있었기 때문이었다.

디거들은 한시라도 빨리 진격하고 싶었다. 그들이 얼마 전 지급받은 전투 식량은 C레이션이 아닌 B레이션이었는데, 이는 훨씬 큰 깡통에 담겨 있었고, 야전 조리소에서 데워 먹게 되어 있었다. 많은 B레이션이 라벨이 사라진 채로 지급되었다. 결국 상당수의 병사들은 뚜껑을 열어 보고 나서야, 자신들이 지급받은 것이 사우어크라우트(sauerkraut), 순무, 당근, 토마토 주스 등인 것을 알았다. 그에 반해 눈앞의 과수원에는 커다란 사과가 주렁주렁 달려 있었다. 제대로 된 식량을 지급받은 병사들은 그저 싸우기만을 바랄 뿐이었다.

진격의 선봉에 선 것은 C중대였다. 중대장은 엘 알라메인 전투에 참전했던 아처 데니스 대위였다. 칼굴리 출신인 그는 술을 마시지도 욕을 하지도 않았다. 무절제한 음주와 거친 욕설이 일반적이었던 디거들 사이에서는 보기 드문 사람들이었다. 하지만 그는 매우 튼튼하고 공격적인 사람이었다. 그의 부하 장병들은 그를 '철갑탄 아치'라는 별명으로 불렀다.[18] 셔먼 전차와 트럭에 탑승한 데니스의 병사들은 넓은 계곡 사이로 뻗어나간 도로를 타고 북으로 진격했다. 동쪽으로 450m 떨어진 곳에는 산비탈 위에 세워진 사과 과수원이 있었고 도로 서쪽에는 논이 있었는데, 논에는 인디언 천막 모양으로 사람 키보다 조금 더 높이 쌓아올린 볏짚 더미들이 있었다.

전투는 과수원에서부터 시작되었다. 밴디의 말이다.

"우리가 과수원 앞 도로를 지나자 북한군 초병이 벌떡 일어나더군요. 아마도 잠을 자고 있던 것이 분명했어요. 그 초병은 우리를 향해 총을 발사했지요. 우리 중 누군가가 그놈을 쏘아 쓰러뜨렸어요. 우리 모두는 전차에서 하차했지요. 그리고 데니스가 이렇게 외쳤어요. '포 사격은 없다! 총과 대검만으로 싸워야 한다!'"

지원 화기가 없는 C중대는 아주 오래된 보병의 무기, 즉 총과 칼, 그리고 넘치는 테스토스테론만으로 싸워야 했다. 2개 소대가 과수원 안으로 들어가 산비탈을 올랐다. 밴디의 말이다.

"이 능선의 높이는 60m였고, 사과나무로 뒤덮여 있었습니다. 아무 데나 총을 쏘면 사과가 뚝뚝 떨어질 정도로 사과가 많이 열려 있었지요."

C중대 인원 대부분은 전투를 경험해 본 적이 없는 어린 병사들이었다. 밴디는 이들을 통제하느라 정신이 없었다.

"그때 저는 단 한 발도 총을 쏘지 못했습니다."

적들은 참호와 개인호에 있었다. 그리고 그중 다수는 아마도 전날 밤의 전투로 피로해진 상태라 잠을 자고 있었다. 게다가 그들은 미군 공수 부대를 상대하기 위해 북쪽을 보고 있었다. 남쪽에서 공격이 들어올 줄은 상상도 못하고 있었다. 그들은 혼란에 빠졌다. 버틀러의 말이다.

"다수의 적이 참호에서 뛰쳐나왔습니다. 제대로 훈련을 받지 못한 군인들 같았습니다."

버틀러의 소대는 도로에서 지원 사격을 벌이고 있었다.

"북한 놈들은 정신 못 차리고 우왕좌왕하다가 죽었습니다."

어떤 부대이건 혼란에 빠져 제대로 된 행동을 취하지 못하면 적에게 학살당할 수밖에 없다. 이번의 북한인민군 역시 그랬다. C중대의 사살 전과는 사리원 남쪽에서 라이트가 거둔 사살 전과보다도 더욱 대단했다. 밴디의 말이다.

"불과 15분 만에 상황은 종료되었습니다. 엄청나게 빨리 끝난 거죠. 적은 정신이 쏙 빠졌을 겁니다. 북한 놈들은 만약의 경우 경보가 울릴 거라고 생각했겠지만, 우리는 그들을 기습 공격했지요. 그들은 혼란에 빠져서 정신을 차리지 못했습니다."

저지대에 있던 데니스는 버틀러의 제9소대에게 도로를 따라 앞장서서 북쪽으로 진격할 것을 명령했다. 이 도로는 배수로를 타고 올라, 미군 공수부대의 예상 위치로 향하고 있었다. 지형은 평탄하고 탁 트인 개활지였다. 버틀러는 병력을 허리 깊이의 길 옆 도랑에 밀어 넣은 다음 진격을 개시했다. 도로 아래의 암거에서, 잭 해리스 상사 휘하의 어느 병력이 암거 반대편 입구를 향해 사격을 가했는데, 그 탄환은 거기 서 있던 오스트레일리아 병사의 다리에 명중했다. 해리스는 다친 병사에게 뛰어가 대검으로 병사의 바지를 잘랐다. 상처는 엄청났다.

"탄환의 사출구는 제 주먹보다도 컸습니다. 그 속에는 부서진 뼈와 피가 보였지요. 정말 끔찍한 광경이었어요."

해리스는 상처를 더듬어 그 안으로 손을 넣어 보았다. 손이 그대로 들어갈 정도였다. 버틀러가 와서 해리스에게 부상자는 의무병에게 맡기고 진격을 계속할 것을 명령했다. 부상병은 헐떡거리면서 해리스에게 자신이 아군 오인 사격에 당했다는 사실을 누구에게도 말하지 말라고 부탁했다. 그러면서 자신이 제2차 세계대전에서 노획한 루거 권총을 해리스에게 주었다. 해리스는 여러 명의 병사를 뽑아 다음 암거를 소탕할 것을 지시했다. 그러고 나서는 그 암거에서 어느 오스트레일리아 병사가 한국인 아이를 안은 채로 나왔고, 그를 따라 한국인 일가가 나왔다. 그 오스트레일리아 병사가 암거에 수류탄을 던지려는 찰나 2명의 아이가 놀라 뛰쳐나왔고, 그들을 따라 12명으로 이루어진 온 가족이 튀어나왔던 것이다. 덩치 큰 오스트레일리아 병사 1명을 붙여 그들을 후방으로 호송했다. 해리스는 미소 짓는 병사가 그들을 호송하는 모습이 참 우스꽝스러우면서도 아름답다고 생각했다.[19]

다음 장애물은 길 한복판에 피투성이가 되어 쓰러져 있던 말과, 뒤집어진 마차, 그리고 죽어가는 북한군 6명이었다. 버틀러의 소대원들이 이들을 길 위에서 치우려고 하자, 고지에 참호를 파고 있던 적들이 사격을 가해 왔다. 버틀러의 말이다.

"대부분의 적들은 계속 북쪽을 보고 있었지요. 미군의 출현에 대비해서요. 우리가 여기 있다고는 눈치채지 못했습니다. 그러나 우리가 가까이 가자 점점 많은 적병들이 우리 쪽으로 시선을 돌리기 시작했지요."

병사들의 머리 위로 총알이 난무했다. 디거들은 눈앞에 뻔히 보이는 적을 향해 응사했다.

"적의 반격은 너무 강력했습니다. 그때 중대장이 갑자기 길 한복판에 나타났지요! 그의 모습을 가려 줄 만한 건 아무것도 없었습니다. 무전병은 총알을 피하기 위해 이리저리 움직이고 있었고요. 저는 중대장과 이야기하기 위해서 도랑 밖으로 나와야만 했습니다."

데니스는 지원 병력인 셔먼 전차 2대를 가지고 왔다. 셔먼 전차의 주포가 불을 뿜었고, 포탄이 45m도 안 떨어진 적 진지에 작렬하기 시작했다. 전투의 양상은 역전되었다. 버틀러는 회상했다.

"미군 전차의 화력은 대단했지요."

전차들은 도로 위에 누워 있던 말을 밀어냈다. 선도 셔먼 전차가 말의 다리를 밟았다. 전차는 진동하며 엔진 소리를 높여 말을 도로 옆 논으로 밀어냈다. 거대한 동물이 마른 논 위에 떨어지자 논둑 뒤에 숨어서 훔쳐보던 적병이 놀라 저도 모르게 일어섰다. 해리스는 그 상대를 총알 1발로 끝장냈다. 말은 고개를 들고, 진격해 오는 병사들을 바라본 후 숨을 거두었다.[20] 이제 수백 미터 떨어진 미군 진지까지 가는 길이 열렸다.

미군 공수 부대원들은 멀리서 오스트레일리아군인들이 다가오는 것을 볼 수 있었다. 어느 미군 공수 부대 장교는 단 1명의 오스트레일리아 병사가 북한군을 도륙하는 것을 보고 놀라워했다. 그 병사의 이름은 스미스였다. 붉은 머리를 가지고 있던 그 병사의 별명은 어울리지도 않게 '블루이(Bluey)'였다.[21] 밴디는 덩치 큰 스미스가 군대를 좋아하는 배짱 있는 사나이였다고 기억했다. 스미스는 착검한 소총을 들고 북한군 참호로 달려갔다. 그는 피투성이가 된 채 참호에서 나왔다. 부상당했냐는 질문을 받자 그는 이렇게 답했다.

"재미없는 농담이군요![22]"

참호 안에는 북한군 시신 8구가 누워 있었다.[23]

C중대 배후 그린의 지휘소에 있던 저격수 로비 로버트슨은 데니스의 병력들이 진격하는 것을 보았다.

"그들은 적을 향해 돌격해 적을 혼란에 빠뜨렸습니다. 적들이 오스트레일리아군의 병력이 열세라는 점을 절대 눈치채지 못하게 말입니다."

오스트레일리아 병사들이 적의 참호선과 벙커, 아직도 적들이 지키고 있는 2~3인용 유개호를 공격했을 때 지휘소는 과수원 내의 적들이 아직 남아 있는 구역으로 이동했다. 북한인민군들이 돌격해 왔다. 그들은 지휘소 주변에서 백병전을 벌였다. 로버트슨의 말이다.

"정말 엄청난 근접전이었습니다. 북한군 벙커에서 불과 서너 걸음 떨어진 곳에서 전투가 벌어졌으니까요."

디거들은 벙커의 총안구에 수류탄을 던진 다음에 사격을 가했다.

"수류탄을 던지면 북한 놈들이 튀어나왔습니다. 그럼 그놈들한테 사격을 가했지요."

로버트슨이 어느 벙커를 지나가는데 다른 병사들이 벙커 안에 수류탄을 던졌다. 그런데 그 수류탄은 다시 벙커 밖으로 던져졌다. 로버트슨은 엎드렸고 수류탄은 폭발했다. 한 명의 적병이 벙커 밖으로 튀어나오며 버프 건을 사격했다. 그의 사격 모습은 오스트레일리아군 저격수의 주목을 끌 수밖에 없었다. 로버트슨의 말이다.

"상대방이 쏜 총알 3발이 제 가슴 아래 땅에 박혔습니다. 저는 튀어 일어나면서 총알 3발을 발사했지요. 볼트액션 소총도 숙달되면 반자동 소총만큼이나 빠른 속사가 가능합니다. 물론 소총의 반동이 크므로, 조준을 수정해 줘야 할 필요는 있습니다만"

로버트슨의 총에 맞은 적병은 쓰러졌다. 로버트슨은 900m 떨어진 적을 상대하도록 훈련받았다. 하지만 이번의 적은 서로의 총구가 닿을 만큼 가까이 있었다. 온 사방에서 전투가 벌어지고 있었지만, 로버트슨의 뛰어난 사격술은 숨길 수 없었다. 그가 쏜 총알은 북한군 병사의 광대뼈에 좁은 탄착군을 그리며 모여 있었다.

"저는 매우 정확한 사격으로 상대방을 사살했지요!"

통신 하사관 잭 갤러웨이는 중대장의 행동을 보고 깊은 감명을 받았다. 그린 중령은 전투를 무시하고, 지도를 보면서 대대를 지휘하고 있었다. 공황 상태에 빠진 적들이 개활지를 마구 달리고 있었다. 로버트슨은 뻔히 보이는 적들을 쏘고 또 쐈다.

"저는 저격수입니다. 1발에 적 1명씩 반드시 죽이지요. 절대로 총알을 낭비하는 법이 없습니다!"

D중대에는 대대 본부 인원들을 도와 적 잔여 병력들을 소탕하라는 임무가 주어졌다.

C중대가 과수원을 소탕하는 동안, B중대의 스탠 코넬리 하사는 C중대의 측면을 지키고 있었다. 그때 어느 북한군 병사가 볏단에서 코넬리를 향해 뛰어나왔다. 코넬리의 회상이다.

"그는 착검한 소총을 든 채로 뛰어나왔지요. 나를 찌르려는 태세였어요. 저는 반사적으로 브렌 경기관총을 들어 상대방의 총검 공격을 쳐냈습니다. 그리고 부사수가 상대방을 사살했지요."

코넬리는 손을 총검에 베였지만, 진격을 계속했다.

C중대는 넓은 계곡 끝의 수목선에 도착했다. 시각은 14:00시경이었다.[24] 박격포 사격 통제관 톰 머글톤의 말이다.

"저는 데이비드 버틀러와 이야기하던 중이었어요. 버틀러의 장비 벨트에는 총알 구멍이 뚫려 있었지요. 그때 그는 수풀 속에서 뭔가 움직이는 것을 발견했어요. 그래서 가까이 가 보니 붉은 흙 속에 구덩이가 파여 있고, 그 속에 미군 공수 부대원 여러 명이 있었어요."

미군들은 오스트레일리아 병사들을 보고 이렇게 말했다.

"오 하나님. 당신들을 만나게 되어 기쁩니다!"

우습게도 이 미군들 중 일부는 기다란 코트를 입어 소련군처럼 보이는 오스트레일리아군에게 항복하려고 했다. 미군들은 그 사람들을 제지하고, 자신들을 구해 준 오스트레일리아군을 반겼다. 미군 하사 한 명이 밴디에게 다가와 눈물을 흘리며 말했다.

"그야말로 죽었다 살아난 것 같은 기분입니다!"

어떤 미군 장교는 갤러웨이에게 자신이 차고 있던 콜트45 권총을 주려고 했다. 갤러웨이의 회상이다.

"저는 이렇게 말했지요. '이런, 권총은 받을 수 없습니다!' 그러자 그 장교는 이렇게 말했습니다. '무슨 권총이요? 저는 방금 권총을 잃어버렸는데요!'"

오스트레일리아군은 북한인민군을 유린하고 미군과 상봉하는 데 성공했다. 임무를 마친 버틀러와 소대원들은 자리에 앉아서 레이션 깡통을 까서 점심식사를 했다. 하지만 주변 풍경은 식욕을 전혀 일으키지 못했다. 버틀러의 말이다.

"우리가 식사를 하던 곳 주변에는 사방에 시체 천지였지요. 몇 명이나 죽었는지는 오직 하나님만이 아시겠지요."

그러나 전투는 아직 끝나지 않았다. 오스트레일리아군이 좁은 폭의 전선을 유지하고 적을 밀어붙이는 동안, 그들이 지나친 측면의 적들이 짚단 속에서 저격을 하기 시작했다. 버틀러는 논의 적병을 소탕하라는 명령을 받았다. 버틀러는 부하들에게 횡대로 넓게 펼쳐 서서 착검을 하라고 명령한 후 논 한복판으로 나아갔다.

꼬챙이처럼 생겨 돼지 꼬챙이라고 불리는 영국군의 총검과는 달리, 오스트레일리아군의 총검은 폭이 넓고 길이가 45cm나 되는 전형적인 칼 모양이었다. 물론 그렇다고 해서 이것이 영국군 총검보다 백병전 시 더 살상력이 좋은 것은 아니었다. 냉병기를 사용한 교전에서는 찌르는 공격이 베는 공격보다 더욱 살상력이 뛰어나기 때문이다. 그러나 오스트레일리아군의 총검은 더욱 무서워 보였다. 그리고 영국군 총검이 무광 검은색이었는 데 비해, 오스트레일리아군 총검의 색은 유광이었다. 키가 크고 슬라우치 햇을 쓴 오스트레일리아군이, 햇빛에 빛나는 총검을 들고 거침없이 다가오는 모습을 본 적들은 겁에 질려 엄폐물 밖으로 뛰어나와서 도망치기 바빴다. 그 후로 벌어진 일은 아주 볼 만한 것이었다.

길을 걸어가고 있던 코드는 전투라기보다는 사냥에 가까운 이 상황에 빠져들었다. 그는 상황을 보기 위해 멈춰 섰다. 코드는 본 것을 이렇게 적었다.

"오스트레일리아군 1개 소대가 논에 줄지어 서서 마치 사냥감을 몰아가듯이 전진했다. 병사들은 볏짚더미가 보이면 일단 걷어찼는데, 그러면 그

안에서 북한 병사가 튀어나올 때도 있었다. 그러면 오스트레일리아군 병사들은 그를 소총으로 쏘아 쓰러뜨렸다.[25]"

〈멜버른 선(Melbourne Sun)〉의 젊은 종군기자인 해리 고든은 고지에서 모든 것을 다 보고 있었다. 밤새가며 교열을 하던 그는 한국 전쟁 개전 직후부터 전쟁의 추이를 모두 지켜보고 있었다. 그래서 한국에 파견될 오스트레일리아 기자단이 편성되었을 때 〈멜버른 선〉에서는 주저 없이 해리 고든을 가장 먼저 선발했다. 고든은 제2차 세계대전은 취재하지 못했다. 한국 전쟁이 그가 취재한 최초의 전쟁이었고, 그는 한국 전쟁을 가까이서 지켜보고자 했다. 그는 한국 전쟁에 대해 이렇게 말했다.

"한국 전쟁은 정말 놀라운 경험이었습니다."

1발의 총알이 날아와, 사진을 찍고 있던 사진기자가 앉은 지프 창문을 깨 버렸지만 고든은 태연했다.

"디거들은 볏짚단을 찌르고 걷어차 보았습니다. 그리고 거기서 적이 튀어나올 경우 총검으로 죽였지요. 근거리에서 벌어진 잔인한 전투였습니다."

전투의 마무리를 한 것은 버틀러였다.* 이 전쟁에서 제일 불공평하게 전개된 전투 중에 하나일 이 전투에서, 왕립 오스트레일리아 연대 제3대대는 부상자 7명을 냈지만, 북한군은 전사자 150명, 포로 239명을 냈다.[26] 여기서 박격포를 쏴 볼 기회조차 없던 머글톤은 이렇게 말했다.

"이건 문자 그대로 칠면조 사냥이었습니다. 일방적인 전투였죠."

재래식 보병 운용의 걸작품이라고 할 만한 이 날의 전투는 후일 사과 과수원 전투로 알려졌다. 이 전투는 오스트레일리아군의 전통으로 남았다. 밴디의 말이다.

---

* 그날의 공훈으로 버틀러는 미국 은성 훈장(Silver Star)을, 데니스는 영국 전공십자훈장(The Military Cross)을 받았다.

"이후 누구도 오스트레일리아군을 막을 수 없다는 것을 알았습니다! 우리는 지구도 정복할 수 있을 거라고 생각했습니다."

미들섹스 대대는 왕립 오스트레일리아 연대 제3대대를 가로질러 오후 늦게 미군 공수 부대 주력과 합류했다. 그린의 말이다.

"제가 본 최악의 장면 중 하나였습니다. 도로 옆 도랑에는 북한군 시신이 잔뜩 들어 있었습니다. 그들도 분명 어떤 어머니의 아들이었을 텐데요. 대형 트럭의 차체 높이에서 내려다보니 그야말로 아수라장이 따로 없었습니다."

그래도 그들은 여전히 과일은 좋아했다. 스태포드 출신의 지원병 레이 로저스의 말이다.

"거기에는 맛있는 사과도 있었습니다. 우리는 사과를 군복 속에 넣었습니다. 방탄재 역할을 해 줄 것을 기대하면서요!"

한국 전쟁 최초의 공수 작전이 끝이 났다. 데스포가 속해 있던 곳 같은 일부 부대는 거의 전투를 치르지 않았다. 하지만 영국군 제27여단과 상봉한 공수 부대는 이야기가 달랐다. 제187공수연대전투단 제3대대를 괴멸시키기 위해 투입된 북한인민군 제239연대는 사실상 전멸했다.

열차에 실려 온 미군 포로들의 이야기는 또 별도였다. 밴디는 그들의 운명을 보았다.

"이 터널에서 미군 포로가 학살되었습니다. 열차와 지상에서 미군 포로들을 목을 매 죽였더군요. 그 모습을 보니 걸어가는 발걸음에 분노라는 힘이 실리더군요."

숙천 북쪽에서 75명의 미군 포로들이 학살되었다. 살아남은 것은 21명뿐이었다.[27]

디거들은 전투 후 스스로가 일으킨 반응을 평가했다. 코넬리는 총검에 찔려 입은 상처를 테이프로 막으면서 이렇게 말했다.

"그냥 평범한 근무일 같았습니다. 전투 후에는 어떤 반응도 없었습니다. 젊은 사람들은 어떤 상황에서건 살아갈 수 있습니다. 우리는 C중대를 부러워했습니다!"

하지만 더욱 큰 감정적 동요를 일으킨 사람도 있었다. 로버트슨은 이렇게 말했다.

"전투가 끝나면, 감정적 변화를 일으키게 됩니다. 전투 때는 아드레날린이 가득하게 되지요. 그래서 전투가 멈춰지면 떨리게 됩니다. 하지만 오래지 않아 안정됩니다."

그날은 저격수에게 매우 좋은 날이었다.

"저는 그날 24명을 사살했다고 생각합니다. 그걸 자랑하고 다니지는 않았지만요."

그러나 그의 매우 뛰어난 사격술에 대한 소문은 널리 퍼졌다. 그래서 로버트슨은 '암살자'라는 별명을 얻었다.

이날 더욱 큰 마음의 동요를 일으킨 오스트레일리아 군인도 있었다. 잭 해리스 상사는 전쟁터에 널려져 있던 적병의 시신들을 보았다. 그 끔찍한 날 그가 보았던 것 중 가장 잊히지 않는 것은 논에서 죽어가던 말의 부드러운 갈색 눈이었다.[28]

* * *

10월 23일, 아가일 대대원들은 현대적인 외관의 아파트가 잔뜩 세워진 도시로 달려갔다. 그곳은 청천강변에 위치한 도시인 신안주였다. 이곳이 영국군 제27여단의 공격한계선이었다. 미국 제8군의 선봉을 맡아 평양으로부터 88km를 달려온 제27여단은 숙천과 신안주 사이의 산들에서 어떠한 적의 저항도 당하지 않았다. 그러나 청천강에 접근하자 강 북안에서 쏘아대는 부정확한 사격이 아가일 대대 선도 부대에 날아왔다.[29]

신안주 시내에는 적이 없었으나, 대신 박살이 나 있었다. 평양 고속도로를 업고 북쪽으로 향하던 도로 교량은 폭파되어 있었고, 지도에는 있다고 나와 있던 철교도 없었다.[30] 코드는 미들섹스 대대에 도하 준비를 명령했다. 윌로비의 기록이다.

"이 강은 우리의 마지막 목표물로 간주되었다. 우리는 매우 지쳤지만, 다음 날 아침 해가 뜬 이후에 강을 건너라는 명령으로 인해, 휴식 명령은 취소되었다.[31]"

미군 공병대가 30척의 보트를 제공해 줄 것이었다. 강의 유속과 만조 시 깊이는 어느 정도인가? 겁먹은 현지인이 영국군 앞에 끌려왔다. 그는 손짓 발짓을 하며 막대기로 땅에 그림을 그려가며, 만조 시각은 18:00시경임을 밝혔다.[32] 코드 여단장은 그날 저녁에 도하하기를 원했으나, 정찰할 시간이 없고, 맨 대대장이 만조 시의 강의 모습을 보고 싶어 했다. 따라서 다음날 새벽에 강을 건너기로 계획했다.

강습 도하는 가장 위험도가 높은 군사 작전이다. 바레트는 명령을 들었을 때 긴장했다.

"돌격정을 타고 도하할 경우 적의 반격이 있을 것이며 큰 사상자가 발생할 거라는 예측이 있었습니다.[33]"

30척의 보트로는 한 번에 2개 중대씩만 나를 수 있었다. 그래서 처음에는 A중대와 C중대가 도하하고, 대대 본부와 B중대가 두 번째로 도하하고, 마지막으로 윌로비의 D중대가 도하하도록 계획을 짰다. 윌로비 소령 역시 바레트만큼이나 걱정스러웠다. 그는 이런 글을 적었다.

"이런 곳에서의 도하 작전은 기습성이 거의 완전히 결여되어 있다. 기다리면서 인천의 조수간만 차이가 무려 10.8m나 된다는 소식을 침울하게 듣는 것 이외에 우리가 할 수 있는 일은 없었다.[34]"

코드 역시 매우 걱정스러웠다. 매우 심란한 표정의 미군 공병 장교가 여단 본부에 와서, 교량 보수 성공을 장담할 수 없는 상황이라고 말했다. 그것은 미들섹스 대대가 강을 건너는 데 성공하더라도, 차량과 중화기의 지원 없이 강 북안에 고립될 수밖에 없다는 뜻이었다. 코드는 이런 글을 남겼다.

"상황은 매우 심각하다."

그는 무려 10일 동안이나 상급자와 연락을 취하지 않았다.[35]

도하는 도시에서 하류로 6.4km 떨어진 곳에서 실시될 예정이었다. 도하 지점에 도착한 미들섹스 대대는 해가 질 때까지 절대로 몸을 일으켜 세우지 말고, 절대 불빛을 만들지 말라는 지시를 받았다. 바레트와 그의 동료들은 황혼을 받으며 도하 지점을 바라보았다. 청천강까지 900m 가량은 일체의 은폐물이나 엄폐물이 없었다. 그리고 청천강의 강폭은 720m 가량이었다. 그리고 강의 북안으로부터 360m 정도 떨어진 곳에 모든 것을 감제할 수 있는 산자락이 있었다. 바레트의 말이었다.

"오시(Aussie)들이 우리 뒤로 왔습니다. 코드는 우리 부대에 엄청난 사상자가 발생할 거라고 예상했지요."

10월 24일 새벽에는 된서리가 내렸지만, 밝은 아침햇살 속에 곧 녹아내렸다. 그러나 최고사령부에서는 북한의 가을이 매우 춥다는 것을 잘 알고 있었다. 이틀 전 미들섹스 대대원들은 미군용 야전상의를 지급받아, 얇은 여름용 군복 위에 입었다. 도하가 시작된 것은 08:30시였다.

A중대는 돌격정을 들어 물 위에 진수했다. 1척의 돌격정에 8명으로 이루

어진 1개 분대가 탑승했다. 이들은 강의 북안으로 노를 저어갔다. A중대의 레이 로저스는 불안했다.

"배의 노는 나방이 갉아먹은 것이었어요. 그리고 저는 무전기를 짊어지고 있었지요. 만약 제가 물에 빠지면 빠져나올 길이 없었어요!"

노가 수면을 때렸다. 병사들은 숨을 거칠게 쉬었다. 몇 분의 시간이 지났다. 로저스의 말이다.

"강 건너편에 가까이 다가갈수록 긴장감은 더욱더 높아졌지요."

남안에서 상황을 지켜보던 장병들은 언제라도 자동화기의 찢어지는 총성이 들릴 것을 예상하며 숨을 죽였다. 강을 완전히 건넌 로저스는 중대 본부 인원들과 함께 보트에서 내렸다. 무릎 높이까지 오는 차가운 검은 진흙 속에 발을 디뎠다. 그는 초조하게 이런 생각을 했다.

"적들은 우리가 이 진흙탕 속에서 꼼짝 못하게 되기를 기다리고 있는 게 아닐까? 이미 우리에게 조준을 맞춰 놓은 것이 아닐까?"

아무 일도 일어나지 않았다. 분대는 땅 위로 나아갔지만 여전히 아무 일도 없었다. 로저스의 말이다.

"그러자 엄청나게 큰 안도감이 밀려왔습니다!"

북한인민군은 청천강을 포기하고 달아난 것이었다.

그러나 후속 중대는 도하에 애로 사항이 있었다. 적이 아닌, 청천강 때문이었다. 조수가 바뀌자 돌격정은 엉뚱한 방향으로 떠내려갔다. 윌로비는 자신의 중대를 태운 배들이 떠내려가는 것을 알았다.

"강 건너편으로의 항행 속도는 걱정될 만큼 느렸지요. 그리고 나머지 대대는 이미 보이지 않았습니다.[36]"

마땅한 추진 수단이 없던 것도 상황을 더욱 악화시켰다. 켄 맥클로우의 회상이다.

"각 분대당 보트 1척씩을 배정받았습니다. 그러나 보트에는 노가 없는 것도 있더라고요. 그런 경우에는 소총 개머리판을 노 대신 사용하라는 지시를 받았습니다. 그러나 사실상 무척 어려운 일이었지요."

썰물 때가 되면서 강 한복판에 진흙 섬이 드러났다. 이 섬 때문에 여러 척의 보트들이 좌초되었다. 화이트하우스는 좌초된 배를 다시 물 위에 띄우려고 배에서 내렸지만, 차가운 검은 진흙 속에 허리 깊이까지 빠지고 말았다.

"강가까지는 18~27m 정도 남은 상태였어요. 저는 굳은 시멘트 속에 들어간 느낌이었지만, 사실은 진흙 속이었지요. 상황은 난국이었어요. 누구도 자신들이 어디로 가는지 몰랐지요. 보트들은 좌로, 우로, 혹은 똑바로 제멋대로 움직이고 있었어요."

강 건너에는 환영하러 나온 사람들이 있었다. 바레트의 말이다.

"민간인들이 우리를 보러 나왔어요. 정말 웃기는 상황이었지요! 그들은 모두 일요일에 입는 가장 좋은 외출복 차림이었습니다. 나이 많은 어르신들은 갓을 쓰고 있었지요. 모두들 왔다 갔다 하면서 우리를 환영해 주었습니다."

그의 소대는 강둑을 벗어나 울타리가 둘러쳐진 어느 작은 마을로 들어갔다. 거기에는 아주 아름다운 여자가 있었다. 키가 매우 크고, 카키색 사이렌 수트(siren suit)를 입고, 유창한 영어까지 구사하는 그 여자는 자신을 구해 주어 고맙다며 다이하드 대대원들을 끌어안았다. 바레트는 어이가 없었다.

현지인들의 배가 좌초된 영국군 돌격정을 옮기러 나타났다. 하지만 그 배도 진흙 섬 위에 좌초당하고 말았다. 그 배는 보트에서 내린 다이하드 대대원들에 의해 좌초 상태를 벗어났다. 결국 맨 중령의 병력들은 전원 도하를 완료했다. 그들은 집결해 진격했다.

강에서 도하가 진행 중이던 무렵, 여단 본부는 새 명령을 수신했다. 그들의 원래 목표는 신안주와 청천강이었으나, 이제는 북쪽으로 16km를 더 나아가 박천을 점령하고, 거기서 왼쪽으로 돌아 북서쪽으로 32km 떨어진 정주를 점령해야 했다.[37] 정주는 한국군 이외의 UN군이 진격을 멈춰야 할 선인 맥아더 라인의 서쪽 측면을 이루고 있었다. 그 이후부터는 한국군만 북-중 국경인 압록강까지 진격을 하게 되어 있었다. 미국 제24보병사단은 통신을 통해, 코드에게 작전 종료가 눈앞에 다가왔음을 알렸다.

"이제 한 걸음만 더 내디디면 된다![38]"

현지의 상황 전개도 낙관론에 힘을 실어 주었다. 신안주 인근에서 66명의 북한인민군 포로가 획득되었는데, 그중에는 멋지게 차려입은 장교 한 명도 있었다. 그러나 그 장교는 이렇다 할 정보를 가지고 있지 않았다. 영국군 제27여단의 전쟁 일지에는 그에 관해 이런 말이 적혔다.

"틀릴 셈 치고 추측해 보기로는, 그의 탈영은 북한인민군에 그리 큰 손해가 아닌 것 같아 보였다.[39]"

여단 잔여 병력과 차량의 청천강 도하 문제는 동쪽으로 8km 떨어진 안주로 가라는 명령이 내려오면서 해결되었다. 그곳에서 한국 육군 제1사단이 도하 지점을 확보하고, 모래주머니로 교량을 만들었기 때문이다.[40]

청천강을 건넌 다이하드들은 그날 저녁 고지를 점령했다. 짜증나기는 했지만, 다행히도 무혈점령이었다. 맨클로우의 말이다.

"정말 엉망진창이었죠. 만약 적군이 있었다면, 깔깔대며 비웃다가 우리를 전멸시켜 버리고 말았을 것입니다. 나중에 우리는 차와 담배를 즐기며 '이 무슨 난장판이람?'이라고 말했지요."

UN군의 최선봉에 선 미들섹스 대대는 지원 화기 없이 산속에 들어가,

모포도 없이 추운 밤을 지새워야 했다. 처음으로 기온이 영하로 떨어졌다.[41] 아가일 대대의 급수차에 든 물도 얼었다.[42]

10월 25일, 여단은 미들섹스 대대가 확보한 교두보에 진입해 이를 넓혔다. 그날 오후 늦게 왕립 오스트레일리아 연대 제3대대는 청천강에서 8km 떨어진 거진과 박천에 진입했다. 그러나 이들이 박천에 진입한 최초의 제27여단 소속부대는 아니었다. 이제는 여단 본부에서도 진격 속도와 진격축을 헷갈릴 정도였다. 교통정리 임무를 맡은 두 헌병이 선봉에서 한참 더 먼저 나아가 박천 외곽에 여단 간판(암호명 노팅햄)을 박고 있었는데 누군가가 그들에게 사격을 가했다. 적이 아직도 박천에 있었던 것이다. 그날 전쟁 일지에는 이런 글이 적혔다.

"그 직후 두 헌병은 기가 죽었으면서도 분개한 채로 성지인 여단 본부로 돌아왔다."[43]

* * *

청천 이북에는 태룡강 동안에 거진과 박천이 있었다. 서쪽의 정주로 진격해야 하는 제27여단은 태룡강을 건너야 했다. 왕립 오스트레일리아 연대 제3대대의 선도 대대는 미 육군 제89전차대대의 셔먼 전차들과 함께 16:00시에 거진에 도착했다. 북한인민군 공병들은 강을 가로지르는 길이 270m의 거대한 벽돌 다리를 파괴해 버렸다. 이 다리의 중앙 경간은 폭파되어 6m 수심 속에 들어가 있었다. 따라서 차량 통행은 불가능했다. 고든의 말이다.

"마치 이빨 빠진 사람을 보는 것 같았어요."

그러나 중앙 경간만 파괴되었다는 것은 보병들이 파괴된 부분까지는 어떻게든 갈 수 있다는 이야기도 된다. 보병들은 끊어진 다리에 2개의 소방용 사다리를 걸쳐 놓았다. B중대의 2개 분대가 그것들을 타고 올라가 초기 정찰을 실시했다. 물론, 그렇다고 이 다리로 차량이 통행할 수 없는 문제를 해결할 수 있는 것은 아니었다. 그린은 D중대에게 박천으로 진격할 것을 명령했다. 박천에는 다리가 있었기 때문이었다.

B중대의 정찰대가 사다리를 사용해 처음으로 다리를 건넜다. 적의 사격은 없었다. 정찰대는 서안에서 전혀 은폐하지 않은 채로 대대의 최선봉에 서서 바짝 경계한 상태로 움직였다. 그때 오른쪽의 산등성이에서 약 50명의 적이 양손을 높이 든 채로 나타났다. 항복을 원하는 그들이 접근해 오는데 고지에서 누군가가 사격을 해 댔다. 분명 항복을 저지하려는 것이었다. 그동안 미군의 관측기가 상공을 비행하면서, 고지에 북한군 최소 2개 중대가 진지를 구축해 놓고 있다고 보고했다. 정찰대는 10명의 포로를 획득한 다음, 조심스럽게 동쪽으로 후퇴했다.

17:30시, 미군의 슈팅스타(Shooting Star) 제트 전투기 편대가 오스트레일리아군 상공에 나타났다. 이들은 북한군 진지에 기총소사를 가했다. 하지만 이를 반긴 디거들은 별로 없었다. 전투기들의 속도는 너무 빨라 기총 사격이 정확치 못했기 때문이다. 전투기들이 철수하자 그린은 박격포 및 야포 사격을 명했다. 강을 굽어보는 고지는 엄청난 연기와 먼지 구름에 휩싸였다.

18:30시 박천에 갔던 D중대는 225명의 포로를 데리고 돌아왔다. 그들과 함께 있었던 미군 공병들은 박천에서 부서진 다리를 발견하고, 밤샘 작업 끝에 차량 통행이 가능하도록 했다. D중대의 1개 소대가 그들을 호위하러 남았다.[44]

이제 그린의 우측 측면은 확보되었다. 도하 지점에 적 증원군이 오지 못하게 하겠다고 결심한 그린은 아마도 북한군의 사기가 붕괴된 데에 자신감을 얻었는지 결단을 내렸다. 당시 그린의 말을 어깨 너머로 들었던 밴디는 당시 상황을 이렇게 말했다.

"대대장은 이렇게 말했지요. '저 망할 강을 오늘 밤에 건너지 못한다면, 영원히 건널 수 없어.'"

그린은 A중대와 B중대를 도하시켜, 서안에 교두보를 만들 계획이었다. 매우 저돌적인 계획이었다. 중대는 야간에 시간을 많이 들여 사다리로 강을 건널 것이었다. 그리고 적의 심한 반격을 받는다면, 그들은 배수진을 칠 수밖에 없었다.

선도 소대에는 언론인 해리 고든도 있었다. 그는 이렇게 회상했다.

"해가 저물고 있었습니다. 적과 교전하고 교두보를 만들기 위해 사다리를 오르는 우리를 짙은 분홍색 노을이 비추고 있었지요. B중대가 싸우러 간다는 것 이상의 정보를 가진 사람은 없는 것 같았습니다."

각 소대는 도하 명령이 오기를 기다렸다. 어떤 병사들은 담배를 피웠고, 어떤 병사들은 낮은 목소리로 이야기를 나누었다.

"어떤 사람은 속옷에 대해 불평을 해 댔고, 어떤 사람은 T본 스테이크를 먹고 싶어 했죠."

고든은 수첩 말고는 가진 것이 없었다. 그는 이렇게 회상했다.

"다들 긴장 속에 앞으로 벌어질 일을 예측했습니다. 전투에 대해 신경이 곤두선 상태로 이야기가 오갔지요."

소대장인 에릭 라슨 중위가 병사들에게 말했다.

"자! 움직일 시간이다!"

병사들은 담배를 뱉은 후 발로 비벼 끄고, 배낭을 짊어졌다. 코트에 단추를 채우고 총기를 장전했다. 그날 밤은 추웠다. 땅에는 서리가 내렸다. 땅의 물웅덩이는 얼음판이 되었다. 콘크리트 다리 위에서, 라슨의 병사들은 저물어가는 햇살 속으로 전진했다.

무너진 경간을 건너기는 의외로 쉬웠지만, 시간이 많이 걸렸다. 서안에 처음 대원이 도착한 것은 19:00시였다. 햇빛은 거의 다 사라지고 달이 떠올랐다. 고든은 떼지어 선 슬라우치 햇을 쓴 실루엣들과 함께 서안으로 향했다. 서안에서 사람들은 잠시 모여 섰다. 라슨이 속삭였다.

"좋아. 발사해!"

오렌지색 조명탄이 발사되었다. 소대는 목표인, 수풀이 우거진 낮은 고지로 움직였다.

고든은 병사들이 저도 모르게 높은 포복 자세를 취하는 것을 알아챘다. 어느 병사가 이렇게 속삭였다.

"이런 사진이 실린 신문을 사려면 2실링은 들겠지요. 하지만 군대에 오시면 실컷 공짜로 볼 수 있어요!"

누구도 맞장구치지는 않았다. 소대는 적과의 조우 없이 첫 산마루에 올랐다. 적이 있었던 흔적은 있었다. 여러 정의 버프 건과, 군복 여러 벌이 버려진 채 굴러다니고 있었다. 고든은 북한군이 농민 행세를 하려는 모양이라고 짐작했다. 소대는 두 번째 고지로 향했다.

차가운 정적을 자동화기의 사격음이 갈랐다. 선두에 섰던 라슨은 가지고 있던 기관단총으로 응사했다. 고든의 말이다.

"관목림 뒤에서 뭔가가 들썩이더니, 사람 하나가 쓰러지는 게 보였습니다."

그로부터 9m 뒤, 아까의 항공 공격으로 부상당한 북한 군인이 수류탄을 던지려고 했다. 고든의 말이다.

"그런 살아 있는 부비트랩이 여러 개 있었어요. 라슨은 적의 움직임을 볼 때마다 망설이지 않고 사격을 가했지요. 저는 그런 모습을 보고 상당히 충격을 받았지만요!"

관목 뒤에서 적의 신음 소리가 새어 나왔다. 전진하던 디거들은 그들의 고통을 끝내 주었다. 이렇게 후퇴하면서 일부 병력들을 자살 임무에 배치하다니, 이는 뭔가 불길한 징조였다. 초기의 항복에도 불구하고, 일부 적병들은 아직 용기를 잃지 않았다.

여기저기서 사람들의 목소리가 들렸다. 한국어 소리였다. 고든의 회상이었다.

"누군가가 말소리가 나는 곳에 사격을 가했어요. 갑자기 엄청나게 시끄러워졌지요."

고든은 순식간에 근거리 야간 총격전의 한복판에 놓이게 되었다. 온 사방에서 버프 건에서 쏘아 대는 파란색과 오렌지색의 총구 화염이 난무했다. 디거들도 그림자 속에서 응사했다. 고든의 말이다.

"그곳에는 예상보다 훨씬 더 많은 수의 북한군들이 있었어요. 그리고 그놈들은 산개하고 있었지요."

고든은 납작 엎드려 이리저리 몸을 움직이면서 라슨을 놓치지 않으려고 했다. 소대는 3면에서 적의 공격을 받고 있는 것 같았다. 고든은 이렇게 말했다.

"우리는 마치 손가락과 같은 입장이었지요."

라슨은 자신이 너무 앞서 나왔다는 것을 깨닫고, 병사들을 교량으로 퇴각시켰다. 이제 박격포탄까지 산발적으로 낙하하기 시작했다. 고든의 회상이다.

"우리는 이리 뛰고 저리 뛰기 시작했지요."

그들은 강을 건너와서 라슨 소대 뒤에서 진지를 축성하던 A중대와 B중대 위치까지 간신히 돌아왔다.

스탠 코넬리 하사는 병사들을 데리고 전진하던 중 산마루 측면에서 소대장을 잃고 말았다. 그는 북한군에게 공격을 당한 것이었다. 격투 소리가 들리고 소대장은 다시 나타나 소리를 질렀다.

"그놈이 내 소총을 가져갔어!"

소대는 방어 태세를 굳히고, 적의 공격에 대비했다. 그런 일은 없었다. 그들은 마치 돌처럼 딱딱해진 땅을 파기 시작했다. 2개 중대는 강과 평행한 능선을 따라 전개했다. 두 중대 사이를 나누는 것은 교량에 연결되는 정주 도로였다. A중대는 좌측에, B중대는 우측에 배치되었다. 19:30시 이들은 적의 부정확한 야포 사격을 받았다. 탄종은 아마도 철갑탄으로 짐작되었다. 떨어진 포탄이 폭발하지 않고 땅 속으로 파고 들어가기만 했기 때문이다. 적은 부정확하나마 박격포 사격도 실시했다. 10:30시, 포격은 중단되었다.[45]

A중대 경계선에는 믹 서보스라는 병사가 누워 있었다. 그는 도저히 참호를 팔 수 없었다. 그는 이상한 팅팅 소리를 들었다. 그의 뒤에 철탑이 서 있고 적의 탄환이 거기 맞아 튕기고 있었던 것이다. 그 소리를 들으니 기분이 편해졌다. 서보스의 말이다.

"겁먹을 필요가 없었어요. 적들은 너무 높이 쏘고 있었거든요."

그러나 그것은 야포 포탄이 아니라 소총탄이었다. 적들은 이미 소화기 사거리 내에까지 들어온 것이었다.

강의 동안에서 C지원중대 및 본부중대의 병사들은 강 위 어둠 속에서 높아지는 탁탁 소리를 들었다. 23:00시, 그린은 레그 밴디 상사의 소대를 A중대의 증원 병력으로 보냈다. 밴디의 친구인 잭 해리스는 불안했다. 그는 그 덩치 큰 하사관에게 고개를 숙일 것을 권했다. 밴디는 땅바닥에 착 달라붙겠다고 약속하며 해리스의 어깨를 툭 쳤다. 그리고 교량을 향해 출발했다.[46] A중대에 도달한 밴디의 병사들은 참호를 팠다.

차가운 보슬비가 내렸다. 그 속에서 소화기 사격은 계속 강도를 높여갔다. 04:00시, 은폐한 디거들은 새로운 소리를 들었다. 어둠 속에서 금속 마찰음이 들려왔다. 포의 사격음이 들렸다. 순간적으로 빛나는 포의 발사광을 통해 오스트레일리아 병사들은 그 소리의 정체가 무엇인지 알았다. 공포의 T-34 전차 2대가 보병 60명은 물론, 모터사이클 사이드카 1대와 소련 지프 1대씩을 이끌고 온 것이었다.

다른 제27여단원들과 마찬가지로 디거들도 3.5인치 바주카포를 지급받았다. 바주카포 반원들은 '난로 연통'이라고 불리던 바주카포에 포탄을 장전했다. 그들은 신중히 조준한 후 방아쇠를 당겼지만 아무 일도 일어나지 않았다. 불발이었다! 강 건너에서도 아무것도 발사되지 않았다. B중대의 박격포 사격통제관이던 톰 머글톤 상사의 무전기에 이상이 있었던 것이다. 이러한 장비 고장 때문에 오스트레일리아 보병들은 난처한 상황에 빠졌다. T-34 전차는 계속 전진해 왔다. 분명히 그들은 원거리에서 공격하지 않을 터였다. 그들은 왕립 오스트레일리아 연대 제3대대 위치로 돌격한 후 교량까지 달려갈 것이었다.

근거리에서 적 기갑 차량과 조우하는 것은 매우 두려운 일이다. 게다가 기갑 차량은 격파하기도 어려워 '전차 공포증'이라는 증세까지 일으킬 정도이다. 그렇다고 부대가 뿔뿔이 흩어져 도망친다면 전차의 사격은 물론, 전차의 궤도에 깔려 압사당하기 딱 좋다. 배수진을 친 디거들에게 도망칠 곳은 없었다. 그러나 전차도 야간에는 나름의 문제를 가지고 있었다. 표적을 지시해 주는 보병의 도움이 없으면 전차 승무원의 시야는 극히 제한될 수밖에 없다. 그리고 보병은 약하다. 게다가 보병들의 눈앞을 밝혀 주기 위

해 전차는 포를 쏴 대었고, 모터사이클도 등화관제용 슬릿이 파인 헤드라이트를 켜고 있었다.[47]

이때까지 디거들은 반격을 하지 않았다. 그랬다가는 자신들의 위치를 전차에 알리게 되기 때문이었다. 그러나 적이 90~135m 사이의 거리로 다가오자 A중대는 사격을 개시했다. 서보스는 이렇게 말했다.

"우리는 그들을 함정에 몰아넣고, 가지고 있는 모든 화기를 쏟아부었습니다. 적들이 픽픽 쓰러지는 게 보였습니다. 정말 즐거운 놀이였습니다!"

디거들의 일제사격에 적 보병 다수가 전사했으나, 일부는 은폐해서 반격해 오기도 했다. 밴드 옆에 있던 전령은 머리에 관통상을 입었다. 밴디의 말이다.

"우리 전우 한 명이 그 친구를 쏜 놈의 총구 화염을 잡아내어, 135m 거리에 있던 그놈을 쏘아 쓰러뜨렸지요."

전차포 사격은 부정확했다. 밴디의 부하 한 명은 무덤의 봉분 뒤에 숨어 있었는데, T-34의 전차포 사격이 봉분 위쪽을 60cm 가량 깎아 먹었다. 하지만 그 뒤에 숨어 있던 병사에게는 피해를 입히지 못했다. 전차 포탄에 얻어맞은 철탑은 한층 고통스러운 비명을 질러 댔다. 밴디의 말이다.

"그들은 그저 사격을 가하기만 했어요. 그들은 우리가 어디에 있는지도 몰랐어요. 조명탄도 없었고, 전차는 우리 진지로 돌격할 수도 없었어요."

T-34 전차들은 협공하던 보병이 전멸했음에도 불구하고, 디거들의 진지 가까이까지 다가왔다. 그중 1대는 두 중대의 경계선 안으로 들어왔다. 머글톤의 말이었다.

"저들은 분명 B중대 본부 위에 와 있는 거나 다름없었어요. 긴장감이 넘치는 밤이었지요. 그놈들은 계속 움직이면서 40~50m 떨어진 중대 본부의 병사 1명의 머리를 쏴 날려 버렸어요."

움직이는 성채라 할 수 있는 이 전차들은 두 사람의 디거가 숨어 있는 참호 앞 10m 거리에서 멈췄다. 그들에게 전차는 그야말로 국세청 건물만큼이나 크고 무서워 보였다. 두 오스트레일리아 병사들은 그날 밤 내내 그 참호에서 나가지 못하면서, 전차병들의 발사 구령을 들었다.[48]

부상자들은 끊어진 다리를 통해 후송되었다. 필사적인 시도였다. 총포의 발사 화염과, 적 저격수의 사격을 받아가며 들것을 6m 아래의 물 위로 로프에 매달아 내리면, 접이식 보트에 들것이 인계되어 동안의 연대 진료소까지 로프로 이동되는 방식이었다. 라슨 소대와 함께 움직였던 고든은 그날 겪은 일들을 기사화하기 위해 교량을 통해 빠져나왔다. 여기에서 그는 그날 밤 최대의 '비상 사태'를 보았다.

처음으로 온 보트에는 짐 델라니 중사와, 엉덩이에 부상을 당한 어떤 병사가 타고 있었다. 그 병사가 보트에 탄 지 얼마 되지 않아 보트는 돌무더기에 부딪쳐 급류 속에서 비스듬히 움직이다가, 교각에 부딪쳐 방향을 틀고는 뒤집혔다. 보트에 탔던 두 병사는 차가운 강물 속으로 내던져졌다. 그리고 6노트로 흐르는 물살에 떠내려갔다. 수영을 할 줄 몰랐던 델라니 중사는 허우적거렸다. 부상병이 그를 잡고 교각으로 향했다. 로프가 늘어뜨려져 있었기 때문이었다. 그러나 델라니 중사를 살려 준 그 부상병은 물속으로 자취를 감추었다.

철수 작업을 감독하던 사람은 왕립 오스트레일리아 연대 제3대대의 군악 하사관 톰 머리였다. 그는 옷을 벗고, 다리 아래 차가운 검은 물속으로 뛰어들었다. 물에 빠진 부상병 앞까지 간 그는 상대방을 잡아 동안으로 헤엄쳐 갔다. 고든은 놀라워 했다.

"저는 교수형 현장도 가 보고, 항공기 추락사고 현장도 가 봤어요. 끔찍한 상황을 많이 봤지요. 하지만 이렇게 평범한 사람이 감동적이고 영웅적인 행동을 하는 것은 본 적이 없었어요. 저는 그 자리에 꼼짝도 못하고 서 있었습니다. 그런 모습을 직접 본다는 것은 특권입니다."*

머리는 다시 옷을 입고 다리에서의 작전 지휘를 속행했다.

날이 밝으면서 하늘이 회색빛으로 변해 왔다. 덜덜 떨던 디거들은 피해 상황을 보러 모였다. 코넬리의 분대에서는 1명이 전사했다. 그리고 머리에 총을 맞은 중상자가 1명 있었다. 해가 떠오르면서 더 많은 적이 보였다. 머글톤의 눈에는 표적으로밖에는 보이지 않았지만 말이다. 그는 이렇게 말했다.

"살면서 접한 최고의 박격포 표적이었습니다. 작은 산마루 위에 전차 2대와 보병 1개 중대가 있었으니까요."

흥분한 그는 후방 진지에 무전을 보냈으나 소용이 없었다. 그의 무전기는 장식용 대갈못 마냥 먹통이 되어 버린 것이었다. 머글톤은 화가 나서 뒷목을 잡고 쓰러질 정도였다.

그의 표적들은 둔하지 않았다. 스스로가 항공 공격에 취약한 것을 안 그들은 후퇴하고 있었다. 서보스의 분대는 기계화 부대의 공격이 멈춰진 도로 위로 올라가라는 명령을 받았다. 적은 전사자를 후송하고 있었다. 그러나 길 위에는 잔해들과 군복 조각들이 널려 있었다. 적군이 끌고 온 소련제 지프는 아직 멀쩡한 상태로 노획되어 대대에서 사용되었다.** 그 지프의 주인은 북한군 고급 장교였음이 분명했다. 서류 가방이 노획되었기 때문이다.

그 서류 가방은 알고 보니 북한군 중령 김인식의 것임이 드러났다. 김인

---

* 머리는 이 행동으로 조지 훈장을 받았다.
** 이 지프는 나중에 오스트레일리아로 운송되어 아직도 앤잭 데이(Anzac Day) 퍼레이드 때 사용되고 있다.

식 중령은 북한군 제17탱크여단(땅끄려단) 정찰대의 지휘관이었다. 서류 가방 안에는 제17탱크여단의 전쟁 일지도 들어 있었다. 그 전쟁 일지에는 그들의 움직임이 낙동강에서부터 자세히 기록되어 있었다. 다른 서류들을 보니 이 땅끄려단이 가동 전차 20대와 포 6문을 가지고 정주를 방어할 계획이었음이 드러났다. 정주는 거진으로부터 서쪽으로 32km 떨어진 곳으로, 영국군 제27여단의 공격한계선이었다.[49]

서보스의 분대가 도로를 청소하는 동안, 머글톤은 교량을 건너 박격포 소대로 가서, '더럽게 쓸모없는' SCR536 무전기에 대해 욕을 마구 퍼부어 댔다. 그러자 소대장은 이렇게 말했다.

"근무 위치를 무단이탈하다니, 군사재판감이야!"

머글톤도 이렇게 맞받아쳤다.

"무전기가 작동하지 않는데 어떡하란 말입니까?"

잘 작동하는 무전기가 지급되자 머글톤의 분노도 가라앉았다. 그러나 그는 그 기가 막힌 표적을 놓친 것을 못내 아쉬워했다.

그린의 도박은 성과를 거두었다. 그의 대대는 태룡을 향해 진격해 교두보를 확보하고 적의 반격을 막아냈으며, 지원 없이 적 기갑부대를 저지하고 후퇴시켰다. 의기양양해진 대대장은 대대참모들에게 이렇게 말했다.

"다음 번에는 수개 사단을 투입해야 우리를 막을 수 있을 것이네. 우리 대대는 어떤 상황에서도 여기를 지킬 수 있어!"[50]

바주카포 불발 건에 대해서는 즉시 조사가 이루어졌다. 대대에 지급된 바주카포들은 그리스를 닦아 내지 않은 신품들이었으며, 전기격발 시스템에 묻은 그리스도 닦아 내지 않았기 때문이었다. 솔벤트를 지급해 그리스를 완벽히 닦아 내자 문제는 해결되었다.[51]

하지만 왕립 오스트레일리아 연대 제3대대는 사과 과수원 전투 때보다 더욱 큰 대가를 치렀다. '거진 전투', 디거들의 표현으로는 '끊어진 다리 전투'라고 부른 이 전투에서 이 대대는 22명이 부상당하고 8명이 전사했다. 또한 미군 전방 관측 장교 1명도 전사했다. 그 대신 이들은 북한군 100명을 사살하고, 50명을 생포했다.[52]

전사한 디거들 중에는 A중대의 맥도널드 상사도 있었다. 대체로 유명한 이들의 마지막 말에 대해서는 아주 두꺼운 책들이 나와 있다. 맥도널드 상사의 마지막 말에 대해서 그런 책이 나올 가능성은 별로 없어 보인다. 그러나 그는 생전에는 찰리 그린 중령 예하 병사들의 투혼에 대해 엄청나게 많은 말을 해 댔다. 사타구니에 피격당한 맥도널드는 자신을 살릴 방법이 없다는 이야기를 들었다. 대퇴동맥이 잘려 과다출혈이 일어났기 때문이었다. 맥도널드는 그 말이 무슨 뜻인지 알아 챈 다음 이렇게 말했다. 그 말속에 감상적인 자기 연민은 없었다.

"이런 씨팔. 담배 한 대 줘 봐."

누군가가 그에게 담배를 쥐어 주자 그는 앉아서 담배를 피웠다. 그리고 입에 불붙은 담배를 문 채로 피 흘리며 죽어갔다.[53]

* * *

10월 26일 새벽, 아가일 대대는 왕립 오스트레일리아 연대 제3대대가 확보한 교두보를 넓히기 위해 태룡강을 건넜다. 적의 저항은 없었다. 13:00시 미들섹스 대대는 미 육군 제89전차대대의 셔먼 전차들에 탑승하고 박천에서 강을 건넜다.[54] 전차 위에 옹기종기 모여 선 다이하드들은, 전차가 거대한 항적을 남기며 강바닥을 굴러 도하할 때 덜컹거리자 전차 포탑을 꽉 잡았다. 강 건너 저편은 포병의 준비 사격을 얻어맞고 안개 같은 엄청난 연기를 내뿜고 있었다. 미들섹스 대대는 마을 인근에 참호를 팠다. 그곳이 다음 날 아침에 있을 공격 시작점이었다. 해가 진 후, 다이하드들은 적 전차의 공격을 받았다. 적 전차에서 쏜 철갑탄은 특유의 획획 소리를 내며 고속으로 집을 관통했다.[55] 월로비는 적이 셔먼 전차의 실루엣을 표적 삼아 사격을 하고 있는 것이라고 확신했다. 그는 미군 전차 부대에 산마루를 이용해 전차를 은폐할 것을 지시했다.[56]

오스트레일리아군이 격전을 벌였던 점, 그리고 적 기갑부대의 존재 및 북한군 김인식 중령에게서 노획한 문서 등을 감안한 코드 여단장은 정주로 가는 발걸음을 서둘렀다. 10월 27일, 이제 미들섹스 대대의 목표 지점, 즉 목표물 '개구리'는 서쪽으로 8km 남아 있었다. '개구리'는 거진-정주를 잇는 도로의 가산 교차로를 내려다보는 고지였다. 점잖은 인물이었던 롤리 그윈 소령(맨 중령은 병으로 공석 상태였다)은 교과서적인 공격을 기획했다. 1개 중대가 전개되어 마을이나 산마루 등의 단계선을 확보하고, 이를 '굳히면' 다음 목표로 진격한다는 것이다. 항공 지원도 대기 중이었고, 필요하면 도로에서 전차포 사격도 가해질 것이었다.

첫 단계선은 용송리 마을이었다. 새벽에 미군의 항공 정찰을 통해 이곳에 어젯밤 포격을 가한 북한군이 있다는 사실을 밝혀내자, 이 마을에 항공 공격이 가해졌다. 09:00시에 다이하드 대대가 용송리에 접근했다. 이 마을은 격렬하지만 불규칙적으로 폭발을 일으키고 있었다. 이 마을은 탄약고로 쓰이고 있었다.[57] C중대가 진입을 시도했지만 열기가 너무 뜨거워 포기했다. 혼란의 와중에 후퇴하던 셔먼 전차가 그윈 소령의 브렌 건 캐리어를 덮쳤다. 소령은 전차 궤도에 다리가 깔리는 부상을 당했다.[58]

불길이 사그라지자 C중대는 잿더미로 화한 용송리를 점령했다. 그동안 A중대는 개활지를 가로질렀다. 그러자 마을 뒤편에 매복하고 있던 적 전차와 보병이 사격을 가해 왔다. 1발의 포탄이 셔먼 전차의 장갑판을 맞고 튕겨 나가 논에 떨어졌다. 그 포탄을 맞고 은폐 중이던 다이하드 2명이 죽었다. 적의 매복 공격이 시작되었을 때 무전병 레이 로저스는 중대장 지프에 매달린 트레일러에 타고 있었다. 그 트레일러에는 방수천이 덮여 있었는데, 지프가 도로를 달리면서 속도를 높이자 로저스는 다치지 않기 위해 꽉 잡았다. 그는 약 230m 떨어진 곳에 위장이 되지 않은 T-34 전차가 서 있는 것을 보았다. 그 전차는 포탑을 회전시키고 있었다. 달리는 지프를 조준하고 있는 것이 분명했다. 그때 셔먼 전차가 발포, T-34를 격파했다. 전차에서 몸에 불이 붙은 북한군 전차병이 뛰어나왔다. 그들은 기관총 사격을 당하고 쓰러졌다.[59] 2대의 T-34가 더 굴러 나왔다. 그들은 UN군 항공기의 공격을 받아 격파되었다. 전투의 멋진 전개를 지켜보던 BBC 기자는 미군의 155mm 포가 지원 사격을 퍼부을 때 가지고 온 녹음기가 고장 났음을 한스러워했다.[60]

D중대는 A중대를 지나쳐 갔다. 앞에는 낮은 산마루가 감싸고 있는 원형 골짜기가 있었다. 고지에서는 A중대가 사격을 당한 오른쪽 지대로 사격이 날아왔다. 윌로비는 부하 병사들이 터덜터덜 걸어가는 것을 보았다. 그 병사들은 총소리에도 소대장의 명령에도 반응을 하지 못할 만큼 지친 것 같아 안타깝기 그지없었다. 윌로비는 있는 힘껏 소리를 질러 부하들을 이끌었다.[61] 당시 밝은 노란색의 대공포판을 이고 있어, 자신이 적의 공격에 특별히 더 취약하다고 생각했던 화이트하우스는 이렇게 회상했다.

"윌로비 소령은 훈련 상황이라도 되는 양 이렇게 말했지요. '뛰지 말고 걸어!' 우리가 적이 있을 만한 곳 근처에 도달하자 명령이 떨어졌지요. '돌격!' 그러자 우리는 미친개처럼 소리를 지르며 뛰기 시작했어요."

270m 앞에서 적 1개 소대가 일어나, 역시 미친 듯이 도망치기 시작했다.

윌로비의 병사들 중 거기에 반응한 사람은 아무도 없었다. 윌로비 소령은 이렇게 기록했다.

"우리 부대원들은 모두 다 좋은 집안의 자식들이었다. 그리고 내가 필사적으로 총을 들어 쏘았지만 적을 빗맞히고서야, 나머지 대원들도 건성건성 총을 쏘기 시작했다. 그들의 탄환 역시 빗나갔다. 우리는 당시 정신을 못 차리고, 긴장되어 있었고, 피로해 있었다.[62]"

B중대는 D중대를 건너뛰어 다음 산마루를 향했다. 나아가던 맨클로우의 눈앞에 전차들이 보였다. 맨클로우의 말이었다.

"우리는 그 전차들이 누구의 것인지 알지 못했어요. 그때 그 전차들이 갑자기 사격을 가하기 시작했어요."

여단의 지원 상태는 훌륭했다. 항공 지원은 신청만 하면 거의 바로 도착했다. 미군 제트 전투기는 소리 없이 다가왔다. 그들이 머리 위를 스쳐 지나간 다음에야 소리가 들리곤 했다. 맨클로우의 말이다.

"그 비행기들은 곧장 날아와서 기관총을 쏴 댔어요. 우리는 환호성을 질렀지요. 그 비행기들이 네이팜탄을 떨어뜨리면 줄줄이 폭발이 일어나는 것도 볼 수 있었어요."

대대는 공격을 잠시 중지한 후 재집결했다. 다음 목표는 전방 900m 거리에 있는, 도로 건너편 산마루인 '개구리'였다. D중대가 전진했다. 전차, 포병, 항공 공격이 건조한 논을 파 뒤집어 하늘에 흙먼지 회오리바람을 일으켰다. 윌로비의 병사들은 사상자 없이 산마루를 점령했다. 이제 남은 것은 참호를 판 다음 이 일대를 확보하기 위해 소탕 정찰대를 내보내는 것이었다.

존 플럭 중사가 소대원들과 함께 매복선 일대를 정찰하고 있는데 누군가가 소리쳤다.

"'국'이 나타났다!"

플럭이 몸을 돌려 보니, 북한군의 전투모가 덤불 뒤에서 까닥거리는 것이 보였다. 플럭은 스텐 기관단총을 들어 2발을 사격했다. 표적은 쓰러졌고, 플럭은 상대방이 죽은 것을 확인했다.

"제가 쏜 2발의 총알은 상대방의 가슴에 명중했어요. 그러나 그 북한군은 이미 포탄 파편에 부상을 입은 상태였더군요. 그 시체 옆에는 작은 모닥불이 피워져 있었고, 그 불 위에서 고기를 굽고 있었어요. 그 북한군의 소총은 옆에 놓여 있었고요. 그는 우리에게 위험이 될 인물이 아니었어요. 저는 그의 머리가 까닥거리는 것을 보고 바로 사격을 가했을 뿐이에요. 순식간에 일어난 일이었지요."

플럭은 그 북한군이 전투 의지가 없었으며, 어쩌면 항복을 원했을지도 모른다는 생각을 하게 되었다.

"무의미한 살상이었지요."

대대는 가산 교차로 인근에 참호를 팠다. 시각은 16:30시경이었다.

코드는 이번 전투가 대단히 큰 성과를 거두었다고 생각했다.[63] 미들섹스 대대에서는 3명이 전사하고 4명이 부상을 입은 반면, 약 75명의 적을 사살하고 20명을 포로로 잡았다. 북한군 전차 10대와 자주포 2대도 격파했다. 그중 대부분은 항공 공격에 의한 것이었다.[64] 전차는 철로 된 상자이니까 불이 붙지 않을 것 같지만 실제로는 불에 탄다. 표면에 칠해진 페인트가 가연성인 데다가 내부에 탑재된 연료와 윤활유도 불이 붙는 물건이고, 탄약은 폭발성이다. 게다가 네이팜탄 공격을 당했을 때, 전차 엔진의 공기 흡입구가 네이팜을 빨아들이면 전차 내부는 지옥을 방불케 하는 상황이 펼쳐진다. 전차는 시뻘겋게 달구어지고, 탑승하고 있던 전차병들은 불타 버리는 것이다.

호기심 많은 병사들은 격파된 T-34 전차를 조사하러 갔다. 해리 스파이서 중사는 동료들을 데리고 가서, T-34 전차 위에 천 뭉치가 말려 있는 것을 보았다. 추운 밤이 다가오고 있었기에, 그들은 그 천 뭉치를 잘라서 나눠 가졌다. 시커멓게 타서 화석처럼 변해 버린 북한군 전차장의 시신이 T-34 전차의 포탑 위에서 다이하드들의 전리품 노획 장면을 지켜보고 있었다. 스파이서는 그 시신의 모습을 평생 동안 잊을 수 없었다.

* * *

다이하드들이 '개구리'를 점령하기 위해 싸우고 있던 동안, 여단 본부는 불안한 정보를 받았다. 북쪽에서 400명의 적이 박천으로 진격 중이라는 것이었다. 3개 대대를 모두 태룡강 너머로 보낸 코드 여단장은 딜레마에 빠졌다. 적이 박천과 거진을 재점령하면, 여단의 도하 지점은 적에게 유린당하고, 여단의 전투 부대는 적과 강 건너에 있게 된다. 그래서 그는 아가일 대대에 박천을 지키라는 명령을 내렸다. 그때 남쪽에서 미 육군 제5연대전투단이 다가오고 있었다. 미군은 영국군과 상봉했다. 시의적절했다.[65] 제27여단이 서쪽으로 진격을 계속하는 동안 미 육군 제5연대전투단은 태천을 향해 북쪽으로 진격할 것이었다.

10월 28일, 아가일 대대는 미들섹스 대대를 뛰어넘어 진격했다. 관측기까지 띄운 그들은 약 24km를 진격했다. 항공공격으로 북한군 자주포 1대를 격파했다. 북한군 제17탱크여단의 장교 1명도 생포되었다. 그는 신문관들에게 자신의 임무는 정주로 가는 길을 방어하는 것이었으나, 소속 탱크여단은 태룡강 전투, 즉 오스트레일리아군과의 전투에서 엄청난 피해를 입었다고 털어놓았다.[66] 정주에는 주요 도로와 철도 교차점이 있다. 그리고 이곳은 달천강 서안에 있는 제27여단의 최종 목적지였기에, 그만큼 더욱 중요했다. 강둑에 선 숲이 우거진 높은 고지의 산마루에는 튼튼한 방어 진지를 세울 공간이 있었다. 10월 29일, 북한 제17탱크여단은 이 고지에서 오스트레일리아군과 결전을 벌이게 된다.

오스트레일리아군은 스코틀랜드 병사들을 앞질러 마을을 향해 진격했다. 왕립 오스트레일리아 연대 제3대대의 선봉은 D중대였다. 이 중대는 고속도로를 따라 산마루 소나무 숲 속 개착로에까지 나아가려 했다. 그때 관측기가 고속도로 양옆에 적 보병과 전차가 매복해 있다고 알려 주었다. 엄청난 병력으로 도로를 차단하려 하고 있는 것이었다. 그린은 진격을 멈추고 적의 진지를 분쇄하려 했다. UN군은 F-80 슈팅스타 제트 전투기와 P-51 머스탱 프로펠러 전투기를 동원해 이 지역에 3시간 동안 폭탄, 로켓탄, 네이팜탄, 기관총으로 맹폭격을 가했다. 이 폭격으로 북한군 전차 9대가 격파되었다고 보고되었다.[67] 그 후 그린 중령은 자신의 병력을 사용했다. D중대는 개착로의 왼쪽을 공격할 것이었다. D중대의 공격이 성공하면 A중대가 개착로의 오른쪽을 공격할 것이었다.

14:30시, D중대가 진격했다. 이 중대는 얼마 안 있어 적의 사격을 당하기 시작했다. 미군 셔먼 전차 1대가 매복해 있던 북한군 T-34의 공격에 격파되었다. 항공 공격은 주장만큼 효과적이지 못한 것이 분명했다. D중대의 제10소대는 오른쪽의 고지에서 논을 건너는 나머지 아군 2개 소대에 사격을 가하던 적에게 사격을 퍼부었다. 디거들이 나무들 사이로 싸우며 전진하던 동안, 잭 스태포드 하사는 위장된 T-34를 발견했다. 그러나 그는 대전차 화기가 없었다. 그는 이 전차가 다른 T-34 전차들과는 달리, 비장갑형 보조연료탱크를 달고 있는 것을 발견했다. 그는 전차로부터 18m 거리까지 포복 전진한 다음, 연료탱크를 겨냥해 브렌 경기관총을 사격했다. 연료

에 불이 붙고 전차는 격파되었다.*[68] 16:30분경 D중대는 개착로의 좌측면을 점령했다.[69]

대대 본부에 D중대가 적의 저격을 받고 있다는 메시지가 들어왔다. 대대 본부 역시 저격수를 보냈다. 로버트슨의 말이다.

"저격수가 보병 중대에 가면, 보병들이 전혀 말을 걸지 않아서 좀 짜증이 나지요. 너무나도 조용해요. 그러면 '뭐 하자는 거지?' 하는 생각이 들지요. 그러나 우리는 암살자예요. 그 친구들과는 다른 종족이지요."

로버트슨은 부사수와 함께 적 저격수가 있을 것이라 생각되는 방향을 보았다. 그들은 지평선 위에 모습을 드러내지 않고, 항상 나뭇가지 뒤에서 조심스럽게 움직였다. 두 사람은 철저히 위장한 채, 적의 사격 지점으로 의심되는 곳을 천천히 살펴보았다. 로버트슨의 말이다.

"그런 곳을 살펴볼 때는 상당한 시간을 들여야 합니다. 적에게 관측당하고 있지 않은지 확인해야 하죠."

그는 거기서 뭔가를 발견했다.

"이리저리 꼬인 나뭇가지와 나뭇잎 뭉치 속에 뭔가 이상한 것이 보였습니다."

매복해 있던 북한군 저격수의 저격총이었다. 적 저격수의 위치는 바로 그곳이었다. 로버트슨은 망원 조준경을 통해 눈을 가늘게 뜨고, 십자선을 적 저격수의 머리에 정렬했다.

"그날따라 유독 십자선은 한없이 굵고 흐리게 보였지요. 십자선이 좀 더 가느다랗고 선명했으면 싶었습니다."

조준을 완료한 로버트슨은 방아쇠를 당겼다. 그 결과는 별로 멋있지 않

---

* 스태포드는 이 덕택에 미국 은성 훈장을 받았다. 그러나 렌 오피와 왕립 오스트레일리아 연대 제3대대의 전쟁 일지에 따르면, 그 전차는 원래 버려진 것이었다고 한다.

았다. 나뭇잎이 부스러져 튀어오르지도 않았고, 비명 소리도 없었으며, 뿜어져 나오는 피도 보이지 않았다. 로버트슨의 말이다.

"우리는 상대가 쓰러지는 것을 보았습니다. 그뿐입니다."

상대는 마치 자동화 사격장의 표적이 쓰러지는 것처럼 휙 쓰러졌다.

이제 A중대가 공격할 차례였다. 중대장 빌 치트스 대위는 미군 전차병들에게 다가가 공격을 지원해 달라고 말했다. 하지만 아까 셔먼이 격파되는 것을 보고 충격을 받았는지 미군 전차병들은 그 요청을 거부했다. 치트스는 화를 내며 으르렁 댔다.[70]

"당장 그 엿같은 전차들을 끌고 나오라고! 안 그러면 내가 직접 몰고 가겠어!"

진격은 시작되었다. 믹 서보스의 말이다.

"이거야말로 보병의 전형적인 임무였지요. 쳐들어가서 적을 죽이는 일 말입니다!"

돌격하는 소대 뒤에는 치트스의 중대 전술 본부가 뒤따랐다. 여기에는 머글톤과 미군 전방 관측 장교도 함께했다. 전방의 산마루 정면에는 미군 포병대의 155mm 포탄과 오스트레일리아군의 3인치 박격포탄이 탄막을 형성하며 낙하, 땅바닥을 마구 파 뒤집어 시커먼 연기 구름을 피워 올리고, 덤불들을 전진하는 소대원들 머리 위로 높이 날려 보내고 있었다. 머글톤의 말이다.

"박격포 사격은 온 사방에서 터지는 야포 사격보다 더욱 무섭습니다. 아군의 포탄은 우리 전방에서 90~135m 정도 떨어진 곳에 낙하했지요. 그리고 우리가 고지에 올라가자 박격포는 바로 고지 반대편 사면을 때렸습니다."

햇살이 저물어가는 동안 A중대는 적 진지를 돌파하며 싸웠다. 머글톤은 낯선 폭발음을 들었다. 그는 나중에야 그것이 바주카포 소리임을 알았다. 끊어진 다리 전투에서 제대로 작동되지 않던 바주카포는 이제 정상 작동되고 있었다. 산마루를 공격한 A중대는 참호를 파고 매복해 있던 북한군 전차 3대를 격파했다. 머글톤의 말이다.

"포병들은 아마 자신들이 쏜 포탄이 적 전차를 격파했다고 생각했을 거예요. 하지만 전차를 실제로 격파한 건 우리 A중대원들이었다고요!"

D중대와 C중대는 목표를 확보했다. 그린은 도로 양편을 따라 B중대를 전진시킨 다음, 후위를 위해 B중대와 C중대 후면에 대대 본부를 설치했다. 시각은 18:00시경이었다.

여단 본부에 위장망 아래 서 있는 텐트와 차량들에서, 장교들은 치칙거리는 무선망을 통해 전투 상황을 전달받고 있었다. 디거들은 북한군의 반격을 받고 있었다. 그때 코드 여단장은 지휘관 회의를 위해 미 육군 제24보병사단으로 호출을 받아 56km 떨어진 회의 장소로 떠났다.

10월 24일, 맥아더는 한국군 이외 UN군의 활동 한계선을 독단적으로 늘렸다. 이로써 한국군뿐 아니라 UN군 전원이 북쪽의 압록강까지 갈 수 있게 되었다. 미국 합동참모본부가 이러한 조치에 대해 설명을 요구하자, 맥아더는 자신은 어디까지나 10월 15일 미국 대통령 트루먼과 웨이크 섬에서 가진 회의의 결과 받은 명령에 의해 재량권을 행사하는 것뿐이라고 말했다. 중부 전선은 한국군 제2군단이 맡아 공격하는 가운데, 동부 전선은 미국 제10군단이, 그리고 서부 전선은 미국 제1군단이 맡아 공격에 가속을 더하는 것이 맥아더 장군의 의도인 듯했다.[71] 제1군단의 선봉은 영국군 제27여단이 맡았고, 우측면은 한국 육군 제1사단이 맡았다. 맥아더 라인은 중국의 심기 따위는 무시한 채 해체되었고, 이제 UN군은 청천강이 아닌 압록강을 최종 목표로 전진하게 되었다. 코드 여단장이 호출된 것은 바로 이 때문이었다.

코드 여단장이 미국 제24보병사단에 도착하자, 존 처치 장군은 그에게 물었다.

"영국군 제27여단을 전선에서 빼내기를 원합니까?"

코드는 훗날 이렇게 기록했다.

"실로 어려운 질문이었다. 그 자리에는 우리가 나갈 경우 우리 부대를 대체할 연대의 연대장도 와 있었다. 나는 우리 부대가 압록강까지 가는 데 아무 문제가 없음을 강조했다. 하지만 당시 전황은 속도가 생명이었다. 그리고 쌩쌩한 병력일수록 더 빨리 움직일 수 있다는 점도 지적했다.[72]"

그래서 영국군 제27여단은 뒤로 빠지고, 제24보병사단의 제21연대전투단에게 압록강으로 가는 길을 양보하기로 결정이 났다.

정주 동쪽에서는 격전이 벌어지고 있었다. 야음을 틈타 북한군은 D중대에 맹반격을 가했다. 오피는 이렇게 말했다.

"북한군 중에 우리가 '호러스(Horace)'라고 부르던 놈이 있었습니다. 키는 대충 195cm 정도 되었을 겁니다. 절대 죽지 않을 것처럼 보였지요. 그는 신음 소리를 지르면서 계속 돌격했습니다. 저는 소총 탄창의 절반을 비우고서야 그를 쓰러뜨릴 수 있었습니다."

적들은 대대 본부까지 도달했으나, 경비 소대의 반격으로 격퇴되었다. 돌파가 불가능해지자 그들은 왔던 길로 되돌아갔다. 데이비드 매네트 소위가 지휘하는 제10소대의 디거들은 적과의 거리가 10m 이내로 가까워질 때까지 기다렸다가 사격을 개시했다. 21:00시경에 전투는 종료되었다.

D중대를 괴멸시키는 데 실패한 적은 A중대 쪽으로 공격 방향을 돌렸다. 21:30시 북한인민군의 파상공격이 시작되었다. 소음과 혼란이 이어졌다. 머글톤의 말이었다.

"적들이 '만세! 만세!' 하는 소리를 밤새 들어야 했어요. 적들을 보지는 못했지만요. 눈에 보이는 건 소총의 총구 화염뿐이었어요."

미군 FOO(전방 관측 장교)와 함께 활동하던 머글톤에 따르면, 그때 치트스로부터 이런 말을 들었다고 했다.

"가급적 가까이 포탄을 떨어뜨려!"

155mm 포탄이 어둠 속에서 붉고 희게 빛나며 작렬했다. 포탄의 낙하 지점은 위험하리만치 가까웠다. 디거들의 참호로부터 10m도 채 떨어지지 않은 지점이었던 것이다.[73] 무덤 봉분 뒤에 숨어 있던 머글톤은 강력한 충격파에 어금니를 덜덜 떨면서 무덤 주인들이 이 광경을 어떻게 생각할지가 궁금했다.

"실로 죽은 사람도 다시 깨어나게 할 만큼 강력한 폭발이었어요. 그들이 천국에서, 또는 지옥에서 이걸 보고 무슨 생각을 할지, 저는 전혀 몰랐지만요!"

머글톤은 미 육군 제90야전포병대대 소속 FOO의 실력을 보고 놀랐다.

"그 덩치 작은 친구가 엄청나게 정확한 포격 유도를 하더군요!"

대대 본부에서 벤 오다우드 대위는 그린 중령이 활동하는 것을 보았다. 그는 어느 중대장을 말로 진정시키고 사격을 계속시켰다. 벤 오다우드는 이렇게 말했다.

"그날 밤, 포격을 중단하려는 미군 포병대를 설득해 포격을 계속하게 하느라 고생 좀 했습니다. 그때 대대장은 포격이 없으면 잠을 못 자는 사람처럼 보였어요!"

자정 직전, 여단 본부에 코드 여단장이 돌아왔다. 돌아온 여단장은 왕립 오스트레일리아 연대 제3대대가 첫 목표물인 고속도로가 가로지르는 산마루에 도달하지는 못했으나, 계속 나아가고 있음을 알았다.[74] D중대의 전투는 끝이 났다. 갤러웨이는 커피를 들고 싸움터에 가서 전투가 어떻게 끝났는지 알았다. 갤러웨이는 오피의 잔에 커피를 따라주다가, 오피의 옆 참호 속에 어떤 사람이 누워 자는 것 같은 것을 보았다. 그래서 오피는 물었다.

"저 친구에게도 커피가 필요한가?"

그러자 오피는 이렇게 대답했다.

"저도 모르겠습니다."

그러면서 오피는 그 자는 사람의 머리카락을 확 잡아당겨 그 사람의 고개를 들어보였다. 갤러웨이는 그제야 그 '자는 사람'이 전사한 북한군 병사임을 알았다. 갤러웨이의 말이다.

"렌은 매우 냉정한 친구였어요. 두려움을 몰랐지요."

아침이 되자 왕립 오스트레일리아 연대 제3대대가 산마루를 완전 점령한 것이 드러났다. 그들은 참호 속에 매복한 전차의 지원을 받는 적 1개 대대 500~600명에 맞서 이 산마루를 점령했다. 적은 약 150명이 전사했다. 그중 매네트 소대의 정면에서 죽은 적은 34명이었다. 오스트레일리아군의 인명 손실은 전사 9명, 부상 30명이었다.[75] 낙동강을 떠나 온 이래 제27여단이 치른 가장 격렬한 전투였다.

적의 저항을 분쇄하자 정주로 가는 길이 열렸다. 왕립 오스트레일리아 제3대대가 앞장섰다. 그동안 미들섹스 대대는 북쪽에 있는 고지를 점령하러 진격했다. 이제는 장교들도 긴장감을 느끼기 시작했다. 맨 휘하의 어느 중대장은 결국 울고 말았다. 윌로비는 그를 부축하고, 뭔가 문제가 생기면 자신이 누구보다 앞장서서 도와줄 것임을 약속했다. 부대는 적을 소탕하러 숲 속으로 들어갔다. 윌로비는 부하들에게 옆 대원이 항상 보이도록 가까이 붙어서 소리를 내지 말 것을 지시했다. 측면에서 요란한 버프 건의 총성이 들렸다. 십스터의 C중대가 뭔가 이상한 것을 발견하자 노획 무기를 사

용한 것이었다. 윌로비는 그 총성을 듣고 이런 생각을 했다.[76]

"그냥 총알 낭비에 불과했어요. 그리고 적에게 우리 위치가 탄로날 뿐이었고."

그러나 적의 저항은 없었다.

아가일 대대가 그들을 앞질러 나아가 달천강을 건너 정주에 입성했다. 셔먼 전차의 엄호 아래 조크(Jock)들은 폐허가 된 텅 빈 거리로 몰려들었고, 불타는 전화교환소를 지나쳤다. 적의 유일한 저항은 저격뿐이었다. 정주는 17:15시에 완전 점령되었다.[77]

이제는 모든 것이 끝났다는 분위기가 완연했다. 오다우드는 자신들에게 점령군 임무가 맡겨질 수도 있다고 생각했다며 이렇게 말했다.

"이제 이 전쟁은 끝난 거나 다름없다고 생각했지요. 우리는 평양에서 퍼레이드도 하게 될 거라고 생각했어요."

그의 지휘관 역시 비슷한 생각을 하고 있었다. 그린은 통신 장교에게 이렇게 말했다.

"이제 더 이상의 큰 전투는 없을 것 같다. 이 전쟁은 이겼어.[78]"

많은 디거들은 이곳이 자신들의 마지막 싸움터가 될 거라고 생각했다. 그래서 그들은 이곳을 샅샅이 살펴보고 다녔다. 아젠트는 격파된 T-34를 조사하다가 한 대에서 영국제 무전기가 나온 것을 보고 놀랐다. 아마도 제2차 세계대전 중 영국이 소련에 지원해 준 것을 전차에 장착한 모양이었다. 그렇다면 그 전차는 제2차 세계대전 참전 용사인 셈이었다. 그 전차의 주행 기록을 보니 동독에도 있었던 차량임이 드러났다. 저격수 로버트슨은 적 저격수의 무기를 회수했다. 직업적인 호기심을 품고 그 총을 살펴보던 그는 소련제의 짧은 스코프에 집광 렌즈가 달려 있으며, 조준기의 십자선은 매우 가늘고 선명하기는 하지만 배경이 어두울 경우 잘 보이지 않는다는 것을 알았다. 반면 그의 조준경의 굵은 십자선은 달빛 정도의 빛에도 잘 보였다.

그러나 여전히 곳곳에 위험이 산재했다. 다이하드들이 진지를 파고 들어 앉으면서, B중대가 확보한 고지 산자락에 있는 마을에 1개 분대가 정찰을 나갔다. 바레트는 분대원들이 지르는 고함 소리를 들었다. 마을의 가옥에 적이 있다는 이야기였다. 그의 소대장인 거스 샌더스 소위는 독일에서 탈출한 유대인이었다. 그는 적이 있다고 믿지 않았다. 그는 고지를 내려가 그 집의 문을 걷어차 연 다음 안으로 뛰어들었다. 바레트의 분대가 호출되었다. 바레트 중사는 구할 수 있는 탄약을 모두 탄입대에 챙겨 넣은 다음 병사들을 이끌고 고지를 내려가 마을로 향했다. 어느 집의 문이 열려 있었다. 그는 안의 어둠 속에 어떤 여자가 아기를 안고 있었고, 그 뒤에 무장한 적이 숨어 있음을 알았다. 하지만 바레트는 그 인간 방패를 상대로 총을 쏠 수 없었다. 갑자기 버프 건의 총성이 들렸다. 바레트는 또 다른 버프 건 사수의 사격을 당했다. 그의 분대는 모두 엎드려 반격했다. 샌더스와 또 다른 부상자가 끌려 나왔다. 바레트는 마을 밖으로 후퇴하며, 브렌 경기관총으로 아군의 후퇴를 엄호했다.

샌더스는 결국 죽고 말았다. 군종 신부 윌리엄 존스가 죽은 샌더스를 보러 왔다. 존스의 말이었다.

"샌더스는 정말 소중한 사람이었습니다. 부대 내의 모든 장난의 주범이었지요."

존스는 샌더스의 장례를 집전한 다음, 대대 본부로 돌아왔다. 그때 두 병사가 존스에게 왔다. 그들은 자신들은 유대인이며, 샌더스 역시 유대인이라고 말했다. 존스가 까맣게 잊고 있던 사실이었다. 그 병사들은 샌더스의 무덤에 가서 기도를 하게 해달라고 했다. 존스는 이를 승낙했다. 그들은 무덤을 향해 가로숫길로 차를 타고 갔다. 그 쓸쓸한 무덤에서 두 다이하드는 유태식 기도를 올렸다. 그동안 마을에는 강력한 전투 정찰대가 들이닥쳤다. 집 안에 있던 버프 건 사수는 사살당했고, 대전차 소총으로 무장한 저격수는 볏짚 밖으로 내몰린 다음 사살당했다.

왕립 오스트레일리아 연대 제3대대의 상사 잭 해리스는 전날밤의 전투에서 한 일이 없었다. 그는 자신의 소대와 함께 고지에 머물고 있었는데, 그때 흥분한 미군 병사 한 명이 달려와서, 해리스의 진지 아래에 적 자주포 1대가 매복해 있다고 보고했다. 항상 회의적이었던 해리스는 1개 바주카포반을 데리고 상황을 조사하러 계곡 안으로 들어갔다. 이들이 폐허가 된 마을 근처에 갔을 때 해리스는 뭔가 수상한 움직임을 발견했다. 그 직후 그는 왼손에 총을 맞고 몸이 빙글 돌았다. 몇 초 후 고통이 찾아왔다. 총탄이 그의 손가락 관절 여러 개를 뚫고 가 버린 것이었다. 해리스가 데리고 있던 바주카포 사수는 가장 가까운 오두막집을 조준한 다음 방아쇠를 당겼다. 바주카포의 로켓탄이 발사되면서 포미에서는 엄청난 불길이 뿜어져 나왔다. 그리고 그가 조준한 표적인 오두막집은 산산조각이 나 버렸다. 이것으로 전투는 끝이 났다. 의무병이 뛰어와서 해리스에게 모르핀을 놓고 후송해 갔다. 연대 진료소에 대대장이 해리스 상사를 위문하러 와서, 항공 공격을 요청했으면 되었을 텐데 왜 굳이 현장에 갔냐고 했다. 그러고 나서 해리스는 안주의 미국 MASH(육군 야전 이동 외과병원)로 후송되었다.

해리스는 대대를 떠나면서 울었다. 그러나 한 가지 생각이 그의 뇌리를 스쳤다. 그는 문제의 자주포를 보지 못했다. 그러나 그 자주포가 격파되었으리라고 생각하지도 않았다.[79]

* * *

　덤불이 우거진 높은 산마루들, 달천을 내려다보는 그 산마루 위에 어둠이 내릴 때, 정주 동쪽에 있는 왕립 오스트레일리아 연대 제3대대 본부에 16세의 소년이 심부름을 마치고 돌아왔다. 그의 이름은 최영이었다. 그는 전쟁의 혼란 속에서 북한의 고향을 탈출해 서울로 향했지만 가다가 길을 잃었다. 며칠 전 거진 전투의 현장을 헤매던 그는 왕립 오스트레일리아 연대 제3대대의 의무대에 구조되었다. 그는 디거들이 평소와는 다르게 허둥지둥거리고 있음을 알았다. 최영은 그 이유를 설명들었는데,[80] 대대장이 피격당했다는 것이었다.

　전날 밤낮으로 혹사당한 그린 중령은 계속 깬 채로 예하 중대들을 돌아다니고,[81] 사상자 보고서를 제출하고, 아내 올린에게 보낼 전보를 준비했다. 올린은 부부의 숙원이던 농장 구입을 앞두고 있었다.[82] 아가일 대대가 왕립 오스트레일리아 연대 제3대대를 앞질러 가고 난 후에야, 그린은 업무를 마칠 수 있었다. 대대 본부는 오목하게 들어간 곳에 있었다. 그 위 산마루에는 C중대가 매복한 적 자주포 1대의 산발적인 포격을 받으며 진지 공사를 하고 있었다. 그린의 텐트는 본부 구역에 있는 어느 나무 근처에 서 있었다.[83] 18:10시경 그린은 모든 업무를 마치고 텐트로 돌아갔다.

　그 키 큰 오스트레일리아인이 자기 텐트에 누워 있을 때, 자주포가 발사한 탄환이 텐트 근처 나무의 나뭇가지에 명중해 폭발했다.* 포탄에서 나온 파편이 아래에 있던 그린 중령의 텐트를 관통, 중령의 배에 명중했다.

---

* 그건 정말 적 자주포가 발사한 탄환이었을까? 대부분의 기록에서는 그렇다고 한다. 그러나 갤러웨이는 그 포탄이 근처에 있던 미군 박격포가 발사한 탄환이라고 믿고 있다. 그는 이렇게 말했다. "저는 그 포탄이 터지는 것을 보았습니다. 박격포탄처럼 흑색 연기가 났어요. 그 점은 확신할 수 있습니다."

중령의 당번병이 이 사실을 보고하러 대대 본부에 갔다. 중령이 지프에 실려 안주의 MASH로 향하는 동안 대대 본부 요원들과 의무병, 기자들이 주위를 둘러쌌다. 중령이 살아날 것이라는 희망을 품은 병사는 거의 없었다. 연대 진료소의 붕대는 그린의 부상을 동여맬 만큼의 양밖에 되지 않았다.

거기 있던 모두는 자신이 그린 중령의 마지막 말을 들었다고 주장했다. 고든은 이렇게 말한다.

"그분은 탈장 상태였어요. 그분의 마지막 말씀은 이랬던 걸로 기억해요. '모포 좀 더 가져다주게.'"

반면 중령의 당번병은 "이제 우리 병사들은 누가 돌보지?"가 그의 마지막 말이었다고 기억했다. 다른 사람들의 증언은 또 달랐다. 로버트슨의 말이다.

"'이제 우리 병사들은 누가 돌보지?'라고 말씀하셨다는 사람도 있지만, 제가 듣기로는 '이제 누가 올린을 돌보지?'로 들렸어요."

저격수는 나중에야 올린이 대대장의 아내 이름임을 알고는, 대대장이 한 말이 무슨 뜻이었는지 깨닫게 되었다.

디거들은 큰 충격을 받았다. 말 없고 잘 웃지도 않던 대대장은 확실히 속을 잘 드러내 보이는 사람이 아니었다. 그러나 모두가 그의 유능함을 잘 알고 있었다. 대대를 강력한 전투조직으로 육성한 것은 다름 아닌 그린이었다. 모두가 이 불공평한 운명을 안타까워했다. 왜 하필이면 그 파편에 그가 맞아야 했던 것일까? 갤러웨이의 말이다.

"그분이 조금만 더 운이 좋았다면 이 전쟁을 끝내고 농장을 살 수 있었을 텐데!"

마치 트라팔가 해전 이후와도 같은 이 분위기 속에서, 오다우드는 자신의 생각을 이런 말로 표현했다.

"그건 운명이었죠.[84]"

찰스 허큘리스 그린 중령은 그 다음날 숨을 거두었다. 그의 장례식에 참석한 코드 여단장은 이 전쟁이 끝날 때까지 그린 중령의 영정 사진을 가지고 다녔다. 갤러웨이는 이렇게 말했다.

"코드는 그린 중령을 그가 이제껏 만나 본 최고의 대대장으로 묘사했습니다. 우리 역시 그렇게 생각했습니다."

맥아더 장군과 오스트레일리아 총리 멘지스도 애도 메시지를 보내왔다.[85] 다음 날, 맥아더는 그린 중령에게 '사과 과수원 전투'의 공훈으로 은성 훈장을 추서했다. 이는 미 육군에서 두 번째로 높은 무공 훈장이었다.[*86]

전투 경험이 풍부한 부대대장인 브루스 퍼거슨 소령이 후임 대대장이 될 것이라고 다들 생각했다. 그러나 대대원들에게 매우 친숙한 다른 사람이 후임 대대장으로 임명되었다. 오다우드는 그가 누군지 알자 이렇게 욕을 퍼부었다.

"이미 한 번 왔다가 쫓겨난 놈 아냐? 그놈은 아무짝에도 쓸모없다고!"

후임 대대장은 플로이드 월시 중령이었다. 전투 경험이 부족하다는 이유로 다른 부대에 보내졌던 그는 왕립 오스트레일리아 연대 제3대대의 신임 대대장이 되었다.

---

* 맨과 닐슨이 낙동강 전투로 수훈장을 받은 데 비해, 그린은 영국 훈장을 전혀 받지 못했다. 물론 그린은 이미 수훈장을 받았지만, 왕립 오스트레일리아 연대 제3대대의 활약상에 미루어보면, 그가 이 전투로 수훈장을 더 받지 못한 것은 실로 의아한 일이다. 일부 디거들은 그 점을 오늘날까지 아쉬워하기도 한다. 물론 일부 영국군 병사들 역시 제27여단에 너무 훈장이 인색하게 주어졌다고 불평하기도 하지만.

* * *

코드의 병력은 압록강 이남 80km 지점에서 멈춰 섰다. 이로써 북한 땅에 들어와서 지낸 9일간의 광란의 시간은 막을 내렸다. 그들은 서부 전선 UN군의 최선봉에 서서, 그동안 무려 112km를 진격하며 3개의 강을 건넜다.

그동안의 전투는 매우 즐거웠다. 서보스의 말이다.

"정말 좋았습니다. 저는 그 스릴 넘치고 흥분되는 전투를 모두 즐겼습니다. 완패한 적을 전력을 다해 추격하는 데 참가한 것이야말로 정말 흥분되고 상쾌한 일이었지요."

십스터도 생각했던 바를 이렇게 말했다.

"그 원시적인 감정은 아마 그 옛날 사냥을 하며 살아갈 때부터 생겨났던 인간의 본성이 아닐까요?[87]"

존 슬림 대위는 이렇게 말했다.

"만족감과 기쁨이 몰려왔습니다. 우리는 모든 임무를 완수했습니다."

이제 최종 공격이 이루어지고 있었다. 미군은 압록강의 주요 도하 지점인 신의주를 점령하러 북으로 진격할 것이었다. 전선의 다른 곳에서는 UN군이 북-중 국경에 근접하고 있었다. 종전이 눈앞에 있는 것 같았다. 10월 22일 맥아더는 한국으로 오던 탄약 운반선들을 미국으로 되돌려 보냈다. 미국 제1기병사단은 이미 장비를 챙겨 떠날 준비를 하고 있었다. 그리고 도쿄의 연합군 사령부는 미국 제2보병사단과 제3보병사단이 곧 유럽으로 파병될 예정임을 알려왔다.[88] 전투의 규모가 작아지면서 재건 사업이 예정되었다. 따라서 10월 30일 민사사령부가 창설되었다.[89]

영국군 제27여단은 미 육군 제24보병사단의 예비대가 되었다. 그리고 영국을 떠난 제29여단의 도착이 임박한 상황이었다. 제29여단장 톰 브로디는 10월 31일 코드를 만날 예정이었다.[90] 제27여단원들 대부분은 제29여단이 한국에 오면 자신들은 본국으로 돌아갈 수 있다는 낙관적인 예측을 했다. 조크들과 다이하드들은 곧 배를 타고 모기지로 갈 수 있다는 이야기를 들었다.[91] 라이트의 말이다.

"우리는 홍콩에 돌아가면 밤에 어디부터 갈지 생각했지요!"

윌로비 역시 그 말을 듣고 안심했다. 그는 이렇게 기록했다.

"충분히 싸운 우리 코앞에 평화가 도래했다는 것을 알자 너무나도 기분이 좋았다."[92]

전초 기지에서 공식 종전 소식과 홍콩 귀환 명령을 기다리고 있던 병사들은 그들 앞에 아득히 뻗은 황량한 대지를 주시했다. 정주 이북의 지형은 비교적 기복이 없었으며, 작은 언덕들만이 있을 뿐이었다. 그러나 동북쪽으로 가면 높은 산맥이 펼쳐졌다. 고지 사면의 나무들은 빨간색과 노란색으로 옷을 갈아입고 있었다. 그 나무들의 아래에 펼쳐진 땅은 겨울에 걸맞게 회색과 도토리색을 띠고 있었다. 이 삭막한 풍경 위에 걸린, 낮은 구름이 잔뜩 낀 음울한 하늘은 초겨울이 다가옴을 알리고 있었다.

북쪽에는 압록강과 만주의 대자연이 펼쳐져 있었다. 그러나 공격 한계선은 강의 남안이었다. UN군이 거기 도착하면 김일성 정권은 끝장이 나는 것이다. 그리고 한국은 통일되고 전쟁은 끝이 나는 것이다. 그렇게 되면 한국 전쟁은 시작된 지 불과 4개월 만에 끝나게 된다. 전쟁이라는 야수는 이 짧지만 치열한 싸움에 만족할 것인가?

아마도 아닐 것이었다. 아까 이야기했던 왕립 오스트레일리아 연대 제3대대가 노획한 김인식 중령의 일지가 그 전조였다. 거기에는 이렇게 적혀 있었다.

"전세를 수세에서 공세로 전환시킬 총반격 작전의 때가 이제 도래했다."[93]

더구나 UN군의 항공 정찰을 통해 압록강을 가로질러 북한으로 들어가는 2차로 차선의 차량 행렬이 급격히 늘어났으며, 만주에 신형 항공기가 배치된 것도 밝혀졌다.[94]

참호선에 들어앉아 벌벌 떨며, '맥아더 라인'의 폐지에 숨어 있는 전략적 의미의 크기를 짐작조차 하지 못하던 영국군 제27여단의 병사들은 이러한 정보를 접하지 못했다. 그러나 그들 중에도 조준기 너머에 펼쳐진 얼어붙은 황량한 지평선 너머에 뭔가 불길한 것이 도사리고 있다는 것을 눈치 챈 이들은 있었다. 최근 적의 저항은 갈수록 격렬해지고 있었다. 그리고 UN군이 지나갈 때면 무더기로 몰려나와 국기를 흔들고 사과를 건네주던 남쪽 사람들과는 달리, 이곳의 사람들은 산속으로 도망가 버리거나, 남아 있어도 차갑고 비우호적인 태도를 취했다. 그리고 더욱 원초적인 안테나에 잡히는 징후도 있었다. 최전선에서 싸우게 되면 거의 초자연적이라 할 만한 육감을 키우게 되기 때문이다.

10월 30일 늦은 오후, 십스터는 미국 제21연대전투단이 정주를 통과할 거라는 소식을 들었다. 그는 그때 이렇게 말했다.

"그 말을 듣고 안심했습니다. 뭔가 안 좋은 일이 일어날 것 같은 예감이 들었거든요."

미군들이 탄 차량이 헤드라이트 불빛을 비추며 먼지 구름 자욱한 불타는 마을 속으로 달려 들어갔다. 그러나 미군들은 누구의 저항도 받지 않고 32km를 진격했다. 십스터는 그 소식을 듣고 놀랐다.

같은 날 저녁, 미들섹스 대대는 동쪽으로 돌아와서 태천을 지키라는 명령을 받았다. 이는 북진하는 미군 제5연대전투단의 후방을 지키기 위함이었다. 하지만 맨 중령은 태천에 가자 왠지 기분이 나빠졌다. 맨 중령의 말이다.

"우리가 들어간 마을에서는 왠지 기분 나쁜 냄새가 났어요. 좀 불길했지요. 전쟁을 해 보면, 상황을 읽는 감각을 매우 높이 키울 수 있습니다."

십스터 역시 본능적으로 뭔가 잘못된 것을 느꼈다.

"길옆에서 맨 중령과 만났을 때 그분이 이렇게 말씀하셨던 걸로 기억해요. '뭔가 이상하군.' 그래서 저도 이렇게 대답했지요. '중령님. 우리 주변이 온통 이상한 것 같습니다!'"

영국 북부에서 온 좀 별난 전사들이던 하일랜더들 역시 이 황무지에 감도는 적의를 느끼고 있었다. 로더의 말이었다.

"분위기는 조금씩 적대적으로 변하기 시작했습니다. 현지인들은 갈수록 뚱한 표정을 짓고 있었어요. 우리가 모르는 뭔가를 알고 있다는 눈치였지요. 뭔가 이상한 느낌을 받았습니다. 다른 장교와 이야기해 본 적은 없었습니다만, 우리가 너무 멀리 왔다는 불편한 느낌을 받았습니다."

정주 이북의 산마루에 진지를 확보한 테드 커닝햄 소위는 해가 저물 무렵 참호 밖을 응시하고 있었다. 그의 발아래에 펼쳐진 빈 도시는 왠지 불안해 보였다. 도시의 도로는 불타고 있었지만, 누구도 나와서 불을 끄지 않았다.

"우리는 도시를 내려다보고 있었습니다. 도시는 불타고 있었어요. 우리가 뭔가 위태로운 상태에 있다는 것은 매우 분명했습니다. 뭔가 이상하고 비현실적인 느낌이 들었어요."

1950년 10월 31일의 새벽은 추웠다. 그날은 죽은 이들의 축제인 '할로윈'이었다. 영국에서는 아이들이 유령과 마녀 분장을 하고 논다. 영국에서 무려 1만 3,000km 떨어진 한국에 온 그 아이들의 형과 아버지, 삼촌들은 유령과 마녀보다도 더욱 무서운 상대와 마주하게 될 것이었다. 한국의 전쟁 터에 겨울이 올 때, 그 상대가 아무 예고 없이 나타나자 전 세계는 충격과 공포에 빠져들었다.

그날, 미들섹스 대대의 정찰대는 2명의 포로를 잡았다. 1명은 북한인이었고, 다른 1명은 중국인이었다.[95]

제2부
비극

오! 북쪽에서 개선해 온 그대들이여!

왜 그대들의 손과 발과 옷은 모두 붉은색인가?

-토머스 바빙턴 매콜리(Thomas Babington Macaulay)

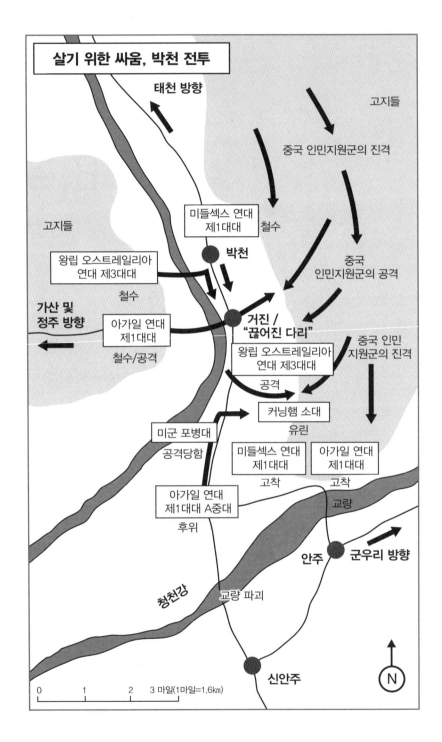

살기 위한 싸움, 박천 전투

태천 방향

고지들

중국 인민지원군의 진격

미들섹스 연대
제1대대

철수

고지들

박천

왕립 오스트레일리아
연대 제3대대

중국
인민지원군의 공격

철수

가산 및
정주 방향

아가일 연대
제1대대

거진 /
"끊어진 다리"

철수/공격

왕립 오스트레일리아
연대 제3대대

중국 인민
지원군의 진격

공격

미군 포병대

커닝햄 소대

유린

공격당함

미들섹스 연대
제1대대

아가일 연대
제1대대

아가일 연대
제1대대 A중대

고착

고착

교량

후위

안주

군우리 방향

청천강

교량 파괴

신안주

N

0   1   2   3 마일(1마일=1.6km)

제8장
북풍

그녀는 전쟁을 하기 위해 만 리를 달렸다네.

그녀는 나는 듯이 산을 넘었네.

북풍이 군대의 소리를 전해오고.

차가운 빛이 철갑옷 위에서 부서지네.

－ 저자 불명, 〈화목란의 연가〉

박천 남쪽, 11월 5일 08:00시.

데이비드 윌슨 소령은 아침식사가 너무나도 먹고 싶었다. 근처의 미군 부대는 언제나 활기차던 이 아가일 대대의 소령을 아침식사에 초대했다. 뜨거운 음식은 언제나 반가웠다. 윌슨과 부하 장병들은 전날 밤 테이프로 엮은 모포를 두르고 황량한 논 위에서, 동쪽 고지의 덤불 속에서, 이 깜짝 놀랄 만큼 적적한 곳을 가로지르는 서리가 내린 흙길과 철도 위에서 덜덜 떨었던 것이다. 서쪽에서는 얼어붙은 태룡강이 반짝였다. 남쪽에는 청천강이 있었다.

여러 대의 전차와 1개 포대로 구성된 미군 부대를 향해 걸어가던 윌슨 소령은 북쪽에서 수 킬로미터 떨어진 곳에서 연기가 피어오르는 것을 보았다. 포격에 의한 것 같았다. 그곳이 제27여단의 주력부대들과 윌슨 소령의 A중대(여단의 3개 대대에서 남쪽으로 8km 떨어진 곳에 있었다) 사이라는 것, 그리고 무전기에서 아무 소리도 없는 것(대대 본부와 연결되는 전화선은 아마도 절단된 것 같았다)을 감안할 때, 그는 이 상황을 대수롭지 않은 일로 생각했다. 그날 아침은 춥고도 맑았다. 그리고 그는 포성을 전혀 듣지 못했다.

그날 아침식사는 대단했다. 핫케이크, 시럽, 베이컨, 델 것처럼 뜨거운 커피가 나왔다. 윌슨이 음식을 마구 퍼 담고 있는데 어느 미군 전차에서 그를 불렀다. 대대장이 무전기로 윌슨을 찾는 것 같았다. 윌슨은 셔먼 전차 위에 몸을 기대고 마이크를 집어들었다. 정말로 대대장 닐슨 중령의 목소리가 들려왔다. 그의 목소리는 흥분되어 있었다. 정체불명의 적 부대가 윌슨 중대와 여단의 나머지 병력 사이를 돌파했다는 것이었다. 대대장은 윌슨 소령에게 가급적 많은 병력을 모아, 여단의 후퇴선을 가로막고 있는 장애물을 없애라고 명령했다. 항공 지원도 오고 있다고 했다. 윌슨은 부하 장병들에게 달려가며 생각했다.

"아침식사를 먹지 못해 아쉬운 걸."[1]

브리핑은 순식간에 진행되었다. 1개 소대는 남아 미군 파견대를 지키고, 윌슨은 2개 소대를 이끌고 도로를 공격한다는 계획이었다. 이들 2개 소대와 빅커스 기관총 분대, 3인치 박격포 분대는 트럭과 셔먼 전차에 승차해 얼어붙은 길을 따라 북쪽으로 나아갔다.

지난 5일간 제27여단은 전투를 해 본 적이 없었다. 그러나 불안한 소문이 떠돌고 있었다. 그리고 두려운 광경과, 서둘러 실시된 재배치도 있었다. 이제 하일랜더 병사들은 새로운 적과 대면할 것이었다. 테드 커닝햄 소위의 소대에 배속된 병사 에릭 거는 이렇게 생각했다.

"불꽃놀이를 발명한 건 중국인들이라죠. 그 친구들은 1950년 11월 5일에도 뭔가 일으킨 것 같았어요!"

스코틀랜드 출신의 깡마른 고아이던 에릭 거에게, 1950년의 가이 포크스 데이(Guy Fawkes Day: 1605년 11월 5일 가이 포크스가 영국 의회를 폭파하려다 체포된 것을 기념하는 날)는 그의 인생에서 가장 고통스러운 날로 남을 것이었다.

* * *

20세기 서구 군대와 동아시아 간의 관계는 엄청난 재앙의 역사였다. 1905년, 일본이 러시아를 패배시키자 전 세계는 엄청난 충격을 받았다. 이는 아시아 국가가 유럽 열강에 가한 첫 번째 대패배였다. 그리고 1941년 말, 대일본제국은 진주만의 미 해군 태평양 함대를 격멸하고, 1942년 초에는 필리핀의 미군을 물리치고, 영국을 말라야, 싱가포르, 버마에서 내쫓았다. 1950년 10월, 중국 남쪽에 있는 인도차이나 반도의 정글에서는 프랑스군이 괴멸되고 있었다. 호치민이 이끄는 베트남 공산당의 첫 대규모 공세였다. 이 공세는 1954년 디엔 비엔 푸에서 벌인 격전의 승리로 끝이 났다. 그로부터 먼 훗날, 미국 역시 베트남에서 고전하게 된다. 하지만 이러한 사례들에 비교해 보더라도, 1950년 겨울 UN군이 북한에서 당한 일 역시 서구 국가 군대들이 겪은 고난 중 상위권에 놓기에 부족함이 없다.

이들을 고전시킨 것은 눈에 보이지 않는 유령의 군대였다. 야음, 낮게 깔린 구름, 불타는 숲의 연기를 틈타 이들은 10월 19일(영국군 제27여단이 사리원을 함락시킨 지 이틀 후)부터 남하해 왔다. 이들의 이동은 UN군 정찰기의 눈에도 포착되지 않았다. 서리가 내린 땅 위에서 이들은 하얀 위장포로 자신들의 모습을 숨겼다. 주간에도 위장포 아래에 숨어 있거나 마을 속에 숨었다. 그리고 이들은 밤에만 진격했다. 그리고 이들의 무전 메시지는 감청이 불가능했다. 무전기를 사용하지 않았기 때문이다. 따라서 UN군의 신호정보대는 이들의 존재를 전혀 알 수 없었다. 그들의 지도자는 10월 19일, 폐광 안에 사령부를 차렸다. 그는 중국 인민해방군의 팽덕회 원수였다.

팽덕회는 농부의 아들로 태어났으며, 9세 때 어머니가 죽고 나서는 구걸을 하는 할머니와 함께 살았다. 그리고 어렸을 적부터 광부로 일하다가 군대에 병사로 입대했다. 그의 몸매는 불독 같았고, 특히 등과 어깨는 매우 늠름했는데, 그것은 그가 어린 시절 매우 힘들게 살았음을 나타내 주고 있다. 중국 공산당의 대장정 기간 중 그는 임표 원수와 함께 중국 공산군의 주요 지휘관 자리까지 올랐다. 임표는 기만과 기습 공격에 능했던 반면, 팽덕회는 전면 공격과 섬멸전을 좋아했다. 팽덕회는 적들의 시체 더미를 보기 전까지는 전투는 끝난 것이 아니라고 믿는 사람이었다.[2]

팽덕회의 상관인 중국 공산당 주석 모택동은 한국 전쟁이 발발하자 군복을 착용했다.[3] 미국의 지원을 받던 장개석을 대만으로 내쫓고 1949년 10월 중화인민공화국을 세운 모택동은 북한 정부 및 소련 정부의 동료 공산주의자들과 연락을 취했다. 김일성의 남침 이후인 1950년 7월, 모택동은 만주 주둔 병력을 늘렸다. 또한 스탈린이 중국 내에 세워 준 기업 47개 중 36개를 한국 인근인 중국 동북부에 설치했다.[4] 전세가 김일성에게 불리하게 돌아가자 중국 정부는 개입을 고려하기 시작했다. 인천 상륙 작전 이후 2주가 지나자, 주은래 중국 총리는 UN군이 38도선 이북으로 북진할 경우 중국은 가만히 있지 않겠다고 공식 경고했다. 영국 정부는 이를 접하고 조바심을 낸 반면, 미국 정부는 무시했다.[5]

국경을 제대로 지키려면 국경 바로 앞을 잘 지켜야 한다. 모택동은 중국과 미국 간의 결전은 피할 수 없으며, 한국의 거친 지형이야말로 그 결전을 수행하기에 최적이라고 생각했다.[6] 팽덕회도 그와 같은 생각이었다. 그는 이런 글을 썼다. 미국이 호랑이라면 사람을 공격해서 잡아먹는 것은 호랑이의 본능이다. 공격 시간은 호랑이가 언제 배가 고프냐에 전적으로 달려 있다.[7]

당대의 많은 사람들은 중국의 한국 전쟁 개입이 이념 때문이라고 생각했다. 그러나 중국은 한국을 지키기 위해 나선 역사적 선례가 아주 많다. 한국은 전통적으로 중국과 조공 관계에 있었고, 중국의 동북부를 외적으로부터 막아 주는 지리-전략적 완충지대 역할을 하고 있다.* 서기 16세기와 19세기, 중국군은 한반도에 들어온 일본군과 싸웠다. 1931년 일본은 한반도를 발진기지 삼아 만주를 침공했다. 그리고 만주는 1937년 중국을 침공하는 전진 기지가 되었다. 중국이 북한을 지원해 줘야 할 당위성은 순망치한(脣亡齒寒: 입술이 사라지면 이가 시리다)이라는 4자 성어 속에 들어 있다.[8]

그리고 모택동도 힘을 휘두르기를 꺼리지 않았다. 그는 병력을 모아 대만과 대치하는 한편, 10월 7일에는 티베트를 침공했다. 한국군이 38도선을 넘은 지 7일이 지난 10월 8일, 모택동은 한반도 개입을 결심했다. 이 소식을 전해들은 김일성은 손뼉을 치며 이렇게 소리쳤다고 한다.

"아주 잘 되었군!"[9]

김일성이 패배할 경우 한반도 문제에서 빠져나올 준비를 하고 있던 스탈린도 10월 13일 모택동의 의도를 알고, 움직이기 시작했다. 그는 공개적으로 이렇게 말했다.[10]

---

* 오늘날 많은 전문가들은 경제 대국으로 성장한 중국이 거지꼴이나 다름없는 북한을 원조해 주는 이유를 궁금해 한다. 경제학적인 시각에서 벗어나, 지정학적인 시각을 갖추고 동북아 역사를 읽어 보면 그 해답을 알 수 있다. 전략적으로 볼 때, 북한은 미국이 지원하는 남한은 물론, 중국의 숙적이던 일본을 막아 주는 주요 완충지대 역할을 하고 있다. 그 점은 1950년 후반이나 현재나 변하지 않았다.

"중국 동지들은 훌륭합니다!"

그러나 공개적인 선전포고는 없었다. 모택동의 한국 파병군은 표면상으로는 '의용군' 성격을 띠고 있었다. 즉, 스페인 내전 당시 파시스트 군에 맞서 싸운 국제 여단과 비슷하게 보여야 했던 것이다. 물론 이 '중국 인민지원군'은 중국 인민해방군의 상비군이었다. 모택동은 다른 사람들의 자식들만 이런 위험한 도박판에 내보낸 것이 아니었다. 그의 친아들 모안영도 대위 계급장을 달고 팽덕회의 폐광 사령부에 있었다. 그는 그 사령부에서 중국 인민지원군의 첫 전사자가 된다.

중국군 병사들은 거친 지형과 형편없는 급식, 끝없는 행군에 익숙해져 있었다. 사실 그 점은 장개석의 국민당 군대도 비슷했다. 다만, 국민당 군대는 제2차 세계대전에서 영국군도 미군도 감동시키지 못했다. 그러나 모택동은 이런 농민 병사들의 엄청난 잠재력을 인식한 후, 나름대로의 개편을 시도했다. 중국군 병사들은 결코 장교들로부터 신체적 학대를 당하지 않았다. 또한 중국군 내에서는 평등이 강조되었고, 급식도 누구나 똑같이 받았다. 군율도 누구에게나 공평하게 적용되었다. 소원수리 제도도 있었고, 부패는 근절되었다.[11] 지독하게 불공평한 생활을 해 왔던 중국인들에게 이러한 변화는 매우 혁명적이었다. 더구나 중국군 장교들은 중국 인민의 영광을 위해 싸워야 한다고 병사들에게 가르쳤다.[12] 전통과 수준 높은 문화를 자랑하는 중국이었지만, 그런 중국은 최근 100년 이상 외세에 의해 능욕을 당했다. 아편 전쟁, 조차지 설정, 의화단 운동, 일본과의 두 번의 전쟁 등의 환란이 닥쳤다. 그런 상황에서 민족주의는 매우 큰 동기를 부여해 주었다.

중국 인민지원군은 재래식, 소련식 군대였던 북한인민군과는 매우 상이한 작전 방식을 지니고 있었다. 그들의 장비는 원시적이지만 효율적이었다.

중국 인민지원군의 누비솜 방한복은 한 쪽은 황갈색, 다른 한 쪽은 백색으로 되어 있어 양면으로 뒤집어 입을 수 있었다. 전투 식량의 주종은 콩가루였는데, 그것을 담은 자루는 상반신을 대각선으로 가로질러 매게 되어 있었다. 보급품 수송은 트럭, 노새, 쿠리(苦力, 노동자) 등에 의존했고, 그것이 안 될 경우 적의 것을 노획했다. 중국군의 병기는 소화기, 박격포, 경포 할 것 없이 중국제, 일본제, 소련제, 서방제가 뒤섞여 있었다. 상당수의 돌격대원들은 아예 개인화기도 없었고, 대신 수류탄이 든 자루를 가지고 있었다. 중국군의 위장술, 은폐술, 야간 기동력은 매우 뛰어난 수준이었다. 개활지에서 적 항공기에 발각될 경우, 중국군 병사들은 그 자리에서 꼼짝도 안 했다. 그럼으로써 나무처럼 보이기를 노린 것이었다. 중국군 병사는 하루 평균 29km의 야지를 행군할 수 있었다. 카이사르의 로마 군대의 일일 행군 속도는 이보다 조금 빠른 32km였지만, 로마 군대는 야지보다는 도로를 애용했다.[13]

중국 인민지원군의 전투 준비 전술은 다음과 같았다. 우선 적 전선에 몰래 침투해 경계선 내에 기관총좌를 설치한다. 그리고 적 진지 뒤로 들어가 통신선에 매복을 실시한다. 이는 게릴라 전술과 같았다. 그러나 UN군이 가장 두려워하는 것은 중국군의 돌격이었다. 중국군은 주로 야간에 나폴레옹 시대식으로 돌격했다. 나팔, 징, 호루라기 등의 돌격 신호에 맞춰, 위장물에서 벗어난 중국군의 파도는 UN군 진지에 가급적 가까이 몰려간다.

1950년 북한에 비밀리에 전개된 중국 인민지원군 부대들은 중국 인민해방군의 정예부대인 '강철부대'였다.[14] 이들은 게릴라 전술, 충격적인 등장, 그리고 엄청난 병력 수(당시 중국의 인구는 4억 7,500만 명으로 세계 1위)로 적에게 막대한 심리적 피해를 입혔다. 중국 인민지원군이 북-중 국경을 넘은 것은 10월 19일이었지만, 그 존재가 드러난 것은 1주일 후였다. 적군인 UN

군을 깊숙이 끌어들여야 할 필요가 있었던 것이다. 그런 전략은 다음과 같은 간단한 표현으로 요약된다.

"문을 열어서 개를 끌어들여라. 문을 닫고 개를 두들겨 패라."[15]

당시 UN군은 약 30만 명의 병력을 자랑하고 있었다.[16] 하지만 그중 북한의 최전선에 나가 있는 병력은 13만 명 정도였다. 그 13만 명은 미군 4개 사단, 한국군 6개 사단, 영국군 1개 여단(제27여단)으로 구성되어 있었다.[17] 비틀거리던 북한인민군의 10월 마지막 주 당시 병력은 약 8만 명으로 추산되었다.[18] 그중 약 4만 명이 게릴라 대원으로 추산되었다.[19] 그러나 이제 중국군 19개 사단 21만 명이 그들을 도우러 왔다. 이제 북-중 연합군은 압록강에 다가가고 있는 UN군 최선봉 부대를 격멸할 태세를 갖추었다.[20]

북한 영토 내로의 중국군 비밀 투입이야말로 아마 현대전 사상 가장 성공적인 대량 침투 작전이었을 것이다. 모든 중국인들은 이미 고대부터 전쟁의 실상을 알고 있었다. 8세기경 중국의 시인 이백은 끝없이 불타는 봉화에 대해, 뼈가 널려 있는 황량한 전쟁터에 대해, 죽은 병사들의 내장을 쪼아 끄집어낸 다음 앙상한 나뭇가지에 걸쳐 놓는 까마귀 떼에 대해 글을 썼다. 20세기의 중국 인민지원군들 역시 온 목숨을 다 바쳐가며 싸웠다. 근현대 초기 중국은 군벌들의 싸움으로 인해 만신창이가 되었다. 1937년에는 일본이 쳐들어왔고, 1945년부터는 국공내전이 벌어졌다. 중국의 게릴라 부대에게 북한은 중화 제국의 너절한 변방으로, 끝없는 전쟁의 새로운 싸움터에 불과했다.

그리고 팽덕회의 병사들은 헛된 희망을 품지 않았다. 남쪽으로 행군해 가던, 야위었지만 강인한 병사들은 자신들을 '인간 탄환'이라고 불렀다.[21] 북한으로 들어가는 압록강 도하 지점은 '지옥의 문'으로 불렸다.[22]

＊ ＊ ＊

11월 1일 11:15시경, 바실 코드 여단장은 명령을 받았다. 그의 여단은 태천을 지키지만, 간신히 싸워 얻어 낸 정주에서는 후퇴시키라는 것이었다. 뭔가 이상한 소리같았다. 압록강을 향한 미군과 한국군의 최종 진격이 실시 중이었기 때문이다. 21:30시 코드는 미국 제24보병사단 본부에 호출되었다. 그는 그 자리에 가득 들어앉은 미군 참모 장교들이 흥분한 얼굴로 시끄럽게 떠들어 대고 있음을 알았다. 지도 앞에 제24보병사단장 존 처치 장군이 섰다. 그가 꺼낸 말은 가히 폭탄선언이나 다름없었다.

"코드 여단장. 중국군이 쳐들어왔어요! 제3차 세계대전이 시작된 거라고요![23]"

10월 26일, 제8군은 뭔가 정체를 알 수 없는 상대를 대면했다. 한국 육군 제6사단 소속의 수색 소대가 그날 압록강에 도달했지만, 그들은 그 정체불명의 적에 의해 전멸당했다. 같은 날 밤, 한국 육군 제7연대가 정체불명의 적에 의해 박살이 났다. 그들을 지원하기 위해 한국 육군은 북쪽으로 2개 연대를 보냈다. 하지만 10월 28일 그들도 괴멸되었다. 그들의 좌측에 있던 한국 육군 제1사단 역시 탄광촌 운산에서 적과 고전 중이었다. 이들을 돕기 위해 미국 제1기병사단이 북으로 이동했다. 미국 제1기병사단의 선도 부대이던 제8기병연대는 적에게 포위당했다. 2개 대대는 포위망 돌파에 성공했으나, 나머지 1개 대대는 돌파 과정에서 괴멸당했다. 이에 충격을 받은 언론은 이를 리틀 빅 혼의 대학살(Little Big Horn massacre: 1986년 6월 25일 리틀 빅 혼 강 근처에서 미국 기병대가 인디언에게 몰살된 전투)에 비교했다. 그 후로 4일 동안 한국군 2개 사단, 미군 1개 사단이 사실상 괴멸되었다. 그리고 10월 31일, 북-중 국경 상공에서 적의 신형 전투기 MiG-15가 목격

되었다.[24]

정체불명의 적을 접한 고위 사령부는 정신을 차리지 못했다. 아가일 대대의 부관 존 슬림은 이렇게 말했다.

"'명령을 내렸다가 그 명령을 취소하면 무질서가 온다'는 말이 있는데, 당시 상황이 딱 그랬습니다."

왕립 오스트레일리아 연대 제3대대는 정주에 남았다. 수송 부대의 능력은 한 번에 1개 대대만 실어 나를 수 있었다. 아가일 대대는 태천에 있던 미들섹스 대대와 합류했다. 그리고 11월 2일, 미 육군 제5연대전투단은 미친 듯이 남쪽으로 이동하기 시작했다.[25] 다음 날 미 육군 제21연대전투단도 영국군 제27여단을 지나쳐 후퇴하기 시작했다.

이틀 동안 혼란스러운 명령들이 마구 내려왔다. 그러고 나서 11월 3일, 영국군 제27여단은 박천에 있던 태룡강 교두보를 확보하라는 명령을 받았다. 미 제8군이 공세를 재개하기 위함이었다. 물론 주어진 상황을 놓고 볼 때, 그럴 가능성은 희박했지만 말이다. 지도를 보며 이동 계획을 짜던 장교들은 동서를 불문하고 전 전선에서 치열한 격전이 벌어지고 있음을 분명히 깨달았다. 전선의 가장 서쪽에 있던 것은 영국군 제27여단이었다. 현 상황은 코드의 말에 따르면, 그야말로 청천벽력과도 같았다.[26]

* * *

가장 먼저 들이닥친 것은 피난민들이었다.[27] 겁에 질린 채로 꾸역꾸역 남하하는 한국인 농부들의 모습이야말로, 대규모 적 부대가 접근하고 있다는 증거였다. 그 다음 여단의 남동쪽 고지에서 미군 항공기를 향해 대공포화가 발사되었다.[28] 태천을 버리고 남쪽의 박천으로 가라는 명령은 11월

3일 08:00시에 내려왔다. 그러나 영국군 제27여단은 수송 수단이 오지 않을 것을 알았다. 단 1대의 트럭도 그들에게 오지 않았기 때문이다. 상황은 난장판이었다. 그래서 코드는 미 육군 제24보병사단 본부로 상황 파악을 하러 갔다. 거기서 그는 항공 정찰 보고서를 들고 있던 어느 미군 장교를 만났다. 그 장교가 들고 있던 보고서에는 북쪽과 서북쪽에서 온 대규모적 병력이 태천에서 집결하고 있다고 적혀 있었다. 아가일 대대와 미들섹스 대대는 꼼짝없이 그들 앞에 노출된 신세였다. 수송 부대를 기다릴 틈이 없었다. 코드는 즉시 후퇴를 명령했다.[29]

미들섹스 대대의 존 십스터 소령은 일찌감치 태천 북쪽으로 정찰을 나갔다. 그는 거기서 이상하게 생긴 적군의 시체 여러 구를 발견했다. 모두 북한 군인들보다 덩치가 컸다. 옷도 이전에 보지 못한 색다른 것이었다. 앤드루 맨 중령은 이렇게 말했다.

"우리는 이전에 중국 군인을 본 적이 없었습니다. 그 중국 군인은 꽤 훌륭한 차림새를 하고 있었어요. 모피 안감이 들어간 멋진 장화도 신고 있었어요. 그 장화는 우리 부대의 군악대 지휘관이 자기가 쓰겠다며 노획해 갔어요. 그 군인이 착용하고 있던 모자도 멋있었고, 매우 깨끗한 군복도 입고 있었어요. 그는 고지 사면에 쓰러져 죽어 있었죠."

군악대 지휘관과 맨 중령이 이 중국 군인의 시신을 놓고 설전을 벌이고 있던 찰나, 무전기가 치칙거렸다. 십스터의 회상이다.

"무전기에서는 중국이 전쟁에 참전했으니, 즉각 후퇴할 준비를 하라고 했지요."

코드의 '즉각 후퇴' 명령이 예하 부대에 수신된 것은 11:00시경이었다.[30] 아가일 대대의 대대장은 이 소식을 평소와 다름없이 태평하게 대대 본부에 전달했다. 존 슬림 대위의 회상이다.

"대대장님이 들어오셔서 이렇게 말씀하시더군요. '문제가 생겼어. 중국 놈들이 전쟁에 개입했다는군.'"

그때, 고지 정상의 전초 진지에서 북쪽의 산들을 감시하던 다이하드들과 조크들은 믿기지 않는 광경을 목격했다. 미들섹스 대대의 병사 제임스 비벌리의 말이다.

"꽤 먼 거리였습니다. 정확한 거리는 알 수 없지만, 아무튼 무기의 사거리 밖이라는 것만은 분명했어요. 북쪽으로 그만큼 먼 거리를 두고 떨어져 있던 산의 색깔이 변하기 시작했어요."

그는 자신이 본 광경이 무엇인지를 깨닫기 시작했다. 적의 대군이 산의 사면을 가득 메운 채로 내려왔기 때문에, 그 군복색 때문에 산의 색깔이 바뀐 것이었다. 비벌리의 말은 계속된다.

"정말 환장할 노릇이었죠. 당시에도 중국은 세계 최고의 인구 대국이었어요. 저는 그때 북-중 국경에 중국 인구의 절반은 온 줄 알았어요!"

아가일 대대의 오웬 라이트 소위는 이렇게 회상한다.

"저는 그때 고지 정상에 있었어요. 골짜기 너머 1.6km 떨어진 곳에서 엄청난 광경이 펼쳐지는 것을 보았지요."

수많은 병사들이 줄을 지어 그곳의 능선을 통과하고 있었던 것이다. 소위는 그 수를 세기 시작했다.

"3,000명까지 세고 그만두었습니다. 제 소대원은 불과 33명이었는데 말이지요!"

소문이 퍼지기 시작했다. 후방에 있던 다이하드 대대의 병사 에드가 그린의 말이다.

"사람들이 이야기하기 시작했어요. '엿같은 중국 놈들이 왔대.' 어떤 병사는 이렇게 말했어요. '이런, 여기서 빠져나가긴 틀렸어!'"

디거들까지 불안해 하기 시작했다. 어떤 오스트레일리아 병사는 통신 하사관 잭 갤러웨이에게 이렇게 말했다.

"저 놈들을 다 쐈죽이기도 전에 우리 탄약이 먼저 바닥나겠어요!"

태천과 박천을 잇는 길의 길이는 19km. 고지와 산마루 사이를 꼬불꼬불 통과하는 길이었다. 적의 매복 공격을 당하기 딱 좋은 곳이었다. 그래서 여단 병력은 남서쪽의 가산 교차로로 가려고 했다. 그 교차로는 정주에서 후퇴하고 있는 왕립 오스트레일리아 연대 제3대대가 확보할 예정이었다. 패디 레이몬드 상사는 영국군 대대의 이동에 앞서, 길에 도로표지판을 다는 임무를 맡았다. 그는 트럭 1대와 병사 3명을 데리고 움직였다. 가다가 멈춰서 도로표지판을 달던 그의 눈에, 도로를 건너던 적 1개 분대가 눈에 띄었다. 적들도 다이하드들을 발견했다.

"그 친구들은 우리 일을 방해하려 하지 않았어요. 우리도 그들에게 사격을 가하지 않았지요. 긴장된 순간이었어요. 그 친구들은 길을 온통 가로막고 있었으니까요!"

이는 그 특이성 때문에 주목할 만한 전쟁 속 적대 세력 간의 조우 상황이었다. 이 상황에서 양군은 나도 살고 상대편도 살리는 길을 선택했다. 누구도 먼저 사격을 가해 상대방을 죽이려 들지 않았다.

아가일 대대가 앞장서고, 그 뒤를 미들섹스 대대가 따랐다. 어떤 병사가 논에 쌓여 있던 여러 볏짚더미 중 하나를 생각 없이 건드렸는데, 그게 무너지면서 그 속에 잘 숨겨져 있던 소련제 포탄들이 나왔다. 다이하드들은 놀랐다. 신속하게 주변을 점검했다. 그들 주변에 있던 모든 볏짚더미 속에 포탄이 숨겨져 있었다.[31] 이 '무기고'는 적군이 얼마 안 있어 벌일 공세의 준비 상태를 보여 주는 것이었다. 그러나 다이하드들에게는 이 무기고를 파괴할 시간이 없었다.

영국군 제27여단은 장비가 모자란 상태였고, 따라서 그동안 수송은 미군의 지원에 의존할 수밖에 없었다. 그러나 미군의 지원이 부족해 부대원들의 불만을 샀다. 그리고 이제는 그 부족한 지원 때문에 엄청난 위험이 초래될 판이었다. 미들섹스 대대는 후퇴 중에 만난 미군 박격포반의 차량까지 포함, 모든 가용 차량의 능력을 극한까지 끌어냈다. 존 윌로비 소령의 기록이다.[32]

"우리 중대의 지프에는 대당 병사 8명이 탑승했고, 트럭에는 대당 10여 명 이상이 탔다. 그리고 나머지는 미군의 야포에 매달려서 움직였다."

이러한 후퇴도 결코 너무 이른 것이 아니었다. 여단의 후위를 맡고 있던 미들섹스 대대의 브렌 건 캐리어와 미군 제89전차대대의 셔먼 전차들이 북쪽에서 태천으로 진입하는 중국군들을 향해 사격을 시작했다. 다이하드들이 태천을 떠나 남쪽으로 움직이기 시작한 찰나에 말이다.[33]

혼란과 형편없는 통신은 일부 부대에 끔찍한 결과를 초래할 수도 있었다. 윌로비의 트럭들은 천하태평인 상태의 미군들이 지키던 전초 진지를 통과했다. 윌로비의 기록이다.

"그 친구들은 주변 상황에 전혀 관심이 없어 보였다. 그 친구들은 커피를 끓이고, 침낭 안에서 데굴데굴하고 있었다. 나는 얼마 지나지 않아 그 친구들이 바뀐 상황을 전혀 모르고 있지 않은가 하는 생각이 들었다. 불쌍한 친구들이었다."

16:00시, 여단은 박천 인근에 재배치되었다. 그들이 지키고 있는 태룡강 도하 지점은 박천의 여울이었다. 그리고 남쪽으로 1,800m 떨어진 거진의 끊어진 다리에서는 지난 10월 25일과 26일에 왕립 오스트레일리아 연대 제3대대가 전투를 벌였다. 미들섹스 대대는 박천 북쪽과 동쪽에 반원형으로 전개했다. 아가일 대대와 왕립 오스트레일리아 연대 제3대대는 강의 서

안에서 다리로 진입하는 길목을 지켰다. 미 육군 제89전차대대의 셔먼 전차들과, 미 육군 제61포병대대의 105mm 야포들은 강의 동안인 박천 남쪽에 배치되었다.

당시 영국군 제27여단은 '데이비드슨 기동부대(Taskforce Davidson)'의 일원이었다. 이 기동부대의 이름은 미 육군 제24보병사단의 부사단장인 개리슨 데이비드슨 준장의 이름을 딴 것이었다. 그러나 이 기동부대의 지휘관들은 지휘 통제에 필요한 인프라가 없었고, 코드는 그런 상황이 마음에 들지 않았다. 그는 이렇게 지적했다.

"미군들은 기동부대를 참 좋아했지요. 하지만 제 경험으로 볼 때, 그런 기동부대 활용은 대부분 불만족스러웠어요. 그리고 사실상 전부 다 실패로 끝났습니다."

영국군 제27여단과, 데이비드슨 기동부대 소속의 또 다른 부대인 동쪽의 미 육군 제19연대전투단 사이에는 10km의 간격이 있었다. 코드는 데이비드슨 준장에게 두 부대 사이의 고지에 1개 대대를 배치시켜 달라고 요청했다. 코드는 이렇게 기록했다.[34]

"데이비드슨 준장은 해보겠다고 했지만, 결국 하지 않았다."

코드의 입지는 위태로웠다. 그의 휘하 여단 병력의 반 이상이 태룡강 서쪽에 배치되어 있었다. 그러나 모든 증후로 미루어 보건대 적의 공격은 북쪽이나 동쪽에서 가해질 것 같았다. 더구나 여단의 주둔 위치에서 남쪽으로 10km 떨어진 곳에는 청천강이 있었다. 코드는 이렇게 기록했다.[35]

"우리 부대의 위치는 매우 좋지 않았다. 포위해 달라고 비는 꼴이었다."

그래서 그는 후위 격으로 윌슨의 A중대를 배치했다.

11월 4일 01:00시, 영국군 제27여단의 북쪽에 있던 마지막 미군 부대가 영국군을 통과해 서쪽으로 갔다.[36] 코드의 제27여단은 미 제8군의 서쪽

측면을 지키고 있는 것이었다. 11월 4일은 조용하게 지나갔다. 그러나 청천 강을 건너는 피난민 행렬이야말로 전투가 임박했음을 알리는 불안한 징후였다. 불과 이틀 만에 2만 명의 피난민이 청천강을 건넜다.[37] 해가 진 후, 동쪽에서 포성이 들리기 시작했다. 여단 본부에 있던 레지 제프스 소위는 이렇게 말했다.

"엄청난 전투의 화염을 볼 수 있었지요. 적의 공격이 엄청난 수준인 게 분명했어요."

미 육군 제19연대전투단 예하의 어느 대대는 장비와 차량을 버리고 청천강을 건너 도망쳤다. 이로써 영국군 제27여단의 우측면은 뻥 뚫리게 되었다.

* * *

11월 5일 09:00시, 가장 북쪽에 배치된 미들섹스 대대에는 '만약의 사태'에 대비하라는 지시가 내려와 있었다.[38] 그것이 실제로 벌어지기까지는 그리 오랜 시간이 필요치 않았다. 십스터가 C중대원들과 함께 마른 강바닥에 모여 있는데 중대 선임 하사가 동쪽을 가리켰다. 십스터의 회고이다.

"그쪽을 보니 그야말로 끝이 없어 보이는 중국군의 대열이 지나가는 게 보였지요. 우리와의 거리는 약 800m 정도 되었습니다. 모두 모자에는 자른 나뭇가지를 달고, 군복에도 풀을 꽂아 위장을 한 상태였어요."

그는 맥베스의 최후를 묘사한 셰익스피어의 글을 떠올렸다.

"두려워 마라. 버남 숲이 던시네인 성 앞에 올 때까지."

십스터 소령은 말한다.

"그 자리에 앉아 있는 것 외에는 다른 선택의 여지가 없었어요. 적의 수가 얼마인지도 알 수 없었습니다. 그야말로 끝이 없어 보였어요. 남하하는 중국군 주력부대의 일부였지요."

아가일 대대 역시 상황의 핵심을 알게 되었다. 아가일 대대의 해리 영 중사의 말이다.

"뭔가 잘못된 게 분명했어요. 북한 놈들 것보다 훨씬 더 큰 박격포탄이 우리 진지 앞에 낙하하고 있었으니까요. 휘이이잉 하는 휘파람 소리가 들리더니, 포탄이 착지하면서 폭발하고, 얼어붙은 흙이 사방으로 날렸지요."

아가일 대대의 박격포 소대에 발사 명령이 내려졌다. 그때 로버트 시얼레이는 윌슨의 병력들이 아닌, 아가일 대대 박격포 소대에 있었다. 포를 쏴야 하는 방향이 뭔가 이상했다.

"당시 우리는 우리 뒤에서 뭔가가 움직이는 것을 알았어요. 우리는 지나왔던 곳에다 포를 쏘고 있었지요."

선임 하사관이 리처드 피트 중사의 분대로 달려와서 소리쳤다.

"탄약을 절약해라! 우리는 적에게 포위되었어!"

적 출현 보고를 이해하고, 후방의 미군 포병대가 처한 곤경을 알게 된 코드는 예상하던 상황이 일어난 것이 분명함을 깨달았다. 적군이 고지 사이로 움직여 동쪽으로 깊숙이 들어와 그의 부대 안쪽으로 파고들어 공격해 오는 것이었다. 코드 여단장은 조바심을 냈다.

"우리 배후에 대규모 중국군이 있는 것은 분명해졌습니다. 항공 정찰에서는 1개 사단 규모라고 하더군요.[39]"

코드는 야전 전화로 데이비드슨과 통화해 명령을 내려달라고 요구했다. 다행히도 후방의 야전 전화선은 아직 무사했기 때문이었다. 코드는 이렇게 적었다.

"그는 현 상황에 대해 아는 것이 전혀 없었다. 그는 지금 상황에서 최선의 조치라고 생각되는 것을 하라고 지시했다.[40]"

코드는 신속히 결정을 내렸다. 제27여단은 남쪽으로 재배치해서, 청천강 도하 지점을 감제하는 고지를 점령할 것이었다. 미 육군으로부터의 지원은 기대할 수 없었다. 여단의 급식차 운전병은 미 육군 제24보병사단 본부에서 어느 미군 장군으로부터 이런 말을 들었다.*

"우리는 자네들 여단을 매우 소중히 생각하고 있어. 자네들에게 행운이 있기를 바라네!"[41]

청천강에 가려면, 아가일 대대와 오스트레일리아 대대는 태룡강을 건너 동쪽으로 가야 했고, 미들섹스 대대는 남쪽으로 행군해야 했다. 코드의 계획은 3단계로 진행될 것이었다. 우선 왕립 오스트레일리아 연대 제3대대가 아가일 대대의 동남쪽에 있는 중국군을 공격하고 도로 동쪽에 있는 고지를 확보해, 도로를 적으로부터 지킨다. 미들섹스 대대는 왕립 오스트레일리아 연대 제3대대를 지나쳐 남쪽으로 진격해, 청천강을 감제하는 고지를 점령한 후 진지를 구축한다. 그리고 마지막으로 아가일 대대가 두 대대를 지나쳐 안주의 청천강 도하 지점을 확보한다는 것이었다. 27여단의 퇴각로 는 태룡강 동쪽의 논을 가로지르는 길 한 줄뿐이었다.

여단 본부는 워낙 바빠서 정신이 없었다. 피터 볼드윈 중위와 그의 통신 대원들은 허둥지둥 짐을 챙겼다. 볼드윈의 회상이다.

"우리는 곧 도망쳐야 했어요. 우리는 적들 사이로 움직여야 한다는 것을 알았지요. 캠프장은 우리 모두를 집합시켜 놓고, 영국 육군의 전통을 이야 기하면서, 절대 동료를 버리고 가서는 안 된다고 장광설을 늘어놓았지요."

볼드윈 중위의 동료 통신 장교는 불평을 해 댔다. 그 연설은 본부 요원들

---

* 윌로비에 따르면 그 장군은 이렇게 말했다고 한다. "세상에. 나는 당신들을 위해 할 수 있는 일 은 다 했어!"

에게 끝없는 공포심을 주었기 때문이었다. 미들섹스 대대 본부에 군종신부 존스가 일요 미사를 드리러 왔다. 그러자 어떤 장교가 그에게 불손한 말을 퍼부었다.

"우리한테서 떨어져요. 신부님. 당신 말고도 골치 아픈 일들이 잔뜩 있단 말입니다![42]"

무전기가 치칙거렸다. 하사관들이 고함치며 명령을 전달했고, 병사들은 장비를 짊어졌다. 차량의 엔진들에 시동이 걸렸다.

영국군 제27여단은 생존을 위한 질주를 벌이게 되었다. 적들이 도사리고 있는 10km의 길을 싸우며 나아가야 했다. 만약 중국군이 이들의 움직임을 멈추거나 청천강 도하를 방해한다면, 이들은 UN군 후방과 절단되어 포위 섬멸당하는 것이었다. 예하 대대들의 퇴로를 확보하기 위해 코드 여단장이 쓸 수 있는 것은 데이비드 윌슨의 잡동사니 부대뿐이었다.

* * *

윌슨의 작은 전투단은 미군 셔먼 전차 4대, 스코틀랜드병 2개 소대, 박격포 2문과 기관총 여러 정을 실은 브렌 건 캐리어 여러 대, 그리고 윌슨 본인이 탈 랜드로버로 이루어져 있었다. 이들은 포연을 쫓아 북쪽으로 달렸다. 그리고 상황을 파악한 윌슨은 "옛날이 좋았지." 라는 생각을 하게 되었다. 미 육군 제61포병대대 C포대가 6문의 포를 반원형으로 방열한 뒤, 논둑길을 은폐물 삼아 침투해 온 중국군들에게 영거리 사격을 가하고 있던 것이다. 윌슨의 말이다.

"포수들이 쓰러지면, 또 다른 사람들이 바로 나와서 그들의 임무를 물려받았죠. 정말 감동적인 장면이었습니다.[43]"

인명살상용 유탄이 없었던 곡사포들은 포신의 각도를 낮춰, 포탄을 불과 27m 떨어진 얼어붙은 논에 발사, 적을 향해 튕기고 있었다. 이런 보기 드문 수단 때문에, 윌슨은 발포 소리를 듣지 못했던 것인지도 모른다.

전투단 소속 셔먼 전차들은 모든 해치를 닫고 전진했다. 포탑을 적을 향해 돌렸다. 전차에 승차하고 있던 스코틀랜드 병사들이 하차하여 산병선으로 전개했다. 포대 주변의 마른 논에 갑자기 활기가 돌았다. 자신들이 반격을 당하고 있음을 알아챈 적들은 엄폐물 밖으로 나왔다. 윌슨은 이렇게 회상한다.

"'국'들은 사방에서 마치 메추라기나 자고새들처럼 튀어 일어났지요. LMG와 3인치 박격포들이 그들을 향해 정확한 사격을 퍼부었습니다. 동시에 우리 전투단의 전차 4대도 철도를 따라 북쪽으로 박천을 향하는 '국'들에게 기가 막히게 정확한 사격을 퍼부었습니다."

불과 20분 만에 미군 포대 주변의 적은 사라졌다.[44] 이제 포병대의 안전은 확보되었으나, 가진 탄약을 거의 다 소모한 상태였다.* 이제는 도로를 확보하는 것이 중요한 문제가 되었다. 윌슨의 회상이다.

"그때 이런 말을 들었습니다. '무슨 일이 있어도, 지금 있는 곳에서 버텨!'"

동쪽으로 720m 거리에서는 낮은 고지들이 도로를 감제하고 있었다. 윌슨은 테드 커닝햄 소위의 소대에 그중 주요 고지를 점령할 것을 명령했다. 윌슨은 그동안 잔여 병력을 도로에 전개시킬 것이었다.

---

* 미 육군 제61포병대대를 구해낸 덕택에, 미군 장군 최소 4명은 물론, 제61포병대대장 조지프 노트 소령도 영국군 제27여단에 표창장을 주었다. 노트 소령은 자신의 부하 장병들이 "영국군이 포화 속에서 보여 준 군기와 침착함, 전투력에 크게 감동받았습니다."라고 적었다. 부록 C의 제27여단 전쟁 일지를 참조하라.

헨리 '치크' 코크런은 박격포 반 개 분대 병력과 함께 있었다.

"정신 나간 윌슨 소령이 와서 말했지요. '조크들, 저기 '국'들이 있다. 박격포 몇 발 날려 줘!' 그래서 저는 이렇게 대답했어요. '예! 알겠습니다!'"

코크런의 박격포반원들은 박격포 포구에 포탄을 밀어 넣었다. 그 직후 포구에서 포탄이 튀어나갔다. 몇 초 후 낮은 갈색의 고지에서 검은 연기가 피어났다. 박격포반원들은 표적에 탄막 사격을 가하면서, 산마루를 따라 사격을 가했다.

커닝햄의 소대는 동쪽에서 적과 교전을 벌이고 있었다. 2개 분대는 약진하고, 나머지 1개 분대는 화력 지원을 하고 있었다. 에릭 거는 얼어붙은 논 위에서 움직이고 있었다. 그의 말이다.

"총알이 씽씽 소리를 내며 날아와 제 주변의 땅에 명중했습니다. 정말 신경이 곤두서는 일이었지요."

그는 자신에게 총을 쏘는 적이 보이지 않았다. 그러나 영국 병사들이 점점 가까이 다가가자 결국 적 저격수는 사격을 멈추고 달아나 버렸다. 고지는 무혈점령되었다. 커닝햄은 3개 분대를 전개해 연약한 경계선을 구축했다. 그 정도의 병력으로는 진지를 충분히 보호할 수 없었다. 고지의 정상은 민둥산이었지만, 사면에는 굵은 관목과 소나무가 자라나 있었다.

고지에서는 동쪽으로 270~360m 떨어진 적의 움직임이 아주 잘 보였다. 거의 말이다.

"저는 친구에게 이렇게 말했어요. '중국 놈들, 우리를 함정에 몰아넣은 것 같아.'"

그의 기분은 매우 불편했다. 그는 북한군과도 싸워 봤다. 그러나 지금은 아주아주 많은 중국군들을 상대하고 있는 것 같았다. 적의 움직임이 멈췄다. 갈색 군복을 입은 대군은 갑자기 눈에 보이지 않게 되었다. 거는 긴장을 풀었다.

"이건 또 다른 문제라고 편하게 생각하기로 했지요."

시각은 10:30시경이었다.[45)]

* * *

윌슨이 남쪽에서 공격을 시작해, 여단 후방의 적군을 소탕하고 있었을 때, 닐슨은 나머지 2개 중대에게 태룡강의 '끊어진 다리'를 건너 동쪽으로 가라고 명령했다. 왕립 오스트레일리아 연대 제3대대가 1주 전에 싸워 얻어 낸 다리였다. 다리를 건넌 후에는 북쪽에서 공격을 할 것도 명령했다. B중대가 앞장서서 다리를 건넜다. 총탄이 병사들의 머리 위를 스쳐갔다. 282지점과 사리원에서 살아남은 알라스테어 고든 잉그램 소령이 쓰러졌다. 저격수의 총에 어깨를 맞은 것이었다. 더글러스 홀데인 군의관이 흙길에 착륙한 미군 경비행기에 잉그램을 실어 의무후송시켰다.

10:00시경에 도하를 완료한 B중대는 적이 점령한 마을로 진격했다. 콜린 미첼 대위가 1개 소대를 이끌었다. 아가일 대대에서 후추통 진격법이라고 부르는 방식이었다. 한 사람이 사격을 하는 동안, 나머지 사람들이 기동을 하는 이 방식을 쓰면, 적에게 명확한 표적을 제공하지 않으면서 적을 혼란시킬 수 있었다. 영국군은 목표를 점령하는 데 성공했다. 마을에는 약 20구의 적 시신이 뒹굴고 있었다. 아가일 대대 병사들이 재집결하는 동안 미첼은 적의 시체를 자세히 보기 위해 발로 차 뒤집었다. 그러자 그 시체는 한쪽 눈을 떴다. 미첼은 시체에 루거 권총을 쏜 다음 소리쳤다.

"이놈 살아 있어!"

아가일 대대원들은 적 시신에 확인사살을 가했다. 확인사살은 몇 초 만에 모두 끝났다. 중국군은 영국군이 지나가기를 기다리면서 죽은 척 하고 있었던 것이다. 영국군이 지나가면 배후에서 기습할 생각이었다.[46] 중국군 시신들은 정말 죽었는지 확인을 받았다. 어느 장교가 배에 총을 맞은 중국 군의 허리띠를 붙잡고 일으켜 세우자, 그의 배에서 덜 소화된 밥이 쏟아져 나왔다.[47] B중대는 동쪽으로 1.6km를 더 나아간 다음, 툭 튀어나온 논둑 길 뒤에 진지를 확보하고, 차량이 안전하게 남쪽으로 통행할 수 있도록 도 로를 지켰다.

A중대는 남쪽에서 미군 포병대를 구했다. B중대는 미군 포병대의 북쪽 에 있던 적을 공격한 다음 그 자리에 머물렀다. C중대는 태룡강을 건너는 중이었다. 아가일 대대 구역 상황은 안정된 것 같았다. 그러던 차에 새로 운 긴급 상황이 발생했다. 슬림이 전술 본부에 있을 때 윌슨의 목소리가 무전기에서 들렸다. 윌슨 소령은 언제나 부하들 앞에서 명랑한 태도를 유 지했으며, 결코 상급자라고 전장에서 몸을 사리는 일이 없었다. 슬림의 회 상이다.

"그는 이렇게 말했지요. '와서 날 도와줘!'"

윌슨은 지원을 간절히 원하고 있었다. 여단의 철수로를 감제하는 고지를 지키고 있던 커닝햄의 소대는 11:00시경 적에게 유린되었다.

* * *

1950년 북한에 있던 UN군 인원이라면 '유린'이라는 말에서 공포를 느끼 지는 않는 것이 일반적이었다. 이는 실제로 어떤 상황을 의미하는 것일까?

커닝햄은 거기에 대해 이렇게 말했다.

"적에게 완전히 노출된 채 고지 정상에 고립되어 있다고 생각해 보세요.

게다가 이전의 전투에서 중국군을 만나 본 적도 없고, 그놈들의 전투 방식을 전혀 모른다고 가정해 보시죠."

아직 20세도 채 되지 않았던 커닝햄 소위는 이제 중국군에 대해 알게 되었다.

중국군이 후퇴한다고 생각했던 에릭 거는 커닝햄 앞에 있던 10인 분대가 있던 자리에 한쪽 무릎을 꿇고 앉아 먼 곳을 보고 있었다. 그때 심장이 멈출 만큼 급작스레 일이 터지고 말았다. 거의 앞에 있던 덤불에서 적병 한 명이 튀어나왔던 것이다. 거의 말이다.

"그는 내 위에 있었어요. 바로 내 위에요! 손을 뻗으면 닿을 만큼 가까이 있었어요."

거리가 너무 가까워 거는 소총을 들어 상대에게 쏠 수 없었다.

"그때 이런 생각이 들었지요. '이런, 잡을 수 있는데!'"

적이 들고 있던 버프 건을 사격했다. 초탄은 거의 양 다리 사이 지면에 명중했다. 그리고 버프 건의 총구가 들려올라가면서 거의 허벅지에 총탄이 마치 망치가 내려찍듯이 강한 힘으로 명중했다. 또 다른 총탄이 거의 엄지 손가락을 관통했다. 거 옆에는 아가일 대대원 존 미언이 있었다. 다른 중국군이 미언의 가슴에 총검을 쑤셔 박는 순간 미언도 상대방을 향해 소총을 겨누어 발사했다. 그 중국군은 총을 맞고 숨이 끊어져 뒤로 튕겨 나갔다. 또 다른 중국군이 사격을 가하며 앞으로 달려 나왔다. 그가 쏜 탄환은 미언의 손목에 명중했다. 아마도 덤덤탄(dum-dum)이었을 그 탄환의 파괴력으로 인해 손목뼈가 으스러졌다. 미언은 그 자리에서 의식을 잃었다.[48] 더 많은 중국군들이 거를 뛰어넘어 전진했다. 거는 죽은 척하고 있었다. 그는 강한 총소리와, UN군 병사들이 제일 무서워했던 중국군 나팔의 불협화음을 들을 수 있었다. 중국군은 탁월한 전술 능력으로 영국군에게 들키지 않고 이 고지 바로 앞까지 몰려왔던 것이다. 그들이 앞서 보이지 않았던 것은 퇴각했기 때문이 아니었다. 그들은 논둑길 뒤에 숨어 포복전진하고, 산 아래의 사각지대를 이용해 덤불 사이로 숨어 움직여 온 것이었다.

자신의 소대 중앙에 있던 커닝햄은 전방 분대가 산마루 위로 자동화기를 연사하고 나서야 전투가 벌어진 것을 알아챘다. 그제야 그는 주변의 덤불과 소나무 사이로 사람의 그림자가 움직이는 것을 보았다. 커닝햄의 말이다.

"우리는 경계선을 설치했지만 중국군은 우리 3면을 포위해서 접근해 왔어요. 적의 수는 무섭도록 많았지요."

소대지휘소는 혼란에 휩싸였고, 커닝햄은 극도의 스트레스를 받았다. 그는 무전기를 통해 윌슨에게 연락했다. 윌슨은 버텨 낼 것을 요구했다. 그 고지는 매우 중요하기 때문이었다. 또한 윌슨은 커닝햄에게 주변 상황을 파악하고, 후방 분대의 인원을 전방 분대로 배치할 것을 명령했다. 각개 병사들이 쏘아 대는 총소리가 합쳐져 무지막지한 소음이 되었다. 다른 소대원과 이야기하려면 고함을 질러 대는 수밖에 없었다.

땅에 맞은 총알이 흙먼지를 일으켰다. 아가일 병사들은 하나 둘씩 쓰러져갔다. 커닝햄의 말이다.

"갑자기 우리 병력은 확 줄었습니다. 우리는 많은 인원을 잃고 있었습니다. 우리는 전멸을 향해 달려가고 있었어요."

소대 선임 하사는 머리를 피격당했다.

"그는 내 몸 위로 쓰러졌지요. 제가 겪은 가장 불쾌한 일이었어요. 너무 무서웠지요. 제 온 몸이 피범벅이 되었어요. 머리가 날아가 버린 전우의 시체를 붙드는 일은 누구에게도 권하고 싶지 않아요."

아래의 도로에서 영국군 박격포 분대는 아군이 도륙당하는 소리를 들었다. 코크런의 회상이다.

"제 귀에 들렸던 것은 무전기로 누군가가 겁에 질린 목소리로 '5발 쏴줘! 빨리!' 하고 고함을 지르는 소리뿐이었어요. 박격포를 쏴 달라는 소리였지요."

결국 커닝햄 소대는 후퇴하고 말았다. 커닝햄의 말이다.

"그들은 고지 정상에 와서 우리들 사이에 들어왔지요. 끝장난 거였어요. 저는 부하들에게 후퇴하라고 말했어요. 그리고 저도 가급적 빨리 도망 나왔지요."

고지의 서쪽 사면을 기다시피 허둥지둥 내려가는 그의 머리 위로, 중국군이 쏘아 대는 총알이 스쳐갔다.

"적들은 쓸데없이 총알을 난사해 댔죠. 적이 쏘아 대는 총성은 마치 서부극 같았어요."

충격을 받은 생존자들은 고지 위의 적들이 볼 수 없는 사각지대의 도랑 속으로 굴러 들어갔다. 불과 몇 분 만에 소대 인원 30명 중 5명이 전사하고 6명이 부상당했다.[49)]

에릭 거는 그때까지도 고지 위에 누워 있었다. 허벅지에 입은 총상이 쓰렸다. 엄지손가락은 생살점에 의지해 그의 손에 간신히 매달려 있었다. 중국군들이 집결하고 있었다. 좀 떨어진 곳에서, 부상당한 영국 병사가 영국 국가 〈신이여 국왕을 보호하소서(God Save the King)〉를 불렀다. 에릭 거의 말이다.

"저는 그 친구가 부상으로 인해 의식이 혼미해진 상태라고 생각했어요. 저는 아주아주 낮은 소리로 그 친구한테 말했지요. '제발! 제발 죽은 척 해!'"

얼마 가지 않아 노랫소리는 끊겼다. 그 부상병은 숨을 거두고 만 것이었다. 어느 중국 병사가 거 앞에 다가와서 섰다. 거는 엄청난 공포를 느꼈다. 상대방이 자기 몸을 걷어차고 주머니를 샅샅이 뒤지는 동안 그는 꼼짝없이 죽은 척했다. 거는 생일선물로 받은 만년필을 가지고 있었다. 중국 병사는 그 만년필을 꺼냈다. 그는 만년필을 들여다본 후, 거가 살아 있음을 눈치채고 만년필을 돌려주었다. 그 다음 머리 위로 손을 올리고 그 자리에 누워 있으라고 거에게 몸짓으로 알려 주었다. 거가 그대로 하자 그 병사는 그 자리를 떴다.

또 총성이 울렸다. 아마도 움직임을 감지한 중국 병사가 반사적으로 가한 총격인 것 같았다. 거는 그 총탄을 얻어맞았다. 1발은 거의 머리를 긁고 지나갔다. 또 1발은 어깨에, 또 1발은 가슴에 명중했다. 무려 5발의 총탄을 맞은 그는 차디찬 공기 안에 쓰러져 통증조차 잊어갔다. 그는 서서히 의식을 잃어갔다.

* * *

아가일 대대 B중대와 C중대 남쪽에는 왕립 오스트레일리아 연대 제3대대가 있었다. 태천 이후 중국군을 마주친 적이 있는 아가일 대대나 미들섹스 대대와는 달리, 서쪽에서 퇴각해 온 마지막 대대인 왕립 오스트레일리아 연대 제3대대는 중국군을 본 적이 없었다. 디거들은 정주에서 후퇴하라는 11월 2일자 명령 때문에 화가 나 있었다. 그들은 정주를 점령하기 위해 대대장 그린 중령까지 희생해 가면서 싸웠기 때문이었다. 톰 머글톤 상사의 말이다.

"그 명령을 듣고 놀랐지요. 우리로서는 익숙지 않은 종류의 명령이었어요. 우리는 위치를 사수하는 데 익숙한데 말이지요!"

11월 5일, 그들의 후퇴는 계속되었다. 그러나 일요일인 그날 그들 앞에는 분명 전투가 기다리고 있었다. 그들은 이전에도 세 번의 일요일에 내리 전투를 벌였다. 한 번은 사과 과수원에서, 또 한 번은 끊어진 다리에서, 그리고 정주에서.[50] 대대는 적의 저항 없이 11:30시경 태룡강을 건너 미군 트럭에 승차, 남쪽을 향했다. 그들이 도로상의 아가일 박격포 분대를 향해 달려가던 중, 동쪽에서 총성이 들려왔다.

커닝햄 소대가 유린당하는 소리를 들었던 박격포반원들은, 이제 자신들을 향해 몰려오는 중국군들을 보았다. 코크런의 회상이다.

"저는 제 오른쪽에 있던 전우에게 이렇게 말했습니다. '박격포의 조준경을 분리해. 적이 우리로부터 90m 이내로 들어오면 조준경을 물속에 던져버려. 그러고 나면, 부산에서 다시 만나자고!'"

하지만 디거들이 다가오는 것을 보자 그는 안심했다.

"오시들이 와서 물었지요. '조크 양반들, 괜찮아?' 그래서 이렇게 대답했지요. '그래. 하지만 탄약이 없어!'"

자기들의 박격포를 방열하던 오스트레일리아군은 탄약 몇 상자를 주었다. 벤 오다우드 대위는 생각했다.

"파티는 이제부터야!"

대규모 공중 공격이 시작되었다. 왕립 오스트레일리아 연대 제3대대로서는 처음으로 받아보는 항공 지원이었다. 여기 참가한 항공기들 중에는 오스트레일리아 공군 제77비행대대 소속 베테랑 조종사들이 탄 P-51 머스탱 전투기도 있었다. ACT는 무전기 볼륨을 최대로 높였다. 레그 밴디 상사의 말이다.

"조종사들이 이렇게 말하는 걸 들을 수 있었죠. '그 망할 놈은 왼쪽에 있어!' 그 다음 사진속에서나 보던 풍경이 펼쳐졌지요!"

머스탱 전투기에서 쏜 네이팜과 로켓탄이 명중하자 엄청난 연기와 먼지 구름이 피어났다.

왕립 오스트레일리아 연대 제3대대는 동쪽으로 진격해, 커닝햄 소대가 빼앗겼던 고지를 탈환할 예정이었다. 플로이드 월시 중령은 그의 첫 전투가 된 이 전투에서 좌익에 A중대, 우익에 B중대, 합계 2개 중대를 투입했다. 디거들은 차량에서 하차한 후 횡대로 전개하여 기다란 총검을 착검하고 기다렸다. 월시는 코드 여단장에게 무전으로 이렇게 말했다.

"공격하기를 원하신다면, 준비는 완료되었습니다. 시작 버튼만 누르면 됩니다."

그러자 코드 여단장은 간결하게 이렇게 말했다.[51]

"좋아. 시작하게!"

공격이 시작되었다. 14:00시였다.

목표 고지로 가려면 개활지를 720m 통과해야 했다. 디거들은 긴 줄을 지어 앞으로 나아갔다. 각 사람 간의 간격은 3m 이상이었다. 적 자동화기가 사격을 가할 경우 피해를 최소화하기 위해서였다. 이전에 전투를 즐겼던 A중대의 병사 믹 서보스는 이렇게 말했다.

"우리는 상황의 심각성에 대해서는 이야기를 들은 바가 없었어요. 이건 또 다른 대공격이라고만 생각했지요."

얼마 가지 않아 중국군은 오스트레일리아군 대열에 사격을 가하기 시작했다. 서보스의 말은 이어진다.

"고지 위의 기관총좌에서 사격이 시작되었어요. 상대가 총을 쏘는 것도, 땅에 총알이 명중하는 것도 보였지요."

총탄은 진격하는 오스트레일리아군 대열 바로 앞에 떨어졌다. 적 기관총수가 기관총을 돌리자, 서보스의 오른쪽에서 흙먼지를 피워 올리던 탄착 지점이 점점 그를 향해 다가오는 것이 보였다.

"빨리 몸을 움직여야 총알을 피할 수 있다고 생각했어요. 다음 순간 바람에 뿌리 뽑혀 날아온 집이 나를 때리는 것 같은 느낌이 들었지요."

허벅지에 5발의 총탄을 맞은 그는 그 자리에 쓰러지고 말았다.

"그야말로 엄청나게 아팠지요! 하지만 다행이었어요. 5발의 총탄 모두 근육만을 파괴했을 뿐, 뼈를 부순 것은 없었거든요!"

다른 사람들도 쓰러졌다. 다음 희생자는 B중대의 행정병이던 스탠 코넬리의 옆에 있던 병사였다. 코넬리의 말이었다.

"그 친구의 머리가 수박처럼 박살이 났어요. 그는 내 옆에 쓰러져 죽었지요. 그걸 본 나는 엄청 기분이 나빴어요. 그러나 공격은 계속되어야 했지요."

사상자를 구호한다고 공격을 중단할 여력은 없었다. 사상자는 논 위에 방치되었다.

첫 전투에서 수류탄을 든 적을 권총으로 물리친 박격포 소대장 필립 베네트 중위는 이 상황을 날카롭게 뜯어보고 있었다. 그는 이렇게 말했다.

"적이 점령한 고지 사면으로 우리군의 화력이 유도되는 것을 볼 수 있었어요. 엄청난 수의 탄약이 목표에 명중해 폭발하면서 먼지와 연기를 피워 올렸지요. 거기에 적병이 몇 명이나 맞아 죽었는지는 아무도 알 수 없지만, 아군의 사기를 올리기에는 최고였어요."

각 중대들이 산자락의 덤불 속으로 뛰어들었을 때, 그의 눈앞에는 아무 것도 보이지 않았다.

이 상황을 특별석에서 즐기고 있던 또 다른 장교가 있었다. 산자락에 있던 커닝햄 소위였다. 그는 이렇게 말했다.

"오시들이 1개 대대 전부를 동원해 공격을 했어요! 고지에 엄청난 화력을 퍼부으면서 수많은 병사들이 맨몸으로 돌격하는 장면은 정말 대단했지요. 제가 있던 곳보다 그 모습이 더 멋있게 보이는 자리는 적 진지 말고는 없었어요."

디거들은 커닝햄이 이끄는 아가일 대대 병사들을 지나쳐 고지를 올랐다. 브렌 경기관총을 휘두르던 코넬리는 산마루에 도달할 무렵 완전히 지쳐 있었지만 최종 돌격에 함께했다.

"우리는 노도처럼 몰려갔어요. 몇 명의 적군을 보았지요. 나는 바로 브렌 경기관총을 소총처럼 견착하고 그들에게 사격을 가했어요."

중국군들은 덩치 큰 오스트레일리아인들이 기관총 탄막을 뚫고 돌격해 오는 것을 보았다. 오스트레일리아인들이 근접해 공격을 가하자, 중국군은 무너지기 시작했다. 코넬리의 말이다.

"중국군들은 등을 보이고 도망치기 시작했어요. 우리는 그런 그들을 쏘아 쓰러뜨렸지요."

이제 유린당하는 쪽은 중국군이었다.

이 총격전은 에릭 거에게 충격을 주어 깨어나게 했다.

"오시들이 총검을 들고 백린 수류탄을 던지며 고지를 오르고 있었지요."

거의 몸은 다섯 군데의 총상에서 입은 피로 범벅이 되어 있었고, 삭발한 머리에 깡마른 체구여서 중국군으로 오인받기 알맞았다. 어떤 오스트레일리아 병사가 총검을 겨누고 돌격해 왔다. 거는 그를 향해 소리쳤다.

"나는 아가일 대대원이야!"

상대방은 그의 신원을 알아봤다. 그의 근처에는 부상당한 미언도 누워 있었다. 두 오스트레일리아 병사들이 그를 구호했다. 그때 엄폐물에서 어느 중국군 병사가 튀어 나와서 세 병사를 향해 버프 건의 방아쇠를 당겼다. 하지만 총은 찰카닥 소리를 냈다. 아마 탄창이 비었던가, 아니면 송탄

불량을 일으켰을 것이다. 상대는 이러지도 저러지도 못하고 꼼짝 못하고 서 있었다. 소대장인 노엘 '치크' 찰스워스 중위는 자신의 소총을 들어 중국군 병사를 조준한 다음 방아쇠를 당겼다. 그러나 그의 총 탄창도 비어 있었다. 찰카닥 소리만 났다. 중국군 병사는 도망쳐 버렸다.[*52]

15:00시경 진지는 확보되었다. 생존자들의 시련도 끝이 났다.[53] 거는 이 렇게 말했다.[**]

"살아남아서 기뻤습니다."

전사한 디거 중에는 에릭 라슨 중위도 있었다. 그는 끊어진 다리 전투에 서 선봉에 서서 싸웠던 사람이었다. 고지 정상에 도착한 병사들은 즉시 진지를 만들었다. 인근 산마루에 올라간 D중대도 포함해서였다. 네이팜 공격의 효과는 실로 끔찍했다. 디거들은 네이팜 공격을 '열처리'라고 불렀다. 렌 오피 병사는 한쪽 팔이 완전히 타 버린 중국 병사를 발견했다. 오피가 그 중국 병사를 시체 구덩이에 던져 넣으려고 붙잡자 그 팔은 떨어져 나갔다.

"……그래서 저는 그 팔로 그 중국 병사의 머리를 때렸지요. 아마 그런 일을 해 본 사람은 거의 없을걸요."

C중대와 대대 본부는 저지대에 진지를 파고, 도로를 지켰다.

적의 사격은 계속되었다. 존 로프티 포트너의 말이다.

"우리 대원 한 명이 공제선 위에 발레리나처럼 서 있었어요. 그 친구는

---

[*] 1997년 데이비드 윌슨은 미언과 당시 오스트레일리아군 소대장이었던 찰스워스를 연결시켜 주었다. 스코틀랜드에 살던 미언은 찰스워스에게 전화를 걸어, 목숨을 구해주어 고맙다고 했 다. Gurr, Eric; Charlesworth, Chick; Meighan, John; A Hill in Korea, www.britainss-mallwars.com 참조.

[**] 역시 1997년, 윌슨은 거에게 편지를 써서, 패터슨의 묘지에 대해 자세히 알려주었다. 패터슨 중사의 무전 메시지는 갑자기 끊겼다. 그는 고지에서 무사히 퇴각하기는 했으나 부상으로 인 해 병원에서 사망. 싱가포르에 안장되었다. 그리고 그를 충분한 브리핑 없이 전투에 내보내 미 안했다고 말했다. 이는 거가 필자에게 2010년에 보내온 편지에 적힌 내용이다.

이렇게 말했지요. '적이 보이는군.' 그러다가 그 친구는 또 이렇게 말했어요. '으악, 나, 총에 맞았어!' 그 친구는 트위드(tweed)를 떨어뜨렸죠. 그 친구가 총을 맞은 부위는 음낭이었어요. 터진 음낭 속으로 하얀 불알이 보였어요. 우리는 수건을 사용해 그 친구의 터진 음낭을 감싸 주었어요. 좀 웃기는 상황이었죠."

산마루를 따라 폭발이 이어졌다. 중국군이 박격포를 사격하고 있는 것이었다. A중대 본부가 박격포탄에 직격당했다. 강력한 중대장이던 빌 치트스가 다리에 중상을 입었다. 이는 훗날 엄청난 결과를 가져오게 된다. 아가일 대대원들과 디거들은 부상자들을 사면을 통해 후송했다.

논에는 서보스가 허벅지에서 엄청난 출혈을 일으키며 아무것도 하지 못하고 누워 있었다.

"저는 높고 메마른 곳에 버림받았지요."

오후 늦게나 되어서야 걸을 수 있는 경상자 2명이 그를 발견해 후송했다. 세 사람은 서로를 도와 가며 길을 향해 절뚝거리며 나아갔다. 그때 북쪽에서 전차 한 대가 다가왔다. 경상자 중 한 명이 이렇게 말했다.

"이런, 적 전차면 우린 끝장이다!"

다행히도 그 전차는 셔먼 전차였다.

전차장이 포탑 밖으로 몸을 내밀고, 피투성이가 된 세 사람의 오스트레일리아 병사들에게 전차에 타라고 했다. 꼭 붙잡으라는 주의도 잊지 않았다. 전차장은 이렇게 말했다.

"전방에 도로 장애물이 있어! 격파하고 나아갈 거야!"

도로의 동쪽 면에는 적들이 여기저기 자리 잡고 있었다. 그래서 오스트레일리아 병사들은 포탑의 오른쪽에 자리 잡았다. 3명 모두 상태가 좋지 않았다. 서보스의 부상당한 다리는 아파왔고, 두 번째 사람의 손은 떨어져

나가기 직전이었고, 세 번째 사람의 팔은 마치 정육점의 고기를 방불케 하는 상태였다. 엔진이 굉음을 울리고 셔먼은 먼지를 피우며 도로를 따라 달려 나갔다. 오스트레일리아 병사들은 흔들리는 차체를 꼭 붙잡았다. 전차는 도로 측면에서 가해지는 중국군의 사격을 받으며 달려 나갔다. 도로 장애물이 아니라, 가히 탄막 수준이었다. 셔먼 전차는 포탑을 왼쪽으로 돌려 탑재된 중기관총을 사격해 댔다. 그들은 적의 공격을 피해 빠져나가는 데 성공했다.

해가 질 무렵 고지 위에서는 2명의 디거들이 B중대의 전방을 수색하고 있었다. 코넬리의 말이었다.

"론 툴리라는 친구가 이렇게 말하더군요. '나랑 함께 가자. 기념품 챙겨야지.' 그 친구는 적군의 권총 같은 걸 가져가고 싶었나 봐요."

두 사람은 지형의 맨 앞쪽 가장자리까지 나아갔다. 거기서 밖으로 나가는 길에는 중국군의 빳빳한 시체가 잔뜩 널려 있었다. 코넬리는 걱정이 되었다. 그러나 툴리는 처음 본 중국군 시체를 열심히 뒤졌다. 그때 그 '시체'는 갑자기 수류탄을 꺼내 들었다.

"그놈이 그 수류탄으로 자살을 하려고 했던 것인지, 툴리를 잡으려고 했는지는 알 수 없어요. 그러나 어찌됐든 수류탄을 던지는 데는 실패했죠. 수류탄은 폭발했고, 툴리의 몸에 중국군의 뇌 조각이 잔뜩 쏟아졌어요."

두 사람은 경계선 안으로 급히 돌아왔다. 툴리의 꼬락서니는 당연히 말이 아니었고, 코넬리도 두려움에 몸을 떨었다. 그는 이런 생각이 들었다. 저기 있는 적군들의 시체 더미는 정말로 죽은 것이 맞나? 혹은 죽은 척하다가, 밤이 되면 일어나서 기습을 하려는 것인가?

                                    * * *

 디거들이 고지를 점령하는 동안, 여단의 나머지 병력은 북으로 이동했
다. 아가일 대대 C중대 소속 앨런 로더 소위가 소대를 이끌고 동쪽으로 나
아가 끊어진 다리를 건너자 기다리고 있던 미군 장교가 이런 인사말을 근
엄하게 건넸다.

 "똥덩어리가 프라이팬에 떨어졌군(문제가 많군)!"

 조크들은 모두 웃었다. 그 미군 장교는 영국인들의 반응에 놀랐다. 아가
일 대대원들 중 누구도 이전에 그런 말을 들어 본 적이 없었다.

 하지만 아가일 대대원들이 다리 위에 서서 전장을 처음으로 보자 웃음
기도 사라졌다. 로더의 말이다.

 "우리 눈에 적들이 보이기 시작했어요. 800m도 채 떨어지지 않은 고지
들에 적들은 마치 개미떼처럼 몰려와 있었어요."

 그는 공포를 느꼈다. 이제부터 체험할 일은, 한국에 와서 이제까지 체험
한 일과 정확히 반대임을 깨달았기 때문이었다.

 "그렇게 많은 적이 도망가는 게 아니라 우리에게 다가오는 것은 처음 보
았어요."

 C중대는 도로의 동쪽을 지키고 있던 B중대와 합류했다. 론 예트먼의 말
이다.

 "무슨 일이 있더라도 현 위치를 사수하라는 명령을 받았어요. 제가 한국
에서 보낸 시간 중 최악이었죠."

 여단의 차량들이 엎드려 있는 아가일 대대원들을 지나치는 동안, 고지에
서는 뭔가 일이 벌어지고 있었다. 예트먼의 말은 계속된다.

 "계곡 너머 고지의 모든 수풀들이 움직이기 시작했어요. 도저히 제 눈을

믿을 수가 없었어요! 적들은 그야말로 온 사방을 새카맣게 메웠는데, 우리 병력은 고작 2개 중대뿐이었어요!"

호전적인 미첼도 이제 여기서 끝이 아닌가 싶을 정도였다. 이 곳이 바로 아가일의 가느다란 붉은 선이(thin red line: 84P 참조) 그어진 곳인가?[54]

그때 하늘에서는 유례없이 큰 소리가 울렸다. 로더가 놀라 올려다보니 오스트레일리아 공군의 머스탱 전투기들이 땅에 착 붙어 날아오고 있었다. 전력선 아래를 통과한 그들은 산마루에 기총소사를 퍼부었다.

미들섹스 대대에는 12:50시에 이동 명령이 내려졌다. 그러나 그들이 이동을 시작한 것은 14:00시부터였다.[55] 존 윌로비 소령의 기록이다.

"대로에 가급적 빨리 집결하라는 명령을 받았다. 수송 중대의 트럭들이 도착했다. 그 트럭에는 미군 연락 장교 3명도 타고 있었다. 그들은 청천강 이남에 있는 미군 부대로 돌아갈 시간이 되었다고 판단했다. 그래서 그들은 탈출로를 막고 있는 장애물을 돌파해 와서, 우리가 아군 주력으로부터 단절되었음을 알려 준 것이다. 그러나 우리는 어찌되었건 간에, 강의 도하 지점을 감제하는 이 무서운 고지들을 중국군보다 먼저 점령해야 했다."[56]

트럭에 빽빽하게 탄 대대는 박천의 폐허가 된 거리를 지나 남쪽으로 향했다. 박천 시내를 벗어나 개활지로 향했다. 프랭크 화이트하우스는 이렇게 회상했다.

"그때 이렇게 생각했지요. '북경 놈들, 혼내 줄테다!'"

앞으로의 전투는 이제까지의 전투와는 다르다는 것을 모두가 알고 있었다. 비벌리의 말이다.

"그때 우리는 국왕과 조국을 위해 싸우지 않았어요. 살아남기 위해서 싸웠지요."

다이하드들이 하차하자마자 도로를 따라 늘어서 있던 적의 소부대들과 접전이 벌어졌다. 보브 여비 중사의 말이다.

"도로를 따라 전진해, 목표 지점에 도착하라는 지시를 받았어요. 그래서 우리는 착검하고 전진했지요. 튀어나오는 놈은 무조건 쐈어요. 머리 위로 총알이 핑핑 날아다녔지요."

나아가는 길에는 적의 시신도 보였다.

"적의 시신은 옆으로 차 버리고 계속 전진했어요. 우리는 거기서 빠져나가야 하니까요."

중국인은 상업뿐 아니라 전쟁에도 매우 능한 것이 드러났다. 여비는 이렇게 생각했다고 한다.

"그놈들은 결코 몸을 돌려 도망치지 않았어요. 계속 싸울 작정이었어요. 청력과 신경이 열 배로 예민해졌지요. 뭔가 엄청난 일이 우리 주변에서 벌어지고 있었어요."

미들섹스 대대가 왕립 오스트레일리아 연대 제3대대 곁에서 적을 압도하고 있을 무렵, 디거들은 동쪽으로 공격해 나갔다. 도로 옆에 설치된 디거들의 빅커스 기관총과 박격포가 엄호사격을 펼쳤다. 선두에 선 D중대의 윌로비는 이런 글을 썼다.

"우리는 먼지와 연막을 뚫고 정확한 각도에서 공격을 벌였다. 기관총은 우리가 그 앞을 지나갈 때면 바로 사격을 멈췄다."[57]

미들섹스 대대는 왕립 오스트레일리아 연대 제3대대의 남동쪽에 있는 목표물, 즉 청천강을 굽어보는 산마루에 도착할 때까지 계속 나아갔다. 미들섹스 대대원들이 차량에서 내려 공격 준비를 하는 동안, 윌로비는 만약의 사태에 대비해 차량을 가까운 곳에 세워 두라고 중대 선임 하사관에게 지시했다. 중대 선임 하사관은 명령 없이 후퇴하면 총살해 버리겠다고 운전병들을 위협했다. 부하들이 공격 시작점으로 이동하는 동안, 윌로비는 쌍안경으로 목표물을 살폈다. 거기에는 사람들이 있었다. 그 사람들은 오스트레일리아군의 슬라우치 햇을 쓰고 있었다. 그들은 모자를 흔들며 다이하드들에게 오고 있었다. 그러나 그 친구들은 달리고 있었다. 윌로비는 이렇게 생각했다.

"오스트레일리아군들은 걷지도 달리지도 않습니다. 큰 보폭으로 성큼성큼 움직이며 뭐든지 주파하지요."

초점을 자세히 맞춰 보니 상대는 중국군들이었다. 중국군들의 모자에 위장용으로 꽂은 잔가지가 수평으로 튀어나와 슬라우치 햇처럼 보였던 것이었다.[58]

미군 전방 관측 장교가 도착했다. 그리고 그가 유도한 포격으로 인해 고지는 불바다가 되었다. 미들섹스 대대는 진격했다. 그들은 전투 없이 목표를 점령했다. 산마루에서 적 시신 7구를 발견했다. 다이하드들은 진지를 팠다. 미군의 수송 능력과 화력에 힘입어 맨의 부하 장병들은 산마루의 중국군을 몰아냈다.

15:00시경, 임무 해제된 아가일 대대원들은 위장한 적의 대군이 동쪽으로 움직이는 것을 보고, 남쪽으로 이동하라는 명령을 받았다. 아가일 대대 B중대는 트럭에, C중대는 전차에 승차했다. 홀데인의 회상이다.

"마치 히치하이킹을 하는 것 같았습니다. '나 좀 태워 줘요!'"

닐슨의 조크들은 미들섹스 대대 뒤를 가로질러, 안주의 청천강 도하 지점 바로 건너편의 고지 사이에 진지를 팠다. 여단 행정실 요원들은 미 육군 제61포병대대와 함께 남쪽에서 강을 건넜다. 그 후 미군의 야포는 북쪽을 겨냥했다.

밤이 되자 영국군 제27여단은 태룡강을 포기했다. 그러나 청천강 북부의 5km 크기의 교두보는 계속 지키고 있었다. 전선 동쪽에는 아가일 대대가, 중앙에는 미들섹스 대대가, 서쪽에는 다른 대대보다 1.6km 이북에 왕립 오스트레일리아 연대 제3대대가 위치했다. 박천 전투에서는 신속한 이동과 반복되는 위기가 빠르게 번갈아가며 벌어졌다. 코드는 그 상황을 건조한 문체로 이렇게 적었다.[59]

"모든 이를 흥분시키는 날이었다."

전쟁 일지 기록자는 절제된 표현으로 이렇게 적었다.

"여단은 강력한 조치로 곤란한 상황에서 탈출했다."

죽은 중국군 병사에게서는 폭파 장비가 발견되었다. 그들은 다리를 폭파시켜, 여단을 움직이지 못하게 할 생각이었던 것이다.[60] 이를 알아차린 영국군은 강의 도하 지점에서 매우 불쾌한 일을 해야만 했다. 레지 제프스 대위의 말이다.

"그날 밤, 도로에는 다수의 민간인 사망자가 있었습니다. 십자포화에 당한 것이었죠. 그들이 몰던 손수레에는 유혈이 낭자했습니다. 우리는 그 시신들을 모두 하나하나 철저히 몸수색해야 했습니다. 중국군이 민간인 사망자로 위장해 들어와 있을지도 모르는 일이었으니까요."

그러나 1950년 11월 5일의 일은 아직 끝나지 않았다.

* * *

서해로 태양이 저물자 오스트레일리아군이 점령한 낮은 능선의 서쪽 사면은 황금빛 노을이 졌다. 갤러웨이는 얼어붙은 땅 위에 설치된 대대 본부 안으로 들어가며 이런 노래를 불렀다.

"묵은 해가 지는 모습은 보고 싶지 않았네."

그와 같은 감정을 가진 사람들은 많이 있었다. 고지에는 A, B, D 중대가 배치되었고, C중대는 도로 양쪽에 전개해서 지원 중대와 대대 본부를 엄호했다.

북동쪽의 산들은 해가 지면서 자줏빛으로 물들어 갔다. 동쪽에서는 나팔 소리가 울렸다. 적 수 개 중대가 기동하고 있는 것이었다. 박격포로 발사된 조명탄이 디거들의 진지를 비추었다. 산마루에 총성이 울렸다.

대대 본부 인근에 방열되어 있던 왕립 오스트레일리아 연대 제3대대의 박격포는 직사 요청을 받고 사격을 시작했다. 중국군은 이들에 맞서 대포병 사격을 벌여, 대대 본부 인근을 파 뒤집어 놓았다. 월시는 오다우드에게 대대 본부를 남쪽으로 900m 이동시키라고 명령했다. 이는 야간에는 매우 힘든 움직임이었다. 그리고 움직이려면 예하 소총 중대와 연결된 전화선을 포기해야 했다. 그래서 오다우드는 반발했다. 하지만 월시의 고집도 만만치 않았다. 이 말싸움을 무전망으로 듣던 코드는 대대 본부의 후퇴를 허가했다. 그러나 예하 소총 중대들은 현 위치를 유지하도록 했다. 적의 사격과 어둠 속에서 텐트와 장비를 걷어치워 차량에 싣고, 알 수 없는 장소로 이동하는 이 움직임은 지극히 혼란스러운 것이었다.

그러고 나서 20:00시, 월시는 소총 중대들도 후퇴할 것을 명령했다. 밴디의 말이었다.

"간신히 상황을 통제할 수 있게 되었나 했더니, 대대장은 소총 중대를 800m 뒤로 이동시키라고 명령을 내렸지요. 모두가 화를 냈어요. 바보 같은 명령이라는 것을 다들 알고 있었어요."

갤러웨이는 상황이 전개되는 것을 모두 듣고 있었다.

"무전 교신을 통해 뭔가 상황이 안 좋게 돌아가는 것을 눈치챘습니다. 장교들이 말싸움하는 것을 들었지요. 월리 브라운 소령은 월시 중령을 온 마음을 담아 욕해 댔습니다. 안 그래도 브라운 소령은 D중대에서의 생활이 마음에 들지 않던 참이었어요. 후퇴 명령이 떨어지자 우리는 완전히 캄캄한 도로 위로 소떼처럼 내몰렸지요. 대체 어떻게 상황이 돌아갔는지 알 수 없었어요."

월시의 판단은 상황에 비추어 볼 때 매우 이례적인 것이었다. 그의 예하 중대들은 이미 적과 접전 중이었고, 안전이 확보된 후방 지대도 없었다. 지금이 적절한 시기라는 확신도 없었고, 계획 수립에 기반이 된 어떤 자료도 없었다.[61] 왕립 오스트레일리아 연대 제3대대의 새 대대장은 첫 전투에서 정신이 나가 버린 것이었다.

B중대와 D중대의 중대장은 베테랑이었다. 그들은 월시의 명령을 곧바로 따르지 않았다. 도로에 나가 있던 C중대의 중대장은 '철갑탄 아치' 데니스였다. 중대를 완벽히 통제하고 있던 그는 대대장의 명령에 따랐다. 사과 과수원 전투에서 적을 괴멸시켰던 소대의 소대장 데이비드 머틀러는 회상했다.

"우리는 적의 공격을 받고 있었죠."

적은 서쪽으로부터 중대에 접근해 오고 있었다. 오스트레일리아군이 진지를 버리게 하는 것이 목적이었다. 데니스의 병력들은 사격을 중지했다. 그러자 강 건너에서 중기관총 한 정이 불을 뿜었다. 50구경 중기관총은 항공기도 격추시킬 수 있고, 벽돌담도 관통할 수 있다. 버틀러는 자신이 포물선을 그리며 날아가는 중기관총의 예광탄 아래에 있음을 알았다.

"아주아주 불편한 경험이었습니다."

적과의 전투를 중단하라는 명령이 내려왔을 때, 그는 너무 바빠서 무서워할 틈도 없었다. 그는 철수 중에 부하 장병들이 모두 자기 곁에 있는지 확인해야 했다. 중대는 소리 없이 일렬로 길을 내려와 대대 본부가 있어야 할 위치로 향했다. 암구호를 물어 볼 경우, 답어는 '산욕(acid bath)'이었다.

좌측면의 A중대는 중대장 치트스를 잃었으므로, 경험 없는 22세의 앨지 클라크 중위가 중대장을 맡고 있었다. 클라크는 도로상에서 재집결하라고 무전으로 명령을 보냈다. 그곳에서 그는 월시와 만날 것이었다. 클라크는 적과 교전 중에 철수할 경우, 부대를 종대로 줄 세워 후방에 설치된 참조점들을 통과해 가면서 최종적으로 아군과 만나야 한다고 교육받았다. 그러나 지금 이 중 확실한 것은 아무것도 없었다. 그럼에도 불구하고 그는 명령에 따랐다. 클라크가 이동을 기획하고 있을 때 중국군이 그의 지휘소를 공격했다. 병사 2명이 피격당했고 중대 선임 하사관이 전사했다. 또 한 명의 병사는 수류탄 폭발로 머리가 날아갔다. 클라크도 안면에 수류탄 파편을 맞았다. 중대의 지휘체계는 붕괴되었다.[62]

A중대에는 돈 우즈라는 병사가 있었다. 태즈메이니아 출신 빅커스 기관총 사수이던 그는 일본에서의 군생활이 매우 편하다는 소리를 듣고 군에 입대했다. 중국군이 쳐들어왔을 때 그는 불과 5m 떨어진 중국군에 대고 사격을 가했다. 기관총의 총구 화염에 중국군의 모습이 비추어 보일 정도로 가까운 거리였다.

"정말 가까웠지요. 상대방 눈의 흰자위도 보일 정도였어요!"

개인호에 있던 디거 한 명이 중국군의 총검에 찔렸다. 그러나 우즈는 자기 진지를 잘 지켜내고 있는 것 같았다. 그러고 나서 일은 잘못되기 시작했다. 기관총수들은 그들 위와 뒤의 사면에서 뭔가가 움직이는 소리를 들었다.

"그걸 듣고 우리는 말했지요. 'A중대가 틀림없어!'"

그러나 그것은 틀린 생각이었다. 2정의 기관총 사이에 무수한 방망이 수류탄이 낙하했다. 수류탄이 폭발하면서 그 충격으로 우즈는 허공을 날았다. 파편이 그의 허벅지에 명중했다. 무질서하게 후퇴하는 중대 사이에 중국군이 침투해 온 것이었다. 우즈는 이렇게 말한다.

"우리만 혼자 남겨졌어요. 통신은 끊기고, 정말로 무서웠지요. 여기서 빨리 빠져나가야 한다는 것을 알고 있었어요."

기관총수들은 미친 듯이 기관총의 노리쇠를 빼서 집어던졌다. 총을 사용 불능으로 만들기 위함이었다. 우즈는 고통스러웠지만 움직일 수 있었다. 그는 쫓아오는 중국군에게 수류탄을 던져 그들의 진격 속도를 늦췄다. 다른 병사들도 똑같이 수류탄을 던졌다. 수류탄은 펑펑 터지며 오스트레일리아군의 후퇴를 엄호해 주었다. 파편에 중상을 입은 디거 한 명은 동료들의 손에 장비를 붙들려 끌려가고 있었다. 우즈는 그림자에 대고 총을 쏘았다. 어둡고 혼란스러웠고, 적에게 포위당한 상황에서 그는 다시 가족과 만날 수 있을지 궁금했다. 오스트레일리아 병사들이 평지에 도달했을 때, 그들 앞의 도로에서 철그렁 소리와 함께 헤드라이트의 불빛이 보였다. 미군 전차의 것이 틀림없었다. 생존자들은 미군 전차에 탑승했다. 그리고 남쪽의 대대 본부로 이송되었다.

그때 찰스워스는 소대를 후퇴시키라는 명령을 받고, 인원수를 세고 있었다. 그런데 35번째로 센 인원은 그의 소대원이 아니라 중국군이었다! 그는 소대원들에게 소리를 지르고 상대를 향해 사격을 가했다. 그러자 버려진 고지에서도 그를 향해 사격이 날아왔다. 그의 소대는 박살이 났다. 소대는 삼삼오오 흩어져 B중대로 가거나 도로를 따라 움직였다.[63] 부상을 당했지만 아직 싸울 수 있던 클라크는 어둠 속에서 중대 본부의 생존자들을 이끌고 있었다. 어둠 속에서 어디를 봐도 적의 그림자를 볼 수 있었지만, 그들 역시 디거들과 마찬가지로 부대가 와해된 것 같았다. 클라크는 용기와 자신감을 갖고 행동하여, 적들이 자신들을 지나쳐 갔음을 알았다. 그는 동료 병사들을 남쪽으로 인도했다.[64]

얼마 못 가 제 위치를 지키고 있는 중대는 D중대 말고는 없었다. 버틀러의 말에 의하면, 잔여 중대들은 대대 본부가 모르는 저지대 어딘가에 뿔뿔이 흩어져 있었다. 왕립 오스트레일리아 연대 제3대대가 중국군의 공격으로 끝장나는 것은 피할 수 없어 보였다. 어두운 고지에서 음습한 나팔소리가 들려왔다. 곡은 〈장례 나팔(The Last Post)〉이었다. 장병들은 부상당한 아가일 대대 병사나 왕립 오스트레일리아 연대 제3대대 병사가 부는 것이 아닌가 하고 궁금해 했다.[*65]

코드는 월시가 엄청난 판단착오를 저질렀다는 것을 알았다. 레지 제프스의 회상이다.

"브루스 퍼거슨이 또 다른 장교를 데리고 여단 본부에 도착했습니다. 대대 전체가 혼란에 빠져들어 가고 있음을 알리기 위해서였지요."

충격을 받은 코드는 미들섹스 대대에, 적이 돌파를 시도할 경우를 대비해 서쪽에 도로 장애물을 설치할 것을 지시했다. 이는 이루어졌다. 다이하드들은 현재 적의 공격을 받고 있지는 않았으나, 긴장한 상태였다. 윌로비의 회상이다.

"미군은 밤새 강 남쪽에 엄청난 양의 포탄 세례를 퍼부었지요. 머리 위로 포탄이 날아가는 소리가 끊이지 않았습니다.[66]"

새벽이 되었다. 얼어붙은 교외를 차가운 안개가 감쌌다. 모든 것이 으스스한 정적 속에 누워 있었다. 코드는 현황을 직접 파악하기 위해 왕립 오스트레일리아 연대 제3대대로 차를 타고 갔다. 엉망진창인 대대 본부에서 부상병들이 치료를 받고 있었다. 의무병이 우즈의 다리에서 플라이어로 파편을 빼내고 있었다. 여단장은 오다우드를 찾아갔다. 그는 지도를 펼쳐 놓

---

* 그들은 그게 누구인지 전혀 알아내지 못했다. 나팔을 분 사람의 신원은 아직까지도 수수께끼로 남아 있다.

고, 소총 중대의 위치를 알려달라고 말했다. 하지만 오다우드는 전혀 알지 못하고 있었다. 그러자 코드는 손가락으로 지도를 찔러 가며, 중대들을 어디에 배치시키고 싶었냐고 오다우드에게 재차 물었다. 그 다음 그는 월시를 찾으러 차를 몰고 떠났다.

톰 머글톤 상사는 코드와 오다우드 주변에 있었다. 머글톤의 말이다.

"왜 코드 여단장이 여기 왔는지 저는 전혀 몰랐어요."

그는 뭔가 엄청난 상황이 곧 닥칠 것을 직감하고 무서워졌다.

"제가 수풀 속에 있었는데, 수많은 사람들이 경례를 하는 것을 보았어요."

머글톤은 두 사람의 대화 내용을 듣지는 못했다. 그러나 코드 여단장의 방문 결과는 왕립 오스트레일리아 연대 제3대대의 전쟁 일지에 요약 정리되어 있었다.

"F. S. 월시 중령은 미 제8군 사령부 예하 오스트레일리아군 작전 연구팀으로 전출되었다."

코드는 월시를 현장에서 해임한 것이었다.

영국인 여단장이 전투 중에 오스트레일리아인 중령을 해임한 것은 상당히 위험한 일이었으나, 거기에 대해 항의한 오스트레일리아군 장병은 없었다. 머글톤의 말이다.

"우리는 월시를 좋아하지 않았어요. 그가 유능하다고 생각하지도 않았고요. 그가 내린 모든 판단은 다 틀렸어요."

베네트도 그의 말에 동의했다.

"그날 밤에는 대대의 전력이 최대로 발휘되지 못했어요. 그러나 그런 상황을 견뎌 내지 못한 것은 전적으로 대대장의 책임이에요."

베네트는 월시의 후임자를 가리켜 사나이 중 사나이이자 군인다운 군인이라고 말했다. 그는 다름 아닌 부대대장인 브루스 퍼거슨 소령이었다.

박천 전투에서 오스트레일리아군은 엄청난 피해를 입었다. 전사 20명, 부상 64명이었다.[67] A중대는 사실상 괴멸 직전까지 갔다. 하지만 왜 중국군은 오스트레일리아군을 전멸시키지 않은 것일까? 일종의 자비심이라도 베풀어 준 것이었을까?

* * *

이 의문을 해소하기 위해 영국군 정찰대는 셔먼의 지원을 받아가며 안개 속으로 조심스럽게 전진해 갔다. 그들은 아무것도 발견하지 못했다. 우즈의 말이다.

"중국군은 사라져 버렸습니다. 믿을 수 없는 일이었습니다. 우리 대원들은 현장에 남겨진 영국군 기관총을 회수해 돌아왔습니다."

11월 7일, 정찰대는 더욱 깊숙이 나아갔다. 정찰대를 이끌고 이름 없는 계곡과 고지를 누빈 사람은 커닝햄이었다. 그는 이렇게 말했다.

"우리 소대가 다시 선두에 섰습니다. 그 이유는 잘 알지 못했습니다만, 아마도 우리 소대가 인원이 크게 줄어서였겠지요. 논을 건너는데, 고지를 따라 엄청난 포화가 날아오던 게 아직도 기억이 납니다. 연기와 흙먼지가 펑펑 일직선으로 터졌지요."

11월 5일에 그의 운이 나빴다면, 지금 그의 운은 다했다.

"갑자기 저는 걸을 수 없음을 알았습니다."

눈에 보이지 않는 강한 힘이 그를 땅 위에 거칠게 쓰러뜨렸다. 윌슨은 커닝햄에게 달려가 그의 상태를 본 후 모르핀 주사를 놓았다. 커닝햄은 아무 고통을 느끼지 못하고, 아래쪽을 내려다보았다.

"제 다리는 파편으로 엉망진창이 되어 이상한 각도로 뒤틀려 있었지요. 머리에도 부상을 입었지만 그때는 그게 얼마나 심한지 알지 못했습니다. 배에도 부상을 입었어요. 매우 큰 부상인 것 같았어요. 피가 엄청나게 많이 나왔거든요. 제 몸 상태는 엉망진창이었어요. 그러나 그게 얼마만한 부상인지는 알지 못했지요."

그는 여단 진료소로 이송된 다음, 거기에서 미군 앰블런스를 타고 청천강을 건너 남쪽으로 후송되었다.

커닝햄 이외에도, 그의 소대원 중 5명이 운이 나빠 박격포탄에 피격되었다. 그러나 그것은 적의 박격포탄이 아니었다. 어이없게도 그것은 그들의 대대에서 발사한 오인 사격이었다.[68] 중국군은 완전히 전투를 중단하고 사라져 있었다.

모든 정찰대는 적의 시신을 발견했다. 일부는 매장된 상태였지만, 일부는 그냥 방치되어 있었다. 왕립 오스트레일리아 연대 제3대대는 북한군과 접전을 벌여 그중 3명을 생포했다. 그러나 그 외에 이렇다 할 큰 전투는 없었다. 전 전선에서 상황은 똑같았다. 1주일간의 전투 후, 중국군은 전투를 중단하고 사라져 버렸다.* 영국군 제27여단은 박천에서 적의 공격에 제대로 대응했다. 그리고 적 공세 마지막 날에 공격을 당했을 때도 운이 좋았다.

그로부터 20일간은 한국 전쟁에서 가장 이상한 기간이었다. 전 전선에서 각 부대는 중국군의 기습으로 빼앗긴 땅을 조심스럽게 되찾아 갔으며, 정찰대가 벌이는 소규모 전투를 제외하면 이렇다 할 만한 전투는 벌어지

---

* 영국군 제27여단 전쟁 일지 및 오스트레일리아 공식 출간 전쟁사를 비롯한 일부 자료에 따르면, 왕립 오스트레일리아 연대 제3대대의 수색대가 11월 7일, 약 800명으로 추산되는 적군이 북쪽으로 철수하는 것을 목격하고 항공 및 포격 지원을 요청해 엄청난 사상자를 냈다고 한다. 그러나 정작 왕립 오스트레일리아 연대 제3대대의 전쟁 일지에는 이 이야기가 없을 뿐더러, 필자와 인터뷰했던 오스트레일리아군들 중에도 그 사건을 언급한 사람은 없었다.

지 않았다. 영국군 제27여단은 한국군 및 미군과 함께 진격했다. 여단의 진격 속도는 느렸다. 10월 괄목할 만한 엄청난 속도로 전진했던 것에 비하면 큰 변화였다.

여단 전쟁 일지는 당시 작전을 이렇게 기록하고 있다.

11월 9일: 오늘 여단 구역은 조용했다.

11월 11일: 진격은 지연되었고 한국군은 따라오고 있는 것 같지 않았다. 미군 제1기병사단은 진격 중이라고 했으나 이날 내내 전선에 도착하지 않았다.

11월 13일: 정찰을 제외하면 다른 작전은 수행되지 않았다.

11월 16일: 사단 전선 전체에서 진격이 실시되었으며, 적의 저항은 일절 보고되지 않았다.

이상한 나날들이었다. 동북쪽 먼 곳에 있는 거대한 산들은 파랗게 흐려져 보였다. 주변의 풍경에는 전쟁의 상처가 각인되어 있었다. 헐벗은 논 곁에 있던 마을은 숯 더미가 되어 있었다. 여기저기에 전차와 트럭의 잔해가 널려 있었다. 그 모습은 얼마 전의 UN군 후퇴를 증언해 주고 있었다. 교량과 고가도로는 끊어지고 뒤틀려 철골을 드러내고 있었다. 그리고 어딜 가나 시신이 있었다. 정찰하던 디거들은 가혹행위의 현장을 목격하곤 했다. 사람들이 전선에 손이 묶여 사살당해 있었다.[69] 청천강 강둑 주변에는 얼음에 덮인 민간인 시신 1구가 있었지만, 모두가 본 척도 하지 않았다.[70]

하늘 위에서는 20세기의 가장 묵시록적인 풍경이 펼쳐지고 있었다. 반짝반짝 빛나는 은색 십자가들이 떼를 지어 하얀 비행운을 내뿜으며 차가운 푸른 하늘을 가로질러 날아가고 있는 것이었다. 압록강 다리를 폭격하러 날아가는 미군의 B-29 슈퍼포트레스(Superfortress) 폭격기들이었다.[71] 12월 8일, 북-중 국경 도시인 신의주가 B-29 77대의 폭격을 당했다. 도시의 2/3가 폐허가 되었다.[72] 맥아더는 중국이 결코 참전하지 않을 것이라는 자신감 넘친 예측이 맞아 들어가지 않자, 폭격의 강도를 높여 갔다.

부상자들은 치료를 받았다. 서보스와 거는 미군 MASH로 옮겨졌다. 에릭 거의 말이다.

"그곳은 잘 조직되어 있었지요. 수많은 부상자들이 몰려오더군요."

서보스의 회상이다.

"고통스러워하는 사람들의 고함 소리와 비명 소리가 난무했지요."

그는 간단한 다리 수술을 받고, 피를 빼낸 다음 거와 마찬가지로 일본으로 공수되었다. 가슴에 맞은 탄환만 빼면, 그가 맞은 모든 탄환은 제거되었다.

모르핀의 기운에 취해 있던 커닝햄은 엉망진창이 된 몸으로 앰뷸런스를 타고 남쪽으로 이틀을 달려 비행장에 도착, 일본으로 공수되었다. 오사카의 병원에서, 커닝햄의 다리에 대한 처분이 내려졌다. 커닝햄은 이렇게 말했다.

"의사들은 한쪽 다리를 잘라야, 다른 한쪽 다리를 살릴 확률이 높아진다고 말했습니다. 아마 많은 사람들이 그런 상황에 처하면 의사 말을 들을 거예요. 저도 생각 없이 이렇게 말했지요. '그럼 그렇게 해 주세요. 그리고 남은 한쪽 다리를 잘 치료해 주세요.'"

수술은 집행되었다. 그러나 커닝햄은 깊은 상실감을 느꼈다.

"이제 두 번 다시 산을 오르지 못할 거라는 데서 오는 깊은 아쉬움이 들었지요. 그리고 이전에 알던 많은 사람들을 잃은 것 같은 느낌이 들었지요."

그는 구레의 영국군 병원으로 옮겨져 기나긴 재활 훈련을 받을 준비를 했다.

여단 장병들 사이에서는 실망감이 퍼지고 있었다. 불과 2주 전 정주에서만 해도 이제 곧 홍콩으로 돌아갈 것이라는 발표가 나왔고, 11월 10일에 임무에서 해제될 것이라는 소문도 돌던 차였다. 돈 바레트 하사의 말이다.

"아침에 군기 하사관이 그러더군요. '귀국선에서 홍콩 달러를 인출하고 싶은 사람의 명단을 작성하겠다.' 그런데 정오가 되자 다들 그러더군요. '귀국선을 탈 일은 없을 거야.'"

중국군의 개입 이후인 11월 6일, 영국군 제27여단은 제29여단의 도착과는 상관없이 전선에 남기로 결정되었다. 이는 도쿄에 주재 중이던 영국 공군 소장 세실 보우셔의 제안을, 런던의 대영제국 일반참모부가 받아들인 결과였다.[73] 윌로비는 각 분대마다 돌아다니면서 이 소식을 자신의 중대에 전파했다. 윌로비는 그들의 반응에 대해 이렇게 기록했다.

"모두 다 이 소식에 놀라워했으나, 아무도 불평하는 사람은 없었다. 극소수의 사람들이 쓴웃음을 지으며 침묵했을 뿐이다. 대원들은 정말 실망스러웠을 것이다. 불과 10일 전만 해도 우리는 이 전쟁에서 이긴 줄 알았는데.[74]"

엉망진창이 된 각 부대에는 보충병이 들어왔다. 오다우드는 왕립 오스트레일리아 연대 제3대대의 인원이 크게 줄어든 A중대의 중대장을 맡았다. 그리고 그는 머글톤을 '납치'해다가 자기 중대의 중대 선임 하사관으로 임명했다. 보충병 중에는 오스트레일리아군 최초의 어보리진(Aborigine: 오스트레일리아 원주민) 장교인 레그 선더스 중위도 있었다.

그러나 전투는 없었다. 11월 11일 아가일 대대는 지극히 엄숙한 분위기 속에서 영령 기념일 행사를 엄수했다. 모든 대원들이 자신의 가장 절친한 전우를 잃었기 때문이다.[75] 주임원사는 병사들에게 분열 행진을 시켰다. 지나가던 미군 대령이 그 모습에 감동되어 지프를 멈추고 보고 있을 정도였다.[76] 로빈 페어리 대위는 부하 조크들을 즐겁게 해 주고자, 강둑을 정찰한 다음 오리를 사냥했다. 맥켄지의 회상이다.

"그는 할아버지에게서 물려받은 산탄총을 한국에 가져왔어요. 그런데 그의 텐트에 불이 나서 그 산탄총이 못 쓰게 되어 버리고 말았지요. 그러자 그는 산탄총의 잔해를 추스른 다음, 땅에 산탄총을 묻고 장례식을 치러 주었어요."

십스터의 C중대는 옥수수를 알코올에 담근 것을 강 근처에다가 뿌렸다. 그러자 술 취한 현지 농부들이 그것을 주워 항아리에 담았다.[77] 해리 고든과 여러 명의 디거들은 태룡강에서 수류탄으로 낚시를 즐겼다. C레이션에 질려 있던 병사들에게 수류탄을 맞고 기절한 물고기는 별미였다. 왕립 오스트레일리아 연대 제3대대의 정보 장교 앨프 아젠트는 어느 영국군 장교가 산탄총을 가져왔느냐고 묻는 것을 보고 놀랐다. 분명 이곳의 산은 곰 사냥에 최적의 장소로 보였다.

당시 연대 신문에 실린 어느 기사를 보면, 어느 이름 없는 미들섹스 병사가 후대를 위해 전쟁 용어의 숨은 뜻을 이렇게 풀이한 내용이 있다.

적 다수: 100% 민간인들에 의해, 불특정한 시기에 불특정한 지역에서 목격된, 숫자 불명의 적을 가리킬 때 사용된다. 그러나 모든 정보 보고서의 기본이 된다.

정찰: 땔감을 주워 오는 것이 목적인 군대식 소풍.

준비 사격: 아군에게 점령되지 않은 계곡으로 진격할 때 작전 분위기를 돋우기 위해 하는 사격.

적의 사격으로 고착되었다.: "이봐! 방금 그거 사격 맞아?"

경계선: 어떤 일이 있어도 지켜야만 하는 것. 그러나 진격 시에는 버려도
　　　된다.

계획 변경: 어느 작전에서나 반드시 따라붙는 것.

유동적인 상황: "친구들. 모자를 꽉 붙들어! 무슨 일이 일어날지 몰라!"

효력사: 전방의 아군이 후방의 아군 포병대가 쏜 포탄에 언제든 오폭당할
　　　수 있다는 뜻.

요란 사격: 아군을 밤새 깨어 있게 하기 위해 하는 사격. 적에게는 전혀 불
　　　편을 끼치지 않는다.

어서 여기를 빠져나가자!: 〈비상 시 취해야 할 행동〉에 관한 미국 군대 교
　　　범 1장 1절에 적혀 있는 말씀.

전진하라!: 진격해야 할 때 쓰는 작전 명령. 앞에 나온 말인 "어서 여기를
　　　빠져나가자!"의 유일한 대체 용어.

항공 지원: 양날의 칼

큰 그림: 전략 상황에 대한 모호한 상황도. 보통 항공 정찰로 얻는다.

귀관의 어려움은 이해하겠네.: 미안해. 도와줄 수 없어. 하던 거나 계속
　　　해.[78]

11월 13일, 영국 총리 클레멘트 애틀리가 보낸 선물이 도착했다. 그 선물
이란 다름 아닌, 트라팔가 광장에 휘날렸던 UN기였다. 코드는 그 깃발을
여단 본부에 게양했다. 3일 후, 여단 본부는 박천으로 옮겨 갔다. 박천에는
세 번째로 들어가는 것이었다. 11월 17일, 민간인들이 다시 나타나면서 박
천은 정상 상태로 되돌아가는 것처럼 보였다.[79] 여자들은 아침마다 청천강
둑에 나와서 쪼그려 앉아, 끝이 없어 보이는 많은 양의 빨래를 했다.[80]

첫눈은 11월 12일에 약하게 왔다.[81] 아가일 대대의 정보 장교 샌드 보스웰은 이렇게 말했다.

"오스트레일리아군은 첫눈이 오자 얼마나 기뻐했는지 모릅니다. 마치 애들처럼 좋아했지요. 그들은 이전에 눈을 본 적이 없었거든요. 그들은 참호 밖에서 나와 눈싸움을 했지요. 덩치 큰 거친 친구들이 그러는 모습은 다른 데 가서 보기 힘들 겁니다."

그날 눈은 그리 많이 오지 않았다. 그러나 얼마 있지 않아 눈이 더 많이 와서 쌓일 것이었다.

11월 14일 아침, 월로비는 지프에 앉아서 차가운 비프 스튜로 아침을 때우고 있었다. 그 맛은 끔찍하기 그지없었다고 한다. 그때 그의 귀에는 알아들을 수는 없었지만 왠지 기분 나쁜 느낌을 주는 소리가 들려왔다.

"꼭 멀리서 들려오는, 질질 끄는 신음 소리 같았어요."

잠시 동안 그는 자신이 들은 것이 무엇인지 알아채지 못했다. 그러나 잠시 후, 그는 온몸이 꽁꽁 얼어버릴 듯한 칼바람에 휩싸였다.

"북쪽에서 우리에게 밀어닥친 그 바람은 제가 살면서 마주친 가장 끔찍한 것이었죠."

그날 아침 기온은 그래도 영상 몇 도 정도는 되었다. 그러던 것이 불과 2시간 만에 22도가 급강하했다. 정오가 되자 모든 전투 식량은 깡통 안에서 얼어 버렸다. 수통 안의 물도 죄다 돌덩이처럼 얼어 버렸다. 월로비의 눈에서는 눈물이 흘러나왔다. 귀에 동상을 입지 않을까 염려되었다. 그는 이렇게 적었다.

"도망칠 곳이 없었다. 지금에 비하면 이제까지 겪어온 추운 날들은 양반이었다."

어느 디거는 지나가면서 날씨에 대고 이렇게 욕을 퍼부었다.[82]

"불알이 떨어질 만큼 춥구먼!"

지독한 찬바람은 산속 고갯길에 만주 벌판의 겨울 추위를 선사했다. 그 날 부대의 차량 중 다수가 실린더 블록 및 실린더 헤드에 금이 갔다. 부동액은 영국산, 미국산, 심지어는 노획한 소련산도 이 추위에 대처하기에는 역부족인 듯했다.[83] 이제까지는 대부분의 영국군 병사들이 정글 그린색의 영국군 전투복과 미국제 야전상의를 입고 있었지만, 추위가 너무 지독해지자 참호 안에 틀어박혀서 논의 볏단과 초가지붕에서 빼온 볏짚, 그리고 약탈당한 집에서 빼온 누비이불 같은 것까지 몸에 둘렀다.

11월 말이 되면, 대부분의 장병들이 온몸에 미국제 피복을 착용했다. 바레트의 말이다.

"우리의 동계 피복은 미국제 일색이었어요. 미국제 내복과 두건, 방한모와 방한복을 입었지요. 유일한 영국제 물건이라고는 손수건만한 크기의 접시받침 말고는 없었어요. 목에 두르는 용도라고 얘기는 들었지만, 너무 작아서 목에 감기지도 않았지요."

언제나 부하들에게 최고의 장비를 지급하려고 애썼던 아가일 대대의 군수 장교 앤드루 브라운은 이렇게 말했다.

"이제 우리 장병들은 외관상으로는 미군인지 스코틀랜드군인지 분간이 안 될 지경이었어요."

미군 군수 장교가 준 의료용 알콜을 한 잔 얻어 마신 그는 영국에도 화폐 대용으로 쓸 수 있는 꽤 가치 있는 물건이 있음을 깨달았다.

"도쿄 주재 영국 무관이 왔을 때 저는 이렇게 이야기했지요. '저희에게 위스키 한 상자만 주신다면 꽤 많은 문제를 해결할 수 있습니다!' 위스키 1병이면 방한 바지 100벌, 또는 방한 전투화 50켤레를 구입할 수 있었거든요."

그러나 방한 장비는 방수가 되지 않았다. 11월 17일, 비가 왔다. 병사들의 피복을 적신 빗물은 눈 깜짝할 새에 얼어붙었다.[84] 11월 25일 제27여단은 군단 예비대로 지정되어 박천 시내로 이동했다. 디거들은 이 조치에 환호하며, 이번 이동을 '해동 작전(Operation Defrost)'이라고 불렀다.[85]

* * *

이 저강도 작전에서 장병들은 그동안의 경험을 되돌아보았다. 영국군 제27여단은 10월 11일에 북한에 들어왔다. 그러나 그동안 있었던 일들은 악몽처럼 느껴졌다. 작전 지역 주민의 마음과 정신을 사로잡는다는 개념이 없던 시절에, 적지에서 작전을 했기 때문이었다.

약탈은 흔한 일이었다. 커닝햄의 회상이었다.

"부끄러운 일이지만, 시계를 찬 사람이 지나가면, 미군들이 그 사람에게서 시계를 빼앗는 것을 본 적이 있어요."

그러나 미군만 그런 약탈 행위를 한 것이 아니었다. 코드 여단장이 차를 타고 미들섹스 대대의 정찰대를 지나쳐 가는데, 정찰대원들이 몸을 덥히기 위해 근처의 민가에서 약탈한 천과 옷가지들을 입고 있는 모습이 보였다. 하지만 여단장은 그 모습을 보고도 별 생각 없이 이런 명령을 내렸다.

"분홍색 티타월(tea towel)의 착용은 금지야!"[86]

전투 식량이 전방 부대에 지급될 때면, 병사들은 근처의 마을을 습격해서 가난한 농가의 식품 창고를 털어갔다.[87] 아가일 대대의 랠프 호스필드의 말이다.

"북한의 이 지역에서 멈춰 있는데, 어떤 병사가 한국인이 기르던 돼지를 뺏어 와서 도살했어요. 그 병사는 돼지고기를 요리한 다음에, 한국인에게

서 약탈한 큰 접시에 기름기가 붙어있는 돼지고기를 올려놓았지요."

영국군에게는 별 일이 아니었을지 몰라도, 한국인 농부들에게 가축의 손실은 엄청난 것이었다. 영국군들이 한국인의 주택을 약탈한 끝에 파괴해 버리는 것도 흔한 일이었다. 군인들은 집을 때려 부숴 버리고는, 심지어 온기를 얻기 위해 불태워 버리기도 했다. 우즈의 말이다.

"저는 장병들의 행위를 막을 수 없었어요. 병사들은 한국인의 집을 때려 부수고 불태워 버리고는 온기를 쬐었지요. 그건 너무한 짓이라고 생각했어요."

그리고 대부분의 병사들은 군용 탄약의 무시무시한 힘을 실제로 접하게 되었다. 어떤 광경은 수십 년이 지나서도 잊히지 않았다. 바레트는 공중폭발탄을 맞고 죽은 시체를 지나쳐 간 적이 있었다.

"그들은 네 활개를 펴고 쓰러져 있었어요. 옷은 걸레가 되어 있었고, 그들의 참호 언저리에는 핏방울이 튀어 있었지요."

아가일 대대가 어느 마을에 들어갔는데 그곳에서는 적군들이 쓰러져 연기를 뿜고 있었다. 리처드 피트 중사의 회고이다.

"마을의 대로에는 적의 시신이 가득했습니다. 모두 불에 타서 재가 되어 있었지요. 우리는 전차로 그 시신들을 밀어 버리고 전진했어요."

잔뜩 쌓여 있던 적의 시신들 사이에는 소의 사체는 물론 우마차의 잔해도 있었다.

"북한군 대열이 이동 중에 공중 폭격을 당해 전소당한 거였어요. 간담이 서늘해지는 장면이었죠. 즐겁게 전쟁할 기분은 안 나는 날이었어요."

중국군의 공세 이후 무차별 공중 폭격이 허가되었다는 것은 사실이다. 11월 7일자 영국군 제27여단 전쟁 일지에는 이렇게 기록되어 있다.

"다양한 정보 출처에 따르면, 적 부대가 주간에는 민간인 의복을 입고 마을에 머무르다가, 야간이 되면 군복을 입고 전투 행동을 벌인다고 한다. 따라서 적이 숨어 있을 가능성이 있는 마을과 건물을 주간에 공격하는 정책이 이제부터 시작된다. 이 지역의 항공기들이 표적을 발견하지 못할 경우, *적이 있을 것으로 보이는 마을을 공격하게 된다.*(이탤릭체는 저자가 적용)"

네이팜탄에 맞아죽은 시체가 제일 처참했다. 박천에서 바레트의 정찰대는 끔찍스러운 나신의 시체를 발견했다.

"그 시체는 완전히 전소되어 있었어요. 사람 몸 끝에 튀어나와 있는 부분은 모두 없어졌지요. 손가락도 발가락도 눈도 귀도 없었어요. 하지만 머리카락은 남아 있었어요. 음모도 남아 있었지요."

그는 못된 호기심이 들었다.

"시체의 음모를 막대기로 건드려 보니까 무너지는 거였어요. 남자인지 여자인지도 알 수 없었지요."

마을에서 적 저격수들이 사격을 해 올 때면, 여단은 구태여 위험하게 보병을 풀어 마을을 소탕할 생각을 하지 않았다. 로더의 말이다.

"우리에게 저항하는 마을은 불태워 버렸습니다."

로더는 게릴라들이 초가집 속에 무기를 숨기는 경우가 많았던 노스웨스트 프론티어에서 기습 및 역기습을 해 온 참전 용사들로부터 많은 이야기를 들어왔다. 그들의 말은 한국에서도 통했다.

"북한 마을에 불을 지르자, 마치 불꽃놀이처럼 펑펑 폭발하더군요."

부수 피해는 어마어마했다. 갤러웨이의 말이다.

"양키 포병대는 결코 허투루 사격을 한 적이 없습니다. 언제나 적들을 전멸시켜 줬지요." 일부 장교들과 기자들은 미군의 방식을 화력의 낭비로 여겨 못마땅해 했지만, 그 밖의 다른 사람들은 인력 손실을 당하느니 화력을 퍼붓는 것이 낫다고 여겼다. 로더의 말이다.

"총검을 들고 마을에 들어갈 것이냐, 폭격기로 마을을 초토화시킬 것이냐 둘 중에 하나를 골라야 한다면 언제나 후자이지요."

교전 수칙이 없는 상태에서, 부대 진격로상에 있던 민간인들은 어마어마한 위험을 졌다. 맥스 데스포 기자와 레지널드 톰슨 기자는 사리원으로 진격하는 아가일 대대를 따라 움직이고 있었는데, 그때 대열 앞쪽에서 총성이 들렸다. 그들은 앞쪽으로 나아갔다. 좀 깊은 도랑 위에 스코틀랜드 병사들이 서 있었다. 도랑 속에는 하얀 이불 뭉치와 함께, 젊은 어머니 한 명이 총을 맞고 쓰러져 죽어 있었다. 그녀 옆에는 유아가 둘이 있었는데, 한 아이는 충격을 받아 아무 말도 못 하고 있었고, 그 아이보다 더 어려 보이는 다른 한 아이는 어머니의 머리맡에서 울고 있었다. 데스포는 그 광경을 카메라에 담았다. 그는 훗날 이렇게 말했다.

"정말 가슴 아픈 광경이었어요. 왜 저는 그걸 찍을 생각을 했을까요? 아마 그런 광경이 있었기 때문이었겠죠. 전쟁이 벌어졌기 때문에, 있어서는 안 되는 일이 일어났기 때문이겠지요."

의무 하사관이 두 아이를 끄집어냈다. 어머니의 시신은 도랑 속에 방치되었다.

그리고 UN군도 적에게 가혹행위를 가했다. 기자들은 미군들이 북한군 포로를 발가벗기고 모욕을 주는 장면을 보고 놀랐다. 오스트레일리아군들은 미군 공수 부대가 '사과 과수원 전투'에서 획득한 북한군 포로를 구타하는 장면도 보았다.[88] 미군 야전 병원에서, 부상을 입은 어느 오스트레일리아 병사는 한 떼의 미군이 난롯가에 모여 앉아 있는 모습을 보았다. 그 야전 병원에는 중상을 입은 북한군 병사도 들것에 실려 와 있었는데, 난롯가의 미군들은 그 북한군 병사를 일정한 시간 간격을 두고 한 번씩 손가락으로 찔러 보았다. 그러는 이유는 그 북한군 병사가 언제까지 살아있을지를 두고 미군들끼리 내기를 했기 때문이었다.[89] 그리고 대한민국의 반공 준군사조직들이 전선 후방에서 준동하면서, 이 전쟁의 야만성은 걷잡을 수가 없어졌다. 오스트레일리아 병사 스탠 갤롭의 말이다.

"황혼녘에 어느 마을을 지나가는데 비명 소리가 들렸어요. 남한 사람들이 나무 막대기로 북한 사람들을 때리고, 팔을 부러뜨리고 있었어요. 어떤 상황인지 짐작이 갔지요."

그러나 가혹행위를 저지른 것은 한국인들과 미국 군인만이 아니었다. 가장 감수성이 예민했던 다이하드 병사인 줄리언 툰스톨은 이 전쟁의 두 가지 측면인 '인종 차별'과 '가혹한 파괴'를 접하고 큰 충격을 받았다.[90] 그는 북한군 포로 3명이 살이 패일 정도로 채찍질을 당해 가면서 지프 트레일러로 끌려가는 모습을 보았다. 영국군 하사관이 그중 한 명의 얼굴을 때렸다. 그리고 나서 세 명은 억지로 발가벗겨지고 몸을 씻겼다. 사람들은 그들을 보며 조롱해 댔다.[91] 톰슨은 이런저런 무기를 만져 보면서 '국'들을 죽인 것을 논하는 동료 기자들을 역겨워했지만, 병사들에게는 유혹이 클수록, 그것을 실현할 기회도 컸다.[92] 도덕과 양심의 구속에서 벗어나 살인과 파괴를 할 수 있다는 것이야말로, 전쟁이 인간에게 주는 잔인한 선물이다. 그리고 그 선물은 효과를 발휘하고 있었다. 오스트레일리아군과 영국군의 병사들은 암흑의 심연 속에 들어갔다. 대량 파괴가 자행되고 사지절단과 죽음이 매우 흔해진 풍경 속에서 벌어지는, 인종주의와 가혹행위로 범벅이 된 전쟁을 통해서 말이다. 그 속에서 윤리는 사라지고, 악마의 유혹이 판을 쳤다. 이미 남한 지역 전투에서 영국군 병사들은 부상당한 적에게도 사격을 가했다. 북한에서 일부 병사들은 더욱 심한 짓도 벌였다.

바레트는 용유에서 왕립 오스트레일리아 연대 제3대대를 지나쳐갔다. 그때 어느 오스트레일리아 하사관은 회복할 기미가 없는 중상자를 안락사시킬 목적으로 소음기 장착 스텐 기관단총을 가지고 있었다. 그리고 얼굴 대부분을 잃어버린 적 부상병을 안락사시켜야 하느냐는 문제를 놓고 설전이 벌어졌다. 그때 논에서 버프 건의 발사음이 들렸다. 바레트의 말이다.

"어떤 오시가 북한군 2명을 생포하고, 그 친구들이 갖고 있던 버프 건을 노획했어요. 오시는 손짓으로 그 북한군들더러 걸어가라고 했지요. 그 오시는 멀어지는 북한군들을 겨누고는 버프 건의 방아쇠를 당겼지만 총알이 안 나가는 거였어요. 그래서 오시는 북한군 포로를 불러서 고쳐 보라고 했지요. 북한군 포로는 총을 고쳐 줬어요. 그러고 나서 북한군 포로들이 걸어가자 그 오시는 포로들을 버프 건으로 쏴 죽여 버린 거예요."

그 북한군 포로들은 비정하게 죽임을 당했다. 바레트의 말은 계속된다.

"저는 어느 오시에게 이렇게 말했지요. '북한 사람이랑 남한 사람은 구별하기 힘들어.' 그러자 그 친구는 이렇게 대답했지요. '우린 신경 안 써. 북한이든 남한이든, 다 죽여 버리면 그만이야.'"

렌 오피도 이에 동의했다.

"마을 안으로 돌진해서 건물마다 모두 총을 쏴 갈긴 적이 많았지요. 하지만 아마 그중 절반 정도는 그 마을에 민간인이 있는지 없는지도 모르고 그랬던 거예요. 당시는 누구도 그런 거 신경 쓰지 않았어요."

영국군은 포로들만 무단으로 죽인 것이 아니었다. 아일랜드 출신의 하사관인 프랭크 스크리치 파웰은 미들섹스 대대의 박격포 소대 소속이었다. 그는 폐허가 된 마을의 언저리에 사격을 가했다. 그때 어떤 한국인 노인이 폐허 사이에서 나타났다.

"그 사람은 뭔가를 찾는 것 같은 모습이었어요. 그리고 무장을 하지 않았지요. 그런데 우리 대원 한 명이 그 사람을 총으로 쐈어요. 그 대원은 이전에도 전투를 좀 열광적으로 좋아하던 친구였죠. 아무튼 그 광경을 보고 나는 놀랐어요. 그 사람은 무장을 하지 않았고, 우리에게 아무 위협도 주지 않았어요. 보통 박격포반원은 자기 소총을 사격해 볼 일이 없어요. 아마 그때는 그 친구가 실전에서 유일하게 소총을 쏴 본 때였을 거예요."

스크리치 파웰 중사는 문제의 병사를 즉결 처분해 버리고 싶었지만 참았다. 누구도 아무 말이 없었다. 누구도 문제를 일으킨 병사를 질책하지 않았다. 하지만 스크리치 파웰은 한국인 노인의 억울한 죽음을 평생 동안 잊지 못했다.

* * *

중국 정부는 예고 없이 중국군을 한반도에 파견해 공세를 벌였다. 그리고 이 공세로 인해 맥아더가 트루먼에게 했던 호언장담은 말짱 거짓말이 되었다. 또한 UN군에 엄청난 충격을 주었다. 게다가 UN군은 B-29를 투입해 압록강과 두만강을 가로지르는 12개의 교량을 파괴하려 했지만 실패했다. 그리고 얼마 안 있어 이 두 강은 꽁꽁 얼어붙을 것이었다. 11월 6일 갑자기 중국군이 전투를 중지하고 사라진 것도 수수께끼였다. 중국군의 공세는 단순한 경고 차원이었을까? 중국군의 갑작스러운 행방불명은 중국의 패배를 의미하는 걸까? 북한에 쳐들어온 중국군은 중국 정규군인가? 혹은 북한을 돕기 위해 자원한 일종의 '외인부대'인가?

미국 정부 내에서 이러한 의문의 해답을 찾으려 애쓰는 동안, 맥아더는 여전히 완전한 승리에 집착하고 있었다. 중국군이 사라지자 맥아더는 11월 15일, UN군의 공세 재개를 요구했으나, 미국 제8군 사령관 월튼 워커 장군이 공세 연기를 주장하자 그 의견에 굴복했다.[93] 하지만 여전히 맥아더는 이전의 목표, 즉 북한군의 괴멸과 한반도 통일이라는 목표를 버리지 않았다. 미국 합동참모본부와 대영제국 일반참모부는 북위 40도선, 그러니까 한반도의 허리 바로 위쪽에 방어선을 형성하면 한반도의 대부분을 통제할 수 있고, 중국 국경 남쪽에 완충지대를 설치할 수 있다고 주장했지만, 맥아더는 그 말을 듣지 않았다.[94] 맥아더가 기획한 최종 공세는 그 이북의 훨씬 넓은 전선에서 벌어질 것이었다. 한반도는 허리 부분에서 위로 갈수록 너비가 넓어진다. 북-중 국경의 너비는 한반도의 허리 부분 너비의 두 배나 되었던 것이다. 마치 활짝 펼친 손가락처럼, UN군의 병력 밀도는 북진할수록 낮아진다.

공세 개시일은 11월 24일로 정해졌다. 호송대 트럭들이 회색 산속 산길을 따라 전방으로 보급품을 수송했다. 셀 수 없이 많은 포신들이 북쪽을 향했다. 폐허가 된 마을 광장의 출입구 아래에는 전차들이 버티고 서서, 엔진 결빙을 막기 위해 공회전을 시켰다. 몸을 칭칭 감싼 병사들은 44갤런 드럼통 안에 피우는 모닥불 곁에 모여 섰다. 공세 개시일이 점점 다가오고 있었다.

그러나 공세를 시작하기 전, 미국인들은 어떤 것 하나를 그냥 넘어가지 않았다. 그것은 바로 11월 23일 추수감사절이었다. 그들은 이번 추수감사절을 아주 화려하게 기념하고자 했다. 그리고 미국인들은 늘 그랬듯이 이번에도 아낌없이 음식을 펑펑 나눠 주어, 모든 UN군 부대는 잔치 음식을 배터지게 먹게 될 것이었다. 미군 수송 부대는 새우 칵테일, 칠면조 고기, 크랜베리 소스, 호박 파이를 한반도 전역의 UN군 부대에 전달해 주었다. 가난한 나라에서 온 병사들은 상다리가 휘어질 정도로 차려진 이 음식들을 보고 기절초풍할 지경이었다. 버틀러의 말이었다.

"이 난장판의 한가운데에서도 우리는 칠면조를 먹을 수 있었어요! 끝없는 나락으로 떨어지는 이 전쟁을 치르는 동안에, 전혀 생각지도 못한 선물을 받은 것이죠."

병사들의 사기는 마구 올라갔다. 맨클로우의 회상이다.

"난생 처음 보는 음식들을 먹었어요. 특히나 전쟁 후의 영국에서는 눈 씻고 찾아보려야 볼 수도 없던 음식들이었죠."

영국군 제27여단 본부의 추수감사절 풍경은 생존자들이 절대로 잊을 수 없는 모습이었다. 어느 집 마당을 깨끗이 치운 다음, 테이블 위에 리넨을 깔았다. 미군 트럭의 흑인 운전병들도 손님으로 초대받았다. 영국군에서는 크리스마스 때 장교들이 사병들의 식사 시중을 드는 것이 전통이었는데, 이는 이번 추수감사절에도 적용되었다. 이 모습을 본 미군들은 처음에는 어이없어 했지만, 얼마 안 있어 그 속에 숨은 뜻을 이해하고, 분위기에 어울렸다.[95] 이날 잔치에 나온 음식은 대부분의 장병들이 한국에서 먹었던 음식 중 단연 최고로 기억되었다.

춥지만 맑고 눈부신 11월 24일의 새벽이 밝아 왔다. 콘스텔레이션 (Constellation) 항공기를 타고 도쿄에서 날아온 맥아더는 청천강변 신안주 비행장에 착륙했다. 그 후 그는 지프를 타고 미국 제1군단과 제24보병사단을 방문했다. 거기서 그는 이번 공세의 상징과도 같은 발언을 했다.

"크리스마스는 고향에서 보냅시다!"

그러고 나서 그는 존 처치 장군에게도 한마디 했다.

"방금 한 말을 거짓말로 만들지 말자고, 친구![96]"

UN군의 공세는 서부 전선에서는 미 제8군이, 동부 전선에서는 미 제10 군단이 협공을 벌여, 거대한 포위망을 형성해 적을 압박한다는 내용이었다. 맥아더의 공식 발표문에는 이렇게 적혀 있었다.

"이 공세가 성공한다면, 이 전쟁은 반드시 끝이 나게 될 것입니다."

그는 직접 비행기를 타고 압록강 계곡 상공을 천천히 비행하며 아래의 지형을 살펴보았다. 그리고 거기에는 적의 전력이 전혀 없을 것이라고 자신했다. 실제로, 도쿄의 맥아더 휘하 군사 정보국에서는 첫 공세에 투입된 중국군의 수를 10만 명 이하로 보고 있었으며, CIA는 북한에 투입된 중국 인민지원군의 수를 3~4만 명 선으로 보고 있었다.[97]

H아워는 10:00시였다. 영국군 제27여단의 전쟁 일지에는 이렇게 적혀 있었다.*

"오늘 시작되는 공세의 목적은 만주와의 국경까지 도달해 한국 전쟁을 종결시키기 위함이다."

공격 부대들은 공세 개시점에서 대기하고 있었다. 미국 제8군, 즉 미 육군 제2, 제24, 제25보병사단, 한국 육군 제1, 제7, 제8보병사단은 예정대로 진격했다. 미국 제8군의 예하 군단들은 서쪽에서 동쪽으로 미군 제1군단, 미군 제9군단, 한국군 제2군단의 순서로 배열되어 있었다. 미국 제10군단 역시 한반도의 등뼈를 이루는 산맥을 가로질러 움직였다. UN군은 북진해 나갔다. 많은 병사들은 빨리 이 작전을 마치고, 이 춥고 거친 나라를 벗어나 고향에서 크리스마스를 보내고 싶은 마음이 간절했다. 그들은 추수감사절 때 먹은 음식이 아직 다 소화되지도 않은 상태였다.

그러나 그들은 죽기 위해 살찌워진거나 다름없었다. 맥아더가 가진 정보는 끔찍하리만치 부정확했다. 중국이 11월 초에 공세를 중단한 것은 보급상의 문제 때문이었지, 결코 전술적인 문제 때문이 아니었다. 중국 인민지원군의 원시적인 보급 체계로는 1주 이상 공세를 유지할 수 없었던 것이다. 펑더화이가 이끄는 '인민의 파도'는 만주로 돌아가지 않았다. 지난 18일 동안 이 지옥의 문에는 더 많은 중국 인민지원군 병력이 투입되었다. 미 제8군

---

* 신기하게도, 전쟁 일지에는 11월 25일이라는 잘못된 날짜로 기재되어 있었다.

앞 16~20km 거리에는 중국군 36개 사단 38만 8,000명이 귀신도 모르게 매복해서,[98] UN군이 살상지대에 들어오기만을 기다리고 있었다.[99] 그들은 전체 병력수 면에서 UN군(34만 2,000명)보다 우월했을 뿐 아니라, 전투 병력의 비중이 높고, 보급 병력의 비중은 적었다. 게다가 장차 벌어질 작전에서는 특정 지역에서 병력의 밀도를 높여 집중 운용될 것이었다.[100] 이는 결코 제한된 공세가 아니라, 대대적인 반격 작전이었다. 정찰기 조종사는 물론 맥아더 장군의 눈에도 띄지 않을 만큼 기가 막히게 숨은 중국군은 진격해 오는 제국주의자들을 무찔러 북-중 국경에서 멀리 내쫓아 버릴 만반의 준비를 갖추고 있었다.

UN군은 20세기 최악의 덫을 향해 달려 들어가고 있는 꼴이었다. 북한의 높은 회색 산속에 살인적인 눈보라가 몰아칠 준비를 하고 있었다.

제 9 장
그을린 대지

근위대의 척탄병 제군들!

귀관들은 지금 한 나라 군대가 괴멸하는 걸 보고 있다!

– 나폴레옹 보나파르트(Napoleon Bonaparte), 모스크바에서 후퇴하면서.

1950년 11월 26일 저녁, 박천.

미들섹스 대대의 존 윌로비 소령은 서울을 떠나온 이래 처음으로 긴장을 풀었다. 그가 이끄는 D중대도 아무런 근심 없이 대기 중이었다. 이동 목욕 장비가 도착했고, 중대 본부가 징발한 어느 집 마당에 잘라 놓은 44갤런 드럼통에는 뜨거운 물이 채워졌다. 목욕물에 몸을 담근 윌로비 소령은 행복하기 그지없었다.[1]

제1군단의 예비대로 돌려진 영국군 제27여단은 11월 25일 박천으로 들어왔다.[2] 박천에서 윌로비 소령은 거대한 UN군의 힘이 움직이는 것을 보았다.

"맥아더 장군의 공세 작전이 시작되었습니다. 너무 대단해서 믿기지 않을 정도입니다. 꼬리에 꼬리를 물고 북으로 진격하는 미군들의 행렬이 하루 종일 멈추지 않았습니다. 전차를 포함해 각양각색의 차량들이 줄줄이 늘어서 달려가는데 그 행렬이 끝이 없습니다."

윌로비 소령은 엄청난 진격 속도에 기뻐했다. 지난 10월 당시 미군의 진격 속도는 보병 정찰대의 진격 속도에 불과했던 것이다.[3]

윌로비는 목욕을 하다가 잠이 들었다. 그때 갑자기 울린 야전 전화기가 그를 깨웠다. 중대원들이 뭔가를 본 것일까? 중대 진지 인근의 십자로에, 백마를 탄 4명의 사람이 나타나 정찰을 했다는 소식이었다. 그 말을 들은 순간 윌로비는 그것과 비슷한 무서운 것을 연상했다. 바로 《성경》의 〈요한 계시록〉에 나오는 4명의 기사인, 전쟁, 기근, 역병, 사망이었다. 그는 단 두 마디만을 내뱉었다.

"오, 하느님!"[4]

* * *

그것과 거의 동시인 19:30시, 바실 코드 여단장은 미국 제8군의 호출을 받았다. 제8군에서는 코드에게 또 다른 전선으로 이동할 준비를 갖추라고 지시했다. 23:15시, 추가 명령이 나왔다.

"제8군에서는 우리에게 가급적 빨리 제9군단에 합류하라고 지시했지요. 뭔가 잘 안 돌아가고 있는 것이 분명했어요."

여단은 원래 11월 27일 아침 일찍 출발할 예정이었다.[5] 제9군단의 위치는 제1군단의 동쪽이었고 한국군 제2군단의 서쪽이었다. 군단장은 존 코울터 장군이었다. 제8군 사령관 월튼 워커는 코울터 장군을 못미더워했는데, 부산 전투에서 그가 시도 때도 없이 지원 요청을 보내왔기 때문이었다. 낙동강 전선을 돌파한 후, 코울터는 새로이 창설된 제9군단의 군단장으로 임명되었다. 이 군단은 북한인민군 게릴라들로부터 제8군의 보급로를 방어하는 임무를 맡아 왔다.[6] 그러나 지금 이 군단은 제8군의 중추가 되어 있었다.

같은 날 일찍, 〈데일리 텔레그래프〉의 레지널드 톰슨 기자는 미국 제9군단을 방문했다. 공세 첫째 날과 둘째 날의 진격은 계획대로 진행되었다. 그러나 군단 본부에서 톰슨은 묘한 불안감과 긴장감을 느꼈다. 미국 제2사단과 제25사단은 북쪽에서 접적해 대치 중이었다. 그리고 그 동쪽에 있는 덕천은 미 제8군의 우측면에 있었으며, 또한 한국군 제2군단과 불과 수 킬로미터 떨어진 곳이었음에도 불구하고 이미 적에게 함락된 것 같았다. 분명무슨 일이 일어나고 있었다.[7]

11월 27일 07:45시, 코드 여단장은 바쁘게 움직였다. 군단 본부에 도착한 그는 그곳의 모습을 보고 놀랐다. 텐트를 뚫고 실내 난방기의 굴뚝이 여기저기 삐져나와 있었다. 코드는 이런 글을 남겼다.

"그날부터 여러 날 동안, 우리 여단은 군단에서 준 불가능에 가까우리만치 어려운 임무를 떠맡아 엄청난 곤욕을 치렀다. 지원 화기도 없는 우리 여단이 그 어려운 임무를 피해 나가려면 엄청난 외교적 수완이 필요했다.[8]"

영국군 제27여단은 10:00시에 트럭에 탑승했다. 낮게 깔린 짙은 먹구름 아래, 이들은 청천강을 건넜다. 강에는 떠내려온 얼음 덩어리들이 교각에 부딪치고 있었다. 그리고 길에서는 차가운 칼바람이 누런 먼지 폭풍을 일으키고 있었다.[9] 그들은 그 길을 따라 달려 15:00시에 새로운 집결지에 도착했다.[10] 여단 예하의 각 대대들은 탄광촌인 군우리 인근에 진지를 구축했다. 황량한 산속에 자리 잡은 군우리는 철도 및 도로 교통의 요충지였다. 장교들은 코드 여단장이 심기가 불편한 이유를 곧 알아차렸다.

"작전도에는 3개 미군 사단의 위치가 나와 있었습니다. 그런데 모두 '정확한 위치는 알 수 없음'이라는 글이 적혀 있거나, 또는 수많은 붉은 화살표가 가리키고 있는 물음표로 표시되어 있었지요. 그것은 즉 그들이 대규모 적군의 공격을 받고 있다는 소리였어요."

윌로비는 이렇게 말했다.

그 미군 사단들의 우측에는 단 하나의 UN군 부대도 없었습니다. 대신 북쪽에서 출발해 곡선을 그리며 남쪽의 제8군 보급로를 향하는 거대한 붉은색 화살표가 하나 있었지요. 그 화살표는 다른 것에 비해 유난히 크고 굵었습니다. 그 화살표 속에는 역시 붉은색 글자로 이렇게 적혀 있었습니다. "200만" 우리가 처한 군사적 상황이 너무나도 가혹했기에, 우리는 적의 수를 실제 이상으로 크게 오판한 것이었지요. 2만 명의 적 병력이 아군 보급로를 차단한다면 이미 매우 좋지 않은 상황입니다. 그리고 2,000명만 있어도 충분히 아군 보급로가 차단될 수 있는 상황이었습니다.[11]

북진하던 미군 사단들이 중국군의 반격에 부딪쳐 발이 묶인 동안, 팽덕회 원수는 11월 25일밤 제8군의 동측면을 지키는 한국군을 상대로 주력 부대를 내보냈다. 한국 육군 제7사단과 제8사단은 중국군의 공격에 박살이 났고, 제6사단 역시 허물어지고 있었다. 워커 장군의 우측면을 지키던 한국군 제2군단 구역에는 이제 너비 40km의 구멍이 뚫렸다. 21:30시, 제9군단에서는 총퇴각을 논의하기에 이르렀다. 그날 밤 미군 제2사단과 제25사단은 후퇴를 시작했다.[12] 이 전쟁을 끝내겠노라며 시작했던 맥아더의 공세는 불과 3일 만에 막을 내렸다. 영국군 제27여단에도 1시간 내로 이동하라는 명령이 왔다.[13]

* * *

새벽이 밝아왔지만, 안심할 만한 일은 전혀 일어나지 않았다. 여단 전쟁 일지에는 이렇게 적혀 있었다.

"05:00시, 상황은 묘사한 바와 같이 심각했다."

동쪽의 구멍을 통해 들어온 적 6개 사단이 거대한 포위망을 형성하며 전진하고 있었다. 미 제8군은 동측면에서부터 산산조각이 날 판이었다.[14]

코드는 제9군단 본부에 또 소환되었다. 코울터는 여러 가지의 반격 작전을 제안했다. 물론 지원 화기는 절대 빌려 줄 수 없다는 입장이었지만.[15] 그 중에는 동쪽의 덕천을 향해 진격, 한국군 제2군단의 출혈을 멈추자는 안도 있었다. 하지만 그랬다가는 영국군 제27여단이 포위 고립될 수도 있었다. 게다가 제9군단은 적의 위치도 아군의 위치도 정확히 모르고 있었다. 그런 상황을 알고 있던 코드는 여단을 거기 보내 봤자 아무 소용이 없다고 말하며 강하게 반발했다.[16] 대신 코드는 군우리-순천-차산을 잇는 도로 확보에 제27여단을 투입하자고 주장했다. 이 도로는 남쪽의 평양으로 가는 두 주요 도로 중 동쪽에 있는 것으로서, 매우 중요한 보급로였다. 코울터는 코드의 이러한 제안을 승낙했다.[17] 코드의 고집 덕택에 휘하 장교들은 안심할 수 있었다. 왕립 오스트레일리아 연대 제3대대의 벤 오다우드 대위는 이렇게 말했다.

"그건 정말 좋은 명령이라고 생각했습니다. 이제는 '눈 먼 프레디'도 고위 사령부가 촉을 잃고 있음을 깨닫게 되었기 때문이죠."

휘하 사병들도 안심했고, 갖가지 유언비어가 난무했다. 아가일 대대의 헨리 코크란의 말이다.

"중국군 25만 명이 국경을 넘어, 우리를 향해 진격 중이라는 소식이 들어왔어요. 그 소식을 듣고 저는 로이 빈센트에게 이렇게 말했지요. '그 친구들이 시속 6.4km로 행군하고, 우리와의 거리가 32km라면 불과 5시간 후에 우리는 그놈들한테 유린되는 거 아냐?' 하지만 아침에 우리는 이동 명령을 받았지요."

차산까지는 37km 거리였다. 차산으로 가는 길은 산과 언덕 사이로 뚫려 있었다. 차량은 군단 본부가 남쪽으로 이동한 후에야 지원받을 수 있었다.[18] 결국 트럭은 전혀 도착하지 않았다. 왕립 오스트레일리아 연대 제3대대의 선임 하사관 톰 머글톤은 이렇게 말했다.

"전진할 때는 언제나 충분한 차량이 나왔습니다. 그러나 후퇴할 때는 전혀 그렇지 못했죠."

피 같은 시간이 흘러갔다. 여단 예하 각 대대들은 아가일 대대를 선두에 세워, 그 뒤로 왕립 오스트레일리아 연대 제3대대, 미들섹스 대대가 따라가는 순서로 자력 행군하기로 했다.

브리핑은 간단했다. 여단 본부에서 어느 중대장은 부하들에게 이렇게 말했다.

"차량이 없다. 따라서 자력으로 행군해야 한다. 8km 지점에 도로 장애물이 있을 거라고 보고되었다. 우리는 거기를 돌파해 새로운 진지로 이동해야 한다. 항상 중대장이 하던 말을 명심해라. 우리는 한 팀으로 싸운다!"[19]

아가일 대대의 거구의 주임원사인 패디 보이드는 부하 스코틀랜드 병사들에게 이렇게 말했다.

"제군들은 소총과 브렌 건의 탄약을 최대한 많이 휴대하게 된다. 길이 뚫려 있으면 우리는 순천까지 걸어간다. 적들이 길을 막고 있으면, 싸워 이기고 순천까지 걸어간다. 어떤 일이 있어도 우리는 순천에 도착할 것이다.[20]"

가느다란 눈발이 날리는 가운데 보병들은 대체 전술 대형으로 전개해서 길 양쪽에 한 줄씩 줄지어 걸어갔다. 각 소대 간의 간격은 45m였다. 차량들은 도로 한복판으로 달렸다. 13:45시, 윌슨의 A중대가 알 수 없는 운명을 향해 행군을 시작하는 것과 동시에 음악이 흘러나왔다. 아가일 대대의 부관 존 슬림은 이렇게 말했다.

"우리는 백파이프를 앞세워 행군했습니다. 현지인들은 그 소리를 좋아했어요. 적들도 그 소리를 듣고 우리가 온다는 것을 알 수 있었지요."

지나가는 길에 미군 야전 병원 텐트가 보였다. 미들섹스 대대의 돈 바레트 중사는 이렇게 회상했다.

"그때 그 친구들에게 이렇게 말해 주고 싶었어요. '어서 나와! 같이 가자고!' 시체를 잔뜩 실은 트럭들이 우리를 지나쳐 공동묘지로 달려갔지요."

후퇴하는 차량들은 여단 병력에게 먼지 세례를 가했다. 그들이 그 다음으로 마주친 것은 사방팔방으로(물론 남쪽도 포함해서) 포격을 가하던 어느 미군 포대였다.[21] 길은 점점 오르막이 되더니, 산 사이의 고개로 통했다. 여단 병력들은 봉우리 사이로 동쪽에 버려진 채 주저앉은 열차를 볼 수 있었다.[22] 여러 시간이 지났다. 그동안 그들은 먼 길을 걸어왔다. 병사들의 호흡이 거칠어졌다. 한 걸음을 내딛고 또 그 앞에 한 걸음을 내딛기를 끝없이 계속했다. 〈데일리 익스프레스〉의 데이비드 워커는 이 장면을 보고 이런 기사를 썼다.

"백파이프 소리는 사람의 발길을 싫어하는 이 거친 산조차도 경멸하는 듯이 울려 퍼졌다. 그 소리를 들은 병사들은 그렇지 않은 병사들에 비해 한껏 사기가 높아졌다.[23]"

병사들의 발이 아파왔다. 전투화의 발바닥에 박힌 못은 지면의 냉기를 병사의 발에 그대로 전달했다. 그리고 전투화의 바닥은 꽁꽁 얼어붙어 돌처럼 변해 버린 길을 걸을 때 생기는 충격을 거의 흡수하지 못했다. 박격포를 실은 장갑차에 탑승한 로이 빈센트는 발에서 흘린 피가 전투화 끈 구멍에서 새어 나올 정도인 병사들을 장갑차에 태웠다. 그들의 눈에서는 눈물이 흘러나와 뺨 위에서 얼어붙어 있었다. 중대 선임 하사관은 이런 말로 발걸음이 느린 병사들을 독려했다.

"빨리 따라잡아! 안 그러면 스탈린 아저씨하고 만나게 될 거다!"[24]

어둠이 내리자 기온도 급격히 떨어지기 시작했다. 가끔씩 그들을 스쳐 지나가던 차량 호송 대열의 빈도도 줄어들기 시작해 군우리 남쪽의 거친 고지 속에는 어느덧 제27여단만 남게 되었다. 동남쪽 어디에선가는 기관총 소리가 메아리쳐 왔다.[25] 뱀처럼 긴 열을 지은 병사들은 터덜터덜 걸었다. 한편에는 어둠 속에 형체를 알아볼 수 없는 산마루가 무섭게 서 있었고, 험준한 산에 부딪친 외로운 백파이프 소리가 메아리쳤다. 기온이 떨어지면서 하늘이 맑아졌다. 검은색 밤하늘에는 수많은 별이 반짝이고 있었다. 차갑게 반짝이는 별빛을 본 데이비드 윌슨 소령은 다른 세계에 온 것 같은 느낌이 들었다.

군인이라는 직업에 영적인 측면이 있다면, 야간 행군이야말로 그런 측면을 발견하게 해 주는 지름길이다. 완전히 지친 병사들은 터벅터벅 걸어가는 대열의 꿈결 같은 리듬에 힘을 얻어, 일종의 자동 조종 상태로 빠져든다. 반쯤 잠들고 반쯤 깬 상태에서 몸의 아픔도 잊고, 자신의 생각과 꿈속으로 빠져드는 것이다. 그날 밤 데이비드 윌슨 소령의 상태가 그랬다. 백파이프 소리가 애잔하게 울렸다. 고지는 매복을 하기에 최상의 위치였다. 누구도 몰랐기는 했지만, 이 고갯길은 앞으로 36시간 후면 도살장으로 변할 것이었다. 그러나 윌슨은 자신들을 돌보는 영적인 존재들을 느꼈다. 오래 전에 죽은 아가일 연대의 선배 전우들의 혼령이, 후배들이 위기에 처했을 때 그들을 위험에서 건져 줄 것 같은 느낌이 들었다. 몇 년 후, 월슨은 당시 자신의 느낌을 가장 잘 표현해 준 것 같은 어떤 시를 읽었다.

"용사의 별들이/천국의 박자에 맞춰 나아가네."[26]

미들섹스 대대의 D중대가 어느 좁은 고갯길을 나아가고 있을 무렵, 차에 타고 있던 패디 버밍햄 상사는 귀가 멀 것 같은 소총 사격음을 들었다. 대열 측면에서 다수의 총성이 터져 나왔다. 총구 화염은 짧은 시간이나마 소대원들의 실루엣을 보여 주고, 현장의 모습의 잔상을 남겼다. 총성은 멈췄다. 대열은 행군을 계속했다. 총에 맞은 사람도 없었고, 응사를 한 사람도 없었고, 은폐한 사람도 없었다. 버밍햄은 이 상황이 매우 이상하게 느껴졌다. 적 부대가 치고 빠지기를 시도했다는 것 외에는 다른 답이 있을 수 없었다. 영국군의 전력이나 전술적 배열로 볼 때 적은 매복을 시도하기보다는 치고 빠지는 것을 더욱 유리하게 여긴 것 같았다.[27]

여단의 수송 부대는 차산 인근의 집결지에 도달해 싣고 온 짐을 내린 다음, 미군 차량들과 함께 보병들을 데리러 갔다. 영국군 보병들은 24~32km를 행군해 온 상태였다. 마지막으로 차량에 탑승하는 부대는 미들섹스 대대였고, 이들은 03:15시에 집결지에 도착했다.[28] 병사들은 얼어붙은 논 위에 볏짚을 깔고, 그 위에 모포와 판초 우의를 깔고 잠을 잤다. 여단은 군우리 고개를 통과했다.

여단이 야간 행군을 하는 동안, 제8군 사령관 워커 장군과 제10군단장 아몬드는 도쿄에 소환되어 긴급 저녁 회의를 했다. 이제는 맥아더조차도 현실을 인정할 수밖에 없었다. UN군은 자신들의 역량으로 제어가 되지 않는 완전히 새로운 전쟁을 접하고 있었다.[29]

승기를 잡은 중국군은 위장을 벗어 던졌다. 항공 정찰에서는 고지를 통해 수천 명의 중국군이 들이닥치는 것이 나타났다.[30] 팽덕회의 병사들은 매우 가까이서 보급을 받는 데 비해, 적국에 발을 디딘 맥아더의 군대의 보급선은 매우 길고 가느다란 상태였다. 더욱 중요한 사실은, 포, 전차, 차량을 대량으로 보유한 제8군은 도로라는 좁은 통로로밖에 이동할 수 없다는 것이었다. 그러나 그런 것이 없는 중국 인민지원군은 어떤 지형이건 주파할 수 있었다. 도로를 굽어보는 산마루에도, 도로 뒤의 마을에도, 도로 아래의 도랑에도 나타날 수 있었다. 흙길을 제외한 모든 지역은 UN군에게 적지나 다름없게 되었다.* 영국군 제27여단은 총력전이라는 거대한 기계의 일개 부속품으로 전락했다. 그리고 이제 그 기계는 통제가 되지 않는 속도로 돌아가고 있었다.

* * *

새벽, 장병들은 깨워 일으켜졌다. 제9군단은 제27여단에 세 가지 임무를 주었다. 왕립 오스트레일리아 연대 제3대대는 차산의 태룡강 나루터를 확보하라는 명령을 받았다. 아가일 대대는 예비대로 남았다. 아가일 대대는 후일 두 가지 추가 임무를 부여받았다가 둘 다 취소되는데, 이는 당시 군단 참모들의 일처리 수준을 나타내 준다.[31] 07:00시 미들섹스 대대에는 그들이 전날 밤 걸어온, 영원리로 가는 도로를 확보하라는 명령이 내려졌다. 적이 그 도로를 막았다는 보고가 들어왔기 때문이었다. 그들에게는 전차도 포병도 트럭도 없었다. 반복된 요청 끝에 10:00시경 수송 부대가 도착했지만, 포병과 기갑 부대는 도착하지 않았다.[32]

명령은 고갯길을 확보하라는 것이었다. 고갯길을 건너 정찰대를 보내 군

---

* 1941년과 1942년 영국군도 말라야와 버마에서 비슷한 상황에 직면했다. 일본군은 정글전에 익숙했으나, 도로로만 다니던 영국군은 그렇지 못했던 것이다.

우리에 위치한 미군 제2보병사단과 연락을 취하고, 마을을 수색해 용의자는 무조건 체포하라는 것이었다.[33] 차산에서 영원까지는 지도상 거리로 24km였다. 영원에서 군우리까지는 10km 거리였다. 그러나 길이 워낙 꼬부라져 있고 지형의 기복이 심해 실제 거리는 그것보다 더 멀었다. 미국 제2보병사단은 군우리 북쪽에서 싸우고 있었다. 적이 영원을 지키고 있다면, 그들의 남쪽 탈출로는 막히게 되는 것이었다. 다이하드들은 짐을 챙겼다. 벨트 뒤쪽에 모포를 달고, 파카 등에는 작은 배낭을 지고, 100발의 탄이 든 탄약대를 메었다. 탄입대에는 브렌 건의 탄창을 넣고, 벨트에는 수류탄을 끼웠다. 돈 바레트 하사의 말이다.

"우리는 트럭 안에 줄지어 탔습니다. 호전적으로 보이려고 애썼지요. 이제는 적지 속으로 들어가는 거니까요."

길은 산속으로 이어져 있었다. 길 위로 나뭇가지를 드리우고 있는 소나무 숲에는 그 어떤 동물의 흔적도 보이지 않았다. 길 옆 마을들은 텅텅 비었다. 어디를 가나 볼 수 있던 피난민들마저도 보이지 않았다. 그때 전방에 적이 있다는 무전 메시지가 나왔다. 트럭에서 트럭으로 경보가 육성으로 전달되었다. 갑자기 선도 차량이 멈춰 섰다. 병사들이 뛰어내려 산개했다. 그들의 앞에는 총알구멍으로 벌집이 된 지프가 도랑에 처박혀 있었다. 그 속에는 미군 대령과 운전병의 시체가 쓰러져 있었다.[34] 긴장 속에 침묵이 흘렀다. 십스터는 이런 글을 적었다.

"아무것도 움직이지 않았다. 그때 산들은 더욱 높고 험하고 두렵게 느껴졌다. 눈앞에 펼쳐진 계곡과 고갯길에서는 어떤 소리도 나지 않았다. 망원경을 들고 우리 위의 모든 산마루와 틈새를 살피는 병사들 외에는 그 어떤 것도 움직이지 않았다.[35]"

지저분한 흰색 옷을 입은 남자 민간인들이 나타났다. 긴장이 높아졌다.

D중대는 그들을 에워쌌다. 호송대가 멈추고 병사들은 산개해 배치되었다. C중대는 도로 위의 전술 본부를 감제하는 고지를 확보했다. D중대는 북쪽에 있는 첫 번째 고지를 확보할 것이었다. A중대는 고갯길의 입구를 감제하는 고지를 확보할 것이었다. B중대는 만약의 경우를 대비해 A중대의 후방에 있었다.[36] 버려진 포병 트럭이 왼쪽 철길 둑에 서 있었다. 여전히 포탄을 만재하고 있었다. 길옆에는 전투배낭과 다양한 군장비들이 흩어져 있었다. 매우 정신없이 철수했다는 증거였다. 바레트가 말했다.

"왠지 불길한 느낌이 드는군."

월로비의 D중대는 높은 계곡으로 올라갔다. 바로 앞의 도로는 산속으로 들어가, 수백 미터 정도의 구간이 보이지 않다가 다시 나타나서 고지 사면의 서쪽을 끼고 돌았다. 그러다가 고지 정상으로 향하며 다시 눈앞에서 사라졌다. 그의 중대원들은 A중대를 엄호하기 위해 도로 왼쪽의 잔디가 우거진 산마루로 올라갔다. 월로비가 말했다.

"그때 미군 전투기 5대가 우리 뒤의 산에서 줄지어 나타나 고개 위의 숲이 우거진 사면에 기관총을 퍼부었지요. 거기 있던 사람들이 마구 도망치는 것도 보였어요."

적들이었다.

북쪽에서 움직임이 포착되었다. 월로비의 기억이다.

"멀리 떨어진 고갯길 정상에 작은 먼지 구름이 피어났어요. 그리고 지프 한 대가 길을 마구 지그재그로 달려 내려오고 있었지요. 그 위의 사면에서는 총기의 발사 섬광들이 반짝반짝 나왔어요. 하지만 지프는 계속 달리고 있었지요."

지프는 산의 어깨 너머로 사라져 다시는 보이지 않았다.

D중대는 공격 준비 중인 A중대를 보고 있었다. 그때였다.

"측면의 고지에서 우리를 향해 사격이 쏟아지기 시작했어요. 모든 산마루와 산꼭대기에는 적의 기관총좌와 박격포좌가 있는 것 같았어요. 그것들이 우리를 향해 불을 뿜기 시작했고, 사격은 점점 더 치열해져 갔지요."

윌로비 소령의 말이다.[37] 박격포탄이 검은색 연기를 뿜으며 터졌고, 소련제 기관총 특유의 발사음이 뒤따랐다. 발사 속도가 훨씬 느린 미들섹스 대대의 빅커스 기관총이 응사했다. 대대의 박격포들도 둔탁한 발사음을 내며 사격했다.

B중대의 위치는 D중대 앞, A중대 뒤였다. 이들은 D중대를 넘어 나갈 태세를 취하고 있었다. 바레트는 고지 왼쪽으로 꺾어지는 철도 근처에 은폐해 있었다. 그 뒤에는 낡은 터널이 있었다. 그리고 900m 떨어진 곳에는 중국군들이 떼거지로 모여 있는 것이 보였다. 그 모습은 어떤 것보다도 기묘하게 느껴졌다. 2대의 머스탱 전투기가 공격에 참가했다.

"1대의 전투기가 와서 A중대의 고지에 사격을 가했습니다. 그리고 우리 경기관총 분대와 나머지 대원 사이의 땅을 기관총으로 파 뒤집었지요. 비행기 엔진 소리와 기관총 소리가 나면서 총알 맞은 자리의 흙이 1m씩이나 튀어 오르더군요!"

A중대는 목표를 향해 진격을 계속했다. 선도 소대는 정상에 올랐으나, 적은 그들에게 기관총, 박격포, 수류탄으로 엄청난 사격을 퍼부었다. 소대장은 두 차례나 부상을 입은 끝에 전사했고, 9명의 병사가 피격당했다.[38] 중대는 후퇴했다.

고지의 중국군 움직임을 보고 있던 맨은 주어진 일이 자신의 능력 밖임을 깨달았다. 그러나 여단과의 통신은 두절된 상태였다. 윌로비는 중대 지휘를 다른 사람에게 넘기고 여단 본부에 출두해서 직접 보고하라는 명령을 받았다.

"여단 본부에 전투를 중단해야 함을 알리는 것이 저의 임무였지요. 물론 그게 가능하다면 말이지만."

그는 지프에 뛰어올랐다.

"황량한 길을 따라 차를 타고 달리고 있자니, 전우들은 적의 치열한 사격을 벌이고 있는 중에 나만 혼자 이렇게 달리고 있는 게 과연 잘 하는 건지 알 수 없더군요."[39]

전투는 B중대 정면에서 69m 떨어진 곳에서 벌어지고 있었다. 바레트는 A중대가 후퇴하는 것을 보았다. 그는 후퇴하는 A중대의 후방을 엄호하라는 명령을 받았다. 한 중대가 다른 중대의 후퇴를 엄호하면서 순차적으로 후퇴를 진행하는 것이었다. 바레트의 분대가 후퇴할 때, 적탄이 주변의 나무에 맞으면서 마치 솜 같은 뭔가가 떨어졌다. 그들은 도로 옆에 은폐했다. 사격이 멈추자 바레트는 부하들을 도로 위로 불러 모았다. 사격이 재개되자, 산개한 다이하드 대원들 사이로 보이지 않는 적이 쏜 저격탄이 날아들었다. 바레트의 말이다.

"정말 멋진 분대라고 생각했어요. 적의 저격을 받는 데도 결코 뛰지 않고 걷기만 했지요."

그때 누가 이렇게 소리질렀다.

"뛰어! 이 멍청이들아!"

그들은 그제야 뛰었다. 연대 진료소를 지나갈 때, 바레트는 피에 젖은 군복 상의들이 잔뜩 있는 것을 보았다.

"그때 저는 이런 생각을 했어요. 그야말로 아수라장이군."

미군 트럭들이 기다리고 있었다. 무선 통신이 복구되어 코드는 맨에게 어두워지기 전에 퇴각할 것을 지시했다. 제9군단은 이에 분개했지만, 코드는 상황이 매우 위태로워졌음을 설명했다.[40] 맨은 이렇게 말했다.

"코드는 모두의 비위를 맞춰 주는 사람은 아니었어요. 그러나 나만큼은 감싸주었지요. 그는 휘하의 영국군 소부대가 좋지 않은 상황에 처하는 것을 막아야 할 책임이 있었어요. 예전에도 그 휘하의 대대들이 영 좋지 않은 상황에 처한 적이 있었지요."

마지막으로 퇴출한 중대인 D중대는 상황이 얼마만큼 악화되었는지를 정확히 깨달았다.

패디 버밍햄 상사가 후퇴 중일 때 맨 중령이 나타났다. 혼란이 발생했다. 맨 중령은 버밍햄 상사에게 B중대가 아직 돌파하지 못했다고 말했는데, 사실 B중대는 A중대의 바로 뒤를 통과했던 것이다.

아무튼 버밍햄과 그의 부하들은 대대장의 지시에 따라 이 산마루에 재전개되어 북쪽을 향했다. 버밍햄은 접근하는 B중대에 오인사격을 가할까 봐 걱정했다. 시각은 17:00시경이었다. 땅거미가 지기 전의 어둠이 깔리고 있었다. 알아보기 힘든 흐릿한 형체들이 버밍햄에게 다가오고 있었다. 중대 병력 정도 되는 수의 사람들인 것 같았다. 빛이 어둡고 쌍안경이 더러워 90m 거리까지 다가오기 전까지 버밍햄은 그들의 신원을 확인할 수 없었다. 그러나 그들의 신원이 적인 것이 확인되자, 버밍햄은 근처의 브렌 건 사수에게 탄창을 비울 것을 큰 소리로 지시했다. 브렌 건 사수는 명령을 따랐으나, 중국군은 전혀 자세를 낮추거나 숨지 않았다. 그 모습을 본 버밍햄은 엄청난 공포에 빠졌다. 그들은 "샤! 샤!"*[41] 소리를 지르면서 기관단총을 난사하며 돌격해 왔다.

극도로 강렬한 전투에서 어떤 사람들은 다른 사람들이 보기에 영웅적으로 보이는 행동을 할 수도 있다. 하지만 실제로 그들은 아드레날린이 과

---

* "죽여라! 죽여라!"는 뜻이었다. 그러나 당시 영국군 중에 그 뜻을 아는 사람은 없었다. 이 구호의 유래는 1900년 의화단 운동 때까지로 거슬러 올라간다.

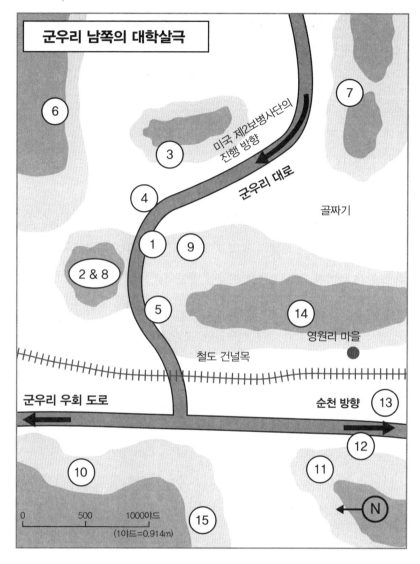

군우리 남쪽의 대학살극

⑥

⑦

③

미국 제2보병사단의
진행 방향

④

군우리 대로

골짜기

①

⑨

2 & 8

⑤

⑭

영원리 마을

철도 건널목

군우리 우회 도로

순천 방향 ⑬

⑫

⑩

⑪

0   500   10000야드
(1야드=0.914m)

⑮

N

미들섹스 연대 제1대대: 군우리 남쪽 확보 작전

① 죽은 미군 대령을 태운 방치된 지프 ② D중대 진지 ③ A중대의 공격 무산 ④ B중대 진지 ⑤ 박격포/전술 본부 ⑥ 중국 인민지원군 진지 ⑦ 중국 인민지원군 진지 ⑧ D중대 진지 ⑨ C중대 진지 ⑩ B중대 진지 ⑪ A중대 진지 ⑫ 미 포병대 진지(이곳의 호는 제2보병사단 전사자 수용 장소로도 쓰임) ⑬ 전술 본부 ⑭ A중대 후위 소대(고지를 점령한 중국 인민지원군의 공격을 당함) ⑮ 중국 인민지원군 진지

다하게 분비되어 터널 시야 현상을 일으켜, 주변 상황을 제대로 보지 못하게 되었을 따름이다. 해리 스파이서 상사의 회상이다.

"저는 무릎 쏴 자세를 취했고, 우리 전우들은 엎드려 쏴 자세를 취하고 있었죠. 그들 중 어떤 사람이 소리치더군요. '해리! 엎드려!' 제 주변의 수풀에 총알이 명중했지요. 그러나 저는 상황에 너무 몰두해서 그런 줄도 모르고 있었어요. 만일 영화의 주인공이 저처럼 그랬다면 다들 그랬겠죠. '저런 바보 같으니라고!'"

중국군은 고지의 아래쪽에 도달하자 공격의 여세를 잃었다. 그러나 그들은 한쪽 측면으로 우회했다. 중국군 한 명이 다이하드 대대의 어느 병사 뒤로 몰래 들어가 그의 소총을 빼앗아 방아쇠를 당겼다. 하지만 그 총탄은 영국군 병사의 몸을 스치고 지나가, 찰과상만을 입혔을 뿐이었다. 그 영국군 병사는 대대 최강의 권투 선수였다. 그는 튀어 일어나, 리 엔필드 소총의 노리쇠를 조작할 줄 몰라 쩔쩔매던 중국군 병사를 한 방에 때려눕힌 다음, 소총을 회수해 다른 소대원들과 함께 고지 아래로 허둥지둥 도망쳤다. 중국군은 그런 영국군을 추적하지 않았다. 버밍햄은 그 사실에 놀라면서도, 한편으로는 안도감을 느꼈다. 길을 따라 45m 떨어진 곳에 트럭들이 기다리고 있었다. 중사는 휘하 대원들이 모두 있음을 확인하고, 마지막 트럭에 끌어올려졌다. 그 트럭의 흑인 운전병은 제2차 세계대전에 참전한 적이 있었다. 그는 매우 태평하게 운전석에서 적을 향해 소총을 사격해 댔다. 트럭들은 출발했고, 빅커스 기관총으로 후위를 맡고 있던 브렌 건 캐리어들을 지나쳤다. 중국군은 후퇴하는 다이하드들에게 총을 쏘지 않았다. 버밍햄은 그 점에 다시금 의아해 했다.

후퇴하는 트럭 앞쪽에서 버밍햄이 알아들을 수 없는 대구경 화기의 사격음이 메아리쳐 들려왔다. 중국군이 아직도 그들 뒤에 있다는 뜻이었다.

커브길을 돌아가니 2연장 대공포를 장착한 미군 트럭이 도로에서 불과 36m 떨어져 있는 평행한 산마루에 사격을 가해 대고 있었다. 산마루 공제선 위에 온몸을 다 드러내고 있던 중국군은 트럭을 타고 달리던 빅커스 소대의 기가 막힌 표적이 되었다. 빅커스 소대가 사격을 가하자 산마루의 중국군은 몰살되었고, 호송대의 앞길은 뚫렸다.[42]

미들섹스 대대는 남쪽으로 12.8km 떨어진 접동리 기차역으로 피신했다. 그곳에는 제8군의 예비대로 동측면에 전개된 미 제1기병사단 수색 소대도 있었다. 이 전투의 혼란상을 감안하면, 다이하드 대대의 사상자 수는 의외로 적었다. 1명 전사, 26명 부상이었다. 그러나 이는 대대가 1개 소대를 잃었음을 의미한다. 그리고 보충병이 올 가능성은 없었다.[43]

그 다음 날도 힘든 하루가 될 것이었다. 다음 날 미군 연대전투단이 미들섹스 대대를 지나쳐 북쪽을 공격할 예정이었기 때문이다. 하지만 그날 밤 자정, 작전 수행이 불가능하다는 메시지가 도착했다.[44] 11월 30일 02:40시, 군단 본부는 코드에게 미국 제2보병사단이 주간에 나올 것이라고 이야기해 주었다. 따라서 미들섹스 대대는 고갯길까지 되돌아가서 영원리의 좌표선 85 이남에 전개해, 남쪽으로 나오는 미군을 엄호하라는 것이었다. 코드는 다이하드들의 화력을 증강시킬 포병과 기갑 전력을 요구했다. 코드는 상당한 협상 끝에 이들 지원전력을 얻어내는 데 성공했다.[45]

그동안 후줄근한 꼬락서니의 터키군이 여단 본부에 찾아와서, 코드 여단장과 프랑스어로 대화를 시도했다. 볼드윈의 말이다.

"터키군은 용맹스런 전사로 잘 알려져 있었습니다. 그러나 이들조차 정신을 못 차릴 지경이라면, 오직 하느님만이 우리를 도울 수밖에요."

* * *

터키군들은 정말로 정신을 못 차리는 혼란스러운 상황이었다. 11월 28일, 이들은 한국군 제2군단의 붕괴로 무너진 제9군단의 우측면을 보강하기 위해 투입되었다. 코드 여단장이 심사숙고 끝에 거절했던 작전이었다. 그러나 터키군 여단에는 무전기와 차량이 부족했고, 이들에게 배속된 미군 연락단은 터키어를 제대로 구사하지 못했다. 첫 전투에서 이들은 우군인 한국군 낙오병들을 매복 공격했다. 그리고 나서 그들은 적의 대규모 공격을 받았다. 터키군은 백병전을 선호하는 용맹한 장병들이었다. 그러나 그런 그들조차도 완벽한 혼란에 빠져 제 위치를 지킬 수 없었다. 여단 병력 5,000명 중 1,000명 이상이 죽거나 부상을 당한 것이었다. 군우리의 미 육군 제2보병사단은 북쪽에서 온 적의 공격에 직면해 있었고, 동측면은 완전히 뻥 뚫려 있었다. 탈출하지 않으면 전멸뿐이었다.

미군 전차 5대를 지원받은 D중대는 남쪽으로 후퇴하는 미 육군 제2보병사단을 엄호하기 위해, 미들섹스 대대를 인도해 좌표선 85, 영원리의 전과확대 한계선으로 후퇴했다. 다이하드들은 미 육군 제2보병사단이 중국군을 그들 앞으로 몰고 올 것이며, 그들을 쏘아 잡는 것은 물통 안의 물고기를 낚는 것이나 마찬가지로 쉬우리라는 이야기를 들었다.[46] 윌로비는 미군 전차장인 로버트 하퍼 중위가 매우 활기 넘치고 열정적인 사람임을 알았다. 하지만 너무 급작스레 적과 마주치면 위험할 수 있다는 생각이 들었다. 그는 앞으로의 계획을 신중하게 짰다. 그는 하퍼에게 지도를 보여 주며, 하퍼가 천천히 주의 깊게 움직여야 할 부분을 알려 주었다. 그리고 나서야 D중대는 전차에 승차했다. 전차들은 놀랄 만큼 빠른 속도로 북으로 달려 나갔다. 전차들은 윌로비가 주의하라고 말해 준 커브길도 속도를 줄이지 않은 채 지나쳐 갔다. 전차들은 예전에 쓰던 진지에 도달할 때까지 전혀 속도를 늦추지 않았다. 윌로비의 말이다.

"우리는 전차가 정차하자 바로 뛰어내려서 가장 가까운 방어 진지로 뛰어들었습니다. 아무 일도 일어나지 않았지요. 제 심장은 몇 분 동안 터질 듯이 뛰었습니다."

적은 사라졌다. 경비행기가 상공을 날아가며 자루를 하나 투하했다. 그 자루 속에는 사각형 모양의 빨간 비단 조각들이 들어 있었다. 그 천들을 미 육군 제2보병사단을 위한 대공포판으로 여긴 다이하드들은 그것들을 모두에게 분배했다.[47]

나머지 중대들도 도착해 전개했다. A중대는 텅 빈 마을 남쪽에 위치한 전술 본부를 내려다보는 위치에 진지를 확보했다. C중대와 D중대는 고갯길 남쪽의 고지들에 전개했고, B중대는 후방에 위치했다. 11:00시 적이 발견되자 대대의 박격포들이 불을 뿜었다. D중대가 북쪽을 바라보는 고지에 전개되는 동안 남쪽 사면에서 폭발이 일어났다. 미군 105mm 1개 포대가 도착해 D중대의 고지에 포격을 가하기 시작했던 것이다.[48]

이전의 통신 문제 때문에, 피터 볼드윈 중위가 고지 정상에 미들섹스 대대와 여단 본부 간의 통신 중계소를 설치하러 파견되었다. 그는 1개 분대를 이끌고 고지 정상에 발신기를 설치하였다. 볼드윈의 회상이다.

"지형이 워낙 험해서 주보급로는 산언저리로 굽이굽이 구부러져 있었는데, 갑자기 검은색 폭격기가 나타나 선회를 하는 거였어요."

그 폭격기는 볼드윈과 부하 대원들에게 폭탄을 떨어뜨렸다. 볼드윈이 서 있는 동안 나머지 영국군 병사들은 피할 곳을 찾아 숨었고, 폭탄이 마구 떨어져 터졌다. 병사들은 형광색의 대공포판을 꺼내 미친 듯이 흔들었다. 볼드윈의 말이다.

"정말 무서운 상황이었죠. 그러나 장교라면 이런 상황에서도 지도력을 보여 줘야 한다고 생각했어요. 다행히도 그 폭격기는 다시 돌아오지 않았어요."

폭탄에 피격당한 사람은 없었다. 볼드윈은 항공모함에서 발진한 그 폭격기가 대공포판에 대해서는 전혀 아는 바가 없었다는 사실을 나중에야 알았다. 연합군은 다수의 항공기를 모아 미국 제2보병사단의 퇴각을 엄호하는 항공 지원 작전을 벌이려 하고 있었다.

미들섹스 대대 D중대 전방에서 사격음이 들렸다. 그리고 5대의 미군 전차가 고갯길로 나왔다. 길 한복판에 월로비가 서 있는 것을 보고 선도 전차가 멈추고, 전차에서 미군 장교가 한 명 나왔다. 그는 이렇게 말하고 다시 전차 안으로 들어갔다.

"우와, 아주 화끈한 드라이브였어!"

전차들은 월로비가 미 육군 제2보병사단의 안부를 물어 볼 새도 없이 출발해 버렸다. 그러나 이를 본 월로비는 모든 상황이 잘 풀려가고 있음을 확신하게 되었다.[49] 다이하드들은 대기했다. 십스터는 고개의 동쪽 혹은 서쪽에서 제2보병사단의 보병들이 치고 나오지 않을까 기다리게 되었다.[50]

월로비는 산 사이의 틈새를 쌍안경으로 살피던 중, 수많은 차량들이 꼬리에 꼬리를 물고 산 사이의 길에서 나타나는 것을 보았다. 그는 중국군들은 여기서도 모습을 감춘 모양이라고 생각했다. 그러나 멀리서 뭔가 딱딱하고 터지는 소리가 들려오기 시작했고, 그 소리는 점점 커졌다. 포성이었다. 월로비 소령은 차량 탑승자들 중 일부가 뛰어내리는 것을 보았다. 어떤 사람들은 차량에서 쓰러져 산의 경사면으로 굴러 떨어지는 사람도 있었다.[51] 다이하드들의 눈에 보인 장면은 미 육군 제2보병사단이 치열한 혈투 끝에 군우리에서 탈출하는 모습이었다.

* * *

군우리라는 지명은 왠지 공허하고 불길하게 느껴졌다. 산속 마을인 그곳
은 철도 교차점과 도로 교차점이 있는 교통의 요지였다. 군우리의 남쪽에
는 황량한 사면 사이에 길(영국군 제27여단이 걸어온 길)이 나 있었다. 그 길
의 제일 높은 곳은 15m 높이의 둑으로 둘러싸인 400m 정도의 구간이었
다. 이곳에서 미 육군은 벌지 전투(Battle of the Bulge) 이래 가장 혹독한 시
련을 맞이하게 될 것이었다.

11월 25일 밤 중국군의 공세가 시작된 이래 미 육군 제2보병사단의 북
쪽에서는 적이 압박을 가해 오고 있었고, 그 압박은 갈수록 강해지고 있
었다. 이제 이 부대는 미국 제8군 예하 부대 중 적의 공세에 가장 크게 노
출된 부대가 되었다. 미 육군 제2보병사단 병력은 그 수가 크게 줄어들고
탈진했으며, 10km 길이의 대열을 지어 안전지대로 향하고 있었다. 그 안전
지대란 다름 아닌 미들섹스 대대가 지키고 있는 고갯길 남쪽이었다. 미 육
군 제2보병사단장인 로렌스 카이저 장군은 후방에 중국군이 있음은 알고
있었으나, 얼마만한 전력인지는 알지 못했다. 11월 29일 1개 전차 소대를
도로를 따라 내보냈을 때 그들은 적의 공격을 받고 있으나, 도로상에 물리
적인 장애물은 없다고 말했다.[52] 미 육군 제2보병사단 및 거기에 부속된
한국군 부대들은 보병 공격을 벌여 고지에서 중국군을 몰아내려 했으나
실패했다. 그러나 카이저 장군은 자신의 부대가 중국군의 매복을 물리칠
수 있을 것이라고 확신했다. 그가 그런 믿음을 갖게 된 근거로는 전장의 안
개, 무선 통신 불능, 제8군 내의 혼란스러운 지휘 체계와 임무조정 체계가
한몫했다. 게다가 그는 다이하드와 무선 통신이 안 되고 있는데도, 그들이
도로를 따라 남쪽으로 1.6km 떨어진 지점에서 북진하며 자신들을 만나러

오고 있다고 착각하고 있었다. 실제로 다이하드들은 좌표선 85에서 미 육군 제2보병사단을 기다리고 있었고, 고갯길에서 미군을 지원해 줄 형편이 되지 않았는 데도 말이다.[53] 카이저의 제2보병사단은 사단 전력을 동원해 산마루의 적을 소탕하는 대신, 열을 지어 고갯길을 통과하기로 했다. 이는 엄청난 오판이었다.

미 육군 제2보병사단의 뻥 뚫린 우측면을 틈타, 중국 육군 제113사단 전 병력이 이들의 철수를 감제할 수 있는 고지로 침투해 왔다. 11월 30일, 이들은 "더 많은 병력과 장비의 투입이야말로 승리의 보증 수표이다."라는 전쟁의 격언을 실천에 옮겼다. 중국군은 다수의 박격포와 40정의 기관총으로 화망을 펼쳤다. 이들의 화망은 미 육군 제2보병사단이 이루고 있던 10km 길이의 대열 중 5km 길이 구간을 덮쳤다. 이 구간은 '곤틀렛'이라고 불렸다.

미군 부대는 차례차례 중국군의 화망 속으로 달려 들어갔다. 전차와 트럭에 타고 있던 병사들은 그대로 사격을 당해 쓰러져 차량에서 떨어졌다. 격파당한 차량들은 그대로 도로 장애물이 되어 버렸고, 길이 막힌 미군의 사상자는 더욱더 늘어났다. 미군 병사들이 차량에서 뛰어내리면서 미군은 가다 서다를 반복하게 되었다. 병사들을 내버리고 도망쳐 버리는 차량들도 흔했다. 부대의 건제는 무너지기 시작했다. 사단장 카이저 장군도 낡은 스프링필드 소총을 직접 잡고 쏴 대며 남쪽으로 도망치는 판에, 지휘 체계는 사라진 것이나 다름없었다. 도로 위에는 전사자들이 누워 있었고, 도랑 속에는 부상병들이 넘쳤다. 흙먼지와 연기 구름이 중국군의 조준을 방해할 정도였지만, 그들은 이미 도로 위에 조준을 고정해 놓은 상태라 표적을 놓칠 가능성은 적었다. UN군 항공기들은 산마루의 중국군을 향해 급강하하며 싣고 온 폭탄, 로켓탄, 네이팜탄을 투하했지만, 그중 일부는 도로 위의 미군 머리 위에 떨어지기도 했다. 미 제8군 사령관 워커 장군은 항공기를 타고 이 참상을 하늘에서 보았다. 그는 엉망진창인 상황을 욕하며, 고전하는 휘하 장병들에게 격려의 외침을 보냈지만, 그 목소리가 전달될 리는 만무했다.[54]

* * *

정오가 되어서 이 학살극의 생존자들이 영원리에 도착하기 시작했다. 여러 대의 지프들이 사상자들을 싣고, 구멍난 타이어를 질질 끌며 미들섹스 대대의 진지를 통과해갔다. 윌로비는 먼 발치에서 또다른 차량 대열이 나타나, 먼저 지나간 차량 대열을 따라잡으려 애쓰는 모습을 보았다. 그는 이런 기록을 남겼다.

"정말 무서운 광경이었다. 고개 아래에서 나온 생존자들이 우리에게 오고 있었다. 처음에는 두 줄이었던 것이 어느 샌가 세 줄이 되었다. 사람들이 끊임없이 밀려나왔다. 그들 중 많은 사람들은 부상을 당해 있었고, 철저히 버림받은 그들의 눈에서는 눈물이 흘러나오고 있었다."

윌로비는 이 참상을 본 영국군 장병들의 사기가 약해질까 봐 걱정했다. 그러나 이 광경은 오히려 영국군의 결의를 북돋을 뿐이었다. 윌로비의 말이다.

"그 광경에서 가장 슬펐던 것은 그들 모두가 혼자였다는 것이었어요. 마치 피난처를 찾아 도망치는 피난민들 같았지요. 많은 사람들이 부상병이었고, 힘들게 몸을 끌고 갔어요. 그러나 누구도 부상병들을 돕는 모습을 보지 못했어요. 인간성이 말살된 이런 모습이 펼쳐지는 게 너무나도 믿기지 않고 어이없기만 했어요.[55]"

프랭크 화이트하우스의 말이다.

"학살극이 따로 없었지요. 그 모습을 본 사람이라면 누구도 잊어버릴 수 없을 겁니다. 저 역시 아직도 기억나요."

더 남쪽에서 월슨은 엉망진창이 된 미 육군 제2보병사단의 트럭들이 옆구리에서 붉은 핏물을 흘리며 달려가는 것을 보았다. 그 모습을 본 월슨은 과거 범선 시대, 전투에서 큰 피해를 입은 군함의 배수구에서 핏물이 뿜어져 나왔다는 이야기를 떠올렸다.[56]

전차들이 전속력으로 달려 도착했다. 저지대에서 B중대와 함께 있던 바레트의 회상이다.

"그들은 우렁찬 엔진 소리를 내지르며 이 고갯길로 달려와, 주포와 50구경 기관총을 사격했지요."

그와 함께 있던 켄 맨클로우의 옆에 있던 병사 2명이 50구경에 맞았다.

"우리 소대원 중 1명이 뺨과 엉덩이에 50구경을 맞았어요. 엉덩이에 생긴 부상은 아주 참혹했지만, 그래도 그는 목숨을 건졌지요."

또 다른 한 사람은 결국 죽고 말았다.

맨 중령은 상황을 보고 길 한복판에 나가서 섰다. 첫 전차가 그의 앞에 와서 서자, 이 키 작은 장교는 미군 전차장에게 아군 오사를 중지하라고 차갑게 말했다. 미군과 영국군 사이에 긴장감이 높아졌다. 맨 중령 옆에 서 있던 영국군 고참 하사관은 가지고 있던 소총을 미군 전차병들에게 쏠 준비를 했다.[57] 이대로라면 대대 진료소를 메우고 있던 수백 명의 부상병들의 목숨이 위험했다. 카이저가 도착했다. 그는 맨 중령과 간단히 이야기를 나눈 다음 남쪽으로 갔다. 충격에 빠진 생존자들이 계속 남쪽으로 밀려갔다.

16:00시경, 앞쪽의 고갯길은 고요해졌다. 장교들은 쌍안경을 통해 차량

들이 뒤엉켜 움직이지 못하고 있는 것을 볼 수 있었다. 꾸준히 오던 생존자들의 대열은 이제 끊어진 것 같았다. 맨은 여단 본부와 통신을 했다. 여단 본부는 맨 중령에게 그곳에서의 철수 시기를 정할 권한을 주었다.[58] 16:00시 이후 약간의 시간이 지나자, 적 선도 부대가 고지들 사이로 흘러나와서, 차량에 승차 중이던 미들섹스 대대를 포위하기 시작했다.

전술 본부 근처의 미군 105mm 포대는 중국군에게 직접 사격을 개시했다. 스파이서의 말이다.

"미군이 중국군에게 포격을 가하는 모습을 볼 수 있었어요. 우리는 중국군은 볼 수 없었어요. 미군은 고지 사면 덤불 속에 숨은 중국군을 향해 사격을 가하고 있었지요."

다이하드들은 후퇴해 트럭, 지프, 랜드로버에 승차했다. 미군들은 가진 무기를 화끈하게 쏴 댔다고 윌로비는 생각했다. 그러나 여러 방향에서 총탄이 날아오더니 도로에 적 기관총 사격이 가해졌다.

"제가 타고 있던 랜드로버에서 앞쪽의 도로를 보니 온통 기관총탄에 파뒤집혀져 있더군요. 그 모습을 보니 D중대에서 적탄에 피격된 사람이 없다는 것이 신기하게 느껴졌습니다."[59]

포병대도 움직이고 있었다. 바레트는 미군의 요형포좌 내에 시신들이 있는 것을 보았다. 그들은 실제로 미 육군 제2보병사단의 전사자들이었다. 바레트의 말이다.

"이제 중국군들은 높이가 약 15m 정도 되는 이 고지 언저리까지 올라와서 주변을 엿보기 시작했습니다. 어떤 사람은 포차의 꽁무니에 매달려 가다가 중국군의 사격을 당해 떨어져 죽기도 했습니다. 저 역시 다리를 차 밖으로 내밀고 트럭 모서리에 간신히 걸터앉은 상태였지요."

마지막으로 A중대가 전술 본부를 엄호하면서 철수했다. 로저스의 발 주변 땅이 총탄에 맞아 먼지가 피어오르는 것이 보였다.

"중국군 중 절반이 내게 총을 쏴 대는 것 같았어요!"

적들은 다이하드들이 버리고 간 도로 북쪽과 남서쪽의 진지를 차지했다. 로저스는 저지대에서 발이 묶였다. 세인트헬레나 출신의 흑인 병사였던 중대 선임 하사관 대니 크랜필드가 소리쳤다.

"거기 꼼짝 말고 있어!"

로저스는 그에게 이렇게 대답했다.

"땅바닥에 찰싹 엎드려 있어요!"

적의 사격이 잠시 멈추었을 때 크랜필드는 로저스에게 손을 뻗쳐 그를 끌고 갔다. 그때 적의 수류탄이 낙하했다. 크랜필드가 수류탄을 되집어 던지려고 하던 찰나 수류탄은 그의 손 안에서 폭발했다. 중국군은 파편 수류탄이 아닌 폭풍 수류탄을 주로 사용했지만, 그 수류탄이 남긴 상처는 엄청났다. 크랜필드의 손가락 살이 마치 벗겨진 바나나 껍질처럼 너덜너덜했다. 충격에 빠진 그는 남쪽으로 후송되었다.

중국군의 박격포 및 소화기 사격을 당하고 있는 전술 본부에 있던 맨 중령은 미군 사상자를 후송하고, 엄호에 임하는 미군 전차 부대를 배치하고, 교통 상황을 정리하느라 정신이 없었다. 엄청나게 시끄럽고 사람들이 사방팔방으로 뛰어다니는 이 혼잡한 상황에서 그의 리더십은 빛을 발했다. 로저스의 말이다.

"맨 중령님은 사냥용 지팡이에 앉아 지도를 보고 계셨습니다. 혼란에 빠진 병사들을 안정시키기 위한 확고한 목적을 가진 행동이었지요."

보브 여비 중사의 소대는 후위를 맡게 되었다. 갑자기 중국군들이 난데없이 떼거지로 나타나(이 전쟁에서는 꽤 흔한 일이기는 했다) 다이하드들을 향해 돌격해 왔다. 순식간에 백병전이 벌어졌다. 여비의 말이다.

"우리는 언제나 그랬듯이 소총에 이미 착검을 한 상태였습니다. 우리는 몸을 돌려 방해하는 중국군을 개머리판으로 미친 듯이 때려 죽였지요. 마치 풋볼 경기에서의 몸싸움처럼 격렬했어요. 우리 편이 아닌 사람은 무조건 쏴 죽였어요."

얼마의 시간이 지났는지는 정확히 몰라도, 몇 초 후, 어쩌면 몇 분 후 양군은 마치 약속이라도 한 듯 서로 물러났다. 여비의 소대는 후퇴했다.

후퇴하는 차량들은 속도를 높이고 있었지만, 그들에게도 속도 제한은 있었다. 미들섹스 대대원들이 차에 매달려 있었고, 미군 부상자들이 잔뜩 실려 있었기 때문이었다. 운전병들은 길옆의 오두막집들을 때려 부수고,[60] 시냇물을 화끈하게 튀기며 미친 듯이 운전했다.[61] 접동리를 지나가면서, 월로비는 미들섹스 대대 의무 하사관이 진료를 보고 있는 연대 진료소를 보았다. 그 하사관은 혼자서 무려 250명의 환자를 진료하고 있었으며, 가진 모르핀과 붕대를 이미 다 써 버렸다.[62]

차산에서 군의관 스탠리 보이델은 부상자들의 고통을 달래기 위해 미친 듯이 움직였다. 그의 스트레스는 대단했다. 그 본인도 얼마 못 가 일본으로 후송될 지경이었다. 일부 운전병들이 북쪽으로 되돌아가기 싫어했기 때문에, 환자를 수송하는 것도 골치 아픈 일이었다. 보이델은 당시를 이렇게 회상했다.

"각 트럭마다 총기를 휴대한 사수를 1명씩 배치해서, 의료진과 부상자가 탑승하지 않으면 운전병들이 차를 몰고 함부로 도망치지 못하게 협박하는 걸로 문제를 해결했습니다."

남쪽으로 향하던 여비는 앞서의 백병전 이후 자신이 엄청나게 겁을 먹었다는 사실을 알았다.

"백병전 당시에는 무섭지 않았습니다. 하지만 끝난 후가 더 무서웠지요.

제 자신에게서 뭔가가 사라져 나가고, 합리적인 판단을 할 수 없게 된 것 같았습니다. 전투가 끝난 후 스스로의 손을 보자, 마치 사시나무 떨듯이 떨고 있었어요. 이런 생각이 들더군요. '오, 하나님! 이거 진짜로 있었던 일 인가요?'"

여단 본부에서 톰슨은 흙먼지를 잔뜩 뒤집어쓴 코드 여단장이 미 육군 제2보병사단의 어느 젊은 장교의 설명을 듣는 것을 보았다. 그 미군 장교 는 왜 자신들이 중국군의 화망에 걸렸을 때 응전하기보다는 도망칠 수밖 에 없었는지를 설명하고 있었다. 톰슨은 코드의 야위고 주름진 얼굴에 그 렇게 깊은 그늘이 지는 것은 처음 보았다.[63]

미 육군 제2보병사단 예하 부대 중 일부는 미들섹스 대대가 후퇴한 지 몇 시간이 지난 그날 밤까지도 계속 몰려오고 있었다. 대대가 16:00시경 보았던 고요함은 미 육군 제2보병사단 선도 부대와 후속 부대 간에 공백 이 있었기 때문이었다. 사단의 후위인 미 육군 제23연대전투단은 미 제8 군에서 가장 유능한 장교인 폴 프리먼 대령이 이끌고 있었다. 그들은 남쪽 으로 움직이지 않았다. 이들은 군우리를 출발해 서쪽의 안주로 가는 도로 를 차지한 후, 거의 손상 없이 탈출했다. 그러나 프리먼의 철수로 인해, 아 직 철수하지 못하고 있던 부대들은 적에게 노출되었다. 미국 제2공병대대 는 자신들이 절망적인 상황에 처했음을 알고, 부대기를 불태웠다.*

군우리 고개의 학살에서 미 육군 제2보병사단은 4,037명의 사상자를 내 고, 114문의 포를 잃었다.[64] 카이저는 사단장직에서 해임당했다.** 제1군단

---

* 현재까지도 한국에 주둔 중인 미 육군 제2공병대대는 매년 11월 30일이면 1950년의 비극을 잊지 않고자 부대기를 불태우는 행사를 한다.

** 일부 미국 역사가들은 군우리에서의 영국군 제27여단의 활약에 대해 회의적이지만, 카이저 사단장은 그들의 지원에 감사를 표했다. 그는 12월 5일 코드 여단장에게 보낸 편지에서 이렇 게 말하고 있다. "용맹스러운 활약을 보인 당신과 당신의 부대에 진심으로 감사를 표하는 바입

에서는 미 육군 제2보병사단이 프리맨이 확보한 안주로 가는 도로를 타도록 제안했지만, 제9군단장인 코울터 장군은 카이저 장군에게 남쪽으로 가는 도로를 사용할 것을 명령했기 때문이다.[65] 그 재앙의 날, 코울터는 제9군단 본부를 평양으로 옮겼다.

그 비참한 상황 때문에 미 제8군은 11월 29일 전투상보에서 다음과 같은 말도 안 되는 자기합리화를 시도했다.

"제8군이 5일 전에 시도한 공격 덕택에 우리 군은 적에게 포위되어 격파당하는 운명을 피할 수 있었다. 만약 우리가 그 자리에 수동적으로 대기하고 있었다면…… 적은 압록강 이북에 분명 20만 명이나 되는 병력을 집결시켜 놓고 있었다…… 우리의 공격 시점은 정말로 가장 시의적절했다."

일부 기자들은 이 소리를 농담으로 여겼다.[66] 진실이 아니었기 때문이다. 적의 대규모 부대가 포위망을 형성하고 압력을 가해 오고 있다는 발표가 나온 지 불과 일주일도 지나지 않았는데, 이미 쉽게 잊히고 있었다.

미 육군 제2보병사단이 시련을 당하던 날, 지구 반대편의 워싱턴은 이 비극에 충격을 받아 극약 처방을 논하기 시작했다. 해리 트루먼 대통령은 기자회견에서, 핵병기의 사용 가능성을 배제하지 않겠다고 말했다. 역시 충격을 받은 영국 총리 클레멘트 애틀리는 트루먼과 회담하러 워싱턴으로 날아왔다. 미국 정부는 더 이상 UN군에 재래식 전력을 증원해 줄 수 없었다. 1945년 이후 군축을 당한 미군은 1952년이 될 때까지 단 1개 사단도 한국에 더 보낼 수 없었다.[67]

한국 육군 제2군단의 분쇄, 터키군과 미 육군 제2보병사단이 당한 참변

니다.…… 우리 부대가 군우리-순천 간 도로로 나아갈 수 있게 도와주신 덕택에 제2보병사단의 병력 중 상당 부분이 적의 포위를 뚫고 안전하게 통행할 수 있었습니다." 영국군 제27여단 전쟁 일지를 참조하라.

은 이제 전장을 지배하는 것이 중국군임을 입증해 주었다. 최고사령부의 판단은 흔들리기 시작했다. 부산에 온 군수물자에는 대기령이 떨어졌다. 최악의 경우, 한국을 포기해야 할 수도 있다는 생각에서였다.[68]

그런 의견은 순식간에 미 제8군 내부에 급속히 퍼져 갔다. 크리스마스면 집에 돌아갈 꿈에 부풀어 있던 미군은 지형에 놀라고, 추위에 바보가 되고, 패배에 두려워하고, 전세의 역전에 놀라 순식간에 사기가 바닥으로 내려갔다. 불도저, 포차, 전차, 트럭, 지프 등이 수 킬로미터나 되는 긴 열을 지어 흙먼지 속에 헤드라이트 불빛을 비춰 가며 적의 대군을 피해 남쪽으로 미친 듯이 달려갔다.

미 제8군에는 이제 사람이 없었다. 미군 역사상 가장 긴 후퇴인 '더 빅 버그 아웃(The Big Bug-out: 대탈출)'이 시작되었다.

* * *

영국군 제27여단 본부에서도 우려스러울 만큼의 통제 불능 상태를 보고 있었다. 슬림이 "우라지게 좋은 병사들"이라고 평하던 터키군 병사들이 패잔병이 되어 여단 본부 구역을 지나가고 있었다. 아가일 대대의 오웬 라이트는 터키군 생존자들이 사상자들을 등에 업은 채 어두운 표정으로 걸어가는 것을 보았다. 그들의 분위기는 위험할 정도로 침울했다. 터키군들이 미군들과 싸웠다는 보고를 받은 레지 제프스 대위의 말이다.

"터키군 여단장이 우리 여단 본부에 와서 이렇게 말했지요. '나는 더 이상 미군의 지휘하에서 싸우지 않겠습니다!'"

미 육군 제2보병사단의 잔여 병력도 계속 도착하고 있었다. 어떤 전차는 팔이 포탑과 차체 사이에 끼어 버려 괴로워하는 병사를 매단 채 굴러갔다.

절단수술을 받아야 할 정도의 큰 부상이었다. 그러나 그것도 근처에 제대로 된 MASH가 있어야 받을 수 있었다.[69]

제프스는 이렇게 말한다.

"미군의 지휘 체계는 대단히 혼란스러웠습니다. 명령을 내렸다가, 그 명령을 취소하는 일이 계속되었지요. 극도의 공황 상태가 뭔지 잘 보여 주었습니다."

12월 1일, 윌로비는 그날이야말로 '혼란의 날'이자, '영국군을 제외한 모든 사람들이 자신들은 남쪽으로 갈 자격이 있다고 생각한 날'로 여겼다. 다만 남쪽의 어디로 가야 할지는 아무도 몰랐지만. 영국군 제27여단은 당시 미 육군 제1기병사단에 배속되어, 미국 제8군의 후위를 맡아 북동쪽을 방어하고 있었다. 여단에는 차단 진지를 만들라는 명령이 내려졌다. 여단 전쟁 일지에는 이렇게 기록되어 있다.

"상황은 애매모호하고 혼란스러웠다."

그날 고지에 적이 등장하자 미국 제1기병사단 예하 부대들이 그날 무단으로 철수를 강행했다.[70] 12월 2일, 적의 대규모 이동이 보고되었다. 여단 작전 기록에 적힌 내용은 회의적이었다.

"일부 부대들이 자신들의 정당화될 수 없는 성급한 후퇴를 정당화하기 위해 발표한 정보일 수도 있다는 의견이다."

그동안, 제1기병사단 본부와의 통신이 두절되었다.[71]

왕립 오스트레일리아 연대 제3대대는 태룡강에 놓인 요파리 다리를 지키는 데 투입되었다. 이들이 전개한 위치는 숲이 우거진 고지들 아래였다. 벤 오다우드의 A중대는 중국군 정찰대의 숙영지를 발견한 후 접전을 벌였고, 노획한 중국군의 쌀자루와 침구를 소각 처리했다. 해가 진 이후 때때로 나팔이 울렸고, 그들의 전면에 있는 고지에서는 UN군 포병대의 발포음이 들렸다. 그날 밤은 달빛이 밝게 비추고 있었다. 오다우드는 갓 내린 눈 위에 선 디거들이 짙은 색 군복 때문에 쉽게 표적이 될까 봐 걱정했다. 다음 날 아침 오스트레일리아군은 다리를 건너 후퇴한 다음, 다리를 폭파해 버렸다.[72]

여단 본부에서 제프스는 브루스 퍼거슨 중령의 랜드로버가 갑자기 멈췄다는 이야기를 들었다. 제프스는 그 화끈한 오스트레일리아인과 그리 좋은 사이가 아니었다. 진격 중에 퍼거슨 중령은 무려 80km 후방에 있는 차량들을 회수해 오라고 명령한 적도 있었다. 이에 제프스는 차량들이 너무 멀리 있기 때문에, 차량들이 도로에서 벗어난 상태여야만 그리 하겠다고 대답했다. 그러자 퍼거슨은 차량들을 도로에서 밀어 냈다. 이제 제프스는 고지에 사격을 가하는 미군 전차 2대 옆 브루스 퍼거슨의 차량 앞에 멈춰 섰다. 지도를 보고 있던 퍼거슨은 고개를 들었다. 그는 이런 말을 내뱉었다.

"이런! 더럽게 재수 없는 블루벨께서 직접 행차하셨군."

블루벨은 제프스의 통신용 호출 부호였다. 그는 이런 욕설을 무시하고, 랜드로버의 여러 부위를 손보고 다시 엔진이 돌아가게 했다. 그러자 퍼거슨의 표정이 밝아졌다. 제프스의 회상이다.

"저는 그에게 나쁜 짓을 할 수 없었어요. 중요한 건 다른 사람을 보내지 않고 내가 직접 갔다는 것이지요."

그동안 아가일 대대는 미 육군 제1기병사단의 임무 부대와 함께 거친 고지 속에 파견되었다. 그날 오후 늦게 철수 명령이 내려졌다. A중대는 험준한 능선을 통과해 남쪽 도로로 가서, 수송대와 상봉하라는 명령을 받았다. 윌슨은 그 도로는 무려 3km나 떨어져 있다고 따졌으나 소용이 없었다. 그리고 밤이 되고 있었다. 명령은 명령이었다. 그는 A중대원들에게 구두로 상황 설명을 한 다음, 그들을 이끌고 험지를 돌파해 기적적으로 상봉 장소에 도달했다. 그러나 거기서 그는 부하들을 이끌고 원래 출발했던 곳으로 되돌아가라는 새로운 명령을 받았다. 탈진했던 그의 부하들은 분개했다. 시각은 02:00시였다. 대대에 배속되었던 미군의 FOO에게는 원대 복귀령이 떨어졌다. 그러나 그 미군 장교가 닐슨 중령을 찾아가 아가일 대대에게 포사격 지원을 해 주지 못한 점을 사과하자 윌슨은 크게 감동받았다.[73] 윌슨과 부하들은 적과 접촉 없이 야간 행군을 하며 얼어붙은 강 위를 건넜다.[74] 고립된 상황과 정보 부족으로 인해 아가일 대대 최강의 용사들도 안절부절못할 정도였다. 당시 영국군은 차량 엔진의 동결을 막기 위해 1시간에 한 번씩 엔진을 공회전시켰는데, 슬림은 그것조차도 불안해 했다.

"망할 중국 놈들이 그 소리를 듣고 우리 위치를 알아챌 수 있었지요."

12월 3일, 윌로비의 미들섹스 대대 D중대는 평양으로 가는 길을 지키고 있는 미 육군 제1기병사단의 어느 중대 곁에 있었다. 윌로비가 미군들에게 자기 소개를 하자, 어느 미군 장교가 이렇게 말했다.

"야간에 적색 베리식 조명탄 2발이 터지는 걸 보면, 전 중대원들을 모아서 남쪽으로 이동하세요."

윌로비는 그렇게 하면 D중대의 측면과 도로는 적에게 무방비 상태로 노출될 수 있다고 생각했다. 중대로 돌아온 윌로비는 항공 정찰을 통해 적 2만 명이 접근 중이라는 보고를 받았다. 하늘에는 구름이 낮게 깔려 있었고, 그들의 앞에는 전나무 숲과 회색 산이 펼쳐져 있었다. UN군은 항공 공격을 벌여, 중국군이 있을 곳으로 의심되는 곳에 기관총을 퍼부었다. 윌로비 소령은 이런 글을 남겼다.

"항공기에서 쏜 기관총이 지면에 맞고 튕겨 어둠 속으로 사라지는 모습을 보았습니다. 좀 놀라웠지요."

이후 해가 저물 때까지 폭격기들이 계속 폭격을 퍼부었다.

"해가 지고 나자 거의 완벽한 정적이 찾아왔습니다. 도저히 실감이 안 나는 일이었지요. 우리는 그 자리에 머물러 밤에 할 일을 준비했습니다. 아무리 생각해 봐도 UN군이 이 지독한 난관에서 빠져나갈 시간을 벌어 주는 것이 우리가 싸워야 하는 이유인 것 같았어요."

그는 라디오로 BBC 방송을 들었다. 방송에서는 영국은 중국과 전쟁을 하지 않겠다는 애틀리 총리의 입장이 나오고 있었다. 진지를 소나무 잔가지로 위장하고 있던 다이하드들은 항공 정찰로 추산한 적의 병력 수가 실병력 수보다 과장된 것이기를 바랐다. 그날 적과의 접전은 없었다. 다음 날 아침, 미들섹스 대대는 전날 미 공군이 중국군 1개 대대를 괴멸시켰다고 주장하는 여울에 정찰대를 파견했다. 거기서 발견한 것이라고는 민간인 2명과 소 한 마리의 시체뿐이었다. 측면을 지키고 있던 미 육군 제1기병사단의 하위 부대는 야간을 틈타 사라진 것 같았다.[75]

여단도 그들 뒤를 따를 것이었다. 코드는 후위 작전을 해 봤자 의미가 없다고 생각했다. 그러나 12월 3일, 사단 본부에서 다음날 217km를 후퇴하라는 명령을 내렸을 때는 그도 놀랐다.[76] 미 제8군에서 가장 마지막에 후퇴하는 부대인 영국군 제27여단은 여단에 미 육군 제2화학박격포대대가 배속되자 기뻐했다. 아가일 대대의 소위 앨런 로더는 이렇게 말했다.

"그 친구들은 대단한 친구들이었습니다. 미 육군사관학교 출신다운 정예였지요. 매우 유능하고, 언제나 옆을 지켜 주는 친구들이었지요."

후퇴란 위태로운 일이다. 평소와 마찬가지로 수송 수단은 부족했다. 따라서 미들섹스 대대는 평소와 마찬가지로 트럭의 흙받이에 매달리기도 하고, 미군 화학박격포대대의 트레일러에 타기도 하면서 서로의 몸을 꽉 붙들고 의지했다. 윌로비의 말이다.

"우리는 이런 식으로 적이 코앞에 있는 대로의 교차점까지 갔지요. 얼마만큼 전세가 바뀌어 끔찍한 여행이 될지 누구도 모르고 있었어요."[77]

일부 장교들은 사기를 유지했다. 윌슨은 중대를 집합시키기 위해 사냥용 나팔을 사용했다. 그가 나팔을 불자 조크들은 사냥개처럼 멍멍 짖는 소리를 내면서 그의 신호에 따라 적절히 움직였다.[78] 그러나 대부분의 병사들은 중국군과의 거리가 어느 정도 떨어져 있느냐에 관심 있어 할 뿐이었다. 여비의 말이었다.

"언제라도 중국군이 기습을 가할지 모른다는 공포심이 있었지요. 다들 항상 서둘렀습니다."

십스터도 당시의 상황을 이렇게 말했다.

"남쪽으로 이동하고 있다는 사실을 떠올리면 그런 불안감이 누그러들기도 했지만, 그간 중국군과의 전투 경험을 떠올리면 또 전혀 누그러들지 않았습니다. 우리는 강한 군기 아래 단결해야만 살아남을 확률이 높아진다는 것을 알고 있었지요."

여단 전체가 단결해 남쪽으로 향하고 있던 당시, 역으로 미 제8군은 붕괴되고 있는 것 같았다. 스파이서의 말이다.

"우리는 서로에게 의존했습니다만, 우리 여단 병력 말고 다른 사람들에 대해서는 아는 게 없었습니다. 후퇴를 엄호하는 건 전진하는 것보다 더 어려운 일입니다. 적을 기다리는 일이거든요. 막상 적이 오면 누구도 도와줄 수 없고요."

박천 전투와 군우리 전투 이후 여단은 미군 포병대의 실력에 경의를 표하게 되었다. 그러나 미군 포병 장교들마저도 기운이 없어지고 있었다. 맨 중령의 말이다.

"저는 지프를 타고 돌아오는 관측 장교를 세 번이나 본 적이 있습니다.

우리 부대는 움직이지 않았는데도 그는 홀로 남겨질까 두려워하더군요. 그는 우리가 자기를 내버리고 갈 거라고 확신하고 있었어요."

하극상에 가까운 상황이 벌어진 적도 여러 번 있었다. 맨 중령의 말이다.

"앞에 '부산!'이라고 적은 트럭이 오더군요. 운전병 옆에 탄 선탑 장교가 차에서 내리더니, 교통 정리를 하는 우리 헌병에게 와서 이렇게 말하는 거였어요. '너는 내 차를 세울 수 없어. 나는 장교란 말야!' 그러자 우리 헌병은 그를 때려눕혔어요. 아가일 대대의 주임원사는 그 광경을 보고 아주 신나했지요. 그는 등을 돌리고는 아무것도 못 본 척했어요."

공포는 전염성을 띠고 있었다. 십스터의 말이다.

"우리 부대에 배속된 미군 수송 부대는 멋진 친구들이었어요. 하지만 그때 그들의 목적은 오직 하나였지요. 가급적 빨리 남쪽으로 후퇴하는 거였어요. 그래서 우리는 그 친구들에게 감시병을 붙여야 했어요. 3명의 운전병이 수송대를 엄호하기 위해 진지에 들어갔을 때, 그중 하나가 이러더군요. '저 덤불이 움직이는 것 같은데?' 그러자 3명이 이구동성으로 이러더군요. '그래, 여기서 빨리 빠져나가자고!'"

어떤 미군 병사가 침낭 속에 들어간 채로 시속 64km로 달리는 트럭을 따라잡는 걸 봤다는 어느 디거의 이야기도 여단 전체에 퍼졌다.[79] 아가일 대대의 해리 영의 말이다.

"미군은 이런 종류의 전쟁에 맞는 훈련은 받은 적이 없나 봐요. 그 친구들도 분명 훌륭한 놈들인데, 그렇기에 더욱 수치스러운 일이었지요."

논은 도로에서 밀려난 불탄 차량 잔해들로 가득 찼다. 맨 중령의 말이다.

"저는 어느 미군 전차의 잔해를 지나치면서 미군 병사에게 이렇게 말했어요. '우리가 마지막으로 철수하는 부대니까, 중국군이 저 전차를 탈취해서 쓰지 못하게 전차를 자폭시켜 버리는 것이 좋겠어.' 그로부터 몇 주 후,

일본에서 이런 전문이 왔지요. '영국군 장교는 미군에게 전차를 자폭시키라는 명령을 내려서는 안 된다.' 저는 신경 쓰지 않았어요."

그러나 후퇴 길에 버려진 모든 장비가 제대로 파괴된 것은 아니었다. 왕립 오스트레일리아 연대 제3대대의 통신 하사관 잭 갤러웨이의 말이다.

"우리 부대의 운전병 중 한 명이 이동식 크레인을 끌고 호송대에 합류하더군요!"

그 거대한 차량은 이후 자폭 방기되었다.

운전 연습을 하기 좋은 상황이었다. 앰뷸런스 지프를 직접 몰게 된 아가일 대대의 군의관 더글러스 홀데인의 말이다.

"거기서는 다른 물체나 차량을 아무리 들이받아도 문제가 되지 않았어요. 영국으로 돌아갔을 때는 그리 썩 좋은 운전사라고 말하기 힘들었어요. 제대로 된 운전 교육을 받을 필요가 있었지요!"

이제 여단의 잔존 차량들은 모두 상태가 엉망이었다. 아가일 대대의 박격포 장갑차가 더 이상 굴러가지 못하게 되었다. 타고 있던 대원들은 신속히 내린 다음, 장갑차의 연료 밸브를 열고 트럭으로 옮겨 탔다. 마지막 대원이 장갑차를 자폭시켰다. 로이 빈센트가 말했다.

"엄청난 볼거리였죠. 장갑차에 실려 있던 고폭탄 66발, 연막탄 6발, 연료 탱크 2개가 쾅 하는 폭음과 함께 불타올랐으니 말입니다!"

제27여단의 대열 후미에는 제프스의 전기기계공병 스카멜 구난차량이 8대의 낡아 빠진 차량을 견인하고 있었다.

* * *

이들은 영원히 잊지 못할 지독한 추위 속에서 후퇴했다. 얼어붙은 주변 풍경은 굽이치더니 높고 거친 산으로 변했다. 구름이 낮게 깔린 어두운 날도 많았다. 하지만 가장 추웠던 날은 언제나 밝고 맑았다. 밤에 보름달이 떠 있으면, UN군은 그 달을 '중국군의 달'이라고 불렀다. 중국군이 어둠을 틈타 교묘히 움직이는 것을 빗댄 말이었다. 보름달이 비추는 달빛은 눈밭과 얼어붙은 잔해 위에 반사되어 은빛의 으스스한 장관을 만들어 냈다. 보이델의 말이었다.

"추위에서 벗어나지 못하자 정말 괴로웠습니다. 그 어떤 것보다도 추위가 제일 가혹했지요."

처음으로 큰 눈이 내린 것은 12월 3일의 해가 진 이후였다. 로더의 말이었다.

"판초 우의를 덮고 참호에 누워 있는데 갑자기 뭔가가 나를 짓누르는 것 같아서 일어났습니다. 알고 보니 그건 10cm 두께로 쌓인 눈의 무게였지요."

로더는 눈도 뜰 수 없었다. 눈꺼풀이 얼어버렸기 때문이었다. 제프스는 지프 아래에 극한지용 침낭을 깔고 자고 있었다. 그 침낭은 어느 미군 대령에게 위스키를 주고 사 온 것이었다. 그런데 차대에 종유석처럼 늘어진 고드름이 그의 코에 달라붙는 바람에 떼어 내느라 낭패를 보았다. 제일 고생한 것은 날씨가 따뜻한 오스트레일리아에서 온 병력들이었다. 저격수 로비로버트슨의 말이다.

"추운 참호 안에서 하룻밤을 보내고 나면 다음날 아침 자력으로는 도저히 나올 수 없습니다. 다른 사람들이 꺼내 주고, 다리를 펴 주어야 비로소걸을 수 있게 되지요. 그러나 디거들은 그렇게 추운데도 불평을 하지 않았어요. '춥네요.' 하는 사람도 없었지요. 춥다는 말로는 표현이 안 될 정도로 지독하게 추웠으니까요."

장병들은 입을 수 있는 것이면 뭐든 구해 껴입었다. 보이델은 군복 안에 여러 벌의 파자마를 껴입었다. 그리고 전사한 미군 장교에게서 빼앗은 롱코트를 위에 걸쳤다. 영국군의 동계 장비 중 일부는 꽤 성능이 괜찮았다. 망사 런닝셔츠를 입으면 땀이 피부 위에서 얼어붙지 않았다. 목끈을 조일 수 있는 울리풀리(woolly pully: 영국군용 스웨터)는 체온이 빠져나가는 것을 막아 주었다. 그러나 조끼형 방한내피나 파카, 방한모 같은 대부분의 미군 동계장비가 영국군 것보다 훨씬 우월했다. 양쪽이 끈으로 연결되어 목에 거는 방식의 동계용 벙어리 장갑은, 사격을 위해 검지손가락이 나올 구멍을 내 줘야 한다는 것 빼면 따뜻하고 좋았다. 이때쯤이면 대부분의 영국군 병사들은 복장 면에서 미군과 분간이 안 되는 상태에 이르렀다. 그러나 맨 중령은 영국군용 장교 정모 착용을 고집했다. 가끔씩은 방한모를 쓰고 그 위에 정모를 착용하기도 했다.[80] 모포나 침낭 속에 들어가 취침하려고 전투화를 벗어 놓으면, 아침이 되면 전투화는 얼어붙어 딱딱해져서 신을 수가 없게 되었다. 해리 영의 회상이다.

"그런 경우에는 전투화와 발을 불로 녹인 다음에 시도해야 발이 전투화 안에 들어갔습니다."

전투 식량도 얼어서 딱딱해졌다. 영은 이렇게 말했다.

"콩이 든 깡통을 열어도 녹이지 않으면 내용물이 나오지도 않았어요."

병사들은 통조림 깡통째로 알코올 스토브에다 가져다 대고 조리했다. 그러니 추위는 정말로 독했다. 왕립 오스트레일리아 연대 제3대대의 정보 장교인 앨프 아젠트는 이렇게 말한다.

"돼지고기와 콩이 든 깡통을 불에 올려놓고 구웠습니다. 바깥은 부글부글 끓더라고요. 그런데 한 숟갈 떠 보니, 안쪽은 여전히 얼어 있는 게 아니겠습니까?"

디거는 식품을 제대로 가열하는 독창적인 방법을 개발했다.

"통조림 깡통을 때려서 움푹 들어가게 흠집을 냅니다. 그리고 그 상태 그대로 불에 굽습니다. 들어간 데가 튀어나오면 까서 먹어도 되요. 압력솥의 원리지요."

차량 운행 중에는, 윌로비는 깡통을 차량 배기구에 묶어서 가열했다. 그러나 전쟁의 풍경은 식욕마저도 빼앗아가곤 했다. 제이크 머치와 동료 병사들이 고기국수 통조림을 먹으려고 하고 있었는데, 주변에 머리가 깨져 죽은 적 병사의 시신이 쓰러져 있었다. 머치의 말이다.

"그의 피 묻은 뇌수는 우리가 먹으려던 국수 가락을 연상케 했지요. 누구도 식량을 먹을 엄두를 못 냈어요."

수통도 옷 안에 따뜻하게 보관하지 않으면 바로 얼어 버렸다. 병사들은 눈을 녹여서 음료수로 쓰기도 했지만, 한 컵의 물을 만드는 데 의외로 많은 시간이 걸린다는 것을 뒤늦게 알았다. 주둔지에서 병사들은 상급 하사관을 가급적 피해 다녔지만 그러나 이제는 상급 하사관들을 졸졸 쫓아다녔다. 중대 선임 하사관이 큰 숟가락으로 럼주를 배급하는 담당자였기 때문이었다. 럼주를 마시면 추위를 잊는 데 효과가 있었다. 뜨거운 차에 넣어 먹을 경우 효과는 더욱 커졌다.

이렇게 추울 때는 세면도 골치 아팠다. 아가일 대대의 오웬 라이트 소위의 말이다.

"면도를 하려면 수염을 물로 적셔야 하는데, 그러고 나서 면도칼을 수염에 대면 그 상태 그대로 얼어붙어 버립니다. 제대로 깎을 수가 없지요. 그래서 어떤 병사는 그런 상태에서 억지로 깎은 괴상한 모양의 콧수염을 하고 다녔어요. 그나마 절반은 얼어서 부러져 버리더군요."

밤이면 병사들은 참호에 작은 모닥불을 피우고, 민가에서 화로를 약탈했다. 아가일 대대의 애덤 맥켄지의 말이다.

"우리는 화로를 참호나 장갑차의 바닥에 두어, 발을 따스하게 했지요."

땅 위에 세워 놓은 차량들은 서서히 얼어갔다. 낮 동안 태양이 차량 표면에 생긴 성에만을 녹여 줄 뿐이었다. 차량이나 병기를 만질 때는 주의가 필요했다. 맨손으로 함부로 만졌다가는 지독한 상처를 입게 되었다. 병기용 윤활유도 얼어 버렸기 때문에 소총과 브렌 건에 발라졌던 윤활유는 모두 제거되었다. 전차에 탑승할 때 발을 녹인답시고 전차의 엔진 배기구 근처에 군화를 올려놨다가는 군화가 타 버리기 십상이었다. 그러나 무엇보다도 최악은 칼바람에 노출되는 것이었다. 여비의 말이다.

"얼어붙은 강을 건널 때, 지독한 바람이 마치 창끝처럼 날카롭게 옷깃 사이로 파고들어 왔습니다."

후위를 맡은 제27여단이 들어간 마을들은 대부분 텅 비어 있었다. 장병들은 부서진 집의 잔해를 땔감으로 썼다. 멀쩡한 집이 나오면 그 속으로 들어가 잤다. 부엌 아궁이에서 방바닥으로 연결된 온돌은 매우 훌륭한 중앙난방 시스템이었다. 그리고 김칫독 덕택에 김치는 겨울에도 얼지 않게 보관될 수 있었다. 기술자적 시각으로 이것들을 본 제프스는 매우 대단하다며 호평을 늘어놓았다. 그러나 항상 불조심을 해야 했다. 이제는 코드 여단장조차도 미제 카빈 소총을 들고 다녔는데, 어느 날 저녁, 한국인의 집에 머물면서 그는 카빈 소총과 탄창을 뜨끈해진 바닥 위에 올려놓고 잤다. 그러다가 한밤중에 카빈 소총이 오발되었다. 제프스의 말이다.

"그러자 난장판이 벌어졌지요!"

아가일 대대의 정보 장교인 샌디 보스웰은 아가일 대대원들이 불을 때다가 너무 땔감을 많이 넣어 화재가 난 집으로 달려갔다. 장병들은 무사했으나, 대대 전쟁 일지는 그 와중에 타버리고 말았다. 닐슨은 기억에 의존해 대대 전쟁 일지를 재작성할 것을 명령했다.

후퇴가 계속될수록 멀쩡한 집은 적어지고 불탄 집의 잔해가 더 많이 보였다. 미국 제8군이 북한을 떠나가는 거대한 후퇴의 와중에는 아무것도 남아나지 않았다.

*　*　*

이전에는 민간 자산에 대한 파괴 행위는 고의성이 없었다. UN군이 진격하면서 생긴 총포 사격이나 폭탄 폭발로 인한 부수적 피해였던 것이다. 진격하는 UN군은 마을이나 도시에 들어가기도 했지만 우회하기도 했다. 그러나 이제 UN군은 민간 자산을 고의로 파괴하고 있었다. 12월 2일, 미국 제8군은 후퇴하면서 마주치는 모든 식량 저장고와 교량, 배를 파괴하라는 명령을 내렸다. 그 외에도 기관차, 객차, 신호기, 철도, 항구 시설, 석유 저장소, 크레인 등 모든 것을 적에게 넘겨주지 않고 파괴해야 했다. '그을린 대지', 즉 초토화의 시작이었다.[81]

화이트하우스의 말이다.

"우리는 통과하는 모든 마을을 불태웠습니다. '마을에서 빠져나올 때는 불을 질러라.' 그것이 UN군의 공식 방침이었습니다. 적에게 아무것도 넘겨줘서는 안 되었죠."

장병들은 당시의 상황을 표현할 적절한 말을 찾지 못했다. 여비의 말이다.

"마치 영화 세트장 속을 가는 것 같았어요. 다른 사람들에게 설명할 때면 뭔가 확 와 닿게 설명할 수 없었지요. 거기서 본 언덕, 산, 부서진 집, 눈…… 모두가 일상사에서는 보기 힘든 것들이었으니까요."

파괴는 끝없이 확장되었다. 갤러웨이의 말이다.

"미군들이 지포(zippo) 라이터로, 처마에 불을 지르는 모습을 볼 수 있었지요. 우리 부대가 숙영할 마을을 찾으라는 지시를 받았어요. 길을 따라 차를 타고 달려가 보았지만, 모든 마을이 다 파괴되어 있었어요."

어떤 장병들은 이 방화를 즐기기도 했다. 아가일 대대의 군수장교 앤드루 브라운의 말이다.

"오시들은 맥주를 잔뜩 가지고 있었어요. 그들은 큰 불을 지르고 맥주를 나누어 마시면서 우리 대대 병사들과 모두 함께 불 옆에서 춤을 추고 놀았지요. 한 번은 보급품으로 가득한 북한군 병영을 발견한 적도 있었어요. 그때도 저는 결국 이런 생각을 해냈지요. '이것도 적에게 넘기면 안 돼.' 그래서 운전병을 시켜 기름이 든 제리캔과 성냥을 가져오게 해서 불을 붙였지요. 활활 멋지게 타오르더군요!"

이런 파괴 행위에 죄책감을 느끼는 사람도 있었다. 머치의 말이었다.

"'여긴 마치 고향의 농장 같은 멋진 곳이야. 그런데 왜 이 곳을 파괴해야 하지?' 하는 의문이 종종 들었어요. 시골에서 자라난 저는 주인 없는 가축들이 여기저기 돌아다니는 걸 보고 많은 걱정을 했지요."

UN군은 후퇴하면서 엄청나게 많은 가축들도 죽였다. 오스트레일리아군의 존 로프티 포트너의 말이다.

"어느 길옆에나 죽은 소가 쓰러져 있었어요. 한국에서는 어느 집이나 소를 기르니까요. 죽은 소들은 다리를 뻣뻣이 펴고 추위에 딱딱하게 굳어 있었죠. 아마 항공기의 기관총 사격으로 죽지 않았나 싶어요."

더욱 끔찍한 광경도 있었다. 오스트레일리아의 종군 기자 해리 고든의 말이다.

"전차에 깔려 죽은 적군 시신이 있었는데, 돌아다니던 돼지들이 그 시신을 먹고 있더라고요. 저는 그 광경을 아직도 잊을 수 없습니다."

상황은 초현실적이면서도 악몽같이 끔찍했다. 라이트의 말이다.

"강 옆의 불타는 숲 속으로 야간 행군을 한 적이 있어요. 기분 좋은 일은 아니었지요. 마치 산 채로 불태워지는 기분이었어요."

아가일 대대 병사들은 주의를 기울이며 숲속 오솔길로 움직였다. 주변에서는 소나무가 탁탁거리는 소리를 내며 타다가 터지면서 불똥이 날렸다. 라이트의 말은 계속된다.

"왜 거기 불이 났는지는 알 수 없었어요."

아마도 그것은 중국 인민지원군의 소행이었을지도 모른다. 위장용으로 불을 질러 연기를 일으키는 방법을 많이 사용했으니까. 어쩌면 미 공군 때문인지도 모른다. 미 공군은 야간 행군을 하는 부대들의 조명 확보를 위해 숲에 네이팜탄을 떨어뜨리는 전술을 구사했다.

홍콩에서 전쟁을 해 보고 싶어 몸살이 났던 젊은이들은 이제야 자신들이 철이 없었음을 깨달았다. 제임스 비벌리 병사의 회고이다.

"파병되었을 때, 저는 드디어 전쟁을 하러 간다는 흥분에 절어 있었습니다. 하지만 이제는 여기서 살아서 나갈 수 있을지가 궁금해지더군요."

불타는 한반도의 모습은 마치 《성경》의 〈요한계시록〉에 나온 것처럼 끔찍했다. 낮에는 수많은 화재 장소에서 나오는 오렌지색 화염이 먼지 실안개 속에 흩어져 눈구름에 반사되었다. 그 빛은 지상에서 벌어지는 참상에 둔탁하고 음침하게 내려앉았다. 산 위에 어둠이 내리면, 네이팜탄으로 불타는 산천초목의 화염이 검은 바탕 위에 깔린 주황색 레이스처럼 보였다.[*]

---

* 초토화 명령은 1951년 1월에 취소되었다. 미군 고급 장교들도 초토화 명령을 지나친 짓이라고 생각했다(Appleman, 1989, PP. 356, 361-[2]) 영국 상원에서 스트라볼기 경은 초토화 정책이 한국에서 집행되고 있는지를 묻고, 만약 성과가 있다면 영국 정부와 상의를 거친 후에 집행된 것인지를 물었다. 여기에 대해 영국 외무장관 헨더슨 경은 이렇게 대답했다. "한국 주둔 UN

* * *

죽음이 남한으로 돌아가는 기나긴 후퇴 길에 본 끔찍한 장면이었다면, 그 속에서의 생활은 처량하기 그지없었다.

한국인들은 겨울이 되면 집 안에 틀어박힌다. 따뜻한 방바닥에 두터운 솜이불을 깔고, 매운 국을 먹으며 할아버지부터 손주까지 3대가 정을 다진다. 그러나 1950년의 불타는 겨울에는 그럴 수 없었다. 40~65만 명에 달하는 피난민들이 황폐해진 고향을 버리고 도로와 철도로 쏟아져 나와, 후퇴하는 UN군을 따라 피난에 나섰다.[82] 그중 많은 사람들은 기독교도였고, 미 제8군을 환영하거나 도운 사람들이라 공산군의 보복을 두려워했다. 그렇지 않은 사람들도 집이 불타고 가축들이 다 죽었기 때문에 이 추운 날씨에 고난의 행군을 하는 것 말고는 다른 선택의 여지가 별로 없었다.

바람이 무섭게 몰아치는 계곡을 지나, 불탄 마을과 끊어진 다리를 지나 수많은 사람들이 고생스럽게 남쪽으로 향하고 있었다. 군대는 신체 건강한 젊은 남자들로 이루어져 있는 데 반해, 피난민 대열의 주력은 노인들과 여자, 어린아이들이었다. 그리고 도로는 군인들이 차지하고, 피난민들은 길옆으로 밀려나야 했다. 피난민들은 가진 것을 수레와 지게에 잔뜩 싣고, 아기는 등에 짊어졌다. 어린이들도 이런저런 짐을 지고, 이제는 두 번 다시 보지 못할 고향을 등졌다. 보이델은 이렇게 말했다.

"그 사람들은 그 눈이 오고 추운 겨울 날씨에도 등에 한 보따리 짊어지

군은 그런 정책을 채택한 바 없으며…… 공공 시설물을 안전하게 지키기 위해 세심한 정성을 다하고 있습니다.(Hansard, 23 January, 1951 참조)" 이러한 대답은 사실을 전혀 모르고 있거나, 알면서도 거짓말을 하는 것이라고밖에 볼 수 없다. 미국 국방부도 방송에서 초토화라는 말을 사용했기 때문이다. 흥남부두 폭파(본서 제11장 참조)에 대해 〈Combat Bulletin 106〉은 다음과 같이 논하고 있다. "UN의 새로운 초토화 전술 덕택에, 중공군이 항공 정찰이나 항공 공격을 피해 은신할 건물은 거의 남지 않았다."

고 전투를 피해 긴 줄을 지어 걸어가고 있었지요. 우리가 그들에게 해 줄 수 있는 것은 아무것도 없었어요. 그중에는 아마 얼어 죽은 사람도 상당히 많았을 거예요. 너무나도 끔찍한 풍경이었지요."

그 도로 위에는 서양 문화와 한국 문화라는 두 문화뿐 아니라, 19세기와 20세기라는 두 세기가 공존하고 있었다. UN군 장병들은 차량을 타고 이동하는데, 한국인들은 도보로 걷거나 소달구지를 타고 이동하고 있었던 것이다. 한국인들의 소달구지에는 버려진 지프에서 떼어낸 바퀴가 달려 있는 경우도 있었다. 민간인들은 도로로 다닐 권리가 없었는 데다, '국'이라는 말에서도 알 수 있듯이 UN군들은 한국 민간인들에 대한 인종적 멸시를 품고 있었기에 일탈 행위는 드물지 않았다. 바레트의 말이다.

"미군 운전병들은 한국인들에게 전혀 친절을 베풀지 않았습니다. 그 친구들은 그저 재미삼아 한국인들의 소달구지 측면을 차로 긁고 도망가더군요. 제게 조금만 더 용기가 있었다면 그 친구들에게 뭐라고 한마디 했겠지만, 유감스럽게도 당시 저는 그놈들의 차에 얻어 타고 가는 신세여서요."

적의 침투를 막기 위해 피난민 대열을 멈추라는 명령은 상황을 악화시켰다. 윌슨의 말이다.

"밤이 되면 매우 강하게 나와야 했어요. 도로를 막고, 피난민 대열을 향해 총을 쏴야 했어요. 민간인들이 사방팔방으로 움직이는데 야간에 진지를 지킬 수는 없잖아요. 전혀 즐겁지 않은 일이었지요."

일부 병사들은 피난민에게 발포하라는 명령에 항명하기도 했다. 박격포 사격 통제관 헨리 치크 코크런은 콜린 미첼 대위로부터 교량에 박격포를 쏘라는 명령을 받았다. 코크런의 회상이다.

"그 사람은 '여기에 박격포를 쏴라.'라고 했어요. 저는 '예, 그 다리를 지도 상에서 없애겠습니다.'라고 대답했지요."

그러나 목표 교량을 보니, 그 위에는 피난민들이 장사진을 이루고 있었다. 그는 그래서 그 명령을 거부했다. 그러자 박격포 장교인 페어리 대위가 와서 미첼과 이야기를 했다. 그러고 나서 페어리가 말했다.

"괜찮아. 안 해도 돼."

미첼은 코크런에게 교량을 맞힐 수 있는지를 물었다. 코크런은 이렇게 대답했다.

"대위님의 명령이라면 어떤 벽돌이라도 맞힐 수 있습니다. 그러나 지금은 안 됩니다."

비극은 끝도 없이 일어났다. 왕립 오스트레일리아 연대 제3대대의 정보 장교인 앨프 아젠트는 길옆에 서 있던 어느 노인을 지나쳤다. 그 노인은 군용차에 치어 죽은 아이를 안은 채 아무 말도 못하고 서 있었다. 노인의 양볼 위에 눈물이 굴러 떨어졌다. 월로비는 피난민들이 아무 말이 없음을 눈치 챘다. 아이들조차도 떠들지 않았다. 일시 정지한 한국군의 차량호송대를 지나쳐 가던 그는 한국군 장병들이 피난민들을 도와 피난민들의 이불과 짐을 트럭에 싣는 장면을 보았다. 그런데 짐을 다 싣자, 한국군 트럭은 피난민들이 올라탈 새도 없이 달려가 버리고 말았다. 한국군 트럭에 짐을 실었던 피난민 가족은 어머니와 두 어린이, 아기 1명이었다. 그들은 자신들의 전 재산이 먼지 속으로 사라지는 것을 꼼짝없이 서서 보고만 있어야 했다.[83] 극단적인 절망감에 사로잡힌 어머니들은 아이를 버리기도 했다. 맨 클로우의 말이다.

"얼어붙은 강가에서 여자들이 업고 있던 아기를 깨진 얼음 구멍 속으로 던져 버리는 모습을 봤습니다. 어떤 여자들은 아이를 길가에 버리고 그냥 하염없이 걸어가기도 했어요. 아무 일 없다는 듯이……."

무엇보다도 가슴이 아팠던 것은 아이들이 처했던 곤경이었다. 머치의 말이다.

"아가일 대대원들은 사람들을 돕기를 좋아했습니다. 아이들에게 초콜릿과 단 것을 주자, 그들은 너무나도 기뻐하더군요. 참 불쌍한 어린애들이었지요!"

하지만 피난민들에게 냉정하게 대해야 하는 때도 있었다. 슬림의 말이다.

"조크들은 여자와 아이들에게는 친절했어요. 그러나 그 사람들을 완전히 무시해야 하는 경우도 있었지요. 우리는 그 사람들을 거칠게 길 위에서 몰아내야 했어요. 그런 상황에 처한 사람들이 흔히 그렇듯이, 피난민들도 충격을 받아 넋이 나갔지요. 물론, 길 밖으로 나갈 정도의 사고 능력은 있었지만요."

그러나 절망적인 상황을 극복하기 위해 필사의 도전을 하는 사람도 있었다. 톰슨은 어떤 소년이 작은 아이를 등에 업고, 무너진 고가교의 대들보를 올라, 대들보의 끊어진 틈을 뛰어넘는 것을 보았다. 실패하면 15m 아래로 떨어져 죽을 판이었는데도 말이다. 틈을 무사히 뛰어넘은 소년의 실루엣이 청회색 하늘을 배경으로 서 있었다. 톰슨 기자는 그 아이야말로 이 비극적인 상황을 능가하는 용감한 아이라고 생각했다.[84]

12월 3일, 미국 정부가 핵 공격안을 검토하는 것이 명백한 가운데, 대한민국 국무총리는 한국인들은 공산당의 노예가 되느니 핵전쟁에서 죽는 것을 선택할 것이라고 말했다.[85] 그의 그런 주장이 한국인들의 일치된 주장인지는 불분명했다. 그러나 남쪽으로 가는 마지막 열차의 승객들은 아무 생각이 없었다. 맨 중령도 역을 떠나는 그 열차의 모습을 보았다. 그 열차는 발 디딜 틈 없이 사람들이 빼곡하게 타고 있었다. 심지어는 기관차와 연료차 위에도 사람들이 타고 있었다. 영하의 날씨 속에 매섭게 몰아치는 칼바람은 차 밖에 타고 있던 사람들을 모두 얼려 죽였다.

후퇴는 계속되었다.

* * *

평양은 불꽃에 싸여 있었다. 적군이 동북쪽에서 몰려오자마자 많은 부대들은 이미 철수했다. 하지만 워커 장군이 공식 철수 명령을 내린 것은 12월 3일의 일이었다.[86] 수송 부대의 능력은 이미 포화 상태에 이르렀기에, UN군이 평양에 가져온 물자를 모두 가지고 후퇴한다는 것은 불가능했다. 그중 대부분은 평양 시내에서 폭파되었다. 엄청난 양의 장비, 식량, 피복, 탄약, 폭발물들이 폭파되는 소리가 메아리쳤다. 그로 인해 발생한 엄청난 화재는, 두고 간 장비를 회수하러 평양 시내에 다시 들어가려던 미 육군 제24보병사단 예하 부대들이 들어가지 못할 정도로 격렬했다.[87] 추운 날씨에도 불구하고, 사람이 감히 접근하지 못할 정도로 기온이 뜨거워진 것이다.[88] 엄청난 검은 연기가 수백 미터 상공까지 솟아올랐다.

엄청난 물자들이 버려졌다. 어느 미군 공병대대는 보유하고 있던 185대의 철도 무개화차를 파괴해 버렸다.[89] 그러나 전선에 당도한 지 얼마 안 되던 어떤 부대는 이런 선례를 따르기 거부했다. 제27여단에 가장 새롭게 배속된 인도군 제60야전구급대가 바로 그들이었다. 11월 말에 부산에 도착한 인도군 제60야전구급대는 6개월 치의 보급품을 가지고 12월 3일에 평양에 도착했다. 하지만 그들이 평양에서 본 것은 혼란과 파괴뿐이었다. 이 부대의 대장인 란가라즈 중령은 보급품을 파괴하라는 미군 수송사령부의 명령을 무시하고, 인원과 장비를 5량으로 구성된 열차에 실은 다음, 철도 회사 직원 출신 병사 2명에게 기관사 역할을 맡겼다. 미군 보급 장교의 항의에도 불구하고 기적을 울리며 남쪽으로 가는 이들의 기차에는 다른 부대의 장병들도 잔뜩 끼어 탔다. 그중에는 미군 제187공수여단 소속의 공

수 부대원들도 있었다. 인도군 제60야전구급대도 전원이 공수 교육을 받았다.* 90)

12월 4일, 영국군 제27여단은 평양에 도착했다. 코드는 이렇게 말했다.

"한때 우리 부대는 UN군을 이끌고 평양을 건너 북진했습니다. …… 이제는 후위 역할을 하며 평양으로 들어가고 있었지요. 뭔가 아주 적절했습니다."91)

도시는 히에로니무스 보슈의 그림을 연상케 했다.

"돌아와 보니 모든 것이 불타고 있었죠. 미국 놈들은 모든 것을 폭파시키고 있었어요. 폭발을 3km 밖에서도 느낄 수 있었지요. 버섯구름도 올라가고 있었고요."

여단은 평양 교외로 우회했다. 병사들 중에는 예전에도 이런 참상을 목격한 사람들이 있었다. 갤러웨이의 말이다.

"맥아더 장군이 마닐라에서 철수할 때도 딱 이랬습니다. 군인들이 후퇴하면서 도시를 파괴해 버리는 건 흔한 일이라고 생각합니다."

도시 북쪽에서, 영국군 제27여단은 원래 그들의 대체 부대 목적으로 파견되었던, 새로 도착한 영국군 제29여단을 만났다. 영국군 제29여단은 도시 북방에서 공산군을 막고 있었다. 당시 주한 영국군에게 한국을 즉시 떠날 방법은 사실상 없다시피 했다. 애틀리는 트루먼과 만난 지 4일 후, 핵 문제에 대한 트루먼의 확약을 받았다. 비록 대 중국 정책에 대해서는 연합국들 가운데서도 의견 일치를 못 본 상황이었기는 했지만. 애틀리는 그 대

---

* 미군 수송 사령부는 바로 란가라즈 중령에 대한 군사재판을 청구했다. 미군 매튜 리지웨이 장군이 제187공수여단의 프랭크 보웬 대령을 신문해 진상을 묻자, 보웬은 란가라즈 중령이 군사재판에 회부되어야 한다면, 그 덕분에 목숨을 구한 공수 부대원 40명도 군사재판에 회부되어야 할 것이라고 말했다. 그래서 청구는 기각되었다. 자세한 내용은 1992년 스몰브릿지가 간데비아에게 보낸 편지를 참조하라. 인도군 제60야전구급대는 12월 14일 영국군 제27여단에 합류했다.

가로, 주한 영국군을 주한 미군 곁에 계속 주둔시키겠다고 약속했다. 두 여단의 병사들은 서로 마주치자 소리 지르며 놀림 섞인 말을 했다. 스파이서의 말이다.

"우리는 제29여단 친구들한테 그랬죠. '어디 있었기에 이렇게 늦었어?' 하지만 동시에 이런 말도 건넸지요. '와 줘서 고마워, 친구들!'"

제29여단 병력들은 약탈한 미군 보급 물자를 제27여단의 차량에 실어 주었다.

영국군 제29여단은 아직 전투를 경험하지 않았고, 좋은 장비 상태를 유지하고 있었다. 윌슨의 말이었다.

"그 친구들은 완벽한 영국군용 방한 장비를 깨끗하고 멋지게 차려 입고 있었지요. 하지만 영국군 방한 장비는 혹한 속에서 아무 쓸모도 없었어요. 그에 반해 미군용 방한 장비를 차려 입은 우리의 모습은 정말로 지저분하고 노숙자 같았지만, 아주 따뜻했어요."

대동강 다리들로 가는 길목은 제29여단의 거대한 센추리언(Centurion) 전차들이 지키고 있었다. 제27여단의 트럭들이 부교 위로 지나가자 트럭 바로 아래쪽의 부교가 살짝 가라앉았다. 피터 볼드윈 중위의 말이다.

"저는 평양에 들어가서 나올 때까지 불타는 장면 말고는 아무것도 보지 못했습니다. 우리는 야간에 움직였어요. 중국 놈들이 바로 뒤에 있을지도 모른다는 느낌을 받으면서요."

평양 시민 상당수는 피난을 떠나고 있었다. 모래주머니로 보강된 부교는 군부대만이 사용할 수 있도록 엄중히 경비되고 있었다. 대동강을 건너려는 피난민들은 강가만 얼어붙은 강물을 헤엄쳐 건너거나, 얼마 없는 배를 타야 했다. 또 다른 방법도 하나 있기는 했다. 다른 사람들과 마찬가지로 거대한 후퇴의 와중에 휩쓸린 사진기자 맥스 데스포는 그 또 다른 방법이 사용되는 것을 보았다. 그는 배를 타고 가는 피난민들의 사진을 찍었다. 그 다음 그는 어떤 광경을 보고 눈을 떼지 못했다. 곳으로 향하는 강변에서 그의 눈에 들어온 그 광경은, 부러진 대동강 다리의 대들보 위에 피난민들이 잔뜩 올라가 기어가고 있는 모습이었다. 데스포의 말이다.

"그 사람들은 약간의 소지품을 짊어진 채, 대들보에 매달려 조금씩 나아가고 있었어요. 정말 엄청난 노력이었지요. 그 장면을 본 순간 가슴이 찡했어요. 기계식 카메라를 감아 사진을 찍으려 했지만, 너무 추워서 사진을 8장밖에는 찍지 못했어요."

그는 지프로 돌아가 후퇴 대열에 다시 합류했다. 그는 자신이 찍은 사진이 한국 전쟁을 상징하는 작품이 될 줄은 상상도 못 했다.

UN군 후위 부대는 12월 5일 저녁에 평양을 탈출했다. 그들에게 평양 이남 북한 지역을 방어할 계획은 없었다. 12월 4일, 미국 합동참모본부는 미 제8군이 38도선 이남으로 후퇴했다는 보고를 받았다.[92] 12월 6일, 항공 정찰을 통해 보급 수송용 낙타까지 가진 중국군 부대가 평양에 입성했음이 확인되었다.[93] 평양은 냉전 기간 동안 자유세계 군대가 점령한 유일한 공산국가 수도였으나, 그 점령 기간은 두 달도 채 못 되었다.

* * *

평양 이남, UN군은 끝이 보이지 않은 행렬을 지어 가다 서다를 반복하며 시속 3km의 느린 속도로 움직이고 있었다. 그 정도면 터덜터덜 걷는 피난민들의 속도보다 그리 빠르지 않았다.[94] 지붕이 없는 군용차는 엄청나게 추웠다. 그러나 여단의 수송 능력은 부족했고, 어떤 때는 일부 대대는 도보로 걸어야 할 때도 있었다.

야간 숙영 시에는 지독한 추위와 적으로부터 숨기 위해 진지를 팠다. 곡괭이를 들고 영구동토처럼 꽁꽁 얼어붙은 땅을 팠다. 로더의 말이었다.

"당시 현장 상황은 총 없이는 제어가 안 되었죠."

당시 현장은 여러 모로 위험했다. 북한군 게릴라들과 중국 정규군들이 접근하고 있었다. 아가일 대대의 론 예트먼의 말이다.

"고지에서 우리는 여러 굴을 봤는데, 결코 그 앞에서는 방심해서는 안 되었습니다. 그 속에 북한 놈들이 숨어 있다가 사격을 가하거나 수류탄을 던진 적이 있었기 때문이죠."

12월 5일, 디거 1개 중대가 공격당하는 미군 부대를 지원하러 움직였다. 하지만 막상 현장에 가니 누구도 없었다. 잔뜩 버려진 미군 장비와 지프 2대만 있었을 뿐이었다.[95] 왠지 불안한 분위기 속에 여단 예하 각 부대는 군단 본부의 근접 방어를 맡게 되었다. 12월 7일 해가 질 무렵 나팔 소리가 울리자 일부 부대 병력들은 좀 놀라기도 했다. 그들에게 해질녘의 나팔 소리가 의미하는 것은 하나뿐이었기 때문이다. 물론 그들도 나중에는 자신들이 너무 과민반응을 보였음을 인정했다.[96] 그러나 당시 상황상 게릴라의 위협은 분명히 실존했다. 12월 9일, 전나무가 무성한 산마루에서 차량대열을 향해 자동화기 사격이 날아왔다.[97] 게릴라들은 시간과 장소를 잘 선택했다. 지는 해를 등에 지고 사격을 하니, 아군 측에서는 눈이 부셔 게릴라들을 제대로 조준할 수 없었다. 그러나 게릴라들은 치고 빠지는 전술을 채택했기 때문에, 매복 공격은 그리 오래 지속되지 않았다.[98]

12월 6일, 영국 국왕 조지 6세가 코드 여단장의 한국 복무를 치하하기 위해 대영제국훈장(Officer of Order of the British Empire)를 수여한다는 발표가 있었다. 다음 날 맨 중령은 여단 본부에 소환되었다. 맨 중령의 말이다.

"여단장은 지프에 기대어 있었지요. 탈진한 기색이 역력했어요."

혼자서 여단을 이끌어야 한다는 책임감 때문에 코드 여단장은 크게 지쳐 있었다. 코드는 휴양을 위해 후방으로 후송되었고, 맨 중령이 임시 여단장을 맡았다.

12월 11일, 영국군 제27여단은 38선을 건너 후퇴했다. 두 달 전에는 38선을 건너 북진했는데 말이다. 남한에 돌아온 왕립 오스트레일리아 연대 제3대대의 정보장교 앨프 아젠트 소위의 눈에, 이런 우스운 말을 적은 도로표지판이 보였다. 거기 적힌 글은 북진할 때에 세워졌던 도로표지판 문구의 패러디였다.

"여러분은 중공군의 지원으로 38선을 넘고 계십니다."

여단은 의정부 북쪽의 고지에 전개했다. 의정부는 서울에서 북쪽으로 24km 떨어진 곳으로, 서울로 가는 주요 공격로상에 위치한 도시였다. 하지만 이제는 텅 빈 잔해가 되어 있었고, 주변의 산들에는 눈이 잔뜩 와 있었다. 기온은 영하 28도 아래로 떨어졌다. 그러나 UN군은 마침내 방어선을 형성했다. 영국군 제27여단은 마치 콘크리트처럼 단단해진 땅을 파고 진지를 구축했다.

그들 뒤에는 무엇이 있었나? 뒤틀린 형교(girder bridge)의 잔해가 얼어붙은 강물 속에 반쯤 잠겨 있었다. 벽돌로 만든 굴뚝이 한때 그곳에 집이 있었음을 알려 주고 있었고, 불타 숯이 된 짚더미가 한때 그곳에 초가집과 헛간이 있었음을 알려 주고 있었다. 전화선이 땅에 떨어져 얽혀 있었다. 갈색 토기 조각이 땅에서 튀어나와 있는 경우도 있었다. 깨진 김칫독이었다. 그 옆에는 네 다리를 하늘로 뻣뻣이 향하고 쓰러진 가축의 시체가 있었다. 버려진 은수저와 칠기도 보였다. 그리고 잿빛의 잔해 위에 하얀 눈이 점점이 내리고 있었다. 북풍이 몰고 온 겨울의 상징이었다.

* * *

중국군은 UN군을 바싹 쫓아오지 않았다. 중국군에는 차량이 별로 없는 것도 그 이유 중 하나였다. 하지만 더 큰 이유는, 싸워야 할 이유가 없었기 때문이다. 미 제8군은 모두 함께 북한에서 빠져나가고 있었다. 팽덕회는 한반도의 허리에 해당하는 원산-평양 선을 진격 목표로 정했다.[99] 그의 공세로 북한은 서부 전선에서 잃었던 땅을 모두 되찾았다. 1842년 아편전쟁 이래 그 군사적 능력을 조롱받던 나라의, 무장도 빈약한 군대가 거둔 엄청난 승리였다. 이제 공산 중국은 세계 무대에 새로운 초강대국으로 우뚝 섰다.

그러나 이것이 한국 전쟁 최후의 작전은 아니었다. 영국군 제27여단이 군우리 남쪽에서 작전 중일 때, 북동쪽으로 128km 떨어진 곳에서는 더 극적인 상황이 벌어지고 있었다. 한국에서 제일 지독한 싸움터였던 그곳에는 미군의 정예부대인 제1해병사단에 배속된 영국 41코만도가 깊숙이 전개되어 있었다. 그곳에는 아메바처럼 묘하게 생긴 호수가 있었는데, 그 호수의 이름은 한국어로 장진호(長津湖)였다. 그러나 병사들에게 지급된 일제 식민지 시대의 지도에는 일본어로 초신(長津)으로 표기되어 있었다.

이제부터 닥칠 엄청난 역경을 보도한 신문을 본 미국인들과 영국인들은 그 지명을 보면서 놀라고 또 두려워했다. 그곳에서 미군과 영국군은 자신들보다 3배의 병력을 보유한 적군과 차가운 고지에 둘러싸여 전멸당할 위기를 맞았다. 그곳은 명실공히 아시아판 스탈린그라드가 될지도 모르는 상황이었던 것이다.

그곳의 지명은 일본어와 영어가 뒤섞여 아직도 역사의 한 페이지를 장식하고 있다. 한국 전쟁에서 제일 춥고 어둡고 처절한 싸움이 벌어진 그곳의 지명은 다름 아닌 'Chosin Reservoir(장진호)'이다.

제 *10*장
하얀 지옥

포연탄우를 무릅쓰고서

그들은 용감하게 돌진한다네

죽음의 아가리 속으로

지옥의 입구로

– 알프레드 로드 테니슨(Alfred, LordTennyson)

11월 28일 아침, 한반도 동북부의 함흥

멀리서 모여선 사람들이 배낭과 장비를 트럭 적재함에 싣고, 자신들도 트럭에 올라타는 것이 보였다. 그들의 모습은 꼭 미 해병대원처럼 보였다. 그들은 발목이 긴 '슈팩(shoepac)' 방한화를 신고 있었다. 그들은 무릎까지 내려오는 두터운 카키색 파카도 입고 있었다. 그리고 그들의 어깨에 걸려 있는 총은 M-1 카빈 소총, M-1 개런드 소총, BAR이었다. 그러나 철저히 전술적 필요에 맞게 차려입은 그들의 복장에도 뭔가 튀는 것이 있었다. 바로 파카의 방한 두건 사이로 튀어나온 녹색 베레모였다. 운전병들이 엔진 시동을 걸자, 무려 22대의 트럭과 1대의 병기수송차로 이루어진 이 긴 호송대는 자갈을 튀기며 출발했다. 영국 해병대 41코만도의 이동이 시작되었다.[1]

235명의 인원으로 이루어진 41코만도는 일본을 출발해 한국 동북부의 항구인 홍남 항구에 11월 20일에 도착, 이후 내륙으로 12.8km를 진격해 공업도시 함흥을 향했다. 함흥에 도착한 후 소수의 인원을 함흥 시내에 남겨 두고, 나머지 217명은 전방으로 향했다. 이제 그들은 강력한 미국인 동업자들인 미 제1해병사단(병력 1만 3,500명)과 합류하러 가는 것이었다.

미 해병대는 한반도 서부의 인천에 상륙하고, 서울을 탈환한 후 다시 배에 타 한국 동북부에 상륙 작전을 벌였다. 그곳은 미국 제10군단 지역으로, 월튼 워커 장군의 미국 제8군과는 산맥으로 갈라져 있었다.

코만도는 특수한 임무를 맡고 있었다. 이들은 미국 제10군단의 최선봉인 미국 제7해병연대와 유담리에서 상봉할 것이었다. 그리고 미국 제8군과 상봉하기 위해 산길을 따라 북진하는 미군의 정찰대 노릇을 할 것이었다.

추수감사절 파티를 즐긴 드라이스데일 중령의 일부 병사들은 곧 또 전투가 터질 것이라고 예상했다. 조지 리처즈 중사는 앞으로 나타날 적들이 소수의 산발적인 게릴라가 될 것이라고 들었다. 피터 토머스 중위는 이렇게 말했다.

"우리는 적들을 계속 죽이기를 원했지요. 다른 많은 전쟁에서처럼 이 전쟁에서도 '제군들, 크리스마스는 고향에서 보내자!'라는 구호가 유행했어요. 지금 진행 중인 작전이 북한이 망하기 전 마지막으로 치르는 전투일 거라는 생각을 다들 했지요."

모두가 사기충천한 것은 아니었다. 해병대 병사 존 언더우드는 이렇게 말했다.

"저는 코만도 부대의 기습 작전을 좋아했지만, 우리 부대가 보병으로서 전투에 깊이 관여되는 것은 왠지 걱정스러웠어요."

지휘관 드라이스데일도 여기에 의견을 같이했다. 그는 승리가 코앞에 있

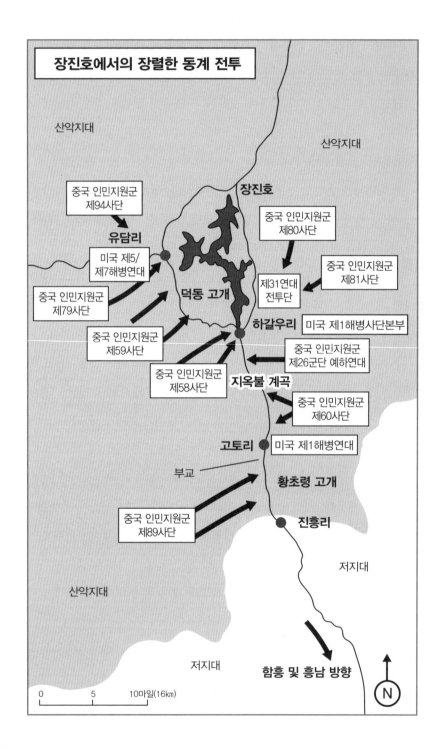

장진호에서의 장렬한 동계 전투

중국 인민지원군
제94사단

장진호

산악지대

산악지대

중국 인민지원군
제80사단

유담리

미국 제5/
제7해병연대

중국 인민지원군
제81사단

덕동 고개

중국 인민지원군
제79사단

제31연대
전투단

중국 인민지원군
제59사단

하갈우리

미국 제1해병사단본부

중국 인민지원군
제26군단 예하연대

중국 인민지원군
제58사단

지옥불 계곡

중국 인민지원군
제60사단

고토리

미국 제1해병연대

부교

황초령 고개

중국 인민지원군
제89사단

진흥리

저지대

산악지대

저지대

함흥 및 흥남 방향

0   5   10마일(16km)

N

다는 말을 납득하지 않았다. 그는 자신의 대원들이 매우 길고 혹독한 동계 전투를 벌이게 될 것이라고 예상했다. 그리고 불과 5일 후 그 예상은 현실이 되었다.[2)]

그러나 전반적인 사기는 여전히 높았다. 41코만도는 미 제10군단의 예하 부대 중 한국군도 미군도 아닌 유일한 부대였다. 이들을 실은 차량 호송대가 함흥을 출발할 때, 도시 외곽에 서 있던 미군들이 이들을 보고 소리쳐 물었다.

"너네들은 누구냐? 터키군이냐?"

코만도들은 그들에게 자신들의 소속을 알려 주었다.[3)] 얼마 안 가, 공장, 창고, 철도 조차장이 그들의 등뒤에 놓이게 되었다.

그들은 해병대의 영원한 은신처인 바다에서 점점 멀어지고 있었다. 도로를 따라 달려가니 저지대의 과수원에 서 있는 앙상한 나무들이 보였다. 과수원 대부분은 차량들에 의해 늪지로 변해 있었다. 그리고 해안에서 50km 떨어지자 해발 1,200m 고도의 눈 덮인 산악지대로 들어가는 가파른 오르막길이 나왔다. 이곳은 함경도, 제1해병사단이 전개된 장진호 주변이었다. 한반도에서 시베리아와 인접한 곳이기도 했다.

* * *

함경도는 한반도에서 인간이 살기 가장 힘든 곳이다.* 한반도의 등뼈에

---

* 함경도는 오늘날에도 그 지독한 명성을 계속 이어가고 있다. 경작지가 매우 드물기 때문에, 1990년대 후반 이후 북한을 강타한 식량 부족과 기근으로 가장 큰 타격을 입은 곳이 이곳이다. 게다가 2006년과 2009년에는 여기서 지하 핵실험도 벌어졌다. 또한 이곳에는 아시아에서 제일 무서운 곳이라는 15호 관리소, 즉 요덕 노동수용소가 있다. 약 3만 명의 정치범이 수용되어 있는 이곳은, 북한판 굴라그(gulag: 소련의 강제 노동수용소) 중에서 제일 큰 곳이라고 할 수 있다.

해당하는 이곳의 산들은 대지를 뚫고 엄청난 기세로 하늘로 쭉쭉 솟아나 있다. 이 거대한 회색 산들은 바다에서 보면 마치 성벽과도 같다. 극소수의 인구가 사는 함경도의 산악지대는 여름에는 마치 알프스를 방불케 하는 경치에 깨끗한 시냇물이 흐르고 사슴들이 뛰어 놀며 독수리가 날아다닌다. 그러나 겨울에 이곳은 도저히 이 세상의 장소가 아닌 듯한 팔한지옥(八寒地獄: 불교에서 말하는 매우 추운 지옥)으로 변한다. 마치 달 표면을 연상케 할 정도로 얼어붙은 돌과 물 위로 시베리아에서 불어오는 시속 56km의 무서운 눈보라가 휩쓸고 지나가는 것이다.

이곳은 중세 시대 때부터 악명 높은 곳이었다. 미국 제1해병사단의 후방 부대는 진흥리에 주둔했다. 6세기 한반도에서, 삼국통일의 기반을 닦았던 신라의 용맹무쌍한 군주인 진흥왕도 이 진흥리 이북은 건드리지 못했다. 남쪽에서 진격해 온 그는 이곳 함경도 산악지대에서 움직임을 멈췄는데, 매우 현명한 행동이었다.[4] 또한 제2차 세계대전 중, 일본 제국이 함경도에서 핵병기를 연구했다는 소문도 있다.

사실 그런 종류의 목적으로는 매우 적합한 곳이다. 외부로부터 고립된 곳인 데다가, 산속 호수의 해발고도가 매우 높아 수력발전을 하기에도 좋다. 이곳의 수력발전소 3곳은 히로히토의 일본제국에서 필요로 하던 전력량의 1/3을 생산했고, 어떤 의미에서 볼 때 동아시아 최대의 공업지대이던 함흥 공업지대의 공장들에 전기를 공급해 주었다. 전쟁으로 인해 이곳의 공장 시설은 방치되어 있었다. 11월 14일 한랭전선이 남하하면서 성에 때문에 반짝반짝 광택이 나는 공장 시설 위에 눈이 내렸다. 밤이 되면 수은주는 섭씨 영하 30도까지 내려갔다.

41코만도를 태운 차량들은 진흥리를 지나면서, 더욱 가팔라진 경사면에 맞게 기어의 단수를 바꾸었다. 고도가 올라가면서 기온도 떨어졌다. 트럭 적재함에 탄 코만도들은 파카 속으로 몸을 꽁꽁 웅크렸다. 그러나 눈을 몰고 온 매서운 바람이 얼굴을 덮쳤다. 그들의 코끝에는 얼어 버린 콧물 고드름이 매달렸다. 가슴 속이 쓰려왔다. 어금니도 아파왔다. 온몸이 얼어 버린 병사들은 몸을 덜덜 떨었다. 그들이 몸을 떠는 이유는 추위 때문만은 아니었다. 트럭의 펄렁거리는 캔버스 뒷문을 통해 얼어붙은 저지대가 보였다. 그 위에는 마을들이 점점이 있었다. 자신들의 눈 아래에 펼쳐진 그 모습을 본 코만도 대원들은 겨울을 배경으로 한 동화 속 한 장면을 떠올리며 놀랐다.

그러나 얼마 가지 않아 그런 장관은 길옆에 높이 솟아오른 화강암 절벽에 막혀 보이지 않게 되었다. 길이 산을 타고 도는 머리핀 커브 길로 바뀌면서였다. 이제 호송대는 마치 성벽 같은 산마루 밑을 기듯이 통과하고 있었다. 이곳은 두 산악지대를 지키는 길이 16km의 고갯길, 즉 황초령 고개였다. 황초령은 노란 풀잎 고개라는 뜻으로, 기후가 워낙 좋지 않아 녹색 식물이 살지 못하기 때문에 붙은 이름이었다. 고갯길 자체도 운전병을 돌아 버리게 할 만큼 좋지 않았다. 길 한쪽에는 앙상한 전나무 묘목이 듬성듬성 돋아난 거대한 바위 절벽이 그림자를 드리우고 있고, 그 반대편에는 천 길 낭떠러지가 있었다. 그러나 벼랑을 깎아 만든 선반과도 같은 이 산길은 엄연히 미국 제1해병사단 전체의 주보급로(MSR, Main Supply Road)였다. 이 주보급로와 평행하고, 주보급로와 교차하기도 하는 철도가 있기는 했다. 이 철도에는 열차를 끌어당기는 데 필요한 케이블도 설치되어 있었다. 하지만 이 철도에는 더 이상 기차가 다니지 않았다. 이미 전쟁 초기에 기능을 정지해 버렸던 것이다. 죽어 버린 주요 보급로라. 왠지 불길한 전조였다.

드라이스데일은 이 땅을 '지독한 곳'이라고 불렀고,[5] 많은 장병들은 똑같은 의미를 담아 '하나님으로부터 버림받은 땅'이라고 불렀다. 언더우드의 말이다.

"이런 곳은 일찍이 본 적이 없습니다. 철저히 암울한 곳이었지요."

지금 그들이 나아가고 있는 곳의 높이에 비하면, 잉글랜드 남서부 황무지의 코만도 험지 극복 훈련장은 묘목장이나 다름없었다. 론 모이즈 중사는 이렇게 말했다.

"정말 거대한 산들이 가득한 곳이었지요."

코만도 대원들 중 문학에 조예가 있는 사람이라면, 트럭들이 길 위에 있는 비정형의 검은 덩어리들을 밟고 나아가는 이 광경에서 미국 남북 전쟁을 다룬 앰브로스 비어스의 무시무시한 문장을 떠올릴 법도 했다.

"세상 어느 곳보다도 거칠고 험한 이 땅을, 병사들은 전쟁터로 만들 것이다."

그 덩어리들이 적의 시신임을 알아볼 수 있는 증거는 넝마가 다 된 군복 말고는 없었다. 땅에 묻히지도 못한 채 길 위에 굴러다니는 그 시신들은 수주 전의 전투에서 발생한 것이었다.[6]

그로부터 얼마 가지 않아, 살아서 팔팔하게 움직이는 적의 징후가 발견되었다. 2대의 코르세어(Corsair) 전투기가 기체를 옆으로 굴리며 급강하하여, 멀리 떨어진 산마루의 보이지 않는 표적에 기총사격을 가하는 모습이 보였다. 코르세어 전투기는 군청색의 페인트가 칠해진 갈매기 날개의 전투기로, 당시는 미 해병대에서 근접지원용으로 사용하고 있었다. 코만도 코스를 완전히 수료하지 않은 채 전투에 투입된 존 월터 소위의 회고이다.

"그 비행기들이 지나가자 네이팜탄이 터졌지요. 그러자 이런 생각이 들었습니다. '음, 무슨 일 있구먼.' 그러고 나서 우리 차량 대열이 멈추기 시작했습니다. 전혀 예상치 못한 일이었지요."

해안에서 41코만도의 목적지인 고토리 전투 기지를 잇는 구간의 도로는 아군 지역으로 간주되고 있었다. 적의 저항을 예상하지 않았던 곳이었다는 이야기이다. 따라서 코만도들은 전술 기동이 아닌 행정 기동을 하고 있었다. 모든 중화기는 포장한 채로 이동하고 있었다. 그들이 취한 유일한 전술적 행동은 트럭 적재함의 캔버스제 포장을 벗겨 낸 것뿐이었다.

이유도 알 수 없는 정차가 계속되자, 꽁꽁 얼어버린 병사들은 차를 끓여 마셔서 몸을 녹이기 위해 하차했다. 다른 때 같으면 차를 세우는 이유가 분명했다. 보통 피투성이 사상자들을 잔뜩 실은 채 해안의 저지대로 향하는 앰뷸런스 지프들에게 길을 내주기 위해서였다. 이런저런 소문이 돌았다. 남쪽으로 향하던 어느 미 해병대원은 코만도에게 적 기병대의 공격에 대비하라고 알려 주었다.[7] 대원들의 불안감이 커갔다. 리처즈의 말이다.

"산속에서 폭발이 있었어요. 포격 소리도 들렸고 우리는 여러 생각을 했어요. '우리가 갈 곳은 대체 어떤 곳이지?'"

결국 여행은 계속되었다.

고갯길 초입 바로 아래에, 벙커 비슷한 콘크리트 구조물들이 여러 개 있었다. 그것들은 알고 보니 수력발전 차단관리소이었다. 그 앞에는 콘크리트 다리가 있었고, 다리 아래에는 마치 거대한 롤러코스터 트랙처럼 산 사면을 883m나 내려가는 4개의 평행한 수도 파이프가 있었다. 트럭들은 콘크리트 다리를 건넜다. 고개를 넘자 길은 언덕이 많은 고원지대로 향했다. 16:30시경 호송대는 고토리 경계선 내부로 들어갔다.[8]

* * *

작은 산촌 마을 주변에 지어진 해병대의 전투 진지는 황초령 고개의 입구를 방어하고 있었다. 코만도 대원들이 하차하고 있을 때는 초겨울의 어스름이 내리고 있었다. 회색과 흰색의 산속에 있는 이 황갈색의 기지에는 보급품이 쌓여 있었고, 사람들이 모여 있었으며, 눈이 쌓인 텐트들도 서 있었다. 그 모습은 여러 모로 마치 클론다이크(골드러시가 일었던 캐나다 클론다이크 강 유역-편집자)의 금광 캠프를 연상케 했다. 그러나 그곳과는 달리 이곳에는 다수의 무기가 있었다. 커다란 종 모양의 캔버스 캠프에는 '미합중국 해병대'라는 문자가 어딜 가나 공판화로 뚜렷이 적혀 있었다. 미 해병대는 미 육군을 경멸했으며, 그들과는 모든 면에서 차별화되려고 애를 썼다. 해병대는 '난방 텐트'라는 것도 만들었다. 거기에는 난로와 석유 랜턴이 있어, 분대원들이 돌아가며 몸을 녹일 수 있었다. 그 외에도 다른 목적으로 쓰이는 텐트들도 있었다. 헬리콥터가 지나가면서 프로펠러 바람으로 어느 텐트를 날려 버렸다. 그러자 그 속에 있던 4명의 해병대원이 바지를 발목까지 내리고 쪼그려 앉아 있는 모습이 드러났다. 그들의 엉덩이는 추운 기온으로 푸르게 변색되어 있었고, 그 엉덩이 밑에는 구덩이가 있었는데, 구덩이 속에는 얼어붙은 인간의 배설물이 갈색 석순 모양으로 쌓여 있었다. 헬리콥터가 날려 버린 텐트는 야전 화장실이었고, 코만도 대원들은 그 모습을 보고 낄낄 웃었다.[9] 텐트와 야포, 전차와 차량 사이에는 여기저기 모닥불이 불타고 있었다. 이 기지는 적의 공격을 예상하고 있지 않다는 뜻이었다. 그러나 데이브 브래디 중사는 야포의 포신이 북쪽뿐 아니라, 동서남북 사방을 향하고 있음을 알아챘다. 전방위 방어를 하고 있다는 뜻이었다.[10]

고토리 기지의 지휘관은 전설적인 인물인, 미국 제1해병연대장 루이스 체스티 풀러 대령이었다. 버지니아 주 출신의 타고난 해병대원인 그는 미국 제1해병사단의 다른 지휘관들과 마찬가지로 열대 지방에서 벌어진 태평양 전쟁의 격전에서 잔뼈가 굵은 인물로, 해군 십자훈장(Navy Cross)을 네 번이나 받았다. 1950년경 그는 해병대 내에서 존경받고 있었으며,[11] 그가 즉흥적으로 내뱉는 말들은 여기저기서 인용되었다. 그는 난생 처음 화염방사기를 보았을 때 이런 질문을 한 것으로 유명하다.

"이거, 총검은 어디에 끼워야 돼요?[12]"

그는 시가를 즐기고 위스키를 좋아하기로도 유명했다. 고토리 기지의 무선 호출부호가 '위스키 원(Wisky One)'인 것은 아마 그 때문이었는지도 몰랐다. 그의 부하들은 해병대 내에서 가장 강인한 지휘관 예하에 있다는 것에 자부심을 느꼈다. 어떤 이는 이렇게 말했다.

"풀러는 육군의 패튼 장군과도 비슷했습니다. 그는 훌륭한 지휘관이 되고자 개자식이 되었죠. 그러나 그는 사랑스러운 개자식이었습니다.[13]"

드라이스데일은 41코만도가 경계선 주변에 전개되어 있을 때 그런 풀러와 회의를 했다.

풀러는 전형적인 미 해병대원이었다. 1775년에 창설된 미 해병대는 제2차 세계대전을 거치면서 전 세계에 그 이름을 널리 알렸다. 태평양 전쟁에서 미 해병대는 섬에서 섬으로 피 튀기는 격전을 벌이면서, 엄청난 화력과 저돌적인 돌격으로 광신적인 일본군을 제압했다. 미국의 타군 장병들은 미해병대의 전술이 너무 단순하다고 비판했다. 물론 미 해병대는 대원 개개인의 호전성에 크게 의존하고 있었다. 그렇지만 동시에 타군보다 먼저 근접 항공 지원 체계를 만들어 내고 발전시킨 것도 사실이다. 제2차 세계대전 후 미국은 대규모의 군축을 단행했지만 미 해병대는 혹독한 훈련을 계속하면서 최고의 전사이자 마초(macho)로서의 오만함을 유지했다. 한국 전쟁에 파견된 미국 제1해병사단의 장교와 하사관들은 모두 프로페셔널들이었다. 그들은 한국 전쟁을 위해 소집된 제2차 세계대전 참전 경험자, 전역한 예비군, 그리고 젊은 신참 지원병들이 섞여 있었다. 한국 전쟁에서 그들은 한반도 남부를 출발해, 미국의 힘을 보여 주었다. 한국 전쟁에서 그들은 부산 방어선, 인천 상륙 작전, 서울 시가전에서 자신들의 패기를 증명해 보였다. 한반도 동부에서 이들은 첫 공세를 벌이던 중국군을 박살을 내 주었다. 이후 지금까지 중국군은 다시 나타나지 않았다.

한국 전쟁 이전 영국 해병대가 미국 해병대와 합동 작전을 한 적은 단한 번뿐이었다. 1900년 중국 의화단의 난을 진압하기 위한 다국적군 투입때였다. 그러나 두 부대는 같은 유산을 물려받았다. 고토리 기지에서 어느 미 해병대원이 브래디의 베레모 모표를 뚫어지게 보았다. 영국 해병대의 모표에는 동반구가 앞으로 나온 지구가 있었고, 미국 해병대의 모표에는 서반구가 앞으로 나온 지구가 있었다. 그 해병대원은 브래디에게 이렇게 말했다.[14]

"음, 아저씨들이 지구의 반을 가졌네요. 그럼 나머지 반은 우리 거예요."

영국군 제27여단은 미 육군을 보고 별 감흥이 없었다. 그러나 영국 코만도와 미국 해병대는 서로를 매우 크게 존중했다. 병기 수송 차량 운전병인 돈 산체그로 상병은 41코만도를 고토리까지 이동시키는 임무를 맡기 전에는 미 해병대의 야전목욕대에 있었다. 그는 영국군들을 실어나르면서 영국식 억양과 알아듣기 힘든 영국식 속어를 들었지만, 영국 해병대로부터 매우 좋은 인상을 받았다. 그는 이렇게 말한다.

"영국 41코만도는 폭발할 자리를 찾는 폭탄과도 같은, 막강한 부대였습니다."[15]

영국 해병대와 미 해병대는 서로 다른 과정을 통해 성장해 왔다. 특수전에 특화되어 고속 기동하는 경장비의 영국 해병대 코만도와, 재래식 전쟁에 특화되어 강력한 화력으로 적을 압도하는 데 익숙한 타격 부대인 미 해병대 간의 전술적 차이는, 앞으로 있을 그들 역사에 거의 유례가 없을 정도로 혹독한 눈과 불의 시련에서 크게 부각될 것이었다. 그리고 묘하게도, 이번에도 두 부대는 1900년에 함께 싸웠던 적과 동일한 적을 상대로 함께 싸울 것이었다.*

미국 제1해병사단은 8만 4,000명의 병력을 갖춘 미국 제10군단의 예하부대였다. 제10군단의 군단장은 미 육군의 에드워드 네드 아몬드 장군이었다. 아몬드는 제2차 세계대전에서 눈에 띄는 전공을 세운 군인은 아니었지만, 극동에서 맥아더 장군의 주요 측근을 지냈다. 거기서 그는 '빅A', '공포의 네드' 등의 별명으로 불렸다. 또한 최고사령관 맥아더 장군과 가까운 사이였기에, '후계자'라고도 불렸다.[16] 그는 특유의 맹렬한 저돌성을 인정받아 제10군단의 지휘권을 인수받았다. 그는 상전 맥아더와 마찬가지로 이 전쟁을 속전속결로 끝내기를 원했고, 시간표를 맞추지 못하는 부하는 혹독하게 질책했다. 그는 또한 계급의 특권을 즐겼다. 그의 지휘소에는 뜨거운 물이 나오는 샤워실과 수세식 변기가 있었고, 그의 식탁에는 일본에서 수송해 온 신선한 음식들이 놓였다.[17]

* * *

11월말, 미국 제10군단은 함경도의 산속에 흩어져 있었다. 미 육군 제7보병사단은 어느 정도 훈련이 된 다수의 한국군 장병들을 데리고 혜산진에

---

* 기묘한 우연의 일치였을까. 1950년 11월 28일 영국 포츠머스의 영국 해병대 기지에서는 영국 해병대가 아편전쟁 당시 중국에서 노획했던 〈캔턴 벨〉을 미 해병대에 기증하는 행사가 열렸다. 그 행사장에서 영국 해병대 41코만도가 한국 주둔 미국 제1해병사단에 합류했음이 발표되었다(Hayhurst, p. 108 참조). 시차를 감안해 보면, 이 행사가 열린 시각은 드라이스데일 기동부대가 하갈우리로 향해 싸우고 나아가고 있던 시각(한국 현지 시각으로 11월 29일)과 동일했다.

서 압록강에 도달했다. 같은 시각 한국 육군 제3사단과 수도사단은 해안을 통해 북진하고 있었다. 그러나 산악지대 속에 가장 깊숙이 들어간 부대는 미국 제1해병사단이었다. 이들은 고원지대 아래쪽에서부터 시작해, 내륙으로 104km 거리에 있는 얼어붙은 장진호 서쪽에 이르는 54km의 진지를 구축했다.

풀러의 제1해병연대의 최후위 대대는 진흥리에 예비대로 머물고 있었다. 황초령 고개를 지나 북쪽으로 11km 떨어진 고토리에는 그의 연대 전투 기지가 있었다. 하갈우리에는 미국 제1해병사단의 사단장 올리버 프린스 스미스 소장이 있었다. 그는 보급품을 수령하느라 정신이 없었다. 스미스 소장 예하 전투 병력의 대부분인 제5, 제7해병연대는 유담리에 전개되어 있었다. 유담리는 하갈우리에서 북서쪽으로 22.5km 떨어진 곳으로, 장진호의 서쪽에 있다. 스미스가 이끄는 마견(devil dog: 제1차 세계대전 때부터 미 해병대원들을 부르는 별칭 – 역자주)들은 서쪽으로 진격해 미국 제8군과 합류할 제10군단의 선봉대 역할을 할 것이었다. 또한 미 육군 제7보병사단의 제31연대전투단(보병대대 2개, 포병대대 1개로 구성)이 장진호 동쪽에 전개함으로써 미국 제10군단의 전개는 완료되었다.

미국 제1해병사단장 스미스 소장은 이름 약자를 따서 'OP'라고도 불렸고, 그의 귀족적인 풍모 때문에 '교수'라고도 불렸다. 그는 부하인 풀러 대령과 거의 모든 면에서 정반대의 인물이었다. 텍사스 출신의 풀러 대령은 은발에 57세로, 크리스천 사이언스(Christian Science)의 열렬한 신봉자로서 음주도 욕설도 하지 않았다. 그러나 태평양 전쟁에서 보여 준 뛰어난 지휘 능력만큼은 크게 인정받고 있었다.[18] 장진호 위에 겨울이 내리고 있던 당시, 스미스 소장은 해병대 지휘관들이 좋아하던 용맹무쌍한 진격을 이끌면서도 한편으로는 해병대답지 않은 신중함을 보였다. 이 침착하고 파이프 담배를 피우는 '교수'는 맥아더와 아몬드가 주창하는 무모한 전략에 대해 걱정이 많았다.[19] 게다가 신중한 스미스와 돌격바보 아몬드는 이미 인천에서부터 의견 충돌을 일으킨 전력이 있었다.

그들이 장진호에서 보여 준 의견 충돌은 개인적인 이유에서가 아닌, 업무상의 이유에서 기인한 것이었다. 해병대는 바다에서 발진하는 부대이지만, 유담리에 전개한 스미스 소장의 전위 부대는 흥남 항구에서 무려 125km나 떨어진 곳에 있었다. 그리고 제1해병사단의 주보급로는 하나밖에 없었다. 만약 뭔가 잘못되기라도 하면, 이 샛길의 구간 절반은 주변의 언덕과 산에서 집중포화를 얻어맞게 된다. 중국군이 알 수 없는 이유로 11월 첫 주에 철수를 단행한 이후, 현재까지 대규모 접전은 없었지만, 스미스는 진격 속도를 1일 1.6km로 일부러 줄였다. 그리고 그는 하갈우리 교외의 얼어붙은 땅에 공병을 보내 비행장을 지었다. 스미스는 부대의 전개에 대해 크게 걱정한 나머지, 워싱턴의 미 해병대 사령관에게 항의하기도 하는 보기 드문 모습을 보였다. 그러나 당시 한국에서 아몬드의 말을 거역할 수 있는 자는 거의 없었다. 진격은 계속되었다. 전쟁은 종전을 코앞에 두고 있었다.

스미스가 처한 전략상의 취약점뿐만 아니라, 함흥 인근의 연포 비행장에 주둔한 그의 항공부대인 미 해병대 제1전투비행단의 정찰 보고 내용도 스미스를 괴롭히고 있었다. 그들이 산악지대에서 본 것은 극도로 불길한 징후들뿐이었다.

41코만도가 고토리에 도착하기 직전, 미 해병대 대위 라일 브래들리는 코르세어 전투폭격기를 타고 압록강 이남을 정찰하고 있었다. 미네소타 토박이인 그는 대부분의 제1해병사단 장교들과 마찬가지로 많은 전투 경험을 갖추고 있었다. 그는 제2차 세계대전에서도 전투 비행을 해 보았고, 한국 전쟁에 예비군으로 재소집되어 '검은 양(Black Sheep)' 전투비행대대에 배치되었다. 태평양 전쟁에서 명성을 날린 그 비행대대의 이야기는 후일 TV 드라마로도 만들어졌다.

그날은 11월 말의 극도로 화창한 날이었다. 하늘은 청명한 푸른색이었다. 오염 물질이 없는 대기 때문에 그는 평소보다 더 먼 거리를 볼 수 있었다. 브래들리 대위와 그의 요기(wingman) 조종사는 조종석에 앉아 편안하게 비행을 하고 있었다. 이 튼튼한 프로펠러식 지상공격기의 조종석에는 히터도 갖추어져 있었다. 이들의 발밑에 펼쳐져 있는 대지는 마치 회색과 흰색으로 이루어진 헝클어진 담요와도 같이 보였다. 그들은 가볍게 항공기를 제어하면서 지면을 살폈다. 브래들리의 말이다.

"지면을 살피던 제 눈에 산꼭대기에 있는 오솔길이 보였습니다. 발자국이 대충 수백 개는 찍혀 있었습니다. 이런 곳에 누가 그렇게 많이 등산하러 오는 걸까요?"

저공비행은 위험했다. 게다가 조종사들은 적군이 계곡 사이에 저공비행하는 항공기를 파괴하기 위해 철사를 걸어 놓았다는 정보 브리핑을 받은 상태였다. 그러나 브래들리는 더욱 가까이에서 보고 싶어 항공기의 고도를 산마루로부터 6m 상공까지 낮추었다. 산마루에 닿을락말락한 그 높이에 서라면 눈에 찍힌 신발자국의 모양까지도 구분할 수 있었다. 속도도 실속 직전까지 낮춘 그는 산마루를 따라 비행하며, 그 발자국들이 어떤 산촌 마을로 들어가 끝나는 것을 알았다. 거기에는 군복을 입은 수백 명의 사람들이 쪼그리고 있었다. 거기까지 봤을 때 그의 비행기는 그 마을 위를 지나쳤다.

놀란 브래들리는 기체를 기울여 그 마을 위로 두 번째로 지나갔다. 그때는 마을에 있던 사람들이 전혀 보이지 않았다. 기지에 돌아온 그는 자신이 본 내용을 보고했다. 다른 비행대대에 있던 조종사인 제럴드 스미스 역시 비슷한 내용을 보고했다. 브래들리는 눈 속 발자국의 수뿐 아니라 그 방향도 중요하게 여겼다. 그 발자국들은 모두 남쪽, 즉 미 해병대가 있는 곳을 향하고 있었다. 그들이 적의 도망병들이었다면 그쪽으로 갈 리가 없었다.

* * *

브래들리가 눈 속에서 본 발자국들은 눈과 얼음에 덮인 산속에 비밀리에 집결 중인 병력 중 극소수만이 남긴 것이었다.

중국 인민지원군의 정예인 제3야전군은 12만 명의 병력을 보유하고, 수 주에 걸쳐 한반도 동북부로 침투했다. 이제 그들은 공격 준비를 하고 있었다. 제3야전군 병력의 절반을 가지고 있는 중국군 제9병단은 제20군(제58, 제59, 제60, 제89사단)과 제27군(제79, 제80, 제81, 제94사단)으로 구성되어 있었으며, 장진호를 향하고 있었다.[20] 이 2개 군의 병력은 합쳐 약 6만 명 수준이었다. 그러니 앞으로 벌어질 전투에서는 중국군 8개 사단이 미 해병대 1개 사단과 싸우게 될 것이었다. 인원 측면에서 봐도 UN군의 병력은 해병대 1만 3,500명과 육군 4,500명이었으므로, 중국군이 3대 1로 우월한 병력을 보유하고 있는 셈이었다.[21]

그러니 이 전투가 일반적인 전투가 될 리가 없었다. 중국군의 정치 장교들은 병사들에게 적에 대한 강렬한 적개심을 주입했다. 중국군에게 주어진 어느 전단에는 이렇게 적혀 있었다.

"월스트리트의 '집 지키는 개'인 맥아더 장군은 미 해병대를 즉시 자기 휘하에 둘 것을 요구하고 있다. …… 미 해병대 때문에 수십만 명의 한국 여자와 노인, 아이들이 흘린 피와 눈물이 한반도에 철철 흘러넘치고 있다."

영국 해병대 역시 선전전으로 공격받았다. 다음은 타스(Tass) 통신의 보도 내용이다.

"영국 해병대의 기초 훈련 내용의 목표는 산적떼와 살인자를 양성하는 것이다.…… 게다가 그들은 선배들이 300년 이상 쌓아 온 잔인한 전통을 철저히 받아들인다."

중국 제3야전군의 사령관인 송시륜 장군은 전투 전날 병사들에게 한 훈시에서, 적에게 자비심을 보이지 말 것을 주문했다. 그리고 앞으로의 싸움이 전투라기보다는 사냥에 더 가까울 것임을 분명히 밝혔다. 그의 그런 태도는 다음과 같은 한 문장으로 집약된다.

"집에 들어온 뱀을 죽이듯이, 미 해병대를 죽여라!"[22]

* * *

어둠이 내리는 고토리 기지에 머물고 있던 코만도들은 이 모든 것을 전혀 알지 못하고 있었다. 미군용 C레이션이 배급되었다. 브래디는 C레이션이 나오자 농담 삼아 이런 창작시를 읊었다.[23]

"돼지고기와 콩은 꿈속에서 보았지. 아이스티는 썩었구나. 그렇다고 뜨거운 차를 먹을 수는 없지. 오늘도 여전히 치킨만 나오네."

그러나 여전히 전시 배급을 받고 있던 나라인 영국 군인들에게는 미군 레이션도 엄청나게 대단한 음식이었다. 어느 어린 코만도 대원은, 미 해병대가 코코아 캔을 주자 이렇게 말했다.

"우와! 이거 우리나라에서는 왕도 못 먹는 별미예요, 별미!"[24]

코만도들은 고토리 진지의 동북쪽 경계선 경계 임무에 배치되었다. 땅에는 서리가 무려 45cm 두께로 얼어붙어 삽이나 곡괭이로 파내기가 불가능했다. 할 수 없이 병사들은 총검으로 할 수 있는 만큼 땅을 파내는 수밖에는 없었다. 전원이 매우 두꺼운 옷을 입고 있었다. 일단 속옷을 입고, 그 위에 내복 바지와 그물 러닝셔츠를 입는다. 그리고 그 위에 셔츠를 입고, 스웨터 한두 벌을 입는다. 그리고 그 위에 전투복 셔츠와 바지를 입고, 야전 상의와 방한바지를 입는다. 그러고 난 다음에 안감에 털이 들어간 파카를 입고, 장갑과 방한장갑을 착용한다. 그러나 그렇게 껴입어도 밤의 추위는 지독했다. 그리고 코만도들은 극한지용 침낭을 지급받지 못했다. 근무는 1시간 실시, 그리고 1시간 휴식하는 순서로 진행되었다. 코만도들은 휴식 시간에는 난방 텐트 안으로 몰려가 석유 난로 위에서 부글부글 끓는 커피와 레이션을 먹었다.

대부분의 코만도들은 그날 밤 긴장된 상태에서 잠을 이루지 못했다. 그것은 추위 때문만은 아니었다. 뭔가가 일어나고 있었다. 해가 진 이후에는 고토리의 야포들이 불을 뿜었다. 포성이 울리면 고토리 기지 주변의 산들은 4채널 입체 음향 아레나(arena) 역할을 했다. 그리고 잠시 후면 쏘아올린 포탄이 멀리 떨어진 산마루에 탄착해 터지는 것도 보였다. 그러나 적의 공격은 이제까지 없었다.

* * *

11월 29일 새벽, 고토리 진지

멀리 떨어진 북태평양 언저리에서 새하얀 태양이 떠올라 얼어붙은 산마루를 빼꼼히 내려다보았다. 꽁꽁 얼어붙은 코만도들은 발을 구르고, 감각이 없는 사지를 움직이고, 파카에 올라온 성에를 두들겼다. 주변 지형이 보이기 시작하자, 코만도들은 햇빛이 그들에게 보여 준 것에 놀랐다. 반대편 산마루가 살아 있었던 것이다.

월터의 말이다.

"약 270m 정도 떨어진 그곳의 전나무들 사이에는 중국군들이 바글바글 했습니다. 그들이 움직이는 것을 볼 수 있었어요. 일부 사람들은 계곡 맨 아래쪽 근처에서 움직이기도 하더군요. 그들은 전투 대형을 지어 움직이고 있지 않았어요. 그냥 무리지어 걸어올 뿐이었지요."

해병대원 테디 앨런은 뭔가가 자기 머리를 스쳐 지나가는 소리를 들었다. 그러나 근처의 나뭇가지가 부러지는 것을 보고서야 적들이 자신에게 사격을 가해 오고 있음을 알았다. 중국군이 사용하던 탄약이 특이해서였는지, 혹은 기온에 의한 왜곡 현상 때문이었는지는 몰라도, 그들의 총성은 41코만도 최고의 사수인 앨런의 귀에는 사격장에서 듣던 것과는 다르게 들렸다.

전투가 시작되었다. 명령이 내려지고, 대원들은 자유롭게 사격했다. 앨런 의 회고이다.

"흥분이 가득했습니다. 저는 자신의 사격 감각이 시키는 대로 움직였지요."

그는 몸을 낮추고, 산마루 공제선 위로 떠오른 적의 상체를 저격하기 시 작했다. 그는 난생 처음으로 살아 있는 적을 쏘는 것이었으나, 아무 감정도 들지 않았다.

"적은 인간이 아니라 표적이라는 생각밖에 안 들었지요. 그들이 누군가 의 아버지이거나 아들일 수도 있다는 생각도 들지 않았습니다."

그의 사격술은 매우 뛰어났다. 인기 있던 장교인 랠프 파킨슨 커민이 앨 런에게 와서 평소와 마찬가지로 그를 격려했다.

"한 놈 쏴 맞히는 걸 봤어! 잘 했군!"

하지만 월터는 앨런만큼 기쁘지 않았다. 전날의 여정을 기억하는 그는 적이 매우 가까이 있음에 두려워했다.

"어제의 기동은 행정 기동이었지, 전술 기동이 아니었다고요!"

중국군이 조금만 더 일찍 왔더라면, 그들은 41코만도가 차에서 내리기도 전에 전멸시킬 수 있었을 터였다.

41코만도는 서쪽의 미국 제8군이 11월 25일부터 시작된 팽덕회의 대반격을 얻어맞고 비틀거리고 있다는 것을 알지 못했다. 한반도 동부에서는 송시륜 장군이 11월 27~28일 사이의 밤에 공격을 개시했다. 미 육군 제31 연대전투단은 물론 유담리의 미국 제5, 제7해병연대가 중국군의 공격으로 대타격을 입었다. 혼란스러운 야간 전투가 지나자, 중국군은 항공 공격을 피하기 위해 철수해 버렸다. 그들은 마치 떠오르는 아침 햇살에 녹아내린 것 같았다. 11월 28일 오후, 드라이스데일은 지프를 타고 코만도를 이끌어 유담리의 제7해병연대로 가려고 했다. 그러나 적의 도로 차단에 막혀, 부하들을 이끌고 고토리로 되돌아왔다. 그러나 미국 제10군단은 상황 파악을 전혀 못 하고 있었다. 41코만도가 트럭을 타고 함흥을 떠나 이동하던 중, 아몬드 장군이 제31연대전투단의 경계선 내로 헬리콥터를 타고 들어왔다.

아몬드 장군은 한국 전쟁 당시 미군이 가장 큰 승리를 거두던 시기인 1950년 9월 인천 상륙 작전 당시 지휘권을 맡았다. 그 이후 현재까지 UN 군의 앞을 막는 것은 없었다. 아마 그 때문에 아몬드 장군은 이것이 적의 최후의 저항이었는지, 혹은 대규모 반격의 시작이었는지를 분간하기 어려웠을 것으로 보인다.

제31연대전투단의 장교들을 접견한 아몬드 장군은 후퇴 명령도 사수 명령도 내리지 않았다. 대신 그는 얼빠진 미군들에게 진격을 명령했다. 지난 밤에 필사적으로 싸웠고, 이제 붕괴의 위기에 처한 부대에 그런 명령을 내려 봤자 아무도 듣지 않을 것은 뻔했다. 아몬드는 이렇게 말했다.

"우리는 아직도 공격 중이고 압록강으로 가는 중이야. 그 망할 중국 세탁소 놈들 때문에 진격을 멈춰서는 안 돼!"

그러자 대대장인 던 페이스 중령은 미 육군 제31연대전투단이 적 2개 사단에게 공격을 당하고 있다며 반발했다. 아몬드는 이렇게 일갈했다.

"뭐라고? 북한 땅에 중국군이 2개 사단씩이나 들어와 있을 리가 없어!"[25]

그는 적의 전력을 너무나도 과소평가하고 있었다. 해안에 있는 사령부로 떠나기 전에, 아몬드는 부하 장병들에게 3개의 은성 훈장을 수여했다. 미 육군에서 세 번째로 높은 무공 훈장이었다. 페이스는 불쾌한 마음에, 자기가 받은 은성 훈장을 눈 속에 던져 버렸다. 그리고 나서 채 48시간도 지나지 않아, 이 32세의 중령은 사령부의 잔해 속에 죽어 쓰러져 있게 된다. 28일의 해가 지자 장진호 주변의 병사들은 자기들끼리 끌어안아 체온을 유지하려 했다.

그리고 29일 아침이 되자 앨런이나 워터스 같은 코만도 대원들은 놀라지 않을 수 없었다. 중국군 선봉 부대가 고토리에 들어와 있었기 때문이었다. 고토리는 유담리에 있는 해병대 선봉대에서 남쪽으로 40km나 떨어진 곳이었다. 장진호 일대의 제10군단은 네 군데에 고립되어 있었다. 유담리에는 미국 제5, 제7해병연대가 있었다. 제31연대전투단은 장진호 동쪽의 좁은 수로 근처에 있었다. 하갈우리에 있는 해병대 중앙 기지는 적에게 포위되었으며, 고토리는 비교적 소수의 부대로 차단되고 있었다. 송시륜 장군의 중국군 부대는 이 네 곳의 '섬'들을 고립시키고 있었다. 중국군은 이 섬들을 둘러싼 바다, 즉 거친 시골 지대를 모두 장악하고 있었기에, 이 섬들을 잇는 다리, 즉 해안으로 통하는 1차로 도로를 봉쇄하는 것은 쉬운 일이었다. 장진호 인근의 UN군 부대들에는 괴멸이라는 운명이 닥치고 있었다.

스미스 소장의 예하 부대들이 모두 동시에 적의 공격을 받자, 그의 최악의 두려움은 현실로 일어났다. 그의 사단은 점차 쪼그라들었다. 코앞에 다가온 심각한 위험으로부터 안전한 그의 예하 부대는 저지대인 진흥리에 위치한 예비대 1개 대대뿐이었다. 사단 본부가 위치한 중심부의 하갈우리를 지키는 것이 최우선 과제가 되었다. 하갈우리에 있는 도로 교차점은 UN군의 유일한 퇴각로였다. 그러나 문제가 있었다. 하갈우리의 비행장 건물에서 싸우면서 보급품을 지키는 UN군 병력은 병력이 크게 줄어든 1개 대대(미국 제1해병연대 제3대대) 병력에, 기타 지원 부대 및 비전투 부대를 모아 만든 전투단이었다. 이곳에 중국군 1개 사단(제58사단)이 이미 11월 28일에 한 번 공격을 가했다. 그들은 늦게 도착하기는 했지만, 그때는 야음을 제대로 이용하지 않은 공격이었다.[26] 중국군 제58사단이 전력을 재편해 다시 공격해 온다면, 스미스 휘하 제1해병사단의 핵심부가 무너질 판이었다.

미 해병대는 이제껏 1개 사단을 괴멸당해 본 적이 단 한 번도 없었다. 심지어는 제2차 세계대전 당시 전황이 가장 암울할 때조차도 마찬가지였다. 하갈우리에 빨리 병력을 보충해 주지 않으면 큰일 나게 생겼다. 거기 투입될 만큼 전투 서열이 높은 부대는 고토리에 있는 영국 해병대 41코만도였다.

* * *

풀러와 드라이스데일은 그날 밤을 회의로 지샜다. 41코만도가 이끄는 혼성 부대가 17km를 이동해 하갈우리에 당도한다는 계획이었다. 제2차 세계대전 당시 독일군은 이런 절망적인 상황에 대처하기 위한 부대를 경계대라고 불렀다. 하지만 한국 전쟁 당시 UN군은 같은 목적을 띤 부대에 지휘관의 이름을 붙여 주었다. 그리하여 이 혼성 부대는 '드라이스데일 기동부대'라고 불렸다. 이 부대는 영국 해병대 41코만도, 미 해병대 제1해병연대 제3대대의 조지(George) 중대(중대장 칼 시터 대위, 동 대대의 나머지 병력은 하갈우리에 포위당해 있었다), 미 육군 제7보병사단 제31보병연대 베이커(Baker) 중대(중대장 찰스 펙햄 대위), 그 외 미 해병대의 잡다한 본부대 및 지원 부대 인원들로 구성되어 있었다. 이 부대의 인원 922명은 총 141대의 트럭과 지프에 승차했다.[27] 드라이스데일이 명령을 받아 이 부대를 구성한 것은 11월 28일 20:00시의 일이었다.[28] 그는 새로운 부하들의 얼굴을 익힐 시간조차 없었지만, 휘하 지휘관들에게 활발하고 명쾌하게 브리핑을 했다. 시터는 드라이스데일의 이런 브리핑 스타일을 자신이 본 것 중에서 최고로 꼽았다.[29]

기동부대 장교들은 전달받은 것을 부하들에게 브리핑하려고 흩어졌다. 지독하게 차가운 아침에 드라이스데일은 41코만도의 사열 및 검열을 실시했다. 각 대원들이 면도는 제대로 했는지, 병기는 제대로 소제했는지를 점검했다. 이는 결코 복장 군기를 까다롭게 따지기 위함이 아니라 철저히 계산된 행동이었다. 드라이스데일은 부하들이 청량감을 느끼기를 원했던 것이다.[30] 당시 19세이던 코만도 대원 마이클 오브라이언은 드라이스데일에게 매우 큰 친밀감을 느꼈다.

"그는 엄격하면서도 친절한 진정한 지도자였지요. 저는 그 사람이라면 지옥까지라도 따라갈 준비가 되어 있었습니다."

반면 미 해병대원들은 추위를 핑계로 면도를 하지 않았다. 그들은 영국 해병대원들이 전투 투입 직전에 사열을 실시하는 것을 보고 크게 놀랐

다.[31]

수송대가 집결했다. 운전병들은 얼어붙은 엔진에 시동을 걸었다. 장병들의 입김이 뿜어져 나오는 매연에 섞였다. 이동 대열이 편성되었고 소부대들이 집결해, 타고 갈 차량을 배정받았다. 차량들에는 인원뿐 아니라 탄약과 장비도 실렸다. 기관총과 박격포는 신속한 배치가 가능하도록 탑재되었다. 장병들은 개인화기를 점검하고 또 점검했다. 장갑을 낀 손으로 탄창에 탄을 끼워 놓고, 파우치를 채워 놓고, 수류탄에 신관을 연결했다. 41코만도의 주임 원사인 '스티키' 베인스는 미 해병대의 실력을 인정하는 사람이었다.

"제가 만나 본 새끼들 중에 가장 질기고 강하고 지독한 놈들이었습니다."[32]

그는 부하 코만도들 앞을 걸어가며 이렇게 소리쳤다.

"전우들. 행운을 빈다!"

그러면서 그는 윙크를 하며 부하들의 용기를 북돋웠다.[33]

그런 억센 사나이가 할 만한 행동이 아니기는 했지만, 상황에 적절했다. 갑자기 상황이 크게 바뀐 탓에, 산악지대를 정찰하는 것이던 41코만도의 임무 역시 크게 바뀌었고, 대원들도 그런 변화를 반겼다. 가용한 정보는 부족했지만, 모든 코만도는 이번 돌파 작전은 반드시 성공해야 한다는 것을 알고 있었다. 다들 마음을 굳게 먹었다.

영국 해병대원 고든 페인의 말이다.

"우리는 방비가 매우 철저한 적들을 돌파해야 한다는 것을 알고 있었어요. 중국군 수천 명이 우리를 기다리고 있다는 소문이 돌았지요. 우리 부대는 적의 엄청난 공격을 당할 것 같다는 생각이 들었어요. 하지만 이상하게도 두려운 마음은 들지 않았어요. 대신 이런 생각이 들었지요. '총알을 맞는 건 내가 아니야. 다른 사람이야. 난 무사할 거야. 절대 내가 당할 리가 없어.'"

이틀 전만 해도 브래디는 UN군의 우월함을 철저히 믿고 있었다.

"우리는 첨단 무기로 철저히 무장한 대규모 다국적군의 일원으로 여기 온 거야. …… 우리는 적과 만날 때마다 언제나 적을 박살내 왔지!"

그러나 대열이 출발하려는 지금, 이 익살 많던 중사도 현실을 깨달았다.

"우리는 완전히 좆됐어!"[34]

그의 지휘관은 그에 비하면 덜 상스럽지만 역시 간명한 표현을 썼다. 드라이스데일은 예하 지휘관들에게 이런 말을 했다.

"햇살 속의 산책이 되지는 않을 걸."[35]

17km는 그리 먼 거리는 아니었다. 그리고 고토리와 하갈우리를 잇는 길은 황초령 고개만큼 험하지 않았다. 이 길은 비교적 평탄한 구간을 따라 나 있었다. 그러나 유감스럽게도 길의 양옆에는 감제고지가 있었다. 문제는 거기에 있었다. 감제고지에 둘러싸인 길을 싸우며 나아가는 것은 정말로 끔찍한 일이었다. 빨리 움직여야 하는 상황과, 절대 열세인 기동부대의 전력을 감안한다면, 넓은 전선을 형성해 길 양옆 고지의 적을 소탕한 후 도로를 확보하는 방안은 타당치 못했다. 대신에 좁은 전선을 형성해 차량의 높은 기동력을 이용해 공격하는 것이 타당했다. 이는 특수 부대나 해병대가 아닌, 기계화 보병의 전문 분야였다. 감제고지를 확보해, 그 아래의 고갯길을 지나가는 호송대의 안전을 확보하는 것이야말로 전술적으로 반드시 해야 하는 일이었다. 드라이스데일의 계획은 41코만도를 첫 산마루에 보내 점령하고, 조지 중대에 그 다음 산마루를 점령시키는 것이었다. 그동안 미 육군 베이커 중대는 길을 따라 진격해 도로 장애물을 제거한다는 것이었다.

그러나 이는 북진을 위한 본격적인 공세는 아니었다. 항공 및 포병 지원을 받는 호송대의 공격력은 매우 뛰어났지만, 방어력은 형편없었다. 호송대의 주력 차량은 장갑이 없는 트럭과 지프였던 것이다. 항공 정찰에 따르면 도로 장애물의 개수는 9개.[36] 그리고 전날에 도로상에 다수의 적 정찰대가 있었으나, 그들은 현재 모두 흔적도 없이 사라진 상태였다.[37]

송시륜 장군은 스미스의 보급선의 중요성을 평가한 후, 그에 맞춰 병력을 전개시켰다. 산속에는 중국군 제58, 제60사단 예하 3개 연대가 대대급밖에 안 되는 UN군의 교체 부대를 기다리고 있었다.[38] 드라이스데일 기동부대는 자신들보다 9배나 많은 적들이 지키고 있는 곳으로 뛰어들어 갈 참이었다.

낮게 깔린 납빛 구름 아래, 눈이 잔뜩 내려앉은 경계선 너머에는 떠오르는 태양이 비추는 눈부신 노란 빛이 내리고 있었다. 기지 안에 정렬한 황갈색과 올리브그린 색 차량들 앞에는 눈이 가득 내린 저지대와 고지들 사이로 회색 도로가 구불구불 이어져 있었다. 이 우울할 정도로 황량한 풍경 속에서 유일한 문명의 흔적은 도로를 따라 세워져 있는 전신주, 그리고 도로에 평행하게 나 있는 철도 말고는 없었다. 11월 29일 09:30시, 드라이스데일 기동부대의 선도 부대는 고토리 기지 밖으로 나섰다.

이제 하갈우리까지는 17km가 남았다.

* * *

시작은 매우 순조로웠다. 브래디는 대열 선두에서 팻 오븐스 대위의 다른 전투 공병대원들과 함께 서서, 전자식 금속탐지기와 금속제 탐침으로 지뢰를 탐지하고 있었다. 고토리 밖 90m 지점에는 격파된 미군 전차 1대가 있었다. 호송대가 빠르게 지나가자 고지에서는 소화기의 사격음이 들려

왔다. 아마 아까 전 해병대 포병이 15분 동안 가한 포격의 보복일 것이었다.[39]

그리고 나서 많은 영국 코만도 대원들이 구세주로 여겼던 미 해병 항공대의 공중 폭격이 날아왔다. 적의 진지는 도로 동쪽에 있었고, 고토리 기지에서는 1.6km 거리였다. SBS 소속의 해병대원 잭 에드몬즈는 41코만도의 차량 중 앞에서 네 번째 차량에 승차하고 있었는데, 뚱뚱한 동체의 미 해병대 코르세어 전투폭격기들이 낮은 각도로 강하하며 머리 위를 가로지르는 것을 보았다. 코르세어 기의 동체 아래에 달려 있던 폭탄들이 눈밭 위로 내리꽂혔다. 에드몬즈의 말이다.

"우리에게 사격을 가하던 적 진지는 직경이 30m는 족히 됨직한 거대한 불덩어리 속으로 사라져 갔습니다."

그러나 기름이 타는 검은 연기가 걷히고 나자, 앉아쏴 자세를 취하고 있는 중국군들이 보였다. 에드몬즈는 그 모습을 보고 놀랐다.

"그 중국군들은 아무 상처도 없었고, 불에 그을린 흔적도 없었습니다. 처음에는 그 친구들이 살아 있다고 생각했지요. 하지만 그 친구들 옆에 있는 중국군들은 쓰러진 채로 불타고 있었습니다. 네이팜탄은 정말 무서운 무기였습니다."

산 채로 불에 구워지지 않은 그 '멀쩡한' 중국군들은 알고 보니 질식사한 것이었다. 다른 코만도 대원들도 에드몬즈와 마찬가지로 네이팜탄의 엄청난 위력에 간담이 서늘해졌지만, 동시에 코르세어 조종사들의 뛰어난 실력에 경의를 표했다. 오브라이언의 말이다.

"그 친구들은 엄청나게 낮게 비행하더라고요. 조종사들 얼굴이 지상에서도 보일 정도였어요. 폭격 정확도는 매우 높았고요."

폭격 후 잠시 동안 정적이 찾아왔다. 그러나 얼마 못 가 고지에서 다시 이들을 향해 사격이 가해졌다.

도로상의 공병들은 총성에도 아랑곳없이 지뢰 탐지 작업을 계속하고 있었다. 그런데 브래디 옆에 서 있던 어느 해병대원이 갑자기 입을 쩍 벌리며 이렇게 소리쳤다.

"세상에, 쟤들 좀 봐!"

브래디가 고개를 들자 도로 오른쪽의 산 사면을 녹색 베레모를 쓰고 착검을 한 41코만도 대원들이 산병선을 지은 채로 올라가는 것이 보였다. 영국군들은 분대 단위로 기동과 사격을 번갈아 하면서 매우 빠른 속도로 이동하고 있었다. 그 모습을 본 브래디는 자신의 부대에 대한 자부심과 애정이 마구 솟아났다.[40] 그들은 산악전의 가장 중요한 철칙인 "고지는 반드시 점령해야 한다."라는 규칙을 실천에 옮기고 있는 중이었다.

선두에 선 사람 중에는 월터도 있었다. 그의 말이다.

"난생 처음으로 참가한 진짜 공격이었죠. 상대방의 저항은 그리 심해 보이지 않았습니다. 우리가 쳐들어가자마자 금방 잠잠해졌지요."

고도가 높아질수록 경사도 가팔라졌다. 코만도 대원들은 손은 물론 무릎까지 땅에 대어 가며 사면을 기어올랐다. 그때 월터의 오른쪽에서 누군가가 소리쳤다.

"소위님 조심하십시오!"

월터의 머리 위 산마루에서 소총의 총구가 삐져나와 월터를 겨누고 있었다. 무척이나 가까웠다. 월터는 소총의 총열을 붙들고 그것이 튀어나와 있던 참호 안을 들여다보았다. 그 참호는 작은 1인호로서, 공습에 대비하기 위한 유개호였다. 참호 안에는 중국군 1명이 몸을 동그랗게 말고 쓰러져 있었다.

"저는 이렇게 소리쳤어요. '괜찮아. 이놈은 죽었다!' 그렇게 말한 순간 시체의 눈이 움찔하는 게 보였어요. 그놈은 죽은 척하고 있는 거였어요. 그때 저는 그 상대를 총으로 쏴야 했지요. 그놈이 수류탄이나 그 밖에 다른 뭔가 위험한 것을 숨기고 있을지도 모르니까요. 하지만 그는 딕 휘팅턴(Dick Whittington: 영국 동화책 《딕 휘팅턴과 고양이》의 주인공으로 성실하고 참을성 많은 사람 – 편집자주)처럼 보였어요. 그가 가진 막대기 끝에는 작은 손수건도 있었어요! 그는 소총을 다시 잡으려고 하지도 않았어요."

그 적군은 유순하고 점잖았다. 그는 더 이상 싸우려고 하지 않았다. 월터는 그 적군을 끌어내어, 양손을 들고 산 아래의 UN군에게 내려가라고 몸짓으로 지시했다. 그 다음에는 어떤 일이 기다리고 있을까?

UN군의 강력한 항공 전력과 코만도의 빠른 공격을 접한 적의 저항은 중단되었다. UN군은 고지의 적을 소탕하는 데 성공했다. SBS 중사 해리 랭턴은 적의 진지를 수색하다가 원대로 복귀하라는 명령을 들었다. 돌아온 그는 바위처럼 생긴 것에 앉아 쉬었다. 랭턴의 말이다.

"그 바위는 알고 보니 네이팜탄에 당한 중국군이었어요. 몸이 동그랗게 말린 채 숯덩어리처럼 변해 버린 것이었지요. 도저히 사람이었다고는 믿어지지 않는 모습이었어요. 네이팜은 정말로 끔찍할 정도로 효과적인 병기였어요."

베이커 중대가 첫 도로 장애물을 제거하고, 조지 중대가 두 번째 고지의 적을 소탕하는 동안 코만도 대원들은 고지를 내려왔다. 적의 저항은 거세지고 있었다. 하사관들이 고함을 지르고, UN군이 적 진지를 바주카포로 파괴하는 모습에서, 레이몬드 토드 중사는 존 웨인이 출연한 전쟁 영화를 떠올렸다. 그러나 영화와 다른 점이 있다면, 해병대원들이 쓰러지고 의무병을 찾는 고함 소리가 메아리쳤다는 것이었다. 오브라이언은 미 해병대의 전술이 너무 멍청하다고 생각했다.

"미 해병대는 화력에 지나치게 의존하면서도 엄청난 사상자를 냈지요. 지상으로 움직이면서 표적을 찾는 우리의 사상자가 훨씬 적었어요."

그러나 조지 중대는 여전히 고지를 점령하고 있었다. 불길이 사그라지고 짙은 연기가 날아가자, 도로 위의 병사들은 어떤 사건을 접하고 아연실색했다.

조지 중대 인근에 한 중국군 병사가 나타나, 41코만도가 제압하고 난 주인 없는 기관총 진지를 향해 달려가기 시작한 것이다. 조지 중대는 그를 향해 집중 사격을 가했지만, 그는 문자 그대로 총알을 피해 갔다. 그는 조지 중대를 지나 순식간에 41코만도 앞을 지나쳤다. 41코만도 대원들도 그에게 사격을 가했지만, 그를 맞히는 데 성공한 사람은 없었다. 수백 명의 시선이 혼자서 달리는 그를 총기의 조준기를 통해 계속 쫓았다. 그가 기관총 진지에 도달해 멈췄을 때, 코만도 대원들은 비로소 정확한 사격을 할 수 있었다. 집중 사격을 받은 그의 몸은 심하게 뒤틀리며 반으로 쪼개졌다. 10여 명의 코만도들이 서로 자기가 그 사람을 맞혔다고 주장해 댔다. 그러나 토드는 죽은 중국군의 용기에 경의를 표했다.

"그는 진정 용기 있는 사람이었습니다."

중국군은 위장의 명수로 잘 알려져 있었지만, 이번에 고지에 있는 중국군은 너무 찾기 쉬웠다. 페인은 이렇게 말했다.

"우리는 중국군을 육안으로 볼 수 있었습니다. 일부 인원은 흰색 동계 위장복을 입고 있었지만, 나머지 사람들의 군복은 짙은 카키색이었지요. 아무튼 그런 사람들이 꽤 많았습니다."

중국군들이 워낙 잘 보이는 덕택에, 중화기 사수들은 적 저격수와 기관총 사수들에 맞서 도로의 결투를 벌일 수 있었다. 토머스는 브라우닝 기관총을 설치하고, 자신보다 180m 정도 더 높이 있던 사면의 적 진지를 향해 사격을 가했다.

"총알에 맞은 눈이 퍽퍽 튀기는 것을 보고 조준을 보정할 수 있었습니다."

UN군은 고지 사면에 훌륭한 공격을 벌였지만, 그 효율성은 상당히 제한적이었다. 이 기동부대에는 대열 후미에 남겨 두어 산마루를 지키게 할 병력이 없었다. 따라서 적들은 UN군이 두고 떠난 고지를 다시 차지할 수 있었다. 월터는 적이 다시 돌아와 첫 번째 고지를 탈환하는 것을 보고만 있어야 했다. 그는 이렇게 말했다.

"중국군의 감각은 매우 뛰어났습니다. 그들은 우리가 쳐들어가면 한 150m 정도 물러날 뿐이었습니다. 그들은 필사적으로 진지를 사수할 이유도 없었고, 이 한 번에 목숨을 걸어야 할 이유도 없었습니다."

그리고 공격에는 귀중한 시간이 들었다. 덩치 큰 체력단련 교관인 론 모이즈 중사의 말이었다.

"공격은 효과가 없었어요. 그래서 우리는 도로로 되돌아왔죠. 이 작전이 쉽지 않을 것임을 깨달았어요."

브래디는 도로에서 목함지뢰를 처리 중이었다. 목함지뢰는 나무 상자 속에 폭약과 압력신관을 넣어 만든 조잡한 것이었지만, 효과는 컸다. 금속탐지기에 잡히지 않으며, 폭발력은 차량의 바퀴를 날려 버릴 만큼 강했기 때문이었다. 그때 브래디 주변의 눈이 퍽퍽 튀기기 시작했다. 잠시 후 그는 자신이 적의 사격을 당하고 있음을 알았다. 그는 납작 엎드렸으나 총알이 어디에서 날아오는지는 알 수 없었다. 그는 대충의 방향을 조준해 카빈 소총을 쐈다.

"엎드려서 잉글랜드 생각만 하니 약간이라도 공격적인 행동을 하는 편이 기분이 조금이나마 나아졌지요."

그는 바로 옆에 어느 미 해병대원이 서서, 소총을 허리에 댄 채로 요착사격으로 속사를 가하는 모습을 보고 놀랐다. 브래디는 소리쳤다.

"자세 낮춰, 이 멍청아!"

미군은 브래디를 보고 지금 위치에서 자신이 총에 맞을 수 있는 부위는 머리밖에 없다고 말했다. 하지만 머리에 총을 맞으면 살아날 길이 없지 않은가. 이 희한한 논리를 접한 브래디는 어안이 벙벙했다. 이제까지 배운 전술 훈련은 다 엉터리였단 말인가? 몇 초 후, 뭔가가 살에 확 박히는 소리가 나더니 그 미국인은 쓰러졌다. 그의 종아리에 난 총상에는 붉은 근육과 뼈가 드러나 있었다. 그는 눈밭 위에 얼어 버린 피 웅덩이를 남기고 끌려갔다. 브래디는 생각했다.

"이거야말로 자신이 자초해서 입은 부상이에요! 적은 그 점을 '확인'시켜 줬을 뿐이고요."

그는 지뢰제거 작업을 재개했다. 트럭에서 그는 담배에 불을 붙이려다가, 자신의 손이 떨리는 것을 알고 놀랐다.[41]

호송대는 고지를 적에게 넘겨주고는 계속 전진했다. 도로 옆에는 버려진 트럭 한 대가 치워져 있었다. 전날의 매복에 당한 차량이었다. 트럭 옆에는 미 해병대 하사관의 시신 한 구가 쓰러져 있었다. 죽은 이의 얼굴은 잿빛 하늘을 올려다보고 있었고, 눈구멍 속에는 눈이 들어차 있었다. 인천상륙 작전에서 미 해병대를 처음 보았던 토드의 말이다.

"미 해병대의 시신이 버려져 있는 모습을 본 것은 그때가 처음이었어요. 다른 때 같으면 그들은 전사자를 데려가려고 말도 안 되는 위험을 무릅쓰곤 하거든요. 그걸 보니 우리가 얼마나 힘든 상황에 처해 있는지가 실감이 나더라고요."

* * *

　고지 공격과 가다 서다를 반복하는 호송대의 움직임, 그리고 도로상의 지뢰와 장애물을 제거하는 데 시간이 많이 들었다. 정오가 되었는데도 호송대는 불과 3km밖에 나아가지 못했다. 코만도의 전쟁 일지에 따르면 호송대는 정면과 우측면에서 적의 꾸준한 저항을 받았다고 한다. 드라이스데일은 길을 따라 나 있는 세 번째 고지인 1182고지에 대한 공격을 연기하고, 풀러에게 무전을 쳤다.[42] 풀러는 그에게 그 자리에 꼼짝 말고 있으라고 했다. 미 해병의 1개 전차 중대를 쓸 수 있게 되었다는 것이다. 적에게 엄청난 화력을 퍼부어 줄 수 있다. 풀러가 말한 전차 중대는 미 해병대 제1전차대대 예하 도그(Dog) 중대 소속 전차 17대로, 중대장은 브루스 클라크 대위였다. 드라이스데일은 이 전차 중대를 여러 조로 분산, 호송대 곳곳에 배치시킴으로서 비장갑차량을 위한 화력과 방어력을 얻고, 모험심이 강한 중국군의 접근을 막을 것이었다.

　전차들은 13:30시에 도착했다. 그러나 기병대 혼에 불타 있던 클라크 대위는, 엄연히 보병을 수송하는 호송대의 호위 임무를 맡았음에도 불구하고 자신의 전차들을 한 곳에 모아서 집중 운용해야 한다고 고집을 부렸다. 드라이스데일은 그거야말로 치명적인 전술적 오류임을 알았다. 그러나 전차 중대는 드라이스데일의 직접 명령 계통에 없었기 때문에, 그들이 하겠다는 대로 내버려 둘 수밖에 없었다.[43]

　전차들은 요란한 주행음을 내며 호송대의 선두로 갔다. 진행이 재개되자 호송대의 배열 순서는 앞에서부터 다음과 같았다. 전차-조지 중대-지프에 탑승한 드라이스데일과 그의 지휘소-41코만도-베이커 중대-해병대의 후방 지원 부대 순서였다. 그들은 더 이상 고지를 점령하려고 시도하지 않았다.

호송대는 햇빛이 약해지기 시작하는 17:00시까지는 목적지에 도달해야 했기 때문이다. 드라이스데일은 전차를 선봉에 내세워 도로 장애물을 돌파하고, 적의 사격을 막아내면서 전진할 것이었다.

중국군은 UN군을 고지에서 한눈에 볼 수 있었다. 게다가 UN군이 고지의 중국군에게 반격도 하지 않았으므로, 중국군의 사격은 갈수록 정확해졌다. 토머스의 말이다.

"의무병을 부르는 고통스런 목소리가 들렸습니다."

그런 소리가 날 때면 앰뷸런스 지프가 대열 사이를 이리저리 다니며 부상병에게 갔다. 싱가포르와 홍콩에서 만난 중국인들에게 상당한 호감을 품었던 리처즈의 말이다.

"총알이 트럭 사이를 마구 헤집고 다녔지요. 지프는 들것에 놓인 부상병들을 회수하기 위해 그 사이를 앞뒤로 비집고 다녔습니다. 도착해서 들것을 차에 실을 때면 부상병이 이미 죽어 있는 경우도 있었지요. 정말 무서웠습니다."

페인은 늘어나는 소음 때문에 불안해 했다.

"총알이 주변 여기저기를 스치고 지나갔어요. 대형 트럭을 두들기기도 했지요."

진짜 전투의 모습에 대한 그의 예상은 빗나갔다.

"전쟁 영화는 적의 사격을 당하는 것이 어떤지를 전혀 제대로 보여 주고 있지 않아요."

그리고 새로운 소리가 들리기 시작했다. 아주 멀리서 둔탁한 파열음이 들리더니, 잠시 있다가 엄청난 폭발음이 들리며 도로를 따라 눈과 얼어붙은 흙들이 샘처럼 터져 나왔다. 이것들은 트럭 적재함에 타고 있던 인원들의 머리 위에 비처럼 쏟아져 내렸다. 중국군들이 박격포 사격을 시작한 것이었다.

호송대 선두에 서 있던 전차들은 종종 멈췄다. 달리면서는 정확한 사격을 할 수 없었기 때문이다. 이들의 사격으로 산마루의 적들은 날아갔다. 그러나 전차들이 정차할 때마다, 뒤에 따라오는 차량들도 줄줄이 정차하면서 총 5km에 달하던 대열의 길이가 일순간 줄어들었다. 그리고 멈춰 선 차량들은 사격을 가하는 적 앞에 바로 노출되는 불쾌한 결과도 나왔다. 토드의 말이다.

"전차들이 사격을 하러 멈추면, 그 후속 차량도 멈춰야 했지요. 그때 멈추는 자리가 중국군이 없는 곳일 수도 있었지만, 또는 불과 20m 거리에서 중국군이 총을 겨누고 있는 자리일 수도 있었지요. 그건 순전히 운에 맡겨야 했습니다!"

반복되는 정차는 불안과 초조함을 자아냈다. 호송대 중간에 있던 페인은 이렇게 생각했다.

"상황은 두려움을 일으켰습니다. 호송대의 선두가 도로 장애물에 걸려 멈췄을 때마다 우리는 이렇게 말하게 되었지요. '대체 뭐야? 빨리 가자고!'"

페인이 적재함에 탄 트럭의 측면에는 배낭과 침낭이 매달려 있었고, 박격포, 기관총, 탄약도 실려 있었다. 고지에서 발사한 총탄은 그의 머리 위를 스쳐지나가 금속 부품에 맞고 튕겨나갔다. 적의 사격은 산발적이었지만 점점 정확해지기 시작했다. 병사들이 총에 맞기 시작했다. 페인은 미군 부상자를 흘깃 보았다. 길옆에 앉아 있던 그는 얼굴의 절반이 사라져 있었다.

"그래도 그 사람은 살아 있더군요."

극도의 추위가 중상자의 부상에 미치는 영향이야말로 장진호 전투의 무서운 특징 중 하나였다. 추위 속에서 혈액은 응고하는 속도보다 빠르게 얼어 버린다. 그 결과 사지를 잃는 등 상온에서는 즉사로 이어질 수 있는 큰 부상을 입더라도, 여기서는 어느 정도 생명을 부지할 수 있는 것이었다. 그러나 그것도 따뜻한 곳에 갈 때까지만이었다. 그런 곳에 가서 혈액 흐름이 정상으로 돌아오면, 그 사람들을 살릴 확률은 낮았다.

미 해병대의 전차와 코르세어 전투기의 사격에도 불구하고, 적에게는 참호를 파고 도로상의 UN군에게 사격을 가할 시간이 충분했다. 부대의 무전망은 갈수록 상황이 악화되고 있었다. 그리고 병력들이 엄폐하려고 하차했다가 다시 승차할 때마다 탑승 인원이 섞였다. 드라이스데일 기동부대는 불과 수 시간 만에 급조된 부대라 그렇지 않아도 응집력과 명령체계, 통제체계가 썩 좋다고는 할 수 없었는데, 이제는 그것마저도 무너지고 있었다.

16:00시, 드라이스데일 기동부대의 무전망은 완전히 붕괴되었다. 그의 무전망은 워낙 촉박하게 구성된 데다 추위로 인해 배터리의 화학 작용이 방해를 받아 전력을 만들 수 없게 된 것이다.[44] 대열의 도로에 면한 마을은 부승리에서 남쪽으로 1.6km 지점에 있었다. 거기서 더 나아가니 계곡이 좁아지기 시작했다. 도로의 서쪽에는 얼어붙은 장진강이 있고, 얼어붙은 야지가 산으로 연결되어 있었다. 동쪽에는 도로와 평행한 철길 둑이 있었다. 그 뒤에는 고지가 있었고, 고지는 굴곡이 지며 더 많은 산들로 연결되었다. 그 산속에는 적들이 기관총과 박격포를 숨겨 놓고 있었다. 이 음산한 풍경에 비치는 태양은 약해지고 있었다. 그리고 해가 지기까지 남은 시간은 이제 한 시간뿐이었다.

임박한 일몰, 늘어가는 사상자, 지독하게 형편없는 진행 상황을 접한 드라이스데일은 후퇴하기로 결정했다. 동시에, 고토리에서 연락 장교가 스미스 소장의 메시지를 가지고 왔다. 그 메시지는 분명했다. 드라이스데일의 구원부대는 반드시 목적지인 하갈우리에 도착해야 한다는 것이었다. 그들은 '어떤 희생을 치러서라도' 하갈우리에 가야 했다.[45]

어떤 희생을 치러서라도…… 민주국가 군대의 지휘관이 쉽게 할 수 있는 말은 아니었다. 그 말은 이 임무가 장병 개개인의 생명보다 더욱 중요하다는 것을 분명히 나타내고 있었다. 물론 스미스도 가볍게 내린 명령은 아니었다. 그러나 다른 대안이 없었다. 드라이스데일 기동부대가 하갈우리에 도착하지 못한다면…… 그리고 중국군이 대규모 공격을 가해 온다면…… 그리고 하갈우리가 적에게 유린된다면, 미 제1해병사단과 육군 제31연대전투단의 대부분의 병력은 끝장이 나는 것이었다. 그것이 그들 앞에 놓인 냉혹한 현실이었다. 드라이스데일도 그 점을 알아보았다. 그의 반응은 매우 간결했다.

"그래. 그럼, 쇼를 벌여 볼까!"[46]

기동부대는 앞에 놓은 모든 장애물을 뚫고 죽건 살건 전진한다는 말이 전달되었다. 오브라이언의 회상이다.

"현재 이동 중인 트럭에 승차, 적의 공격을 뚫고 하갈우리의 아군을 구원한다는 것이 명령이었어요. 구원? 우리도 살아남기 힘들어 죽겠는데!"

그리고 그들을 엄호하는 항공기들의 공중 초계 효과도 떨어지기 시작했다. 코르세어 전투기에는 야간 투시장비가 없었다. 주간에는 수많은 중국군들이 고개를 못 들게 했던 그들의 초저공 비행도 야간에는 실시할 방도가 없었다. 적은 더욱 가까이 다가왔다. 월터의 말이었다.

"그들은 주간에도 우리에게 총을 쏴 댔지만, 밤이 되자 더욱 대담해졌지요."

오브라이언은 어둠 속에서도 고지 정상에 모인 중국군들을 볼 수 있었다.[47] 항공 정찰에서도 대규모 적 부대가 도로상에 집결하고 있음이 드러났다. 매우 우려스러운 징후였다. 흰색 설상 위장복을 입은 중국군의 대군이 움직이는 모습은, 저공 비행하는 조종사들의 눈에는 마치 산의 사면 전

체가 살아 움직이는 것처럼 보였다.[48]

산 위에 어둠이 내렸다. 달이 떠서 눈밭 위에 은은한 달빛을 비추었다. 모이즈의 말이다.

"어두워지자 일이 터지기 시작했죠."

중국군은 유령처럼 산의 사면을 내려와 마을 속으로 침투해 도로 옆 도랑으로 들어왔다. 드라이스데일 기동부대는 엄청난 속도로 괴멸되기 시작했다. 이 부대는 점점 인원과 장비를 소모해 갔다. 여기저기서 사람들이 총에 맞아 죽고, 트럭들이 격파되었다.

영국 해병대, 미 해병대, 미 육군 병사들의 악몽은 이제부터 시작이었다.

* * *

그것은 전투가 아니라, 10km 구간에 걸쳐 진행된 야간 사격 마라톤에 더 가까웠다. 움직이는 대열 옆쪽에서는 근거리 매복이 여러 차례, 여러 곳에서 벌어졌다. 중국군은 모든 면에서 유리한 상황이었다. 첫 번째로 그들은 UN군에 비해 수적으로 우세했다. 두 번째로 그들은 땅에서 몸을 고정시킨 다음에 사격을 했다. 움직이는 차량에서 사격할 때보다 명중률이 높다. 세 번째로 그들은 자세가 낮았는 데에 반해 UN군은 트럭에 승차하고 있으므로 자세가 높았다. 네 번째로 중국군은 종사(縱射: 행군대형의 목표를 직각 방향에서 사격함)를 했다. 느리게 움직이며 가다 서다를 반복하는 이 호송대는 그야말로 이동 표적이나 다름없었다. 생존자들은 당시의 상황이 서부극 같았다고 말했다. 달리는 포장마차에서 개척민들이 총을 쏴 대지만, 몰려오는 인디언들의 공격으로 하나둘씩 죽어나가던 그런 장면 말이다.

호송대의 선두에 선 전차들은 강력한 충각(衝角: 선박에 장착해 적 선박과 충돌할 때 쓰던 무기) 역할을 맡았고, 그 뒤에 선 미 해병대 조지 중대는 아직 건재를 유지하고 있었다. 조지 중대의 대열에는 뚜껑이 없는 지프에 탄 드라이스데일도 있었다. 조지 중대는 첫 매복에 걸리자 미친 듯이 싸웠다. 미 해병대원 윌리엄 보가 탑승한 차량에 중국군의 수류탄이 날아들자, 보는 수류탄 위로 몸을 던졌다. 그는 그 행위로 사후 의회명예훈장(Medal of Honour)을 추서받았다. 장진호 전투에서는 그를 포함해 17명이 의회명예훈장을 받았다.[49] 선도 차량들은 어느 텐트촌에 접근했다. 미 해병대원들은 그것이 미군들의 것이라고 생각했으나, 그 텐트는 중국군의 것이었다. 또 다른 매복 공격에 걸린 것이었다.[50] 지프를 타고 있던 드라이스데일은 도랑에서 중국군이 던진 수류탄에 피격되어 팔에 부상을 입었다.[51] 19:30시[52], 드라이스데일 기동부대의 최선두를 맡은 전차 중대가 하갈우리에 입성했다. 이때 선도 전차는 하갈우리의 미 해병대가 경계선용 도로 장애물로 쓰고 있던 지프를 밟아 버렸고, 그 다음 전차는 하갈우리에 들어오자마자 연료가 바닥나 버렸다.[53] 하지만 기갑 전력이 없는 41코만도와 기타 부대의 주력은 한참 뒤에 처져서, 적의 맹공격을 이겨 내고 있었다.

무려 세 차례의 적의 저지 사격을 당할 때마다, 부대원들은 트럭 옆으로 뛰어내려 도랑에서 총을 쏘는 중국군에게 반격했다. 어떤 코만도 대원은 착지해 보니 한 떼의 중국군 무리 속에 떨어졌음을 알았다. 그는 바로 일어나 도망쳐 버렸다.[54] 이동이야말로 다른 어떤 무엇보다도 중요했다. 도로에 목함지뢰, 폭발물, 그리고 중국군이 던지는 수류탄들이 잔뜩 널려 있는 상황에서도 말이다. 모이즈의 말이다.

"혼돈과 혼란의 연속이었지요. 그래도 초급 장교들과 하사관들은 부대를 통제하려고 애썼습니다. 병사들은 트럭에 타고 내리기를 반복하면서, 점차로 섞여 갔어요. 움직이는 트럭을 발견하면 소속을 따질 겨를도 없이 무조

건 타고 봐야 했습니다. 혼란 속에서 할 수 있는 거라고는 적의 공격에 반사적으로 응사하는 것뿐이었지요. 모두가 철저히 개인 단위로 움직였습니다."

타이어가 터져도, 차체에 구멍이 나도, 차대가 찌그러져도, 그 밖에 어떤 상황이 발생해도 차량을 전진시키고 도로상의 장애물을 피해 가는 것이 운전병들의 사명이었다.

이 모습은 화염과 움직임이 뒤섞인 만화경과도 같았다. 총구에서 불을 뿜고, 녹색 예광탄이 허공을 가르다가 차에 맞게 튕겨나갔다. 붉은 조명탄도 어둠을 갈랐다. 폭발의 섬광이 몇 분의 1초 동안 난장판인 주위를 비추었다. 모이즈의 말이다.

"여기저기서 폭탄이 펑펑 터지고, 예광탄이 날아다니고, 불이 붙고, 트럭이 불타고, 사람들이 달리고, 트럭에 타려고 했죠. 총구 화염과 수류탄의 폭발 화염, 그리고 그것들에 비치는 달리는 병사들을 볼 수 있었어요."

지옥의 불협화음이 들려왔다. 기어 변속음, 소리를 높이는 엔진의 작동음, 부상자의 비명, 폭발음, 무자비한 사격음이 뒤섞인 소리였다. 오브라이언의 말이다.

"그 소리를 형용할 수는 없어요. 어떤 아군들이 〈우리는 모두 후레자식들〉이라는 노래를 부르고 나서 사격을 가하는 것을 들었어요. 그러자 적군들이 달리고, 나팔을 불고, 소리를 지르는 것이 들렸어요."

드라이스데일 기동부대에도 한 가지 장점은 있었다. 중국군이 입은 흰색 누비 위장복은 어둠 속에서는 UN군이 입은 카키색 전투복보다 눈에 더 잘 보였다. 모이즈의 말에 따르면 적은 자기들끼리 소리를 질렀으나, 대부분의 코만도들은 아무 소리를 내지 않고, 공황에 빠지지도 않고 자리를 이탈하지도 않은 채, 재량껏 사격을 했다고 한다. 야간사격 훈련의 성과가 드러나고 있었다.

그러나 41코만도 대원들은 하나둘씩 쓰러져 가고 있었다. 모이즈가 트럭 적재함에 타고 있을 때 적의 차단 사격이 그로부터 불과 5m 떨어진 곳을 비껴 지나갔다. 코만도 대원 로이스톤 울리지가 그 사격으로 즉사했고, 나머지 인원들도 부상을 입었다. 모이즈의 말이다.

"저는 트럭 오른쪽 가장자리에 앉아 있었지요. 거기에는 장비들이 잔뜩 쌓여 있었는데, 저는 무릎앉아 자세로 있었어요. 덕분에 다리에 총을 맞지는 않게 되었지요. 중국군들은 트럭 옆구리에 총알을 갈겨 댔으니까요. D 중대장 '대디' 마시 대위는 두 다리를 차 밖으로 내밀고 있다가 양 허벅지에 총을 맞았어요. 그리고 내 옆에 있던 '탱키' 웹은 눈에 총알을 맞았어요. 총알이 그 친구 뒤통수로 뚫고 나오면서 엄청난 상처를 냈지요."

모이즈는 큰 고통을 겪던 마시 대위에게 모르핀을 주려고 했지만, 마시는 그것을 보자 화를 냈다.

"나는 지휘관이야! 나는 의식이 있는 한, 이 상황을 통제해야 해!"

월터도 모이즈와 같은 트럭에 타고 있었다.

"트럭에 부상자가 몇 명만 있어도 그 사람들에게 붕대를 매 주고 치료를 하느라 정신이 쏙 빠지게 되지요. 차 밖에서 무슨 일이 벌어지는가는 관심이 없게 됩니다."

그러나 차가 요동치면서 느려져 서자 그도 바깥 세계에 시선이 돌아가게 되었다. 중요 표적, 즉 차량의 운전병이 피격당한 것이었다. 월터는 운전병의 반응을 보고 놀랐다.

"차는 멈췄어요. 미 해병대 운전병의 실력은 끝까지 대단했어요. 그는 차가 도랑으로 빠지는 것을 막고, 차를 세운 것이었죠. 그는 조수석으로 뛰어들었어요."

그러나 그는 더 이상 운전을 할 수 있는 상태가 아니었다. 월터는 운전석 안으로 기어 들어갔다. 그는 이전에는 한 번도 차량을 운전해 본 적이 없었다. 더구나 부상당한 코만도들로 가득한 차량을, 근거리 공격을 가해 오는 중국군들이 바글바글한 속에서 운전해 본 적은 더더욱 없었다. 그러나 머뭇거릴 여유가 없는 상황이었다. 월터의 회상이다.

"미 해병대 운전병은 이렇게 말했어요. '오른쪽에 그 페달이 보이죠? 발로 밟으면 돼요!' 그 운전병이 말 한대로 하자 차는 밤의 어둠 속으로 달려 나갔지요."

코만도들은 적들의 경기관총과 기관단총들이 자신들의 것보다 성능이 더 좋음을 알았다. 코만도 부대의 차량 행렬 선두 부분에 있었던 에드몬즈의 증언이다.

"우리 동료인 글라리지라는 친구가 트럭의 조수석에서 BAR을 쏴댔죠. 총구 화염이 번쩍번쩍 났는데, 그러니까 적들의 사격이 그 친구한테 집중되었어요. 중국군들은 버프 건이랑 브렌 경기관총을 가지고 있었는데, 브렌이 BAR보다 나았지요."

적은 가진 무기의 세부가 보일 정도로 매우 근접해 있었다. 리처즈는 중국군이 총열을 짧게 자른 브렌 경기관총을 쏘는 것을 보았다. 코만도들이 지급받은 것보다 훨씬 앞선 설계였다.

또 다른 코만도 대원들은 자신들의 무기에 저지력이 부족하다는 것을 알았다. 랭턴의 말이다.

"그놈들은 산의 사면을 타고 내려왔지요. 어디에나 다 있었어요. 모두가 우리 쪽으로 몰려왔고요."

SBS 중사인 랭턴은 미국제 30구경 카빈 소총을 가지고 있었다. 카빈 소총은 가볍고, 탄약도 가볍고, 자동사격이 가능하기 때문에 코만도들이 선호하는 무기였다. 그러나 저속으로 나가는 카빈의 탄은 군복과 장비를 겹겹이 껴입고 아드레날린이 강렬하게 분비되는 상태의 적을 저지하기에는 역부족이었다. 랭턴은 중국군 한 명에게 사격을 가했다. 탄환은 분명히 중국군을 명중시켰다. 랭턴은 앞을 지나가던 또 다른 중국군을 조준했지만, 먼저 총알을 맞았던 중국군이 계속 달려오는 것이 곁눈으로 보였다. 랭턴 중사는 몸을 돌려 그 중국군에게 속사를 가했다.

"결국 그는 쓰러졌지요. 저는 그 후 카빈은 충분한 펀치력이 없다는 느낌을 받았어요."

피터 토머스 중위는 훨씬 믿음직한 무기인 톰슨 기관단총을 가지고 있었다. 이 무기는 금주법 시대에 '시카고 타자기'라는 별칭으로 유명했다. 이 총에서는 저지력이 높은 45구경 권총탄을 발사했다. 그러나 예광탄이 없기 때문에 어둠 속에서 궤적을 볼 수가 없었다. 이동 중에 감으로 대강 사격을 하던 중 총성이 들리더니 뭔가가 바짓가랑이를 스쳐지나갔다. 한 발의 탄환이 다리 사이를 지나간 것이었다. 토머스는 미친 듯이 욕을 하며 톰슨 기관단총을 난사해 부하들을 놀라게 했다. 그는 예전에는 난폭한 말을 쓰던 교관들을 나무라곤 했기 때문이었다. 그의 행동은 부하 한 사람의 사기를 크게 높여 놓았다. 페인의 말이다.

"우리는 트럭 옆에서 걷고 있었어요. 우리 옆에는 허리까지 오는 둑이 있었는데, 우리는 '해병대식 포복' 자세를 취하고 움직이고 있었지요. 둑 위로 머리를 내밀지 않는 거였어요. 그런데 가다 보니 둑이 20~30m 정도 끊겨 있었어요. 토머스는 그 한복판에 서 있었죠. 적과 우리와의 거리는 불과 90m 정도였고요. 총알이 씽씽 날아다니는데 그는 온몸을 다 드러내놓고 우리들을 격려했지요. 정말 대단한 행동이라고 생각했어요."

"병사들이 힘들면 장교는 더욱 힘들어야 한다!"가 영국군 장교들의 전통적인 리더십 덕목이다. 초급 장교의 임무는 통신을 취하고, 부대를 관리하고, 부하들을 독려하는 것 등 여러 가지이다. 그러나 무엇보다도 어려운 상황에서 솔선수범을 통해 부하들을 이끌어야, 다른 모든 것들을 제대로 할 수 있다. 이러한 영국군의 관행, 그리고 지휘에 신경 쓰느라 적의 공격을 알아차리지 못한 바람에 장교들은 적의 눈에 매우 잘 띄는 사격 표적이 되었고, 다른 계급에 비해 매우 높은 사상률을 기록할 수밖에 없었다. 그날 밤 많은 코만도 장교들이 그렇게 목숨을 잃었다.

트럭이 격파되면 반드시 도로 밖으로 치워야 했다. 그렇지 않으면 트럭 자체가 도로 장애물이 되고 말았다. 오브라이언의 트럭이 도로를 달리다가 왼쪽으로 전복되고 말았다. 그때 도로 오른쪽의 고지 사면에서 중국군들이 떼거지로 내려왔다. 그와 동료 코만도들은 트럭에서 뛰어내려 길 건너편 중국군들을 향해 사격을 가해 댔다. 그의 말이다.

"중국군들이 수류탄을 던졌어요. 전우들이 산산조각이 나는 것을 보았지요. 어떤 친구의 머리가 사라지는 것도 보았고요."

지나가던 트럭의 운전병이 피격되었다. 그 트럭이 멈추면서 길을 막았다. 오브라이언의 중대장인 파킨슨 커민 대위가 그 트럭의 운전석에 뛰어들어 운전대를 잡았다. 오브라이언의 말은 계속된다.

"커민 대위가 말했지요. '자! 친구들! 다들 차를 밀어!' 우리는 그 차를 밀었고, 차는 길 왼쪽으로 벗어나 산 사면으로 굴러갔어요. 그리고 커민 대위의 목소리가 또 들렸지요. '도로로 돌아가자!' 그는 매우 정력적인 사람이었지요."

코만도들은 모두 도로 위로 나와 사격을 재개했다. 한 명이 사라졌다. 다름 아닌 파킨슨 커민이었다. 월터는 트럭을 타고 지나가다가, 엎드려 있던 사람이 일어서려는 것을 보았지만, 다음 순간 그 사람을 지나쳐 버렸다. 만약 그 사람이 파킨슨 커민이었다면, 그것이 그의 마지막 모습일 터였다. 오브라이언의 말이다.

"그는 수많은 사람의 생명을 살렸습니다. 그는 마땅히 훈장을 받아야 했습니다만, 그렇지 못했지요."

41코만도의 군의관인 노크 중위는 계속 부상자들 사이를 뛰어다니느라고 정신없이 바빴다. 리처즈는 이렇게 말했다.

"그는 진정으로 용기 있는 사람이었습니다. 저는 그 사람이 트럭에서 뛰어내려서, 부상자를 돌보다가 다리에 총알을 맞았지만, 다시 트럭에 올라타는 것을 보았습니다. 그 사람이 두 번이나 부상당하는 것을 보았습니다."

그리고 더그 노크 중위도 전사하고 말았다. 또 조 벨시 중사도 전사하고 말았다. 그는 기혼자는 안 된다는 드라이스데일의 방침에도 불구하고 애걸복걸 끝에 코만도에 들어온 인물이었다. 그는 머리에 총을 맞고 쓰러졌다.

토드와 그의 분대는 탄약 문제가 있었다. 그들의 탄약은 M-1 개런드 소총용 8발들이 클립이 아니라, 구형 스프링필드 소총용 5발들이 클립에 끼워져 있었다. 트럭 옆에 엎드린 토드는 추워서 굳어 버린 손가락으로, 미친 듯이 5발 클립에 끼워진 탄약을 8발 클립으로 옮겨 끼웠다. 그때 그의 군화 발바닥을 누군가가 찼다. 주임원사였다. 주임원사 베인스는 적의 공격 따위는 무시하고, 꼿꼿이 서서 제대로 포장된 탄약을 나르고 있었다. 베인스가 물었다.

"탄약 얼마나 필요해?"

"탄약대 2개 분량입니다."

그리고 토드는 한마디 덧붙였다.

"은폐를 실시하시는 게 낫지 않습니까?"

그러자 베인스는 이렇게 일갈하고 가던 길을 갔다.

"자네 의견 따윈 물어본 적 없네!"

토드의 말은 계속된다.

"우리는 적의 맹공격을 받았지만 그는 적의 공격을 무시했어요. 그 덕분에 우리는 그날 목숨을 건졌지요."[55]

그러나 코만도 내에도 나약한 자들은 있었다. 그리고 격렬하게 진행되는 혹독한 전투는 모두가 숨기고 싶던 부분을 무자비하게 드러냈다. 모이즈의 말이다.

"어떤 중사가 갑자기 발광을 일으키더군요. 우리는 그를 저지해야 했어요. 누군가가 결국 그를 때려눕혔지요."

대열은 문자 그대로, 군사용어의 뜻 그대로 '절단'될 처지에 직면해 있었다. 오브라이언의 말이다.

"우리 호송대는 여러 토막으로 잘린 뱀 꼬락서니가 되어 가고 있었어요."

중국군은 호송대를 여러 토막으로 자른 후, 고립된 각 부분을 쉽게 격파할 수 있었다. 이런 전술 때문에 호송대는 어떤 구간에서는 전투가 일어나는데, 다른 구간에서는 전투가 일어나지 않는 상황을 맞이했다. 토드의 회상이다.

"불과 90m 앞에 있는 사람들은 치열한 전투를 벌이고 있는데, 여기서는 주변을 둘러보고 상황을 파악하고, 전혀 사격을 당하지 않는 경우가 많았지요."

에드몬즈는 앞에서 무슨 일이 벌어지고 있는지 전혀 볼 수가 없었다. 그리고 자신의 분대가 2대의 트럭에 나뉜 것에 짜증이 났다. 도로에서 불과 10여 m 떨어진 헛간에서 중국군이 사격을 가하자 그가 타고 있던 트럭에서만 운전병이 3명이나 피격되어 교체되었다. 그러나 헛간의 초가지붕이 예광탄 또는 백린수류탄에 맞았는지 불타기 시작했고, 그 화염에 중국군의 실루엣이 뚜렷이 보였다. 에드몬즈는 적을 조준할 수 있었다.

"불길 속에서 적의 모습이 보였지요. 저는 그를 조준사격해서 쓰러뜨렸습니다."

또 다른 중국군이 쓰러진 중국군을 도우러 달려왔다. 에드몬즈는 그 역시 쏘아 쓰러뜨렸다. 그는 아무 감정을 느낄 수 없었다. 어린 오브라이언에게, 길 하나를 사이에 두고 중국군과 코만도가 총격전을 벌이는 이런 상황은 실로 끔찍한 시련이었다.

"원자폭탄 투하하고는 완전히 얘기가 달라요. 문자 그대로 백병전이었지요. 목숨을 잃고 싶지 않으면 싸워야 했어요. 바로 눈앞에 있는 사람을 죽이면서요."

이런 엄청난 전투 한복판에도 웃음거리는 있었다.

해병대원 프레드 헤이허스트는 다리에 총상을 입었다. 그의 차량은 요동치며 멈췄다. 헤이허스트는 길 옆 도랑으로 들어갔다. 코만도 부대의 의무병인 SBA(함내 병실 근무자) 빌 스탠리가 그의 옆에 왔다. 둘은 원래 절친한 친구였다. 스탠리는 헤이허스트가 부상을 입었다는 이야기를 듣고, 이렇게 말했다.

"특혜는 없어! 진료 소집은 아침 8시야!"[56]

사격이 일시적으로 소강상태에 들어가자, 헤이허스트는 부상자들이 가득한 어느 트럭의 적재함에 실려졌다.

전투가 소강상태에 들어가자, 코만도 대대 부대대장인 데니스 올드리지 소령은 땅 위에 떨어진 장갑을 발견했다. 에드몬즈의 회상이다.

"적의 공격을 받아서 도랑에 들어가 있는데, 평소에도 좀 이상한 사람이던 올드리지 소령이 그 장갑을 주워 가지고 돌아다니며 이렇게 묻는 거였어요. '장갑 잃어버린 사람 없나?'"

그의 이러한 태연한 태도는 설령 일시적일 뿐이라도 대단한 사기의 향상을 가져왔다. 그리고 장갑은 사실 매우 중요한 물건이었다. 전투 시 극도로 흥분된 상태에서 장갑이 없어져도 추위에 신경을 쓸 수 있는 사람은 거의 없다. 그러나 일단 전투가 끝나고 나면 손에 서서히 퍼지는 고통을 무시하고 살 수는 없다. 이미 그때쯤이면 동상이 발생한 상태이기 때문이다. 그날 밤 하갈우리의 수은주는 영하 31도를 기록했다.[57]

올드리지는 훌륭한 전투 지휘관 역할을 했다. 모이즈의 말이다.

"미군의 전술전기는 우리만큼 좋지는 않았어요. 그 친구들은 그냥 일어서서 총을 쏘기만 했죠."

모이즈는 영국 코만도 장교가 길옆에 서서 총을 쏘던 미 해병대원에게 달려가, 그의 엉덩이를 걷어차 강제로 엎드리게 하는 장면을 보았다.

중국군의 박격포 사격은 지독할 만큼 정확했다. 어떤 포탄은 41코만도의 탄약수송차에 명중했다. 트럭은 마치 불꽃놀이 폭죽처럼 폭발하며, 맹렬하게 불타는 탄약을 사방팔방으로 날려 보냈다. 최고의 지원병이었던 건지 출신의 거스햄 메인도널드는 그 트럭 바로 뒤의 트럭에 있었다. 그는 근처에 있던 탄약 보급 책임자인 베인스에게, 저 불타는 트럭 곁으로 지나가도 되는지 물어보았다. 그건 정말 어려운 문제였다. 자칫하다가는 메인도널드의 트럭에도 불이 붙을 수 있고, 연쇄 폭발을 일으킬 수도 있기 때문이었다. 베인스는 허락했다. 중국군은 온 사방에 총알을 갈겨 대고 있었다. 미군 운전병이 불타는 앞차 옆으로 조심스럽게 비켜 지나가는 동안, 메인도널드와 그의 전우인 지미 페퍼는 BAR로 사격을 가했다.[58]

이때쯤이면 많은 사람들이 적이 차량을 표적으로 사격을 가한다는 것을 눈치 챘다. 그들은 트럭을 버리고 도보로 이동하며 싸우기 시작했다.

그런 사람들 중에는 토드도 있었다. 그와 그의 전우는 트럭 적재함 속에 적재물을 벽처럼 쌓아 참호 비슷한 모양을 만든 다음, 그 속에 들어가서 사격을 해 댔다. 그때 적 기관총이 그들에게 정확한 사격을 가했다. 기관총 탄은 적재물들을 뚫고 그 안의 사람들에게 명중했다. 2명이 즉사하고, 토드는 팔에 총상을 입었다. 생존자들은 차량에서 탈출했다. 토드는 여러 사람들이 목표 없이 어정거리는 것을 보았다. 어느 미 해병대원은 그들이 미 육군 병사들이며, 육군에게는 해병혼과 같은 강력한 정신력이 없다고 꼬집었다. 그 순간 토드는 쓰러졌다. 가슴에 또 총알을 맞은 것이었다. 그래도 그는 계속 나아갔다. 예전 UN군의 선봉이 세웠던 텐트들이 있는 곳까지 갔다. 그 속에 미군이 있을 것을 기대하며 그는 소리를 질렀다. 그러나 그 속에 있던 것은 중국군이었고, 그들은 사격으로 토드의 부름에 응답했다. 토드는 비틀거리며 도로로 돌아왔다. 그때 그의 옆에 트럭이 다가왔다. 트럭에 타고 있던 누군가가 물었다.

"중사, 태워 줄까?"

그 목소리의 주인공은 메인도널드였다. 정중한 물음에 잠시 동안 깜짝 놀랐던 그는 승낙했고, 페퍼에 의해 차 안으로 끌려 들어왔다. 트럭은 매우 언덕이 많고, 깎아지른 듯한 절벽이 있는 구간으로 접어들었다. 길이 안쪽으로 굽어진 곳에서, 메인도널드는 다수의 중국군이 모닥불을 쬐며 공격을 위해 집결하고 있는 모습을 보았다. 그가 BAR을 들어 쏘아 대자 중국군들은 흩어졌다. 그리고 나서 바로 앞에서, 그는 이런 소리를 들었다.

"안녕! 라이미(Limey: 영국인에 대한 비하 섞인 호칭 - 역자주)!"

그들은 이미 미 해병대의 경계선 내에 들어와 있었다.[59]

그러나 중화기 중대의 트럭을 운전하던 산체그로는 아직도 전투를 벌이고 있었다. 미군의 목욕 및 훈증소독 담당 상병이었던 그는 코만도를 고토리에 데려다주기만 하면 남쪽으로 되돌아갈 수 있을 것으로 생각했지만, 이제는 이 엄청난 총격전이라는 난국에 대처해야 하는 상황이었다. 그의 병기 수송차량인 '올드 페이스풀(Old Faithful)' 호는 총알을 맞고 벌집이 되어 있었다. 적재함의 캔버스 덮개 역시 마찬가지였고, 적재함에 댔던 나무 널빤지도 수류탄과 목함지뢰 폭발로 걸레가 되어 있었다. 적재함 바닥에 침낭과 배낭을 깐 다음 그 위에 부상병들을 수용했다. 전방의 도로에는 줄지어 선 7대의 트럭이 맹렬하게 불타고 있었다. 도로상으로는 그것들을 우회해서 갈 수 없었다. 산체그로는 운전대를 급하게 돌려 도로 밖으로 벗어나 얼어붙은 도로 위로 덜컹거리며 달렸다.[60]

이 트럭은 달리는 성이나 다름없었다. 보닛 위에는 기관총이 거치되어 있었고, 토머스가 이끄는 부상을 입지 않은 코만도들이 트럭의 정면과 측면에서 호위를 하고 있었다. 그들의 눈앞에는 하갈우리의 포병대에서 쏘는 야포의 백색에 가까운 황색의 기다란 화염이 보였다. 그럼에도 불구하고 부상자들에게 둘러싸인 헤이허스트는 눈앞에 펼쳐지고 있는 초현실적인 상황을 이해할 수 없었다.

"하갈우리에 접근하자 그곳은 마치 블랙풀 일루미네이션즈(Blackpool Illuminations: 매년 영국 블랙풀에서 열리는 조명 축제) 같았습니다. 그 빛은 마치 적이 더 정확하게 사격할 수 있도록 우리를 비추는 것 같았어요.[61]"

야간전이 벌어지던 곳을 비추는 그 수수께끼의 불빛은 마치 폭풍 속의 등대 불빛처럼, 만신창이가 된 드라이스데일 기동부대원들을 끌어들이고 있었다.

트럭의 측면을 엄호하던 대원에게 갑자기 수하 목소리가 들려왔다. 그들은 미 해병대의 초소에 당도한 것이었다. 토머스는 앞으로 나가서 미 해병대 장교와 악수하면서 이렇게 소리쳤다.

"미국인을 만나서 이만큼 기뻤던 적은 처음입니다!"

그들은 결국 해냈다. 그들은 미군들로부터 그들이 달려온 곳은 실은 지뢰밭이었다는 이야기를 들었다. 그러나 땅이 지뢰의 압력신관이 작동되지 않을 정도로 단단히 얼어붙어 그들은 무사히 지나올 수 있었던 것이었다.[62]

경계선 안에는 참호가 없고 강화 진지만 있었다. 그 안에 들어가자 조금 전 수수께끼의 빛이 어디에서 나왔는지를 확실히 알 수 있었다. 이곳의 공병대는 고지의 적들이 지켜보는데도 불구하고 불도저와 아크등을 가지고 야간에도 쉴 새 없이 비상활주로를 건설하고 있었던 것이다. 오브라이언의 말이다.

"그곳은 타임스 스퀘어(Times Square) 같았습니다. 아크등에서는 웅웅거리는 소리가 나고, 사람들이 열심히 일하고 있었습니다. 정말 놀라운 풍경이었죠. 일하는 미군들은 입에 시가를 하나씩 물고 아무 일도 없다는 듯이 태연하게 움직이고 있었어요."

벌집이 된 산체그로의 차량은 맨 나중에 하갈우리 기지로 들어온 차량이었다. 다른 사람들은 도보로 도착했다. 주임원사 베인스는 마치 워털루(Waterloo)에서나 볼 수 있는 대형을 짜고 이동하는 장병들이 있음을 알았다. 가운데에 부상자를 놓고, 가장자리에는 부상을 당하지 않은 사람들이 빙 둘러싸서 공격자들을 막는 것이었다. 앞장서서 다른 사람들을 인도하는 사람은 랭턴이었다. 랭턴의 말이었다.

"온 사방이 난장판이었죠. 화염과 총성, 예광탄이 난무했어요. 심지어는 중국군들도 우리를 지나쳐 가더라고요. 그 중국군들은 아마 우리가 아닌 트럭을 목표로 삼아 돌진했거나 전장에서 이탈하는 중이었을 거예요. 아니면 노획물을 먹으려고 가는 길이었는지도 몰랐지요. 그 사정이야 정확히는 알 수 없습니다만. 아무튼 중국군들이 너무 가까이 오면 우리는 사격을 하고 그 자리를 벗어났지요."

경계선 내에 들어온 드라이스데일은 스미스 장군의 지휘소를 찾아갔다.* 한밤중의 지휘 텐트 안에서 콜맨(Coleman) 램프의 어둑한 불빛 아래, 키 큰 드라이스데일은 머리에 녹색 베레모를 쓰고, 팔에 입은 두 파편상에서 차가운 피가 뚝뚝 떨어지는 채로 스미스 소장에게 경례 후 보고했다.

"41코만도, 하갈우리 기지에 도착을 신고합니다!"[63]

사실 드라이스데일의 코만도는 엄청난 손실을 입었다. 아직도 길 위에는 41코만도의 중화기 소대, 전투공병 소대, 본부의 일부 인원은 물론, 미 육군 베이커 중대, 그리고 미 해병대 후방지원 부대의 일부 인원들이 포위되어 있었다. 아직 계곡에 있는 차량들은 더 이상 기동할 수 없이 고정 표적으로 전락했다.

* * *

현대전은 여러 모로 볼 때 수학적 문제이다. 병기의 사거리, 발사율, 발사 각도는 물론 보급되는 탄약의 양, 특정 지역의 아군 인원, 유효 사거리와 살상 반경, 부대의 위치와 관측 범위, 통신 등 많은 것이 숫자로 환산될 수 있다. 그러나 이런 숫자로도 계산할 수 없는 것들도 있다. 그중에 하나는 운이다. 그리고 인적 요소 역시 계산할 수 있는 수식이 없을 뿐더러 예측할 수 있는 방법도 거의 없다. 절망적인 상황에서 많은 사람들은 운명론자가 된다. 반면 같은 상황에서도 잘 훈련되고 동기부여가 잘 된 사람들은

---

* 드라이스데일은 기동부대를 지휘하면서 보여 준 용맹스런 행위와 뛰어난 지휘능력으로 미국 은성 훈장(US Silver Star)을 받았다.

운명을 믿지 않는다. 그들은 결코 극복할 수 없을 듯한 위기와 운명에도 맞서 싸운다.

산체그로를 따라왔던 인물 중에는 페인도 있었다. 그는 도로 양편에서 자신들에게 총을 쏘아대는 중국군들의 총구 화염을 표적 삼아 총을 쏘아댔다. 그는 적군이 쓰러지는 모습도 보았다. 그러나 그것이 페인의 사격에 의한 것이었는지, 또는 다른 누구의 사격에 의한 것인지는 확실히 알 수 없었다. 트럭에 탔던 모든 사람들이 가지고 있는 무기를 총동원해 사격을 하고 있었기 때문이었다. 상황은 갈수록 불분명해지기 시작했다. 페인은 자기보존본능을 느꼈다. 그러나 두려움을 느끼지는 않았다. 그는 훈련된 대로 움직여 응사했다. 그들은 도로 위에 있는 뭔가를 밟고 멈췄다. 그 다음 순간 엄청난 폭발음이 일어났다. 아마도 지뢰나 박격포탄이었을 것이다. 트럭은 흔들리면서 멈췄다. 박격포탄 상자 속으로 총알이 날아들었다. 적의 사격이 6륜구동 트럭의 후방에 작렬했다. 페인의 친구인 조 맥코트는 가슴에 연사를 당하고 즉사했다. 다른 곳에 맞고 튕겨 나온 탄환이 페인의 이마에 명중했고, 페인은 잠시 동안 의식을 잃었다. 그는 몇 초 후 다시 정신을 차렸지만, 또 다른 중사인 크리스 힐이 죽은 것을 알았다. 사실 힐은 중상을 입었을 뿐이고 후일 포로가 되어 죽었다. 그날 밤 싸웠던 많은 사람들과 마찬가지로, 페인은 전혀 통증을 느끼지 못했다. 추위와 아드레날린이 고통을 억제한 것이다. 아무튼 페인이 타고 가던 트럭은 끝장났다. 산체그로가 피하려던 불타는 트럭들이 페인의 트럭 앞을 가로막고 있었다. 페인은 5명의 다른 코만도와 함께 얼어붙은 땅 위에 뛰어내려 야지로 도망쳤다. 수백 미터를 달린 끝에 그들은 어깨 너머를 보러 멈췄다. 적들은 화장용 장작더미처럼 불타는 트럭들을 약탈하러 길 위로 올라와 있었다. 어둠 속에서 누비옷을 입고 불꽃을 배경 삼아 뛰어다니는 중국군들은 마치 불 속에서 춤추는 고블린들(goblins: 프랑스나 영국에서 동굴이나 지하 광산에 산다는 요정) 같아 보였다.

페인의 작은 그룹은 소리 없이 눈 위를 걸었다. 그러나 산속에서 사람들이 움직이는 소리, 장비의 금속 부품이 철그덕거리는 소리, 땅을 파는 소리, 무기를 조정하는 소리 등이 들려왔다. 코만도들은 아주 작은 소리로 회의를 했다. 저 소리를 내는 사람들은 차량을 버리고 방어 진지를 구축 중인 기동부대의 동료들인가? 그들은 고지 위로 올라가서 알아보기로 했다. 그들이 공제선 위에 서자 수하가 들어왔다. 수하는 중국어었다. 불과 2~3m 앞에 검은 그림자가 총구를 겨누고 있었다. 잠시 빠르게 생각한 끝에 조 크루즈 중사는 분명 영어가 아닌 어떤 말을 답어로 지껄여 댔다.

"응?"

적은 잠시 당황하며 망설였다. 적의 두뇌를 혼란시킨 것이야말로 크루즈가 둔 묘수였다. 중국군은 여기에 걸려들어 치명적인 실수를 범하고 말았다. 크루즈는 적이 망설이는 사이 무기를 들어 상대를 쐈다. 이 거리에서라면 놓칠 이유가 없었다. 상대방은 쓰러져 죽었다. 코만도들은 적이 즉각 반격해 올 것을 예상하고 모두 엎드렸다.

"알라모!"

페인은 이렇게 소리치고는 어깨에 메었던 카빈을 풀어 손에 들었다. 그리고 최후의 순간에 대비하기 위해 콜트45 권총을 자기 앞의 눈밭에 놓았다. 몇 초가 지났다. 놀랍게도 아무 일도 일어나지 않았다. 코만도들은 바로 후퇴해 산을 내려왔다. 눈앞에는 얼어붙은 강이 보였다. 건너는 수 말고는 없었다. 강둑에는 얼어붙은 갈대가 있었다. 코만도 대원들이 그것들을 밟자 마치 총성 같은 소리를 내며 부러졌다. 그리고 그들은 얼음 위에 발을 디뎠다. 페인이 뒤를 돌아보자 불과 90m 뒤에 추적자들이 보였다.

그는 생각했다.

"이런, 우리는 꼼짝 못하고 여기서 표적이 될 판이군!"

그러나 중국군들은 총을 쏘지 않았다. 어두운 강 위에 서 있는 코만도들을 알아보지 못한 모양이었다. 코만도들은 가급적 소리 없이 움직였다. 하지만 얼음은 얇았다. 얼음이 갈라지기 시작했다. 그리고 한 걸음 두 걸음 내디딜 때마다 물이 전투화 속으로 들어와 양말을 적셨다. 너무 차가워 페인은 숨이 막힐 지경이었지만, 강을 건너 북쪽으로 가는 것 말고는 다른 방법이 없었다. 전투 현장은 그들의 등 뒤 멀리 떨어진 곳에 있었다. 그러나 눈 위에는 많은 발자국들이 있었다. 그것들은 과연 아군의 것일까 적의 것일까? 그들은 계속 나아갔다. 페인의 수통은 꽁꽁 얼었고 지금은 그의 발도 마찬가지였다. 페인은 전투화 안에 얼음이 어는 것을 느낄 수 있었다. 갑자기 어둠 속에서 또 수하가 나왔다. 코만도들은 은폐물을 찾아 본능적으로 몸을 날렸다. 그들은 그러고 나서야 그 수하의 언어를 알아들을 수 있었다.

"누구냐?"

영어였다. 그것도 미국식 영어였다. 그들은 하갈우리에 당도한 것이다. 코만도들은 소리를 질러 자신들의 신원을 밝혔지만, 미 해병대 초병들은 그 말을 쉽게 믿지 않았다. 꽁꽁 언 코만도 대원들은 영국 국가 〈신이여 국왕을 보호하소서〉를 불러 자신들의 국적을 밝혔다. 그들은 경계선 내로 안내되었다. 이들은 드라이스데일 기동부대의 인원들 중 마지막으로 하갈우리에 입성한 사람들이었다.

도로에서는 아직도 전투가 계속되고 있었다. 브래디의 앞에 있던 트럭이 폭발했을 때, 그는 전투공병 분대의 대원 3명과 함께 있었다. 그리고 무서운 적막이 흘렀다. 그 다음 들린 호루라기 소리는 중국군의 공격이 임박했음을 알려 주고 있었다. 그와 동료 코만도들은 트럭 옆으로 뛰어내린 다음 도랑 속으로 몸을 날렸다. 그것과 거의 동시에 적의 사격이 트럭을 긁었다. 그의 주변에 있던 미군 병사들도 응사했다. 그러나 브래디는 어둠 속에서 적군을 전혀 볼 수 없었다. 다른 코만도 대원들과 마찬가지로 그도 야간전투 훈련을 받았고, 이런 상황에서는 적의 총구 화염을 표적 삼아 조준사격을 해야 함을 알고 있었다. 그는 사격을 하지 않고 기다렸다. 앞쪽에 그림자가 보였다. 브래디는 그 그림자를 조준해 더블 탭(double tab) 사격을 가했다. 그러자 상대는 엄청난 연사를 가했고, 브래디는 그것들을 피하기 위해 몸을 더욱 낮췄다. 그 다음 그의 주변에서 누비 방한복을 입은 중국군 병사들이 돌격해 와 그를 지나쳐 갔다. 못 보고 지나친 것이었다. 브래디는 도살자와도 같은 광전사가 되어 중국군 여러 명을 사살했다. 그리고 총검을 꺼내 착검했다. 그러나 어이없게도 총검은 소총에 끼워지지 않았다. 자신이 차고 있던 총검은 미제 카빈 소총의 것이고, 본인도 카빈 소총을 쓰고 있었지만, 개런드 소총이 더 마음에 들어 소총만 그것으로 바꿨다는 점을 기억해 내기까지는 약간의 시간이 걸렸다. 수류탄과 예광탄의 불빛 속에 중국군 1개 분대가 또 어둠 속에서 돌격해 왔다. 그중 한 명은 브래디를 향해 곧장 달려왔다. 브래디는 총검만 손에 쥔 채 적을 향해 손을 내질렀다. 총검의 날은 적의 얼굴에 박혔고, 적은 비명을 질렀다. 적이 땅 위에 쓰러지자 브래디의 손에서 칼자루가 빠져나갔다.

공격은 지나갔다. 갑자기 정적이 찾아왔다. 그때 어디선가 미국식 영어가 들려왔다.

"오, 하나님. 도와주소서…… 의무병! 의무병!"

브래디는 그를 도와줘야 한다는 마음과 자기보호본능 사이에서 갈등했다. 더 많은 사격이 머리 위 하늘을 갈랐다. 결국 자기보호본능이 이겼다.

브래디는 양팔 하박 위에 소총을 올려놓고, 널려 있는 시체들 사이로 미친 듯이 포복 전진했다. 그의 뒤에서 누군가가 소리쳤다.

"항복하라! 어차피 누구나 혼자잖아!"

그리고 브래디의 앞에서는 또 다른 중국군들이 대열을 지어 몰려오고 있었다. 브래디는 시체들 속에 몸을 최대한 낮게 엎드렸다. 적들은 그의 양옆을 휙휙 스쳐 지나갔다. 그들의 목표는 도로 위의 호송대인 것이 분명했다. 그는 계속 눈 속을 기어갔다. 도로 위에서의 총격 소리는 줄어들었다. 뒤를 돌아보니 미군들(철모를 쓰고 있었기 때문에 식별이 가능했다)이 양손을 높이 들고 트럭에서 뛰어내리는 것을 볼 수 있었다. 그는 녹색 베레모를 쓴 코만도 대원들은 없나 찾아보았으나, 전혀 보이지 않았다.

그는 앞쪽에 보이는 조용한 언덕을 향해 나아갔다. 눈밭 한가운데에 사람 하나가 서 있었다. 도로상에서 불타오르는 화염의 불빛에 상대방의 얼굴이 흘깃 보였다. 그는 분명 아시아인이었다. 그 아시아인은 브래디를 향해 뭔가를 던지는 동작을 취했다. 수류탄이었다! 브래디는 '완전히 똥 밟았다'는 생각에 두려워졌다. 그는 온 힘을 다해 눈밭 위에 납작 엎드리고 초를 세었다. 1초, 2초, 3초, 4초…… 아무 일도 일어나지 않았다. 다른 중국제 수류탄이 흔히 그렇듯이 이것 역시 불발탄이었다. 브래디는 너무나도 운이 좋은 것을 믿을 수 없었다. 그는 몸을 비틀어 사격 자세를 취했다. 간신히 용기를 내어 숨을 쉬었다. 그는 상대를 찾았다.

"이 후레자식. 어딨냐?"

한 10m 떨어진 곳에 적이 은폐물 밖에 나와 있었다. 브래디는 상대방이 서툴게 눈 속으로 도망가면서 팔을 휘저어 몸의 균형을 잡으려 하는 것을 보았다. 갑자기 상대방은 푹 고꾸라졌다. 브래디는 자신의 총구에서 연기가 나는 것을 알았다. 그는 본능에 의지해 자기도 모르는 사이에 격발을 한 것이었다. 그는 눈 속을 헤치며 계속 언덕을 올랐다. 그는 해가 뜨기 전에 숨을 곳을 찾아야 한다는 것을 알고 있었다. 그는 지독한 고독을 느꼈다.[64]

파운즈 부대 출신인 제프 킹은 달리는 트럭의 보행판(running board) 위에서 사격을 가하고 있었다. 그때 갑자기 눈앞이 새카매졌다. 그가 의식을 도로 찾은 것은 도로 위에서였다. 그는 자신이 얼마 동안 의식을 잃고 있었는지도 알 수 없었다. 게다가 청력도 일시적으로 상실되었다. 그는 아무 소리도 들을 수 없었다. 그는 어둠 속에서 적의 얼굴이 튀어나오는 것을 보았다.

"그들은 온 사방에 있었고, 우리 사이로 지나다녔지요."

고개를 돌려 어느 곳을 보아도 군인들이 싸우고 있었다. 그때 그는 배에 엄청난 충격을 느끼고 몸을 동그랗게 말았다. 어떤 중국군이 그를 향해 돌격해 와서 총검을 그의 배에 박아 넣었던 것이다. 그와 킹 사이의 거리는 무척이나 가까웠고, 킹은 상대방의 숨결이 자신의 얼굴에 닿는 것을 느낄 수 있었다. 그는 마치 내장을 뽑아내듯이 박힌 총검을 빼냈다. 킹은 반사적으로 몸을 쭉 편 다음에 BAR을 들어 사격 자세를 취한 다음 상대방을 향해 한 탄창을 모조리 비웠다.

"저는 그놈한테 단단히 먹여 줬죠! 저는 기독교인입니다. 그러나 그때는 제 바로 앞에 있는 사람을 무참히 죽일 수밖에 없었어요."

그 이후, 고통이 엄습했다.

"마치 뱃속을 꼬챙이로 찌르는 것 같았습니다."

아수라장은 지나가고, 그의 청력이 돌아왔다. 누군가는 항복에 대해 이야기를 하고 있었다. 파운즈 부대에서 적의 가혹행위를 목격한 그는 절대 항복할 생각이 없었다. 그는 백린 수류탄을 던지고는 혼자서 고지를 향해 비틀거리며 걸어갔다. 숨을 헐떡이며 신에게 기도했다. 그의 환부는 얼어붙었다. 그는 앞에서 미군의 목소리를 들었지만, 중국군에게 포로가 된 상태인지는 확인할 길이 없었다. 그는 엎드려서 조심스럽게 지나쳐 갔다. 미군들은 모두 무장을 하고 있었다. 그래서 킹은 미군들에게 돌아와 한 명의 어깨를 건드렸다. 그러자 그 미군은 방금 킹이 지나온 곳은 하갈우리의 지뢰밭이라고 알려주었다. 그는 진료소로 옮겨졌다.

그 뒤의 고지에 남겨져 있던 호송대는 결국 완전히 멈출 수밖에 없었다. 고토리와 하갈우리를 잇는 길 위에 약 1.6km 길이의 대열을 지어 서 있는 부서진 차량 잔해들 사이에는 미군, 영국군, 한국군을 합쳐 약 500명의 UN군 병력이 있었다. 이들 낙오병들은 여러 개의 고립지대를 만들어 저항을 벌였다.[65] 좁은 경계선 안에 압축되어, 차량과 길 옆 도랑 안에 숨어서, 불타는 차량의 불빛을 조명 삼아 필사적으로 싸우던 드라이스데일 기동부대의 생존자들은 자신들보다 훨씬 수적으로 우세하고 막강한 적에게 포위되어 있었다.

코만도 부대 대열의 후미는 본부대 인원과 팻 오브스 대위의 공병들이었다. 이 코만도 대원들은 항복을 준비하는 미군들과 뒤섞여 있었다.[66] 그러나 오브스는 탈출하기로 결심했다. 그는 도랑 속에 있던 주변의 코만도 대원 12명에게 자신의 위험한 모험에 참여할 것인지를 물었다. 그중에는 스코틀랜드 출신 코만도 대원 앤드루 콘드론도 있었다. 그는 자신은 특수훈련을 받았기 때문에 이 힘든 상황을 헤쳐 나갈 만한 힘이 있다고 믿고 있었다. 그 믿음이 진실인지 거짓인지 이제 곧 판가름이 날 것이었다. 그는 오브스의 물음에 지체 없이 긍정적인 대답을 보냈다. 콘드론은 아군의 지원부대가 빨리 올 것이라고는 생각하지 않았다. 통신병이었던 그는 여러 대의 무전기로 아군과 통신을 시도해 보았지만, 누구도 응답하지 않았다. 오븐스는 코만도들을 이끌고 도랑을 따라 빠른 포복으로 적이 없을 것 같은 곳까지 전진했다. 그의 눈앞에는 도로 동쪽에 펼쳐진 눈에 덮인 탁 트인 평지가 있었다. 불타는 트럭과 터지는 박격포탄, 지글지글거리는 조명탄, 빛나는 달이 그곳을 비추고 있었다. 콘드론이 보기에는 마치 대낮처럼 밝았다. 한 번에 한 사람씩, 10초의 간격을 두고 이 평지를 뛰어 건너라는 명령이 내려졌다. 6번째 사람까지는 건너는 데 성공했지만, 그 다음 사람이 적에게 발견되었다.

박격포탄들이 펑펑 터지고 예광탄이 머리 위를 스쳤다. 콘드론은 이렇게 말했다.

"마치 벌집을 건드린 것 같았지요!"

그와 다른 코만도 대원 여러 명은 달리고, 엎드리고, 포복 전진하고, 다시 달리기를 반복했다. 어두운 언덕 뒤에 은폐한 콘드론과 다른 두 코만도 대원들은 오븐스의 그룹이 사라져 버린 것을 알았다. 눈앞에는 물이 졸졸 흐르는 개울이 있었다. 콘드론과 안면이 없던 어느 하사관이 다른 대원들을 이끌고 얼음장 같은 물로 향했다. 그러나 그가 개울둑에 자라난 어느 나무를 통과하는 순간 총탄이 그의 목에 명중해 머리로 뚫고 나왔다. 콘드론과 다른 코만도는 그 자리에 얼어붙었다. 총성 후에 정적이 잠시 감돌다가, 미국식 영어가 들렸다. 콘드론이 소리를 지르며 욕을 했다.

"이 개자식들. 같은 편을 쏘다니!"

총을 쏜 미군들도 도로에서 도망 나온 사람들이었다. 그들은 자신들의 잘못을 사과했다. 그들은 콘드론 일행을 보기는 했으나, 미군 헬멧을 쓰고 있지 않기에 적으로 판단해 사격을 했다고 말했다. 콘드론은 죽은 코만도 대원의 인식표와 군인수첩을 수거했다. 미군 대위는 콘드론에게 자신과 자신의 그룹은 날이 밝을 때까지 그 자리에서 기다리겠다고 말했다. 그 때가 되면 구출 부대가 올 수도 있다는 것이었다. 콘드론은 미군들과 함께 머물기로 결정했다. 그는 신고 있던 슈팩(shoepac: 방한화)과 양말을 벗어 나무에 걸어 놓았다. 그 물건들은 콘드론의 몸을 떠나자마자 순식간에 딱딱하게 얼어 버렸다. 그는 발을 문질러 혈액순환을 원활히 했다. 그리고 베레모를 벗어 한쪽 발을 감쌌다. 스카프도 벗어 반대쪽 발을 감쌌다. 그 다음 슈팩을 다시 신었다. 몇 시간 지나지 않아 해가 떠오르기 시작했다.

도로상에 갇힌 혼성 인원들 중에는 리처즈도 있었다. 그는 크리스마스 우편물이 가득한 캔버스가 씌워진 트럭에 탑승했다. 그리고 호송대가 마지막으로 멈췄을 때 누군가가 트럭 뒤로 뛰어내렸다. 두세 명의 사람들이 그를 따라 뛰어내렸다. 그들의 뒤를 이어 누군가가 또 뛰어내렸으나 그는 허공에서 총을 맞고 쓰러졌다. 그들의 움직임이 적 저격수의 눈에 띄었던 것이다. 트럭에 남아 있는 것은 자살행위였다. 트럭에 아직 타고 있는 사람들은 총검으로 캔버스를 찢은 다음, 길 옆 도랑 속으로 마치 빨랫감처럼 몸을 던졌다. 거기에서는 어느 코만도 중사가 부상당한 한국군과 미군들을 간호하고, 그들에게 모르핀을 주사하고 붕대를 감고 있었다. 리처즈는 불타는 트럭이 앞길을 가로막은 것을 볼 수 있었다. 화염이 보이는 곳마다, 총성이 울리는 곳마다 사격을 가하던 그들은 다양한 구경의 야포탄이 날아오는 소리를 듣고 전율했다.

"슈우우우웅! 쾅! 쾅!"

야간 전투기가 대열 위를 스쳐 지나가며, 조명탄을 줄줄이 투하했다. 그것은 미 해병대와 육군의 위치를 적에게 보여 주는 효과 말고는 없었다.

엉망진창이 된 경계선 내에는 언더우드도 있었다. 그는 강도 높은 지상전에 투입되는 것에 대해 걱정하던 코만도 대원이었다. 그는 적의 십자포화를 당하고 있었다. 앞쪽의 툭 튀어나온 지형에서 날아온 예광탄들이 뒤쪽으로 마구 날아갔고, 측면에서도 예광탄이 날아왔다. 적의 나팔소리는 이 전투를 더욱 괴상한 분위기로 몰고 갔다. 고지에서는 박격포탄이 날아와 트럭을 고철 더미로 만들었다. 언더우드의 말이었다.

"정말 무서웠지요. 그리고 너무 추워 트럭 밑에 누운 부상자들이 비명을 지르다가 얼어 죽어 갔습니다. 그러나 그 사람들을 도울 방법이 없었어요. 온 사방에 시체들이 잔뜩 널려 있었지요. 그 모습이 두렵지는 않았지만, 몹시 질리기는 하더군요."

영국 코만도와 미 해병대는 손에 잡히는 무기는 뭐든지 들고 적에게 응사해 댔다. 언더우드의 카빈은 얼어붙어 격발이 되지 않았다. 그래서 그는 부상자가 가지고 있던 개런드 소총을 빼앗은 다음 전투를 재개했다. 하지만 명확히 보이는 적병의 수는 너무나도 적었다.

"우리는 눈에 보이지 않는 적과 싸우고 있었지요."

그는 일단의 미 해병대원들이 75mm 무반동총을 조작하는 모습을 보고 감명 받았다. 이 병기는 매우 큰 바주카포와도 같았다. 화력도 그만큼 세지만, 발사할 때 나오는 엄청난 후폭풍이 사수들의 모습을 밝게 비추었다. 중국군들은 후폭풍에 비친 사수들을 표적을 삼아서 응사했다. 여기서 한 명, 저기서 한 명 하는 식으로 대원들은 쓰러져 나갔다. 그러나 미군들은 계속 무반동총을 조작해 응사했다. 언더우드의 말이다.

"그들은 그 난장판 속에서도 조작 절차를 확실히 지키고 있었습니다. 우리는 손에 잡히는 것은 뭐든지 사용했습니다."

지휘관은 없었다. 언더우드가 속한 고립지대에는 살아남은 코만도 장교가 없었던 것이다. 어떤 중사가 언더우드에게 명령했다.

"여기 있어! 상황을 알아보고 오지!"

그 자리를 떠난 그는 두 번 다시 돌아오지 않았다.

그러나 한 장교가 여기저기 돌아다니며 병사들의 위치를 바꾸고, 얼마 남지 않은 탄약을 나눠 주고, 병사들을 독려했다. 그는 미 해병대 소령 존 맥로린이었다. 그는 미국 제10군단이 하갈우리에 파견한 연락 장교였다. 여기서 그는 자신의 그룹이 해가 뜰 때까지만 견딜 수 있다면, 미 해병대의 항공 부대가 지원을 나올 것이고, 살아서 여기를 빠져나갈 기회가 있을 것이라고 판단했다. 그러나 상황은 너무나도 절망적이었다. 그가 있는 곳은 적에게 포위되었고, 부상자들은 추위 속에서 얼어 죽어가고 있으며, 유일한 방어 수단인 탄약은 줄어들고 있었다. 시각은 04:00시였다. 해가 뜨려면 2시간은 더 기다려야 했다. 탄약이 완전히 소진된 사람이 하나둘씩 늘어나면서 UN군의 사격은 갈수록 지리멸렬해졌다. 도로에서 중국군에게 생포된 미군 포로가, 중국군이 전하는 메시지를 들고 어둠 속에서 나타났다. 맥로린은 허세를 부리기로 했다. 그는 그 미군 포로에게, 중국군에게 이렇게 전하라고 했다.

"항복한다면 제네바 협정에 따라 대우할 것이며 뜨거운 음식도 먹여 주겠다."

용맹한 시도였다. 그러자 중국군 지휘관은 이렇게 대답했다.

"10분 내로 항복하라! 안 그러면 전멸시키겠다."

맥로린은 부상병들을 추스를 수 있게 시간을 달라고 했다. 그러자 중국군은 여유 시간을 5분으로 줄였다.[67]

맥로린은 살아남은 병사들 사이를 돌아다니며, 그들 앞에 놓인 선택지에 대해 이야기했다. 언더우드의 말이다.

"그는 좋은 사람이었죠. 그는 모두에게 우리가 처한 난관에 대해 설명해 주었습니다. 이렇게 말했지요. '만약 우리 부상병들이 충분한 치료를 받을 수 있다면 나는 항복할 것이다.' 그리고 내게 이렇게 물었어요. '어떡하겠나? 희망은 없지만 끝까지 싸워 보겠나? 아니면 항복하겠나?'"

현실적인 관점에서 볼 때 답은 하나밖에 없었다. 언더우드의 말이다.

"우리는 소총의 노리쇠를 빼서 던져 버렸지요. 우리는 살아남을 기회를 선택했어요."

사격이 줄어들었다. 새벽 직전의 어둠 속에서 긴장한 중국군 여러 개 분대가 나타났다. 리처즈의 말이다.

"우리는 그들이 사격을 좋아하는 사람들이라고 생각했어요."

그러나 리처즈가 양손을 들자, 어느 중국군 병사가 이렇게 말하며 손을 내리게 했다.

"그러지 마! 괜찮아! 괜찮아!"

일부 중국군들은 벌써 트럭을 약탈하고 있었다. 리처즈는 자신의 데니슨 스모크(Denison smock)를 입은 중국 병사를 보았다. 옷 등판에 리처즈의 이름이 적혀 있었다. 중상을 입은 코만도의 SBA도 나타났다. 그는 마실 것을 원했지만, 마실 방법이 없었다. 그의 아래턱은 총격으로 날아가 버렸기 때문이었다. 중국군은 그를 길가의 오두막으로 데려갔다. 어차피 중상을 입었으므로 오래 살지 못할 것이었다. 중국군은 부상을 당하지 않은 포로들에게, 그들을 잘 돌봐 주겠다는 말을 엉터리 영어로 했다. 그 다음 포로들을 여러 무리로 나누어 고지 속으로 끌고 갔다. 하늘이 밝아오고 있었다.

날이 밝자, 하갈우리 이남에 있던 흰 옷을 입은 중국군 대대들은 UN군의 전투공중초계에 발각되지 않기 위해 자연 속으로 사라져 갔다. 도로 위에는 무려 75대에 달하는 차량이 어쩔 수 없을 만큼 심하게 도로를 꽉 틀어막고 있었다. 그중에는 시커멓게 타서 연기를 뿜는 것도 있었지만, 거의 완벽하게 작동되는 것도 있었다. 그리고 그 차량 안과 옆에, 차량 위와 아래에는 마치 쓰러진 동상처럼 얼어 버린 시체들이 잔해 사이에 앉아 있거나 쓰러져 있었다.

UN군에게 지급된 지도를 보면 고토리와 하갈우리를 잇는 계곡에는 딱히 지명을 붙여 놓지 않았다. 그러나 1950년 11월 29일과 30일 사이의 밤에 그 계곡을 일컫는 지명이 생겨났다. 그 지명은 41코만도의 어느 지휘자가 붙인 것이었다. 그 지명은 드라이스데일 기동부대가 달리고 싸우고 죽어 갔던 계곡을 가리키는 말로 해병대의 전설 속에 남았다. 그 지명은 다름 아닌 '지옥불 계곡(Hellfire Valley)'이었다.

제11장
검은 눈

살아남을 확률이 극히 희박한 상황에서,
모든 적에 맞서 싸워야 하는 날이 올지도 모릅니다.

―윈스턴 처칠 경(Sir Winston Churchill)

11월 30일 새벽, 하갈우리 남쪽.

두툼한 카키색 군복을 입은 사람이 홀로 하얀 황야를 걷고 있었다. 그는 코만도의 데이브 브래디 중사였다. '지옥불 계곡'을 빠져나온 코만도 대원은 산속에서 길을 잃었다. 그러나 해가 떠오르면서 기온도 조금씩 오르고 있었고, 배가 점점 강하게 고파 왔다. 그는 앉아서 주머니를 뒤진 다음 레이션 깡통을 꺼내 열었다. 내용물은 과일이었지만 꽁꽁 얼어 있었다. 그는 내용물을 숟가락으로 파먹었다. 전날 밤에 겪은 전투의 충격, 그리고 도피 과정에서 체력을 크게 소모한 탓에 기진맥진했지만, 그는 산속에는 적들이 우글우글한 것을 알고 있었다. 그래서 그는 눈이 쌓인 푹 꺼진 곳을 찾아 그 속에 숨었다. 상식과 코만도 훈련에 비추어 볼 때 이 혹독한 추위 속에서 그런 짓을 하는 것은 자살 행위였다. 그러나 그는 더 이상 그런 것에는 관심도 없었다. 그는 태아와도 같은 자세로 몸을 말았다.

브래디는 꿈을 꾸었다. 꿈속에서 그는 지상공격기의 조종사가 되어 눈이 내린 들판 위 높은 하늘을 날고 있었다. 아래를 내려다보니 어떤 사람이 눈밭에 있었다. 그 사람은 브래디 자신이었다. 그는 그제야 깨달았다. 하늘에서 보면 그는 중국군과 분간이 안 된다는 사실을 말이다. 네이팜탄을 얻어맞을지도 모른다는 공포심에 그는 깨어났다. 그는 무의식 덕택에 목숨을 건졌다. 그는 일어서려고 애를 썼고, 다시 눈에 덮인 대지 위에 일어섰다.

앞쪽의 산마루에 사람들이 보였다. "이런, 왔구나!" 하는 생각이 들었다. 그때 그 사람들이 쓴 모자의 색이 보였다. 녹색이었다. 브래디의 심장이 거칠게 뛰기 시작했다. 그는 비틀거리며 앞으로 나아갔다. 팻 오브스 대위가 이끄는 대여섯 명의 동료들은 41코만도의 명물 중 하나였던 덩치 큰 만담꾼인 그를 순식간에 알아보았다. 그러나 재회를 축하할 시간은 없었다. 그들은 산속을 떠나 도로를 따라 남쪽으로 움직였다.

그들 중에는 미 해병대원도 한 명 있었다. 그는 다리에 총상을 입고 있었다. 코만도 대원들은 한 명씩 교대로 그를 부축하며 이동했다. 그는 부상을 당했음에도 쾌활했으며, 브래디의 사기 또한 크게 올려 주었다. 주변 풍경 속에 움직이는 것은 아무것도 없었다. 정적이 감도는 고지와 골짜기 속을 움직이는 것은 오직 코만도 대원들뿐이었다. 위에서 뭔가 소리가 들렸다. 헬리콥터였다! 헬리콥터는 선회하더니 하강하기 시작했다. 그때 어딘가에 숨어 있던 중국군이 기관총을 헬리콥터에 쏘기 시작했다. 그들도 헬리콥터 소리를 들은 모양이었다. 헬리콥터는 대공포화에 취약하므로, 바로 고도를 높여 그 자리를 떠났다. 오브스의 그룹은 서로의 얼굴을 살피며 계속 걸어갔다. 브래디는 동료들의 모습에서, 이전에 보았던 전쟁 사진들을 떠올렸다. 전투가 끝난 후 모든 병사들의 표정은 공허하기 이를 데 없었다. 그러나 오브스의 핏발선 눈에는 강렬한 의지가 떠나지 않았다.

그들은 몇 시간 동안 계속 걸었다. 이 날의 해도 저물기 시작했다. 어둠이 내리면 적들이 몰려올 것을 알고 있던 브래디는, 교회에 다니지 않았음에도 불구하고, 자기도 모르는 새에 기도를 하고 있었다. 그는 다른 사람에게 들리지 않게 혼잣말을 했다.

"저를 살아남게 해 주소서."

그러한 개종의 순간을 깬 것은 전방에서 들려오는 철커덕 하던 금속성이었다. 병기의 조작음이었다. 그리고 나서 오븐스가 미국식 영어를 구사하는 누군가와 낮은 소리로 이야기를 하는 것이 들렸다. 어둠 속에서 브래디는 미 해병대원들이 들어가 있는 참호를 볼 수 있었다. 이곳은 고토리 기지 경계선이었다.

"오, 하나님. 감사합니다!"

그는 기뻐 날뛰었다. 오븐스는 대원들을 이끌고 안전지대로 갔다.[1]

전투공병 소대의 다른 대원들은 여러 가지 다른 상황 속에서 일출을 맞았다. 혼란 속에서 오븐스와 헤어진 해병대원 앤드루 콘드론은 도로에서 탈출한 미군들 사이에 있었다. 어떤 사람들은 불을 피우기도 했다. 새벽빛이 밝아오자 콘드론은 미 해병대의 운전병 한 명이 부상을 입은 것을 알았다. 그는 엉덩이에 총을 맞았다. 그래서 콘드론은 그를 불가로 끌어온 다음 바지를 잘라 내고, 환부에 살균제를 뿌린 다음 붕대를 감아 주었다. 눈 속에 앉아서 그 해병대원을 돌보고 있던 콘드론은 뒤에서 누가 중얼거리는 소리를 들었다. 돌아보자 망토를 입은 어느 한국군 병사가 서 있었다.

"그 친구는 내게 톰슨 기관단총을 겨눈 채로 서 있기에 저는 무시했습니다."

그는 계속 뭐라고 중얼거렸다. 콘드론은 상대방이 포탄 충격을 입은 것이라고 생각했다. 하지만 콘드론은 상대의 그런 태도에 짜증이 나서, 자기 소총을 내린 다음 그를 겨누려고 했다. 그때 어느 미군 병사가 말했다.

"이봐요. 아저씨. 그 총 내려놓으시죠. 우리는 항복했어요."

그 한국군은 실은 중국군이었다. 주변에 온통 적이 있었다. 그와 미군들이 모닥불 주위에 우울한 표정으로 모여 서자, 중국군들이 그들을 무장해제시켰다. 그 다음 그들은 산속으로 끌려갔다.

또 다른 고립된 무리 중에는 조지 리처즈가 속한 곳도 있었다. 리처즈 중사는 북한에 가면 산발적인 적 게릴라 활동만 있을 것이라고 생각했던 사람이었다. 그는 슬픈 표정으로 하늘을 보았다. 북쪽에서는 항공기들이 원을 그리며 꽁무니에서 보급품들을 토해 내고 있었다. 비행기 밖으로 내던져진 보급품 상자에서 낙하산이 펴지면서, 한때 드라이스데일 기동부대의 목적지였던 공두보(공수작전으로 확보한 거점)로 내려가고 있었다.

* * *

하갈우리로 싸우며 나아간 코만도들은 새벽빛이 주위를 비추자 주위를 돌아보았다. 그들 중 많은 이들은 전투 중 최대 수치로 올라갔던 아드레날린 수치가 서서히 내려가고 있었다. 하갈우리에 설치된 기지는 고토리 기지만큼이나 황량한 데다 악천후에 더욱 잘 노출되어 있었다. 물론 여기에도 가옥은 있었다. 수백 채의 목조 가옥들과 소수의 벽돌 건물이 있었던 것이다. 제재소도 한 곳 있어 여기서 원목을 잘라 방어 진지를 보강하고 있었다. 건물들 주변에는 눈 덮인 회록색 텐트 수백 채와 캔버스 지붕들로 구성된 미 해병대의 텐트촌이 있었다. 레이션 상자, 탄약 상자, 연료 드럼통 등의 보급품들이 어디에나 그득그득 쌓여 있었다. 무전기 안테나들이 하늘을 향해 삐죽삐죽 솟아 있었고, 앙각(지평면과 포신이 이루는 각)이 주어진 야포의 포신들은 주변의 고지를 향하고 있었다. 점점이 펼쳐진 황색, 오렌지색, 빨간색, 청색, 녹색의 천들이 이 황량한 풍경에 다소나마 생기를 부여하고 있었다. 그 천들은 사용된 실크 낙하산들이었다. 공병대의 불도저들은 여전히 눈 속을 헤집고 다니면서 깊게 얼어붙은 대지를 비상활주로로 탈바꿈시키고 있었다. 산마루와 저지대에는 마치 목걸이처럼 연결된 개인호들이 있었고 그 사이에 눈 덮인 전차와 야포들이 제자리를 지키고 있었다. 돌다리가 놓인 얼어붙은 장진강 건너편에는 거대한 덕동산이 그 위엄을 뽐내며 서 있었다. 덕동산은 하갈우리 기지에 비한다면 오거(ogre: 신화 속 거인)들의 성쯤으로 보일 정도였다. 해병대가 '시베리아 특급(Siberian Express)'이라고 부른 칼바람이 덕동산의 산마루에 부딪히고 있었다.

상황은 여전히 우울했다. 적진 안으로 17km를 진격한 UN군의 지옥불계곡 돌파도, 결과적으로는 중국군이 쳐 놓은 그물에 더 많은 물고기를 집어넣은 꼴이었다. 하갈우리라고 전혀 안전지대가 아니었기 때문이었다. 이곳은 적에게 포위되어 있었다. 제2차 세계대전의 동부전선에서 싸워 봤던 독일인들은 하갈우리를 가리켜 독일어로 케셀(kessel)이라고 불렀다. 가마솥이라는 뜻이다. 드라이스데일 기동부대의 생존자들은 불길을 피해 프라이팬 위로 뛰어든 격이었다.

이들 중에는 지형을 살피고 있던 존 월터 소위도 있었다. 그는 그 전날 밤 생애 처음으로 운전을 해 보았다. 하갈우리 기지로 밀고 들어온 그는 어느 농가에 충돌했다. 농가 옆에는 대형 텐트가 하나 서 있었고, 그 밖에는 다양한 종류의 무기가 쌓여 있었다. 월터가 가지고 있던 총은 미국제 카빈 소총이었다. 카빈 소총은 동계 전투에서 저지력이 낮기로 악명이 자자했다. 그래서 월터는 무기들을 뒤져서 콜트45 자동권총과, 45구경탄을 쓰는 기관단총 1정씩을 집었다.

"45구경의 저지 효과는 매우 확실했습니다."

그러나 월터가 들이닥친 건물은 무기고가 아니었다. 텐트 안에도 더 이상의 무기는 없었다. 그곳은 야전 병원으로 쓰이고 있었다.

하갈우리에 도착한 41코만도의 부상병 25명 중 그곳의 의료 수준을 잊은 이는 전혀 없을 것이다. 강을 건넌 후 얼어붙은 발로 눈 속을 수 시간 동안 걸어 하갈우리에 도달한 고든 페인은 도착하자마자 같이 온 동료들과 함께 진료소로 후송되었다.

"발에 감각이 전혀 없었어요. 완전히 죽은 것 같았어요."

페인은 얼어붙은 캔버스천과 어둑한 조명이 있는 텐트 안으로 후송되었다. 이곳은 UN군 병사들이 기대하던, 장비가 좋은 MASH 수준의 병원이 아니었다.

야전 병원 안의 상황은 마치 크림 전쟁(Crimean War) 당시의 야전 병원을 방불케 했고, 그 꼬락서니를 석유 램프가 비추고 있었다. 아무 곳에나 놓여 있는 들것 위에는 여러 상태의 부상병들이 누워 있었다. 한구석에는 사용한 붕대들이 굳은 피와 고름이 묻은 채로 쌓여 있었다. 텐트의 한쪽 끝에 가림막을 쳐 놓고는 수술실로 쓰고 있었다. 텐트 안의 답답한 열기가 얼어붙은 콧물로 막혔던 콧구멍을 뚫어 주자 메스꺼울 정도의 썩은 냄새를 맡을 수 있었다. 가스 괴저병 환자들에게서 나는 냄새였다. 그리고 묘한 소리가 들려왔다. 고통스러워하는 부상병들이 소리 죽여 흐느끼는 신음 소리였다.

당번병들이 도착했다. 그들은 페인의 전투화를 잘라내서 벗겼다. 그 다음에는 양말을 잘라내서 벗겼다. 울 양말은 얼어 버린 채로 페인의 발 살가죽에 딱 달라붙어 있었다. 그와 함께 있던 나머지 사람들도 비슷한 치료를 받고 있었다. 페인은 이렇게 말했다.

"우리 모두가 어느 정도씩은 동상에 걸려 있었습니다."

페인의 발가락은 짙은 파란색으로 변해 있었다. 그러나 그보다 더 상태가 좋지 않은 사람도 있었다. 페인의 회상이다.

"어떤 친구의 발가락은 완전히 새까매져 있었어요. 그리고 그의 발 앞부분도 역시 까매져 있었고요. 그 친구는 발가락을 모두 잘라 낸 것도 모자라서 발의 일부도 잘라 내야 했어요."

페인은 난로 근처로 옮겨졌다. 열기를 받자 환부에 혈액이 서서히 다시 순환되기 시작했다. 그러면서 감각도 돌아오기 시작했다. 그러자 통증도 느껴졌다. 자연의 참 지독한 아이러니이기는 한데, 동상의 고통은 화상의 고통이나 별 차이가 없다. 그는 이렇게 회상했다.

"정말 엄청나게 아팠지요. 마취 같은 것은 없었어요. 그들이 우리의 고통을 덜기 위해서 해 준 일이라고는, 혈액의 농도를 낮추고 순환을 원활하게 하기 위해 의료용 알콜을 탄 커피를 준 것밖에는 없었지요."

페인은 난로가에서 그리 오래 머물지 못했다. 경계선 안으로 더 긴급한 환자들이 들어오자 페인은 밖으로 내쫓겼다. 그리고 그곳에 산을 이룬 부상자들 사이에서, 그는 얼음처럼 빳빳해져 버린 방수포를 덮은 채 잠이 들었다.

밖에는 해병대원 제프 킹도 있었다. 진료소에서 잠을 깬 그는 왜 여기 왔는지에 대해 기억이 없었다. 그러나 그의 배에는 패드와 조임쇠가 대어져 있었다. 날카롭고 숨 막히는 고통이 중국군의 총검에 배를 찔린 사실을 기억나게 해 주었다. 사지 절단 수술이 진행되는 것을 보게 된 그는 다른 곳으로 자신을 보내 달라고 요청했다. 그때 기지에 침입한 적이 총을 쏘는 소리가 들렸다. 킹은 부상당해 누워 있었지만 M-1 소총을 잡았다.

오른팔에 한 발, 왼쪽 가슴에 또 한 발을 맞은 레이먼드 토드 중사는 마을의 학교에 설치된 또 다른 진료소로 옮겨졌다. 의무병들은 너무 바빠 정신이 없었다. 토드는 처음으로 부상자를 분류하는 모습을 보았다.

"한 명의 의무병이 죽었거나 죽기 직전인 사람들을 밖으로 내보내고 있었지요. 그들은 작은 텐트로 옮겨졌어요."

시신들을 살펴보던 토드는 그 속에서 자신의 전우인 해군 상사 테이트를 보았다. 토드는 순간 울컥했으나, 잠시 후 가지고 있던 수류탄과 권총을 마지못해 내놓았다.

"나는 그들이 미쳤다고 생각했지요. 중국군들이 불과 360m 거리에 있는데 말입니다."

토드는 어느 가대 위에 올려진 후, 생명을 유지할 정도만 치료를 받았다. 그 다음 그에게는 김이 나는 커피 한 잔이 주어졌다.

주위를 돌아보던 토드는 끔찍한 동상을 입은 한국군 병사들을 보고 놀랐다. 그들의 손은 검은색 물집이 잡혀 부풀어 있었다. 가끔씩 적의 총탄이 집의 벽을 두들겼지만, 토드는 진정으로 편안함을 느꼈다. 전우들은 눈앞에 있었다. 양쪽 폐에 총상을 입은 어느 코만도 장교는 어느 벽에 기대어 세워져 있었다. 그럼에도 그는 매우 활기 있어 보였다. 그 후 코만도 SBA가 와서 토드의 가슴에 박힌 탄환을 빼 주겠다고 했다. 토드의 갈빗대 근처에 검은 타박상이 있고, 그 아래에 박힌 총알이 보였다.

"저는 그 친구를 만류하려고 했지요. 그 친구는 열의가 가득했지만 자기가 할 일에 걸맞은 장비를 가진 것 같지는 않았거든요."

어떤 코만도 대원은 잘못된 사상자 분류를 당했다. 다리에 총을 맞은 프레드 헤이허스트는 해병대원에 의해 오두막에 놓였다. 그리고 그 해병대원은 그 자리를 떠나 버렸다. 오두막 안은 어둡고 조용했다. 등도 난로도 없었다. 그의 눈이 어둠에 적응하자, 헤이허스트는 자기 주변에 다른 부상자들이 누워 있음을 알게 되었다. 그는 질문을 하기 시작했다. 누구도 대답하지 않았다. 누구도 움직이지 않는 것 같았다. 그리고 여기에는 당번병이 오지 않았다. 잠시 후 문이 열리더니 누군가가 문틈으로 고개를 내밀었다. 헤이허스트는 그 사람에게 마실 것을 달라고 했다. 그러자 상대방은 바로 빠져나가서 냅다 뺑소니를 쳤다. 헤이허스트는 어리둥절했다. 도망갔던 그 사람은 2명의 해병대원을 데리고 다시 돌아왔다. 그들은 손전등으로 헤이허스트의 얼굴을 비추었다. 상대방은 느린 목소리로 말했다.

"여기 잘못 오신 것 같네요. 여긴 영안실이에요!"

헤이허스트를 제외하면, 그 방 안에 있던 사람들은 모두 전사자들이었다. 헤이허스트도 그 점을 뒤늦게야 깨달았다.

그는 마을의 오두막집에 차려진 진료소로 옮겨졌다. 다행히도 그곳에는 아늑한 온돌이 깔려 있었다. 이때쯤이면 그의 다리는 전혀 말을 듣지 않았다. 야전 붕대는 더러웠고 그는 파상풍 주사를 제외한 다른 치료를 일절 받지 못했다.

"저는 거기 앉아서 총과 박격포의 사격음, 그 외 모든 것들이 진행되는 소리를 들었습니다."

* * *

다른 코만도 대원들은 자신들이 얼마나 위태로운 상황에 처했는지를 알게 되었다. SBS 대원인 잭 에드몬즈는 배낭을 짊어진 채로 어느 오두막집에서 잠이 들었다. 일어났을 때, 누군가가 그의 배낭을 보라고 했다. 그 배낭은 적의 사격으로 벌집이 되어 있었다. 그러나 총알들이 모두 얼어붙은 레이션 깡통에 박힌 덕택에 그는 무사했다. 전투의 혼란 속에서 그는 배낭에 총이 맞는 충격도 느끼지 못했던 것이다.

41코만도의 사기는 건재했다. 전날 아침 첫 사살을 기록한 명사수, 해병 대원 테디 앨런의 말이다.

"모든 것이 잘 풀려갈 때는 미군들은 우리보다 더 나을지 모릅니다. 목숨 아까운 줄도 모르고 엄청난 돌진을 감행하지요. 그러나 상황이 별로 안 좋을 때는 우리가 미군보다 확실히 낫습니다. 우리는 그 친구들처럼 사기를 크게 잃지 않습니다."

지옥불 계곡을 통과한 인원은 몇 명일까? 아직은 정확히 알 수 없었다. 론 모이즈 중사는 코만도 본부로 쓰이고 있던 어느 오두막집에서 44갤런 드럼통에 앉아 있던 그의 지휘관과 주임원사를 발견했다.

"드라이스데일이 묻더군요. '어느 부대 소속인가?' 대답하자 그는 또 이렇게 물었습니다. '같이 온 인원은 몇 명인가?'"

어제 아침 고토리 기지를 출발한 코만도 대원 중 마치 평생처럼 길게 느껴지는 힘든 시간을 거쳐 하갈우리에 도착한 인원은 125명에 불과했다. 41코만도는 전사, 부상, 실종을 합쳐 61명의 인명 피해를 입은 것이었다.[2] 모이즈는 인명 피해에 대해 말해 주었다. 아주 잠시 동안, 이 강철 같은 지휘관의 결의가 흔들리는 것같이 보였다. 모이즈의 말이었다.

"그는 거의 울 뻔 했습니다. 그러나 그는 늘 항상 그랬던 것처럼 스스로를 추슬렀습니다. 그는 그 사실을 받아들여야 했기 때문입니다. 그는 매우 강한 사람이었습니다."

드라이스데일 기동부대는 321명의 인원과 75대의 차량을 잃었다. 그러나 그들은 주어진 임무를 완수했다. 그들은 미국 제1해병사단의 생존에 매우 중요한 곳에 증원 병력으로 투입되는 데 성공한 것이다. 훗날 미 해병대 소장 OP 스미스는 이렇게 말했다.

"기동부대의 임무는 부분적으로 성공했으나, 그로써 하갈우리 방어에 엄청난 공헌을 했습니다. 빈약한 주둔군을 도우러 1개 전차중대와 300명의 숙련된 보병이 도착했기 때문입니다."[3]

하갈우리 기지에 도착한 첫 부대인 미 해병대 전차중대와 미 해병대 조지 중대는 도착하자마자 경계선 방어에 즉시 투입되었다.

인원이 크게 줄어든 코만도는 여러 소부대의 인원을 모아 2개 전투 소대로 재편되어 주둔지 기동예비대 역할을 맡게 되었다. 이 기동예비대는 공격 시뿐만 아니라, 쳐들어오는 중국군을 막는 방어 시에도 경계선의 구멍을 메우는 데 사용될 것이었다. 포위전에서 예비대의 역할은 지극히 중요하다. 하갈우리 기지의 사령관인 미 해병대 제1연대 제3대대장인 토머스 리지 중령은 이렇게 말했다.[4]

"하갈우리 같은 상황에서는 최고의 병력을 예비대로 써야 합니다."

미 해병대 소위 '존' 이종연도 이렇게 말했다. 그는 지난 여름 미 해병대에 합류하여, 제1해병사단과 한국인들 간의 연락을 맡고 있었다.

"OP 스미스는 드라이스데일의 능력을 알고 있었습니다. 그는 드라이스데일이 이끄는 코만도를 매우 중요한 부분에 배치하고자 했습니다."

이종연은 영국 코만도라는 이상한 새 이웃들을 보고 매우 신기해 했다.

"육군이건 해병이건 지독한 전투를 치르고 나면, 걱정이 가득해지죠. 그러나 이 친구들은 그런 전투를 치렀는데도 농담 따먹기를 하더군요. 이들은 진정한 프로들이었어요. 그들은 몹시 지쳐 있었지만, 고개를 꼿꼿이 들고, 투혼으로 가득 차 있었죠. 그들은 바로 녹색 베레모들이었어요!"

코만도 대원들의 수는 적었지만, 미 해병대원들은 또 다른 UN군 부대가 참전한다는 사실만으로도 기뻐했다. 월터의 말이다.

"우리는 미 해병대원들로부터 환영을 받았지요. 그들을 도와주러 온 거니까요. 아마 그 사람들이라면 누구나 그렇게 생각했을 거예요."

그리고 41코만도도 한 명의 미군 병사에게 공식적으로 감사를 전했다. 전날 밤 매우 용감하게 운전을 한 미군 상병인 돈 산체그로는 본인의 장비를 잃어버렸다. 그 사실을 안 드라이스데일은 그에게 전사한 코만도 병사의 배낭을 주었다. 그리고 자신이 쓰던 베레모를 선물로 주었다.[5]

41코만도의 하갈우리에서의 첫 날이 지나갔다. 해가 지고, 초겨울의 어둠이 내렸다. 어두워지면서 살인적인 추위도 돌아왔다. 기지의 온도계는 영하 31도를 가리켰다. 그리고 어둠 속에서 적들이 튀어나왔다.

적의 공격이 임박했다는 첫 번째 징후는 경계선 밖에서 들려오는 시끄러운 꽹과리 소리였다. 그 후, 20:15시에 나팔이 울리더니 녹색 신호탄이 하늘을 밝혔다. 저지대에서는 전투가 시작되었다. 해병대 전차들이 쏜 포탄이 여러 채의 오두막을 불태웠다. 그리고 그 불빛에 공격해 오는 중국군들의 모습이 보였다. UN군의 기관총 사격이 중국군의 대열을 흩트려 놓았고 눈 위에 시체와 부상자들을 잔뜩 쌓아놓았다. 고지대, 그러니까 덕동산의 바위 지역에는 칼 시터 대위가 이끄는 조지 중대가 배치되어 있었다. 상공에서 터지는 조명탄들과, 박격포탄으로 발화시킨 70개의 드럼통에서 불타는 항공연료의 불빛에 드러난 적군의 모습은 마치 눈 위를 달리는 거대한 그림자와도 같았다. 해병대의 박격포와 야포는 그들의 대열에 거대한 구멍을 내놓았다.[6] 젊은 해병대원인 마이클 오브라이언은 이렇게 말했다.

"기관총을 포함해서 그날 밤 사격한 모든 화기들의 화염이 합쳐져 엄청난 섬광을 일으켰습니다. 경계선은 보이지 않았죠. 오직 사격하는 병사들만이 보였을 뿐입니다."

분명 적은 총공격을 하고 있었다. 하갈우리는 적 2개 사단의 예하 부대들의 공격을 받고 있었다.[7]

미 해병대의 OP 스미스 장군은 그의 지휘소 문가에서 파이프 담배를 피우며, 아무 말 없이 전투를 보고만 있었다. 지휘소라고 해 봤자 스탈린의 사진이 벽에 걸린 농가였지만. 스미스 장군은 저지대에 있던 기지를 11월 28일에 이 장소, 즉 적에게 포위된 사단의 중심부로 옮겼다. 이 말 없는 장군은 전술적 수준의 전투 관리에는 일절 개입하지 않았다. 그런 일은 휘하하급 지휘관들에게 맡겼다. 밤이 지나가는 동안, 덕동산 교두보에도 적의 위험이 닥쳤다. 시터의 부하들이 중국군에게 유린되고 있었던 것이다. 예비대에게 첫 임무가 내려졌다. 41코만도의 베이커 소대에는 조지 중대의 측면에서 반격을 가하고 시터의 해병대원들을 구출하라는 명령이 떨어졌다.

* * *

베이커 소대는 41코만도의 예하 부대 중 최정예로 간주되었다. 그야말로 엘리트 중의 엘리트였다.[8] 제럴드 로버츠 중위는 부하 코만도 대원들에게 브리핑을 했다. 에드몬즈의 말이다.

"저희는 중국군이 경계선을 돌파해, 마을을 내려다보는 고지의 진지를 유린했다는 말을 들었습니다. 그놈들을 막기 위해 우리가 가야 했지요."

베이커 소대의 병력 수는 불과 37명이었다.[9] 그 점을 감안해 보건대 미국식 공격 방식은 좋지 않다고 로버츠는 생각했다. 그는 부하들에게 이렇게 말했다.[10]

"우리는 영국 해병대식으로 공격한다!"

로버츠는 은밀한 기습 공격으로 적을 충격에 빠뜨릴 계획이었다. 슬레지해머(sledgehammer: 양손으로 쓰는 큰 망치)보다는 스틸레토(stiletto: 예리한 송곳 모양의 단검)에 가까운 공격 스타일이었다.

소대는 공격 개시선에 전개한 다음, 마을과 목표 사이의 개활지를 소리 없이 건넜다. 가까이 가자 목표인 거대한 검은 덩어리가 떠올랐다. 조지 중대가 사투를 벌이고 있는 그 위에서는 빛이 번쩍였다. 접근하던 앨런은 녹색과 적색 예광탄이 머리 위 어둠 속을 십자로 가로지르는 것을 보았다.

"사격을 당하고 있다는 것이 실감은 나지 않을지 몰라도, 밤이 되니 날아오는 총알을 볼 수는 있더군요. 차라리 아름답다는 표현이 어울렸습니다."

거리가 좁혀지자 앨런의 걱정은 점점 커졌다.

"저는 앞서 걷는 병사의 등 뒤에 가급적 바짝 붙어 걸으려고 했습니다. 그러면 총알이 날아와도 그 친구가 먼저 맞을 거라는 계산에서였죠. 참 웃기는 짓이었죠!"

고지에서는 시터가 여전히 지휘를 맡고 있었지만, 그는 부상당했는 데다 불안해 했다. 그에게는 더 이상 예비대가 없었고, 적은 그의 잔여 병력들을 유린하려고 하고 있었다. 시각은 1950년 12월 1일, 04:00시였다.[11]

로버트는 부하들을 이끌고 고지에서 경사가 제일 가파른 곳으로 갔다. 그는 돌로 이루어진 우곡(雨谷)을 진격로로 삼았다. 얼어붙은 우곡은 경사도 가팔라 코만도 대원들이 오르기 무척이나 힘들었다. 전차들은 코만도 대원들의 머리 위로 전차포를 쏴 댔다. 그들의 사격은 무척이나 가까운 거리에서 이루어졌는지라, 대원들은 멈춰서 얼어붙은 바위를 꽉 붙들어야 할 정도였다. 앨런의 말이다.

"전차들이 불을 뿜었지요. 그 전차들이 우리 것인지, 적군 것인지 알 수는 없었습니다. 한 대는 저쪽에 있었고, 또 한 대는 완전히 얼어붙었지요."

이제 코만도들은 공제선 바로 아래까지 도달했다. 오브라이언은 부상당한 미 해병대원들이 의무병을 소리쳐 부르는 것을 들었다. 그는 표범처럼 소리 없이 부상자들을 지나쳐 가면서 이렇게 말했다.

"조금만 기다려. 괜찮아질 거야."[12]

전차의 사격이 멈췄다. 바위에 달라붙어 있는 코만도들의 긴장감은 커질 대로 커졌다. 그러다가 갑자기 긴장감이 사라졌다. 로버츠가 공격을 명령했기 때문이다.

정적은 사라지고 갑자기 시끄러워졌다. 코만도들은 미끄러지고 비틀거리면서도 앞으로 돌격하면서 수류탄을 던지고 총을 쐈다. 에드몬즈는 동료 코만도 대원인 짐 스탠리가 총에 맞는 것을 보았다. 스탠리의 팔에 총이 맞자 그는 몸을 빙그르르 돌면서 쓰러졌다. 스탠리를 쏜 적군은 몸을 돌려 도망쳤다. 그러나 그 역시 총에 맞아 쓰러졌다. 제대로 대응한 적군은 몇 없었다. 대부분은 난데없이 나타난 코만도들을 보자마자 흩어져 도망쳤다.

길고 위험한 접근 끝에 벌어진 공격은 몇 분 만에 끝이 났다. 로버츠의 기습 전술은 성공했다. 베이커 소대의 피해는 부상자 3명뿐이었다. 총에 맞은 코만도 대원인 스탠리의 팔은 폭발탄에 맞은 탓에 떨어져 나가기 직전이었다. 그는 방수포 위에 눕혀져 고지 사면의 우곡으로 미끄러져 내려보냈다. 에드몬즈는 그 모습이 마치 썰매 같다고 회상했다. 코만도들은 고지를 지키기 위해 진지를 팠다. 앨런의 말이다.

"우리는 땅을 간신히 파냈어요. 우리 앞에는 나무들이 있었는데, 밤에 분명 누군가가 올라오는 것같이 보였어요. 하지만 아침이 되자 그런 모습은 보이지 않았어요. 몇 시간 전과는 판이하게 다르더군요."

해가 비추자 영국 코만도와 미 해병대원들은 어젯밤 조지 중대 진지에 대해 그들이 실시한 공격의 끔찍한 결과를 볼 수 있었다. 500여 명 이상의 적이 죽어 있었던 것이다. 오브라이언의 말이다.

"우리는 참호를 채운 그놈들의 시신을 밖으로 집어 던졌지요. 그 추위에서 시신은 죽으면 불과 몇 분 만에 딱딱하게 얼어 버립니다. 그래서 죽은 중국군의 시신을 옮길 때는 마치 장작더미를 던지듯이 뒤집어서 던져야 했지요.[13]"

에드몬즈는 스탠리를 쏜 중국군의 시신을 찾아냈다.

"우리 군이 쏜 총알은 그놈의 뒤통수에 명중, 뇌를 밖으로 튕겨나가게 했지요. 그놈의 몸을 수색했더니 그 친구가 자기 집 앞에서 아내와 아이들과 찍은 사진이 나왔습니다.……"

그러나 대원들은 확실히 전투로 인해 냉담해져 가고 있었다. 에드몬즈는 산악용 침낭 안에 들어 있던 죽은 중국군 시체를 빼냈다. 그 침낭은 죽은 중국군이 죽은 미군에게서 노획한 것이었다. 에드몬즈는 그 침낭을 자기 것으로 했다. 그 침낭의 전 주인 2명이 모두 전사했다는 것도 그에게는 전혀 꺼림칙하지가 않았다. 그는 간결하게 이렇게 말했다.

"우리에게는 침낭이 없었기 때문에 챙겼을 뿐이에요."

중국군 전사자가 워낙 많았기 때문에 코만도는 시체를 쌓아 높이 2m의 더미를 만들었다. 미 해병대는 시체 더미가 바람을 막아 주는 쪽에 대피소를 만들었다. 그들이 바람을 피해 그 대피소에 가 있으면 꽁꽁 언 중국군 시신이 어깨 너머로 미군을 노려보고 있었다. 그 시체더미는 워낙 높이 튀어나와 있는 덕택에 아래에서도 잘 보였다. 그 으스스한 물체는 이 고지의 새로운 랜드마크가 되었다.[14]

반격은 성공했다. 그러나 코만도는 나중에 자신들이 아주 근소한 차로 참극을 피해 갔음을 알았다. 목표를 완수했다는 무전 교신을 보내지 않았기 때문에, 고지에 대한 주간 공격이 계획 중이었던 것이다. 공중 폭격까지 요청되었지만, 고지 점령 소식이 전파된 후에 취소되었다.[15] 고지를 점령하자 기지의 예비대가 와서 임무를 교대했고, 코만도들은 마을로 돌아갔다.

오브라이언은 미군이 포위전을 치르는 와중에도 영국군의 기준에서 실로 엄청난 수준의 식사를 제공하는 데 놀랐다. 그는 마치 갓길에 서 있는 핫도그 노점상 같은 미군의 야전 급양대 앞을 지나갔다. 그 급양대에 있던 미군이 오브라이언을 불렀다.

"헤이, 브리트(Brit: 영국인)! 뭐 먹고 싶은 거 없어?"

코만도들은 녹색 베레모를 쓰기 때문에 미군과 쉽게 구분이 가능했다. 오브라이언은 3일 전 함흥을 떠난 다음 지금까지 제대로 된 식사를 하지 못했다.

"뭐가 차려져 있나?"

"플랩잭(flapjack)!"

오브라이언이 생전 처음 듣는 메뉴 이름이었다. 조리병이 14개의 팬케이크를 레이션 종이상자로 만든 간이 접시에 담아 내오고, 팬케이크 위에는 트리클(treacle: 설탕 재정제 과정에서 나오는 시럽) 시럽을 부은 뒤 뜨거운 커피 잔까지 쥐어 주자 오브라이언은 감격했다. 오브라이언의 말이다.

"그 난리통 가운데에서도 그 친구들은 매우 뛰어난 조직력을 과시했어요. 박격포탄 한 발만 제대로 떨어져도 산산조각이 날 운명이었지만, 그들은 마치 센트럴 파크(Central Park)에 있는 것처럼 태연하게 이야기를 했지요. 미 해병대는 정말 대단한 투사들이에요. 그들은 나와 같은 나이의 젊은이들이었지요. 우리는 웃으면서 이야기하고 함께 움직였지요."

방어자들에게는 불안하게 느껴지는 곳이었지만, 하갈우리는 실상 공격하는 중국군을 마구 집어 삼키는 곳이었다. 전날 밤 미 해병대가 엄청난 화력을 퍼부은 덕택에, 중국군 제58사단은 괴멸되었다.

* * *

인간은 아무리 혹독한 환경에도 적응해 나간다. 그것이야말로 인간 행동의 불가사의한 측면 중 하나이다. 하갈우리에서도 그랬다. 코만도들은 포위된 기지에서의 일상에 적응했다.

중국군은 주간에는 공격하지 않았다. 저격수들은 예외였지만 말이다. SBS 중사인 해리 랭턴은 이렇게 말한다.

"총에 맞고 안 맞고는 순전히 운이었지요."

위험이 너무 큰 탓에 사람들은 위험과 죽음에 무신경해져 버렸다. 오브라이언이 야전 급양대에서 배식을 받기 위해 미 해병대원들과 함께 줄을 서 있었는데, 그때 근처의 야전 화장실이 눈에 들어왔다. 바로 무너질 것 같은 그 목제 화장실에는 총알구멍이 숭숭 나 있었다. 적 저격수가 그 화장실을 영점 조절용 표적으로 쓴 것이었다. 그러나 해병대원들은 여전히 계속 그 화장실을 이용했다. 오브라이언이 왜 그런지 가만히 생각하고 있는데 갑자기 한 발의 총성이 울렸다. 배식 대열에 서 있던 미 해병대원이 쓰러졌다. 중국군 저격수의 짓이었다. 그러나 정차해 있던 전차가 중국군 저격수를 발견했다. 전차는 엔진 시동을 걸더니 적 저격수가 숨어 있던 잡석 더미 위로 올라가 전후진을 하고 제자리선회까지 했다. 적 저격수는 전차에 압사당할지도 모른다는 공포감에 휘말려, 잡석 더미를 빠져나와 눈 위를 우스꽝스럽게 달렸다. 전차는 속도를 높여 그를 쫓아가 밟아 버렸다.

"그 사람은 마치 스팀롤러(steamroller)에 밟힌 것처럼 납작하게 되어 눈 속에 파묻혔습니다."

오브라이언과 함께 배식 대열에 서 있던 해병대원들은 사람의 목숨이 날아가는 이 상황을 꽤 재미있어 하며 지켜봤다.

"그 친구들은 식사를 하면서 그 모습을 보고 이렇게 말했지요. '어, 또 한 놈 잡았군.'"

6.4km 길이의 경계선에는 눈 속에 파인 연결되지 않은 참호들이 줄지어 있었다. 에드몬즈의 말이었다.

"2명이서 번갈아가며 경계근무를 섰습니다. 한 사람이 경계근무를 설 때면, 나머지 한 사람은 잤는데, 너무 추워서 자는 사람의 발이 업니다. 그렇게 되면 발을 다시 움직이게 하는 데 무려 15분이나 걸리고 맙니다."

따라서 반드시 정해진 시간마다 난방 텐트나 가옥에 들어가 휴식을 취해야 했다. 그러나 지독하게 추운 바깥과 따뜻한 건물 안의 기온 차이 속에는 나름의 위험이 숨어 있었다. 거스햄 메인도널드 중사의 말이다.

"오두막 안에서는 시뻘겋게 달궈진 벽돌 위에 드럼통을 놓고 난방을 했지요. 어떤 미군이 들어와서 이러는 겁니다. '빌어먹을, 우라지게 춥네.' 그러면서 그는 슈팩과 양말을 벗은 다음 드러누워서 발을 드럼통 쪽으로 향했어요. 그런데 잠시 후 사람 살이 타는 냄새가 나는 거예요. 그 친구의 발바닥 살이 타고 있는데도 당사자는 너무 추운 데 있다 와서 발에 감각이 없어 모르고 있었지 뭡니까."

미 해병대 중에는 정말 대단한 사람들도 있었다. 피터 토머스 중위의 중화기 소대는 미 해병대 중령 올린 빌이 이끄는 수송대에 얻어 탔다. 토머스의 말이다.

"빌 중령은 스프링필드 소총을 휴대한 구식 해병대원이었지요. 그는 자주 밖에 나갔습니다. 돌아올 때마다 소총 개머리판에 눈금을 하나씩 새기고는 이러더군요. '오늘도 국(Gook)을 또 한 마리 잡았어!'"

모이즈의 분대는 대피호 보강에 투입되었다. 대피호에는 지붕이 달려 있었지만 공간이 워낙 넓어 박격포탄이 들어오기 쉬웠다. 공격전에 특화된 미 해병대원들은 이런 방어 시설은 제대로 못 만들었다. 대피호에는 반백의 미 해병대 하사관이 머물고 있었다.

"그는 깡통 안에 불을 피워 놓고 며칠 동안 거기서 지내고 있었어요. 그 양반이 전투화 대신, 흰 양말 여러 켤레를 덧신고 있는 것을 보고 놀랐지요."

둘은 이런저런 이야기를 했다. 미 해병대 하사관은 과달카날 (Guadalcanal) 전투의 참전 용사였다.

"그는 매우 조용하고 차분한 양반이었죠. 우리는 그의 발에 대해 이야기를 했어요. 그 양반은 이렇게 말하더군요. '난 어디에도 가지 않아!' 대피호 앞에는 중국군 여러 명의 시신이 거의 손 뻗으면 닿을 만한 거리에 있는 철조망에 걸려 있었어요."

그들은 그날 밤 대피호 안에서 머물렀다. 전령이 달려와서 적 기병대를 물리칠 준비를 하라고 말했다.

"우리 모두 반문했죠. '지금 무슨 소리예요?'"

그 기병대라는 것은 아마도 보급용 당나귀들을 잘못 본 것이었을 거다. 그나마 나타나지도 않았다. 그러나 그 하사관의 혈기가 잠시나마 불타올랐다. 그는 코만도들에게 그 기병대의 말 한 마리를 노획해서 타고 오겠다고 말했다. 참 썰렁한 농담이었지만, 전쟁터에서는 실질 이상으로 재미있게 들렸다.

적이 모든 공격을 돌격으로 처리한 것은 아니었다. 앨런의 증언이다.

"하루는 적 장교가 짙은 색 제복을 말끔하게 차려 입고 혼자서 오는 겁니다. 고급 장교였을까요? 상당히 대담하더라고요. 나중에 사람들은 그 사람이 중국군이 아닌, 북한군일 수도 있겠다고 생각했습니다."

적의 수색대는 강화 진지를 피해 다니는 데 뛰어난 솜씨를 발휘했다. 어떤 사람들은 그들의 작전 목적이 UN군의 보급품을 약탈하는 것이 아니겠냐고 추측하기도 했다. 랭턴의 말이다.

"그들은 우리 뒤에서 나타나기도 하고, 경계선의 다른 곳에서 나타나기도 했습니다. 난데없이 나타나서 기지에서 빠져나가려고 하기도 하고, 우리 쪽으로 오기도 했습니다. 그 점에 대해서는 크게 신경 쓰지 않았습니다."

그는 보초 교대를 하러 갔을 때의 일화도 언급했다.

"어느 병사가 제게 말했습니다. 적의 기관총이 나를 계속 쫓아다니며 사격을 했다는 거죠. 예광탄이 제 뒤를 계속 따라오며 떨어지고 있었어요. 도무지 실감이 안 났지요."

한국인 노무자들을 감독하고 있던 이종연은 스미스 소장 경비대의 텐트에 얹혀 살고 있었다. 하지만 기지의 한복판에 있던 이 텐트도 어디선가 날아온 총탄에 벌집이 되었다. 이종연의 말이다.

"우리는 사단 본부를 지키는 최후의 부대였죠. 따라서 경비대의 인원들은 최정예였습니다. 그런데 몇 명의 중국군이 우리 텐트까지 와서 항복하는 거였어요. 그 친구들은 우리 경계선을 뚫기는 했지만, 더 나아가다가는 바로 사살당할 거라고 생각해서 그랬던 거죠."

스미스는 언제나 권총이 들어 있는 벨트를 차고 다녔다. 결코 폼이 아니었다. 경계선이 야간에 뚫릴 가능성이 있는 포위전에서는 사단장도 자기 몸은 스스로 지켜야 했던 것이다.

* * *

이제는 맥아더도 워커의 제8군과 아몬드의 제10군이 당하고 있는 참상을 직면하기 시작했다. 도쿄의 연합군 최고사령부는 11월 28일 밤늦게까지 회의를 열었다. 아몬드 장군은 아직도 자신이 서부 전선에 있는 궁지에 몰린 워커 장군의 군대를 도울 수 있다고 생각했다. 그러나 그에게는 후퇴해서 부대를 집결시키라는 명령이 내려왔다.[16] 11월 29일, 아몬드는 미 육군 제31연대전투단을 포함, 장진호 작전 구역 내에 있는 모든 부대를 스미스 소장 휘하로 이관시켰다. 11월 30일 스미스 장군은 유담리의 미 해병대 제5, 제7연대와 장진호 동쪽의 미 육군 제31연대전투단에 하갈우리로 후퇴하라는 명령을 내렸다.[17] 그리고 하갈우리에 도달해서 집결하고 나면, 고토리, 황초령 고개, 저지대를 거쳐 바다로 나갈 것이었다.

한국에서의 참상 소식은 미 육해공군 전군에 다 알려졌다. 극동 주둔 미 해군 사령관 찰스 터너 조이 제독은 휘하의 해군 부대에 최대 속력으로 한반도에 집결할 것을 명했다.[18] 미 해군의 거대한 함대가 북태평양의 성난 회색 파도를 뚫고, 자유를 찾아 포위망을 탈출하는 미국 제1해병사단을 도우러 한국으로 몰려왔다.

한반도 동북부 앞바다에 미 해군 77기동부대가 도착해 배회하고 있었다. 이 기동부대에는 무수한 소해정, 구축함, 순양함들이 12월 5일에 도착한 미 고속항모 필리핀 시(Philippine Sea), 레이테(Leyte), 프린스턴(Princeton), 경항모 바둥 스트레이트(Badoeng Strait)를 호위하고 있었다. 경항모 시실리(Sicily)는 12월 7일에 도착했다. 이미 만주-북한 국경 상공에서는 MiG-15 전투기가 미 공군과 결투를 벌이고 있었지만, UN군은 약 350대의 항공기를 장진호에 투입했다. 12월 1일 현재 장진호의 해병대를 지원하는 비행대대는 지상 발진 및 항모 발진 비행대대를 모두 합쳐 15개. 12월 10일에는 20개로 증가했다.[19]

포위된 UN군에 식량과 의약품을 지원하기 위해 거대한 공두보가 건설 중이었다. 전쟁 지역의 모든 미 공군 C-119 플라잉 박스카 수송기들은 12

월 1일부로 장진호 작전 구역에 투입되었다. 장진호 상공에는 항공기들이 왔다 갔다 했다. 흔들리는 수송기의 화물칸 내에는 낙하산이 장착된 합판제 팔레트들이 스케이트롤러 위에 줄지어 서 있었다. UN군의 경계선이 매우 좁다는 점을 감안해, 항공기의 후방 도어는 제거되었다. 덕분에 '키커(kicker)'라는 별칭으로 불리던 미 공군의 기상적재사들은 항공기 뒤에 펼쳐진 멋진 경치를 볼 수 있었다. 그들의 눈앞에는 눈 덮인 험산준령이 펼쳐져 있었던 것이다. 항공기가 낙하 지대에 접근하면 속도를 110노트(시속 203km)로 줄인다. 그러면 조종사는 지상의 ACT에게 무전을 통해 경보를 전한다. 키커들이 팔레트를 붙들고 있는 멜빵을 자르면, 불과 6초 만에 항공기 내의 모든 팔레트가 밖으로 배출되고, 곧이어 낙하산이 전개된다. 12월 1일부터 6일까지, C-119 항공기가 238소티(sortie) 출격해 970.6톤의 물자를 투하했다.[20]

예전에는 누구도 신경 쓰지 않았을 공산국가의 황량한 산촌 오지에 불과하던 하갈우리에 이제 온 세계의 이목이 집중되고 있었다. 이곳은 예전에도 특정한 사람들을 위한 피난처로 사용된 적이 있었다. 이종연은 이렇게 말했다.

"기독교도들이 일제를 피해 이곳으로 왔습니다."

히로히토(裕仁)와 김일성의 종교 탄압을 피한 기독교인들은 이곳에 와서 자신들의 종교를 믿었다. 미 해병대가 도착하자, 이들은 대 놓고 예배를 드렸다. 하지만 이들의 구원의 시간은 짧았다. 해병대가 철수 준비를 하자, 하갈우리의 주민들은 집을 버릴 준비를 했다. 바다로 가는 위험한 철수 길에 운을 맡긴 것이다. 이종연은 철수 길에 따르는 가혹한 시련에 경악했다. 그는 이렇게 말했다.

"하나님은 너무 잔인하시군요."

* * *

후퇴의 첫 단계, 그러니까 미국 제5, 제7해병연대와 미 육군 제31연대전투단을 하갈우리로 철수시키는 것은 12월 1일에 시작되었다.

이때, 장진호 동쪽의 미 육군 제31연대전투단의 상태는 별로 좋지 않았다. 이 부대의 지휘관인 앨런 매클린 대령이 실종되었고, 이에 따라 던 페이스 중령이 지휘권을 인계받았다. 제31연대전투단은 해병대에 비해 훈련도나 동기부여 면에서도 뒤졌지만, 그 외의 다른 부분도 이미 크게 모자란 상태였다. 이 부대의 인원 중 약 1/3은 훈련을 제대로 받지 못한 한국인들이었고, 그들은 영어도 거의 할 수 없었다. 페이스가 돌파 명령을 내리자 부대의 야포와 차량이 자폭되었다. 제31연대전투단은 불과 22대의 차량으로 600명의 부상자를 수송해야 했다. 이들은 경계선을 벗어나자마자 적의 저항에 부딪혔다. 그리고 UN군 항공기들은 이들 대열 전방에 네이팜탄을 투하했다. 도로 장애물 위에 서서 지휘하던 페이스 중령이 부상당했고, 얼마 안 가 숨을 거두었다. 그는 자신의 부대가 처한 궁지에 냉담한 최고사령부에 분노해, 은성훈장을 내던져 버린 인물이었다. 그는 뛰어난 지휘력으로, 의회명예훈장을 추서받았다. 이들은 하갈우리로 가는 길의 중간 정도 거리에 있는 후동리까지 움직였다. 그러나 후동리에는 대규모의 적이 주둔하고 있었다. 미군은 필사적인 심정으로 차량을 몰고 돌진했으나, 적의 사격으로 하나둘씩 격파되었다. 제31연대전투단은 와해되었다. 이 부대의 움직임은 3일 밤 동안 중국군 2개 사단의 주의를 끌었는데, 만약 그렇지 않았다면 그 2개 사단은 하갈우리 공격에 참가했을지도 모르는 일이었다. 아무튼 제31연대전투단의 피해는 엄청났다. 원래 2,500명이던 병력 중 하갈우리에 도달한 것은 불과 1,000여 명. 이 중 전투수행이 가능한 인원은

385명이었다. 이들은 임시 대대로 편성되었다.[21] 제31연대전투단은 사실상 괴멸된 것이나 다름없었다.*

　미 해병대 제5, 제7연대의 앞에 놓인 과제는 더욱 어려웠다. 이들은 중국군 3개 사단에게 포위당한 채, 11월 27일 밤부터 유담리에서 혈전을 벌여왔다. 12월 1일 이들은 하갈우리로 가는 22.5km 거리의 길에 올랐다. 제5해병연대장 레이몬드 머리 대령은 이 길을 '악몽의 골목(nightmare alley)'이라고 불렀다.[22] 이번에는 육군 제2보병사단이 군우리에서 겪었던 참극을 반복해서는 안 될 것이었다. 그래서 이들은 전술 기동을 했다. 대열 선두에는 전차 1대가 배치되었고, 그 옆에는 해병대 수 개 중대가 배치되어 능선에서 적과 싸웠다. 상공에서는 미 해병대의 코르세어 전투기와 오스트레일리아 공군의 머스탱 전투기들이 길을 안내했다. 해병대는 힘들게 고지의 적을 소탕하고, 파괴된 다리를 임시 복구해 건너고 도로 장애물들을 파괴했다. 미 제7해병연대 제1대대장인 레이 데이비스 중령은 뛰어난 용병술을 발휘, 무릎까지 오는 눈을 헤치고, 도로를 굽어보는 중요 고지인 덕동 고개를 지키고 있는 1개 중대를 구하러 갔다. 이 장렬한 전투에서 미 제7해병연대 제2대대 폭스 중대의 237명은 작전 첫날밤부터 고지 정상에 포위되어 있었다. 데이비스 중령의 부하 장병들이 12월 2일에 이들을 구하러 갔을 때 폭스 중대의 잔여 인원 중 전투 속행이 가능한 인원은 86명뿐이었다.[23] 그들의 진지 주변에는 적의 시신이 가득했다. 한 생존자는 고지에서 내려올 때 45m 너비의 카펫처럼 깔린 중국군 시신들을 밟지 않고서는 움직일 수 없을 정도였다.[24]

　제5, 제7해병연대의 하갈우리 도착 시점은 12월 3일로 예상되었다. 그들

---

* 비참한 운명을 겪은 제31연대전투단은 후일 '페이스 기동부대(Taskforce Faith)'라는 이름으로 잘 알려졌으나, 정작 당대에는 이런 이름이 사용된 적이 없다.

이 적의 포위를 뚫고 불과 22.5km를 진격하는 데 무려 약 48시간이 걸렸다. 16:30시, 하갈우리 주둔군 예비대에는 하갈우리의 북쪽 도로 장애물로 나아가 제5, 제7해병연대와 상봉하고, 그들을 호위하라는 명령이 내려졌다.

코만도와 전차들이 방어 진지로 들어갔다. 어둠이 내렸다. 누구도 오지 않았다. 그러나 어둠 속을 헤치고 호송대의 선도 부대가 나왔다. 월터의 말이다.

"그렇게 무서운 것은 본 적이 없습니다."

호송대의 지프와 트럭에는 사상자가 가득 차 있었다. 두 연대에서 발생한 사상자 수는 1,500명에 달했다. 그들을 실어 나른 차들에는 빨간색 고드름이 맺혔다. 차내에 산 사람을 태울 공간을 만들기 위해서, 죽은 이들을 트럭의 보닛이나 야포의 포신에 묶어 가지고 왔다. 살아남은 사람들은 면도도 제대로 못 한 채, 눈을 크게 뜨고 입을 딱 벌린 수척한 모습이었다. 앨런의 말이었다.

"모스크바에서 후퇴한 독일군과 프랑스군들이 바로 이런 모습이 아니었을까요? 짚으로 발을 동여맨 사람도 있었습니다. 이들의 모습은 완패한 군대의 모습 그 자체였습니다."

털털거리는 차량에 매달린 부상자들의 모습은 마치 살아 있는 저승사자와도 같았다.

그러나 그들의 투혼은 사그라지지 않았다. 제5, 제7해병연대의 하갈우리 입성은 한국 전쟁사의 전설로 남았다. 모이즈의 말이다.

"그들은 적에게 난타당하면서도 돌파하는 데 성공했습니다. 부상자와 무기를 다 가지고요. 정말 대단하지 않습니까?"

경계선에 접근하던 그들 중에는, 심지어 〈해병대 찬가(The Marine Hymn)〉를 부르는 사람도 있었다.

그 모습에 감동한 토머스는, 41코만도가 그들의 호위부대가 아닌, 의장대 역할을 해야 한다고 생각했다.

"우리는 그들을 향해 받들어총을 해야 했어요. 그들은 대단한 친구들이었어요!"

미군들도 41코만도가 어떤 부대인지 알고 놀랐다. 어떤 미 해병대원은 토머스에게 이렇게 말했다.

"오, 하나님. 우리와 함께 이 망할 전쟁을 싸워 줄 동료들을 보내 주시다니 감사합니다!"

모이즈의 말이다.

"우리를 만난 미군의 사기는 올라갔습니다. 그들은 우리를 베레모 착용에 목숨 건 사람들로 여기고 있었지요!

코만도 대원들은 부상자 간호에 투입되었다. 일부 부상자들은 끈으로 몸이 묶여 있었다. 어떤 코만도 대원이 그들의 몸을 묶은 끈을 풀어 주고 담배를 주었다. 그 코만도 대원은 동료에게 이렇게 말했다.

"해리! 나 좀 도와 줘. 이 망할 양키를 꽁꽁 묶어 놨군. 마치 크리스마스 선물처럼 말이야!"

부상당한 어느 미 해병대원은 이렇게 말했다.[25]

"이 친구들이 우리 편인 걸 알게 돼서 얼마나 기쁜지 모릅니다."

기지에 새로 도착한 전투 가능 인원들은 코만도 대원들과 함께 진지에 투입되었다. 어느 미 해병대원은 코만도들에 대해 이렇게 적었다.[26]

"이들은 참호에서 벌어지는 전투에서는 누구에게도 뒤지지 않았습니다."

야전 급양대가 새로 도착한 병력들에게 뜨거운 음식을 주었다. 하갈우리의 해병대원들 중 제5, 제7해병연대에 아는 사람이 있던 이들은, 두 연대가 하갈우리에 왔을 때 가서 친구들의 생사를 물었다. 많은 사람들이 나쁜 소식을 들었다. 그러나 안도한 사람도 있었다. 이 엉망진창이 된 두 연대의 도착을 가장 기뻐한 것은 사단장 스미스 소장이었다. 그는 이 두 연대의 도착을 본 것이야말로 자신의 감정을 크게 흔들어 놓은 경험이었다고 기록했다.[27] 제5, 제7해병연대의 일부 해병대원들은 하갈우리 경계선 밖에 쌓여 있는 족히 수천 구는 됨직한 중국군의 시신들을 보고 놀랐다.[28] 유담리를 떠나온 이들은 하갈우리는 상황이 낫기를 기대했던 것이다. 그들은 사실상 하나의 덫을 떠나 또 다른 덫 속으로 들어온 것에 지나지 않았다.

12월 4일, 41코만도는 해병대 공병대와 함께 다시 밖으로 나갔다. 코만도들은 눈이 덮인 전차에 올라탔다. 다른 부분의 장갑은 차가웠으나 엔진은 기분 좋을 정도로 따뜻했다. 전차는 북쪽의 도로 장애물을 지나 경계선 밖으로 나갔다. 전차의 궤도가 길바닥의 얼음을 밟고 나아가면, 얼음 조각이 전차 위의 랭턴의 얼굴에 튀곤 했다. 그러나 그는 손을 들어 얼음 조각을 닦아 내지 않았다. 양손을 사용해 전차에 매달려 있어야 하기 때문이었다. 저 멀리 중국군들이 보였지만, 공격을 하지 않았다. 코만도들은 황무지 사이에 난 길을 따라 전진해, 제5, 제7해병연대가 포차의 연료가 떨어지자 버리고 간 8문의 155mm 포가 있는 곳으로 갔다. 포에 도착한 코만도들은 산개했다. 모이즈의 회상이다.

"굳이 우리가 엄호를 해 줘야 하나 의문이 들었지요."

공병대는 이들 포들을 회수할 수 없음을 밝혀냈다. 중국군이 산마루에 나타나기 시작하자 병사들은 전차에 다시 올랐다. 이들이 탄 전차들이 하갈우리로 돌아가는 동안 항공기들이 포를 폭파하러 날아오고 있었다.

* * *

하갈우리에서 공병대가 했던 노력은 그 대가를 거두고 있었다. 소수의 부상병들이 경관측기에 실려 포위망을 탈출해 저지대로 나간 것이다. 그중에는 페인과 토드도 있었다. 페인은 곧 후송될 것이라는 말을 들었다. 그러고 나서 활주로로 실려 간 그를 1인승 관측기가 기다리고 있었다. 캐노피가 열리자, 카빈 소총 1정과 파카 속의 45구경 권총으로 무장하고 있던 페인은 조종석 뒤의 공간에 쑤셔 넣어졌다. 항공기는 속도를 높이자 마구 요동쳤다. 이윽고 항공기는 하늘로 떠올라 산을 넘었다. 페인은 말했다.

"저는 끝까지 전투 현장에 남아 회복한 다음에 코만도에 합류할 거라고 생각하고 있었습니다. 비행기가 산을 넘자 안도감이 들기도 했지만, 너무 급작스럽게 벌어진 일이라 충격적이기도 했습니다."

토드 역시 비슷한 경험을 했다. 베이커 소대가 덕동산에서 싸우고 있을 때 중국군은 진료소 근처를 공격했다. 다음날 코만도 부대는 토드에게 후송을 원하느냐고 물었다. 1인승 관측기에 타고 빠져나갈 수 있다는 것이었다. 토드는 가겠다고 했다. 들것에 실려 활주로로 나가자 작은 비행기가 기다리고 있었다. 토드의 증언이다.

"그 비행기의 조종사는 도쿄에서 온 치무군의관이었어요. 계급은 소령이나 중령쯤 되었을 겁니다. 그 사람은 자신은 자가용 조종사 면허를 가지고 있다며, 높으신 양반들은 항공기 조종이 가능한 장병 전원을 하갈우리 의무후송에 털어 넣고 있다고 알려 주었어요. 그는 매우 명랑한 사람이었지요."

토드 역시 조종석 뒤에 구겨 넣어졌다.

"중국군들이 활주로로 침투해 왔기 때문에, 이륙을 미룰 수밖에 없었지요."

해병대가 반격해 적들을 몰아냈고, 항공기는 드디어 이륙했다. 조종사는 토드에게 41코만도를 볼 마지막 기회를 주었다.

"그는 기체를 기울이며 이렇게 말하더군요. '저 아래 있는 너의 동료들을 좀 봐.' 영국 해병대원들이 줄을 지어 고지를 소탕하는 모습을 볼 수 있었어요."

킹은 동료와 함께 항공 의무후송을 기다리고 있던 중, 마치 야구 방망이로 맞은 것 같은 고통을 느꼈다. 박격포탄 파편이 헬멧을 쓰지 않은 그의 머리에 명중한 것이다. 머리의 외상은 출혈량이 엄청나기 때문에 그와 그의 친구는 순식간에 피범벅이 되었다. 그러나 친구는 킹을 항공기에 태웠다. 그가 정신을 차렸을 때는 일본의 병원이었고, 미군의 퍼플하트(Purple heart: 전상장)가 수여되어 있었다.

그러나 부상자의 수는 훨씬 많았고, 그들을 빨리 실어 나르려면 더 큰 항공기가 필요했다. 하갈우리의 해발고도는 1,200m였고, 교범에 따르면 C-47 수송기의 이착륙에는 2,280m 길이의 활주로가 필요했다.[29] 그러나 11월 30일 현재 활주로의 크기는 너비 15m, 길이 750m에 불과했다. 그나마 한쪽 끝에는 턱이 있고, 반대편 끝에는 7.5m 크기의 배수구가 있었다.[30] 관제탑도 없어서 무전기를 실은 지프를 관제시설 대용으로 쓰고 있었다. 비록 활주로 공사는 계속 진행 중이었지만, 스미스 소장은 11월 30일, 더 큰 항공기가 이착륙할 수 있는 활주로를 만들어야겠다고 생각했다.[31] C-47 수송기로 이곳을 처음으로 빠져나갈 예정이던 병력 중에는 다리에 부상을 입은 헤이허스트도 있었다.

그는 차량 편으로 활주로까지 이동한 후, '다코타(Dakota)'라는 이름으로 잘 알려진 C-47 수송기에 탑승하러 대기하고 있었다.

"우리가 항공기 쪽으로 움직이고 있는데, 갑자기 대열 중에서 한 무리의 사람들이 멈춰 서는 거예요. 그 친구들은 이렇게 말하더군요. '안 돼. 들것에 탄 사람들부터 먼저 후송돼야 하지 않겠어?' 그래서 들것에 실린 사람들부터 먼저 비행기를 탔어요. 그때는 그다지 기분이 좋지 않았지요."

정원이 차자 항공기의 뒷문이 꽝 닫혔다. 항공기의 프로펠러가 회전하기 시작하더니, 얼어붙은 활주로 위를 쏜살같이 달려 부르르 떨면서 하늘로 날아갔다. 그러나 C-47은 활주로 앞에 있던 고지 사면을 그대로 들이받고 말았다.

헤이허스트는 놀라지 않을 수 없었다. 해병대 수개 분대가 생존자를 수색하러 달려갔다. 그러나 낭비할 시간이 없었다. 다음 항공기가 활주로로 다가왔다. 헤이허스트 및 그와 함께 있던 부상자들은 두려움에 떨면서 항공기에 탑승했다. 항공기는 활주로를 달려 하늘에 떠올랐다. 그리고 고지를 넘었다. 중국군에게 포위된 하갈우리 기지는 작아지며 멀어져 갔다. 안도감이 들었다. 20분 후 헤이허스트가 탄 항공기는 함흥에 착륙했다.[32]

공두보가 건설 중이었다. 12월 1일부터 본격적 항공 후송이 시작되었다. 이로써 안전지대로 후송된 부상자와 동상자는 코만도 대원 25명을 포함[33] 총 4,312명에 달했다.[34] 놀랍게도 C-47 항공기의 손실은 2대뿐이었다. 스미스가 고집을 부린 탓에, 전사한 미 해병대원의 시신 138구도 후송되었다. 제10군단은 스미스에게 전사자들을 항공 후송하지 말 것을 명령했으나, 스미스는 그 명령을 철저히 무시했다.[35]

후송되면 살아서 이 난장판을 떠날 수 있다는 사실이 주는 유혹은 무척이나 컸다. 꾀병을 부려 후송되려는 사람들을 골라내는 일이 필요해졌다.[36] 그러나 대부분의 부상병들의 상태는 의심의 여지없이 심각했다. 4일간의 항공 후송 기간이 종료될 무렵, 진료소와 활주로 사이를 잇는 길 위에는 부상병들이 흘린 붉은 피가 얼어 있었다.[37]

그리고 항공기로 사람들이 나가기만 한 것은 아니었다. 저지대에 있던 후방 부대, 그리고 일본에서 537명의 해병대원들이 큰 손실을 입은 장진호의 해병 부대를 돕기 위한 보충병으로 지원했다. 이들은 항공기를 타고 하갈우리로 들어왔다.[38] 해병대가 쓸 보급품도 항공편으로 들어왔다. 그 보급품 중에는 콘돔도 들어 있었다. 왜 그런 것이 들어있는지를 아는 사람은 후방의 군수 장교뿐이었다.[39]

하갈우리 활주로가 사용 가능하게 되자 미 공군은 주둔군 전원을 항공 철수시키자고 제안했다. 그러나 스미스는 이에 반대했다. 이는 해병대 장군으로서의 자존심 때문은 결코 아니었다.[40] 하갈우리에 주둔한 해병대원의 수가 임계점 이하로 내려가면, 항공 철수를 엄호하던 후위 부대는 결국 중국군에게 유린당할 수밖에 없다. 그러나 스미스는 데리고 있는 부하 전원은 물론 중장비까지 무사히 퇴각시키기를 원했다.

제5, 제7해병연대의 합류, 그리고 항공편으로 들어오는 보충병들은 큰 인원 손실을 입은 스미스 소장 예하의 중대들의 전력을 강화시켰다. 그러나 그렇다고 미국 제1해병사단의 전략적 입지가 강화되는 것은 전혀 아니었다. 그 점은 상황도를 보지 않아도 누구나 알 수 있었다. 상황도 위에는 적군을 의미하는 붉은 화살표가 난무하고 있었다. 강화된 공두보를 둘러싼 경계선 너머만 보면 누구나 제1해병사단의 전략적 입지를 알 수 있었다. 이종연의 말이다.

"우리는 중국군이라는 거대한 바다 위에 떠 있는 섬과도 같았어요. 어느 산이건 그 위에는 중국군이 있었고, 식사 때마다 요리를 해 먹는 연기가 나왔지요."

12월 5일, 아몬드는 하갈우리에 항공편으로 갔다. 스미스의 참모가 아몬드에게 이 산악지대에서 탈출하는 계획을 설명해 주었다. 하갈우리에서 흥남 항구까지는 90km 거리였고, 이동은 12월 6일부터 시작될 것이었다. 하갈우리 주둔군은 포위를 뚫고 남쪽으로 싸우며 나아갈 것이었다. 보병들이 선두에 서고, 다른 병과 중대들은 고지를 소탕할 것이었다. 비장갑 차량들은 장비와 사상자를 실어 나를 것이었다. 지옥불 계곡에서의 전훈으로 전차를 대열 전체에 골고루 배치해 화력 지원을 하고, 불도저로 도로 장애물을 제거할 것이었다. 상공에서는 전투폭격기 24대가 선회하며 항공엄호를 제공할 것이었다.[41] 그러나 항공 전력만으로는 지상전에서 이길 수 없다. 아몬드는 스미스 소장에게 이렇게 말했다.

"바다로 가는 길을 뺑 뚫어 줄 만큼의 항공 전력을 준비해 놓았네!"

그러자 스미스 소장은 이렇게 답했다.

"제 생각으로는, 우리 모두 매우 많은 전투를 벌여야 할 것입니다."[42]

12월 6일, 미국 제7해병연대가 선두에 서서 움직였다. 제5해병연대는 12월 7일 후위를 맡았다. 영국 41코만도는 제5해병연대에 배속되었다. 스미스는 지휘소를 옮겨 풀러와 합류, 고토리에서 작전을 지휘할 예정이었다. 미국 제5, 제7해병연대, 영국 41코만도가 풀러의 미국 제1해병연대와 합류하면, 이들은 모두 함께 남쪽으로 나아갈 것이었다.

이들의 돌파를 막는 장애물은 매우 위협적이었다. 제5, 제7해병연대는 유담리를 출발하면서부터 한 발자국 내디딜 때마다 전투를 벌여야 했다. 그리고 41코만도는 하갈우리에서 고토리까지의 17km 거리의 지옥불 계곡을 다시 되짚어 가면서 중국군의 맹공을 통과해야 했다. 그리고 산악지대를 빠져나가려면 황초령 고개를 통과해야 했다. 절벽 위에 깎여 있는 이 바람이 심하고 좁은 16km의 구간은 매복 공격에 안성맞춤이었다.

* * *

반공 민간인들의 행색도 UN군 병사들의 그것만큼이나 처참하기 그지없었다. 비록 공식 발표는 없었지만, UN군이 패배하고 공산군이 쳐들어오고 있다는 소식은 이미 산악지대를 넘어 저지대까지 퍼지고 있었다. UN군이 오기 전에 묘지에 방공호를 파서 숨어 살던 19세 소녀 임금숙은 이렇게 말했다.

"소문을 통해 뭔가 엄청난 일이 벌어졌음을 알게 되었지요. 매일 사람들이 마주칠 때마다 이야기를 했어요. 새로운 소식은 그런 식으로 빠르게 전달되었지요."

임금숙은 가장 현대화된 군대이던 UN군이 후퇴한다는 사실에 놀랐다.

"중국군이 몰려오고 있다는 것을 알았어요. 그 사실이 몰고 온 공포와 충격은 엄청났지요."

임금숙의 가족은 철저한 반공주의자들이었다. 그녀의 오빠는 대한민국군에 지원 입대한 후, 가족 대부분은 지난 몇 주 사이에 이미 남쪽으로 피난을 갔으며, 함흥에 아직 남아 있는 사람은 임금숙의 부모님과 13세의 남동생뿐이었다. 이들도 결국 고향을 떠나기로 마음먹었다. 옷감과 보석 등의 귀중품, 그리고 쌀과 고추장, 고춧가루 등의 식량을 상자에 담았다. 가족은 겨울옷을 입고 집을 떠났다. 그들은 이후 그 집에 다시는 돌아올 수 없었다. 함흥역에서 이들은 해안으로 가는 기차를 타고자 했지만, 이미 함흥역은 혼란 상태였고 군인들은 민간인들의 열차 탑승을 저지했다.

"군인들이 이렇게 말하더군요. '돌아들 가요! 함흥은 안전합니다!'"

하지만 임금숙은 그 말을 믿지 않았다. 기차는 오직 군인들 또는 군인과 관련 있는 사람들만 탈 수 있다고 그녀는 생각했다. 게다가 함흥역의 문은 폐쇄되었다.

한국 민간인들만 장진호 주변의 상황에 관심이 높은 것은 아니었다. 전

세계의 언론인들도 이 장렬한 드라마에 촉각을 곤두세웠다. 12월 4일 북경 라디오는 이런 발표를 했다.

"미국 제1해병사단의 괴멸은 시간문제에 불과합니다.[43]"

영국과 미국의 신문들은 이 발언에 이의를 제기하지 않았다. 미국 필라델피아에 살던 어느 칼럼니스트는 미 해병대는 무참히 난도질당하고 있다고 적었다.[44] 연합군 최고사령부는 장진호에 있는 해병대의 생존 확률을 매우 낮게 보는 언론 발표를 했고, 미 해병대는 그 말을 불편하게 여겼다.[45]

12월 5일, 상황은 바뀌었다. 스미스 소장의 지휘소로 기자단이 공수되었다. 이들을 포함한 많은 사람들 덕택에 스미스는 부하들의 낮아진 사기를 올릴 뿐 아니라, 이 돌파 작전을 후대에 길이 남게 할 말을 전할 수 있었다. 이때 어느 영국 기자가 스미스 소장에게 이렇게 물었다.

"미국 제1해병사단은 후퇴 중인 건가요?"

그러자 스미스 소장은 이렇게 답했다.

"후퇴라니 무슨 말씀이십니까? 우리가 하는 일은 또 다른 방향으로 공격하는 것입니다."

이 말은 이렇게도 변형되었다.

"후퇴 따위는 엿이나 먹으라죠!"

이 말은 압도적인 적의 힘을 과감히 무시하는 태도로 비추어졌다. 해병들은 이 말을 듣고 마치 전기 충격이라도 받은 것 같은 큰 감동을 느꼈다. 또한 이 말은 미국 언론의 1면 머리기사에 실렸다.[46] 남쪽으로 17km 떨어진 곳에 있던 풀러 역시 수완을 발휘했다. 참모 장교들이 갈수록 큰 의심을 품자 그는 테이블 위로 뛰어올라와 이렇게 소리쳤다.

"우리와 흥남 사이에 중국 빨래꾼들이 몇 놈이나 있는지 나는 전혀 관심이 없어! 그 수가 얼마가 됐건 간에 미 해병대 1개 연대가 가려는 길을 막을 자는 이 세상에 아무도 없으니까!⁴⁷⁾"

이런 호전적인 말은 지나친 과장이 들어간 것처럼 보일 수도 있었다. 그러나 풀러의 연기는 절망적인 상황에 놓인 부하들의 사기를 크게 높여 놓았다. 그리고 스미스의 말은 결코 장난이 아니었다. 그의 발언은 어디까지나 진실이었다. 스미스는 돌파 명령을 내리면서 이렇게 말했다.

"이것은 결코 철수가 아니다. 우리가 공격하기 때문에 공격 명령인 것이다. 우리는 진격로를 확보하기 위해 부하들에게 목표를 제시했다.⁴⁸⁾"

미국 제1해병사단은 진격로에 끼어들 수 있는 모든 적들을 뚫고 나아가야 했다. 중국군 1개 군단이 장진호에 있는 송시륜 장군의 중국군을 지원하기 위해 2개 연대를 앞세우고 진격하고 있었다.⁴⁹⁾ 송시륜 장군 자신도 움직이고 있었다. 그는 중국군 제76, 제77사단에 하갈우리와 고토리 사이를 차단하라는 명령을 내렸다. 그리고 제60, 제89사단에는 고토리 인근에 모여 황초령을 감제하는 진지를 확보할 것을 명령했다.⁵⁰⁾

송시륜 장군의 계략 중에서 가장 걸작인 것은 할리우드 영화 〈클리프행어(Cliffhanger)〉의 배경만큼이나 웅장한 황초령의 깎아지른 절벽에서 실행되고 있었다. 중국군은 발전소 앞에 있던 다리에 침투해 다리를 폭파해 버렸다. 제1해병사단이 중국군이 점령한 고지를 뚫고 하갈우리에서 고토리까지 17km를 나아간다고 해도, 이 다리가 없으면 눈과 얼음, 바위에 덮인 깊이 870m에 달하는 계곡을 직접 돌파하는 수밖에는 없었다. 제1해병사단은 쥐처럼 도망가다가 결국 쥐덫에 걸리고 말 판이었다.

미국 제1해병사단의 작전 장교는 상황이 그리 희망적이지 않다고 생각했다.⁵¹⁾ 그러나 폭파된 다리에 대한 정보는 돌파를 늦추지 못했다. 12월 5일, 미 해병대는 하갈우리 마을에 불을 질렀다. 불타는 보급품 중에는 엄청난 양의 해병대 군복도 있었다. 왜 그렇게 많은 군복이 하갈우리에 있었는지는 모두의 상상에 맡긴다.[52] 차량에 병력과 장비가 탑재되었다. 놀랍게도 돈 산체그로 상병의 트럭은 총알에 벌집이 되었는데도 아직 달릴 수 있었다. '올드 페이스풀'이라는 이름이 붙은 이 트럭은 드라이스데일과 함께 41코만도의 주요 운송 차량이 되었다. 원 소속 부대에서는 실종 처리된 이 미 해병대 상병은 이 '정신 나간 영국놈'들과 함께 있는 편을 택했다.[53] 12월 6일, 제7해병연대가 고토리로 진격을 개시하면서 돌파 작전이 시작되었다. 그날 오후, 하갈우리 기지와 외부 세계 간의 통신을 연결해 주던 무선 중계국이 폐쇄되었다. 공두보도 폐쇄되었다. 스미스는 헬리콥터를 타고 고토리로 향했다.[54]

* * *

12월 6일 새벽. 송시륜 장군은 미 육군 제31연대전투단을 격파했지만, 제5, 제7해병연대는 유담리에서 그의 손길을 피했다. 같은 상황이 이제 하갈우리에서도 재현되고 있었다. 제7해병연대가 남쪽으로 가면 하갈우리의 병력은 반으로 줄어든다. 군대의 핵심적인 원칙 중, "적을 한자리에 못 박아 둔 후에 격파하라."는 말이 있다. 송시륜은 이번에는 미 해병대가 포위망을 빠져나가기 전에 괴멸시키겠다고 굳게 다짐했다.

16:00시가 좀 지난 이후, 41코만도는 대열에 합류해 고토리로 향했다. 들어오는 보고는 부정적이었다. 제7해병연대 선봉이 격전을 치르고 있었다. 19:00시 이후에는 대열 후미에서 싸우는 소리도 들리기 시작했다. 코만도들은 그 사이에 간신히 360m를 전진했을 뿐이다. 상황은 계속 악화되었다. 41코만도의 전쟁 일지에는 이렇게 적혀 있다.

"21:00시경······ 하갈우리에 가해진 적의 맹공격 격화됨. 자정 무렵 하갈우리 진지 고수 곤란해짐······ 이 이후 41코만도는 소환되어 경계선에 투입됨."

코만도는 하갈우리 기지에 대한 중국군 최대 최후의 공격을 격퇴하기 위해 덕동산 아래의 돌다리 인근에 배치되었다. 미 해병대 역사에는 12월 6~7일 사이의 밤에 매우 '장렬한' 전투가 벌어졌다고 적혀 있다.

하갈우리 경계선을 지키는 미 해병대와 영국 코만도에게, 어둠 속의 상황을 읽는 능력은 매우 중요했다. 적 출현의 최초 징후는 나팔소리였다. 이로써 보이지 않는 적이 기동함을 알 수 있었다. 경계선 여기저기에서 총성이 들리는 것은 적의 탐색대가 출현했다는 뜻이다. 그 다음에는 조명탄과 불타는 건물의 불빛에 비친 흰 옷의 사람들이 유령처럼 어둠 속에서 튀어나온다. 그 모습은 마치 사람들로 이루어진 장벽이 달려오는 것과도 같다. 메인도널드의 말이다.

"공제선에 그들이 떼 지어, 문자 그대로 떼 지어 몰려오는 게 보였습니다. 마치 서부 영화에서 산꼭대기에 인디언들이 갑자기 나타나는 것과 같았지요. 이제 남은 것은 그놈들의 공격 신호인 나팔 소리가 들리기만을 기다리는 것뿐이었습니다."

중국군의 공격이 영화 같았다면, 미군의 반격은 오페라 같았다. 경계선에는 장애물이 그리 많지 않았다. 땅이 깊숙이 얼어붙은 탓에 지뢰는 작동하지 않았다. 철조망도 부족했고, 미군의 진지는 매우 부실하게 공사되어 있었다. 따라서 미군의 방어는 철저히 화력에 의존해야 했다. 무자비한 사격음을 질러 대며, 레이저 광선 같은 예광탄을 토해 내는 기관총의 사격 화염이 미군의 진지를 밝혔다. 박격포와 야포는 적의 머리 위에 포탄을 퍼부었다. 전차들이 전차포를 쏠 때마다 서스펜션이 출렁거렸다. 머리 위의 어둠 속에서는 야간 전투기들이 포병대가 발사한 낙하산식 조명탄, 또는 중기관총의 예광탄 십자포화를 통해 적 집결지 상공으로 유도되었고, ACT의 무전 명령에 의해 조준을 수정해 폭격했다. 토머스는 미국인들이 유도하는 엄청난 위력의 공중 폭격을 접하고 이렇게 말했다.

"그 친구들의 화력 통제 체계는 매우 능수능란했습니다. 적군이 잔뜩 깔린, 흰 눈이 덮인 산을 생각해 보세요. 그 위에 조명탄이 빛을 밝힙니다. 그리고 적들을 향해 예광탄이 줄지어 날아갑니다. 이보다 더 화끈한 불꽃놀이가 또 있을까요?"

그러나 아직도 중국군들은 계속 밀려왔다. 믿을 수 없는 일이었다.

적들이 해병대의 살상구역 안으로 밀려들어오자, 해병대 보병 부대의 중화기가 그 위력을 발휘했다. 날씨가 너무 추워 모든 소화기 탄약의 장약 효율은 물론 저지력이 저하되었기 때문이다. 해병대의 화력은 매우 격렬하게 발휘되었다. 병사들은 쉴 새 없이 사격을 하고, 재장전을 하고, 탄이 막힐 경우 응급 처치를 했으며, 사격 명령을 내리거나 따랐다. 오브라이언의 말이다.

"어둠 속에서 중국군들은 거대한 무리를 지어 공격해 왔고, 우리는 그 속에 휩쓸려 들었어요. 그들을 향해 사격을 가해도, 몇 명만 쓰러질 뿐 더 많은 사람들이 몰려왔지요."

중국군의 주력은 덕동산에 주둔한 해병대를 공격했다. 그러나 영국 코만도는 공격해 오는 적의 측면을 쳤다. 에드몬즈는 어느 중국 군인이 3~4발의 탄환을 맞고도 진격을 계속하는 모습을 보았다. 마치 악몽 같았다. 중국군은 화력전을 구사하고 있지 않았다. 사격과 기동을 번갈아가면서 구사하지도 않았다. 그들은 그저 떼 지어 돌격해 오고 있을 뿐이었다. 중국군의 후위 부대는 UN군을 짓밟아 버리기 위해 먼저 쓰러진 전우의 시체를 넘어 계속 돌격해 왔다. 적의 수가 너무 많아 코만도가 자랑하던 정확한 사격은 그 빛이 바랬고, 탄을 낭비하는 경향이 강하던 미국식 사격 방식이 오히려 효과적이었다. 랭턴의 말이다.

"신중하게 조준해서 쏴야 하는 소총 사격장식으로 대처하면 안 되었죠. 우리가 적보다 나은 것은 화력 하나뿐이었습니다. 따라서 적에게 조준할 필요도 없이 한 표적에 한 발, 두 발, 세 발, 네 발까지도 쏴 대고서 다음 표적으로 옮기곤 했죠. 탕탕탕!"

반자동 화기를 가진 병사들은 흔치 않은 통증인, 검지 피로증을 느끼곤 했다.[55]

겨울밤에는 소총의 가늠쇠가 보이지 않았다. 그래서 코만도들은 탄도를 알기 위해 3~4발마다 1발씩 예광탄을 장전했다. 랭턴은 자기 앞에 있던 얼어붙은 장진호를 향해 BAR을 연사해 댔다. 얼음이 너무 단단해 탄이 맞고 튕겨서 적들의 하반신에 명중했다.[56] 모이즈의 분대는 엄폐물을 찾아 어떤 벽 뒤로 이동했는데, 그건 나중에 알고 보니 꽁꽁 얼어붙은 인간의 대변이었다. 밤이 되자 모이즈는 아무것도 보이지 않았다. 그는 조준할 표적을 전혀 찾지 못했다. 그저 눈에 보이는 것은 섬광 아래에서 거칠고 변화무쌍하게 움직이는 전쟁터뿐이었다.

미 해병대원들과 코만도 대원들은 솟구쳐 오르는 아드레날린과, 블랙커피의 카페인의 힘으로 버티고 있었다. 그러나 그들의 적 중국군도 놀랄 만큼 용감했다. 게다가 그들은 여러 발의 총알을 맞고서야 간신히 쓰러졌다. 그런 모습을 본 많은 UN군들은 중국군이 마약을 하고 있다고 결론지었다. 메인도널드의 말이었다.

"적들 중 많은 사람들이 마약을 하고 있다는 말이 돌았습니다. 분명 그들은 전투 의지를 북돋우는 뭔가를 먹은 게 틀림없어요."

실제로 일부 중국군 시체에서는 벤제드린(각성제), 아편(진통제) 등이 검출되었다. 그러나 이런 믿을 수 없을 만큼 강력한 돌격에는 또 다른 요인도 있었다. 지독한 추위와 형편없는 중국군의 보급 사정이 바로 그것이었다. 중국군은 미군 진지에는 대량의 음식과 난방 기구, 방한 피복이 있다는 것을 알고 있었다. 만약 미군들이 그 물자들을 소각 처분하기 전에 하갈우리를 점령하는 데 성공한다면, 그 엄청난 물자들은 모두 중국군의 것이 될 터였다.

중국군은 육탄전을 벌이고 있었고, 엄청난 인명 피해를 내고 있었다. 전투가 잠시 소강상태에 들어가면, 영국 코만도들과 미 해병대원들은 낮은 목소리로 이야기를 나누곤 했다. 오브라이언의 회상이다.

"살아남기 위해 싸웠던 우리 영국과 미국의 병사들은, 땅에 나란히 엎드려 이야기를 나눴지요. 뉴요커와 코크니(런던 토박이)끼리 말이지요. 전쟁과 상관없는 것이면 뭐든 대화 주제가 되었어요. 조용할 때 이렇게 물어봤지요. '아저씨, 고향이 어디예요?' 그러자 이런 대답이 돌아왔습니다. '네브래스카예요.' 그리고 다음 순간, 대답을 해 준 미 해병대원은 머리가 날아가 죽었지요."

12월 7일 아침, 덕동산의 험한 바위 위에 해가 떠오르자 중국군의 공격은 약해졌다. 방어망 속으로 돌진해 들어갔던 중국군들은 모두 사살되었다. 메인도널드의 말이다.

"어딜 가도 3~5m 반경 내에는 중국군의 시체가 한 구씩 있었어요. 정말 놀랍고 무서웠지요. 적의 실루엣을 보면 무조건 총을 쐈습니다. 죽이지 못하면 반드시 우리 진지로 쳐들어올 테니까요."

랭턴의 도탄 사격은 그 효과가 입증되었다.

"중국군은 생각할 수 있는 모든 자세를 취하고서 죽어 있었어요. 무서운 추위 탓에 죽자마자 바로 얼어 버린 거지요."

미국 제5해병연대의 연대장인 레이몬드 머리 대령은 이날 아침 전선을 따라 걸었다. 그는 괌과 사이판에서 일본군과도 싸워 봤지만, 이렇게 많은 적의 시신을 본 적은 없었다.[57]

움직일 시간이었다. 드라이스데일은 다시 한 번 휘하 병력들을 사열했다. 그들의 무기와 용의 복장을 점검했다. 그리고 명령을 내렸다. 이제 차량에는 부상자, 전사자, 운전병만 탈 수 있었다. 그 외의 모든 사람은 걸어야 했다. 심지어 팔에 부상을 입은 대원도 다리만 멀쩡하다면 걸어야 했다.[58] 그리고 사열은 해산되었다. 그러고 나서 하갈우리 마을 거리에 〈우리는 모두 후레자식들〉이 울려 퍼졌다. 하갈우리에서 이 노래가 이렇게 크게 불린 것은 이번이 처음이었다. 그리고 아마도 마지막이 될 것도 분명했다. 코만도들은 각 분대별로 모여 돌파를 준비했다.

중국군에게는 아무것도 줘서는 안 되었다. 어떤 장비도, 대피소도 넘겨 줘서는 안 되었다. 유담리에서 미국 제5, 제7해병연대가 철수하자마자 미군 포병대는 맹포격을 퍼부어 유담리를 초토화시켰다.[59] 시신이 잔뜩 들어찬 채로 길 위에 줄지어 서 있던 미 육군 제31연대전투단의 트럭 잔해들도, 아몬드의 명령에 의해 네이팜탄 폭격을 받아 소각되었다.[60] 그리고 이제 하갈우리에서 후위 부대가 철수하자마자 이곳에 쌓아 두었던 대량의 보급품들도 모조리 폭파되었다. 몇몇 해병대원들은 그 모습을 보고 7월 4일(미국 독립기념일)의 불꽃놀이를 연상했다.[61] 보급품들은 물론, 파괴되어 날 수 없던 항공기들도 파괴되었고, 목조 건물로 이루어져 있던 마을도 소각되었다. 천지를 뒤덮은 눈을 배경으로, 짙은 색 목재를 삼키며 춤추는 노란색 불꽃을 등진 해병대원들의 검은 실루엣이 보였다. 이렇게 하갈우리는 지도상에서 사라졌다.

영국 코만도들은 미국 제5해병연대 예하 부대 중 마지막으로 하갈우리를 떠날 예정이었다. 중국군은 경계선 안의 작은 언덕으로 침투해 들어왔다. 그들은 해가 뜨자 도망치려 했다. 중화기 소대의 기관총 명사수이던 제리 메일 중사는 연사를 가해 그들을 모두 사살했다. 토머스는 메일이 중국군들을 모두 사살한 다음에도, 후퇴하는 차량들을 엄호하기 위해 기관총 총열이 시뻘겋게 달아오르도록 사격을 계속 가했다고 회상했다.[62]

이때 일부 코만도들은 마치 일본 사무라이처럼 죽음의 필연성을 받아들이고 있었다. SBS 중사인 랭턴은 이렇게 말했다.

"저는 결국 마음을 비우고, 저도 전사할 수 있음을 인정할 수밖에 없었어요. 물론 죽음이 기뻤다고는 말할 수 없어요. 그러나 두렵지는 않았어요. 우리가 여기서 살아서 나갈 수 없다는 느낌이 들었을 뿐이지요. 나는 중국군에게 항복할 준비는 안 되어 있었어요. 끝은 그저 끝일 따름이었지요."

* * *

회색빛 리본처럼 이어진 길 양쪽에는 눈 덮인 언덕들이 솟아 있었고, 그곳 여기저기에는 앙상한 숲이 돋아나 있었다. 그 뒤에는 반짝이는 거대한 산들이 솟아 있었다. 하갈우리를 깨끗이 불태운 대열은 전날 제7해병연대가 길옆으로 치워 놓은 트럭과 지프 잔해들을 지나쳐갔다. 드라이스데일 기동부대가 남긴 이 검게 타 버린 잔해들 속에는 엉망으로 박살난 시신들도 있었다. 미 해병대원들과 영국 코만도들은 이제 눈 뜨고 꾸는 악몽의 세계 속으로 들어가는 것이었다. 시베리아에서 불어오는 찬바람은 지옥불 계곡의 전쟁터를 만화스럽고도 기괴하며, 흉측하고 부자연스러운 초현실주의 미술품들의 전시장으로 탈바꿈시켜 놓았다.

일반적인 상황에서는 아무리 사후경직이 일어나더라도 시체는 중력에 몸을 맡겨 축 늘어져, 마치 버려진 인형처럼 땅바닥에 찰싹 달라붙어 있게 마련이다. 그러나 장진호에서는 그렇지 않았다. 이곳의 시체들은 마치 폼페이 화산 폭발 장소에서 발견된 시체들처럼, 사지를 특이한 각도로 한 채, 죽었을 때의 그 자세 그대로 얼어붙어 있었다. 문자 그대로 굳어 있었다. 모이즈는 여기서는 죽은 지 무려 6일이나 지난 시체도 갓 죽은 듯이 생생하다고 생각했다. 어떤 모습은 도살장을 연상케 했다. 여기서는 피도 갈색으로 변하며 굳지 않았다. 땅에 흘러 개울과 웅덩이를 만든 채 얼어붙은 피의 색은 여전히 새빨갰다. 시체의 표정을 통해 그들이 죽음의 순간에 느꼈던 충격, 공포, 고통 같은 감정들을 엿볼 수 있었다. 오브라이언도 그 점을 어느 정도 알아챘다. 너무 끔찍해서 차마 눈 뜨고 보기 어려운 광경들이었다. 어떤 시체는 바지가 없이 누워 있었다. 중국군이 옷을 벗겨간 것이었다. 그들의 다리는 하늘을 향한 채로 얼어붙어 있었다. 에드몬즈는 한때 HMS 셰필드(Shefield) 함에 근무했던 코만도 대원의 시체를 알아보았다. 그의 시신은 완전히 딱딱하게 얼어붙어 있었다. 그곳의 모습은 망자의 품위를 너무나도 크게 실추시키는 것이었다. 한국인 통역관 이종연 소위는 매우 많은 시체들이 죽으면서 배변한 배설물들로 더럽혀져 있음을 알아챌 수밖에 없었다. 앨런은 똥을 누다가 저격을 당해 죽은 미 해병대원의 시신도 보았다. 차 옆에 쪼그려 앉은 채로 죽은 그의 바지는 발목까지 끌어내려져 있었다. 그는 그 자리에서 그런 식으로 계속 경계 근무를 서고 있었다.

잔해와 시신들 주변에는 편지와 예쁘게 포장된 크리스마스 선물들이 흩어져 있었다. 우편 트럭이 폭파되면서 흩뿌려진 것이었다. 토머스는 그 모습에서 지독한 슬픔을 느꼈다. 그들은 가급적 빨리 남쪽으로 가야 했기 때문에, 이 전쟁터를 제대로 정리해 놓을 시간은 없었다. 전사한 해병대원들은 매장하기 위해 트럭에 실려졌다. 시체들을 제대로 쌓기란 도무지 불가능했다. 모이즈의 말이다.

"사람들이 고통스러워하는 표정과 자세로 죽어 있었습니다. 정말 기괴한 모습이었지요. 일부 시체는 몸이나 얼굴에 총알 자국이 남아 있었습니다만, 어디에 총을 맞았는지 알 수 없는 시체들도 있었습니다."

기묘하게 구부러진 팔다리들이 트럭의 적재함 뒤로 튀어나와 있었다. 그 모습은 시체가 아닌, 부서진 밀랍 인형을 싣고 가는 것 같았다. 여기서도 미 해병대는 자군의 시체를 수습하는 데 더욱 애를 썼다. 해병대는 다수의 육군 장병들의 시체를 그냥 그 자리에 두고 갔다. 군간 알력이 참 보기 드물 정도로 냉랭하게 표출되었다고나 할까.[63]

제일 심한 꼴을 당한 것은 중국군 시체였다. UN군은 적군 시체를 전차와 트럭으로 밟아 뭉개 납작하게 만들어 버렸다. 그 와중에 그들의 방한복 안에 단열재로 들어 있던 지푸라기들이 빠져나왔다. 그렇게 뭉개진 중국군의 시신은 마치 부서진 허수아비를 연상케 했다. 참 이상하게도, 얼굴 폭이 45cm는 될 정도로 납작하게 짓이겨졌는데도 여전히 얼굴의 모양새를 알아볼 수 있었다. 월터는 그 점을 알아차렸다. UN군 차량이 밟고 지나가지 않은 중국군 시신들은 길 옆 도랑에 처박혔졌다. 미 해병대는 그런 시신들을 가지고 우스운 장난을 치기도 했다. 모이즈는 불에 시커멓게 탄 중국군 시신 앞으로 지나쳐 갔다. 그 시신은 고열에 노출된 시신들이 흔히 그렇듯이 힘줄이 줄어들어 일그러진 탓에, 마치 경기에 임하는 권투선수 같은 포즈를 하고 있었다. 상체를 약간 수그리고, 주먹을 쥔 채 양 팔을 쭉 뻗고 있었던 것이다.[64] 불에 타고 쪼글쪼글해진 시체들 중에는 길옆에 무릎을 꿇고 앉아서 양손을 내밀고 있는 것도 있었다. 지나가던 장난기 많은 병사는 그 시체의 손바닥 위에 조심스럽게 사탕을 올려놔 주었다. 다른 시체의 입에는 담배를 물려주기도 했다. 지나가던 해병대는 시체의 입에 물려 있는 담배를 조준해 총을 쏘면서 즐거워하기도 했다.[65] 하지만 지독한 추위는 이 노천 시체 안치소의 훌륭한 장의사 노릇을 했다. 시체들을 꽁꽁 얼려 버림으로써, 온화한 기후에서는 전쟁터에 떠돌던 지독한 시체 썩는 냄새를 차단한 것이었다.

또 다른 모순도 있었다. 대열은 끊임없이 멈추다 서다를 반복하면서 그 길이가 줄어들었다 늘어났다 했는데, 달리는 차에서는 얼어붙은 레이션을 데울 불을 피울 수가 없었기 때문이었다. 달리는 차 안에서 먹을 수 있는 것이 필요했다. 그리고 장진호에서 사탕은 얼지 않는다는 점이 발견되었다. 중국군의 공세 전, 하갈우리에는 미군이 PX(매점)를 차리기 위해 가져다 놓은 엄청난 양의 보급품이 있었다.[66] 스미스 장군은 모든 병사들에게 사탕을 지급하라고 명령했다. 그 결과 남쪽으로 달려가는 멍한 눈의 병사들의 입에는 투시롤(Tootsie Roll) 캐러멜이나 라이프세이버스(Lifesaver) 사탕이 물려 있었다. 바람이 씽씽 부는 황무지에서 전투 후퇴를 하는 병사들의 식량이라기보다는 유치원 소풍에 더 걸맞은 음식들이었다.[67]

추위는 시체는 보존하고, 산 사람들은 괴롭혔다. 얼굴의 살이 하얗게 얼어붙어 가는 정도는 차라리 사소했다. 손톱 주변의 살이 떨어져 나가기도 하고, 입술이 찢어지기도 했다. 귀, 귓불, 손가락, 코끝 역시 위험한 곳이었다. 그러나 이런 부분들은 밖으로 드러나 있기 때문에, 위험 신호가 발생하면 동료가 알려 줄 수 있었다. 더욱 심각한 것은 그들이 신은 슈팩 방한화의 설계상 결함이었다. UN군은 엄청난 대가를 치르고 나서야 이를 알 수 있었다. 슈팩은 흡습성이 없는 고무로 만들어진 제품이다. 따라서 발에서 발생한 땀이 기화되면서 외부로 빠져나갈 수 없다. 그 때문에 발 주변에 땀이 얼어 얼음막을 형성하게 되었다. 그러면 동상에 걸리고 마는 것이다. 그리고 며칠에 한 번이라도 슈팩을 벗어 볼 기회가 없던 미 해병대원들과 코만도 대원들은 자신들의 상태가 얼마나 심각한지 알 수 없었다. 1도 동상 때는 발이 엄청나게 시리고 살이 하얗게 되는데, 그래도 이 상태는 치료가 가능하다. 2도 동상 때는 물집이 생기면서 화상을 입은 것처럼 아프다. 이 때는 양말을 벗기면 발톱이 빠져나온다. 3도 동상 때는 괴저가 진행되면서 물집과 환부가 암록색으로 변한다. 이 지경까지 되면 발가락과 발의 일부가 알아서 떨어져 나가고, 발 절단 수술이 필요하다. 동상으로 인한 사상자 중 95%가 족부 동상 때문이었다.[68]

병사들은 물이 어는 것을 막기 위해 수통을 옷 속에 넣어 가지고 다녔다. 코만도 대원들은 양말 한 켤레를 겨드랑이에 껴서, 체온으로 건조시켰다. 어느 상사는 오브라이언에게 빈 레이션 캔을 길을 따라 차 보라고 시켰다. 오브라이언은 그의 말을 따랐다. 그것이 발 혈액순환이 제대로 되게 하기 위한 운동이었음을 깨달은 것은 좀 시간이 지난 후였다.

"발등에 감각이 없었지만, 동상에 걸리지는 않았어요."

많은 병사들이 발가락을 잃었지만, 그는 그 조언 덕택에 무사했다.

대열 후방에는 하갈우리에서 탈출한 피난민들이 따라붙었다. 어떤 민간인들은 소달구지에 가재도구를 싣고 다녔지만, 대부분은 짐을 지게로 지거나 보따리에 싸서 머리에 이고 걸어 다녔다. 에드몬즈는 이 전역의 특징인 기묘한 우연의 일치를 경험했다. 그는 어느 한국인 피난민들 옆에 서 있었다. 그 피난민들은 자기들 물건은 물론 전쟁터에서 주운 물건들을 가지고 있었는데, 그중 한 사람의 지게에 에드몬즈가 지옥불 계곡에서 잃어버린 전투배낭이 올려져 있었다. 실크스크린으로 표시가 되어 있기 때문에 알 수 있었다. 하지만 그는 감히 한국인들에게 그 배낭을 돌려달라고 말할 용기가 나지 않았다.

주변을 둘러싼 참상 속에, 마치 천사처럼 보이는 어느 피난민이 서 있었다. 모이즈의 말이다.

"저는 아직도 그 여자아이를 기억합니다. 정말 아름다웠지요. 피부는 백옥 같았고, 나이는 16~17세 정도로 보였어요. 그 상황 속에서도 모두가 그 아이에게 시선을 돌릴 정도였지요. 사람들이 자신의 고향을 떠나는 장면을 보다니 슬펐습니다."

고통당하는 사람들을 본 이종연의 기독교 신앙은 무너져 내렸다.

"이런 고난조차도 하나님의 은혜라고는 도저히 생각할 수 없어요."

그러나 피난민들은 UN군과 일정한 거리를 유지했다. 토머스의 말이다.

"피난민들은 우리를 따라오려 했지요. 미 해병대는 그들 중 우리 대열에 침투해서 사격을 가하는 사람이 있을까봐 늘 조심했어요.*"

후퇴 대열의 모든 곳에서 전투는 벌어졌다. 중국군이 고지에 매복하고 있었기 때문이었다. 얼어붙어 강철처럼 단단해진 길에 총알이 맞으면, 마치 양철지붕에 돌멩이가 날아와 맞는 것 같은 소리가 났다. 이런 전투 중 어떤 것은 하갈우리에서 데리고 나온 중국군 포로 300여 명에게 비극을 초래하기도 했다. 이종연의 말이었다.

"고지의 중국군들은 우리를 중국군으로 착각한 모양이에요. 그래서 거울 같은 걸로 빛을 반사해서 신호를 보내더라고요. 그 다음에는 뭐라고 소리를 지르더군요. 그러자 중국군 포로 중에 절반 정도가 탈주를 시도했지

---

* 토머스는 필자에게, 피난민들의 모습이 너무나 오랫동안 자신을 힘들게 했다고 털어놓았다. 그는 피난민 중에 과연 북한을 탈출한 사람이 있을지 궁금해 했다. 물론 실제로는 그들 중 아주 많은 사람이 탈출에 성공했다. 이로부터 20년 후, 군에서 제대해 변호사가 되어 성공한 이종연은 서울에서 여러 하갈우리 피난민들을 만났다. 그들은 자신들이 대한민국에서 어떻게 성공을 누렸는지 열정적으로 이야기했다. 이종연은 감동해 눈물을 흘렸다.

요. 그 직후 고지의 중국군들은 우리를 향해 사격을 개시했어요. 우리도 응사했지요."

도랑에 숨어 있던 이종연의 철모를 총알 한 발이 때리고 지나갔다. 그는 전투 중에 처음으로 기도를 했다. 그것도 아주 성심껏. UN군과 중국군의 총성이 오가는 가운데 중국군 포로들은 픽픽 쓰러졌다.

41코만도의 C소대에게 고지 소탕 임무가 떨어졌다. 미군 전차 한 대가 화력 지원을 하기 위해 멈췄다. 하지만 전차의 사격은 코만도들의 기대만큼 정확하지 못했다. 한 코만도 대원이 전차에 달려가서 어안이 벙벙한 전차장에게 소리쳤다.

"죄송한데, 이건 우리 일이라고요![69]"

머리 위에는 더욱 강력한 지원 수단인, 공격비행대대의 코르세어들이 독수리처럼 맴돌고 있었다. 적보다 병력이 열세이던 미 해병대는 이들 코르세어들을 '이퀼라이저(The Equalizer)'라고 불렀다. 예전에 산 위의 발자국을 보고 아주 놀랐던 '검은 양(Black Sheep)' 전투비행대대의 라일 브래들리 대위도 이들 코르세어 중 한 대에 탑승하고 있었다.

브래들리의 비행대대는 함흥 인근의 연포 비행장에 주둔하고 있었다. 그곳도 영하의 날씨이기는 했지만, 산악지대에 비하면 따뜻한 편이었다. 그러나 그 정도의 추위도 매우 정밀한 기계 작업인 항공기의 정비를 해야 하는 정비사들에게는 엄청난 고통이었다. 항공대 요원들도 보병들과 비슷한 애로 사항을 겪고 있었다. 그들이 숙소로 사용하고 있던 건물은 북한 공산당식 그림이 벽에 걸린 창문 없는 건물이었고, 침낭 속에 들어가 잠을 잤다. 브래들리는 만약 격추당할 경우라도 지상에서 생존할 수 있도록 만반의 준비를 했다. 그는 비행복 대신 전투복을 입고 있었고, 주머니 속에는 전투 식량을 넣었다. 38구경 리볼버 권총과 칼도 한 자루씩 휴대했다. 그는 자살용 장비도 휴대했다. 그는 이렇게 말했다.

"저는 결코 포로가 되지 않겠다고 다짐했습니다. 적은 항공기 승무원들에게 자비를 베풀지 않았거든요."

그들 조종사들이 떨어뜨린 네이팜탄이 중국군의 누비 방한복에 맞으면, 그들은 인간 횃불로 변해 버리곤 했기 때문이다.

위험은 이미 이륙 때부터 시작되었다. 연포 비행장의 활주로에는 겨울을 나는 기러기들이 살고 있었는데, 이 기러기들이 연료와 탄약을 만재한 코르세어의 직경 4m짜리 프로펠러에 부딪히기라도 하면 큰일이 벌어졌다. 전투 지역은 비행장으로부터 항공기로 불과 20분 거리라, 조종사들은 아군 대열 상공에서 2시간 동안 체공할 수 있었다. 구름의 높이가 90m에 불과한 날에는, 조종사들은 산의 지형 굴곡을 이용해 낮게 비행하며 해병대 대열을 찾아가야 했다. 조종사들의 말로 '수프(soup)'라고 불리는 이 낮게 깔린 짙은 구름과, 빈번히 내리는 눈 때문에 저공 비행의 위험성은 매우 컸다. 브래들리의 말이었다.

"비행기가 산에 충돌해서 죽은 조종사들이 여러 명 있었습니다. 비행기랑 산이 부딪치면 산은 끄떡도 없어요. 비행기는 산산조각 나지만."

일단 대열 상공에 도달하면, 조종사들은 지상의 ACT와 통신한다. ACT의 무전기를 조작하는 것은 해병대 보병부대에 배속된 해병대 조종사들이다. 브래들리의 말이다.

"저희는 항공연락관의 지시 없이는 어떤 일도 하지 않았습니다."

브래들리와 함께 일한 ACT 중 가장 실력이 뛰어났던 어떤 사람의 콜사인은 현 상황에 아주 적합한 이름인 '던커크(Dunkirk) 14'였다. 공격은 매우 정확해야 했다. 코르세어는 500파운드(227kg) 폭탄 또는 로켓탄 클러스터 등 매우 위험한 무기들을 날개 아래에 잔뜩 탑재하고 있었기 때문이다.

날개에는 20mm 기관포도 4정이 달려 있었다. 이들 기관포와 로켓탄의 발사 방아쇠는 항공기의 조종간에 달려 있었다. 폭탄과 네이팜탄은 스위치를 누르면 나갔다.

항공기의 속도는 무려 시속 350노트(648km)나 되었지만, 조종사가 일단 시각 확인을 하면 적과 아군을 식별하기는 쉬웠다. 브래들리의 말이다.

"중국군은 흰색 군복을 입고 있었지만, 완벽한 흰색은 아니었습니다. 그 옷을 입고 있던 당사자들도 그 사실을 아는지 모르겠습니다만, 일단 눈보다는 색이 약간 어두웠지요. 그리고 일부 사람의 옷은 지저분해져 있었어요. 반면 미 해병대는 모두 녹색의 군복을 입고 있었어요."

브래들리는 폭격에 들어가기 전에 항상 조종실 캐노피를 열곤 했다. 영하의 칼바람이 엄청난 속도로 비명을 지르며 들이치는 데도 말이다.

"저공 폭격 시에는 폭발의 영향을 예측하기 어렵습니다. 폭발 때문에 전투기의 엔진이 멈출 수도 있고, 돌멩이가 날아와 부딪칠 수도 있어요."

그 때문에 캐노피를 열어 놓으면 만일의 경우 더욱 신속하게 탈출할 수 있다. 폭탄을 투하하려면 슈투카(Stuka: 제2차 세계대전 중 독일 공군이 사용하던 급강하 폭격기)식으로 깊은 각도로 급강하해서 적의 머리 위에 폭탄을 떨어뜨려야 한다. 이 상태에서 투하된 500파운드 폭탄은 항공기와 같은 각도로 떨어지게 된다. 일단 폭탄을 떨어뜨리면 후폭풍이 항공기를 덮치기 전에 조종간을 당겨서 폭탄의 살상 구역을 벗어나야 한다. 그야말로 롤러코스터처럼 급강하하다가 폭탄을 떨어뜨리는 충격을 느끼고, 급하게 기수를 들어올린다. 그 다음에는 폭탄의 폭발 충격파가 기체를 흔드는 것을 느낄 수 있다.

로켓은 최대 1.6km 떨어진 표적에 대해 발사할 수 있으며, 폭탄만큼 폭발력이 뛰어나지는 않다. 네이팜탄은 폭탄의 투하 위치를 표시할 때, 또는 적을 불태워 버릴 때 사용된다. 네이팜탄의 폭격은 얕은 각도로 강하하며 이루어지며, 최저 6m 고도에서는 폭탄을 투하해야 한다. 네이팜탄 폭격 시 브래들리는 아주 치명적인 결과를 낳을 뻔한 실수를 저질렀다.

"저공비행을 하면서 네이팜탄을 떨어뜨린다는 것이 실수로 로켓탄 발사 방아쇠를 당긴 것입니다."

로켓탄 폭발로 일어난 후폭풍 속으로 뛰어든 그의 비행기에 파편들이 덮쳤다. 깨진 돌 때문에 항공기에 구멍이 19군데나 났다.

코르세어는 가져온 폭발물들을 쏟아 놓은 다음, 20mm 기관포 사격을 했다. 이 포는 매우 강력했다. 예광탄은 없었지만 필요도 없었다. 예광탄 대신 소이폭발탄을 장전하면 눈밭에 줄지어 명중한 탄약이 펑펑 터지면서 탄착 부위를 알려 주었다. 브래들리의 말이다.

"중국군들이 엄폐물을 찾아 달리고 엎드리는 모습을 봤습니다. 어떤 놈들은 큰 나무 뒤에 숨기도 하더군요."

양군 간에 매우 가까운 거리에서 전투를 벌였기에, 까딱 잘못하면 아군을 폭격할 위험이 있던 경우도 많았다. 예를 들면, 길 하나를 사이에 두고 미 해병대와 중국군이 나뉘어 싸우는 경우였다. 이때는 길을 따라 날면서 한쪽 날개의 기관포로만 사격을 할 수밖에 없었다. 이때는 반동이 한쪽 날개에서만 발생하기 때문에 기체가 한쪽으로 기울었다. 그것을 견디고 코르세어를 똑바로 날게 하면서 사격을 하는 것도 일이었다.

항공기가 적이 설치한 도로 장애물이나 산속의 화력 진지를 제거할 때면 미 해병대원들과 코만도들은 멈춰서 그 효과를 감상했다. 하늘을 날며 적을 소탕하는 짙은 청색의 역갈매기 날개의 이 전투기들은 적에게는 그야말로 저승사자였다. 급강하하면서 코르세어의 엔진이 내지르는 폭음, 그리고 날개에 달린 공기 흡입구로 공기가 빨려들어 갈 때 나는 사이렌 소리 비슷한 비명 소리가 그 두려움을 더욱 배가시켜 주었다. 그 덕택에 이 항공기는 제2차 세계대전에 참전한 일본군들에게 '죽음의 휘파람'이라는 별명을 얻었다.

모이즈는 이렇게 말한다.

"고지에 있던 중국군들은 코르세어의 공격에 대응해 보려고 무진 애를 썼지만 잘 되지 않았죠. 항공연락관이 잘 대처한 덕택이었습니다."

앨런은 기총소사를 가하는 코르세어를 피하려고 눈밭 위를 갈지자로 뛰며 필사적인 회피 기동을 벌이는 중국군을 보면서, 마치 하늘로 날아오르는 새떼의 모습을 담은 자연 다큐멘터리 필름을 보는 느낌을 받았다.

폭발한 네이팜탄은 중국군에게 한 가지 좋은 일도 해 주었다. 앨런의 말이었다.

"네이팜탄이 터지고 나면 중국군들이 나와서, 아직 불기가 남아 있는 네이팜탄의 잔해 앞에 가서 불을 쬐는 모습을 보았습니다."

네이팜탄 속의 젤리형 석유는 불타면서 눈밭을 녹여 검은색 진흙탕으로 바꾼다. 눈밭에서는 뛰어난 위장 효과를 자랑하던 중국군의 누비 방한복도 그 위에서는 오히려 표적으로 전락했다. 토머스는 그 꼴을 보니 너무나도 재미있었다.

"흰 누비 방한복을 입은 중국군이 검은 땅 위에서 달리는 모습은 너무나도 눈에 잘 띄었지요."

공습이 끝나고 나서 중국군이 대열을 재정비하고 사격을 재개하기까지는 15분이 걸렸다. 대열은 1시간에 1.6km도 안 되는 속도로 전진했다. 그리고 중국군이 길 위에 설치해 놓은 나무와 흙으로 된 도로 장애물을 철거하고, 사상자를 차량에 싣거나 적의 공격을 받았을 때 은폐하고 반격하느라, 또는 길옆에서 벌어지는 공습을 보느라 끊임없이 멈춰야 했다. 17:00

시에는 41코만도 전원이 고토리에 들어왔고, 그날 밤 자정에는 미국 제5해병연대의 최후미 부대가 고토리에 들어왔다.

장진호 전투가 시작된 이래 처음으로, 미국 제1해병사단 전원이 한자리에 모인 것이다.

* * *

고토리에서 코만도들은 첫날 밤 이후 지옥불 계곡을 탈출했던 오븐스의 부대원을 포함한 25명의 병사들과 재회했다. 이로써 코만도의 병력 수는 150명이 되었다.[70] 하지만 그들의 만남은 순전히 기쁜 것만은 아니었다. 절대 대답할 수 없는 이들의 이름이 불릴 때마다 그들은 자신들이 입은 피해를 실감했다. 브래디의 말이다.

"친숙한 얼굴들이 많이 사라져 있었지요."[71]

코만도의 윌리엄스 중사의 이야기는 특별했다. 그는 혼란스러운 전투 중에 부상을 당해 포로가 되었다. 그러나 자신의 신분을 전투병이 아닌 종군기자로 속이는 데 성공했다. 그러자 중국군은 그를 다른 미군 병사 2명과 함께, 총에 맞아 벌집이 되고 타이어도 없는 지프에 태웠다. 중국군은 지프의 배터리 충전도 도와주었다. 이들을 태운 지프는 남쪽으로 달렸고, 11월 30일 밤 어느 다리 밑에서 멈췄다. 다음날 아침에 윌리엄스 중사가 일어나 보니 지프와 미군 병사들은 어디론가 사라지고 없었다. 윌리엄스는 화가 났다. 중국군은 윌리엄스를 길옆에 있던 오두막에 다른 미군 포로 한 명과 함께 가두었다. 며칠 동안 그들은 서서히 얼어 죽어가고 있었다. 그러다가 12월 6일, 전차가 달려 지나가는 소리를 들었다. 미국 제7해병연대의 전차였다. 두 사람은 소리를 질러 미군에게 발견되어, 들것에 실려 트럭에 태워

져 고토리로 후송된 것이었다.[72)]

경계선 내에서 야영 준비가 실시되었다. 자기 배낭을 찾던 앨런은 그야말로 초자연적인 현상을 경험했다. 하갈우리를 탈출해 행군하던 앨런은 배낭의 무게 때문에 지쳐, 지나가던 지프에 그 배낭을 실어 버리고 맨몸으로 행군했다. 고토리에는 트럭과 병기 수송 차량, 지프를 합쳐 1,400대의 차량이 주차되어 있었다.

"저는 마음을 비우고 그냥 발이 이끄는 대로 걸으면서 배낭을 찾기로 했어요. 그런데 주차장의 오른쪽 구석에 제 배낭을 싣고 갔던 지프가 있어서, 거기서 배낭을 찾을 수 있었지요. 정말 신기했어요!"

또 다른 신기한 일들도 벌어지고 있었다. 그 일들을 겪은 지친 생존자들은 하나님의 존재를 믿게 되었다. 12월 7일 거의 하루 종일, 그리고 12월 8일 저녁에 눈이 내렸다. 그리고 고원 위에 먹구름이 걸렸다. 그러나 산을 감싼 먹구름 사이에 때때로 틈이 벌어지면, 초병들은 전투 기지를 비추는 하얀 별 하나를 볼 수 있었다. 그 별에 대한 소문이 퍼졌다. 난방 텐트와 경계선 초소에는 그 별을 찬미하는 말이 퍼지기 시작했고, 그 말은 곧 노래로 바뀌었다. '고토리의 하얀 별'은 병사들의 희망의 상징이 되었고, 해병대 전설의 일부가 되었다.[*73)] 12월 8일의 아침이 밝았을 때, 고토리에는 안개가 깔리고 진눈깨비가 내려 항공기의 엄호 비행이 불가능했다. 한국 전쟁에서 제일 크게 이름을 날린 종군 기자인 마거리트 히긴스는 고토리의 작은 비행장에 내린 다음 이런 글을 썼다.[74)]

"종종 보이던 아군 비행기들은 보이지 않고, 수백 동의 텐트 위에는 태고

---

* '고토리의 별'은 장진호 전투 참전자들의 모임인 '더 초신 퓨(The Chosin Few)'의 공식 로고가 되었다. 하와이 주 카네오에의 미 해병대 교회의 스테인드 글라스에도 고토리의 별이 그려져 있다.

의 차가운 정적만이 감돌고 있었다."

하늘이 갠 것은 12월 9일이 되어서였다.

시신들은 그들이 생전에 싸웠던 얼어붙은 대지에 매장되었다. 돌같이 단단하게 얼어붙은 땅에 폭탄으로 구덩이를 판 다음, 12월 8일 113명의 전사자를 묻었다. 마치 밀랍 인형처럼 보이는 미 해병대와 육군의 시신들 중에는 초록색 베레모를 쓴 영국 코만도의 시신들도 있었다. 미군의 군종 장교가 "주는 나의 목자이시니……"라는 성경 구절을 말했지만, 매서운 바람 소리 때문에 그의 말은 잘 들리지 않았다. 영현등록 장교는 묘지를 돌아다니며 묘지의 지도를 작성했다. UN군이 다시 돌아왔을 때 시신을 회수해 갈 수 있도록 하기 위해서였다.[75] 토머스의 말이다.

"'재는 재로, 먼지는 먼지로 돌아가라.'라는 추도사를 낭독한 후 불도저가 시신 위에 흙을 덮었습니다."*

장례식에 참석했던 사람들 중 히긴스는 황초령 고개 전투에 참가하지 않았다. 풀러는 그녀가 여기 있다는 것에 짜증을 냈다. 그리고 스미스는 기사도 정신에 입각해 그녀를 항공편으로 후송해야 한다고 주장했다.[76] 코만도 대원들 중에 여성해방 운동가는 없었기 때문에, 그들도 히긴스가 여기 있는 것이 특별히 대단한 일이라고는 생각지 않았다. 토머스는 이렇게 말하며 콧방귀를 뀌었다.

"여자가 이런 곳에 있다니, 참 웃기는 노릇이지요!"

고토리의 활주로는 길이가 짧아 대형기가 착륙할 수 없었다. 따라서 부상자 후송에는 뇌격기가 사용되었다. 히긴스도 뇌격기를 얻어 타고 산마루

---

* 1953년 체결된 한국 전쟁 정전 협정에 따라, 고토리에 매장되었던 113명의 시신은 전후 발굴되어 UN군 측에 인도되었다. 스미스 장군은 이렇게 말했다. "저는 그 작업 일체를 북한 측에 맡겼습니다. 그 친구들은 뛰어난 솜씨로 시신을 파낸 다음 영현낭에 담아 판문점을 통해 인도해 주었습니다."(www.chosinreservoir.com 에서 그가 로(Roe)와 한 인터뷰를 참조하라.)

에서 포탄이 날아오는 고토리를 빠져나갔다. 그녀와 함께 탄 사람 중에는 태평양 전역의 미 해병대 사령관인 레뮤얼 셰퍼드 장군도 있었다. 그는 현지에서 싸우는 부하들을 만나 보러 고토리에 간 것이었으나 스미스 장군은 그에게 떠날 것을 권고했다.[77]

황초령 고개를 따라 내려가는 길에서는 제7해병연대가 선두에 서고, 그 뒤를 제5해병연대와 41코만도가 뒤따랐다. 풀러의 제1해병연대는 전차와 사단 직할 수색 소대를 가지고 후위에 설 것이었다. 어떤 영국 코만도 대원은 브래디에게 작전의 이 단계에도 좋은 점이 하나 있다고 말했다.

"그래도 내리막길이야, 친구![78]"

그러나 아주 결정적인 장애물이 아직 하나 남아 있었다. 바로 끊어진 다리였다.

중국군은 다리를 폭파해 9m 구간을 끊어 놓았다. 그 아래에는 깊이 870m의 골짜기가 아가리를 벌리고 있었다.[79] 보병들이 발전소 뒤의 경사면까지 빨리 모일 수는 있었지만, 여기는 도저히 우회로를 확보할 장소가 없었다. 다리를 복구하지 않으면, 제1해병사단의 차량 1,400대를 버리고 갈 수밖에 없었다. 그 차량들 대부분은 부상자를 나르는 데 사용되고 있었는데 말이다. 끊어진 다리를 이어 미국 제1해병사단이 통과하려면 4칸의 부교가 필요했지만, 그들에게는 부교가 없었다.

그들이 필요로 했던 부교는 하늘에서 내려왔다. 뛰어난 임기응변의 산물이었다. 미 공군은 무게가 2톤이나 되는 부교 한 칸의 양쪽 끝에 낙하산을 달고, 이를 수송기에서 떨어뜨린다는 미증유의 작전을 제시했다. 하지만 워낙 무거운 물건이라 착지 시의 충격을 제대로 견딘다는 보장이 없었다. 그래서 해병대 공병들은 부교 8칸을 보내달라고 요청했다. C-119 수송기들이 부교를 공수 낙하한 것은 12월 7일의 일이었다. 부교 하나는 중국군 지역에 떨어졌고, 또 하나는 떨어질 때 망가졌지만, 나머지는 고토리 경계선 내에 안착했다. 고갯길을 통해 이것들을 골짜기로 보내는 것이 다음 과제였다. 다행히도 압록강을 향해 의기양양하게 진격하던 시기에, 아몬드는 하갈우리에 부교 수송용 트럭 여러 대를 보내 놓았다. 이들 트럭들은 무사히 하갈우리를 탈출해 부교를 나르는 데 투입되었다.[80]

12월 8일은 기온이 영하 34도에 달했다. 이 전쟁이 시작된 이래 가장 추운 날이었다. 이 날, 미국 제1해병사단의 장렬한 돌파전의 최종 단계, 즉 고산지대에 난 17km 구간의 구불구불한 고갯길을 통한 철수가 시작되었다. 미국 제7해병연대와 공병대가 부교를 가지고 고토리에서 나오는 동안, 영국 41코만도에는 도로상의 180도 커브길 중 하나를 감제하는 고지를 확보하라는 임무가 주어졌다. 그들은 무려 시속 55km 속도로 몰아치는 차가운 바람을 맞아가며 힘들게 고지를 올랐다. 고지의 산마루에 파인 참호에 도달한 에드몬즈는 그 참호에 얼어붙은 중국군 시체가 무수하게 있는 것을 보고 놀랐다. 그들이 지켜보는 가운데, 고지 아래의 도로로 1개 사단이 눈보라를 뚫고 이동하고 있었다. 해가 지면서, 영국 코만도들은 그들의 인생에서 제일 추운 밤을 보내게 되었다. 그날 밤, 그들은 중국군의 공격을 전혀 받지 않았고, 따라서 반격해야 할 일도 없었다. 그러나 드라이스데일조차도 다음 날 아침이 결코 돌아오지 않을 것 같다는 느낌을 받았다.[81] 다음 날 아침, 41코만도는 고토리로 돌아가라는 명령을 받았다.

12월 9일, 부교를 가지고 계곡에 도착한 공병대는 가져온 부교가 너무 짧아 2.1m 구간을 채우지 못하는 것을 알았다. 그러나 도로 남쪽 끝에 길 아래로 2.4m 지점에 바위가 하나 있었고, 길옆에는 철도용 침목이 버려져 있었다. 이 침목들을 사용하면, 마지막 남은 빈틈을 이을 격자형 구조물을 만들 수 있었다. 그러나 그 구조물 속에 채워 넣을 충전재를 구해야 했다.

그리고 거기에는 부교를 공수 낙하하는 것 이상으로 더욱 기발한, 보기에 따라서는 더욱 으스스한 창의적 발상이 필요했다.

영국 코만도와 미 해병대를 좀먹던 추위는 그들의 적 중국군도 죽이고 있었다. 미 해병대의 초토화 전술로 인해 중국군은 휴식처도 식량도 구할 수 없게 되었다. 이미 중국군의 빈약한 보급 능력은 바닥이 나 버렸고, 상당수의 중국군들은 약간의 볶은 곡식과 눈 녹은 물로 연명하는 지경이었다.[82] 그들의 누비 솜 방한복의 방한 효과는 매우 뛰어났지만, 대부분의 병사들은 장갑도 없었다. 그리고 그들의 전투화는 캔버스제였다. 그 전투화는 아열대 기후지역인 대만을 침공할 때를 위해 설계된 것이어서, 영하의 추위가 몰아치는 장진호 전투에는 끔찍하리만치 부적합했다.[83] 날씨는 총탄이나 네이팜탄만큼이나 살인적이었다. 그리고 이곳의 차단관리소(valve station) 앞에서만큼 그 점이 확실히 입증된 곳도 없었다. 12월 8일의 추운 밤, 중국군 1개 대대는 그곳에서 매복하라는 명령을 받았다. 그들은 목적지로 달려갔다. 그러나 목적지에 도달해 눈 속에 진지를 파던 중, 대부분이 흘린 땀이 얼면서 얼어 죽었다. 생존자는 수십 명에 불과했고 그들은 처량한 몰골로 미 해병대에 항복했다.[84]

목제 격자가 만들어지는 동안, 중국군 전쟁포로들은 꽁꽁 얼어붙은 동료의 시체를 바위 위에 쌓았다.[85] 공병대가 제일 먼저 다리를 건넜고, 그 후 사단의 차량들이 한 번에 한 대씩 다리를 건너기 시작했다. 미국 제1해병사단은 적들의 시신 위로 임시 부설된 다리를 통해 이 고지대를 빠져나가고 있었다.

아직까지 전투를 해 보지 않았던 미국 제1해병사단 예하 대대는 하나뿐이었지만, 이제 그들도 전투에 참가하고 있었다. 산악지대로 통하는 출입구인 진흥리를 지키고 있던 제1해병연대 제1대대가 그들이었다. 12월 8일 이들에게는 황초령 아래의 적 도로 장애물들을 뚫고 진격하여 주요 고지인 1801 고지를 점령하고, 남쪽에서 싸우고 있던 동료 해병대와 합류하라는 명령이 내려졌다. 이들은 엄청난 화력 지원을 받고 있었다. 미 육군의 1개 기갑포병대대와 1개 대공포 대대가 지원하고 있었던 것이다. 특히 대공포 대대는 2연장 40mm 기관포 또는 4연장 50구경 기관총으로 무장한 18대의 반궤도 장갑차를 가지고 있었다. 원 소속이 육군 제3보병사단이었던 이들 육군 부대는 제1해병사단 후방의 저지대에서 도그 기동부대(Dog Taskforce)를 구성, 진흥리를 확보하고 해병대의 탈출을 엄호하는 임무를 맡고 있었다.

고토리 경계선의 일부를 맡아 이틀 동안이나 한잠도 못 자고 밤새도록 경계 임무를 수행하고 있던 41코만도는 12월 9일 09:00시 미국 제5해병연대와 함께 고갯길을 나아가기 시작했다. 매섭게 몰아치는 눈보라가 행군하는 병사들의 따귀를 갈겼다. 이미 드라이스데일은 누구도 차량에 탑승하지 말 것을 지시했다. 그리고 본인도 팔에 부상을 입었음에도 병사들과 함께 걸었다.

전투는 계속되었다. 창공을 선회하던 코르세어 전투기들이 상당수의 적들을 제거해 주었지만, 메인도널드의 찰리 소대는 도랑 시작 부분에서 도로를 향해 소사 중인 적 기관총을 제거하라는 명령을 받았다. 코만도 대원 지미 페퍼가 어깨에 총을 맞았다. 메인도널드의 소대는 전면 공격을 위해 횡대로 전개했다. 그러나 적 기관총이 불을 뿜기 시작하자 코만도들은 엄폐물을 찾아 엎드렸다. 메인도널드는 무려 45cm 두께로 쌓인 눈이 총알을 튕겨 낼 수 있음을 알고 나무 뒤로 가서 숨었다. 그러나 그 나무는 줄기의 직경이 20cm도 안 되는 묘목에 불과했다. 그는 엎드려서 움푹 파진 구덩이로 가서 숨었다. 장교가 측면으로 기동하라고 명령했다. 그러나 오른쪽으로 돌아가자, 급경사의 계곡이 나타났다. 그 기관총좌는 꽤 좋은 위치에 배치되어 있었다. 공격할 길이 없었다. 그러나 아군 대열은 다시 이동하기 시작했다. 코만도들은 기관총좌에 대한 공격을 중지하고, 대열에 합류할 것을 명령받았다. 41코만도는 급조 복구된 다리 위를 터벅터벅 걸어 건넜다. 모이즈의 말이다.

"정말 대단한 일이었습니다. 훌륭했지요. 미국 친구들의 기술 중 엔지니어링과 항공기술만큼은 그 탁월함을 인정하지 않을 수 없지요."

걸어가는 병사들이 걷는 길 한편에는 무려 수백 미터 아래 계곡까지 이어진 낭떠러지가 있었다. 계곡은 눈과 안개로 덮여 장관을 이루고 있었다. 반대편에는 화강암 절벽이 있었다. 그 절벽 위로 뻗어 오른 거대한 산봉우리들, 특히 제1해병연대의 맹공격으로 점령된 1801고지는 네이팜탄을 얻어맞아 시커멓게 되었다. 오르막 비탈에 있는 진지에서는 꽁꽁 얼어 버린 중국군 시신들이 그들의 손아귀를 빠져나가는 UN군을 멀거니 바라보고 있었다.

토머스는 내장이 튀어나온 중국군의 시신에 눈이 돌아갔다. 그 사람의 얼어붙은 창자는 도로 폭 전체에 걸쳐 퍼져 있었다. 그 말고도 납작하게 짓뭉개진 중국군 시신들은 많았다. 브래디는 그 모습이 혐오스러웠지만 살아남고자 하는 의지로 이겨 냈다.

"우리는 문자 그대로 시체 위로 걸어 다닌 거였어요."

습관적으로 길 위를 내려다보더라도, 도저히 지면에 시선을 고정할 수 없었다. 그는 전설적인 후퇴전들을 떠올리려 애썼다. 브래디는 지금의 상황이 러시아에서 후퇴한 나폴레옹 군대만큼 나쁠까 궁금해 했다. 브래디는 유령과 분간하기 힘든 모습으로 구절양장 산길을 따라 안개를 헤치며 걷고 있는 미 해병대원들과 영국 코만도 대원들이야말로 역사의 한 페이지

를 쓰고 있는 사람들이라고 생각했다.[86)

브래디의 몽상은 누군가가 마지못한 투로 노래를 부르는 바람에 중단되었다.

"그녀는 덩치 크고 뚱뚱한 년. 나보다 두 배는 돼!"

브래디는 바람 소리에 지지 않을 큰 목소리로 이어 불렀다.

"그녀의 배 위에는 털이 숭숭. 마치 숲처럼 무성하지!"[87)

모두가 노래를 따라 불렀고, 그 노래 소리는 계곡에 메아리쳤다.

오후 늦게 주변의 고지위에 맹렬한 포 사격이 낙하했다. 토머스의 말이었다.

"이제 성공했다 싶으니까 푸에르토리코 친구들이 우리에게 포탄을 날려대더군요."

푸에르토리코 육군 제65연대 병력이 저지대에 차단 진지를 설치해 놓고 있었다. 다행히도 그들의 사격에 피격당한 사람은 없었다. 드라이스데일의 말이다.

"아군의 오인 사격일 거라고 생각은 했어요. 하지만 그래도 불쾌한 건 마찬가지였지요."[88)

해가 저물었다. 어둠 속에서 중국군은 경박격포 사격을 개시했다. 사격을 할 때마다 포의 발사광이 보였다. 코만도 부대의 박격포는 지옥불 계곡 전투에서 손실되었기 때문에 소화기로 박격포 발사 지점에 사격을 가했다. 그들의 사격이 뭔가를 맞추었는지는 불확실했다. 그러나 박격포의 발사광이 보이는 위치는 매번 달라졌다. 그것은 중국군들이 박격포를 이동시켜야 할 필요를 느끼고 있었음을 의미했다.[89) 하지만 이제 적의 주력이 무너졌다는 느낌이 팽배했다. 어디를 봐도 얼어붙은 중국군의 시신이 가득했다. 그들은 더 이상 과거와 같은 기백을 가지고 공격해 오지 않았다. 오브라이언의 말이다.

"그때부터 우리는 안전함을 느끼기 시작했습니다. 물론 적이 여전히 공격을 해오는 데 약간 짜증이 나기는 했습니다만. 더 이상의 대규모 공격은 없었습니다. 그들은 산의 사면 위에서 사격을 가할 뿐이었습니다."

부대의 마지막 사상자는 어둠 속에서 발생했다. 산체그로가 벌집이 된 트럭을 몰고 사람이 걷는 정도의 속도로 주행하고 있을 때였다. 한 명의 코만도 대원이 트럭을 앞질러 가며 구령을 통해 길을 안내해 주고 있었다. 그런데 어떤 길모퉁이에서 길이 무너지고 말았다. 트럭은 전복되어 낭떠러지 아래로 굴러 버렸다. 트럭에 실려 있던 코만도 대원들과 장비들을 흩뿌리면서. 드라이스데일과 올드리지는 구조 활동을 감독하러 사고 현장에 왔다. 그러나 구조 활동을 벌일 필요가 거의 없었다. 놀랍게도 차는 도로에서부터 6m 아래의 바위에 걸렸고, 그 덕택에 아무도 다치지 않았던 것이다. 산체그로는 뒤집혀진 운전석에 갇혀 있다가 빠져나왔다. 그는 '올드 페이스풀' 호와 이런 식으로 '사별'하게 된 것에 격한 슬픔을 느꼈다.[90] 이 차량은 영국 코만도의 장비를 실었던 차량 중 마지막 남은 차였다. 이로써 영국 코만도의 재산은 배낭과 단독군장 속에 든 것 외에는 아무것도 남지 않게 되었다.

부대는 추위 속에서 느릿느릿 몇 km를 걸어갔다. 대열이 멈출 때마다 코만도들은 큰 소리로 〈왜 기다리고 있나?(Why are we waiting?)〉라는 노래를 불렀다. 41코만도에 동행했던 미 해군 의무병 모튼 실버는 코만도 대원들의 노래에 놀라고, 또한 이들이 모든 종류의 기계화된 수송수단을 거부하는 점에 또 한 번 놀랐다.[91]

다음 모퉁이에는 트럭이 기다리고 있을 것이라는 유(類)의 소문이 돌았다. 그러나 매번 모퉁이를 돌 때마다 그 트럭은 보이지 않았다. 그 대신, 길 위에는 버려진 개인장비들이 보이기 시작했다. 텐트 팩, 야전삽, 침낭……
앞서 지나간 탈진한 병사들이 피곤을 못 이겨 내던져 버린 것들이었다. 여
전히 41코만도 대원들은 걷고 있었다. 브래디는 너무 피곤해 환각을 느낄
정도였지만, 뭔가 달라진 것을 느꼈다. 길은 더 이상 경사지지 않았고, 평지
였다. 녹초가 된 병사들의 입에서 일제히 환호성이 터져 나왔다. 그들 앞에
는 수많은 빈 트럭들이 긴 줄을 지어 서서 그들을 기다리고 있었던 것이
다.[92]

토머스는 드라이스데일과 함께 대열 앞쪽에 있었다. 드라이스데일은 모
든 코만도에게 행군 속도를 계속 유지할 것을 명령했다. 그러나 뒤를 돌아
보니, 이미 때는 너무 늦었다. 코만도 대원들은 트럭을 향해 마구 몰려들고
있었다. 코만도 대원들은 72시간 동안 전원이 한잠도 자지 못한 채 37km
를 주파했다.[93] 토머스는 그들이 싸우며 지나온 힘든 고갯길을 돌아보는
드라이스데일을 흘긋 보았다. 드라이스데일의 얼굴에 일순 스친 고적감을
알아본 토머스는 그가 같이 오지 못하고 뒤에 남겨진 병사들을 생각하는
것임을 느꼈다.

제1해병사단의 선도 부대가 진흥리에 도착한 것은 12월 10일 02:30시였
다. 41코만도는 21:30시에 도착했다.[94] 41코만도 뒤를 이어 제1해병연대가
들어왔다. 마지막으로 들어온 부대는 전차 부대, 수색 소대, 공병대 일부였
다. 다리는 폭파되었다. 부교는 870m 깊이의 계곡 아래로 떨어져 내려갔
다. 다리가 폭파된 이후에도 다리 북단에 아직 남아 있던 피난민들 중 다
수는 차단관리소 뒤의 경사면을 올라간 다음 저지대로 내려갔다. 대열의
후위를 맡았던 6대의 중전차는 길을 가로막은 1대의 전차 때문에 더 나아
가지 못하고 방기되었다. 그 중전차들은 항공 공격으로 폭파되었다. 마지
막 미 해병대원이 산악지대를 완전히 떠난 것은 12월 11일이었다.

트럭 적재함에 실려 동료들의 몸에 기댄 탈진한 코만도들은 졸기 시작했다. 브래디의 말이었다.

"트럭이 달리면서 생기는 진동은 우리의 마음에 천국에서 내려오는 만나(manna)처럼 느껴졌습니다. 그렇게 큰 안도감과 긴장의 해소를 느껴 본 적이 없습니다."[95]

생존자들은 흥남의 텐트 캠프에서 하차했다. 이곳도 추웠지만 산악지대보다는 따뜻했다. 진흙은 완전히 얼어붙지 않은 액체 상태였다. 그리고 눈도 일부분에만 잔설로 남아 있었다. 야전 급양대에서는 뜨거운 스튜와 커피가 나왔다. 병사들은 아귀처럼 그것들을 먹어 치웠다. 코만도 대원 중 11월 27일 이후 옷을 갈아입어 본 적이 있는 사람은 없었다. 드라이스데일은 말했다.

"옷을 갈아입게 되는 순간은 매우 재미있을 거라고 생각했지요!"[96]

살아남은 41코만도 병력은 원래 인원에 비해 크게 줄어 있었다. 주임원사 베인스가 점호를 실시했다. 지옥불 계곡에서의 사투와, 그 뒤를 이은 하갈우리 전투, 그리고 지독한 추위 속에서의 돌파전은 부대의 피를 있는 대로 빨아먹었다. 12일 전 산악지대로 들어간 인원은 217명이었으나 그중 98명이 손실되었다. 전사 13명, 실종 또는 포로 27명, 부상 39명, 동상, 저체온증, 폐렴 환자 19명이었다.[97] 막심한 인명 손실을 입은 코만도의 전력은, 드라이스데일의 말을 빌리면 사실상 3개 독립소대만 남게 되었다.[98]

미 해병대의 피해도 막심했다. 1950년 10월 11일부터 12월 11일 사이 미국 제1해병사단은 전사 704명, 실종 187명, 부상 3,489명, 비전투 인명 손실 6,000명의 피해를 입었다. 비전투 인명 손실 중 대부분이 동상에 의한

것이었다. 미국 제10군단 전체의 사상자는 1만 1,500명이었다.[99]

12월 12일, 41코만도는 미국 제5해병연대와 함께 흥남 부두의 녹색 해안에서 LST에 탑승한 후, 해상에서 병력 수송함 USS 제너럴 랜달(General Randall)로 환승했다. 다음날 제너럴 랜달 함은 출발했다. 그 후 미 해군 군의관 실버에게 어느 SBA가 찾아와 코만도 대원들의 진료를 요청했다. 실버는 자신이 진료한 코만도 대원들의 상태에 대해 이런 기록을 남겼다.

"영국 친구들이 신발과 바지를 벗자 얼어붙어 괴저에 걸려 검게 변한 발가락과 발이 드러났다. 그들은 고통 속에서도 절름거리면서라도 계속 행군을 하면서 적과 싸우고, 노래를 부르고, 구시렁대면서 장진호에서 바다까지 온 것이다. 이런 영국 해병대와 함께 그 지옥 같은 장소에서 싸운 것을 미 해병대는 자랑스럽게 여기고 있다."[100]

부산으로 가는 제너럴 랜달의 정원은 2,000명이었으나, 실제로 승선시킨 인원은 5,000명이었다.[101] 미 해군이 정원 초과 상태를 매우 잘 처리했다. 에드몬즈의 말이었다.

"우리는 표를 받았습니다. 4명이 침대 하나를 같이 쓰라는 표였죠. 그리고 시간별로 취침 인원을 통제했습니다. 이런 식으로 함내 방송을 했지요. '적색 표를 가진 인원들! 지금 취침하라!'"

식사를 기다리는 사람들이 너무 많아 승강구까지 막힐 지경이었다. 에드몬즈의 회상이다.

"점심식사 줄 끝에 간신히 붙었다 싶으면 저녁식사를 먹어야 하는 판이었죠. 샤워는 던져 놓은 속옷이 무릎 깊이로 쌓인 빨래통에서 했고요."

그러나 모든 인원이 깨끗한 새 속옷을 지급받았다. 샤워를 하다가 메인도널드는 특이한 사실을 알아챘다.

"C레이션으로만 끼니를 때운 탓도 있고, 너무 날씨가 추웠던 탓도 있었지만, 병사들 대부분이 전투 기간 내내 똥을 누질 못했어요. 그 덕분에 다들 똥배가 불룩하게 나왔지 뭡니까."[102]

함내 통로에도, 식당에도, 침실에도, 긴장이 풀린 해병들이 뿜어내는 폭발할 만큼 즐거운 분위기가 넘쳐흘렀다. 해병들은 약간만 빈 자리가 있으면 쪼그리고 앉아 노름을 하며, 수백 달러의 돈을 주고받았다. 오브라이언의 말이다.

"이제 돈은 우리들에게 아무 의미도 없었어요. 그리고 그 지옥에서 빠져나오자, 미국 친구들은 도박을 좋아하는 전형적인 미국인다운 모습을 보였지요. 모두가 깔깔 웃어 댔어요."[103]

드라이스데일은 이 분위기에 끼지 않았다. 그는 자신의 부하들이 이겨낸 시련을 영국 정부에 알리기 위해, 12월 12일, 영국 해군 본부에 이런 편지를 썼다.

"이번의 전투는 제가 겪은 것 중 가장 가혹한 것이었습니다만, 그 와중에도 부하 장병들은 장렬한 투혼을 발휘했음을 해병대 사령관님께서도 알아주셨으면 합니다. 저는 진심으로 그들이 자랑스럽습니다. 그리고 그 사실을 어디서건 한 점 부끄러움 없이 말할 수 있습니다."

그의 편지는 편지지 한 장 분량이었지만 많은 오탈자가 있었다. 그 편지 속에는 드라이스데일이 산속에서 벌어진 혈투에서 받은 깊은 인상이 배어 있었다. 그의 편지를 계속 인용해 본다.

"제가 진심으로 원하는 것은 저희 부대의 향후 나아갈 바에 대해서입니다. 현재 41코만도는 더 이상 작전 가능 부대가 아닙니다. 이 부대는 매우 주의를 기울여 증강되거나 해체되어야 할 것입니다."

자신의 부대를 매우 자랑스럽게 여기는 지휘관조차 부대 해체를 거론할 정도면, 그의 슬픔이 어느 정도였는지를 알아챌 수 있다. 그의 편지는 이런 말로 끝이 난다.

"편지가 너무 짧아서 죄송합니다. 그러나 상황이 여의치 않습니다. 그리고 저 역시 지쳐 있습니다."[104]

그만 그런 것이 아니었다. 오브라이언은 당시 불과 19세였지만, 화장실 거울을 보다가 흰머리가 나는 것을 발견했다.

* * *

미 해병대가 산악지대를 완전 탈출한 날인 12월 11일, 제10군단은 한반도 동북부에서 완전 철수하라는 명령을 내렸다. 전투 손실이 극심했던 미국 제1해병사단이 제일 먼저 철수할 것이었다. 그 뒤를 따라 총원 10만 5,000명의 장병과 전차 및 기타 차량 1만 7,500대가 한반도를 떠나 북태평양으로 실려 나갈 것이었다.[105]

이 엑소더스를 엄호하기 위해, 4척의 고속항모, 1척의 경항모, 2척의 호위항모가 배치되었다. 또한 여기에 덧붙여 중순양함 2척, 구축함 6척, 로켓함 3척이 화력지원용으로 배치되었다. 앞바다에는 약 200여 척의 배가 됭케르크 이후 최대 규모의 해상 철수작전을 진행하고 있었다.[106]

중국군이 미국 제1해병사단과 전투하고 있을 때, 제10군단의 다른 예하부대, 즉 미 육군 제7보병사단과 한국 육군 제1보병사단은 적의 큰 방해를 받지 않고 철수했다.* 군단 후위는 미 육군 제3보병사단이 맡고 있었다. 중국군은 해병대와 격전을 벌여 큰 피해를 입은 후 가까이 따라오지 않았다.

---

* 미 육군 일각에서는 미 육군 제31연대전투단의 희생이 해병대를 구했다고 보는 시각도 있다. 그러나 중국군의 기동을 막아, 더욱 이북에 있던 미 육군 제7보병사단과 한국 육군 제1보병사단이 해안으로 무사히 철수할 수 있게 해 준 것은 분명 미국 제1해병사단의 공이었다.

미 육군 제3보병사단은 여러 개의 동심원형 단계선을 넘어 철수하면서, 뒤에 남겨진 모든 것을 철저히 파괴했다. 이 사단에 배속된 푸에르토리코 군 소속의 공병대는 소달구지에 폭파장비를 싣고 다니면서, 눈에 띄는 모든 공장의 굴뚝을 파괴해 없앴다.[107]

공병대는 흥남의 철도 조차장에서도 멋진 솜씨를 선보였다. 12월 15일, 이 조차장에 있던 기관차 15대와 열차 275대가 경간이 폭파되어 끊어진 고가교로 끌려 나왔다. UN군은 이 열차들을 한 번에 한 대씩 밀어 고가교 아래의 계곡 속으로 떨어뜨렸다. 마지막 남은 가동차량은 기관차 한 대와, 석유를 실은 탱커 몇 대 뿐이었다. UN군은 이 열차들을 떠받치고 있던 고가교의 목제 구간에 불을 질렀다. 불길은 하늘 높은 줄 모르고 솟구쳐 올라갔다. 불타는 기관차에서 쓸쓸한 기적 소리가 났다. 기관차는 분홍빛으로, 빨간색으로 달구어져 갔다. 그러다가 목제 고가교가 완전히 무너지면서 모든 것이 다 부서졌다.[108]

수많은 한국인들에게 UN군의 후퇴는 하늘이 무너지는 것 같은 재난이었다. 산속에서 들리는 포성이 점점 가까이 다가오고 있었고, UN군의 패배는 생존을 위한 경주의 시작을 알렸다.

그중의 4명은 함흥역으로 발걸음을 향했다. 해안에 가야 살 수 있음을 안 것이었다. 밤이 되자 임금숙의 가족은 역 안으로 숨어들어가 어느 화물차에 몰래 탑승했다.

"그 열차에는 기관차도 안 달려 있었지만 그냥 숨었지요."

임금숙의 말이다. 그녀의 손은 밤사이에 거의 얼어붙기 직전까지 갔다. 다음 날 철그렁 소리가 밖에서 들려왔다. 그 화물차가 기관차에 연결된 것이다. 화물차는 달리기 시작했다.

"어디로 가는지는 알 수 없었어요. 그저 좋은 곳으로 가기만을 바랄 뿐이었지요."

열차는 계속 달려 종착역에 닿았다. 그 역은 흥남역이었다.

두툼한 옷을 여러 겹 껴입은 채, 얼마 안 되는 재산을 손에 들고, 소달구지에 싣고, 또는 머리에 이거나 등에 짊어진 피난민들은, 태평양으로 데려다주기를 바라며 철수 해안의 얼어붙어 반짝이는 부두와 얼어붙은 검은 진흙 위로 구름처럼 몰려들었다.

임금숙 일가도 항구에 도착했지만, 항구는 안전하지 않았다. 그래서 그들은 사촌의 집에 숨었다.

"흥남은 항구도시이고 공업도시였기 때문에 공산주의자들이 많았어요. 매일 우리는 배를 탈 수 있는지에 촉각을 곤두세웠지요."

그들에게 밖에 나가볼 용기는 없었다. 대신 매일 사촌이 밖에 나가 배에 탈 자리가 있는지를 알아봐 주었다. 사촌이 매일 전해주는 말은 이 소리뿐이었다.

"오늘은 안 된대요."

"우리는 정말 무서워서 잠도 이룰 수 없었지요. 도망치지 못하면 죽게 되니까요."

그러던 어느 날, 사촌이 가족들을 깨웠다.

"배가 있대요!"

군인들에게 약탈당할 것을 두려워 한 임금숙의 어머니는 머플러로 임금숙의 얼굴을 감싸 성별을 알지 못하게 했다.

"우리는 군인들을 무서워했어요. 소련군이건 공산군이건 UN군이건 군인은 군인이니까요."

그들 가족들은 서둘러 항구로 나가, 차가운 부두로 향하는 긴 줄의 끝에 섰다.

그러나 분위기로 보건대, 그들의 앞길은 두렵게 느껴졌다. 바다에서는 함포 사격 시의 발사광이 반짝거리고 있었고, 머리 위 하늘에서는 내륙을 강타하는 미 해군 함재기들의 엔진소리가 우르릉거렸다.

"우리 고향이 부서지고 있는 걸 알았어요. 그때의 기분을 뭘로 표현하면 좋을까요? 심장을 쥐어짜는 것 같았어요. 무서워서 숨도 제대로 쉴 수 없었어요."

임금숙의 사촌이 말한 배는 화물선 SS 메레디스 빅토리(Meredith Victory) 호였다. 그 배는 흥남 부두를 떠난 마지막 민간 선박이었다. 이 배의 선장인 레너드 라 루는 정박 명령을 받지 못했으나, 쌍안경으로 탈출을 바라는 수천 명의 피난민들을 보고서 자원해서 흥남 부두에 들어왔다. 12월 22일 이 배는 흥남 부두에 입항했다. 라 루는 이렇게 회상했다.

"아이가 8~10명 정도 있는 식구들도 있었어요. 바이올린을 든 남자, 재봉틀을 가진 여자, 세쌍둥이를 이끌고 있는 작은 여자아이도 있었지요. 그리고 부상자 17명이 있었는데, 그중 일부는 들것에 실려 다녀야 할 정도였어요. 그리고 아기들 수백 명도 있었어요."[109]

사실 이 배의 설계상 승객 정원은 12명에 불과했지만, 밤사이에 한국인들은 잔뜩 몰려왔다. 이 배의 통로를 가득 채운 한국인들 중에는 임금숙 가족도 있었다. 이들은 흘수선 아래 선실에 위치한 선반으로 떼밀려 가 자리를 잡았다. 그곳도 사람들로 미어터졌다.

"앉을 자리도 없었어요. 그러나 생사가 걸린 다급한 시기였지요. 불편하다고 생각할 겨를도 없었어요."

몇 주 만에 드디어 이 19세 소녀는 안전지대를 찾았다.

들려오는 말에 따르면 적군이 불과 3,600m 거리까지 왔다고 했다. 미 해군 소위 로버트 루니의 말이다.

"지금 와서 기억에 많이 남는 건 공산군이 도착하기 전에 이 모든 사람들을 배에 태워야겠다는 절박감이었지요. 우리는 이미 해안에 도끼를 든 사람들을 보내서 배의 홋줄(계류삭)을 자를 준비를 하고 있었어요. 배의 보일러는 이미 가동되고 있었고요."

12월 23일, 결국 배의 계류삭이 잘리고 배는 바다로 향했다. 그러나 여전히 위험은 도사리고 있었다. 바다의 추위 속에서 일부 피난민들이 연료통 근처에서 불을 피우려고 시도했던 것이다. 하지만 메레디스 빅토리*는 흥남 부두를 출발했을 때 태운 사람들을 복싱 데이(Boxing Day: 12월 26일)에 모두 무사히 부산으로 날랐을 뿐 아니라, 5명의 승객을 더 늘리기까지 했다. 항해 중에 5명의 아기가 태어났던 것이다.[110] 흥남 부두를 통해 북한을 탈출한 한국 민간인 9만 1,000명 중, 기적의 배 메레디스 빅토리에 탑승한 인원은 1만 4,000명이었다.[111] 훗날 라 루 선장은 교회에서 이런 말을 했다.

"그 해 크리스마스, 한국 앞바다의 거친 파도 속에서, 저의 배의 키를 잡으신 것은 하느님이었습니다.[112]"

비극의 서곡은 이제 그 높이가 최고조에 달했다. 초거대 전함 USS 미주리(Missouri) 호가 출동했다. 이 배의 갑판에서 일본이 항복함으로써 제2차 세계대전이 막을 내린 것으로 유명하다. 12월 23일, 이 해상 요새는 순양함 및 로켓함들에 가세해, 그 16인치 함포탑 3개로 2.4km 떨어진 북한 내륙을 향해 융단 포격을 가했다.[113] 16인치 포탄의 단가는 캐딜락(Cadillac)의 가격과 맞먹는다. 사격할 때는 물이 파이고, 탄착하면 얼어붙은 땅에도

---

* '기적의 배'로 불린 메레디스 빅토리 호는 〈기네스 북(Guinness Book)〉에 세계에서 제일 많은 사람을 구해낸 배로 기록되어 있다. 또한 미국 대통령 드와이트 아이젠하워로부터 특별 표창도 받았다. 그러나 아이러니하게도 이 배는 1993년 고철로 중국에 팔려갔다.

직경 9m의 분화구가 생긴다. 이렇게 엄청난 탄약을 쏟아붓는 이유 중 반은 전술적 필요였고, 나머지 반은 진격하는 중국군을 막을 수 없는 데서오는 화풀이였다. 관측기에서 내려다보면 이 미국 최대의 전함도 함경도의 눈 덮인 거대한 산들에 비하면 장난감 배처럼 작게 보였다.

12월 24일, 아직 육지에 남아 있던 마지막 병력들인 미 해군 UDT(수중폭파대)의 폭파 특기병들이 열성적으로 임무를 수행하고 있었다. 철수 작전 총지휘관인 해군 제독 제임스 도일이 이들에게 내린 명령은 간단했다. 흥남 부두를 아무짝에도 쓸모없는 황무지로 만들라는 것이었다. 이미 지상을 타격하는 해군 군함의 함포탄이 머리 위로 무더기로 날아다니는데 왜 군이 자신들이 직접 이 일을 해야 하는가 하는 의문도 들었지만, 아무튼 그 임무를 매우 빠르고 확실하게 해내야 했다는 것이 UDT 대원 로열 바나타의 회고이다. 수백 미터의 도폭선이 연결되었고, 폭발물이 부두에서 물속으로 내려졌다. UDT는 항구에 수 톤의 폭약을 설치했고, 근처의 열차에도 항공 폭탄을 설치했다. 적이 점점 가까이 다가오고 있었다. 흩어진 대원들을 퇴출 장소인 방파제 끝으로 불러 모으는 조명탄이 발사되었다. 등대에 마지막 폭탄을 장착한 UDT 대원들은 APD USS 비고(Begor)에 승함해 빠르게 바다로 나아갔다.[114]

1950년 12월 24일은 수정처럼 맑은 겨울날이었다. 그 멋진 날을 배경으로 UN군의 초토화 정책은 그 어느 때보다도 장엄하고도 지독하게 집행되었다. 도일 제독과 아몬드 장군은 USS 마운트 맥킨리(Mount McKinley) 함상에서 쌍안경을 들고 관측하고 있었다. 그들보다 좀 더 육지에 가까이 있던 비고 함의 UDT 대원들은 자신들이 해낸 일을 더욱 가까이서 잘 감상할 기회를 얻었다. 우선 탄약 더미가 폭파되자 마치 불꽃놀이 같은 광경이 연출되었다. 그에 이어 연결된 폭탄들이 모두 동시에 폭발하자 앞바다에 파문이 일었고 천둥 같은 폭발음이 일어났다. 폭탄의 폭발로 도크, 선창, 크레인, 창고, 등대가 모두 산산조각 나 사라졌다. 몇 초 후 엄청난 파편들이 바다로 날아와 떨어지기 시작했다. 연기와 먼지로 이루어진 흰색, 회색, 검은색의 거대한 구름이 무자비하리만치 푸른 하늘로 뻗어 올라갔다.

UN군의 북한 침공은 이렇게 끝났다. 그야말로 묵시록적인 결말이었다.*

* * *

미 제10군단장 아몬드 장군은 북한에서의 철수를 최소의 인적 및 물적 손실만으로 성공시킨 공로로, 중장으로 진급했다.[115] 그러나 이러한 상찬도 전반적인 전황을 개선하는 데는 아무 도움이 되지 않았다. 11월 말, 이제 승리가 목전에 있다고 믿었던 UN군은, 12월 말이 되자 파국적인 상황에 놓이게 되었다.

서쪽에서는 미국 제8군이 완패당했다. 동쪽의 미국 제10군도 퇴각하고 있었다. 이제 북한은 더 이상 UN군의 땅이 아니었다. UN군은 서울에서 재집결했다. 철저히 초토화된 김일성의 나라에 다시금 붉은 기가 겨울바람을 받으며 나부꼈다.

그 초토화된 황량한 대지 위에, 뭔가 이상한 새로운 것이 눈에 띄었다. 장진호 일대의 산악지대. 즉 불타 버린 진흥리의 잔해 내외, 그리고 고토리와 하갈우리, 유담리로 이어지는 구불구불한 황초령 고개, 그 마을들을 잇

---

* 전후 인기 있었던 한국 가요 중에 〈굳세어라 금순아〉라는 곡이 있다. 이 곡은 흥남 부두에서 헤어진 커플을 소재로 하고 있다. 이 곡의 가사는 이렇다. "눈보라가 휘날리는 바람 찬 흥남 부두에 목을 놓아 불러 보았다 찾아를 봤다 금순아 어디로 가고 길을 잃고 헤매였드냐 (중략) 철의 장막 모진 설움 받고서 살아들 간들 천지간에 너와 난데 변함 있으랴 금순아 굳세어다오 북진통일 그날이 오면 손을 잡고 웃어보자 얼싸안고 춤도 춰보자" 그러나 60년 이상이 지났지만, 그날은 아직도 오지 않았다.

는 길에, 그리고 이들을 모두 내려다보는 산 위에 수없이 많은 작은 타원형 봉분들이 생겨난 것이다.

중국군은 여기서 미 해병대를 전멸시키려 했다. 그러나 두려움에 빠지지 않고, 투지에 넘치며 우월한 전술과 화력을 보유한 미 해병대의 반격에 부딪쳐 오히려 엄청난 인명 손실을 내고 말았다. 팽덕회는 12월 8일 모택동에게 보낸 전보에서, 중국 제9병단에 6만 명의 보충병이 필요하다고 알려왔다.[116]

함경도는 중국 제9병단의 무덤이 되었다. 그 봉분들 하나하나마다 송시륜 장군 휘하의 병사 한 명씩이 잠들어 있었다.[117] 그리고 봄이 되어 눈이 녹자 동상에 걸려서 시커매진 무수한 중국군 시신들이 그제야 모습을 드러냈다.

제 *12*장
음울한 크리스마스

세상이 점점 황폐해지는 것을 보았다.

갈수록 가까워지는 천둥소리를 들었다.

그 천둥소리는 우리마저도 파멸시키리라……

−안네 프랑크(Anne Frank)

겨울의 정적이 지배하는 대지는 온통 눈에 뒤덮인 채, 먹구름이 짙게 깔린 하늘 아래 누워 있었다.

마지막까지 북한에 남았던 미국 제8군의 소부대들도 12월 15일에 북한에서 철수했다. 그들을 쫓아오는 사람은 없었다. 산속에는 영국군 제27여단의 병사들이 진지를 파고 있었다. 그들은 근무가 없을 때면 의정부 시내에 있는 불타 비틀린 잔해들을 주워 벙커를 만드는 재료로 썼다. 험준한 바위투성이의 산을 배경으로, 병사들은 골함석, 널빤지, 돗자리, 텐트 캔버스 같은 것으로 눈 위에 거처를 만들었다. 마치 판자촌을 연상케 하는 이런 진지에서는 밤만 되면 모닥불과 랜턴이 빛났다.

병사들은 이렇게 만든 오두막 안에서, 급조 히터를 만들어 썼다. 빈 탄피 안에 흙을 채우고, 그 안에 석유를 들이부은 다음 불을 붙이면 되는 것이다. 이 히터의 성능은 뛰어났다. 그러나 타면서 발생하는 연기 때문에, 틀고 잤다가 일어나면 주변의 사람들이 모두 검댕 때문에 시커메진다는 단점이 있었다. 이 진지에는 목욕 시설도 구비되어 있었다. 44갤런 드럼통을 반으로 잘라 물을 채우고, 아래에는 불을 지펴 물을 덥히는 식이었다. 다이하드의 존 플럭 중사는 이렇게 말했다.

"이 목욕탕을 사용할 때 중요한 점은, 입욕해서 비누칠을 하고, 일어나서 눈밭으로 나와서 최단시간 내에 옷을 입어야 한다는 것입니다."

그도 다른 사람들과 마찬가지로, 자신의 가슴과 배에 이가 들끓는 것을 알았다.

바실 코드 여단장이 회복되어 12월 18일 일본에서 한국으로 돌아왔다. 왕립 오스트레일리아 연대 제3대대원들은 그를 '은발의 늙은 영감탱이'로 불렀다. 그들은 여단장의 귀환을 떠들썩하게 환영했다. 이안 로버트슨의 회고이다.

"디거들이 여단장님께 이렇게 묻더군요. '영감. 가서 게이샤 좀 따먹어 봤어요?' 여단장님은 그런 말을 좋아했어요. 그러나 그때 여단 참모장이 끼어들었어요. '여단장님께 대체 무슨 말버릇인가?' 그 말을 들은 어느 디거가 이렇게 말했지요. '영감, 쟤 좀 땟지해 줘요.' 놀랍게도, 여단장님은 정말로 디거들이 해 달라는 대로 해 줬어요. 여단장님은 참모장에게 이렇게 말씀하셨죠. '참모장. 나는 지금 내 친구들하고 얘기하고 있단 말야!' 그러면서 여단장은 참모장을 장난삼아 몇 대 때리는 시늉을 하더군요. 여단장님은 병사들을 다루는 법을 잘 알고 있었어요."

피터 볼드윈 중위는 코드 여단장이 오스트레일리아군의 환영을 받고 감격해 눈물을 흘리는 모습을 보고 놀랐다.

또 다른 배우 한 명이 무대를 떠났다. 부산 방어선 방어 작전을 지휘하고, 중국군 목전에서의 철수 작전을 감독했던 미 제8군 사령관 워커 장군은, 낙동강 전투에서 뛰어난 공로를 보인 영국군 제27여단에 대한민국 대통령 부대 표창을 수여하러 이동 중이었다. 그때 갑자기 전방에서 나타난 한국군 트럭이 워커의 지프를 들이받았다. 차에서 튕겨 나간 워커는 떨어져 머리에 중상을 입고, 몇 시간 못 가 숨을 거두었다.

UN군이 북한에서 대패했다는 소식은 이제 서울에도 전해졌다. 밤늦게 젊은 화가 김성환은 기차역을 빠져나와 엉망이 된 어두운 거리를 질주하는 전차(電車)들의 모습을 그렸다. 그 전차들의 목적지는 시내의 여러 병원들이었고, 북한에서 온 부상병들을 잔뜩 싣고 있었다. 이제 다시금 남쪽이 전쟁터가 될 수 있었다. 그리고 한민족이 오랫동안 두려워하던 상대인 중국에 대한 공포심이 다시 살아났다.

미들섹스 대대의 존 윌로비 소령과 롤리 그윈 소령은 하루 동안 엉망이 된 서울을 들렀다. 두 사람은 영국 대사관에 초대되어 차와 샌드위치를 먹었다. 그 차와 샌드위치는 좋은 도기그릇에 담겨져 나왔는데, 당시 상황을 감안하면 좀 이례적인 것이었다. 그들은 국립박물관의 도자기 전시물들을 보고 싶었으나 박물관은 폐관되어 있었다. 어느 골목에서 서양 음악이 나오기에 그들은 음악이 나오는 진원지를 추적해 봤다. 그 음악이 나오는 건물 밖에는 별의별 종류의 총기가 쌓여 있었다. 윌로비의 말이다.

"들어갈 때 여기다 총을 맡겨 두었다가, 나올 때 자기 것을 찾아가는 식인 거 같았습니다."

건물 안에는 UN군 병사들이 잔뜩 들어차 있었다. UN군을 이루는 모든 나라 병사들이 다 있었다. 대부분은 술에 취해서 벽에 몸을 굴리고 있었다. 두 장교는 자욱한 담배 연기가 퍼져 있는 홀 중앙에서 춤을 추는 여자를 발견했다. 윌로비의 말이었다.

"참 추잡한 광경이어서 오래 볼 필요가 없다고 생각했습니다. 다행히도 빠져나오는 길을 찾을 수 있었지요."

거리에서 만난 한국 민간인들은, 급하게 훈련된 한국군 신병들과는 달리 맥이 없었다. 한강에서 두 장교는 수천 명의 피난민들을 볼 수 있었다. 그들은 소달구지에 재산을 싣고 남쪽으로 가는 다리의 입구 주변에 몰려 있었다.[1]

아무리 아름다운 한국의 계곡이어도 죽음의 흔적을 찾아볼 수 있었다. 여단의 병참선에 대한 노상 정찰을 실시하던 윌로비는 산속에 묻힌 어느 아름다운 마을(나중에 알고 보니, 불교의 사찰이었던 것 같다고 한다)을 보았다. 그는 마치 정원처럼 매력적이고 예쁜 그 마을로 발걸음을 옮겼다.

"거기 올라가서 아래를 내려다보니, 바로 아래의 낭떠러지에 평평한 바위가 있고, 그 위에 시신이 한 구 있었습니다. 아니 엄밀히 말하면 시신이 아니라 백골이었지만요. 살은 모두 사라지고 옷도 거의 다 사라졌어요. 그 백골은 거기 몇 달이나 방치되어 있었던 게 틀림없었습니다. 그리고 이제는 완전히 풍경의 일부가 되어 있었지요."[2]

* * *

이제 적과의 접촉은 없었지만, 살인은 계속되었다. 오스트레일리아 언론인인 해리 고든은 B-26 인베이더(Invader) 경폭격기에 탑승해 북한 폭격에 동행했다. 승무원들은 친절했다. 고든은 부조종사석에 앉아 안전벨트를 맸다. 그를 태운 항공기는 밤하늘로 날아올랐다. 북한 영토 내로 들어가자 밤하늘을 가르며 터지는 악몽 같은 폭발이 이어졌다.

"정말 무서웠지요. 우리는 여러 번 지면을 스치듯이 비행했다가 급상승했지요."

움직이는 것은 뭐든 표적이었다. 심지어는 소달구지까지도. 얼어붙은 어두운 대지 위에 항공기에서 쏘아 대는 예광탄의 빛줄기가 작렬했다. 고든의 말이다.

"그 친구들은 비행기 내에 탄약이 남아 있는 상태로 돌아가려 하지 않았어요. 그들은 움직이는 것에는 뭐든 총알을 갈겨 댔고, 조명이 있는 곳에도 사격을 가해 댔지요. 제 눈에는 무의미한 살육으로만 보였어요."

그런 기총소사의 희생자들 중 상당수는 황폐화된 북한을 빠져나오려던 피난민들이었다. 이들 피난민들을 검문검색하기 위해 도보 정찰대가 조직되었다. 다이하드의 테드 헤이우드의 말이다.

"우리의 임무 중 하나는 도로 장애물을 만들어 피난민들을 몸수색을 하는 것이었습니다. 그 사람들이 허리나 다리에 무기를 숨기고 있을지도 모르거든요. 그 지독한 추위 속에서 몸수색을 하는 것은 결코 즐거운 일은 아니었어요. 아침마다 길 옆에 쓰러져 죽은 여자와 아이, 노인들의 시신이 꽁꽁 얼어 있는 것을 볼 수 있었어요. 그 사람들은 문자 그대로 쓰러질 때까지 걷다가 그 지경이 된 거지요."

한국 전쟁의 잔인함은 결코 줄어들지 않았다. 왕립 오스트레일리아 연대 제3대대에 배속되었던 어느 한국인이 강간죄를 저질러 한국군 장교에게 인계되었다. 잭 갤러웨이 상사의 말이다.

"그 한국군 대위는 영어로 '매우 감사합니다.'라고 말한 다음, 권총을 꺼내 그 한국인을 쏴 죽였어요. 그런 일은 일상다반사였지요."

게릴라 방어 대책이 설치되었다. 그리고 오웬 라이트 소위의 행운도 계속되었다. 그는 자신의 진지 주변에 부비트랩(booby-trap)을 설치했다. 안전핀을 뺀 수류탄을 깡통 안에 쑤셔넣은 형태의 부비트랩이었다. 그 깡통에는 철사가 연결되어 있었다. 누군가가 철사를 건드리면 깡통이 벗겨지면서 수류탄이 굴러 나오고, 안전핀이 이탈하면서 수류탄이 터지는 구조였다. 다음날 아침에 많은 눈이 내려 부비트랩의 위치가 불분명해졌다. 그리고 라이트는 자신이 설치한 부비트랩 중 하나를 건드리고 말았다.

"제 발밑에 수류탄 한 발이 연기를 뿜으며 나뒹굴고 있었어요."

그는 냉큼 옆으로 몸을 날려 엎드렸고 수류탄이 폭발했다.

"수류탄이 폭발했지요. 위험할 만큼 가까이 있었는데도 저는 멀쩡하게 살아남았어요. 안도감이 들더군요!"

북쪽에 한국군 부대들이 진지를 파놓고 있는 동안 영국군 제27여단은 제9군단의 예비대로 편성되었다. 부대가 크리스마스를 준비하고 있는 동안 정찰 횟수는 차츰 감소했다.

* * *

남동쪽으로 멀리 떨어진 마산에는 41코만도가 거대한 텐트촌을 차려 놓은 제1해병사단에 배속되어 있었다. 235명으로 구성되어 있던 41코만도의 최종 인명 손실은 93명으로, 그중 절반이 장진호 전투에서 발생한 것이었다.[3] 영국 해병대원 마이클 오브라이언의 말이다.

"우리는 상처를 치료하며 재편성 중이었습니다."

크리스마스 트리가 설치되었다. 탄피와 콘돔을 부풀려 만든 풍선으로 장식도 달았다. 미국 여성절제동맹(US Women's Temperence League)이 밀워키 양조업자 협회(Milwaukee Brewer's Association)가 한국에 맥주 100만 상자를 보내려던 것을 막기는 했지만, 41코만도는 도쿄 주재 영국대사관을 통해 맥주를 잘 보급 받을 수 있었다. 그들은 덕택에 장교회관용 텐트

안에서 칵테일파티도 벌일 수 있었다.⁴⁾ 그러나 장진호에서 벌어졌던 일을 아직도 잊지 못하는 수많은 장병들은 크리스마스를 조용히 보냈다.

영국군 제27여단의 크리스마스 준비에는 어느 정도의 결단이 필요했다. 미들섹스 대대의 장교 회관은 대형 텐트로 만들어졌다. 장교들은 그 출처를 절대 묻지 말아달라는 신신당부를 받았다. 아일랜드 노래를 잘 불러 미군들 사이에서 인기가 좋았던 패디 레이몬드 상사는 이렇게 말했다.

"그 텐트는 양키 친구들의 후방 부대에서 구해 온 거예요. 우리가 가서 텐트를 해체하고 있는데 어느 미군 하사가 나타나서 묻더군요. '당신들 뭐 하는 거죠?' 그래서 우리는 '이 텐트를 이동시키라는 명령을 받았어요.'라고 둘러댔지요. 그리고 그 장교 회관용 텐트는 사실은 양키들이 쓰던 화장실용 텐트였습니다."

앨런 로더의 조크들은 어느 퀸셋(Quonset) 막사에서 구해 온 하얀색 리넨 천으로 아가일 대대의 점심식사용 테이블에 깔 식탁보를 만들었다. 하지만 그 천이 원래 무엇이었는지 알게 된 로더 소위는 뒤집어질 뻔 했다. 그 천은 장의용 천이었던 것이다.

"우리는 방어기제로 묘한 유머 감각을 발전시켰지요."

크리스마스 날에는 눈보라가 쳤다. 점심식사 때는 44갤런 드럼통에서 구운 미국식 칠면조 고기가 나왔다. 장병들은 칼을 휘두르는 용사가 라벨에 그려져 있는 '화랑 부란듸'나 말 오줌으로 색을 냈다는 소문이 파다한 '올드 호크 위스키' 같은 한국산 술을 마시지 말라는 주의를 받았다. 대신 일본산 아사히 맥주가 나왔다. 장교들이 이 맥주를 병사들에게 병째로 나눠 주었다. 켄 맨클로우의 말이다.

"맨 중령이 제일 기분 좋아했지요. 마치 고향에 온 것처럼요."

미들섹스 대대 병사들은 미들섹스 지역민들이 보내온 니트 의류를 선물

받았다. 에드가 그린의 말이다.

"그 옷 중에는 우스울 정도로 튀는 색깔도 있었지요."

그리고 위문편지도 주어졌다. 맨 중령은 부하들에게 감사하다는 답장을 쓰라고 강요했다. 하지만 대부분의 장병들이 제일 중요시하는 것은 간단했다. 미들섹스 대대의 보브 여비 중사의 회고이다.

"저는 술에 취해 있었습니다. 그러다가 검은색 해군용 럼주를 가진 오시를 마주쳤지요. 그 친구에게 저는 건배를 제의했어요. '이제까지 살아남아 크리스마스를 맞게 해 준 하나님께 감사하는 건배를 하자고!'"

아가일 대대 장병들은 그들의 명예 연대장인 엘리자베스 공주로부터 크리스마스 푸딩을 하사받았다. 그 외에도 다 먹지도 못할 만큼 엄청난 양의 음식들을 제공받았다. 군수 장교 앤드루 브라운은 근처에 고아원이 있다는 이야기를 듣고 그곳의 아이들을 크리스마스 파티에 불렀다. 그 고아원에는 고아들이 모여 만든 오케스트라도 있었다. 그 오케스트라는 영국 국가인 〈신이여, 국왕을 보호하소서〉를 연주했다. 그리고 나서 영국군은 고아들에게 음식을 먹여 주었다. 브라운의 말이다.

"산전수전 다 겪은 조크들이 아이들에게 '어서 와서 마음껏 먹으렴!' 하고 권했지요. 하지만 그 아이들은 그날 밤 배탈이 났어요. 오랫동안 제대로 뭔가를 먹어 본 적이 없었으니까요."

왕립 오스트레일리아 연대 제3대대의 A중대의 조리병들은 2명의 한국인 소년들을 야전 급양대에 배속시키고 있었다. 그런데 한국군 징병대가 와서 그 소년들을 내놓을 것을 요구했다. 그러자 조리병들은 가지고 있던 소총을 장전한 다음, 그 두 소년들은 오스트레일리아 육군에서 이미 군복무를 하고 있는 중이니 내놓을 수 없다고 윽박질렀다. 그러자 징병대는 물러갔다. 벤 오다우드 대위는 그 점에 안도감을 느꼈다. 그는 조리병들의 전투

능력을 매우 의문시하고 있었기 때문이었다.[5]

여러 병사들은 개인적으로 아이들을 위해 할 수 있는 일을 했다. 아일랜드 출신의 프랭크 스크리치 파웰 중사는 미들섹스 대대 박격포수가 늙은 한국인을 죽인 것에 매우 마음이 상했다. 그래서 그는 어린 한국인 남매를 보살폈다. 그들에게 레이션도 주고, 하모니카도 주었다. 역시 피난민이던 그 아이들의 아버지는 파웰 중사에게 이런 편지를 썼다.

> 안녕하십니까.
> 저의 아이들인 시호와 화자에게 베풀어주신 친절과 선물에 마음속 깊이 감사를 보냅니다. 뭐라도 보답을 해드리고 싶지만, 전쟁 통에 모든 것을 잃은 채 서울에서 피난을 와서 드릴 게 없습니다. 부디 양해 부탁드립니다.
> 아이들의 아버지 드림

12월 31일이 되었다. 의정부의 잔해를 내려다보던 겨울 하늘이 반투명해지고 산들이 자주색으로 물들면서 1950년의 마지막 날이 저물었다. 하현달이 떴다. 눈 위에 달빛이 부딪쳐 부서졌다.

왕립 오스트레일리아 연대 제3대대 소속의 잭 갤러웨이 상사는 이렇게 말한다.

"섣달 그믐날 파티에 참석하러 아가일 대대 하사관 회관 텐트로 갔습니다. 거기에는 주임원사와 덩치 큰 병사, 그리고 덩치 작은 병사가 셋이서 백파이프를 불고 있더군요. 얼마나 소리가 요란한지 자기 목소리도 잘 안 들릴 정도였습니다. 주임원사는 위스키가 든 텀블러를 건네며 이렇게 말하더군요. '마셔! 안 마시면 억지로 처넣을 거야!'"

위스키는 계속 들어갔다. 결국 파티가 끝나고 오스트레일리아군 하사관들을 실어가던 트럭이 뒤집히고, 거기 탔던 한 의무 하사관이 틀니를 잃어 버릴 정도가 되었다. 갤러웨이는 전쟁이 곧 끝이 날 것이라고 예측했다.

"우리는 어느 정도 사기를 되찾았죠. 적어도 수 킬로미터 이내에는 중국 군의 그림자도 보이지 않았고, 북한에서 쌍코피가 터진 맥아더 장군이 또 북진할 거라고는 생각할 수 없었어요. 우리는 그가 적군과 협상을 시도해 타결했을 거라고 생각했어요."

그러나 그런 협상 따위는 없었다. 12월 15일 UN은 전투 중지를 제안했 다. 12월 16일 미 대통령 해리 트루먼은 미국 전역에 비상사태를 선포했다. 12월 22일 중국 정부는 전투 중지 제안을 거절했다. 갤러웨이와 다른 하사 관들이 술을 마시며 흥청거리던 그 순간에도, 영국군 제27여단의 병사들 은 호랑이해의 마지막 시간에 잔뜩 긴장한 상태로 깨어 있으면서 북쪽으 로 20km 떨어진 곳에서 들려오는 불길한 우르릉 소리에 귀를 기울였다.

팽덕회 원수는 게으름뱅이가 아니었다. 1950년 10월 말부터 한국에서 싸운 중국 인민지원군 인원 중 약 25%가 죽거나 중상을 입었다. 그러나 재 편되어 재무장된 팔팔한 북한인민군 7만 5,000명이 이제 중국군과 힘을 합쳤다. 모택동은 다시 한 번 공세를 벌이기로 결정했다. 이번 공세의 목적 은 서울을 점령하고, 그 여세를 몰아 진격해 UN군을 바다에 처넣는 것이 었다.[6]

1950년 12월 31일에 들리던 그 우르릉 소리는 중국군 6개 포병연대의 포 사격 소리였다. 그리고 1951년 새해 첫날, 총검을 든 공산군 26만 7,000 명이 38선을 넘어 남진했다.

부록
그들은 지금 어디에?

불타며 빛나는 도시의 탑과 첨탑을 지나

군인들이 나아가네.

나는 그들을 계속 바라만 보았네.

그들의 모습이 흐려질 때까지. 그 빛이 보이지 않을 때까지.

−로버트 루이스 스티븐슨(Robert Louis Stevenson)

41코만도(41 Commando): 1951년 한국에서 여러 차례의 기습공격 작전을 더 벌인 이 부대는 1952년에 해체되었다. 미국 제1해병사단은 장진호 전투에서 보여 준 용맹한 활약 덕택에 미국 대통령 부대 표창(US Presidential Unit Citation)을 받았다. 그리고 미 해병대의 요청으로 41코만도 역시 미국 대통령 부대 표창을 받게 되었다. 그러나 외국의 표창이라는 이유로, 영국 정부는 이 표창을 매우 마지못해 수락했다. 드디어 1957년, 해체된 41코만도의 군기에 미국 대통령 부대 표창이 부착되었다. 그러나 41코만도 대원들이 군복에 미국 대통령 부대 표창을 패용하는 행위는 금지되었다. 물론 몇몇은 명령을 무시하고 패용했다.

고든 페인(Gordon Payne): 하갈우리에서 동상이 걸린 채 탈출한 이 코만도 대원은 지옥불 계곡에서 보낸 하룻밤이야말로 자신의 인생에서 제일 중요한 부분이었으며, 겪어 보지 못한 사람은 상상도 할 수 없던 체험이라고 말했다. 그러나 한국 전쟁이 워낙 알려지지 않은 탓에, 이따금 사람들이 그의 전투 경험담에 대해 물어올 때마다 그는 상대방이 자신의 말을 믿어 주지 않을 것이라는 생각이 들었다. 그래서 그는 침묵을 지켰다.

김성환: 당시 미술을 배우던 학생이던 그는 한국군에서 종군화가로 복무했으며, 전쟁 후에는 시사풍자만화 〈고바우〉를 그렸다. 고바우는 그가 북한인민군을 피해 숨어 다니던 때에 지은 것이다. 1970년대 그는 한국에서 제일 유명한 만화가였다. 그는 현재 은퇴해 뒷골목 풍경, 시골 마을, 초가집 등을 그린다. 근대화에 파묻혀 사라져 버린 한국의 풍경들을 그리고 있는 것이다. 그가 전쟁 당시 그린 그림들은 국립현대미술관에 전시되어 있다. 그리고 전시물 모두가 그의 웹사이트에도 게시되어 있다.

더그 홀데인(Doug Haldane): '조크 더 닥'은 1952년에 제대했다. 그러나 하일랜드 여단과 함께 골프를 치며, 아가일 대대의 전우인 앤드루 브라운, 앨런 로더와 함께 어울려 다닌다.

더글러스 드라이스데일(Douglas Drysdale): 1951년 한국을 떠난 드라이스데일은 콴티코의 미 해병대 교육기관에서 2년간 해병대 장교들을 가르쳤다. 그는 1962년에 해병대를 제대했지만, 여전히 강인함을 유지했다. 1980년대 그는 41코만도 전우회 모임에서 론 모이즈와 식사를 하다가, 전날 전우회 모임에서 싸움이 있었다는 이야기를 들었다. 그러자 드라이스데일은 크게 소리쳤다.

"우리 부대에서 그런 무질서는 용납할 수 없네!"

모이즈는 그런 태도에 깜짝 놀랐다.

"지금은 부대가 해체된 지 30년이 지났단 말입니다!"

드라이스데일은 1990년에 타계했다.

데이브 브래디(Dave Brady): 41코만도의 익살꾼이던 그는 해병대를 제대한 후 메트로폴리탄 경찰에 투신했다. 거기에서 자칭 '겁쟁이'이던 그는 두 번의 용감한 행동으로 상을 받았다. 한 번은 무장 강도를 무장 해제시킨 공로로, 다른 한 번은 작전 중 팔에 총을 맞았기 때문에 주어졌다. 그는 퇴직 후 노퍽에서 양 목장을 운영하고 있던 드라이스데일 근처에 살며, 경찰식 운전 기술을 가르쳤다. 한 번은 그가 경찰차에 타고 드라이스데일의 목장에 가서 이런 방송을 한 적도 있었다.

"이 목장에서 수간 사건이 벌어졌다는 제보가 있어서 수사하러 왔습니다!"

한참 있다가 목소리의 주인공이 누구인지 알아차린 드라이스데일은 튀어나와서 이렇게 소리쳤다.

"브래디, 이 자식!"

지난 2003년에 출간된 브래디의 증언을 담은 책인 《One of the Chosin Few》는 이 책의 자료 출처가 되었다

데이비드 버틀러(David Butler): '사과 과수원 전투'에서 선봉을 맡았던 지휘관인 그는 한국 전쟁에 한 번 더 참전했다. 그는 개성 인근에서 벌어진 '더 블러디 후크(The Bloody Hook)' 전투를 끝으로 한국 전쟁의 정전을 보았다. 이후 그는 베트남 전쟁에 대대장으로 참전했다. 한국 전쟁이 '잊힌 전쟁'으로 불리는 데 대해서 그는 이런 말을 했다.

"저는 그런 거 신경 쓰지 않습니다. 저는 군인이었고 제가 참전한 전쟁을 사람들이 잊었을 뿐입니다. 한국 전쟁과 마찬가지로 누구도 베트남 전쟁에 대해 신경 쓰지 않았지요. 오히려 사람들이 전쟁을 잊어 기쁩니다. 그리고 우리나라 전체가 전쟁에 빠져들지 않게 된 것도 기쁩니다."

데이비드 윌슨(David Wilson): 인기 많던 이 중대장은 이후 다시는 아가일 연대에 돌아오지 못했다. 그는 버나드 몽고메리 원수의 참모가 되었고,

이후 준장으로 진급했다. 그는 1968년 서울 주재 영국대사관의 무관으로도 발령받았다. 거기서 그는 10월의 쌀쌀한 날씨에도 불구하고 한국 학생들이 부산의 UN군 묘지를 참배하는 것을 보고 감동받았다. 그의 자서전인 《The Sum of Things》는 지난 2000년에 출간되었으며, 그는 2001년에 타계했다. 존 슬림이 그의 장례식에서 추도사를 했다.

돈 바레트(Don Barrett): 미들섹스 대대의 하사였던 그는 한국 전쟁 이후, 전쟁에서의 다이하드와 제27여단의 활동에 대한 비공식 역사가가 되었다. 그가 남긴 매우 자세한 기록은 현재 영국 국립 육군 박물관에 보관되어 있다.

돈 우즈(Don Woods): 이 디거 기관총수는 제대 후 결혼했다. 오늘날 그는 자녀 4명과 손주 9명, 증손주 4명을 두고 있다. 그는 한국 전쟁에 대해 이렇게 말한다.

"그런 경험을 누구나 해 봐야 한다고는 생각지 않습니다. 그러나 저는 거기서 진정한 동료애를 배웠고, 신뢰의 의미를 알았습니다. 전쟁을 치른 결과 저는 그 두 가지 면에서는 다른 사람들보다 더 나아졌다고 생각합니다."

라일 브래들리(Lyle Bradley): 미 해병대의 조종사였던 그는 장진호야말로 자신이 비행해 본 곳 중 최악의 조건을 갖춘 장소라고 생각했다. 전쟁이 끝난 지 25년이 지난 후, 그는 와이오밍에서 모임을 가졌는데, 거기 온 어떤 사람이 해병대 넥타이핀을 달고 있는 것을 보았다. 그들은 이야기를 시작했고, 브래들리는 상대방이 전쟁 당시 자신과 통화했던 '던커크 14'임을 알아냈다. 브래들리의 말이다.

"그는 뛰어 일어나 나를 꼭 끌어안았습니다. 두 전직 해병대원이 안고 있는 모습을 보니 모든 사람들이 놀랐지요."

레그 밴디(Reg Bandy): 한국 전쟁 이후 이 왕립 오스트레일리아 연대 제3

대대의 상사는 3명의 동료를 데리고 퍼스(Perth)의 '리턴드 앤 서비스 리그(RSL, Returned and Service League)' 술집에 술을 마시러 들어갔다.

"거기 들어가니 6명의 나이 든 양반들이 앉아서 이러더군요. '한국 전쟁은 전쟁도 아니야.' 그 말을 들으니 정말 화가 나더군요."

그 외에도 많은 디거들이 비슷한 일을 겪었다. 밴디는 이후 베트남 전쟁에 두 번 파견되었다. 베트남 전쟁은 그래도 한국 전쟁에 비해 견디기 쉬웠다고 한다.

"베트남 전쟁은 훨씬 나았어요. 그래도 고정된 기지라도 있었으니까."

그는 PTSD에 대한 간단한 해답을 내놓았다.

"극소수의 친구들이 약한 소리를 할 때마다, 우리는 욕을 해 준 다음 그 건에 대해서는 일언반구 꺼내지 않았죠."

요즘 그는 학교에서 전쟁 체험에 대해 강의 중이다.

레슬리 닐슨(Leslie Neilson): 아가일 대대장이던 그는 한국에서 철수한 후인 1951년 4월, 대대장직을 내놓고 하일랜드 여단의 여단장으로 취임했다. 그는 대령으로 퇴역했고 1980년에 타계했다.

레이 로저스(Ray Rogers): 군대에서 제대한 후 로저스는 오스트레일리아로 이민을 갔다. 거기서도 그는 다른 다이하드들과 연락을 지속했다. 그는 한국에 대해 이렇게 말했다.

"그곳에서의 경험이 가치 없었다고는 말할 수 없습니다. 거기서 좋은 친구들을 만났기에, 거기 간 걸 후회하지는 않아요. 그러나 제 아들들에게 한국 전쟁에 가라고는 권하고 싶지 않습니다."

레지널드 톰슨(Reginald Thompson): 이 훌륭한 기자는 1977년에 사망했다. 그러나 그가 1951년에 펴낸 실감나는 책인 《Cry Korea》(이 책의 주요 참고자료 중 하나이다)는 2009년에 재간되었다. UN군의 부수적인 피해를 상세하게 묘사한 이 책은 한국 전쟁을 다룬 언론 보도 중 가장 영향력 있는 것이다.

렌 오피(Len Opie): 한국 전쟁 이후, 이 매우 뛰어난 디거 병사는 군사사 (軍事史)에 관심이 생겨 서점을 매입했다. 그러나 얼마 안 있어 그는 베트남 전쟁에 자원해서 참전했다.

"세상에 전투만한 건 없지요."

베트남에서 그는 CIA를 위해 일하며 악명 높은 피닉스(Phoenix) 프로그램에 참가, 현지 게릴라들을 이끌고 베트콩 조직에 맞서 싸웠다. 피닉스 프로그램은 암살을 전략의 일환으로 사용한 탓에 일각에서는 비판을 받고 있다. 그러나 그가 싸웠던 세 전쟁인 제2차 세계대전, 한국 전쟁, 베트남 전쟁 중 제일 화려했던 것은 한국 전쟁이라고 그는 생각했다.

"한국이야말로 최고의 전쟁터였죠. 첫 7개월 동안은 싸우는 곳마다 이겼습니다."

2008년 열린 그의 장례식에서, 조문객들은 오피를 가리켜 '용사 중의 용사'라고 칭송했다.

론 모이즈(Ron Moyse): 이 덩치 큰 코만도 대원은 해병대에 남았고, 보르네오와 아덴에서 41코만도의 주임원사로 참전했다. 1980년대의 어느 날, 그가 인버니스의 퍼브에 있는데 그 곳에서 술을 마시던 어느 미 해병대 대령이 그가 41코만도에 있었다는 이야기를 듣고 일어나서 이렇게 말하는 것이었다.

"이 분은 제 목숨을 살려주셨습니다. 이 분은 우리를 구하러 하갈우리에 와 주신 분이에요!"

1997년, 모이즈는 미 해병대원들과 전우 모임을 결성했다. 부인들까지 긴 이 전우회는 나름의 상륙 작전도 벌였다. 모이즈의 두 아들들도 코만도에서 복무했다. 그러나 그의 손주들은 모두 여자아이들이었기 때문에 코만도 복무 전통은 거기에서 끝이 나고 말았다.

맥스 데스포(Max Desfor): 동계 철수전 이후, 그는 일본의 여관에서 휴식을 취하고 있었는데 갑자기 전화벨이 울렸다. 상대방은 그의 상사인 국장이었다. 대동강 다리를 촬영한 그의 사진이 퓰리처상(Pulitzer Prize)을 받게 되었다는 것이었다. 이 사진을 오늘날 한국 전쟁을 기록한 사진 중 가장 유명한 사진으로 꼽는 데 누구도 이론이 없다. 데스포는 다른 전쟁들도 취재했다. 그는 《US 뉴스 앤 월드 리포트(US News and World Report)》의 사진 편집인을 마지막으로 은퇴했다. 그는 2002년 한국에서 신문방송학을 배우는 학생들에게 강의를 했고, 한국의 교통 체증을 보고 기뻐했다.

"정말 놀랍군요. 한국에 이렇게 차가 많아졌다니. 그때와는 사뭇 달라졌어요!"

요즘 그는 가족들과의 스냅 사진만을 찍는다.

"멋진 사진이야!"

그의 아내는 데스포의 95번째 생일 선물로, 니콘 사의 디지털 카메라를 사주었다.

미들섹스 연대 제1대대(1st Middlsex): 이 부대는 1966년 여왕 연대로, 1992년 왕립 왕세자비 연대(Princess of Wales Royal Regiment, 약칭 PWRR)로 병합되었다. 2004년 이라크 알 아마라에서 PWRR의 병사들은 적 게릴라들을 상대로 착검 돌격을 강행, 적에게 포위되었던 아군을 구해 냈다. 그 아군들은 PWRR의 한국 전쟁 당시 동료 부대였던 아가일 연대 병사들이었다.

믹 서보스(Mick Servos): 박천에서 기관총에 맞아 다친 상처를 회복한 서보스는 가평 전투에 참전했다. 그는 1976년 왕립 퀸즐랜드 연대의 주임원사로 퇴역했으며, 현재 참전 용사 단체의 열성 회원이다. 그는 전투를 즐겼으며, 아직까지도 전쟁의 그림자에서 벗어나지 못하고 있다.

"전쟁 꿈을 자주 꿉니다. 공격하고, 대형을 이루고 전진하는 꿈을 말이죠……"

바실 코드(Basil Coad): 영국군 제27여단의 여단장이던 그는 소장 계급으로 퇴역했다. 영국 정부에 제출한 그의 한국 비밀 보고서는 이 책의 자료 출처 중 하나였지만, 결코 일반에 공개되지 않았다. 아마도 미군에 대해 엄청난 비판을 했기 때문일 것이다. 현재 이 보고서는 영국 국립 기록 관리처에서 열람 가능하다. 그의 휘하 장병들 중 많은 사람들은 그의 신중한 지도력을 찬양했다. 그 덕분에 1951년 고양과 임진강에서 영국군 제29여단이 당한 것과 같은 상황을 제27여단이 겪지 않았다고 믿고 있었다. 코드는 1980년 타계했다.

벤 오다우드(Ben O'Dowd): 거친 오스트레일리아군 중대장이던 그는 1951년 가평 전투의 숨은 영웅이었다. 가평 전투에서 그는 전방 중대를 지휘하고, 적이 득실거리는 고지 사이로 왕립 오스트레일리아 연대 제3대대를 성공리에 철수시켰다. 한국 전쟁 이후 그는 말라야 전쟁에 참전하여, 영국군의 연락 장교로 근무했다. 그는 대령으로 퇴역했고, 《In Valiant Company》라는 책을 썼다. 공부도 제대로 하지 못한 채 군대에 온 오지 출신 사나이치고는 나쁘지 않은 성과였다. 누군가 그에게 PTSD에 걸렸냐고 묻자, 그의 대답은 간결했다.

"아니오. 저는 그저 해야 할 일을 했을 뿐입니다. 저는 결코 상처받지 않습니다."

보브 여비(Bob Yerby): 2009년, 영국군 제29여단의 임진강 전투를 설명하던 자리에서 그는 필자에게 '잊힌' 제27여단을 결코 무시하지 말아달라고 부탁했다. 그 말 때문에 필자는 이 책을 쓰게 되었다.

스탠리 보이델(Stanley Boydell): 그의 아내의 말에 따르면, 미들섹스 대대의 군의관인 그는 한국에 파병되었을 때는 어린아이였으나, 돌아와서는 완전히 다른 사람이 되었다고 한다. 그는 제1차 세계대전에 참전한 그의 장인이 어떤 경험을 했는지를 확실히 알게 되었다. 그는 이렇게 말했다.

"가장 최악의 것은 추위였습니다. 아직까지도 그 지독한 추위가 잊히지 않습니다."

아가일 연대 제1대대(1st Argylls): 한국 전쟁에 참전한 이 부대의 장교 중 콜린 미첼은 1960년대의 부대 통폐합을 막는 데 성공했다. 그러나 훗날인 2006년, 이 부대는 영국 육군 개편계획에 따라 왕립 스코틀랜드 연대 제5대대로 개편되었다.

알렉산더 샌디 보스웰 경(Sir Alexander 'Sandy' Boswell): 아가일 대대의 정보 장교인 그는 보르네오와 벨파스트에서 종군하며 아가일 병사들을 지휘한 다음, 건지 섬 주둔군 총사령관을 지내고, 장군으로 퇴역했다. 그는 자신의 한국 전쟁 체험에 대해 간결하게 말했다.

"덕분에 저는 엄청나게 많이 성장했습니다!"

애덤 맥켄지(Adam McKenzie): 한국 전쟁 당시 박격포수였던 그는 아가일 연대에서 34년을 복무했으며, 군기하사관으로 퇴역했다.

"저는 군생활을 하면서 모자에 아가일 연대가 아닌 다른 부대의 배지를 달아 본 적이 없습니다. 아가일 연대는 저의 가족과도 같았지요."

그러나 그가 기억하는 최고의 전투는 한국 전쟁이 아니라, 1951년 판링 전투였다. 판링 전투는 홍콩에서 아가일 연대와 얼스터 라이플 연대 간에 벌어진 주먹다짐이었다.

"우리 부대원들은 누구에게도 지지 않습니다!"

앤드루 맨(Andrew Man): 덩치는 작지만 혈기왕성했던 맨 중령은 1959년에 퇴역했다. 그러나 그의 부하들은 그에게 변함없는 충성을 바쳤다. 그들은 맨 중령을 한국 전쟁 참전자 모임인 '더 코리아 클럽(The Korea Club)'의 회장으로 추대하기까지 했다. 수많은 미들섹스 대대 출신자들이 그의 조언에 귀를 기울였다. 그는 2000년에 타계했다.

앤드루 브라운(Andrew Brown): 아가일 대대의 군수 장교이던 그는 중령 계급으로 퇴역했으며 나이가 들어도 여전히 눈매가 살아 있었다. 그는 90대에 애버딘에서 열린 '노인을 위한 에어로빅' 코스에 출석했는데, 가장 나이가 많은 사람은 그였고, 그에 이어 나이가 두 번째로 많은 사람은 50대 여성이었다고 한다. 그는 아가일 연대 참전 용사 모임의 열성 회원이다.

앤드루 콘드론(Andrew Condron): 중국군의 포로가 된 이 스코틀랜드 코만도는 포로수용소에서 중국군의 선전 방송 제작에 참여했다. 그는 정전 시 본국 송환을 거부한 유일한 영국군 포로였다. 중국에서 그는 영어를 가르쳤고, 결혼도 했다. 그는 1962년 영국으로 조용히 귀국했다. 동료 코만도들은 콘드론이 포로수용소에서 다른 포로들을 도왔다고 증언했지만, 그의 행적에 대해서는 논란이 있었다. 그는 41코만도 전우회 모임에서 공격을 당하기도 했다. 그는 1996년 타계했다.

앨런 로더(Alan Lauder): 한국 전쟁 이후 그는 가업으로 사진업을 물려받았다.

"저희 마누라가 이랬지요. '당신은 기쁠 거야. 엄청나게 많은 여자 사진을 찍었으니 말이지!'"

그는 1986년 한국을 찾았다. 당시 그의 아들도 한국에서 일하고 있었다. 그는 전쟁은 잊었을까?

"단 하루도 전쟁 생각을 하지 않고 지나간 날이 없었습니다."

앨프 아젠트(Alf Argent): 왕립 오스트레일리아 연대 제3대대의 정보 장교였던 그는 이후 베트남 전쟁에 오스트레일리아 육군 항공대 소속으로 참전했으며 대령 계급으로 퇴역했다.

에드가 그린(Edgar Green): 그가 1951년에 귀국했을 때, 그의 아버지는 그린이 한국으로 가는 도중에 집에 써 보낸 편지를 들고 이렇게 경고했다. "두 번 다시 이런 편지 써 보내지 말거라. 어머니께서 이 편지를 보셨다면 여기 안 계셨을 거다!"

이후 여러 차례 한국을 방문하면서 그는 한국의 열성팬이 되었다. 그는 2010년 월드컵 때 태극기를 휘날리기도 했다. 이웃들이 그 모습을 보고 웃자 그는 이렇게 말했다.

"기다려 봐요! 한국 팀은 뭔가 보여줄 거야!"

실제로 한국 팀은 잉글랜드 팀에 비해 더욱 볼 만한 구경거리를 제공했다.

에드워드 '테드' 커닝햄(Edward 'Ted' Cunningham): 박격포탄에 한쪽 다리를 잃기는 했지만, 그는 결코 비관적으로 상황을 보지 않았다.

"더 큰 부상을 입지 않아 매우 운이 좋았다고 생각합니다."

한국 전쟁 이후 그는 캠브리지 대학과 하버드 대학 경영대학원에서 수학했다. 이후 그는 세계은행 및 스코틀랜드 개발기구에서 근무했다. 오늘날 그는 에딘버러의 벤처 자본기업에서 현직으로 일하고 있다.

에릭 거(Eric Gurr): 그는 박천 전투에서 가슴에 중국군의 총탄을 맞았고, 아직도 그 총탄을 달고 살고 있다. 전쟁에 참전한 것에 후회는 없지만, 전쟁의 기억은 그에게 돌아와 그를 아프게 한다.

"친했던 친구들 중 돌아오지 못한 친구들 생각을 하곤 합니다. 저는 즐거운 인생을 살고, 행복한 결혼생활을 하고, 여러 좋은 아이들도 낳았는데, 그 친구들은 그럴 기회를 얻지 못했으니까요."

2005년에 한국을 다시 찾은 그는 버프 건을 들고 사진을 찍었다. 그는 한국의 발전상에 기뻐했다.

"한국은 정말 대단하다고 생각했어요. 한국은 어디 내놔도 손색이 없는 나라가 되었어요. 다들 아실 거예요!"

오웬 라이트(Owen Light): 가장 강력한 아가일 소대장이던 그는 대대에서 전혀 다치지 않고 한국을 빠져나온 유일한 사람이었다. 그는 후일 영국 공군에서도 복무했고, 제대 후에는 외무부에서 공직 생활을 했다. 그는 PTSD 전투 스트레스 자선 단체의 장도 역임했다. 그는 현재 70대 후반이지만 여전히 하프마라톤 대회에 참석한다.

"거기 가면 헐벗은 젊은 여자들을 볼 수 있잖아요!"

왕립 오스트레일리아 연대 제3대대(3RAR): 이 부대는 1951년 4월 가평 전투 당시 벌어진 필사적인 싸움에서 중요한 역할을 맡음으로서, '올드 페이스풀(Old Faithful)'이라는 별명이 붙었다. 이 부대는 현재까지도 오스트레일리아 육군의 현역부대로 남아 있으며, 현재는 공수 부대로 개편되었다.

이안 '로비' 로버트슨(Ian 'Robbie' Robertson): '암살자'라는 별명의 그는 1951년 부상을 당했지만, 회복된 후 베트남 전쟁에 참전했다.

"한국에서는 근접전이 많았습니다. 그러나 베트남에서는 한국보다 전투가 적었고, 기후도 훨씬 쾌적했지요."

그는 탁월한 사격술 덕택에 2004년 〈시드니 모닝 헤럴드(Sydney Morning Herald)〉지에 '오스트레일리아에서 제일 위험한 사나이'로 소개되기도 했다. 그러나 그는 동물 애호가이다. 그는 안잭 데이(Anzac Day) 퍼레이드 때 말을 타고 나타나기도 했다.

이종연(John): 전쟁 기간 내내 미 해병대에 있었던 그를 위해, 미 해병대 장교들은 미국 버지니아에서 법학을 공부할 기회를 주었다. 그는 변호사가 되어 성공했다. 그는 하갈우리를 탈출한 피난민들도 만나보았다. 그는 돌파 당시 그들이 겪었던 고난을 떠올리며 울었다. 그러나 그들은 자신들이 남한에 와서 큰 성공을 거두었다며 자랑스러워했다. 2010년 그는 장진호에 대한 책(《아, 장진호》, 북마크 펴냄-역자주)을 냈다. 이 전쟁에서 이산가족이 된 다른 많은 한국인들과 마찬가지로, 그 역시 오늘날까지 부모님의 행방을 알아내지 못했다.

임금숙: 흥남 부두를 떠난 마지막 민간 선박에 탔던, 당시 10대였던 그녀는 이렇게 말했다.

"메레디스 빅토리 호야말로 제가 일생 동안 살면서 받은 크리스마스 선물 중 제일 좋은 것이었지요."

그러나 북한을 빠져나온 많은 사람들처럼, 그 역시 살아남은 자의 죄책감을 느꼈다. 빠져나오지 못한 많은 사람들은 복수심에 불탄 공산주의자들에 의해 벌을 받거나 처형당했기 때문이었다.

잭 갤러웨이(Jack Gallaway): 왕립 오스트레일리아 연대 제3대대의 통신 하사관이었던 그는 종종 전차에 밟혀 죽은 미군 병사가 나오는 악몽을 꾸었다.

"꿈속에서 그 사람의 시신은 마치 엎질러진 딸기잼 같은 꼴이었지요."

그러나 그는 언론인이 되어 민간 생활에 정착했다. RSL에서 "제2차 세계대전에 비하면 한국 전쟁은 시답잖은 막간극."이라는 말을 들은 그는 한국 전쟁의 진실을 제대로 알리겠다고 결심했다. 그의 생생한 책인 《The Last Call of the Bugle》는 한국 전쟁에서의 왕립 오스트레일리아 연대 제3대대의 활약을 가장 제대로 다룬 책이다.

잭 에드몬즈(Jack Edmonds): 이 SBS 코만도는 해병대에 남아 다양한 비밀 작전을 수행했지만, 한국에서만큼 큰 작전에 참가해 본 적은 없었다고 털어놓았다. 그는 론 모이즈가 살고 있는 곳 근처에 살고 있다.

제이크 머치(Jake Mutch): 낙동강 전투에서 부상을 당한 이 박격포수는 보르네오와 아덴에도 종군한 다음, 스털링 캐슬에서 모병관으로 근무했다. 그는 뉴욕의 아들을 찾아갔다. 아들은 한국인 상사 밑에서 선물 거래인으로 일하고 있었다. 한국인 상사는 머치가 한국 전쟁 참전 용사라는 이야기를 듣자 휘하의 전 직원에게 하던 업무를 중단하고 거래인 층에 나와 기다리게 한 다음 머치가 오자 건배를 제의했다. 머치의 한국 사랑은 여전하다. "한국은 작지만 멋진 나라예요. 우리나라와 닮은 구석이 많지요. 산도 있고, 작은 농장들도 있고, 열심히 일하는 사람들도 있어요. 비록 우리나라에는 웃통을 벗고 사과 따는 일꾼들은 없지만요."

제임스 비벌리(James Beverly): 산 사면의 색깔이 바뀌더니 중국군들이 마구 내려오는 것을 목격한 버몬지 출신의 이 병사는 2009년에 한국을 다시 찾았다.

"당시는 똥통같던 나라가, 지금은 엄청나게 멋있어졌어요."

그가 글로스터 고지에서 어느 여학생에게 장학금을 전달해 주었을 때, 그는 큰 감동을 느꼈다.*

"그 아이가 제게 고맙다고 했을 때, 저는 숨이 막힐 것 같았어요. 돈으로도 살 수 없는 느낌이었지요."

그는 1950년 부산에서 받은 삼베로 만든 태극기를 행운의 부적으로 지니고 있었다. 그는 필자가 2010년 그의 런던 자택을 찾아 인터뷰를 했을 때에야 처음으로 그 깃발을 펼쳐 보여 주었다.

---

* 매년 4월, 영국의 한국 전쟁 참전 용사들은 한국을 방문해 1951년 글로스터 대대가 끝까지 싸우다 괴멸한 장소에 가서 추모식을 한 다음, 한국 주재 영국 기업들이 한국 학생들에게 주는 장학금을 전달하는 행사를 한다.

제임스 스털링 경(Sir James Stirling): 케니 뮤어와 함께 부상을 당한 그는 회복된 다음 아가일 연대 지방군 부대에서 복무했으며, 이후 아름다운 경치를 자랑하는 스털링셔의 주지사가 되었다. 그의 아들 아치도 아가일 연대에서 군복무를 했으며, 북아일랜드에 파견되었다.

제프 킹(Geoff King): '지옥불 계곡'에서 적의 총검을 맞은 이 코만도 대원은 해병대에서 3년을 더 복무했다. 그러나 그는 정신적 외상에 시달렸다. "저는 종종 사람들을 죽이고 파묻는 꿈을 꿨습니다. 기독교인으로서 살인을 했다는 사실은 엄청난 양심의 가책을 줍니다."

2010년 그는 한국에 돌아왔다. 그는 미 해병대원들과 함께 인천상륙작전 참전 용사들을 위한 가두 행렬의 앞장에 섰다.

"그 일들의 결과가 이렇게 좋게 나온 걸 보니, 저의 양심의 가책도 덜어졌습니다."

존 슬림 자작(Viscount John Slim): 한국 전쟁 이후 그는 재건된 SAS에 전속하여, 보르네오, 예멘, 그리고 밝힐 수 없는 여러 나라에서 싸웠다. 그는 오스트레일리아 SAS 창설에 조언을 주었으며, 영국 SAS 부대를 지휘하기도 했다. 오늘날 '버마 자작 슬림(Viscount Slim of Burma)'이라는 직함을 가지고 있는 그는 현역 상원의원이며, 버마와 파키스탄에서 자선 사업을 하고 있고, SAS 전우회의 회장이기도 하다. 2010년 한국 전쟁 참전 용사들이 한국을 찾았을 때, 그는 당시 한국 대통령 이명박과 점심식사를 함께 하면서, 그를 영국 상원에 초청했다. 그는 '올드 보이(old boy)'라는 칭호가 완벽히 어울리는 살아 있는 마지막 잉글랜드인이다.

존 십스터(John Shipster): 홍콩에 돌아가자 그의 아내는 골프 장비와 테니스 장비를 어떻게 했느냐고 물었다. 그는 그 장비들을 대구에 버리고 왔던 것이다. 그는 보험회사에 버린 장비의 금액을 청구했다. 놀랍게도 보험

회사에서는 손실 비용의 두 배에 달하는 액수를 지급해 주었다. 그가 한국에서 겪은 고생을 감안한 결과라고 했다. 그는 한국에 대해 이렇게 말했다.

"우리는 한 나라의 군대를 패퇴시키면서 기뻐했다가, 다음 순간 우리가 그 패퇴시킨 군대가 되는 고통을 맛보았습니다."

그는 《The Diehards in Korea》라는 책의 공저자로 참여하여, 〈Mist over the Rice Fields〉라는 글을 썼다. 육군 대령으로 퇴역한 그는 2001년 타계했다.

존 언더우드(John Underwood): 지옥불 계곡에서 포로가 된 그는 끝까지 살아남았고, 재활 훈련을 통해 건강을 되찾았다. 그는 장진호에서 싸운 미 해병들을 만나 보기 위해 미국에 세 번이나 왔다. 그는 이렇게 말한다.

"한국 전쟁은 경찰 활동이 아니라, 엄연한 전쟁이었어요. 그것도 아주 화끈한 전쟁. 무려 수백만 명에 달하는 사람이 죽었으니까요. 요즘 누구도 한국 전쟁에 대해 이야기하지 않아요. 포클랜드 전쟁이나 다른 전쟁을 이야기하지요. 그러나 그 전쟁들은 한국 전쟁에 비하면 아주 작은 전쟁들이에요. 그 점을 떠올릴 때마다 저는 아주 짜증이 난답니다."

존 월터(John Walter): 코만도 교육을 완전히 수료하지도 못한 채 한국에 갔던 이 초급 장교는 소령으로 퇴역했다. 오늘날 그는 열정적인 환경운동가이며 식물 의사이자 가구 장인이다. 그는 테디 앨런이 사는 곳 근처에 살고 있다.

존 윌로비 경(Sir John Willoughby): 한국 전쟁 이후 윌로비는 미들섹스 제1대대를 이끌고 오스트리아에 주둔했다가, 이후 키프로스에 배치되어 EOKA 게릴라들에 맞서 싸웠다. 그는 소장으로 진급한 뒤 기사 작위를 받고, 1972년에 퇴역한 후 1991년에 타계했다. 그의 노트는 대영제국 전쟁박물관에 보관되어 있으며, 이제까지 출간되지 않은 것 중 가장 뛰어난 한국 전쟁 체험담으로 평가받고 있다.

줄리언 툰스톨(Julian Tunstall): 감성적인 그가 쓴 《I Fought in Korea》는 일각에서 논란을 몰고 왔다. 그러나 후기에서 툰스톨은 이런 글을 썼다. "한국의 미래는 밝다.…… 아주 오래 전부터…… 한국인들은 앞으로 나서 세계적인 강대국들 사이에서 자신들의 자리를 찾았기 때문이다." 이 책이 1951년에 작성된 것을 감안하면, 툰스톨의 선견지명은 대단하다.

켄 '테드' 맨클로우(Ken 'Ted' Mankelow): 런던으로 돌아온 그는 오스트 레일리아 육군의 모병 광고를 봤다. 그는 지원 입대해서 오스트레일리아 육군의 교관이 되었다. 그는 제대 후 멜버른에 정착했다. 빅토리아에 있는 전직 군인 클럽에서 단연 눈에 띄는 멤버가 된 이 해외 거주 영국인은 2010년에 사망했다.

콜린 미첼(Colin Mitchell): 한국 전쟁 당시 공격적인 부중대장이었던 그는 이후 아덴에서 연대장이 되었다. 그는 '미치광이 미치'라는 별명으로 불리 며 크레이터에서 아가일의 이름 앞에 적들을 굴복시켰다. 이는 오늘날까지 도 모범적인 대게릴라 전투의 사례로 손꼽힌다. 군에서 제대한 그는 하원 의원으로 잠시 지내다가, 옛 전쟁 지역의 지뢰를 없애는 자선단체의 장도 맡았다. 그는 1996년 사망했다.

테디 앨런(Teddy Allen): 총을 잘 쏘던 이 코만도 대원은 한국 전쟁 이후 장교로 임관했으며 수에즈 침공과 보르네오 대치에 40코만도 소속으로 참 전했다. 그는 소령 계급으로 퇴역했으며, 존 월터와 같은 마을에 살고 있다.

톰 머글톤(Tom Muggleton): 이 디거 하사관은 35년을 군복무했다. 그동 안 그는 베트남 전쟁에도 한 번 파견되었고, 샌드허스트 및 던트룬 사관학 교에서도 근무했다. 그는 자신이 겪은 세 번의 전쟁, 즉 제2차 세계대전과 한국 전쟁, 베트남 전쟁 중 한국 전쟁이 제일 치열했다고 평가했다. 어떤 장군이 한국 전쟁 초기에 왕립 오스트레일리아 연대 제3대대가 벌인 전투를 '소규모 접전' 정도로 평가하자, 끊어진 다리 전투와 북한군 전차들을 떠올린 머글톤은 이렇게 반박했다.

"얼굴을 겨누는 T-34 전차의 주포 포구를 보고도 그런 말씀이 나올지 궁금하군요!"

패디 레드몬드(Paddy Redmond): 이 아일랜드인 하사관은 현재 중증장애인인 딸 버나데트를 하루 종일 보살피고 있다. 한때 사망 판정까지 받았던 버나데트는 수녀가 오자 눈을 떠 깨어났다. 덕분에 그녀는 영국에서 제일 유명한 가톨릭 교도가 되었고, 교황 요한 바오로 2세도 그 사실을 인정할 정도였다. 레드몬드는 이렇게 말한다.

"그리고 미들섹스에서 제일 유명한 가톨릭 교도이기도 합니다!"

프랭크 스크리치 파웰(Frank Screeche-Powell): 이 아일랜드인은 미들섹스 박격포수에게 살해당한 늙은 한국인도, 그리고 크리스마스 때 자신이 돌봐 준 어린 한국인 남매도 잊을 수 없었다. 오스트레일리아로 이민을 간 그는 한국 대사관에 편지를 써 그 아이들을 찾을 방법이 없겠느냐고 문의했다. 답장은 받지 못했다. 그러나 그는 아이 아버지가 써 준 편지를 소중히 간직하고 있다.

프랭크 화이트하우스(Frank Whitehouse): 그는 이렇게 말한다.

"한국 전쟁 이후 저는 누구도 아무것도 무섭지 않게 되었습니다."

그는 술을 마구 마시고 싸움을 벌였다. 그러나 결혼 후 정상적인 삶에 안착했다. 그는 한국 전쟁이 잊혀 가는 현실을 슬퍼한다.

"이제 한국 전쟁에 대해 아는 사람은 아무도 없습니다. 관심을 가진 사람도 없고요. 이제는 다른 세상에서 벌어진 일쯤으로 여기는 모양입니다."

피터 볼드윈(Peter Baldwin): 이 통신 장교는 보르네오 대치에도 참전했으며, 소장으로 퇴역했다. 그는 영국에 상업용 무선 통신을 도입한 선구자 중 하나이기도 하다. 오늘날까지도 그는 온돌만 보면 1950년 한국의 집들을 떠올린다.

피터 토머스(Peter Thomas): 코만도의 중화기 장교는 해병대에 계속 남아 대령 계급으로 퇴역했다. 그는 하갈우리를 빠져나와 해병대를 따라 고토리로 온 피난민들만 생각하면 지금도 심란해진다. 그의 손녀는 2009년 한국을 방문해, 41코만도 대원들의 죽음을 애도하고자 부산의 UN군 묘지에 화환을 바쳤다.

필립 베네트 경(Sir Phillip Bennette): 이 오스트레일리아 군 박격포 장교는 베트남 전쟁에는 대대장으로 참전했으며, 이후 1984년부터 1987년까지 오스트레일리아 방위군 총사령관을 지냈다. 그 후 그는 태즈메이니아 총독을 지냈다. 그의 몸에는 지금도 여전히 북한에서 맞았던 수류탄 파편이 박혀 있다.

"파편들은 아직도 제 몸 속에 있습니다. 연례 정기검진 때마다 60년이 넘게 그 파편이 있다는 걸 의사들이 알고 놀라곤 하지요."

해리 고든(Harry Gordon): 이 오스트레일리아 언론인은 한국 전쟁 직후 알제리 전쟁을 취재했다. 그는 이후 《헤럴드 위클리 타임스(Herald Weekly Times)》의 편집장이 되었고, 오스트레일리아 올림픽위원회의 공식 역사가가 되었다. 그는 한국 전쟁을 제대로 인식하는 사람이 거의 없다는 것에 놀랐다.

"한국 전쟁은 엄청나게 넓은 전쟁터에서 대량의 물량을 동원해 벌어진 특색 강한 전쟁이었음에도 불구하고, 그 전쟁에 참가하지 않은 사람들은 너무 쉽게 잊는 것 같더군요. 드라마 〈MASH〉는 통렬한 풍자가 인상적이지만, 전쟁의 비참함을 제대로 살리지는 못했습니다."

해리 스파이서(Harry Spicer): 한국 전쟁 이후 스파이서는 최정예 공수연대에서 복무하고, 오스트레일리아로 이민을 갔다. 그는 거기에서 자선 단체 및 참전 용사 전우회에서 활발히 활동하면서 태권도 5단을 땄다. 1989년, 패디 버밍햄은 존 월로비에게 보낸 편지에서 스파이서에 대해 이렇게 언급했다.

"한때는 잠재적인 악당이었지만 지금은 짜증날 정도로 대단하고 성공적인 삶을 살고 있죠!"

그러나 스파이서는 전쟁 때의 경험을 생각하면 지금도 화가 난다. 그리고 숯덩이가 된 북한군 전차장의 시신을 본 것을 지금까지도 잊지 못한다고 한다.

"단 하루도 한국 생각을 하지 않고 지나간 적이 없습니다."

해리 영(Harry Young): 이 거친 아가일 병사는 보르네오와 아덴에서 복무한 후 준위 계급으로 퇴역했다. 그는 이렇게 말했다.

"한국을 결코 잊을 수 없습니다. 아직도 한국에서 전투를 하는 꿈을 꿉니다. 꿈속에서 전우들을 모두 만납니다. 덕분에 저는 나이보다 훨씬 젊게 살 수 있죠!"

그는 NAAFI에서 만난 애인과 결혼했다. 두 아들을 낳았고 둘 다 아가일 연대에서 군복무를 했다.

감사의 말과 자료출처

이 책을 만드는 데 도움을 준 모든 인터뷰이(interviewee)는 물론, 다음 기관의 직원들에게 진심으로 감사를 전합니다.

아가일 앤드 서덜랜드 하일랜더스 연대 박물관 및 연대 본부, 오스트레일리아 국립 전쟁박물관, 대영제국 전쟁박물관, 영국 국립 기록 관리처, 영국 국립 육군 박물관, 영국 해병대 박물관

필자에게 자료와 사진을 제공해 주신 분들, 자신들의 책의 내용을 인용할 수 있게 해 주신 분들, 연락과 인터뷰를 주선해 주시고 그 외에 많은 도움을 주신 다음 분들에게도 감사드립니다.

존 앰블러 앨프 아젠트, 조 버뮤데즈, 서니 초이, 그레이엄 코스터, 데이비드 브래디, 빈스 코트니, 보브 엘리어트, 프랭크 엘리슨, 프랭크 팔로우스, 첼시 폭스, 잭 갤러웨이, 에드가 그린, 올린 그린, 잭 해리스, 김성환, 안드레이 란코프, 진 메인, 마리아 맨, 니콜라스 맨, 벤 오다우드, 모리 피어스, 배리 리드, 토니 루니, 심재훈, 존 슬림 자작, 데이비드 톰슨, 마지막으로, 오랫동안의 밤샘 작업과 집안에 잔뜩 널브러진 종이뭉치들을 견뎌 준 아내와 딸에게 미안함을 전합니다.

구술 자료

아가일 앤드 서덜랜드 하일랜더스 제1대대:

필자 인터뷰: 알렉산더 '샌디' 보스웰 경, 앤드루 브라운, 에드워드 '테드' 커닝햄, 에릭 거, 더글러스 홀데인, 앨런 로더, 오웬 라이트, 애덤 맥켄지, 제이크 머치, 존 슬림 자작, 제임스 스털링 경, 해리 영

대영제국 전쟁박물관(IWM) 인터뷰: 헨리 '치크' 코크런(18453), 조지프 페어허스트(18347), 랠프 호스필드(17968), 리처드 피트(18344), 로버트 시얼레이(18470), 로

이 빈센트(17987), 데이비드 윌슨(18699), 로널드 예트먼(18003)

미들섹스 연대 제1대대:

필자 인터뷰: 돈 바레트, 제임스 비벌리, 토니 브래들리, 에드가 그린, 켄 맨클로우, 에드워드 '패디' 레드몬드, 배리 리드, 레이 로저스, 프랭크 스크리치 파웰, 해리 스파이서, 프랭크 화이트하우스, 보브 여비

IWM 인터뷰: 앨버트 어비스(18746), 스탠리 보이델(18625), 에드윈 '테드' 헤이우드(20268), 아더 '닉' 허틀리(18205), 리버렌드 윌리엄 존스(18733), 랠프 메인(30400), 앤드루 맨(9537), 존 플럭(17430), 데니스 렌델(19055), 존 십스터(18443)

왕립 오스트레일리아 연대 제3대대:

필자 인터뷰: 앨프 아젠트, 레그 밴디, 필립 베네트 경, 데이비드 버틀러, 스탠 코넬리, 잭 갤러웨이, 스탠 갤롭, 톰 머글톤, 벤 오다우드, 존 '로프티' 포트너, 이안 '로비' 로버트슨, 윌리엄 '더스티' 라이언, 믹 서보스, 돈 우즈

오스트레일리아 전쟁박물관 인터뷰: 레너드 오피

제27여단 본부:

필자 인터뷰: 피터 볼드윈

IWM 인터뷰: 레지 제프스(17155)

영국 해병대 41코만도:

필자 인터뷰: 테디 앨런, 데이비드 브래디, 잭 에드몬즈, 제프 킹, 론 모이즈, 고든 페인, 피터 토머스, 존 언더우드, 존 월터

IWM 인터뷰: 앤드루 콘드론(9693), 레슬리 쿠트(14964), 프레드 헤이허스트(15576), 헨리 랭턴(16761), 거스햄 메인도널드(16627), 마이클 오브라이언(13522), 조지 리처즈(9859), 에드워드 스톡(16790), 레이몬드 토드(16656)

기타:

필자 인터뷰: 미국 제1해병사단 항공대 라일 브래들리, AP통신 사진기자 맥스 데스포, 〈멜버른 선〉지 기자 해리 고든, 찰스 그린의 부인 올린 그린, 미국 제1해병사단에 배속된 한국군 병사 함석영, 화가 김성환, 미국 제1해병사단에 배속된 한국군 병사 이종연, 피난민 임금숙, SS 메레디스 빅토리 호의 미 해군 승무원 로버트 루니, 미국 제1해병사단의 천주교 군종장교 리처드 루비

도서 자료

Anderson, RCB, History of the Argyll and Sutherland Highlanders, 1st Battalion, 1939-1954, Edinburgh, 1956

Anon, Kim Il-sung, Condensed Biography, Pyongyang, 2001

Appleman, Roy, Disaster in Korea: The Chinese Confront MacArthur, Texas, 1989

Appleman, Roy, Escaping the Trap: The US Army X Corps in Northeast Korea, 1950, Texas, 1990

Appleman, Roy, South to the Naktong, North to the Yalu, Washington DC, 1992 edition

Brady, Dave, One of the Chosin Few: A Royal Marine Commando's Fight for Survival Behind Enemy Lines in Korea, Essex, 2003

Brown, Andrew, A Memoir: From Music to Wars, Aberdeen, 2001

Cameron, James, Point of Departure, London, 1967

Carew, Tim, How the Regiments Got their Nicknames, London, 1974

Carew, Tim, The Korean War: The Story of the Fighting Commonwealth Regiments, London, 1967

Cunningham-Boothe, Ashley and Farrar, Peter(ed) British Forces in the Korean War, London, 1998

Department of the Army, Handbook on the Chinese Communist Army, Washington DC, 1952

Drury, Bob, and Clavin, Tom, The Last Stand of Fox Company, New York, 2009

Evans, Ben, Out in the Cold: Australia's Involvement in the Koream War-1950-53, Canberra, 2001

Farrar-Hockley, Anthony, The British Part in the Korean War, Volume 1: A Distant Obligation, London, 1990

Foley, James, Korea's Divided Familes: Fifty Years of Separation, London, 2003

Gallaway, Jack, The Last Call of the Bugle: The Long Road to Kapyong, Queensland, 1994

George, Alexander L, The Chinese Communist Army in Action: The Korean War and its Aftermath, New York, 1967

Goncharov, Sergei Nikolaevich, Lewis, John Wilson, Xue Yitai, Uncertain partners: Stailn, Mao and the Korean War, Stanford, 1993

Green, Olwyn, The Name's Still Charlie, Queensland, 1993

Halberstam, David, The Coldest Winter, New York, 2007

Hammel, Eric, Chosin: Heroic Ordeal of the Korean War, New York, 1981

Harris, Alfred 'Jack,' Only One River to Cross: An Australian Soldier Behind Enemy Lines in Korea, Canberra, 2004

Hayhurst, Fred, Green Berets in Korea, Cambridge, 2001

Hickey, Michael, The Korean War: The West Confronts Communism, New York, 2000

Higgins, Margueritte, War in Korea: The Report of a Woman Combat Correspondent, New York, 1951

Leary, William, H., Anything, Anywhere, Anytime: Combat Cargo in the Korean War, Washington DC, 2000

Li Xiao-bing, Alan Miller, Bin Yu, Mao's Generals Remember Korea, Kansas, 2001

Mahoney, Kevin, Formidable Enemies: The North Korean and Chinese Soldier in the Korean War, New York, 2001

Malcolm, GI, The Argylls in Korea, Edinburgh, 1952

Millett, Allan, They Came from the North: The Korean War 1950-1951, Kansas, 2010

Mossman, Billy, The United States Army in the Korean War: Ebb and Flow, Washington DC, 1990

Neillands, Robin, By Sea and Land: The Story of the Royal Marine Commandos, London, 1987

O'Neill, Robert, Australia in the Korean War 1950-53 Volume II: Combat Operations, Canberra, 1985

Roe, Patrick, C., The Dragon Strikes: China and the Korean War, June-December, 1950, New York, 2000

Russ, Martin, Breakout: The Chosin Reservoir Campaign, Korea, 1950, New York, 1999

Salisbury, Harrison, The Long March: The Untold Story, New York, 1985

Shipster, John(ed), The Diehards in Korea(revised edition), Privately published, 1983

Shipster, John, Mist on the Rice Fields, Yorkshire, 2000

Spurr, Russell, Enter the Dragon: China's Undeclared War Agianst the US in Korea, 1950-51, New York, 1988

Thomas, Peter, 41 Independent Commando R.M., Korea 1950-1952,

Portsmouth, 1990

Thompson, Reginald, Cry Korea: The Korean War: A Reporters' Notebook, London, 1951

Tucker, Spencer, C., (ed), Encyclopedia of the Korean War, New York, 2002

Tunstall, Julian, I Fought in Korea, London, 1953

Wilson, David, The Sum of Things, Kent, 2001

Wilson, Jim, Retreat, Hell! New York, 1988

Zhang Shu-guang, Mao's Military Romanticism: China and the Korean War, 1950-1953, Kansas, 1995

기사 자료

Anon, 'Argylls Ordeal in Bombing.' Glasgow Herald, 25 September 1950

Anon, 'B Coy, Sariwon and Pakchon,' The Thin Red Line, January 1951

Anon, 'Fighting Withdrawl in N.E. Korea: 41 Commando in Action with American Marines,' Globe and Laurel, 1951

Anon, Hansard, 23 January 1951

Anon, 'Hill 282' in The Thin Red line, January 1951

Anon, 'American Commentaty,' in The Thin Red line, September 1951

Camp, Dick, '41 Independent Commando, Royal Marines,' Leatherneck magazine, January, 2001

Charlesworth, NR, 'Pakchon-4 Platoon Commander,' in Duty First: The Royal Australian Regiment Association, Spring 1997

Clark, LG, 'Through OC A Coy's Eyes,' in Duty First, Spring 1997

Connor, Steve, 'War, what is it Good for? It Made us less Selfish,' The Independent, 5 June 2009

Dicker, MC, 'Paddo to Pakchon,' Duty First: The Royal Australian Regiment Association, Volume 2, Number 5, Spring 1997

Dowling, Chuck, 'Task Force Drysdale: The Story of 41 Commando and their 'Cousins' the US Marines,' http://www.chuckdowling.com

Driberg, Tom, 'Commando Raid on North Korea,' Reynolds News Service/ Japan Times, 18 October 1950

Dwyer, John, B, 'Any Purpose Designated,' Naval History, May/June 1996

Edmonds, Jack, 'SBS Operations in Korea, 1950-1951' Croaker(magazine of the SBS), 2009

Goldstein, Richard, 'Leonard La Rue, Rescuer in the Korean War, Dies at 87,' New York Times, 22 October 2001

Gurr, Eric: Charlesworth, Chick: Meighan, John: A Hill in Korea, www.britains-smallwars.com

Hegarty, John, HMS Jamaica, Korean War Service, www.britains-smallwars.com

Jones, Peter C, le P, Argylls in Korea, www.britains-smallwars.com

Koone, Howard, W., 'Fox Seven' in Changjin Journal, 15 June 2000

Macleod, Angus, 'Death on Hill 282,' Sunday Mail, January 21 1993

Man, Andrew, The Naktong River and Middlesex Hill: September 1950, in Cunningham-Boothe and Farrar, op cit, 1998

Mansourov, Alexandre, 'Stalin, Mao, Kim and China's Decision to Enter the Korean War, September 16-October 15, 1950: New Evidence from the Russian National Archive,' The Cold War International History Project Bulletin 6/7

Robson, Seth, 'Korean War Battle of Kunu-ri Remembered.' Stars and Stripes, 5 December 2004

Roe, P, 'Interview with General OP Smith' at www.chosinreservoir.com

Walden, Corporal JT, USMC, 'British Royal Marines' in Leatherneck magazine, reprinted in Globe and Laurel, 1952, p.129.

Warner, Denis, 'A Warm Quayside Welcome,' the Daily Telegraph, 20 August 1950

Zabecki, David, Stand or Die: 1950 Defense of Korea's Pusan Perimeter, www.armchairgeneral.com

미공개 편지 자료

Douglas Drysdale to General WI Nonweiler, The Admiralty, 2 November 1950. Held in RM Museum Archive

Douglas Drysdale to General WI Nonweiler, The Admiralty, 24 November 1950. Held in RM Museum Archive

Douglas Drysdale to General WI Nonweiler, The Admiralty, 12 December 1950. Held in RM Museum Archive

Morton Silver (US Navy, attached 1st USMC) to author Robin Neillands, 28 October 1995. Held in Royal Marines Museum Archive

John Smallbridge to BH Gandevia, 12 June 1992. Passed to the author by Dr. Douglas Haldane

미공개 문서 자료

Anon, USS Perch, Report of 1st War Patrol, 7 Oct. 1950. Held in Royal Marines Museum

Anon, War Diary, 1st Battalion, Argyll and Sutherland Highlanders. (Annotated by Don Barrett). Held in National Army Museum

Anon, War Diary, 3rd Battalion, Royal Australian Regiment. Held at Australian

War Memorial, Canberra

Anon, War Diary, 27th British(later Commonwealth) Infantry Brigade. Held in Public Record Office, Kew, London

Barrett, Don, 1st Battalion The Middlesex Regiment, Duke of Cambridge's Own, The Korean War, August 1950-May 1951, 2005. Copy held in National Army Museum(Note: This work was collated by Barrett from the battalion War Diary and Signals Log)

Bermingham, Sergeant Edward, Package of papers covering his memories of 1st Middlesex in Korea, 1992. Presentation copy to Don Barrett. Held in National Army Museum

Bentinck, Major VN, 41 Independent Commando RM and the US Presidential Citation, Held in Royal Marines Museum

Coad, Major General, Basil, Report on Operations of 27th Brigade 29 August-31 March 1951. Held in Public Record Office, Kew, London

Green, Olwyn, Max Eberle Interview, 2002. Held at Australian War Memorial

Green, Olwyn, Tim Holt Interview, Undated. Held at Australian War Memorial

Hanson, Major Thomas, America's First Cold War Army: Combat Readiness in the Eighth US Army, 1949-1950, 2006. PhD Thesis, Ohio State University

Pounds, Captain EGD, All in a Night's Works: An Account of a Raid in Korea, September(sic) 1950, 1960. Held in Royal Marines Museum

Willoughby, Major General John, Notebooks, 1950. Held in Imperial War Museum

시청각 자료

Korea: The Unknown War, Thames Television, 1988

Combat Bulletin Nos 102, 105, 106 of the Armed Forces, US Department of
Defense, 1950

War in Korea: Looking Back, Part 1 Holding on the Naktong, British Defense
Film Library, 1979

웹사이트

www.armchairgeneral.com

www.arrse.com

www.awn.gov.au

www.britains-smallwars.com

www.chosinreservoir.com

www.chuckdowling.com

www.frozenchosin.com

www.globalsecurity.org

www.moore-mccormack.com

www.navyfrogman.com

www.wikipedia.com

www.youtube.com

역자 후기

번역을 마무리하고 후기를 쓰는 지금, 절기에 걸맞지 않은 매서운 한파가 몰아닥치고 있다. 역자가 앉아 있는 서재도 집안이지만 춥다. 하지만 이나마도 영하 30도를 오락가락했던 1950년 12월 장진호의 추위에 비하면 따스한 편이다. 그때 싸웠던 병사들의 심정을 만분의 일이라도 느끼게 해 주는 매서운 날씨에 일말의 고마움마저 느껴진다.

후기를 쓰고 있자니 저자 앤드루 새먼 기자와 역자와의 묘한 인연이 떠오른다. 지난 2010년 당시 역자는 책《Lone Survivor》를 번역 출간하기 위해 뛰고 있었다(이 책은 결국 오늘날까지도 한글판이 나오지 않고 있다. 모든 출판사에서 거절했기 때문이다). 그때 새먼 기자가 쓴《Lone Survivor》의 서평을 보고, 혹시 출간에 도움을 줄 수 없겠느냐고 이메일을 보내 본 것이 그와의 첫 인연이 되었다. 이후 그와 함께 임진강 영국군 전적지 답사를 가기도 하고, 한국 전쟁을 다룬 그의 두 번째 책인 본서의 한국어판 번역 의뢰까지 받게 되었다.

한국 전쟁 하면 빠짐없이 나오는 수식어가 바로 '잊힌 전쟁(The forgotten war)'이다. 한국 전쟁은 비슷한 시기 베트남에서 벌어지고 있던 인도차이나 전쟁을 무색하게 할 정도로 엄청난 규모였다. 그럼에도 불구하고 한국 전쟁이 '잊힌' 것은 자유진영과 공산진영 중 어느 편도 전쟁을 승리로 이끌지 못했고, 또한 오늘날까지 한반도를 지배하고 있는 정전 체제라는 이름의 냉전 체제를 그 유산으로 남겨 주었기 때문이었다. 당대의 초강대국이 모두 모여 치열하게 싸웠지만 누구도 이기지 못한 전쟁. 그렇기에 한국 전쟁은 잊고 싶은 전쟁인 것이다.

그리고 요즘은 전쟁의 직접 당사자였던 한국인들도 한국 전쟁에 별 관심이 없는 것 같다. 물론 이것은 과거 군사정권이 자신들의 허약한 정통성을 감추기 위해 반공 반북 프로파간다를 소리높이 외치면서, 한국 전쟁, 그리고 그 전쟁에서 용맹스럽게 싸웠던 한국 군인들(즉 군사정권의 출신 집단)의 무공을 필요 이상으로 떠들어 댄 반작용이기도 하다.

그러나 그렇다고 해서 우리까지 한국 전쟁에 대해 무지하고 무관심해서는 안 된다. 앞서도 말했듯이, 적어도 법적으로는 한국 전쟁은 '종전'된 것이 아니라 '정전'되었다. 그리고 이 때문에 한국인들은 '준전시'가 아닌 완전한 '평시'를 사는 나라의 국민들에 비해 상당히 많은 것들을 손해 보며 살아야 한다. 한국 남자라면 누구나 져야 할 병역의 의무부터 시작해서, '분단 체제의 특수성'이라는 명목으로 한국인의 삶에는 수많은 유무형의 제약이 걸려 있다. 그것은 한국 사회를 지극히 경직되고 불안과 불신이 높은 불건전한 사회로 만든 요인 중 하나가 되었다. 정가에서 심심하면 나오는 '색깔론'도 아직까지 한국인의 삶이 한국 전쟁의 그림자에서 자유롭지 못하다는 방증이다. 우리는 대체 언제까지 이 그림자를 끌어안고 살아야 할까? 더욱 무서운 것은, 한국인들이 그런 그림자들을 '원래 그런 것'으로 치부하며 살기 시작했다는 점이다.

물론 역자는 '한반도의 완전한 공산화'를 목표로 하는 정치단체인 '조선민주주의 인민공화국'이 휴전선 이북에 버티고 있으면서 우리에게 군사적 위협을 가하고 있다는 엄연한 현실을 부정할 생각은 추호도 없다. 다만, 한국 전쟁이 정전된 지 70년이 다 되도록 우리에게 드리우고 있는 기나긴 그림자의 실체를 직시하고, 그 그림자를 초월하고자 하는 노력이 필요하다는 점을 강조하고 싶을 뿐이다. 그리고 이 책은 그 그림자의 근원인 한국 전쟁의 실상을 대단히 객관적인 시각에서 보여 줄 수 있는 충실한 자료라고 확신한다.

이 책에서 묘사한 한국 전쟁의 모습은 매우 참혹하다. 물론 실전을 겪은 참전 용사에게 비할 수는 없겠지만, 엄청난 분량을 번역하면서 역자 역시 PTSD에 걸리는 듯한 기분이었다. 번역을 하는 동안은 마치 장진호의 지옥불 계곡을 통과하는 기분을, 번역을 마치니 메레디스 빅토리 호를 타고 흥남 부두를 빠져나온 피난민의 기분을 만분의 일 정도는 이해했다고나 할까? 이 책을 본 독자들이 부디 한반도의 정전 체제 종식과 항구적 평화 정착을 기원했으면 한다.

책을 번역하면서 또 하나 놀란 점은 새먼 기자가 이 책의 집필을 위해 판 발품이 보통이 아니었다는 점이다. 마치 학술 서적을 방불케 하는 수많은 각주와 미주, 참조 자료의 목록을 본 역자는 새먼 기자의 엄청난 열정과 필력에 감탄하면서, 또한 매일매일 업무에 허덕이는 직장인인 그가 대체 언제 시간이 나서 이 방대한 취재와 연구, 집필을 수행했을지 궁금하지 않을 수 없었다. 국적을 떠나 같은 일을 하는 글쟁이로서, 책의 집필을 위해 투자한 그의 노력에 아낌없는 박수를 보낸다.

얼마 전 그는 오늘날 한국을 다룬 책인 《Modern Korea》도 출간했고, 제2차 세계대전 당시 노르웨이 전투를 다룬 《Storm Battle》이라는 책을 집필하고 있다고 하는데, 기회가 되면 이 책들도 반드시 한국어로 번역해 소개하고픈 것이 역자의 바람이다.

이 책을 번역하는 데는 아내이자 동료 번역가인 정숙 씨의 내조가 절대적이었다. 우리 집의 두 아이인 한나와 강생이(멍멍!)의 집요한 방해 공작에도 불구하고, 역자가 오로지 번역 작업에 집중할 수 있도록 도와준 그녀에게 감사를 전하고 싶다.

여전히 바깥은 날씨가 차갑다. 하지만 언젠가는 이 겨울이 지나고 따스한 봄이 오리라는 것을 모두가 알고 있다. 마찬가지로 한반도에도 언젠가 반드시 항구적인 평화가 찾아오기를 소망하며, 보잘것없는 후기를 마무리하려 한다.

2014년 12월

역자 이동훈

주

서문

1 사상자 수치에 대해서는 다음 자료들을 참조하라. Tributes to Soldier Killed in Helmand, AFP, 2 Jan 2011; UK Military Deaths in Afghanistan and Iraq; BBC 12 February 2009; www.raf.mod.uk/falklands/rollofhonour.html의 Falklands Islands History Roll of Honour

제1부 승리

프롤로그: 한밤의 이방인들

1 27th Brigade War Diary.

2 Anon., Jan 1951, p. 27.

3 Thompson, 1951, p. 187.

4 Yetman, IWM 인터뷰.

5 Malcolm, 1952, p. 39.

6 Mitchell, 1969. p. 75.

7 Carew, 1967, pp. 115-116.

8 Malcolm, 1952, p. 40.

9 Edward Searle, IWM 인터뷰.

10 Anderson, 1956, p. 209.

11 Malcolm, 1952, p. 40

12 Mitchell, 1969. p. 77.

13 필자 인터뷰, Adam MacKenzie.

14 Malcolm, 1952, p. 40

15 Cochrane, IWM 기록.

제1장 동쪽의 포성

1 Rendell, IWM.

2 Richard Peet, IWM.

3 Brown, 2001, p. 117.

4 필자 인터뷰, Edgar Green.

5 필자 인터뷰, Stan Tomenson, Royal Northumberland Fusiliers.

6 Farrar-Hockley, 1990, p. 125.

7 필자 인터뷰, Rah Jong-yil.

8 Boose, Donald W, The United nations Command, in Tucker, 2002, pp. 679-680.

9 Korean War Timeline, in Tucker, 2002, p. 776.

10 Hanson, 2006, p. 34.

11 Zabecki, David, Stand or Die; 1950 Defense of Korea's Pusan Perimeter,
www.armchairgeneral.com

12 Hayhurst, 2001, pp. 28-29.

13 Peter C le P Jones, The Argylls in Korea, and Hegarty, John, HMS Jamaica, Korean War
Service, both at www.britains-smallwars.com. 7월 8일의 사상자 수치에 대해서는
Farrar-Hockley, 1990, p. 67을 참조하라.

14 Farrar-Hockley, 1990, pp. 117-119.

15 Farrar-Hockley, 1990, pp. 115-121.

16 Farrar-Hockley, 1990, p. 126.

17 필자 인터뷰, Owen Light.

18 O'Neill, 1985, p. 16.

19 필자 인터뷰, Major-General David Thomson, 그는 훗날 이 연대의 명예 연대장이 되었다.

20 Malcolm, 1952, Chapter 1.

21 James Stirling, 필자 인터뷰.

22 필자 인터뷰, Harry Young.

23 Carew, 1974, p. 90.

24 Andrew Man obituary, 'The Diehards, 2000'.

25 Farrar-Hockley, 1990, p. 127.

26 Andrew Man, The Naktong River and 'Middlesex Hill', in Cunningham-Booth and
Farrer, ed. 1998, p. 15.

27 Farrar-Hockley, 1999, p. 128.

28 Willoughby, 23 August.

29 Carew, 1967, p. 65.

30 Carew, 1967, p. 66.

31 Robert Searle, IWM 인터뷰.

32 Willoughby, 28 August.

33 Willoughby, 25 August.

34 Willoughby, 28 August.

35 Reggie Jeffes, IWM 음성 자료.

제2장 한국 하늘 아래

1 Harry Young, 필자 인터뷰.

2 Willoughby, 28 August.

3 Don Barrett, 필자 인터뷰.

4 Denis Warner, 'Warm Quayside Welcome', the Daily Telegraph, 20 August 1950.

5 Ralph Main, IWM 인터뷰.

6 1950년의 혼란스런 피난 상황을 묘사한 이 글은 서울 용산의 전쟁기념관에 있는 당시의 모습을 찍은 여러 사진, 그리고 실물 크기의 통로형 전시물을 토대로 한 것이다.

7 Willoughby, 31 August.

8 Willoughby, 2 September.

9 Willoughby, 31 August.

10 Willoughby, Diary, 3 September.

11 27th Brigade War Diary.

12 Willoughby Notebook, 1 September.

13 Willoughby Notebook, 1 September.

14 Willoughby Notebook, 2 September.

15 Willoughby, 3 September.

16 Coad, Report.

17 Reggie Jeffes, IWM 인터뷰.

18 Willoughby, 4 September.

19 Willoughby Diary, 4-6 September.

20 Shipster, 1975, p. 10.

21 Reggie Jeffes, IWM 인터뷰.

22 Coad Report.

23 Willoughby Notebook, 13 September.

24 Willoughby, 6 September.

25 Willoughby, 19 September.

26 Willoughby Diary, 6 September.

27 Willoughby Notebook, 31 August.

28 필자 인터뷰, Rah Jong-yil.

29 Jones, Peter C le P, The Argylls in Korea, at www.britains-smallwars.com.

30 Willoughby, 8 September.

31 Willoughby Notebook, 12 September.

32 Tunstall, 1953, p. 16.

33 Willoughby Notebook, 5 September.

34 1st Argylls War Diary, 5 September.

35 필자 인터뷰, Edgar Green and Bob Yerby.

36 1st Argyll Highlanders War Diary, 8 September, 1950.

37 Coad Report.

38 이 정찰 기록은 Harry Young의 필자 인터뷰, 그리고 Malcolm에서 1952년에 펴낸 아가일 연대의 공간전사를 혼합한 것이다. 공간전사의 기록 내용은 Young의 증언과는 약간 다르다.

39 1st Argylls War Diary, 7 September.

40 Coad Report.

41 Shipster, 1975, p. 11.

42 Tunstall, 1953, pp. 22-23.

43 A Company after-action report in 1st Argylls War Diary.

44 총격전 및 그 이후 상황에 대한 기록은 A Company After-Action Report in 1 Argylls War Diary와 Owen Light의 필자 인터뷰를 종합한 것이다.

45 Coad Report.

46 Willoughby, 8 September.

47 Barrett, 2005, p. 12.

48 Willoughby Notebook, 19 September.

49 Bermingham, 1992, p. 4.

50 Bermingham, 1992, pp. 4-5.

51 Willoughby Diary, 19 September.

52 Willoughby Notebook, 25 September.

53 Zabecki, David, 'The Pusan Perimeter', Tucker, ed. 2002, pp. 544-545.

54 Millett, 2010, p. 269.

55 Coad Report.

56 Willoughby Notebook, 25 September.

57 Wilson, 2001, p. 164.

제3장 지옥 속으로

1 Barrett, 2005, p. 13.

2 Carew, 1967, p. 90.

3 Barrett, 2005, p. 13.

4 Willoughby Notebook, 25 September.

5 Willoughby, 25 September.

6 Man, in Cunningham and Farrar-Hockley, p. 17.

7 Shipster, 1975, p. 10.

8 Barrett, 2005, p. 13

9 Willoughby, 25 September.

10 Farrar-Hockley, 1990, p. 167.

11 27th Brigade War Diary, 21 September.

12 Farrar-Hockley, 1990, p. 167.

13 Willoughby, 25 September.

14 Barrett, 2005, p. 14.

15 Willoughby, 25 September.

16 Barrett, 2005, p. 14.

17 Barrett, 2005, p. 14.

18 Willoughby, 25 September.

19 Man, in Cunningham and Farrar-Hockley, eds, op cit., p. 20.

20 British Defense Film Library, 1979.

21 Willoughby Notebook, 25 September.

22 Bermingham, 1992, p. 7.

23 Willoughby, 25 September.

24 Bermingham, 1992, p. 7.

25 Willoughby, 25 September.

26 Willoughby, 25 September.

27 Willoughby, 25 September.

28 Willoughby Notebook, 25 September.

29 Willoughby Notebook, 25 September.

30 Willoughby Notebook, 25 September.

31 Willoughby, 25 September.

32 Willoughby, 25 September.

33 Bermingham, 1992, p. 8.

34 Farrar-Hockley, 1990, p. 170. 미들섹스 대대의 일부 기록에서는 마지막 공격이 새벽에 이루어졌다고 적혀 있으나, Beverly와 Yerby는 밤에 이루어졌다고 기억하고 있다.

35 Farrar-Hockley, 1990, p. 170.

36 Bermingham, 1992, p. 7.

37 Barrett, 2005, p. 15.

38 Farrar-Hockley, 1990, p. 166.

39 Wilson, 2001, p. 164.

40 Timing from 1st Argylls War Diary.

41 Farrar-Hockley, 1990, p. 171.

42 1st Argylls War Diary.

43 Malcolm, 1952, p. 18.

44 1st Argylls War Diary.

45 1st Argylls War Diary.

46 Anderson, 1956, pp. 195-196.

47 C Company after-action report, in 1st Argylls War Diary.

48 1st Argylls War Diary.

49 Malcolm, 1952, p. 19.

50 Coad Report.

51 C Company after-action report, 1st Argylls War Diary.

52 1st Argylls War Diary.

53 C Company after-action report, 1st Argylls War Diary.

54 www.globalsecurity.org의 Napalm 항목

55 www.globalsecurity.org의 Napalm 항목

56 Don Barrett, 필자 인터뷰.

57 필자 인터뷰, Owen Light.

58 Angus Macleod, 'Death on Hill 282', Sunday Mail, 21 January, 1993.

59 Sir Alexander Boswell, Viscount John Slim, Sir James Stirling, 필자 인터뷰.

60 익명을 요구한 아가일 대대 장교와의 인터뷰.

61 Wilson, 2001, p. 165.

62 Anon, Hill 282, in 'The Thin Red Line', January 1951, p. 25.

63 B Company after-action report, 1st Argylls War Diary.

64 아가일 대대 전쟁일지에 따르면, 15:30시까지 전원이 고지에서 철수해 고지 아래에서 집결했다. 고지를 내려오는 데 약 1시간이 걸리므로, 정상에서 마지막 활동이 있었던 시각은 14:00 시경으로 보는 것이 타당할 것이다.

65 B Company after-action report, in 1st Argylls War Diary.

66 B Company after-action report, in 1st Argylls War Diary.

67 Connor, Steve, 'War What is it Good For? It Made Us Less Selfish', the Independent, 5 June 2009.

68 B Company after-action report, in 1st Argylls War Diary.

69 필자에게 이 일화를 들려준 것은 서울 주재 영국대사관에서 근무하던 웨스트랜즈 헬리콥터 사의 직원이었다.

70 Don Barrett, 필자 인터뷰.

71 Anon, 'Argylls Ordeal in Bombing', Glasgow Herald, 25 Semtember.

72 27th Brigade War Diary, 23 September.

73 Anderson, 1956, p. 198.

74 Millett, 2010, p. 270.

75 Coad Report, p. 2.

76 Coad Report, p. 2.

77 Farrar-Hockley, 1990, p. 177.

78 Millett, 2010, p. 271.

79 Anon, 'Argylls Ordeal in Bombing', Glasgow Herald, 25 Semtember.

80 Jan 1951 edition of Thin Red Line, p. 5.

81 Farrar-Hockley, 1990, p. 177.

82 Willoughby, 26 September.

83 Albert Avis, IWM 인터뷰.

84 Willoughby Notebook, 26 September.

85 Willoughby Notebook, 30 September.

86 Tunstall, 1953, p. 23.

87 Barrett 2005, p. 17.

88 Willoughby, 29 September.

89 Willoughby, 30 September.

90 Willoughby, 28 September.

91 Willoughby Notebook, 28 September.

92 Willoughby Notebook, 30 September.

93 1st Middlesex War Diary, 29 Semtember.

94 Willoughby Notebook, 28 September.

제4장 전황의 변화와 새로운 우방국들

1 Farrar-Hockley, 1990, p. 149.

2 Farrar-Hockley, 1990, p. 149.

3 Millett, pp. 249-250.

4 Millett, 2010, p. 244.

5 Ent, Uzel W, 'Korea Democratic People's Republic Army', Tucker, 2002, p. 339.

6 Zabecki, David, 'Pusan Perimeter and Breakout', Tucker, 2002, p. 545.

7 Esposito, Matthew, 'Australia' in Tucker, 2002, pp. 61-62.

8 O'Neill, 1985, pp. 1-6.

9 Gallaway, 1994, p. 26.

10 O'Neill, 1985, pp. 6-10.

11 Tim Holt interview, Green, undated.

12 필자 인터뷰, David Butler.

13 Gallaway, 1993, pp. 23-24.

14 Green, 1993, pp. 214-22.

15 필자 인터뷰, Harry Gordon.

16 O'Dowd, 2000, p. 7.

17 O'Neill, 1985, p. 19.

18 Gallaway, 1993, p. 46.

19 27th Brigade War Diary.

20 Gallaway, 1994, p. 54.

21 Reggie Jeffes, IWM 인터뷰.

22 Willoughby Notebook, 8 October.

23 필자 인터뷰, Harry Gordon.

24 Gallaway, 1994, p. 56.

25 Willoughby Notebook, 7 October.

제5장 적 전선 후방

1 Thomas, 1990, p. 8.

2 Farrar-Hockley, 1990, p. 121.

3 Thomas, 1990, p. 6.

4 Farrar-Hockley, 1990, p. 326.

5 Neillands, 2004, p. 38.

6 필자 인터뷰, Gordon Payne and Ron Moyse.

7 Hayhurst, 2001, p. 21.

8 Brady, 2003, p. 8.

9 Brady, 2003, p. 9.

10 필자 인터뷰, John Walter.

11 Brady, 2003, p. 10.

12 Farrar-Hockley, 1990, p. 326.

13 Brady, 2003, pp. 16-19.

14 O'Brien, IWM 인터뷰.

15 Hayhurst, 2001, p. 62.

16 필자 인터뷰, Peter Thomas.

17 Driberg, Tom, 'Commando Raid on North Korea', Reynolds News Service/Japan Times, 18 October 1950.

18 필자 인터뷰, Gordon Payne.

19 Hayhurst, 2001, p. 63.

20 Hayhurst, 2001, p. 69.

21 Hayhurst, 2001, p. 72.

22 Pounds, All in a Night's Work, 1960.

23 Pounds, 1960.

24 Driberg, Tom, 'Commando Raid on North Korea', Reynolds News Service/Japan Times, 18 October 1950.

25 Hayhurst, 2001, p. 49.

26 Thomas, 1990, p. 8.

27 Brady, 2003, p. 38.

28 Brady, 2003, pp. 43-44.

29 Brady, 2003, pp. 49-50.

30 Brady, 2003, p. 56.

31 Hayhurst, 2001, p. 57.

32 Hayhurst, 2001, p. 57.

33 Brady, 2003, p. 57.

34 Driberg, Tom, 'Commando Raid on North Korea', Reynolds News Service/Japan Times, 18 October 1950.

35 USS Perch, Report of 1st War Patrol, 7 October 1950.

36 Driberg, Tom, 'Commando Raid on North Korea', Reynolds News Service/Japan Times, 18 October 1950.

37 Hayhurst, 2001, p. 83.

38 Drysdale letter, November 2 1950.

제6장 먼지 구름과 불타는 마을

1 Millett, 2010, p. 278.

2 Millett, 2010, p. 275.

3 Coad Report.

4 Millett, p. 275.

5 Farrar-Hockley, 1990, p. 237.

6 27th Brigade War Diary.

7 Zabecki, David, T, Walker, Walton Harris, in Tucker, ed, 2002, p. 731.

8 Farrar-Hockley, p. 237.

9 27th Brigade War Diary.

10 Coad Report, p. 8.

11 Farrar-Hockley, 1990, p. 239.

12 Coad Report, p. 8.

13 Wilson, 2001, p. 167. See also Wilson IWM 인터뷰.

14 1st Argylls War Diary.

15 Wilson, 2001, p. 168.

16 Thompson, 1951, p. 191.

17 1st Argylls War Diary.

18 27th Brigade War Diary, 17 October.

19 A Company After-action Report, in 1st Argylls War Diary.

20 Appleman, 1992, p. 644.

21 A Company After-action Report, in 1st Argylls War Diary.

22 Wilson, 2001, p. 171.

23 Newsweek, 30 October 1950. Un-bylined fragment in The Thin Red Line, September, 1951, Volume 5, Number 3.

24 Wilson, 2001, p. 170.

25 Wilson, 2001, p. 170.

26 Coad Report, p. 8.

27 Harris, 2004, p. 4.

28 Harris, 2004, p. 4.

29 Harris, 2004, p. 5.

30 Farrar-Hockley, p. 244.

31 Willoughby, 18 October.

32 Willoughby, 18 October.

33 Shipster, 1983, p. 19.

34 Farrar-Hockley, 1990, pp. 244-245.

35 Gay letter to Coad, in 27th Brigade War Diary.

36 Bermingham, 1992, p. 10.

37 Coad Report, p. 9.

38 Len Opie, AWM 인터뷰; 3 RAR War Diary, 19 October.

39 Thompson, 1951, p. 200.

40 Willoughby Notebook, 20 October.

41 Mick Servos, 필자 인터뷰.

42 Willoughby Notebook, 20 October.

43 Thompson, 1951, p. 208.

44 Thompson, pp. 214-215.

45 Anon, 2001.

46 Appleman 1989, p. 11.

47 Willoughby Notebook, 20 October.

48 Millett, 2010, p. 283.

49 Coad Report, p. 9.

제7장 창끝

1 Combat Bulletin No 103, 1950.

2 Millett, 2010, p. 274.

3 Coad Report, p. 11.

4 27th Brigade War Diary, 21 October.

5 Coad Report, p. 11.

6 Willoughby, 21 October.

7 Coad Report, p. 10.

8 Farrar-Hockley, 1990, p. 250.

9 27th Brigade War Diary.

10 Wilson, 2001, p. 172.

11 Coad Report.

12 Coad Report.

13 Barrett, 2005, p. 8.

14 필자 인터뷰, Owen Light.

15 Jones, www.britains-smallwars.com

16 Coad Report, p. 10.

17 Jones, www.britains-smallwars.com

18 필자 인터뷰, David Butler.

19 Harris, 2004, pp. 15-16.

20 Harris, 2004, p. 16.

21 Appleman, 1992, p. 660.

22 Carew, 1967, pp. 124-125.

23 Appleman, 1992, p. 660.

24 Coad Report.

25 Quoted in O'Dowd, 2000, p. 12.

26 Casualty figures in Gallaway, p. 77.

27 Millett, 2010, p. 289.

28 Harris, 2004, p. 19.

29 27th Brigade War Diary.

30 Coad Report.

31 Willoughby Notebook, 23 October.

32 Coad Report.

33 Barrett, 2005, p. 24.

34 Willoughby Notebook, 23 October.

35 Coad Report.

36 Willoughby Notebook, 24 October.

37 27th Brigade War Diary, 24 October.

38 Farrar-Hockley, 1990, p. 254.

39 27th Brigade War Diary, 24 October.

40 Coad Report.

41 Farrar-Hockley, 1990, p. 253.

42 Barrett, 2005, p. 25.

43 27th Brigade War Diary, 25 October.

44 O'Neill, 1985, pp. 41-43.

45 O'Neill, 1985, p. 43.

46 Harris, 2004, p. 21.

47 Reg Bandy, 필자 인터뷰.

48 Evans, 2001, p. 28.

49 O'Neill, 1985, p. 45.

50 Gallaway, 1989, p. 88.

51 Gallaway, 1989 p. 86.

52 O'Neill, 1985, p. 46.

53 Harris, 2004, p. 23.

54 Barrett, 2005, p. 25.

55 Arthur Hutley, IWM 인터뷰.

56 Willoughby, 27 October.

57 Barrett, 2005, p. 36.

58 Farrar-Hockley, pp. 256-257.

59 Don Barrett, 필자 인터뷰.

60 Shipster ed. 1975, p. 25.

61 Willoughby, 27 October.

62 Willoughby Notebook, 27 October.

63 Coad Report.

64 27th Brigade War Diary, 27 October.

65 Farrar-Hockley, 1990, p. 257.

66 27th Brigade War Diary, 28 October.

67 Farrar-Hockley, 1990, p. 258.

68 Gallaway, 1989 p. 92.

69 From 3 RAR War Diary, as quoted in Green, 1993, p. 281.

70 Gallaway, 1989 p. 93.

71 Millett, 2010, p. 289.

72 Coad Report.

73 O'Neill, 1985, p. 49.

74 Coad Report.

75 O'Neill, 1985, p. 49.

76 Willoughby Notebook, 30 October.

77 Brigade War Diary, 30 October.

78 Fragment of Australian newspaper The Age, in 27th Brigade War Diary appendix.

79 Harris, 2004, pp. 26-27.

80 Green, 1993, p. 270, p. 284.

81 O'Dowd, 2000, p. 16.

82 Green, 1993, p. 283.

83 Gallaway, 1994 p. 97.

84 Green, 1993, p. 283.

85 필자 인터뷰, Olwyn Green.

86 Silver Star; Extract from 'Stars and Stripes', 4 November, 1950, in 28th Brigade War Diary.

87 Shipster, 2000, p. 125.

88 Appleman, 1992, pp. 669; Millett, 2010, p. 288.

89 Appleman, 1992, pp. 670.

90 27th Brigade War Diary, 31 October.

91 Farrar-Hockley, 1990, p. 290.

92 Willoughby Notebook, 31 October.

93 O'Neill, 1985, p. 45.

94 Millett, 2010, p. 290.

95 Farrar-Hockley, 1990, p. 261.

제2부 비극

제8장 북풍

1 Wilson, 2001, pp. 174-175; also A Company After-Action Report, in 1st Argylls War Diary.

2 Salisbury, 1985, pp. 191-193.

3 Goncharvov et al., 1993, p. 181.

4 Goncharov et al., 1993, p. 182.

5 Roberts, Priscilla, 'Pannikar, Sardar', Tucker, 2002, p. 510.

6 Goncharov et al., 1993, p. 181.

7 Li et al., 2001, p. 31.

8 Goncharov et al., 1993, p. 182.

9 Goncharov et al., 1993, p. 185.

10 Goncharov et al., 1993, p. 195.

11 George, New York, 1967, p. 193.

12 George, 1967, p. 130.

13 Appleman, 1998, p. 14.

14 George, 1967, p. 164.

15 필자 인터뷰, Rah Jong-yil .

16 Millett, 2010, p. 275..

17 Li et al., 2001, p. 43 and p. 254.

18 Spurr, 1988, p. 129.

19 Millett, 2010, p. 295.

20 Appleman, 1989, p. 14.

21 George, 1967, p. 170.

22 Goncharov et al., p. 165.

23 Coad Report.

24 Appleman, 1989, pp. 19-20.

25 Willoughby Notebook, 2 November.

26 Coad Report.

27 27th Brigade War Diary, 3 November.

28 1st Argylls War Diary, 3 November.

29 Coad Report.

30 Coad Report.

31 Bermingham, 1992, p. 13.

32 Bermingham, 1992.

33 Willoughby Notebook, 7 November; also Don Barrett's notes to Shipster ed. 1975.

34 Coad Report.

35 Coad Report.

36 Coad Report.

37 Appleman, 1992, p. 711.

38 Barrett, 2005, p. 31.

39 Coad Report.

40 Coad Report.

41 필자 인터뷰, Peter Baldwin.

42 Tunstall, p. 37.

43 A Company After-Action Report, in 1st Argylls War Diary; also Wilson, 2001, p. 175.

44 A Company After-Action Report, 1st Argylls War Diary.

45 1st Argylls War Diary.

46 Mitchell, 1969, p. 80.

47 IWM 인터뷰, Robert Searle.

48 Gurr, Eric; Charlesworth, Chick; Meighan, John; A Hill in Korea at
www.britains-smallwars.com

49 A Company After-Action Report, in 1st Argylls War Diary.

50 Charlesworth, N.R., 'Packchon-3 Platoon Commander', in Duty First, 1997.

51 필자 인터뷰, Ben O'Dowd.

52 Gurr, Eric; Charlesworth, Chick; Meighan, John; A Hill in Korea at www.britains-smallwars.com

53 3 RAR War Diary.

54 Mitchell, 1969, p. 81.

55 Barrett, 2005, p. 81.

56 Willoughby, 7 November.

57 Willoughby Notebook, 7 November.

58 Willoughby Notebook, 7 November.

59 Coad Report.

60 27th Brigade War Diary, 5 November.

61 O'Dowd, 2000, pp. 21-22.

62 Clark, 'Through OC A Coy's Eyes', Duty First, 1997.

63 Charlesworth, 1997.

64 Clark, 1997.

65 O'Neill, 1985, p. 63.

66 Willoughby Notebook, 7 November.

67 3 RAR War Diary, 6 November.

68 1st Argylls War Diary, 7 November.

69 Thompson, 1951, p. 226.

70 필자 인터뷰, Andrew Brown.

71 Thompson, 1951, p. 267.

72 Millett, 2010, p. 310.

73 Farrar-Hockley, 1990, pp. 290-291.

74 Willoughby Notebook, 10 November.

75 Malcolm, 1952, p. 56.

76 Thompson, 1951, p. 269.

77 Shipster, 2000, p. 134.

78 Shipster ed., 1983.

79 27th Brigade War Diary, 13-17 November.

80 Thompson, 1951, p. 267.

81 O'Neill, 1985, p. 66.

82 Willoughby, 13 Nov.

83 27th Brigade War Diary.

84 Thompson, 1951, p. 266.

85 O'Neill, 1985, p. 68.

86 필자 인터뷰, Don Barrett.

87 Barrett, 2005, p. 25.

88 Harris, 2004, p. 17.

89 Green, Max Eberle Interview, 2002.

90 Tunstall, 1953, p. 10.

91 Tunstall, 1953, pp. 24-25.

92 Thompson, 1951, p. 55.

93 Beirne, Daniel, 'Chinese Military Disengagement', Tucker ed., 2002, p. 132-133.

94 Appleman 1989, pp. 24-26.

95 Thompson, 1951, p. 272.

96 Thompson, 1951, p. 275.

97 Millett, 2010, pp. 312-313.

98 Millett, 2010, pp. 317, 335.

99 Appleman, 1989, p. 47.

100 Millett, 2010, p. 335.

제9장 그을린 대지

1 Willoughby Notebook, 26 November.

2 27th Brigade War Diary, 25 November.

3 Willoughby Notebook, 24 November.

4 Willoughby, 24 November.

5 Coad Report.

6 Schafer, Elizabeth, Couter, John Breitling, Tucker ed. 2002, p. 174.

7 Thompson, 1951, pp. 282-283.

8 Coad Report.

9 Shipster, 1975, p. 33.

10 27th Brigade War Diary, 27 November.

11 Willoughby Notebook, 8 December.

12 Coad Report.

13 27th Brigade War Diary, 27 November.

14 Daniel Bierne; Chonchong River, Battle of, in Tucker ed. 2002, pp. 146-7.

15 Coad Report.

16 Reggie Jeffers, IWM 인터뷰; see also O'Dowd, 2000, p. 48.

17 Coad Report.

18 Farrar-Hockley, 1990, p. 333, and Coad Report.

19 Quoted in Shipster, 1983, p. 105.

20 Appleman, 1989, p. 201.

21 Farrar-Hockley, 1990, p. 333.

22 Bermingham, 1992, p. 15.

23 Shipster, 1983, p. 105.

24 Malcolm, 1952, p. 59.

25 Willoughby Notebook, 8 December.

26 Wilson, 2001, p. 180.

27 Bermingham, 1992, pp. 15-16.

28 27th Brigade War Diary, 18-19 November.

29 Millett, pp. 340-341.

30 Millett 2010, p. 341.

31 Coad Report.

32 27th Brigade War Diary, 29 November.

33 Willoughby Notebook, 8 December.

34 Willoughby Notebook, 8 December.

35 Shipster, 2000, p. 136.

36 Barrett, 2005, p. 38.

37 Willoughby Notebook, 8 December.

38 Barrett, 2005, pp. 38-39.

39 Willoughby, 8 December.

40 Coad Report.

41 Bermingham, 1992, p. 18.

42 Bermingham, 1992, pp. 18-19.

43 Barrett, 2005, p. 39.

44 Willoughby, 8 December.

45 Coad Report, Yongwon; 27th Brigade War Diary, 30 November.

46 필자 인터뷰, Ray Rogers and Harry Spicer of Middlesex; also Peter Baldwin of Brigade Headquarters.

47 Willoughby Notebook, 8 December.

48 Bermingham, 1992 p. 20.

49 Willoughby Notebook, 8 December.

50 Shipster, 2000, p. 138.

51 Willoughby Notebook, 8 December.

52 Appleman, 1989, p. 242.

53 Appleman, 1989, p. 254.

54 Appleman, 1989, p. 257.

55 Willoughby Notebook, 8 December.

56 Wilson, 2001, p. 180.

57 필자 인터뷰, Don Barrett.

58 Barrett, 2005, p. 40.

59 Willoughby Notebook, 8 December.

60 Arthur Hutley, IWM 인터뷰.

61 John Pluck, IWM 인터뷰.

62 Willoughby Notebook, 8 December.

63 Thompson, 1951, p. 299.

64 Appleman, 1989, p. 289.

65 Appleman, 1989, p. 284.

66 Thompson, pp. 294-295.

67 Appleman, 1989, p. 299.

68 Appleman, 1989, p. 296.

69 Barrett, 2005, p. 41.

70 Appleman, 1989, p. 303.

71 27th Brigade War Diary, 1-2 December.

72 O'Dowd, 2000, p. 56.

73 Wilson, 2001, pp. 181-182.

74 Coad Report.

75 Willoughby Notebook, 8 December.

76 Coad Report.

77 Willoughby Notebook, 8 December.

78 Roy Vincent, IWM 인터뷰.

79 Gallaway, 1994, p. 150.

80 Ted Haywood, IWM 인터뷰.

81 Appleman, 1989, pp. 309, 317-8, 321, 334.

82 Foley, 2003, Chapter 2.

83 Willoughby, 8 December.

84 Thompson, 1951, p. 284.

85 Appleman, 1989, p. 297.

86 Appleman, 1989, p. 313.

87 Appleman, 1989, p. 321.

88 Appleman, 1989.

89 Appleman, p. 321.

90 Hickey, 2000, p. 143; Letter from Australian Historian John Smallbridge to Dr B. Gandevia, 12 June 1992.

91 Coad Report.

92 Appleman, 1989, p. 331.

93 Appleman, p. 340.

94 Appleman, 1989, p. 328.

95 O'Dowd, 2000, p. 59.

96 Willoughby Notebook, 8 December.

97 27th Brigade War Diary.

98 Tunstall, 1953, p. 50.

99 Millett, 2010, p. 318.

제10장 하얀 지옥

1 차량 번호에 대해서는 Thomas, 1990, p. 14를 참조하라.

2 Drysdale, Letter, 24 November.

3 George Richards, IWM 인터뷰.

4 역사적 배경 지식을 알려 준 장진호 참전 용사 이종연 씨에게 감사드린다.

5 Drysdale, letter 24, November.

6 Brady, 2004, p. 72.

7 Raymond Todd, IWM 16656.

8 시기는 Anon, 'Fighting Withdrawl in N.E. Korea: 41 Commando in Action with American Marines', Globe and Laurel, 1951, p. 58에서 인용.

9 Brady, 2004, p. 78.

10 Brady, 2004, p. 75.

11 Tucker, Puller, Lewis Burwell in Tucker, ed., 2002, pp. 538-539.

12 Quote: See Puller's Wikipedia entry.

13 필자 인터뷰, Father Richard Rubie.

14 Brady, 2004, p. 75.

15 Wilson, 1988, p. 226.

16 Halberstam, 2007, p. 163.

17 Russ, 1999, p. 17.

18 Tucker, ed. 2002, pp. 59-600.

19 Halberstam, 2007, p. 431.

20 장진호에 온 중국군 부대의 숫자에 대해서는 Zhang, 1995, pp. 116-117; Mahoney, 2001, pp. 128 and 130을 참조하라.

21 장진호의 UN군 병력에 대해서는 Russ, 1999, p. 114를 참조하라.

22 Hayhurst, 2001, pp. 152-153에서 인용.

23 Teddy Allen의 기억, 필자 인터뷰.

24 Hayhurst, 2001, p. 110.

25 Halberstam, 2007, p. 439에서 인용.

26 Mossman, 1990, p. 101.

27 대열 번호는 Thomas, 1990, p. 14에서 인용.

28 Camp, Dick, 2001, p. 16.

29 Hayhurst, 2001, p. 109.

30 Neillands, Robin, 1987, pp. 286-287.

31 Hayhurst, 2001, p. 112.

32 Hayhurst, 2001, pp. 94-95.

33 Brady, 2000, p. 80.

34 Brady, 2000, p. 71.

35 Hayhurst, 2001, p. 113.

36 Hammel, 1981, p. 145.

37 Hammel, 1981, p. 152.

38 Wilson, 1988, p. 226; 41 Commando War Diary. 58th and 60th Divisions; Mossman, 1990, p. 102.

39 Brady, 2000, pp. 81-82.

40 Brady, 2000, pp. 81-82.

41 Brady, 2000, pp. 83-85.

42 Wilson, 1988, p. 229.

43 41 Commando War Diary.

44 41 Commando War Diary.

45 41 Commando War Diary.

46 Russ, 1999, p. 224에서 인용.

47 O'Brien, IWM 13522.

48 Kirk 1988, p. 230.

49 www.chosinreservoir.com

50 Russ, p. 235.

51 Neillands, 1987, p. 287.

52 시기는 41 Commando War Diary에서 인용.

53 Hammel, 1981, p. 180.

54 Wilson, 1989, p. 239.

55 Raymond Todd, 16656.

56 Hayhurst, 2001, p. 130.

57 Dowling, Chuck, Task Force Drysdale http://www.chuckdowling.com

58 Gersham Maindonald, IWM 16627.

59 Gersham Maindonald, IWM 16627.

60 Kirk 1998, pp. 239-243.

61 Fred Hayhurst, IWM 15576.

62 Hayhurst, 2002, p. 132.

63 Russ, 1999, p. 237.

64 Brady, 2004, pp. 93-98.

65 Hammel, 1981, p. 201에서 Hammel은 고립지대의 수를 5개로 보았다. Russ, 1999에서는 4개라고 주장하고 있다. 그날 밤의 혼란상을 감안하건대 무슨 일이 벌어졌는지 정확히 알기는 어려울 것이다.

66 Neillands, 1987, p. 290.

67 Russ, 1989, pp. 241-242.

제11장 검은 눈

1 Brady, 2003, pp. 99-106.

2 Thomas, 1990, p. 16.

3 Wilson, 1988, p. 252.

4 Wilson, 1988, p. 253.

5 Wilson, 1988, p. 254.

6 Russ, 1999, pp. 263-267.

7 Thomas, 1990, p. 17.

8 Teddy Allen and John Walter.

9 Farrar-Hockey, 1990, p. 340.

10 O'Brien, IWM 13522.

11 Farrar-Hockey, 1990, p. 338.

12 O'Brien, IWM 13522.

13 O'Brien, IWM 13522.

14 Russ, 1999, p. 266.

15 Hayhurst, 2001, p. 156.

16 Mossman, 1990, p. 105.

17 Mossman, 1990, pp. 129-130.

18 Mossman, 1990, p. 129.

19 해군 및 항공 전력은 James A Field, History of US Naval Operations: Korea, Washington DC, Chapter 9에서 참조.

20 Leary, 2000, pp. 19-20.

21 Tucker, Spencer, C, 'Changjin, Chosin Reservoir Campaign', in Tucker, ed. 2002, p. 111.

22 Higgins, 1951, p. 186.

23 Russ, 1999, p. 317.

24 Drury and Clavin, 2009, p. 277.

25 Koone, 2000.

26 Walden, Corporal JT, USMC, 'British Royal Marines' in Leatherneck Magazine, reprinted in Globe and Laural 1952, p. 129.

27 Russ, 1999, p. 322.

28 Russ, 1999, p. 328.

29 Leary, 2000, p. 17.

30 Leary, 2000, p. 20.

31 Russ, 1999, p. 338.

32 Hayhurst, IWM 15576.

33 Thomas, 2000, p. 21.

34 Hammel, 1981, p. 300.

35 www.chosinreservoir.com에 실린 CP Roe와 OP Smith 장군 간의 인터뷰

36 Russ, 1999, p. 337.

37 Wilson, 1988, p. 267.

38 Hammel, 1981, p. 300.

39 Hayhurst, 2001, p. 168.

40 Hammel, 1981, p. 301.

41 Mossman, 1990, p. 139.

42 Hammel, 1981, p. 304.

43 Higgins, 1951, p. 181.

44 Russ, 1999, p. 328.

45 Russ, 1999, p. 341.

46 Russ, 1999, p. 355.

47 Hastings, 1987, p. 160.

48 www.chosinreservoir.com에 실린 Pat Roe와 OP Smith 장군 간의 인터뷰

49 Russ, 1999, p. 373.

50 Mossman, 1990, p. 141.

51 Russ, 1999, p. 361.

52 Hahm Sock-young, 필자 인터뷰.

53 Hayhurst, 1999, p. 175.

54 Russ, 1999, p. 376.

55 Roe, Patrick C, 2000, p. 435.

56 Langton, IWM 16761.

57 Russ, 1990, p. 388.

58 O'Brien, IWM 13522.

59 Russ, 1999, p. 324.

60 Russ, 1999, p. 239.

61 Wilson, 1988, p. 288.

62 Wilson, 1988, p. 289.

63 익명을 요구한 당시 참전 용사. 필자 인터뷰.

64 Army Rumour Service 웹사이트에서, 네이팜탄이 시체에 가하는 영향에 대해 알려 준 영국 과 미국의 참전 용사들에게 감사를 표한다.

65 O'Brien, IWM 13522.

66 Drury and Clavin, 2009, p. 20.

67 Hayhurst, 1999, p. 168.

68 Anon in Changjin Journal, 03.31.00.

69 Peter Thomas, 필자 인터뷰.

70 Thomas, 1990, p. 22.

71 Brady, 2003, p. 114.

72 Peter Thomas, 필자 인터뷰; Hayhurst, 1999, pp. 179-180.

73 Russ, 1999, p. 398.

74 Higgins, 1951, p. 105.

75 Higgins, 1951, p. 106.

76 Higgins, 1951, p. 107.

77 Russ, 1999, p. 398.

78 Brady, 2003, p. 116.

79 Russ, 1999, p. 412.

80 www.chosinreservoir.com에 실린 CP Roe와 OP Smith 장군 간의 인터뷰

81 Hayhurst, 2000, p. 190.

82 Li, Millet, Yu, 2001, p. 154.

83 Spurr, Russell, Enter the Dragon, New York, 1988, p. 270.

84 Hammel, 1981, p. 379.

85 Hammel, 1981, p. 391.

86 Brady, 2003, p. 116.

87 Brady, 2003, p. 118.

88 41 Commando War Diary.

89 Leslie Coote, IWM 14964.

90 Wilson, 1988, p. 317.

91 Letter from Morton Silver, to author Robin Neillands, 28 October, 1995.

92 Brady, 2003, p. 120.

93 Farrar-Hockey, 1990, p. 341.

94 41 Commando War Diary.

95 Brady, 2003, p. 122.

96 Drysdale, letter, 12 December 1950.

97 사상자 수치는 41 Commando War Diary를 참조.

98 Drysdale, letter, 12 December 1950.

99 사상자 수치는 Tucker, Spencer, C, 'Changjin, Chosin Reservoir Campaign', in Tucker, ed. 2002, p. 112를 참조.

100 Silver, Morton, Letter, 1995.

101 Farrar-Hockey, 1990, p. 341.

102 Maindonald, IWM 16627.

103 O'Brien, IWM 13522.

104 Drysdale, letter, 12 December 1950.

105 철수 당시 통계에 대해서는 Marolda, Edward J, Hungnam Evacuation in Tucker, ed.

2002, pp. 267-269를 참조.

106 철수 당시 통계에 대해서는 Marolda, Edward J, Hungnam Evacuation in Tucker, ed. 2002, pp. 267-269.

107 이 장면을 찍은 생생한 사진이 있다.

108 Hickey, Michael, The Korean War: The West Confronts Communism; New York, 2000, p. 141.

109 Goldstein, Richard, 'Leonard La Rue, Rescuer in the Korean War, Dies at 87', New York Times; 22 October 2001.

110 필자 인터뷰, Robert Lunney.

111 Marolda in Tucker, ed., 2002, p. 269. 14,000. Lunney, 필자 인터뷰.

112 Goldstein, 2001.

113 Mossman, 1990, p. 174.

114 UDT에 대한 정보는 http://www.navyfrogman.com/에 나온 Royal Vanatta와 Mack Boyton 두 참전 용사의 설명을 참조했다.

115 Schafer, Elizabeth, X Corps, in Tucker, ed. 2002, p. 642.

116 Zhang, 1995, p. 123.

117 Spour, 1988, p. 265.

제12장 음울한 크리스마스

1 Willoughby Notebook, 20 December.

2 Willoughby Notebook, 16 December.

3 Thomas, 1990, p. 26.

4 Thomas, 1990, p. 26.

5 O'Dowd, 2000, pp. 62-63.

6 Millett, 2010, p. 381.

그을린 **대지**와 검은 **눈**

발행일 | 1판 1쇄 2015년 6월 25일
        1판 2쇄 2015년 7월 20일

지은이 | 앤드루 새먼
옮긴이 | 이동훈
주 간 | 정재승
교 정 | 한복전
디자인 | 배경태
펴낸이 | 배규호
펴낸곳 | 책미래

출판등록 | 제2010-000289호
주 소 | 서울시 마포구 공덕동 463 현대하이엘 1728호
전 화 | 02-3471-8080
팩 스 | 02-6353-2383
이메일 | liveblue@hanmail.net

ISBN 979-11-85134-24-6 03900

• 이 책에 실린 글과 그림의 무단 전재와 무단 복제를 금합니다.

국립중앙도서관 출판시도서목록(CIP)

그을린 대지와 검은 눈 : 한국 전쟁의 영국군과 오스트레일
리아군 / 지은이: 앤드루 새먼 ; 옮긴이: 이동훈. — 서울 :
책미래, 2015
    p. ;   cm

원표제: Scorched earth, black snow : Britain and Austral
ia in the Korean War
원저자명: Andrew Salmon
권말부록: 그들은 지금 어디에?
색인수록
영어 원작을 한국어로 번역
ISBN 979-11-85134-24-6 03900 : ₩25000

한국 전쟁[韓國戰爭]

911.0723–KDC6
951.9042–DDC23   CIP2015015618